求医不如求己
大全集 1

中里巴人·著

凤凰出版传媒集团
江苏文艺出版社

出版说明

《国医健康绝学》是一套荟萃了中国各地保健名家多年来在防病养生方面实用经验的系列丛书。丛书全面、系统、深入浅出地阐述了人在不同年龄段的各类常见病和疑难杂症的预防之法，还告诉大家养生的根本在于要颐养人的“生长收藏”。

本套丛书的作者或是盛名在外、经年累月奋战在教学、科研、临床第一线的名师专家，或是得其家学和先师精髓并将其发扬光大的良医，或是久病成医后的中医大修之人，或是遍尝百草之后以颐养身心为乐的通达之士。虽然自古“道不轻传，医不扣门”，但是他们却毫不吝惜自己的养生防病绝学高技，以普度世人的心苦身病为己任，以惠泽众生的快乐健康为大荣。

《国医健康绝学》系列丛书的出版，是本着积极预防疾病、提早化解潜藏在人体的隐患、把疾病消灭在萌芽状态的宗旨，希望大家能更多地关注健康，关注养生，而不是只仅仅关注疾病。我们建议，如果自身的情况不是“未病”状态，而是急病、重病或迁延不愈的痼疾，那么这时候还需要大家及时去医院求诊问治，接受常规治疗。“急病上医院，未病自己防”，如此，才能及时并全方位地保证自己的健康，这正是本丛书一直提倡的科学、理性的生活态度。

我们衷心欢迎各界有志于振兴中华传统医学养生的仁人志士和广大读者积极为本丛书提出宝贵意见和建议，以期携手为中国老百姓的健康贡献绵薄之力。

《国医健康绝学》系列丛书编辑部

关于作者

中里巴人，真名郑幅中，北京中医协会理事。所著的《求医不如求己》(1、2、3) 是当今中国最受老百姓欢迎的自助养生之书。

中里巴人家学渊源甚深，其父为八卦掌第四代传人。自幼，中里巴人即师承父亲练习道家导引养生功法，更从祖父的亲书秘笈中汲取中医之精髓，后又研读了中医各家经典和现代医学典籍，尽得医武同源、医道同源之意趣。

新世纪来临之际，中里巴人蒙87岁的太极名家李宝良先生厚爱，被收为关门弟子，老师将其终身所悟大法倾囊相授。

“中里巴人”其名，源于春秋战国时的两首古曲《阳春白雪》和《下里巴人》。中里巴人一名，寄寓将中医精髓传承于千家万户的理想，一如唐代诗人刘禹锡的名句“旧时王谢堂前燕，飞入寻常百姓家”。

中里巴人的个人门户——求医不如求己

http://hexun.com/jinjiduli/default.html

目 录

第一章 对待身体要像对待自己的孩子一样

身体是自己的，犹如孩子是自己的一样，疾病就是孩子的恶作剧，是孩子野性的一种宣泄，它是一种巨大的能量，可以转化为成长的动力。但我们往往敌视和恐惧这种能量，不惜耗费更多的能量来清除它，这无异是一种疯狂的自相残杀。

第二章 养生先从经络开始

经络是联接五脏六腑和四肢百骸的网线和桥梁，也是我们通过体表来医治内脏的长臂触手。但是穴位众多，如何选取？穴有五行，如何搭配？穴有补泻，如何操作？这些皆是纷杂不清的事情。古人已众说纷纭，今人又各抒己见。

第三章 自己才是药师佛

足底反射疗法非常好学，它把人的脚当作一面镜子，人体的五脏六腑便都在这面镜子里了。当身体里脏腑器官发生问题时，这面镜子就以痛感或其他的方式显示出来，然后按摩这些敏感部位，疾病就解除了，就这么简单。

第四章 慢性病可以这样去治

有人觉得中医疗效慢是中医在治本，因此也就无怨无悔地去吃上一年甚至几年的汤药；尽管无效，也仍觉得是顺理成章，治本嘛，哪有那么快的！其实，很多时候如果能真正找到病本，中医治疗起来并不缓慢，而是非常迅速、立竿见影。

第五章 我们每个人身上本来就百药齐全

人体气血总量在不同情况下是相对恒定的。按照生存的需要，气血首先要确保脏腑器官的需求，然后才是四肢百骸；就像一棵大树，要先长树根、树干，再长枝叶。脏腑又是确保气血生成与贮藏的源头，只有脏腑健康、功能相互协调，才会有足够的气血储存以供人体日常使用。

第六章 思考疾病

我给人看病时很少用药，因为身体里什么药都有，而且是最方便、最快捷、毫无副作用的良药——那就是人体的经络和穴位。有些朋友可能觉得我对经络穴位的作用有些夸大其辞。其实，从经络穴位的实际功效来看，我对它们的夸赞似乎还过于吝啬。

代序

我与《人体使用手册》作者吴清忠先生的不解之缘

在中国让我最佩服的医家一共只有三个人：您是第一个；再有是广州的一位特异功能者，他行事比较低调，名字就暂且不说；还有一个是我书中所说的陈玉琴。

你们三个人的长处各有不同，您是养生治病和急救的高人；广州的那位则能透视人体，也能看到人身上的经络，直接处理阻塞之处；陈玉琴则对慢性病有许多独到的见解，我书中大部分的概念来自于她。

——吴清忠先生与我的通信

吴清忠先生所著《人体使用手册》以其对中医理论的深入理解和雅俗共赏的写作手法在华人读者中享有盛誉，40万册的发行量创造了大众健康类图书的发行记录，对中医的普及起到了不可低估的作用。就是这样一个老吴，在他的博客上说我是他的启蒙老师，引得许多朋友不解：老吴在年龄上比我大近20岁，那我怎么成为他的启蒙老师了呢？其实老吴就是这样的人，老顽童，就像金庸笔下的周伯通，从来没有名份尊卑的概念。回想起来我和老吴认识也已经有10多年了，许多趣事往事、仍然历历在目。

记得那是1993年，我随一个企业家朋友到上海逗留，住在老吴公司的别墅里。老吴当时也是个商场中人，或者用金融家、投资家来形容他更合适些，据说他掌管着几亿美元的项目基金。听说我对中医颇有研究，老吴每日下班便驱车前来接我去他家共进晚餐。老吴是个很注重生活品质的人，对时间的运用也是“公私分明”。比如他在家里从来不谈公司的事儿，饭桌上总能谈些趣闻逸事，且胃口极好。

饭后，我和老吴经常在书房边品茶闻香边谈医论道，甚是投缘。老吴极为聪明，有过目不忘之能。记得我曾与他谈论中医的五运六气之法，结果，不到一个时辰他已熟记于心了。老吴当时就已对中医养生有着很独特的见解，并由此涉猎了现代生物学、心理学等许多领域。我们时常发生争论，我较强调医者的神能，他更重视患者的自愈，争到最后往往不了了之。我虽是执拗之人，他却能宽容忍让，所以从来没有发生不欢而散的情况。

现在想来，老吴真是难得的良师益友：他的博古通今和中西合璧对我的中医理论体系也有很好的启迪，而他的包容精神至今让我由衷地钦佩。

每到子时，我们便开始打坐诵经。老吴最喜《心经》，唱诵得动人心魄。我们一唱一和，甚有意趣，真是“头上但有星照月，心下唯余一点空”，虽难超凡入圣，却也乐在其中。这样闲逸的日子真让人怀念啊！

后来，我的朋友送了老吴一套破损不堪的乾隆年间的《医中金鉴》，老吴如获至宝，时常拿出来研读，我每每笑他不务正业，他总是神秘地说：“这里面都是经商的高招。”看来老吴已经得道，一通百通了。

后来，我的那位企业家朋友出国发展了，老吴的投资生意越做越大，我也忙于自己的事业，大家便无暇相聚，平日也甚少往来。有时老吴的朋友从上海来北京，只是相约喝茶或者打球，转达一下彼此的问候，一晃很多年未曾谋面。直到去年8月，老吴的一位朋友专程给我送来《人体使用手册》。看过书后，我拍案叫绝，激动不已，连忙找出老吴的通讯地址，用刚学会的五笔输入法打了一封简短的信：

清忠兄：

你好，好久不见，甚为想念。拜读大作《人体使用手册》，令我瞠目结舌、拍案称奇。

把简单的问题复杂化，世人多有擅长；但能把纷繁玄奥的中医理论说解得如此平易近人，兄真乃当世第一人也。

解读古人亦不为难，兄多有石破天惊的高论奇想，独出心裁。“人体电压”、“功能系统”、“气血水平”……真是妙语连珠、口吐莲花，让我读罢，酣畅淋漓，获益匪浅。

兄之高论，效法自然，中西合璧，若充之以更多简易有效之方以养生疗疾，防患未然，让世人从此摆脱茫然无措、任人摆布的求医之路，真是功德无量！

好友 郑幅中

2005年8月28日于北京

第二天一早，我便收到了老吴的回复：

幅中老弟：

收到您的信，很意外很高兴。本应以兄互称，但我俩年纪差了一大把，称您为“兄”显得有点假，直接称您“老弟”反而自然些。

我们真的好久不见，我的老朋友阿栋蒙您照顾，身体确实进展不少，说真的，如果不是您的医术，他可能早挂了，我们经常提起您。在中国让我最佩服的医家一共只有三个人：您是第一个；

再有是广州的一位特异功能者，他行事比较低调，名字就暂且不说；还有一个是我书中所说的陈玉琴。你们三个的长处各有不同，您是养生治病和急救的高人；广州的那位则能透视人体，也能看到人身上的经络，直接处理阻塞之处；陈玉琴则对慢性病有许多独到的见解，我书中大部分的概念来自于她。

您的提议非常好，我知道您有许多简易有效之方法可以养生疗疾，我们可以合作将之出版问世，一方面让世人真正了解中医的神妙，使许多罹患绝症的人有一线生机，挽救许多家庭的悲剧；另一方面也可以为我们自己打出一条宽阔的人生道路。我相信我们俩合作的作品必定会比我的第一本书更实用更精彩，而这些书不单适用中国人，也适合外国人，有机会在全世界发行。

吴清忠

2005年8月29日

老吴的回信让我很振奋，但我自感缺乏写作的意识和感觉，恐写出的东西枯燥刻板，或因为我反而坏了老吴的英名，因此犹豫着迟迟没有动笔。老吴来信询问，我便说，干脆我先办个博客吧，看看人气和读者的反应情况如何；有了读者的鼓励，再言写书也不迟。老吴对任何事情总是遵循顺其自然的原则，他不仅赞成我的提议，还在我的博客推出之后在他自己的博客上进行了大力推举。与这样的朋友合作让你觉得没有丝毫的压力，因为他总会包容你的一切，然后全力支持你！老吴虽是台湾人，但他的口头禅倒是一句地道的北京话：哥们之间，何必客气呢？

认识老吴，真是我人生中的一大快事。

第一章

对待身体要像对待自己的孩子一样

身体是自己的，犹如孩子是自己的一样，疾病就是孩子的恶作剧，是孩子野性的一种宣泄，它是一种巨大的能量，可以转化为成长的动力。但我们往往敌视和恐惧这种能量，不惜耗费更多的能量来清除它，这无异是一种疯狂的自相残杀。

1. 如果疾病是鱼，那么身体应该如何养它

一种疾病对应着一种思想，如果说一种水可以养一种鱼，那么思想就是水，而那疾病就是鱼。如果鱼死了，通常是水的问题，证明这种鱼不适合在这种水里生长。也就是说这种环境不适合这种疾病的生存。所以改变环境就等于消除了疾病，而且是从根本上消灭了疾病。

所干的事和心中所想应该是相一致的，这样心力协调，才能得心应手。如果心中是要隐藏的而行动是要彰显的，心中是要抒发的而行动是要压抑的，这样力量还没作用在外面，里面已经内耗掉一大半了，是绝对不会有好的结果的。所以身心的协调才是治病之本。

一种疾病就是一种思想，是无形的思想以有形的病症表现出来。我们可以消掉有形的肿物，如果它不是靠内力，而是靠手术直接割取，那样它还会以另外的形式再显现出来。但如果我们靠药物的帮忙，激活了我们自身的能量，而把瘀阻消除，那样在肿物消失的同时，相应的思想也消失了，或受到了抑制。一个人身上有许多能量需要释放，如果不让它从正常途径出来，它就会另寻出路，总之它是一定要释放的。我们无法阻止它（我们为什么要阻止呢），但我们可以选择释放的途径。途径不同，思想就不同，所得的疾病也就各不相同。

一种疾病对应着一种思想，如果说一种水可以养一种鱼，那么思想就是水，而那疾病就是鱼。如果鱼死了，通常是水的问题，证明这种鱼不适合在这种水里生长。也就是说这种环境不适合这种疾病的生存。所以改变环境就等于消除了疾病，而且是从根本上消灭了疾病。所以水是关键，思想是关键、源头。只要有适合生长的水环境，那么即使不是鱼，而是虾，或是泥鳅，都会繁殖起来。

2. 送您轻松赶走“亚健康”苍蝇的技巧

在我看病的过程中，很多人并没有什么大问题，但常被很多无法解释的症状困扰，这给他们的心理带来的压力远大过身体的不适。因为我们不知道这颗地雷到底埋在哪里，又会在何时爆炸。

现在人们对健康这个词越来越敏感了，因为很多人平时常出现浑身无力、容易疲倦、头脑不清爽、思想涣散、头痛、面部疼痛、眼睛疲劳、视力下降、鼻塞眩晕、胃闷不适、颈肩僵硬、早晨起床有不快感、睡眠不良、手足发凉、手掌发粘、便秘、心悸气短、手足麻木感、坐立不安、心烦意乱等症状，去医院检查也查不出“病”来，各种检查往往显示一切正常，最后给出了一个含糊其辞的结论——亚健康。

虽然查不出“病”，可亚健康带给身体的各种不舒服就像整个客厅虽然只有几只苍蝇，要不了命，但是它们总是到处乱飞，在你眼前绕来绕去，搞得你心烦意乱。苍蝇虽小，但如果你手中没有类似一把苍蝇拍那样简单易行的应对方法，你还真拿它没办法。有许多人每天都在被身体的各种不适折磨着，为自己的健康而担忧。

在我看病的过程中，很多人并没有什么大问题，但常被很多无法解释的症状困扰，这给他们的心理带来的压力远大过身体的不适。因为我们不知道这颗地雷到底埋在哪里，又会在何时爆炸。这样一来，我们整天都会生活在恐惧当中，最后变成疑神疑鬼的妄想狂。

其实，亚健康在中医看来就是“病”，可能是五脏六腑功能的不协调，或者是经络不通畅，也许就是表浅的风寒，这些表现比较初期和轻微，但带来的症状却很明显。它们都是疾病的萌芽，是祸根。如果任其发展，家里便会苍蝇成群。如果机器诊断不出来的疾病就是亚健康，那它比能诊断出的疾病更可怕，因为它是那些可怕疾病的温床。

其实，没有什么可怕的，所有的这些症状就是几只苍蝇搞的鬼。我们只要搞好家里清洁，关好门窗，使其没有侵入与滋生的空间，同时拥有一把小小的苍蝇拍，在它麻痹打盹的时候拍一下，那我们永远都会胜利在握，从此自由地享受健康的生活。

我们应该怎么做呢?

一、搞好体内的清洁

亚健康状态都是不良地使用身体造成的。该吃饭的时候不吃饭，该睡觉的时间加班、看电视、泡吧，或整天对着电脑目不转睛，身体动也不动，吃饭的时候胡乱对付或者胡吃海塞等等，好好检讨一下自己的大脑意志是如何虐待自己的肉体的吧。

二、打苍蝇的技巧

当然，由很多不良习惯造成的亚健康，单单靠打扫卫生可能不会很快见效，如果大家愿意为自己的健康付出点时间的话，我倒是很乐意告诉大家一些打苍蝇的技巧。这些简单易行的方法可以有力地协助身体赶走不适，加速回归健康。

为了健康，我们要掌握的一些必要知识：

一、经络和穴位知识（只要大家手里有一张经络图，或一个塑胶的针灸小人即可,在任何一个稍大点的药房都可以咨询在哪里买得到，或向工作人员预定）。

二、常用的中成药知识。

三、简单的健身法知识。

四、正确的健康理念（这个非常重要，推荐吴清忠老师的《人体使用手册》读一读)。

以上4条就是我们要学习的全部内容,我会继续向大家分别讲解,欢迎大家共同学习和讨论,分享各自的健身感受。

读者文摘

提起那些使人绝望的疾病,谁该得,谁又不该得呢?恐怕很多人会有这样的宿命观:今天是自己的朋友、亲人、同事,也许某一天会是自己也说不定呢?很多的成年人没有健康的自信。读了郑老师的文章,我想很多人会和我一样对他心存感激,这样的无私分享使我们渐渐地有了健康的底气。我们健康地生活着,开心地迎接每一个日出日落是多么幸福的事情!

(月儿)

3. 要坚信人体有不可思议的自愈能力

> 如果用蛇来比喻西医的方法，虽略显刻毒，却也还算形象；用狗来形容中医的方法，多少有些偏爱的成分。当然，最好还是让猫做警醒者，毕竟它是老鼠的天敌。

人体有很强的自愈能力，这一点很多人都非常清楚；但当疾病真正光临我们的时候，我们又有谁会坚信它真能战胜敌人呢？其实你不相信它是明智的，因为它确实帮不了你。它就像是家里养的猫，本想用它来威慑老鼠，可它却趴在那里睡大觉；当老鼠光临的时候，它常常睡意正浓，通常都是老鼠把东西咬坏，最后竟去放胆扯它的胡须时，它老人家才会"喵"的大叫一声，将老鼠吓跑，可此时屋里已是满目疮痍，家什已被咬得残缺不全了。这样的猫，我们怎能信任它呢？但是不管怎样，猫是为老鼠而降生的，不用它，我们还能用谁呢？对，蛇是捕鼠高手，但往往没捕到老鼠却先把我们咬伤了；狗也可捕鼠，偶尔也会疯狂咬人，但通常还很安全。

如果用蛇来比喻西医的方法，虽略显刻毒，却也还算形象；用狗来形容中医的方法，多少有些偏爱的成分。当然，最好还是让猫做警醒者，毕竟它是老鼠的天敌。

读者文摘

人体有很强的自愈力，我本人就有这样深刻的体会。

在5月，我的皮肤上出现了红点，刚刚开始是手上、背上，最后蔓延到全身，真的可以用体无完肤来形容。我自己也知道这是因为疲劳过度引起的。刚开始在医院看，西医把这当成是皮肤病来治疗，就是打营养针，过了一个月根本没有效果，反而更加严重了：吃什么都过敏，除了米饭与用很少的盐水煮的蔬菜，别的基本没什么可以入口的，当时真有生不如死的感觉。那个时候我自己也感觉到不是皮肤病那么简单，根源在身体里。我费了好多周折找到了之前一直为我看病的中医，当他看到我的时候，第一句就说："你的病在血液里。"他给我配了7副药，还告诉我一些要注意的事项。吃了3副以后明显就好转了。

（林真子）

自我调节比什么都重要。感冒了按一按穴位，督脉暖一暖就好了，让自身的免疫功能也练练兵，不用则废呀。西医的感冒药是把双刃剑，对造血系统有损害。如果我们都用中国传统的方法，便不会有那么多副作用。

（卡桑）

明白了，把自家的猫（自愈）养好养壮，结合狗（中医）来看家护院，不到迫不得已的时候不用蛇（西医）。

（路过蜻蜓）

4. 对待身体要像对待自己的孩子一样

> 身体是自己的，犹如孩子是自己的一样，疾病就是孩子的恶作剧，是孩子野性的一种宣泄，它是一种巨大的能量，可以转化为成长的动力。但我们往往敌视和恐惧这种能量，不惜耗费更多的能量来清除它。

对待自己的身体就要像对待自己的孩子一样，应该关心它、帮助它、引导它、锻炼它，不要漠视它、压抑它、强制它、仇视它。如果孩子犯了错误，我们更要去倾听他的诉说，而不要一棒打死，或者交给警察、送进监狱。当然也不可放任自流。身体是自己的，犹如孩子是自己的一样，疾病就是孩子的恶作剧，是孩子野性的一种宣泄，它是一种巨大的能量，可以转化为成长的动力。但我们往往敌视和恐惧这种能量，不惜耗费更多的能量来清除它，这无异是一种疯狂的自相残杀。当淘气的孩子被打折了一条腿，他还会坐在轮椅上大声哭嚎，惹得你还想揍他，可他已经残疾了。

读者文摘

我们要的是健康，而不是疾病！但是好多人都是关注疾病，而不关注健康。为了追求一个心仪的人儿，我们可以追过几条马路，可以站在风雨中默默等待，可以为了她不吃饭不喝水；为了完成工作，我们熬夜，我们喝酒，我们吃那些没有营养的盒饭，我们睡办公室；而我们为健康投资了什么？

为了买一个漂亮的房子，为了买一个漂亮的车子，为了娶一个漂亮的妻子，为了孩子的前途，我们一直都在透支自己的身体。而身体一直默默地支撑着我们，偶尔身体实在支撑不住的时候，用咳嗽一次、发烧一次、流一些鼻涕来警告我们，我们却不允许它有这样的反应，就给它吃抗生素、喝药水……

我们拼命糟蹋我们的身体，身体却拼命地为我们辛苦工作，而我们却不让它发出哪怕是一点点反抗的声音。

如果世界上还有最爱的话，那么最爱你的人就是你的身体！

我们的身体在我们吃下去的食物中找一点对你有用的东西，用来修复我们受损的细胞和组织，在我们有限的睡眠时间里帮助我们制造血液、排除垃圾，一直全力以赴地为我们服务，希望你明天醒来的时候能够精神一点，希望你能够采购到一点身体需要的东西给它。可是终于有一天，身体顶不住了，我们生病了。

我们创造了所有生病的条件，我们不得病谁得病呢？这怪谁呢？西医把这些归罪于细菌、病毒，却不肯归罪于最大的元凶——我们自己。

威尔修说："细菌是在寻找它们天然的栖息场所——病组织，而不是作为病组织的起因。就如蚊子只是寻找静止的水面，却没有让水静止一样！"细菌何罪？

好好爱那个世界上最爱你的人——你的身体吧！

希望我们都坐上《求医不如求己》这趟开往健康的列车，永远永远都不要中途下车！

（翻书等缘）

5. 任何医疗的最终目的都是为了激发患者天然的自愈潜能

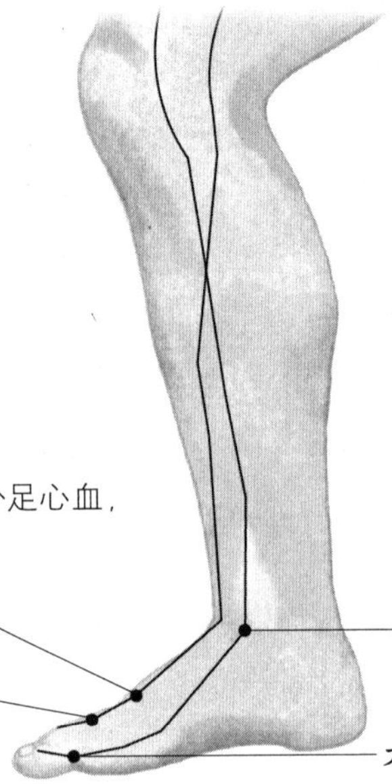

> 一切医疗要达到的最终目的都应该是激发患者天然的自愈潜能，医者一定要坚信，这种能量是无比巨大的，要帮助患者找到他的能量库，然后把这种能量一点一点地释放出来。

有些人惊奇于我的治疗效果和辨证的准确，想探究其中的奥秘和思考过程。其实，就是4个字——“身临其境”。当我诊治病人的时候，我就是病人，我会用身心去体会病人的感觉，我会站在病人的角度去思考，就像在和病人同唱一首歌。

其实治疗的过程并不复杂，但是需要创造一个治疗的环境，用现在时髦的话，就是要营造一个氛围。当我按摩的时候，我的手就是我的语言，它要和病人身体发生对话，而不是毫无目的地我行我素。治疗的过程就是一个身心交流的过程,我会倾听病人急切要向我表达的，那通常就是问题的答案。而我们很多医者往往觉得病人说的话没用，他们宁愿去相信他们的成见，他们宁愿执著地去苦苦思索，从厚厚的医书中去寻找答案，也不愿意倾听患者的一句陈述。他们认为患者是外行，说的尽是些没用的东西；他们认为治病是医生的事，患者不过是个破损的、需要修理的机器而已。

人们通常认为，看病的水平取决于经验，看的病人多了，自然水平高。我不这么认为，医院里看了一辈子病的老庸医比比皆是。如果看病的理念和方法在一开始就错了，那么后面的一切操作都将是错误的累积。

我通常把病人比喻成暂时停走的挂钟，而医者就是拨动钟摆的手指，只要挂钟被拨动了医者也就完成了他的使命，那个挂钟就会按照自己的节律有条不紊地一直走下去。但如果这手指自命不凡，想替代钟摆的作用，反复地去拨动它，那么这个挂钟就会丧失其应有的节律，疾病将会迁延不愈。一切医疗要达到的最终目的都应该是激发患者天然的自愈潜能，医者一定要坚信，这种能量是无比巨大的，要帮助患者找到他的能量库，然后把这种能量一点一点地释放出来。

一位朋友的母亲每晚腿都会抽筋，医院确诊为缺钙，可吃了大量补钙的药品和食品都毫无效果。我诊断后说："脾经堵塞，钙无法吸收。"嘱其每天按摩脾经大都、商丘两穴各3分钟。结果3天后腿抽筋消失。我们总寄希望于外来的神力，其实，一切的奇迹都是你自己创造的。

那天，在朋友家碰到一个二十几岁的女孩，人长得很漂亮，就是脸上有许多痘痘，让谁见到都会感到有几分遗憾。我为她把脉，除心脉显得虚弱以外，其他脉象都还正常。我只让她揉太冲和行间两穴，以补足心血，这样新鲜血液才能上达头面，才会把痘痘运走。一周后，她又碰到我，此时脸上的痘痘已经十去六七，脸也显得白皙了许多。她对我感激不尽。其实我什么也没做，只是给她指出了她的能量库而已。

南宋大学问家朱熹曾写过一首诗：“昨夜江边春水生，艨艟巨舰一毛轻。向来枉费推移力，此日中流自在行。”这其中的意境，真值得我们细细品味。

6. 要相信医生，更要相信自己

不相信医生，而相信自己，有些人连想都不敢想吧！我可以肯定地告诉你，只要你改变固有的观念，再稍微懂得一点相关的知识，你完全可以轻装上阵，不必再为身体而烦忧。也可能你会转而忧虑医生失业的问题了。

"有什么别有病，没什么别没钱"，这是人们常挂在嘴边的一句老话。细想起来似乎后半句很容易解决，只要自己勤奋努力，钱是不愁挣不来的；而人吃五谷杂粮，哪有不生病的，恐怕是防不胜防，人们因此去健身，去吃各种营养食品和药物，可得病的概率依然没有减少。很多人在事业上雄心勃勃、是挑战风险的勇士，但在疾病面前却是六神无主、忧心忡忡的懦夫。于是人们纷纷把最宝贵的生命交给大夫去处理，交给医疗机器去决定，觉得这是顺理成章的事情，也是无可奈何的事情。这样看来，如果连自己的生命都不能由自己做主的话，那么一切的奋斗、一切的修炼、一切的所谓成功不都是脆弱和可笑的吗？人还有什么自由可言？其实，我们完全可以清清楚楚地知道自己的身体状况，并懂得如何去完善它，只是我们自动放弃了老天赋予我们的这种能力，而更多地去依赖专家的判定，去相信机器的数据而不相信自己的感觉。我们都会嘲笑"郑人买履"中的主人公，但是我们哪一位又比他强多少呢？不相信医生，而相信自己，有些人连想都不敢想吧！我可以肯定地告诉你，只要你改变固有的观念，再稍微懂得一点相关的知识，你完全可以轻装上阵，不必再为身体而烦忧。也可能你会转而忧虑医生失业的问题了。总之，不要把问题想得很复杂，就这么简单，因为这是你本来就有的能力。

7. 必须学会与疾病切磋

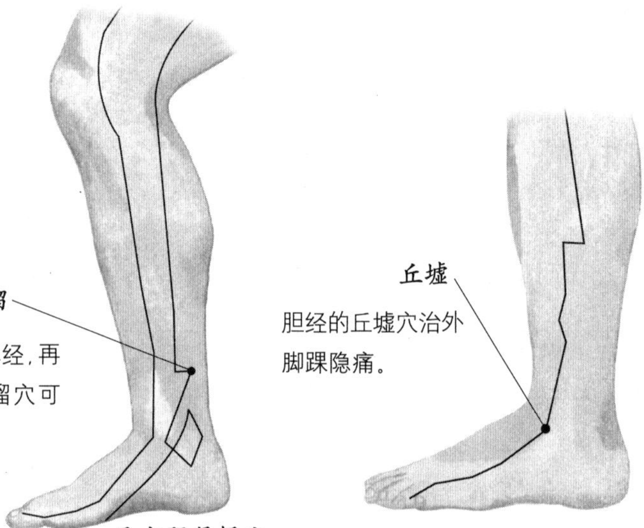

> 疾病真的那么可怕吗？其实不然，疾病是可以预知并加以控制的。它是不速之客，但它是特殊的，你不可生硬地去推搡它，那样它必和你顶起牛来，你可以搂着它的肩膀一起出门，在门口你还会对它的到来说声谢谢。因为它是上天给你派来的陪练，通过切磋，你的身心会更加健康、充满力量。

家里有人得病，大家通常的反应是慌乱，然后是忧虑、恐惧。有一个30岁的患肾病的先生在网上的留言最能表达这种心情——“其实我自己对这个病并不怕，只是看到老婆每天担心的样子，还有个一岁大的孩子，她就怕我出事！原来生病并不是一个人的病，而是全家人的病啊！”

得了病，通常我们会去听听周围众多人的意见，有人说看西医好，有人说吃中药好。看西医时我们担心有副作用，喝中药时我们又怀疑其疗效。好像一旦得病，就成了受人摆布的玩偶，就像是赌桌上的骰子，只有听天由命的份了。此时什么尊严、什么智慧、什么成就，一切都将在疾病面前俯首称臣、不堪一击，因为我们有劲也使不出来。还有的人怕家里人知道自己有病而担心，怕单位知道自己有病而通知下岗，怕上司知道而影响升迁，怕女友知道而分手，于是强力去掩饰、隐瞒，最后养为大患。疾病其实是每个人都要面对的一道必须解答的难题，如果您解答不出或想避而不答，那你也就别想快乐地往前走了，因为疾病就是人生必经的桥。

疾病真的那么可怕吗？当然，如果它是猝不及防的雪崩、地震、海啸，那真是令人恐怖，但疾病是可以预知的，是可以观察的，是可以被我们拒之门外的。它往往是不速之客，身份很特殊，你不可生硬地去推搡它，那样它必和你顶起牛来。你却可以搂着它的肩膀一起出门，在门口你还会对它的到来说声谢谢。因为它是上天给你派来的陪练，通过和它的切磋，你的拳技大长，身心更加健康，更加充满力量。

由此看来，疾病一点也不可怕，尤其是现在，我已经给你提供了那么多的工具和方法，你只需要先静下心来，看看自己真正的问题到底在哪里。有时，找到了问题的根源，治疗起来就如滚汤泼雪一般迅捷，出乎你的想像。

前不久，一个朋友给我打来电话，说困扰他5年的痛风不经意间就全好了。记得他半年前还担心自己会被截肢呢。那时他的痛风非常厉害，经常大半夜就被急救车送进医院。我只告诉他要经常按摩小腿脾经，再加上肾经的复溜穴，以缓解肝脏的负担，达到补肝的目的。（肝不可直接补，一补就上火，所以减少肝脏的负担就是补了。）而痛风就是肝脏解毒的功能弱了。什么尿酸、什么嘌呤，不过是肝脏解毒不完全的产物。不要被这些名词所迷惑，而不知真正的问题出在哪里。

他告诉我，他总共自己按摩也不过5次，突然有一天后背奇痒无比，他便找人刮了痧，出了满背的黑紫痧，自那以后痛风再也没犯过。

朋友小高告诉我一件喜出望外的事。她说两周前我曾教她找胆经上的穴位，结果当时我随便点了那儿几下，就把她一直隐痛的外脚踝治好了。其实，我也不知道她的外脚踝有问题，只是摸脉觉得她的胆经有阻塞，便告诉她要多揉胆经。现在想起来也不奇怪，她痛的地方正是胆经的丘虚穴。很多人总爱崴脚，其实都是胆经阻塞闹的。

举这些不经意间治疗成功的例子是想告诉您，不要把治病搞成很繁琐的事。有的朋友每天要按摩很多穴位，还要刮痧、拔罐、练功，总觉得运用的方法越多，治疗的效果越好。其实并非如此，我们的气血就那么多，我们需集中力量，逐个解决身体的问题；切不可将气血分散各处，无的放矢，这样越治问题会越多，终将失去信心和耐心。记住：简单才有效，顺势才迅捷。

8. 中医西医应该是战友，而不是夫妻

其实中医西医之争真是无谓之争，本来就没有优劣，如同山水画与油画、佛教与天主教、咖啡与清茶、数学家与诗人之较。

信西医者觉得西医是科学的结晶，而中医是玄学迷信。或说中药或许有效，而医理却是杜撰牵强之词，更有甚者言中药也不过是安慰剂，真是把中医几千年的探索等同于原始部落的拜神祷祝了。现代社会有众多疾病西医是明言无法医治的，而中医却有很明显的疗效，这也是不争的事实。

其实中医西医之争真是无谓之争，本来就没有优劣，如同山水画与油画、佛教与天主教、咖啡与清茶、数学家与诗人，只是标准不同而已，并无高下之分。但二者确实是不好融合在一起，咖啡和清茶混在一起就是污水，国画和油画同画一处便为涂鸦，数学家和诗人也难有共同语言。好的东西合在一起有时候更加完美，有时却相互破坏。像中医西医二者的关系应该是相互配合、各显其能的战友，而不是珠联璧合、水乳交融的夫妻。

举个实际的例子，如支气管炎，西医主张消炎止咳，中医倡导宣肺化痰。先让西医治，症状很快消除，但随即又复发，不能去根；请中医来调，体质确有增强，但是症状却难以消除，最后变成老慢支。中医西医都望而生畏，故有“内科不治喘”的老话。

一间房子，堆满垃圾，招来苍蝇无数。西医说，我有特效杀虫剂，只要一喷，苍蝇马上被消灭。果不其然，西医拿着喷枪，一会儿的工夫，苍蝇便尸横遍野，全部被歼，但屋里的垃圾西医却不管清除；没过多久苍蝇们闻着垃圾的味又来了，而且比第一次更多，因为屋里更

脏了。西医再来喷药，喷着喷着，苍蝇们不再害怕这种味道了，西医也就只好向苍蝇们投降了。换来中医，中医说，为什么会招来苍蝇，那是因为屋里垃圾太多，只要把垃圾清除，苍蝇便自然不会再来了，所以要先打扫房间，清除垃圾；苍蝇嘛，先不去管它。经过中医的清理，屋里垃圾确实见少，可苍蝇却不见少，因为苍蝇也在繁殖，尽管垃圾少了，但现有的垃圾也足够它享用一段时间的，中医终于也有些累了、烦了，便歇下来，苍蝇们便更猖狂了。这就是慢性炎症性疾病无法治愈的根源。

其实中医西医完全可以协同作战，各显优势。西医先喷药把苍蝇杀光，中医马上清理垃圾，让苍蝇没有繁殖的环境和时间，一来一往，疾病很快就可以痊愈，不治之症将变成易治之病。可是囿于门户之见，中医西医往往互不相容，或阳奉阴违。宽容点的大夫也只是不反对，但彼此却不合作，所以病人总是奔走于中西医之间，不知所措，真是事障易解，理障难除。所以，中医西医的矛盾是人的观念问题，跟医学本身无关。

9. 身体的不适不一定是有病

医生的职责就是协助和导引病人找“启动”这个自我修复程序的开关，而不是在没弄清前揣测身体的意思，胡乱地拨弄它们，干扰它们，扰乱其他正常程序的工作。通过仔细的检查与询问，医生发现了开关所在，用针灸、按摩、药物等方式，帮身体启动这个程序，剩下的工作就是身体自己的事情了。

人活着谁没生过病，不论大病小灾，疾病的发生就好像被人触动了某个开关，运行了某段程序；而疾病的愈合好转则像身体内运行的另一套自救的程序。疾病的发生与痊愈，就在于这个程序能否正常启动，像电源开关一样简单，因此古人形象地称之为“病机”。疾病的发生与好转就像有人在玩弄这个开关一样。

可以把疾病发生的原因比做计算机感染的病毒，平时可能潜伏在体内任一地方，当环境条件成熟而触发这个病毒的发作程序时，于是就体现出来各种症状。而疾病的治疗和康复则是另一套自我诊断和修复的程序。人体修复程序比计算机高明得多、复杂得多。

医生的职责就是协助和导引病人找“启动”这个自我修复程序的开关，而不是在没弄清前揣测身体的意思，胡乱地拨弄它们，干扰它们，扰乱其他正常程序的工作。通过仔细的检查与询问，医生发现了开关所在，用针灸、按摩、药物等方式，帮身体启动这个程序，剩下的工作就是身体自己的事情了。

疾病好转程序的启动有时候并不直接体现为身体不适的减轻，身体可能为了彻底地解决疾病，某些时候的不适会比启动前还剧烈，疾病的症状反倒可能更重。人们多半会不理解身体的行为，认为身体无法掌控疾病发展，而去采取中断程序继续运行的措施来减轻痛苦。

现代医学就是这样看待疾病带来的痛苦：人体被看作天生就是软弱无能的，没有外力帮助人体就会坐以待毙，身体自己对疾病没有抵抗能力；因此多采用对抗的治疗原则，而不是帮患者找到开关所在。这些理论认为只有人为地干涉消除身体不舒服的症状，才能帮助患者恢复健康，把身体所有变化（包括好转的变化）多当作敌意，于是发现病变就切除、手术、放疗、化疗，搞得本来就被病毒程序感染而陷入混乱的身体再雪上加霜。用杀毒软件不论好坏一律清除，这个过程可能干掉了坏的程序，同时也把好的程序弄得支离破碎，无法复原；或者根本只是杀掉了部分“坏蛋”，还有一部分却去扰乱其他正常运行程序的工作，疾病从此进入恶性循环；此时即使找到真正对病的修复程序的开关，也可能因为前面一通乱杀，这个程序已经无法启动了，甚至要患者付出生命的惨重代价。

学会听听身体的声音吧，它有自己处理事情的程序，有些程序看似凶险，但运行的结果都是为身体好，人们要学会观察身体的意思，帮助它尽早完成任务，而不是去制造障碍。

10. 体质不重要，阴阳平衡才健康

我们的身体从一出生就是阴阳不平衡的，或偏阳盛，或偏阴盛，这两种体质哪个更好呢？过犹不及，无所谓好坏。阳虚的人有阳虚的人爱得的疾病，阴虚的人有阴虚的人爱得的疾病，所以阳虚的人平日以助阳温热为保健，阴虚的人通常以滋阴祛火为养生。尽力达到阴阳平衡，才是健康的保证。

很多朋友急切盼望知道了解自己体质的方法，多次催我快写这方面的文章。我本来想经过深思熟虑再动笔，因为关于体质的问题，其实是一个很复杂、不是三言两语可以说得清楚的；但转念一想，可能我说得越详细，反而会令读者越迷惑，这就好比是说1＋1＝2，谁都觉得简单，但如果要问它为什么等于2，那就成了“哥德巴赫猜想”，谁也搞不清楚了。所以我就先给大家提供一个简单的框架，让朋友们有个概念，毕竟学习中医是需要逐渐浸润、逐渐悟化的，学习的过程也必须是一个亲身体验的过程，否则学习的只是表面的知识，而不是实质精华。很多朋友想知道自己属于什么类型的体质，我有个粗略的自测项目，当然我这里是按中医的理念来划分的。人的体质类型很多，如果一一细说，反而显得混乱，不如简单地分为寒、热两类（以下阴阳的划分概念不够严谨，望专业人士见谅）。

寒性体质（阳气不足）：最明显的症状就是身体的火力不足，表现为畏寒怕冷、喜暖喜热、不爱饮水或只爱喝热水、腹泻便溏、四肢不温、早晨起来就犯困、一到秋冬便咳嗽流清涕、爱吃葱姜、不喜梨藕、舌淡苔白、津液较多、面色多青白或青黄、身体稍虚胖、喜安静独处、脉搏较缓慢（70次／分以下）。

热性体质（阴虚火旺）：最明显的症状就是喜冷喜寒，多穿一件衣服便燥热出汗，爱喝水、爱喝绿茶、爱吹风、喜空调、爱吃冷饮，口苦、尿黄赤、烦躁易怒、便秘、口咽干燥、目赤、发热、胁痛、失眠，脉搏多较快（80次／分以上），舌红苔黄、面色发红、不爱睡觉、体味较重。妇女月经多提前，量大色深。

其实严格属于这两类体质之一的人并不多，多是介于两者之间的平常体质。或偏于热，或偏于寒，或里热表寒，或上热下寒，或忽冷忽热。

基于不同的体质，在治疗时就要充分考虑；对于症状，倒可退而求其次了。举一个例子，我曾治疗过一个小女孩，18岁，症状为满脸都是大红疙瘩，还有经久不愈的咽喉疼痛。曾找过许多中医看过，都说是上火了。开的方子全是苦寒祛火的药，她先后吃过龙胆泻肝丸（泻肝火）、导赤丹（泻心火）、西黄清醒丸（祛肺胃之火）、牛黄解毒丸（祛心胃之火）、知柏地黄丸（泻胃肾之火）、连翘败毒丸（清热解毒）。而其脉搏每分钟只有64次，且舌淡苔白，是典型的虚寒体质。我问她平日的饮食偏好，她说最爱吃姜，不爱喝水，更不敢吃凉的，还很怕冷。我于是让她服用较为温热的成药——附子理中丸，是专治胃寒的，一次两丸，一日三次，连服一周。小女孩告诉我说，附子理中丸很好吃，又甜又辣（其实这药我觉得很难吃），咽下喉咙时咽部的疼痛就大为减轻了，然后觉得肚子里暖暖的，很舒服，脸上的大红包也明显小下去了。

治病的时候如果能了解到患者的体质，也就看到了疾病的根本。如果是寒性体质，虽然患病有时也会发热，但那通常是虚热，不是真正的阳气充足，治疗的时候所开药物绝对不可过于寒凉，凉药要少用甚至不用，然后马上温补才可。而热性体质的人虽然也会偶感风寒，表现出畏寒怕冷的状况，但一定不可投大剂温药，只借少许解表之药，用内部的火力将肌表的积寒赶走即可。如果一见发热就祛火，那虚寒体质的人仅有的一点阳气也会被戕伐殆尽；如果一见寒凉就温补，那热性体质的人便如添柴救火，永无平和之日了。

其实，体质就像人的性格一样，是不容易改变的，阳虚多寒，阴虚多热。阳虚的人虽然经过体育锻炼、后天培补，已经不畏寒凉了，但仍然保留着阳气不足的原始机制，一旦放弃锻炼，或外感疾病，先天的体质状态就又会表现出来。所以后天不间断的培补锻炼是必不可少的。阳旺（阴虚）的人虽然因罹患疾病或不良环境导致身体阳气不足、畏凉怕冷，一片虚寒景象，但其身体的原始机制仍是助阳的状态，所以治疗其寒症时不可久用温热，只是中病即止才好。

我们的身体从一出生就是阴阳不平衡的，或偏阳盛，或偏阴盛，这两种体质哪个更好呢？过犹不及，无所谓好坏。阳虚的人有阳虚人爱得的疾病，阴虚的人有阴虚的人爱得的疾病，所以阳虚的人平日以助阳温热为保健，阴虚的人通常以滋阴祛火为养生。尽力达到阴阳平衡，才是健康的保证。

说了一大通，你若听懂了，或可有所启发；若没听懂，也没关系，来日方长，了解——感知——体悟，这就是你学习中医的过程，很多时候是这样，不明白的东西不见得真不明白，明白的东西也不晓得是否真正明白。

求医录

heybill 问：

本人体型偏瘦，自小就感冒不断；初中时期暗疮厉害；记得高中时期测的脉搏在80左右。现在是有点畏寒怕冷，又爱喝水，四肢不温又口咽干燥，较容易口腔溃疡。这些是里热表寒的体质特征吗？想早上用山药打粉煮粥吃来调养，不知可行否？

中里巴人答：

如果先天体质是那种寒热错杂、虚实更替的情况，您索性别去管它，从后天之本脾胃来重新培补。开始吃山药粥是一个明智的选择，而且，山药薏米粥一定要选用药店的淮山药才有效果。

WYJJ 问：

我儿子5岁，自出生起形体就特别瘦小，很挑食，极度不爱吃不爱睡，但平常精力还很旺盛。脸色苍白，眼袋很明显，特别晚才能两脚交替下楼梯。喜欢咬手指或是其他一些不能吃的东西，小时睡觉经常流口水，现在很少流。怕热，睡觉时会出很多汗，不肯盖被子。常年多咳，但痰难咳出，家人为此很操心，请问先生这是什么体质，该怎么调养？

中里巴人答：

您的小孩是典型的肝旺脾虚的体质，肝火盛，脾胃却很虚弱。中医五行当中，肝属木，脾属土，木克土。肝火过旺就会影响脾胃正常的功能。而脾胃虚弱就会有流涎、消瘦、挑食、大眼袋等症状。“脾为生痰之源”，脾胃功能不好，痰就会源源不断地产生。而祛肝火的药多为苦寒之剂，最伤脾胃，于小儿不宜。不如用健脾祛湿之法以扶助正气，服山药薏米粥最为妥帖。健脾祛湿，增长气血，又是食品，服用也很方便。药店买淮山药、薏米等量打粉熬粥服用，每日一小碗，相信您的小孩很快就会有一个新的气象。

第二章

养生先从经络开始

经络是联接五脏六腑和四肢百骸的网线和桥梁，也是我们通过体表来医治内脏的长臂触手。但是穴位众多，如何选取？穴有五行，如何搭配？穴有补泻，如何操作？这些皆是纷杂不清的事情。古人已众说纷纭，今人又各抒己见。

1. 人体经络是养生治病的最好捷径

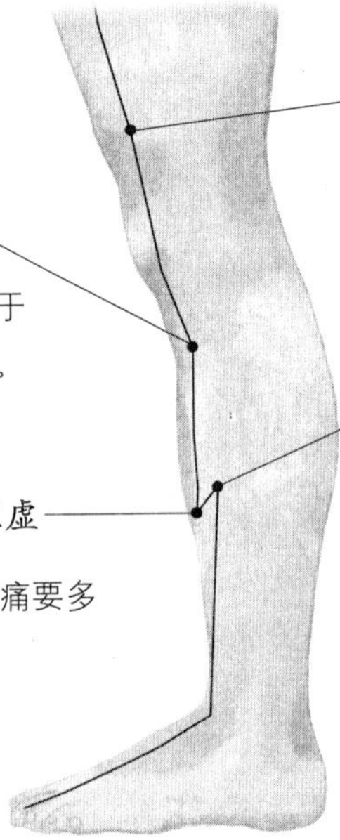

我们只要察看一下是哪条经的铃铛在响，就可以知道是哪个脏腑器官出了问题。这在中医里有句术语，叫“诸病于内，必形于外”。

学习中医有许多入门之径，可以从中医基础理论开始，可以从中药学开始，也可以直接读《黄帝内经》，但是，如果你想切身体会中医的实质，想学而即用、用而即效，那学习经络就是最好的捷径。

经络由经和络组成，经就是干线，络就是旁支，人体有12条主干线，也叫做“十二正经”。还有无数条络脉，经和络纵横交错，在人体里构成了一张大网。经络内联脏腑，外接四肢百骸，可以说身体的各个部位，脏腑器官、骨骼肌肉、皮肤毛发，无不包括在这张大网之中。

所以身体哪里有病，这张网上就会有相应的铃铛响起来向我们报警求救。我们只要察看一下是哪条经的铃铛在响，就可以知道是哪个脏腑器官出了问题。这在中医里有句术语，叫“诸病于内，必形于外”。人体有六脏（心、肝、脾、肺、肾五脏，再加心包）六腑（胃、小肠、大肠、膀胱、胆、三焦），每个脏腑都联接着一条经络，一共12条经络。经络的走向在四肢两侧是基本对称相同的。

经络穴位那么多，哪些是要掌握的呢？

全身主要经络12条，再加上奇经八脉、360多个穴位，听起来就会让人望而却步、无从下手。其实，我们需要掌握的穴位总共也不过20多个。每天记住两个，十几天也就都烂熟于心了。而正是这20多个穴位，在对付一般常见疾病中却显示了出乎意料的神奇效果。我先说一下胃经上的4个常用穴的用法，这4个穴就是梁丘、足三里、丰隆、下巨虚。

对于急性胃痛或慢性胃痛的发作，马上点按梁丘穴有立时止痛的疗效；如果疼痛的位置偏于胃脘，要再多揉足三里。偏于小肠部位则多揉下巨虚。若属于慢性胃肠病的治疗，丰隆穴则效果最好。

记住一点，按摩的穴位不敏感则无效。（可能有3个原因：①穴位的位置找得不准确；②病症与选穴不符；③气血过于虚弱，无法传导到腿部穴位。）

求医录

晓羽问：

请问，感觉麻、酸及痛各表示什么样的气血状况？如果麻是经络还通，只是气到血未到，那么酸和痛又是代表什么？经络通否？

中里巴人答:

酸和痛都表示经络尚通畅，但在该处狭窄或有拥堵，流通不畅快。酸多表示气血虚弱，需要补，不可采用过强手法。而刺痛则表明那地方有气血在，却堵住了，气血正在努力冲撞，此时则稍微用力度大的手法帮助疏通。

2. 肺经——人体里最容易受伤的经

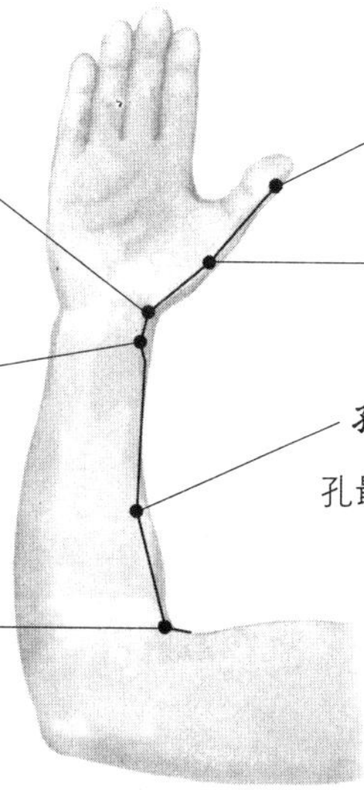

如果你能从“在志为忧悲”想起林黛玉，从“在体合皮毛”想到青春痘，那真是一个很好的开始。学习总要从文字之外读文章才行。

学习中医经络，第一条要讲的总是手太阴肺经。人的气血在夜里3点到5点（也就是寅时）开始冲击肺经，所以此时若出现症状，我们通常要考虑到肺是不是有问题。曾治过一个妇女，每到冬季总是在凌晨4点钟左右躁热出汗，白天则畏寒怕冷。诊断她为风寒束表，心火内盛，典型的“冰包火”。但其发病的根源是肺气不足，无力助心火以驱散风寒，必借寅时肺经气盛才能发汗解表。所以我用补中益气汤补肺而助其宣发之力，顺势而为，一剂而愈。

《内经》上说肺为“相傅之官”，就是宰相大人，可见其地位之重要与尊贵。可是在实际治疗应用方面，很少有人对肺经格外地重视，治疗范围通常局限在感冒、咳喘上面。如果初学者都是这么学习的话，恐怕终是管中窥豹，难见真貌了。

其实肺经的功效何其巨大，上可疏解肝经之郁结，中可运化脘腹之湿浊，下可补肾中之亏虚。岂是一个咳喘可以涵盖？即使是咳喘症，也很少由肺经直接引起，多是其他脏波及。由肝火引起的叫“木火刑金”，祛肝火就好；由肾虚引起的叫“肾不纳气”，补肾气辄效；由脾虚引起的叫“痰湿蕴肺”，健脾祛湿最佳。还有外感咳嗽，多由风寒引起，那就赶走膀胱经之风寒好了。通常咳喘的病总会迁延不愈，古时便有“内科不治喘”之说，其实多是因见肺治肺，有痰化痰，宣来降去，不治根本，才成痼疾。肺本是娇脏，最怕攻伐，所以“调诸脏即是治肺”实乃真知灼见。

“诸气者，皆属于肺。”《内经》的话句句都是金玉良言，须仔细体悟才行。所以，气虚的培补、气逆的顺调、浊气的排放、清气的灌溉，都可以通过调节肺的功能来实现。这是多好的治病思路，怎么可以轻意地一带而过呢？很多人只喜欢从别人那里求得个偏方秘招，并视如珍宝，可《内经》中遍地黄金却无人捡拾。

说到这里，好学者会问，那该怎么调呢？我们最关心这个。其实，《内经》中也都说得非常具体了：“肺主宣发肃降，肺是水上之源，肺开窍于鼻，肺主皮毛，诸气愤郁，皆属于肺，在志为忧悲，在液为涕，在体合皮毛，在窍为鼻。”在这里，不但给我们讲述了肺的功效，还告诉了我们具体的治疗办法。有人说：“在哪儿，我怎么没看到呢？”那就给你举个例子，前面说“诸气愤郁，皆属于肺”，倘若我忧郁很久了，郁结之气难以排解，从哪里宣发呀？曾治疗过一个70多岁的老翁，他与老伴生气吵嘴，又遭遇风寒，造成胁肋疼痛，医院给他开的舒肝止痛丸，可吃完药胁痛不但没好，还咳嗽上了。我让他用取嚏法，他连打了十来个喷嚏，头部微微出了些汗，胁肋的疼痛当时减轻。我说，既然有了咳嗽症状，就吃点通宣理肺丸将痰排出才好。于是他先后吃了4颗通宣理肺丸。咳嗽胁痛只一天的工夫就都治愈了。我这里用的全是《内经》中的治疗方法——肺主宣发，开窍于鼻，在液为涕。你若有心，这里面的高招妙法随处可见恐怕都捡不过来呢！

如果你能从“在志为忧悲”想起林黛玉，从“在体合皮毛”想到青春痘，那真是一个很好的开始。学习总要从文字之外读文章才行，要知道好东西都在书中的空白处呢！

本应说肺经的，却扯远了，还好，带来几只小鱼一并送给大家。

肺经的鱼际穴定喘的效果很好，只需按揉即可。

有人总觉得气不够使，有吸不上气的感觉，就点揉太渊穴，此穴为肺经原穴，补气效果极佳。

尺泽穴是最好的补肾穴，通过降肺气而补肾，最适合上实下虚的人，高血压患者多是这种体质。

经渠治疗各种咳嗽都有效，使用方便，无需辨证。孔最穴对风寒感冒引起的咳嗽和扁桃体炎效果不错，还能治痔疮。还有个特效穴——少商，是专治咽喉肿痛的，三棱针点刺出血马上见效。

“吾生也有涯，而学也无涯”，学习不是积铢累寸，而是学一达百。饮半盏当知江河滋味，拾一叶尽晓人间秋凉。

求医录

Kyoru 问：

您一开始引用的"冰包火"病例中，有句话这样说："但其发病的根源是肺气不足，无力助心火以驱散风寒。"肺属金主收敛，心属火主宣通。两脏形成火克金之局。为什么补益肺气之后能够帮助痊愈？

中里巴人答：

心为火脏、为"君主"，如遇寒气转责于肺（火克金）。此时肺中储满寒气，但肺气不足，难以宣发。故需补肺。

福星照问：

我儿子12岁，皮肤不太好，小腿上有鱼鳞斑，一到秋冬季节就很痒，孩子经常挠，然后就长痂，有时面积很大，痂很厚。以前夏天就没了，现在夏天还有轻微的。现在又开始长了，孩子很痛苦，夏天都不愿穿短裤。请问老师有没有什么办法？另外，他经常头疼，就是脑袋里有大石头那种，又比较容易感冒流鼻涕，爱出汗。一直有些干咳，好像嗓子总有东西。感觉他非常容易着凉。我给他刮痧，他满背都是痧。以前眼睛下面发蓝，有人说是心脏缺血，现在每天让他喝蜂蜜及螺旋藻，情况好多了。但其他没什么变化。我想请老师指点一下，我该如何调理他呢？

中里巴人答：

从您说的情况大概可诊为脾肺气虚，有几种药可以参照试用——参苓白术丸，健脾益肺；补中益气丸，健脾止泻；玉屏风散，防风止汗。若兼有口干口渴，可用人参生脉饮，若畏寒怕冷则不用。中医讲肺主皮毛，皮肤有问题，多从肺经入手根治。

开心问：

我的湿疹是全身性的，基本对称，先发红，再结痂，痒，一片片的。胃口没有什么特别，就是容易口渴想喝水，皮肤黄。睡眠不太好，不容易入睡，偶尔心悸。大便颜色一直很深，基本每天一次，但是经常溏或者秘，消化吸收不好，是脾胃弱吧？偏瘦，吃的不少就是不胖，体重不到100斤，165cm，女。我的正常体温是36.5度，现在从中午到晚上一直都在36.8～37.5度之间，已经持续近两个月。验过血，血沉快，其他没有异常，1996年得过肺结核，钙化，现在有钙化点，没有重新发作迹象。以前在山东时，皮肤偶尔起小疙瘩，都是星星点点的；现在成片，很痒，经常半夜四五点间醒来，痒。2002年来广东，2005年11月第一次全身突发大面积湿疹。现在在深圳。11月开始吃中药，提供给您其中一个方子，基本上没有大的调整：麻黄5克、柴胡6克、防风5克、川芎3克、杏仁10克、独活6克、荆芥10克、党参4克、菊花6克、薏仁15克、白鲜皮10克、桔梗6克、干姜5克、银花6克、白芷5克、连翘5克、苍术10克、蝉蜕6克、茯苓10克、黄连2克、甘草3克、乌枣10克。

中里巴人答：

您的问题据我分析应该是结核虽愈、余毒未清。肺部病灶尽管已经钙化，但是肺脏已受损伤，肺经调节的功能也大为减弱。中医讲肺主皮毛，皮肤的慢性疾患多与肺的功能有直接的关系。口渴、下午低热也是肺阴不足的表现。凌晨四五点钟也是肺经流注的时间，所以您的这些症状都与肺功能受损有关。但是，肺功能的修复主要靠脾胃的气血供应，如果脾胃也不好，肺脏就无法得到及时修复，想彻底康复也就遥遥无期了。另外，心火旺影响睡眠，肝气旺妨碍月经，都是影响气血增长的障碍，也需一并调理。

提供一个方子仅供参考。一、养阴清肺口服液：口干时服，夜里醒来时服。二、进口西洋参或花旗参：煮水代茶饮或切片含服，量可稍大（西洋参性寒凉，补气养阴，最宜于肺）。三、淮山药、薏仁米，两药等量打成细粉，熬粥。每日喝一小碗，健脾祛湿功效显著。四、加味逍遥丸，每日上午、下午各一袋，舒肝解郁，健脾调经。五、每晚临睡时吃一粒牛黄清心丸（最好是同仁堂的)，清心安神，有利于睡眠，白天心烦燥热时也可服用。如会刮痧，可在后背膀胱经、手臂肺经刮痧，有利于通调水道，使湿毒从尿而解。

3. 神秘的三焦经——人体健康的总指挥

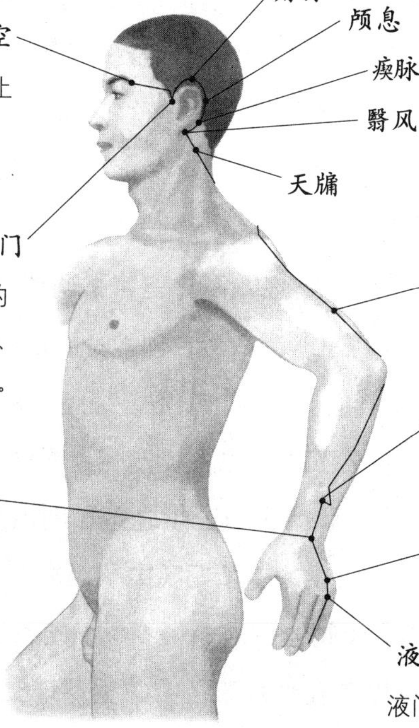

> 三焦有什么功能呢？它就像是一场婚礼的司仪、一台晚会的导演、一个协会的秘书长、一个工程的总指挥。它使得各个脏腑间能够相互合作、步调一致，同心同德地为身体服务。

我们通常说“五脏六腑”，那六腑是什么？没有学过一点中医知识的人是说不清楚的，通常只能说全五腑——胃、大肠、小肠、膀胱、胆。还有一腑，就是三焦。我们的五腑都像一个容器，且时满时空，就像我们的胃肠，被食物填满又排空，周而复始。三焦就是装载全部脏腑的大容器，也就是整个人的体腔。古人将三焦分为三部分——上焦、中焦、下焦，上焦心肺，中焦脾胃、肝胆，下焦肾、膀胱、大小肠。

三焦有什么功能呢？它就像是一场婚礼的司仪、一台晚会的导演、一个协会的秘书长、一个工程的总指挥。它使得各个脏腑间能够相互合作、步调一致，同心同德地为身体服务。对于它的具体形状，从古至今就争论不休，现代有的医家把它等同于淋巴系统、内分泌系统以及组织间隙、微循环等，但都不能涵盖三焦的实际功用。咱们也没必要把三焦硬与西医解剖意义下的器官进行类比。

按中医经典《黄帝内经》的解释，三焦是调动运化人体元气的器官。这时它更像是一个财务总管，负责合理地分配使用全身的气血和能量。

“三焦者，总领五脏、六腑、荣卫、经络、内外左右上下之气也，三焦通，则内外左右上下皆通也，其于周身灌体，和内调外、荣左养右、导上宣下，莫大于此者……三焦之气和则内外和，逆则内外逆。”

上边这段文字是汉代华佗所写《中藏经》中的一段话，此书文字古奥，但对三焦的这段阐述倒是通俗易懂。先不说此语是不是真的出自华佗之口，但三焦在五脏六腑当中的重要地位，由此可见一斑。

简而言之，三焦有两大主要功用：

一、通调水道。《灵枢经》上说：“三焦病者，腹气满，小腹尤坚，不得小便，窘急，溢则水，留即为胀。”

二、运化水谷。正如明代医家吴勉学在《医学发明》中所说：“水谷往来，皆待此以通达。”“焦”通“燋”，乃引火之物，以火才可腐熟食物，古人遣词命名皆有深意。

三焦之功能如此强大，理应在治疗上屡建奇功，但实际远非如此，因为大多数医者对三焦概念、功用模糊不清，很少有人去探究它的真正奥妙，只是停留在对传统注释的一知半解上。机理不明，自然也就无法应用，以致有人根本想不起用三焦经来治疗脏腑病这条思路。

这也难怪，古人在三焦治疗上就没留下很丰富的例证供我们参考，就是简单的阐述都难得一见。明代医家孙一奎有几句话或许是其经验之谈："上焦主纳而不出，其治在膻中；中焦主腐熟水谷，其治在脐旁；下焦分清泌浊，其治在脐下。"古人说话都是如此简约，按现代人的思想好像跟没说一样，其实古人只是给我们打开一扇窗，外面的风景还是要我们自己去看的。有心者可以借此通达深入，而更多的人还是指望别人一一指点给他——青山在远处，白云在上边，还有流水、小桥——否则即使再开两扇窗，也是一无所见。

学习经络可深可浅，虽不能登堂入室去探宝，咱们顺藤摸瓜去摘些果子却也是举手之劳。请注意观察一下你出现症状的位置，看它是发生在哪条经络循行的路线上，你只要刺激这条经络上的相关穴位，那么症状都会有些改善的。

还说三焦经吧，它的终止点叫丝竹空，正好在我们长鱼尾纹的地方，而且很多女士这个地方最易长斑，所以刺激三焦经是可以防止长斑和减少鱼尾纹的。这条经绕着耳朵转了大半圈，所以耳朵的疾患可以说是通治了，耳聋、耳鸣、耳痛都可通过刺激本经穴位得到缓解。这条经从脖子侧后方下行至肩膀小肠经的前面，所以和小肠经合治肩膀痛。还能治疗颈部淋巴结炎、甲状腺肿等发生在颈部的疾病。由于顺肩膀而下行到臂后侧，所以又可治疗肩周炎，再下行通过肘臂、腕，那么网球肘、腱鞘炎也都是三焦经的适应证。

有一位中年女士，因丈夫有外遇，与其大吵后突然右耳轰鸣不止、昼夜不休，无法入睡。西药治疗3天毫无疗效，朋友求我帮忙，病人此时头痛欲裂、心烦气躁。我本欲在太冲穴施针以泻肝火，但此穴用手掐毫无痛觉，知其肝火已上巅顶，针"太冲"已鞭长莫及。便用三棱针在头顶"百会"附近连刺3下，出血10毫升左右，患者顿觉头目清爽，但耳鸣依旧。于是沿三焦经从“角孙”至“翳风”到“天牖”一路刮痧，出紫痧多而厚，刮至“天牖”时，耳鸣骤然停止。由此也可以看出，三焦经不正是肝火宣发的出气筒吗？曾接触过许多更年期综合征的女士，她们的三焦经个个痛不可摸。

此外，三焦经还有一些你意想不到的功效呢！例如掐中渚穴可以治小腿抽筋，支沟穴可以治胁痛岔气，液门穴可以治口干咽痛。

记得春天和十来个朋友去郊游，都坐在一辆面包车上，可能是山路不平，车颠簸得很厉害，同行的一位女士突然腰痛得坐不住了，我们赶紧把车停下。这位女士曾因腰椎三度滑脱，做过手术，今天突然旧病复发，又是在荒郊野外，急得大家不知所措，纷纷把目光投向了我。可车上空间太挤，根本没地方按摩。我飞快地思考着有何变通的方法。上身的什么经络穴位能通到腰椎去呢？突然，《难经》当中的一句话“三焦，元气之别使”在脑中一闪，我似乎找到了答案。元气乃命门所发，而命门穴正在腰椎位置。当下取三焦经的原穴“阳池”并在其周围寻找痛点，在两个手背找最痛点进行按揉，只揉了不过5分钟，她的腰就一点不痛了。当然，这种手法只是应急，并不能除根。但那天，我们大家却因为这小小的三焦经而能尽兴游玩却无后顾之忧。

还有个一紧张就胸闷的朋友，看书、看报、看电视都会莫名地胸闷憋气、上腹堵胀，胸口就像勒上了禁锢的外壳，不得喘息。经过西医多少次体检也没查出一点毛病来，都认为他是神经紧张闹的！一次朋友聚会，在打闹嬉戏中我无意间用拳头锤了他的胳膊一下，原本是玩笑之举，他却痛苦不堪，捂着肩膀直叫疼：“老兄，轻点成吗，又不是武侠片点穴！”我其实根本没用力，大家也觉得他小题大做，不就敲了一下胳膊吗？哪至如此？可看他又不像是故作姿态，我用手按了按他的伤处，他疼得直咧嘴，可马上又乐了：“老兄，你真神了？刚才还胸闷得紧，喘气都憋，经你这一打，倒痛快了。”边说边自己按摩起被我敲疼的那块肌肉，胸闷很快就完全消失了。此时我才留心观察他上臂被敲疼的地方原来是三焦经的消泺穴，这样看来，他的胸闷当是上焦气郁而成。想来好笑，我的“无心之过”却解了他的“无名之苦”，还让我更多地领悟了“三焦主气”这句话的奥妙，真是“一捶两得”！

我每天都在积累知识，但我发现学富五车的人很多都没有思维。我每天都在参研事理，但我殚精竭虑仍没有看到觉悟的灵光，倒是在半梦半醒之间，亦真亦幻之际，失神凝望之时，或许有些不期然的东西，那似乎才是我真正想要的。

求医录

求医问：

为什么生气会跑到三焦经，气是怎么走的啊?

Jnc 答：

因为肝经和胆经之间有通路，而胆经和三焦经内部也有通路，三焦是全身气的调度员，气的问题都归它管，就和出了交通问题要找交警是一个道理。

Xxsh 问：

我自小坐车就晕，闻到汽油味就不舒服，会打嗝，只不过我可以控制住不吐。可现代社会想不坐车都难，有没有什么穴位可以治疗晕车?

中里巴人答：

这种问题多数是气闹的，下次坐车前你揉劳宫，或事先揉中脘取嗝看看。

4. 救命的心包经——人体自生自长的灵丹妙药

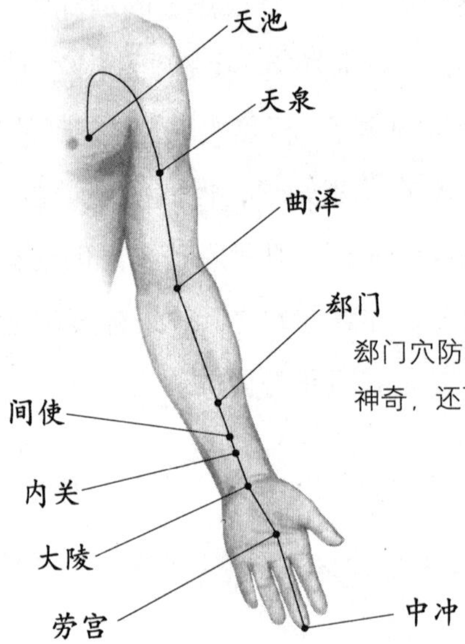

手厥阴心包经

·右手大拇指点郄门穴（又称救急穴，右手五根手指并拢的长度），同时左手掌作顺时针旋转）对于防治心绞痛疗效神奇。

·掐按劳宫穴（手心正中，中指弯曲过来处），就能补养心脏，且补养的速度极快。为什么叫这个名字呢？就是劳累以后到宫殿里去休息。

·这些穴位如果对症使用的话，绝对就是灵丹妙药，且没有丝毫的副作用。

学习经络穴位要从实用出发，只学那些学会马上就可使用且确有疗效的方法。对于那些似是而非的东西，拥有一堆像付款时刷的信用卡，哪张都不能用，这样的东西不要也罢。

我给大家谈谈心包经，这条经络穴位很少，但宝贝很多，有些穴位是专病专穴，是其他的穴位无法取代的。至于经络的循行路线，你只要自行看图确认便可。比如说处于腕横纹上10厘米处的郄门穴（胳膊长短不同，这是大概位置），它对于防治心绞痛疗效神奇。

记得有年10月份的一天，天气较冷，邻居家的女孩急慌慌地来敲我家的大门，说她的爷爷突然坐在地上起不来了。我赶过去一看，只见80多岁的刘大爷脸色煞白，头上大汗淋漓，右手捂着胸口，斜靠在墙角的地上，话都说不出来了。我见此情形，料定是他的心绞痛犯了，便向他孙女要硝酸甘油，可情急之下却一时找不到，急得她直哭。这时我突然想起了一个穴位——郄门，便撸起老人左臂衣袖，用我的左手大拇指点按住郄门穴，右手攥住老人的左手掌进行顺时针旋转。一分钟的光景，老人长出一口气，四肢也由冰凉逐渐转暖；5分钟以后我扶着老人上床休息，此时他已谈笑风生，说当我按住他的穴位时，他感到有一股热流由左臂涌入前胸，心里立即不再发紧，一下子松绑了。郄门穴穴位较深，自己按摩时可用右手拇指用力按住此穴，同时左手腕做顺时针旋转。这时此穴就会有较为明显的感觉。（不要等到发病时才想起去按摩，那时你定是心有余而力不足了，还是平日就揉一揉，防患于未然吧。）

再说个心包经的宝贝穴位，这个穴用处极广，太实用了，这就是位于手心的劳宫穴。劳宫穴，为什么叫这个名字呢，就是劳累了以后到宫殿里去休息。这是我的解释，跟原注不相干，但却能说明它的用途。这是一个补养心脏的穴位，且补养的速度极快。

通常在刮痧前让患者自行准备中药生脉饮，以防止有些人“晕刮”，往往是心脏功能较弱的人会有这种情况。一日为人刮痧，那人刮着刮着突感心慌、恶心，随即就进入了半休克状态，她家里的人慌作一团。我见状连忙掐按她的劳宫穴，不到两分钟她便醒过来，并对我说像是睡了两个小时的舒服觉，一下子就又精神抖擞。

两次意外的经历让我领略了人体穴位的神奇，只要对症使用，绝对就是灵丹妙药，没有丝毫的副作用。

劳宫穴的功效还远远不止这些。参加面试或者是在其他重要的场合，我们有时会紧张得手心出汗、心跳过速，这时你不妨按按劳宫穴(左手效果更好)。转瞬间，你就会找回从容镇定的感觉。

求医录

福星照问：

前一阵子我在心包经上刮痧，轻轻一刮刮出很多小红点。隔了几周之后再刮就只变红了，这样是不是就不需要刮了？还是我刮得有问题？另外，在敲了一段吴老师建议的胆经之后，我最近一周以来晚上10点躺在床上往往要到12点才能睡着，不知道您有没有什么好的办法？

中里巴人答：

大多数人开始都会这样的，我也是。不过你每晚睡觉之前“推腹”会帮助你入睡的。

May问：

如果是弹弓手(中指)，用那个穴位针灸？

中里巴人答：

弹弓手(中指)，可以用两穴位，一个是郄门穴，一个是内关穴，此二穴都是心包经的，哪个穴敏感就多按哪个穴。

5. 小肠经——人体健康的晴雨表

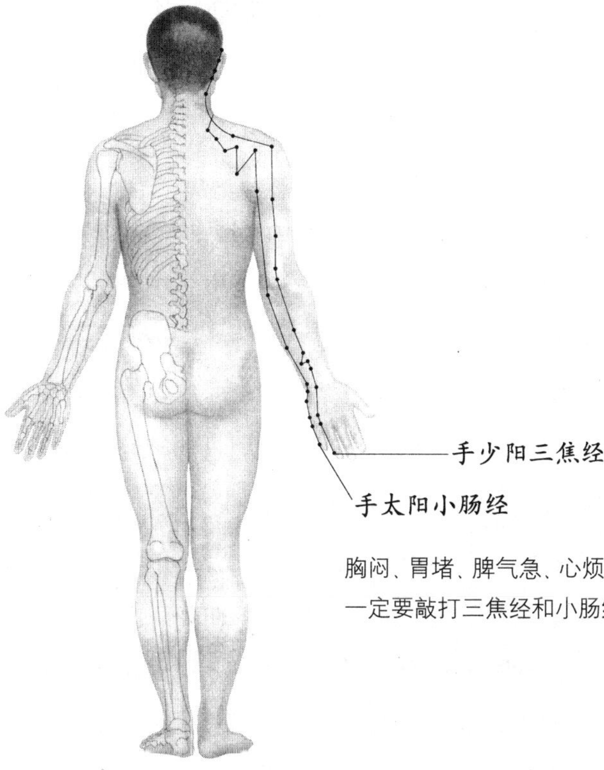

胸闷、胃堵、脾气急、心烦气躁，一定要敲打三焦经和小肠经。

“麻筋”就是小肠经的线路，你现在用拳头打一下这“麻筋”，看看能不能麻到小手指去。如果一麻到底，证明您心脏供血的能力还是不错的；如果只痛不麻，那你的心脏已经存在供血不足的情况了。另外还有一个更简单的测试法，只要行个军礼，看看上臂靠近腋下的肌肉会不会很松弛，松弛就是此处气血供应不足了。这里正是小肠经，而小肠经是靠心经供应气血的。

有的人总是爱胸闷、胃堵，还有些人脾气很急，老是心烦气躁，动则要与人嚷嚷。这时就一定要按摩三焦经和小肠经。

天天守在电脑旁的朋友们通常都会肩膀酸痛。有的人站起身活动一下，很快就恢复如常；而另一些人则会日渐加重，先后背痛，然后脖子也不能转侧，手还发麻。医院通常诊为颈椎病。其实多数是心脏供血不足，造成小肠经气血也虚弱了。观察一下小肠经的走向就会发现，从脖子到肩膀，再从胳膊到小手指，一路下来，正是你平常出现症状的部位。

有人问，心脏供血不足，为何会影响小肠经呢？这其实是中医特有的一个概念——表里关系。心与小肠相表里，这种关系是通过经络的通道联系起来。如果心脏有问题，在最初的时候，小肠经就先有征兆了。有的中医能够预知你的疾病，那并不是捕风捉影，随意揣测的(当然总会有这样的人)，而是你的身体已经先告诉他了。所以，他并没有什么高明的，更不是什么巫术，只是你不知道内情罢了。

现在咱们就揭开谜底：肩膀在开始的时候只是酸，酸的意思是气血不足了，然后是酸痛，酸痛是因血少，进而流动缓慢而瘀滞，不通则痛了。再后来就变得僵硬疼痛了，僵硬是因为血少，血流缓慢，再加上长期固定姿式，血液就停滞在那里；如果心脏持续地供血不足，那么停滞的血液就会在原地形成瘀血，没有新鲜血液的供应，肌肉、筋膜就会变得僵硬，缺乏气血供养的肩膀就好像缺水少粮的边关军队，抵御不住外界风寒的侵袭。如果此时睡觉偶遇风寒，哪怕是一点点风，这不过是诱因，你就会落枕。其实落枕哪是当天得的呀，早已酝酿多时了，风只不过是导火索罢了。

有的人不从事案头的工作，肢体也总是在运动之中，那么他们心脏供血不足的情况又怎么考察呢？有一个很简单的方法，我们知道在我们胳膊肘的略下方有一根“麻筋”，小的时候打闹玩耍经常会碰到它，总会过电般一麻到手。这条“麻筋”就是小肠经的线路。你现在用拳头打一下这“麻筋”，看看能不能麻到小手指去。如果一麻到底，证明你的心脏供血能力还是不错的；如果只痛不麻，那你的心脏已经存在供血不足的情况了。另外还有一个更简单的测试法，只要行个军礼，看看上臂靠近腋下的肌肉会不会很松弛，松弛就是此处气血供应不足了。这里正是小肠经，而小肠经是靠心经供应气血的。

记得有个朋友，总是胸闷、胃堵，尤其是一紧张或看了点文章和电视新闻，就堵得像胸口压了块大石头一样，呼吸费力。说是精神因素，可实在憋闷得厉害。去医院检查，总以为他是胃炎，心脏也查不出任何毛病。于是吃了许多治疗胃的药物，可憋闷还是常常不请自来，去不了根。有一次聚会，他任何东西都没吃就已经开始胸闷憋气。我帮他按摩三焦经和小肠经，三焦经只有些酸，可当触及小肠经上臂的部分时，发现他那里的肉松弛若棉，里面有许多网状的粘连的东西，手还没用多大力，他已经刺痛难当，直叫我轻点。我问：“胸还憋闷吗？”他惊喜：“奇怪啊，不憋了！胸闷和胳膊还有关系啊！”“是啊，心血不足啊，当然憋闷了！”“可我没心脏病啊！”我说：“这团肉再松下去，你离真正的心脏病也不远了！”于是叫他回去好好修理小肠经，几个月后复查，那团松松的棉花已经有弹性多了，按摩也不刺痛难忍了，当然最主要的是胸闷对他来说已经是稀客了。

有的人脾气很急，总是心烦气躁，动辄要与人争吵嚷嚷，中医认为是心火亢盛。由于火气太大，无处宣泄，就拿小肠经“撒气”了。结果小肠经就会肿胀、硬痛。顺着小肠经就会牵连到耳朵、喉咙、脖子、肩膀、肘、臂、腕、小手指，造成这些地方或疼痛或麻木。

小肠经就好比一面反映心脏能力的镜子，通过了解心脏和小肠经的表里关系，我们不但能预测心脏的功能状况，还能够用调节小肠经的方法来治疗心脏方面的疾患。所以很多时候，上臂内侧松松垮垮的肉不是靠减肥和练习哑铃弯举就能够解决问题的。好好关注你身体里心脏的晴雨表——小肠经吧!

求医录

失望问:

我胸闷十几年了，要是注意力放在别处，就没感觉；但是一注意到了，就闷。过去在胸部不固定，现在集中在右胸部。胃倒不疼，只是有时有腹满的感觉。这个毛病十几年了，也治疗不好，真让人对西医失望！请问是什么原因，如何施治？

中里巴人答:

做做推腹或用手捏揉一下上臂的小肠经和三焦经走行的肌肉，若疼或刺痛就接着揉，多数胸闷会缓解（个人经验仅供参考）。三焦是管气的，胸闷多跟气有关系，小肠经多和心脏供血有关。不过胸闷也可能是肝气不疏造成，此时推腹和敲胆经、胃经就会有效。

6. 肝经上的太冲穴——最值得人心生敬畏的穴位

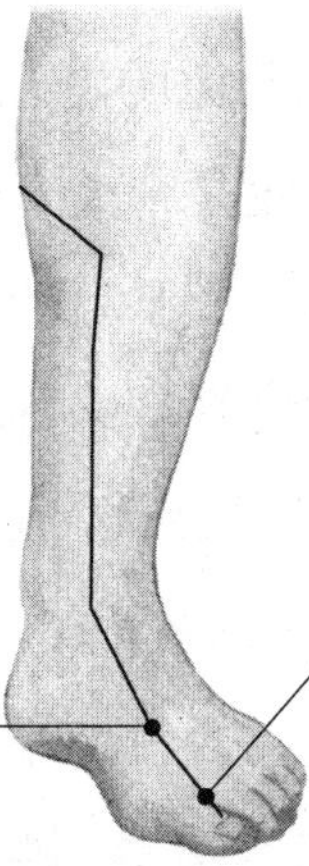

肝血不足，眼睛就酸涩，视物不清。肝火太旺，眼睛就胀痛发红。夜里总做噩梦，两三点钟便会醒来，再难入睡。

太冲穴可以伸出援手，帮你解决这如此众多的问题。还可以在你发烧的时候帮你发汗，可以在你紧张的时候帮你舒缓，可以在你昏厥的时候将你唤醒，可以在您抽搐的时候帮你解痉。

什么人用太冲穴好呢？最适合那些爱生闷气、有泪往肚子里咽的人，还有那些郁闷、焦虑、忧愁难解的人。但如果你是那种随时可以发火、不加压抑、发完马上又可谈笑风生的人，那么太冲穴对你就意义不大了。揉太冲穴，从太冲揉到行间，将痛点从太冲转到行间，效果会更好一些。

一天去朋友家办事，朋友请我顺便帮他的太太号号脉，说她在国外读的医学博士，根本不信中医，今天正好让她见识见识。

他的太太立即向我伸出胳膊，虽是微笑着，目光里却露出些挑战的意思。我觉得这种测试很无聊，本想拒绝，朋友却搂住我的肩膀，说:“老郑，你今天一定要帮我打消她的气焰，不然她老说我信中医是愚昧无知。”我说:“好吧，那就班门弄斧了。”我和她面对面坐着，我用3个手指点在她手腕的寸关尺上，凝目静思，她却始终微笑地看着我，不怀好意。号脉竟成了两大门派的内力比拼，真有意思!

她的肝脉弦旺、心脉浮数，定是个火气很盛、脾气暴躁的人，而脾脉却沉紧细涩，必有肠胃疾患，肺脉浮大而无力，时有头痛而发。摸了大约3分钟，已了然于心，我便起身坐在沙发上喝茶去了。他太太看我胸有成竹的样子，倒有些不知所措，焦急地问:“怎么样？有什么问题吗？”“没什么问题，就是肝火太旺，脾气大了点。”我略带调侃地说。“对、对、对，她这脾气，说翻脸就翻脸，整天都和我嚷嚷！”我的朋友在旁边搭腔。“这算诊的什么病，脾气大也是病吗？”她歪着头，略带轻蔑的口气说。我喝了口茶，慢条斯理地对她说:“脾气大不是病，但容易引起头痛、高血压。”她扬了扬眉，微微点了点头:“还有什么问题吗？”

“脾气大，爱生气，最易引起脾胃受伤，按西医说就是胃或是十二指肠溃疡。还有就是你夜里两点钟左右经常醒来，再也睡不着，白天9点钟到11点钟又困得不行，并开始头痛，但11点一过到晚上又会精神抖擞。”我娓娓道来，她目瞪口呆。“神了，神了，真神了……”她正沉浸在自言自语当中，我已经告辞出门了。

从某种角度上来说，发脾气并不是一件坏事，尤其是对于女性来说。每当男性朋友们向我抱怨太太会无缘无故地发脾气，我总会劝他们当做一件值得庆幸的好事来坦然接受。因为我知道，很多时候发脾气不是由于修养差、学问低，而是不由自主的，是体内的浊气在作怪，它在你的胸腹中积聚、膨胀，最后爆发出来，控制不住。那么这种气又是如何产生的呢？从根源上来讲是由情志诱发而起的。其实这种气起初是人体的一股能量，在体内周而复始地运行，起到输送血液周流全身的作用。肝功能越好的人，气就越旺。肝帮助人体将能量以气的形式推动全身物质的代谢和精神的调适。这种能量非常巨大，如果我们在它生成的时候压抑了它，如在生气的时候强压下怒火，使它不能及时宣发，那么这时它就成了体内一种多余的能量，也就是我们俗话说的“上火了”，“气有余便是火”，这火因为没有正常的通路可宣发，就变成了一匹脱缰的野马，在体内横冲直撞了，这种火上到头就会头痛，冲到四肢便成风湿，进入胃肠则成溃疡。所以让她河东狮吼，宣泄出来，岂不妙哉！

肝火旺是一种上天的禀赋，肝火旺的人有胆有识、精力充沛，常能做成大事，三国时的张飞就是这样的人。还有的人肝火先天不旺，气血不足，这样的人一旦生气，很容易被压抑，无力宣发，只能停滞在脏腑之间，形成浊气；这种气停而不走，阻碍气血正常运行，使血液循环减缓，很容易在体内郁结成块，甚至形成肿瘤。所以有浊气要及时排出，放屁、打嗝便是法宝。

有一种人爱哭，你可别阻止她，有烦心委屈的事能够随感而发，将体内的郁结及时疏解，真是痛快！“肝之液为泪”，这是上天赐予我们每个人的自然解毒法，可以迅速化解肝毒，为何不用呢？有些人大哭了一场，将多年的积郁一涌而出，顿时无毒一身轻。所以这是最高明的治疗方法。哭也会消耗大量的气血，因为浊气不会自行排出，需要调动大量气血将它赶出来。所以大哭之后通常疲惫不堪，困倦思睡，这时就要及时补充气血。另外，也不可总是哭哭啼啼，像林妹妹一样，那就又会造成气血两伤了，所以凡事要恰到好处，过犹不及。

说到肝火，说到生气，就不得不提到太冲这个奇妙的穴位。

太冲穴是肝经的原穴，原穴的含义有发源、原动力的意思，也就是说，肝脏所表现的个性和功能都可以从太冲穴找到形质。我对太冲穴一直怀有一种敬畏的情感，因为它太像是一位不怒而威而又宽厚睿智的长者。它总能给你注入能量，总能为你排解郁闷，总能让你心平气和，甚至在险象环生之时让你临危不乱、勇往直前。难怪吴清忠先生在《人体使用手册》中对此穴推崇备至。

一个穴位竟有如此的功效，很多人觉得我是在夸大其辞。但我觉得因为自己的浅薄，还远没有真正了解它的博大。在中医里面，肝被比做是刚直不阿的将军，“肝为刚脏，不受怫郁”，是说这个脏器阳气是很足的，火气是很大的，是不能够被压抑的。“肝主筋，易生内风”，你看那些中风后遗症的患者通常都是手脚拘挛，按照俗话说，就是筋抽在一起了，这就证明肝已受伤了。“肝开窍于目”，是说眼睛的问题主要是由肝来决定的：肝血不足眼睛就酸涩，视物不清了；肝火太旺，眼睛就胀痛发红。

“肝藏魂”，有一个成语叫“魂不守舍”，就是魂不能踏踏实实地在肝脏这个屋子里呆着，非要跑出来。有的人整天精神涣散，思想难以集中，就像丢了魂一样，这就是肝气虚弱造成的。还有人夜里总做噩梦，两三点钟便会醒来，再难入睡，这都是肝脏郁结的浊气在作怪。太冲穴可以解决这如此众多的问题，所以你一定要善加利用。太冲穴还可以在你发烧的时候帮你发汗，可以在你紧张的时候帮你舒缓，可以在你昏厥的时候将你唤醒，可以在你抽搐的时候帮你解痉。

太冲穴什么人用好呢？最适合那些爱生闷气、有泪往肚子里咽的人，还有那些郁闷、焦虑、忧愁难解的人，但如果你是那种随时可以发火，不加压抑，发完马上又可谈笑风生的人，那么太冲穴对你就意义不大了。揉太冲穴，从太冲揉到行间，将痛点从太冲转到行间，效果会更好一些。

本想奉上一份正餐，却摆上了一堆零食。有些可能不合你们的胃口，捡爱吃的吃一点吧！

求医录

阿兰德虎问：

我脸色很不好，经常长痘、出油，胃经常会痛、酸胀，有时候两个肋骨下面也痛。我性格很急，会生闷气。还有，我的前额特别高，我想问一下，我这些症状应该怎么用中医来调理？调理好了，我的前额还能长出头发来吗？

中里巴人答：

肝火太旺吃龙胆泻肝丸，肝火较旺又胃痛就吃舒肝止痛丸。平日多揉肝经的太冲穴。请中医大夫摸清脉象再开药，阴阳平衡，气血顺畅，前额自然能长出头发来。

Saturnring：

我妈妈就是那种爱生闷气、有泪往肚子里咽的人，平时不把话说出来，憋在肚子里。四五年前从眼角到嘴角部分开始抽动，这个病是不是和性格有关？

请问，按摩太冲穴是不是对治疗此病有利，还有没有其他相关的穴位？

Jnc：

按摩太冲到行间穴位，常做推腹，遇到肚子上疼的穴位，一定要重点揉开，还可推揉肋骨两缘的肝经穴位，若有疼的阿是穴，重点揉开。多敲胆经和大腿胃经的地方，可以帮助疏泄瘀滞。

Zhanglp：

我刚开始按摩太冲穴时很疼，按摩几次后感到心情好像放松些了。我是从2006年4月开始按摩心包经和敲胆经的，坚持到现在（当然，我根据自己的身体状况增加了胃的按摩和食疗、中药调理），身体、脾气有了很大的改善，不那么容易急了，而且我现在对那些排挤我的人和事情都能保持平静的心情（偶尔想起来也只是有轻微程度的不愉快，但能不去理会）。我就是每天首先按摩太冲穴，而且这个穴位的按摩时间比别的穴位长。

Xixi问：

我敲胆经快两个月了，这段时间总是凌晨两三点左右会起夜，不管睡前喝没喝水；总觉得颈后凉嗖嗖的，睡觉时只觉得肩颈很凉。不知为什么？

中里巴人答：

若是那种从里往外透着的冷，多数是身体在排寒气。若身体在调整肝经，很多时候会凌晨1点到3点这个时间醒，调整过了就不这样了。

Linlance问：

请教先生，我晚上睡觉的时候打呼噜非常响，早上起来咳嗽、头痛，好像有带血丝的痰。请问如何减轻打呼噜的症状？

中里巴人答：

带血丝的痰中医通常认为是燥火伤肺引起，若您同时有口干舌燥的症状，就可以吃些养阴清肺的东西。打呼噜多为肺气不宣、痰阻气道引起，气道堵塞则咳嗽，氧气不能上输于头，故头痛。看来都是肺的功能不良引起，所以应从肺论治。而肺气受损通常是肝火过旺造成的，所以临睡时多按摩大脚趾附近的太冲穴，去去肝火，会有很好疗效。

坚持的力量问：

调养身体开始修复，气血升高，出现了肝血增多、肝热、经血黯红、晚上失眠多梦、头脑发胀的现象，白天心浮气躁，甚至出现耳鸣，而按摩肝经、太冲穴、泡热水脚都挺难解决，之后也就不再敲胆经，睡不好，气血更差了。这时能否服用中药来解决问题？因为我和身边一些朋友有时候会被这一现象折腾一两个月。

Jnc 答：

彻底压透大腿内侧的肝经，加压肾经复溜到太溪、心经从肘到腕的部分，特别是神门、肺经的尺泽、鱼际，三焦经的支沟，敏感的多压揉两三分钟。五心烦热、心悸、舌尖红、疼可用牛黄清心丸，睡前服用，心烦、浑身热、出汗、口干、抑郁可用加味逍遥丸。疲劳、眼睛酸、怕光、烦热可用石斛夜光丸或明目地黄丸。

7. 膀胱经——人体最大的排毒通道

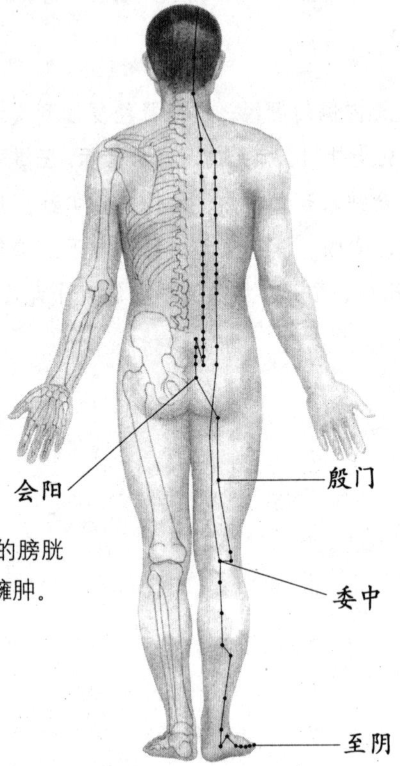

敲打臀部到脚外侧的膀胱经可治大腿和臀部臃肿。

在臀下殷门穴至委中穴这段膀胱经至关重要。因为此处是查看体内瘀积毒素程度的重要途径。

膀胱经为总的排毒通路，无时不在传输邪毒，而其他排毒通路皆是局部分段进行，且最后也要并归膀胱经。所以欲驱体内之毒，膀胱经必须畅通无阻。

在臀下殷门穴至委中穴这段膀胱经至关重要。因为此处是查看体内瘀积毒素程度的重要途径，有两条膀胱经通路在此经过，此处聚毒最多。若聚毒难散，体内必生瘀积肿物；若此处常通，则癌症不生，恶疾难成。所以此处实安身立命之所，不可不知。

经络是联接五脏六腑和四肢百骸的网线和桥梁，也是我们通过体表来医治内脏的长臂触手。但是穴位众多，如何选取？穴有五行，如何搭配？穴有补泻，如何操作？这些皆是纷杂不清的事情。古人已众说纷纭，今人又各抒己见。若要刻意求根寻源，幽门未入，已堕迷雾之中。所以不如削繁就简、去精取粗，反而容易掌握其要旨。

治病无外乎两条途径：驱其宿毒，培其正气。

一、驱其宿毒

膀胱经乃人体最大的排毒通道，病之轻重深浅皆可在此经查找到端倪。也就是说，病之由浅入深，此为入径之门户；病之由内而发，此为出径之通路，可谓邪毒出入之关隘。知此一经，则排毒之法思过半矣。

有人或问，大肠之排便、毛孔之发汗、脚气之湿毒，气管之痰浊，以及涕泪、痘疹、呕秽，皆为排毒之法，为何略为不谈，独言膀胱经？是因膀胱经为总的排毒通路，无时不在传输邪毒，而其他排毒通路皆是局部分段进行，且最后也要并归膀胱经。所以欲驱体内之毒，膀胱经必须畅通无阻。

膀胱经有个要穴叫“委中”，可泄而不可补，可针而不可灸，何故？此乃泄毒之出口。此穴通常为刺血首选，正是此因。

二、培其正气

“上工治未病而不治已病”，是说好的医生不等到疾病已经形成才去医治，而是防病于未然。如何防患？需随时培补正气，正气充沛则百脉俱通，气血旺盛则邪毒难以在经络中停滞瘀积。“经穴本调何须刺，气血充盈邪无踪。”现在的人往往只知排毒而不知培补，或毒去而复生；或毒邪未去，身体已衰；或正邪僵持难下，旷日难愈。所以祛邪和扶正须协同进行。人之内力须由脏腑而生，经络而传，故脏腑培补法、经络锻炼法最为切要(此二法另章专述),而精通一经一穴之用法倒似是舍本逐末了。

求医录

慧心问:

膀胱经就是管撒尿的经吗?

Jnc 答:

膀胱经就好比一个城市形形色色的排污管道,集合各个企业、民宅的污水,最后汇集去膀胱(污水储存站)排出。污水排出也要经过一定处理,这时候肾经及肾脏这个污水处理厂就该工作了。

好学问:

臀下殷门穴至委中穴这段位置的膀胱经好像自己不太好操作,不知道老师有没有什么自我操作的妙招?另外,关于膀胱经的排毒,我的理解是,刮痧效果最佳,其次是拔火罐,对吗?老师您能专门介绍一下拔火罐吗?现在有很多那种真空式的火罐,与以前的明火火罐相比,不知道老师有什么看法?

中里巴人答:

膀胱经殷门穴至委中穴的位置自己确实不好按摩,我过去曾使用过一个小哑铃来敲击这一段,觉得效果不错。但如果是女士,这样敲打的力度可能显得过大了,所以我一直也没有提倡这种方法。至于膀胱经用什么方法排毒最好,其实很不确定,刮痧若出痧很畅,则效果最佳。若不爱出痧,但按揉穴位却很痛,则按摩效果最好。若不出痧,按摩穴位也不痛,则拔罐效果好。拔火罐我比较喜欢真空式的,操作方便,避免烫伤,拔的力度也好调节;而且拔的力度也较传统火罐大很多,走罐、刺血也更为方便。

胖丫问：

如果大腿和臀部这段特别臃肿，是不是代表这段膀胱经不通呢？不知有什么简单易行的方法可以帮助打通这段经络？

中里巴人答：

大腿和臀部这段由两条经络来管理——膀胱经和胆经，膀胱经主管代谢水分，胆经负责代谢油脂，如果这两条经络阻塞不通了，体内的水液和油脂代谢不出去，堆积此处便形成赘肉，显得臃肿，所以使这两条经络保持畅通就是您要去做的。您可以经常按摩从臀部到脚外侧这段膀胱经线路，从上到下，按摩时穴位有痛感效果好，通常是越接近足部时痛感越小，所以要反复按摩这条经络。当用指甲轻掐小脚趾外侧的至阴穴痛如针刺时，膀胱经就算是打通了。然后经常按摩，让这条经常保持通畅。

打通胆经的方法您可参照《人体使用手册》中的敲打胆经法（网上可寻）。不但可以使胆经畅通，还可以舒解郁闷。中医认为，身体臃肿肥胖与气郁不舒有密切关系。

金蓉问：

我近两年到12月份后每到下午三四点就很疲倦，几乎合上眼睛就能睡着（晚上9点左右休息），这种情况会维持2个月左右。不知到底是什么原因？

中里巴人答：

冬令之时，寒气最盛，毛孔闭塞，而您应是寒湿体质，外寒而内湿，体表畏寒怕冷，体内湿浊又盛。下午三四点钟乃膀胱经所主，膀胱经此时气旺，外欲排体表之风寒，内欲通水道之湿浊，两相用力，大耗气血。故借调全身气血相助，因而体倦思睡，以保养气血。若果真如此，可在神气充足之时在后背膀胱经刮痧，以赶走风寒，还可在睡足后用取嚏法驱散风寒，同时吃山药薏米粥以健脾祛湿，很快可以痊愈。若与此分析有异，当有一些其他的身体指征可供辨析。

8. 肾经——主管人一生幸福的经络

按摩肾俞、关元两穴后，同时在肾俞、关元、气海等穴拔罐，就等于是一剂十全大补汤。

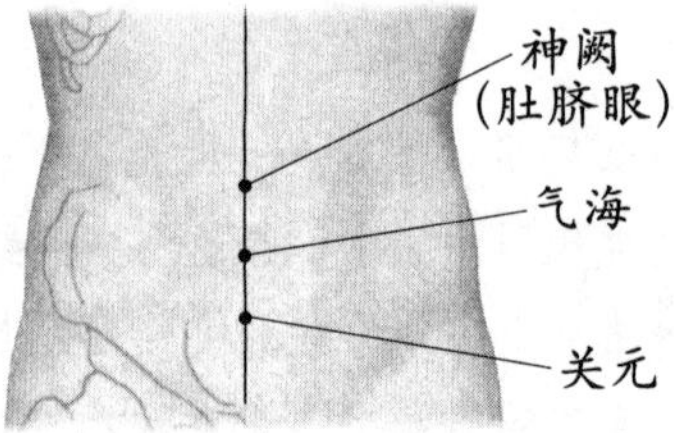

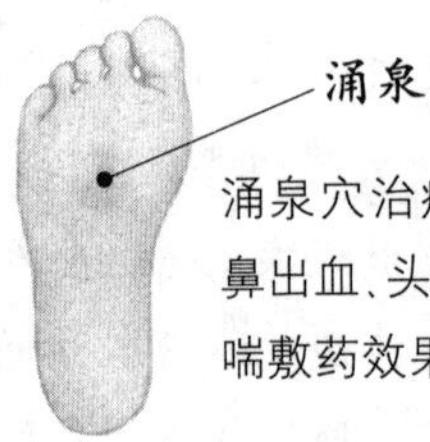

涌泉穴治疗高血压、鼻出血、头目胀痛、哮喘敷药效果最佳。

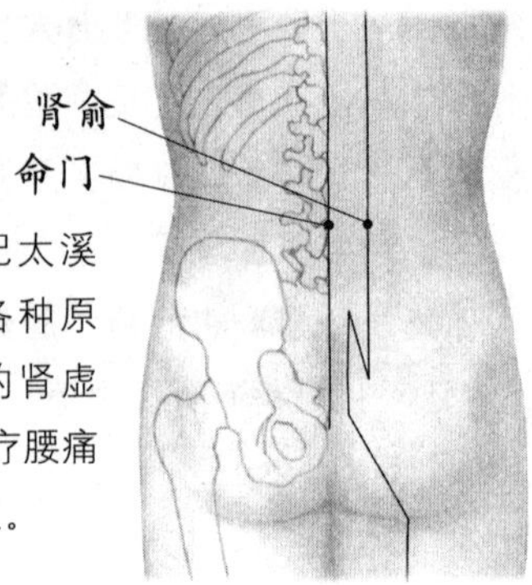

肾俞穴配太溪穴治疗各种原因引起的肾虚最佳，治疗腰痛马上见效。

太溪穴治肾病引起的腰酸、头晕、掉发、耳鸣、牙齿松动、哮喘、性功能减退、习惯性流产。

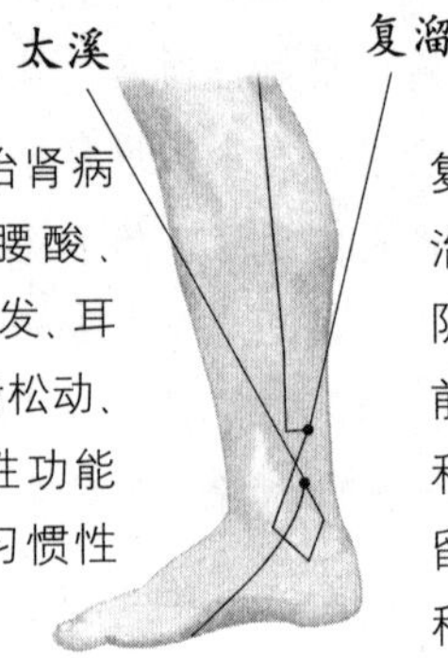

复溜穴可治膀胱炎、阴道炎、前列腺炎和因流产留下的各种后遗症。

世人只知鹿茸、枸杞、虫草、紫河车（胎盘）为补肾佳品，岂知太溪、复溜、涌泉才堪称是生命至宝。只是穴位蝇头之地，人皆不以为意，岂知小小孔窍，却能通天彻地，尽藏玄机。有朋友可能会觉得我在虚言夸大，狐疑不信，那就只能是"如人饮水，冷暖自知"了。

肾经，这是一条关乎一个人一生幸福的经络，若想提高生活质量，在身体上从温饱进入小康，那就必须把肾经锻炼强壮。肾是先天之本，也就是一个人生命的本钱，大多来自父母的遗传，也就是祖上的"遗产"。如果没有先天的厚赠，那就真的太需要后天的培补了；否则，人过中年便注定要每况愈下，衰老之态势不可挡。身体需要运动，经络更需要锻炼，经络是修复身体器官损伤的无形触手和忠实保镖。我们人体的器官就像天天运转的机器，是很容易磨损的；但是只要我们经常保养它，时时除垢润滑，那么我们仍然能够日久弥新，甚至脱胎换骨。因为我们改变了遗传留给我们身体发展的惯性轨道，激发了每个人身心固有的巨大潜能，大自然赐予了我们每个人强大的自愈能力，就看我们有没有这个机缘去挖掘和把握了。

这里主要讲肾经的3个穴——太溪、复溜、涌泉。你可别小看这3个穴，它们个个都是身怀绝技。

先说太溪，位于脚内踝后三厘米凹陷中，这个穴说白了就是一个大补穴，凡是肾虚引起的各种症状，如腰酸、头晕、耳鸣、脱发、牙齿松动、哮喘，还有男人们最担心的性功能减退以及妇女们的习惯性流产，都可通过刺激这个穴看到明显的效果。

我认识的一个女性朋友，才30出头，却患了难言之隐，总是憋不住尿，不敢跑，不敢大笑，甚至不敢咳嗽，因为只要稍有大的身体活动就会发生状况。她是一家外企公司的职员，人也长得漂亮，但就是这个病患使她非常自卑，同事们的聚会她从不参加，甚至不敢交男朋友。人们觉得她性情孤傲，也都对她敬而远之。她断断续续吃了3年的汤药，竟无显效。我看了这些方子，都对症，都是固涩缩尿补肾的方子，只是因为她脾胃虚寒，药物在脾胃被阻隔，无法真正被吸收，所以不能收到补肾缩尿的功效。我让她在后背肾俞位置左右各拔一个真空罐，同时按揉左右的太溪穴10分钟。每天如此，10天后她来电话说，肾俞穴在拔到第8天时出了大水疱，就没敢再拔，而且太溪穴已经揉得痛不可摸了。我对她说，这一切证明她肾脏的功能已经得到了很大的加强，可以暂时休息，让身体自己去调节。又过了一周，她兴高采烈地来到我家，告诉我她的遗尿已经彻底好了。其实用肾俞配太溪来治疗各种原因引起的肾虚都是最佳的配伍，尤其对于肾虚腰痛马上可以见效。用穴位补肾，躲过了胃肠吸收这道关，所以不会有虚不受补的情况，而且补得直接、迅速。

再说说复溜穴。“复溜”就是让血液重新流动起来的意思，在太溪穴直上两厘米处。这穴位治疗瘀血和炎症效果最好，所以什么膀胱炎、阴道炎、前列腺炎等，以及因流产留下的后遗症，都可以选择此穴。有针灸专家称针刺此穴滋肾阴的效果极好，相当于六味地黄丸的功效，所以怕热口干、夜间烦躁难眠的患者又多了件宝贝。

涌泉穴，相当于足底疗法的肾上腺反射区，自古就有临睡搓脚心百次可延年益寿的说法。其最实用的功效是在于此穴能引气血下行，可以治疗高血压、鼻出血、头目胀痛、哮喘等气血上逆的症状。此穴敷药效果最好。比如高血压患者可取中药吴茱萸25克研末，醋调成糊状，睡前敷于两脚心涌泉穴，用纱布包裹。通常20小时左右血压开始下降，且有持续效果。重症者可多用几次（平日配合金鸡独立法效果更佳）。鼻出血则敷大蒜泥，左侧流血敷左脚心，右侧流血敷右脚心，两鼻孔俱出血俱贴之，有立即止血之效。此法还可醒神通窍，以治疗慢性鼻炎（有专家建议此穴不宜艾灸，可作为参考）。此穴若只想用按摩法，则有个前提，就是稍用力此穴即痛感明显者适宜。若使很大力而痛感不显，或此穴处皮肤无弹性，一按便深陷不起的，不可用按摩法（会使肾气更为虚弱），可选用敷药法。

太溪、复溜两穴用按摩法效果很好，也无禁忌，常相配而用，哪个穴位敏感就先揉哪个穴，然后再把不敏感的穴也揉敏感了，有病治病，无病强身。若同时在肾俞、关元、气海等穴拔罐，那就真成了一剂安全平和的十全大补汤了。世人只知鹿茸、枸杞、虫草、河车（胎盘）为补肾佳品，岂知太溪、复溜、涌泉才堪称是生命至宝。只是穴位蝇头之地，人皆不以为意，岂知小小孔窍，却能通天彻地，尽藏玄机。有朋友可能会觉得我在虚言夸大，狐疑不信，那就只能是“如人饮水，冷暖自知”了。

求医录

老小伙问：

小便多和尿频是不是一个概念？

中里巴人答：

尿频而少脾肾虚，当用芡实莫迟疑。若是尿少腿足肿，薏米山药最相宜。山药芡实皆兄弟，健脾去湿可相替。若问共用功效何，一试便知莫迟疑。

爱中医问：

我丈夫（53岁）患有肾囊肿（大约有枣这样大了，在右侧）已有三四年的时间了，我该怎样给他治疗？

中里巴人答：

采用保守的方法治疗肾囊肿，我觉得您最容易掌握的莫如足底按摩疗法了，只要清楚肾脏反射区、淋巴反射区等几个简单的区域，然后一以贯之地去操作就行了。至于疗效，因个人体质和操作水平而有差别，但确实不失为一种简单易行而又有疗效的方法。

gxhzzmh问：

我给儿子在肾俞的地方拔了罐，我是这样拔的：每边大概拔半分钟，然后松开，再拔，如此反复五六次。在拔第一个罐的时候，右边马上有一点黑，左边不是很明显；到全部拔完停止时，两边都黑了。请问这样拔正确吗？

中里巴人答：

您给孩子拔罐拔出了黑印，已经初见成效了，下次拔时可时间略长，约3分钟。拔的同时按摩复溜、太溪两穴，哪个痛得明显先按哪个穴。还有，一定要练补肾功法，见效快。动作是两臂交叉从脑后向两侧分开，两手始终不交叉。用力点一定要在腰和脚掌。还有可以给孩子吃山药芡实粥，也是打粉后熬粥，1：1的量。这个对遗尿效果很好。芡实也叫鸡头米，药店都有。

爱子问：

我儿子11岁半了，从两岁开始一直遗尿，每天晚上要叫三到四次，很难叫醒；平时很容易感冒、咳嗽，如果一吃药，尿得就更加厉害；这么多年来一直都在治疗，中药吃了不少，专门的遗尿症专科也看了4个，但总不见好。腰板总直不起来，像个小老头似的，穿着背背佳腰板还是不直；总是用手摁揉头发，摁的地方头发都没了；挑食。看了您的文章说在肾俞拔罐有益，我想问，每一次拔罐要拔多久，要不要拔出红印来？还有，我很用力地按他的涌泉穴也不痛，请问如果敷药，是用什么药？老师，我儿子的遗尿有救吗？

中里巴人答：

有救，孩子有肾亏，就揉太溪，别揉涌泉，涌泉较为泻，太溪则偏补。至于驼背，首先要纠正他的习惯，其次要查一下缺钙锌否，还有就是每天用掌根将后脊从头到尾按揉一下。在肾俞拔罐效果很好，只是拔的时间太长会出水疱，要小心一些；其实拔出水疱效果最好，只是一般人都怕感染，所以也就不提倡了。还可在整个脊柱都拔上罐，对驼背的治疗很有效。

这是一个改善体质的过程，也不是一两天的事，但若按此方法，3周可有显效。

llue 问：

我用手按三阴交有疼痛感是什么原因？向里折左手中指第二关节感觉出牵动心脏疼痛又是为何？为什么手握拳顶腰眼处会有疼痛感？

中里巴人答：

您有些轻微的气血瘀滞。可揉揉心包经，点按三阴交活血化瘀效果也很好。腰眼痛可按摩复溜穴（肾经）。

宝宝问：

老师好！根据您对复溜穴的描述，如果经血淋漓不尽，按摩这里应该是很好的吧？在经期可按摩这些穴位吗？

中里巴人答：

月经淋漓不尽，很可能是脾不统血造成，最宜用三七粉和八珍颗粒一起服用。同时艾灸脾经隐白穴，平日常吃大红枣也很有效。复溜更适合月经不通畅的血瘀症。还有一种流产后的淋漓不尽，是瘀血造成的，用复溜较为适宜，但若与前两味药合用，则更为稳妥。

9. 天天敲打胃经和大肠经是预防衰老的秘方

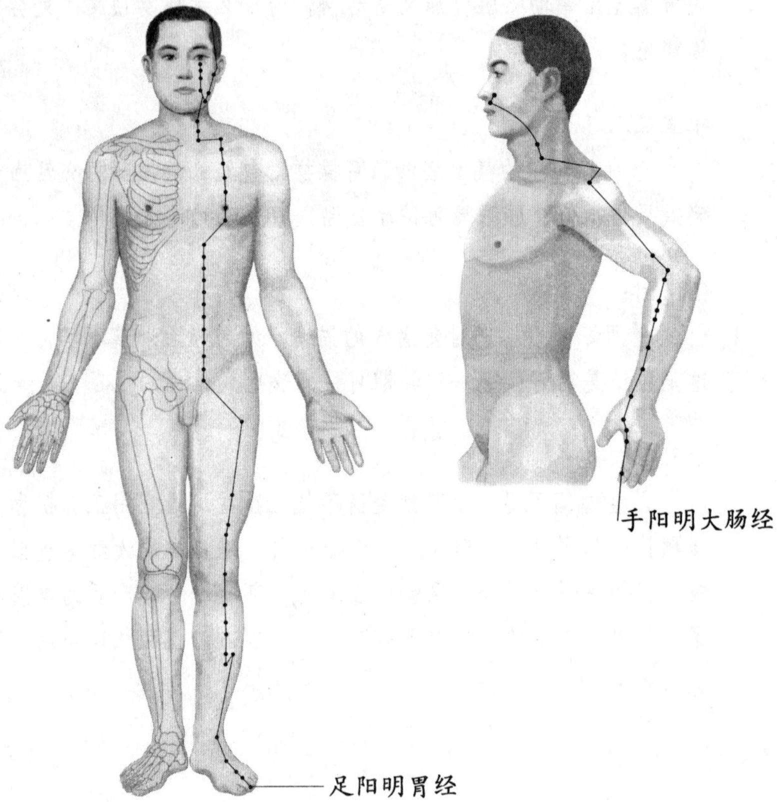

·脖子上的皮肤松弛了，影响美观，只要坚持敲打大肠经和胃经，很快就有惊人的改观。

·敲头与梳头，经过这样的“推敲”后，何愁头发不浓密与黑呢？

·照我这样去做，脸上怎会还生“斑”和“痘”！

前日与几个作家朋友在一起小聚，这些墨客们都是李太白的后人，酒后妄语狂言，不醉不解春风。我有医者身份挡架，得以浅尝小酌，独醒旁观。有位谢顶的兄台，酒已半酣，搂着我的肩膀向我边敬酒边说："郑老师，您看我，比您还小两岁，可人家说我像50多岁的，老婆都快不要我了，您得救救兄弟呀！"说得大家哄堂而笑。这时，这里最年轻的作家张女士向我问道："郑老师，我每天都熬夜赶稿子，人家说我最近老多了，您有没有什么美容秘法呀？"这是个眼睛大大的、很漂亮的女孩，只是面色有些灰暗。我随口道："我有什么好方法，你们就少喝酒、多睡觉呗！"大家对我的回答都摇头不满："郑老师不实在，我看您天天半夜在博客上发表文章，可还是满面红光地坐在这儿，肯定有什么妙方，却让我们早睡早起！"一句话说得我哑口无言。说实话，夜里写文章也是迫不得已，白天事务繁忙杂乱，也就晚上安静闲暇，但正如吴清忠先生所说，夜里是人体长气血、积蓄能量的宝贵时间，什么功法都无法替代正常的睡眠。我于是对大家说："我现在也是在挥霍过去积蓄的储备，哪天用光了，也会衰老得很快。"

他们都不信，有人还从皮包里拿出了藿香正气水和大山楂丸给我看："郑老师，这是您推荐我们用的解酒药，还真管用，我们现在比原来更能喝了。"一句话说得我是哭笑不得，我脱口说道："真是治得了病，治不了命呀！"这时，这里最年长的罗大哥说话了："郑老师，您算说对了，医者只管治病，至于命，那不是医生所掌握的，而是老天所控制的。老天让我们几位成为文化人，我们要出好的作品，那就得有激情，那就得放浪形骸、无所顾忌。如果整天为了保持身体的健康，日出而作，日落而息，循规蹈矩平淡一生，只是生活了一天，重复了3万次，尽管活过百岁，无疾而终，那又有什么意思呢？我宁愿大喜大悲地只活它100天！"他说这话时神采飞扬，不愧是作家，谬论都能说得铿锵有力。我虽不赞同，却也无话反驳。

他又说："所以，郑老师，您作为医者，能让大家的命运因您而更加精彩，那就是功德无量了。”我这人禁不住别人忽悠，一听“功德无量”，似乎很神圣，好像已经修成了正果，于是赶紧献出预防衰老的秘方。其实只是两个很简单的小功法，我即使真告诉大家，也不见得能有几个人坚持做，只是图个心理安慰罢了。

这就是我的美容秘方。

敲头与梳头：用10根手指肚敲击整个头部，从前发际到后发际。反复敲击两分钟，然后用10根手指肚梳头两分钟，也是从前发际到后发际（一定不能用指甲）。头上的经络众多，有膀胱经、胆经、三焦经、胃经，穴位则有好几十个。敲、梳以后，通常可以看到满指油污，这是头皮内的污浊从穴位和毛孔排出了。如果想加强疗效，可以用手掌将两耳堵住，用双手食指和中指弹拨后脑，这在古书中叫作“鸣天鼓”，最能怡神健脑。经过这番“推敲”，经络无阻，血管畅通，何愁头发不浓密乌黑呢？

面部皮肤的保养：先用10根手指肚轻轻敲击整个面部，额头、眉骨、鼻子、颧骨、下巴要重点敲击。再用左手掌轻轻拍打颈部右前方，右手掌拍打颈部左前方（手法一定要轻）。然后右手攥空拳敲打左臂大肠经（大肠经很好找，只要把左手自然下垂，右手过来敲左臂，一敲就是大肠经）。最后换过来左手攥空拳再敲打右臂，每边各敲打一分钟（从上臂到手腕，整条经都要敲）。敲打大肠经是因为这条经直通面部两颊和鼻翼，可以有效防止这些部位长斑生痘。

此外，还有一条更重要的经络——胃经，也要敲打。从锁骨下，顺两乳，过腹部，到两腿正面，一直敲到脚踝，胃经敲打可稍用力。面部的供血主要靠胃经，所以颜面的光泽、皮肤的弹性都由胃经供血是否充足所决定。有人脖子上的皮肤松皱了，影响美观，其实这不过是胃经的气血亏虚造成的。只要坚持敲打大肠经和胃经，很快就会有惊人的改观。

我将这些功法给这些天天趴在电脑前的“灵魂的疯子们”一一演示，他们都高兴得手舞足蹈，尤其是两位女作家更是欢天喜地。我也似乎被这种情景所感染，本来没喝多少酒的，却不知为何醉意朦胧了。

求医录

盼盼问：

我38岁开始闭经，现40岁。约32岁开始月经不调，可能是那几年工作压力大，经常加班加点，又得了一次急性胃肠炎，拉肚子20多天，搞得身体很虚弱。几年来我一直在中医治疗，可身体还是越来越差，37岁那年来月经大出血，来了近一个月，以后就3个月才来一次月经，这样过了一年多就闭经了。在一个教授处看病，做了一个雌激素检查，看了结果后教授说我不大可能再来月经了。听说女人没有了月经很快就会老，我不想这么快老，中里巴人老师，您认为我还能恢复月经吗？有什么办法可以治好？老中医说我五脏俱虚，要大补，但一吃补药我就上火，我吃红枣、阿胶口服液等都会上火，连一点煎炸食品都不能吃。我经常头晕、失眠、气促、脸色暗黄。看了老师这篇文章，我想我可能是肾虚，这两天试了一下在肾俞拔空罐及按摩太溪穴，另外早晚吃补中益气丸各10颗。老师我这样做对不对？不知还有什么治疗方法？补充一下，我还有颈椎病、腰痛（隐隐疼的那种）、尿频、眼睛胀疼干涩、有时会耳鸣等毛病。

中里巴人答：

听您所说，气血双亏是肯定的，但吃补药或食品会上火，火有虚火和实火之分，有的是气足过多而生火，有的则因为阴亏而产生虚火。如果吃东西还生火，很可能是虚，还伴随经络有阻塞不通的地方，所以造成补不进去。您可以在饮食调节的同时做一些拔罐与刮痧，主要针对膀胱经、心包经、胆经等，特别是脖子部分的经络。如果刮不出来痧，说明您气血太亏，还是先在膀胱经拔罐为主，拔到有瘀紫为好。可能开始拔不出来，不用管，和敲胆经一样，一周拔2～3次，隔日做（如果有瘀紫要等消失后再做）。如果可以吃牛肉，就吃清炖牛肉，一顿一小碗，一天2次，吃一个月，再配上山楂丸。再常吃些山药芡实粥。坚持早睡，有个停经的病例是晚上7点就睡觉，一直坚持了两三个月，月经才恢复的。

您一定首先要放松心情，这比吃药更重要。从您的症状看，您是属于脾肾两虚、肝火又旺的人，如果经常口干想喝水，可以吃点明目地黄丸、石斛夜光丸，若不爱喝水、小便又少则不能吃。若畏寒怕冷，不想喝水，可服用强肾片、桂附地黄丸。想通月经，必须先使气血充足才行。红糖山楂水活血通经效果很好，又很平和，若身体不是过于燥热还可加上三七粉同服，疗效更佳；若能再将肾经的太溪、复溜经常按摩，我想您一定会很快找回健康的感觉。

米堆问：

我今年27岁，最近左脚前脚掌很疼，一般的走路都会疼，且蹲下后再站起来左膝盖也会很疼且没有力气。不知道这是什么原因？

中里巴人答：

后脚跟痛多为肾虚，前脚掌痛通常为胃经气血不足、血不下行所致。可在腿部整条胃经拔罐或刮痧，并练习跪在稍硬的床上走，还可在左手中指根下一寸范围内寻找痛点按摩。对脚上的痛点尽量不去直接按摩，在丰隆穴针灸也有特效。

10. 按摩脾经治大病

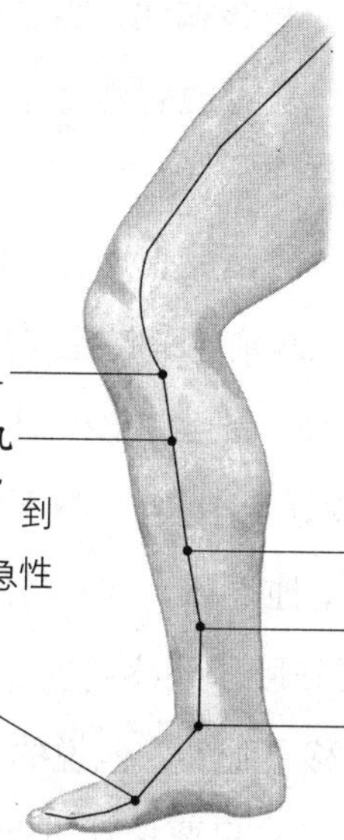

反复按揉脾经的“阴陵泉”到“商丘”这一段可治胰腺炎急性发作。

公孙穴可根除慢性胰腺炎。

> 我的这些朋友们都管我叫救火队队长，意思是能治急病，可这帮家伙却天天在放火。就像这位朋友，本来就有胰腺炎，可还是每日应酬不断，唉，医治不死病，命该如此，自求多福吧！

难得周末闲暇，夫人非要我熬夜陪她看无聊的韩剧。唉！只要老婆高兴，我也就以苦为乐了。老婆正看得动情，忽然家里电话响了起来。谁半夜三更的还来电话，老婆颇为不满。原来是我一位做生意的朋友，说自己的胰腺炎犯了，疼得要命，让我赶快去一趟。急性胰腺炎？那可是能要命的，我让他赶快上医院。他却说：“我明天一早的飞机，不能耽误，几百万的生意呢。老兄，救命如救火，你在家等着，我的司机马上就到你家。”

我的这些朋友们都管我叫救火队队长，意思是能治急病，可这帮家伙却天天在放火。就像这位朋友，本来就有胰腺炎，可还是每日应酬不断。唉，医治不死病，命该如此，自求多福吧！

风风火火地来到他家，只见他躬着身子，跪卧在沙发上，用拳头顶着腹部，已经是满头大汗了。大概摸了一下他的脉，浮大而不空，急滑而不乱，断无出血的危险征兆，我心里才稍稍平静了些。取出一寸毫针，在他按痛明显的左脾俞（膀胱经穴）、右胆俞刺入捻转。一分钟后他长出了口气，直起腰，正坐在沙发上，仍然用拳头顶着腹部，有气无力地说了声："后背好点了。"我蹲下身，隔着睡裤，在他脾经的地机穴用力点掐了一下，他疼得大叫："轻点，哥儿们！"我微微一笑："这叫引血下行，你现在肚子还疼吗？"他按按肚子，笑了："唉，是好多了，你是把疼痛转移了吧？"他说的也对，肚子里的病灶和腿上的痛点都在脾经这条线上，只要拽动下面的线头，上面的"风筝"也就随我控制了。

我反复按揉脾经"阴陵泉"到"商丘"这一段，将最痛点"地机"的痛分散到其他几个穴位，揉了足有20分钟，小腿上脾经的穴位都不痛了，这时这位老弟已经坐直了身子，和我开上了玩笑。"老兄，你这变戏法呢，我这疼都哪去了？"但他还有些担心，"会不会明天还犯呀？"我说："那可说不准。"他马上又哭丧着脸说："别呀，老兄，您救人救到底呀！"我让他伸出舌头看看，只见他舌苔黄腻，舌质暗紫，且有些发蓝。此乃痰瘀互结之象，病虽不危重却也不是一日可除。于是在他的左腿丰隆穴直刺一针，以化痰散结，另外让其自行按摩双脚脾经的公孙穴（公孙穴乃脾经络穴，久病入络，他的慢性胰腺炎要想除根，络穴公孙必不可少）。我对他说，犯不犯病，就看你这个穴揉得认真不认真了。他向我举手敬礼道："保证完成任务。"

一小时后，他将我送出家门，搂着我的肩膀说：“兄弟这100多斤以后可全交在老兄手里了，等我回来请您喝酒。”唉，还是老一套！

这真是“医病医心难医命，顾利顾名不顾身”。可这就是生活，古来如此，谁又能改变呢？

求医录

英儿问：

老师能解释一下“祛病需脾胃先行”吗？为什么？怎么做呢？

Jnc 答：

脾胃是人体的能量之源头，和家电没电啥都干不了一样！脾胃管着能量的吸收和分配，脾胃不好，人体电能就乏，电压低，很多费电的器官都要省电、节省，导致代谢减慢，工作效率降低或干脆临时停工。五脏六腑都不能好好工作，短期还可以用蓄电池的能源，透支肝火，长期下去就不够用了，疾病就出来了。由此看来，养好后天的脾胃发电厂有多么重要！

sweet_windy 问：

请问，我吃大枣是吃生的还是晒干的？要连皮一起吃吗？

还有，我在按摩阴陵泉和三阴交穴位时都感觉很痛，是说明有什么问题？

中里巴人答：

生枣通气通便，干枣养血通便，您可根据个人喜好选择。连皮吃通便力强，但有些人不喜欢吃皮，不吃也罢。阴陵泉和三阴交都很痛，表明您的脾经在积极工作，您吃大枣对它们可是有力的支持。

sweet_windy 问：

您的方法真灵，今早早餐后大枣我才刚吃一次，10颗，半个小时后腹痛如绞，然后如厕了3趟，先硬后稀。想问您，为什么会在便前腹痛那么厉害呢？

中里巴人答：

大便前腹痛，是气血冲击肠壁污浊的反映，痛得越厉害，冲击的力度就越强，排出的宿便就越多，您也越会觉得大便顺畅且排得有力。这证明您的脾的运化功能已经有所加强了。继续吃枣按摩，保持住这种良好的势头。但气血有个积聚的过程，不是总能这样旺盛的。

如何养胃问：

体检没有什么大毛病，也比较能吃，但是胃不太好，冬天会有胃的反应，关键是人比较消瘦，怎么吃都不能结实增重（和其他女孩子相反）。

另外，因为公司上班的缘故，经常午饭、晚饭都在外吃，油水肯定没有家里干净。请问如何保健自己，如何养胃，如何增强体质和体重？

中里巴人答：

你一定脾胃不太好，可以从推腹法做起，每天敲胃经与胆经。先把这两条重要经络收拾利落了，使脾胃气血充盈，有能力吸收营养才可能身体好起来。此外每天练习一下“激情玫瑰”里的补肾法。若有月经问题，可以参考调理月经的文章。平时饮食常喝山药粥，吃清炖牛肉配山楂丸，多吃桂圆、红枣，早睡早起，过一段日子必定有收获。

11. 心经生死攸关

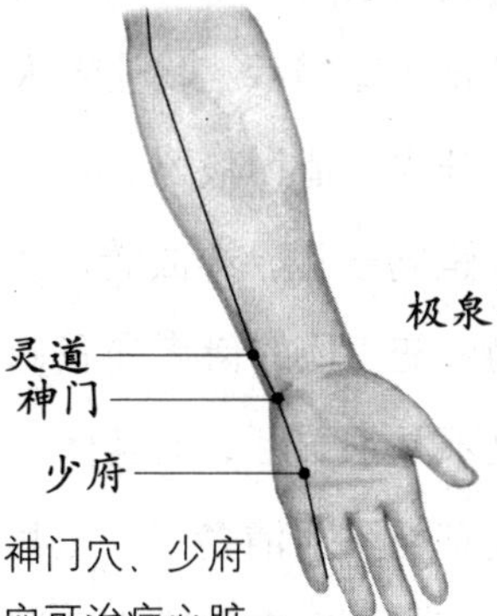

神门穴、少府穴可治疗心脏病或失眠。

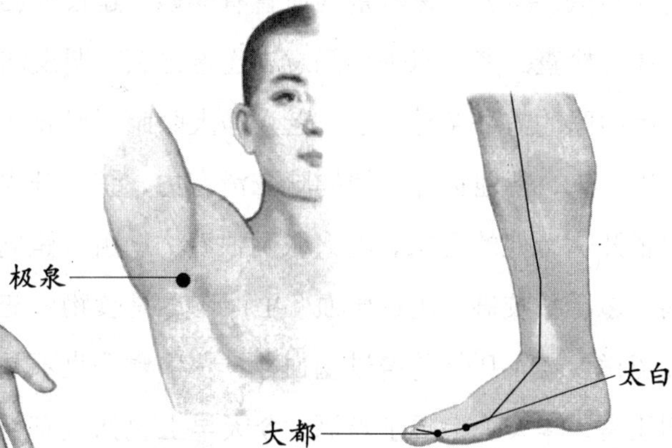

极泉穴、灵道穴、神门穴、大都穴、太白穴能治中风后舌头伸缩不自如。

> 人的情志不可拂逆，而应抒其所欲发，这样才能气顺痰消。

有位在中医院针灸科当主任的网友来信与我交流，说临床几十年，对心经的功效仍然认识不足，除了常用神门、少府来治疗心脏病或失眠等，不知还有什么功效。他的问题使我想起了令我很得意的一件往事。

前年的春天，我去新加坡旅游，暂住在好友杰森家里。那天晚上正在喝茶聊天，杰森突然接到一个电话，说他的一个英国朋友突然病重，不能说话了，他得过去看看，并请我一起过去帮忙给诊诊。路上杰森对我说，这个英国朋友很喜欢中国文化，经常和他一起聊天，已经75岁了，是个忘年交。

来到那个英国朋友的家，老人正斜靠在沙发上，两目有神，看着并不像有病的样子。他的私人医生已经来了半天了，据说是当地最有名的西医。那医生说他是脑血管有问题，建议他回英国去治疗，并马上住院检查。老人似乎不同意，连连摇头。朋友向老人介绍，说我可以用中医的方法帮他看看，老人睁大眼睛很惊奇地望着我。我让老人伸出手来，帮他把脉，他的脉弦滑有力，弦为肝火，滑为痰盛。再让他张开嘴看他的舌象，老人张嘴很费力，舌头歪向一边，卷曲着，舌头一边已被咬破，还在出血，里面还尽是食物残渣。他的侍者向我们介绍说，老人几年前得过脑血栓，左手臂一直不是很灵活，但其他一切正常。昨天晚上喝了点酒，今天早上说话就有点不太清楚了，尤其吃饭时总咬舌头，而且食物都糊在舌头上无法下咽，到晚上连张开嘴都吃力了。老人的问题在中医看来属于中风先期，肝风内动，痰蒙清窍，心脉瘀阻。舌通心脉，“舌乃心之苗”，故舌头的症状最多。

老人身体壮实，本可直接用安宫牛黄丸化痰熄风，但手边无药，我的针灸用具也没带在身边，便提出用汤勺为老人刮痧。我把我的思路一说，杰森用英语一翻译，那个西医大夫连连说“No”，并显出气愤的样子。而那个英国老人却露出欣喜的表情，频频点头。西医大夫最终铁青着脸，坐在旁边的沙发上，不再说话了。我在老人家的厨房搜寻了一番，找到了一把做工精致的、可能是盛饭用的小木铲，又找来了一瓶橄榄油。我让老人脱掉外衣露出左臂。老人的肌肉很结实，我顺着左臂的心经刮了起来，从极泉穴开始。那个小木铲很好使，比我在国内用的刮痧板还顺手，边刮我边问：“感觉怎样？”老人露出惊喜的表情，还时不时地点点头，好像正在欣赏一首美妙的曲子。痧出得很畅，不一会儿心经已经变成了一条黑紫的线条，像是被人重重地打伤了一样。那位西医大夫惶恐得坐立不安，总让我轻一点、轻一点。

刮了大约十几分钟，当刮到手腕的灵道穴时，老人突然剧烈咳嗽了一阵，吐出了两口暗黄色的浓痰，然后向我挑起大指，清晰地用英语说了句“太奇妙了”。我接着又在老人的神门穴点按一分钟，以泻心经之余火，同时用另一手在脾经的大都穴按揉，以接引心经气血，最后掐点太白穴一分钟，把肝火之多余能量尽转于脾经储存，不致白白泻掉。治疗共30分钟，再让老人吐舌头，已经伸缩自如、归位如初了。

老人高兴极了，大踏步地在屋里走来走去，然后亲自去他的储藏室拿来一瓶酒，据说是他家珍藏的法国香槟，已经有150多年的历史，非要大家同饮一杯。他的医生又忙站起身劝阻，并也示意让我阻拦，说他得这病就是因酒而起，怎能再喝酒呢？我却欣然地对老人点点头表示同意，因为我清楚，老人属肝气旺、痰火盛的体质，起先喝酒，酒性热而升散，一时痰火阻滞心经造成中风，而此时痰结已开，肝火已散，心脉正盛，喝点酒正好能温经通脉、祛滞散瘀，且人的情志不可拂逆，而应抒其所欲发，这样才能气顺痰消，尤其像老人这种刚直性格更是如此。

仔细品尝着他的家传宝贝，淡而悠香，但并未觉得有何特别之处，老人却很得意地显出酣畅的样子。虽然这百年佳酿给我这不懂酒的人喝是浪费了，但我的心里充满了欣喜和自豪，我想这更是一种陶醉吧！

看来外国人的心经和我们的毫无分别，真盼望我们的中医国粹哪一天也能像法国的人头马一样驰骋世界，香飘全球！

求医录

Deven 问：

有哪些穴位是给心脏供血的呢？

中里巴人答：

穴位取太冲、劳宫、太白、足三里、厥阴俞、心俞、膻中。足底反射区有：腹部神经丛、肝区、心脏反射区、肾上腺。临症随意取，如穴位无酸无痛，则不揉此穴。

12. 胆经——排解积虑的通道

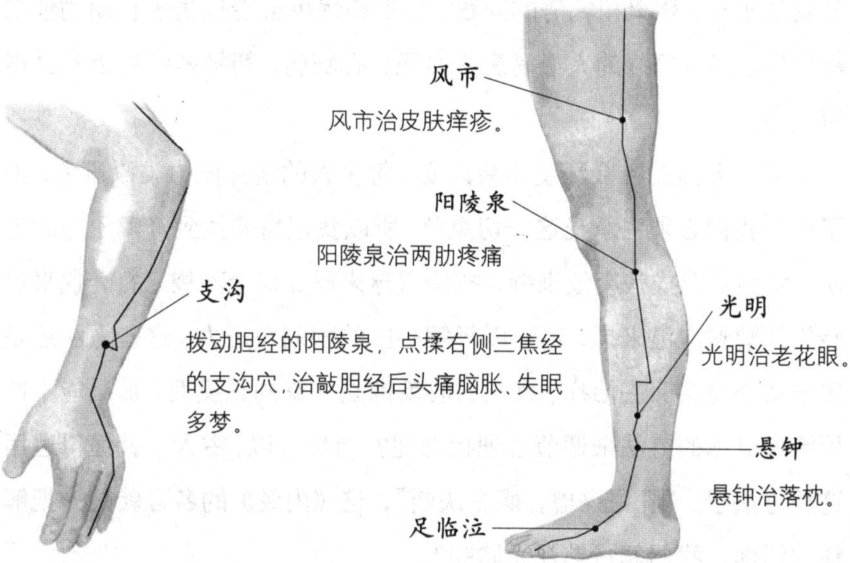

人似乎很难从忧虑、恐惧、犹豫不决的惯性中挣脱出来，很难让身心经常保持一致。我们若能顺随肝胆的习性，该谋虑时谋虑，该决断时决断。那么，我们的肝胆必定会日益强壮而没有无谓的损耗，身心也会健康快乐。但毕竟思想的障碍很难清除，非一日可以改变，不如我们就先来按摩太冲穴，然后敲胆经，通过改善身体来修正思想，然后慢慢地觉悟，一样可以达到健康快乐的彼岸。我深知，最有效的方法必须是最简单的。

《黄帝内经》中说：“肝者，将军之官，谋虑出焉，胆者，中正之官，决断出焉。”这句话是说，肝是个大将军，每日运筹帷幄，制订周密的作战计划，胆则是一个刚直不阿的先锋官，随时准备采取行动。我们现代人的一大特点就是用脑过度，思虑太多，精神负担沉重，心理压力超载。心理层面的东西似乎无法用生理的功能来调节，我们似乎只能求救于心理医生。其实不然，身心本是一体，须臾不曾相离，有哪些心理问题必产生相应的生理病变，如经常生闷气的女士就很容易发生子宫、卵巢和乳房的问题，恐惧和忧虑会造成男子长期的性功能障碍，脾气急躁的人最易患高血压、心脏病，精神紧张的人常会得胃溃疡。

竞争激烈的社会环境不会改变，每个人的精神压力难以避免，为了生存我们必须去承受这一切重负，所以我们需要找到舒解压力的方法。我们可以找些废纸来撕，找些气球来踩，找个沙袋来打，找来包装用的塑料泡泡来捏，都可以舒解心中的郁闷和压力。这些方法还是属于从心理层面去治疗。既然身心就像是手掌的正反面，那么能不能用治疗身体的方法来调节心理状态呢？当然可以，古人早就懂得运用这种方法了。“肝主谋虑，胆主决断”，这《内经》的名言就是一把解锁的钥匙，我们怎可熟视无睹呢？

为了生存，我们每天都会有很多的“谋虑”，为工作而谋，为前途而谋，为人际关系而谋，为生意而虑，为孩子而虑，为健康而虑，为情感的纠葛而虑。如果我们谋虑的事情能够被“决断”，并得以顺利地贯彻执行，也就是心想事成，那自然会气血通畅、肝胆条达了。但是，现实生活中的诸般事情难尽人意，多是壮志难酬、事与愿违的，所以，我们会有很多谋虑积压在肝而没有让胆去决断执行，肝胆的通道便造成了阻塞。由于情志被压抑，肝胆的消化功能、供血功能、解毒功能都受到严重影响，人体就会百病丛生。中医讲“百病从气生”，而气就是所愿不遂、心里矛盾冲突的直接原因。如我们不喜欢自己的工作但为了生存必须坚持，不喜欢自己的老板却要加班加点为他卖命，心里是切齿咒骂表面却笑脸逢迎，明明想拒绝他的无理而言辞却纵容他的恶意，结果我们每天都会在谋虑、决断中自相拼杀，大耗气血。所以，那些多疑善虑、胆小易惊的人，以及那些情志异常、精神错乱的病症，都应该好好地去调节肝胆的功能。

如何去改善肝胆的功能呢？最简单有效的方法就是吴清忠先生和陈玉琴老师提倡的敲胆经健身法，此法真可谓是造福大众的妙法奇方。因肝胆是表里相通的脏腑，肝经的浊气毒素会排泄到胆经以缓解其自身的压力。胆经因为承受了大量的肝毒，很容易瘀滞堵塞，进而影响到肝脏的毒素也无路可排，所以胆经需要经常加以疏通。敲胆经是增加了胆经的气血流量，及时缓解了肝脏的压力，从情志上讲它也会大大提高人决断的能力，让人更加自信、更加果敢。

胆经为足少阳经，为半表半里之经，与外界并无直接的通道，所以其浊气须借肠道而出。有人敲胆经后排气多了，大便也色深味重了，便是肝胆之毒素从肠道而出了。也有些人敲完胆经后头痛脑胀、失眠多梦，这多是因胆经之浊气没能从肠道及时排出，而循同名经手少阳三焦经上于头面所致。这时只要拨动胆经的阳陵泉，让电麻的感觉传导到脚趾，同时点揉右侧三焦经的支沟穴，不适症状都会明显改善。

说到胆经，还有许多特效的穴位：风市可治各种皮肤痒疹，阳陵泉治两肋疼痛，光明可治老花眼，悬钟治落枕，足临泣治眩晕。胆经的穴位都气感明显而强烈，如能善加利用，都有极为显著的效果。

一般人似乎很难从忧虑、恐惧、犹豫不决的惯性中挣脱出来，很难让身心经常保持一致。我们若能顺随肝胆的习性，该谋虑时谋虑，该决断时决断，那么，我们的肝胆必定会日益强壮而没有无谓的损耗，身心也会健康快乐。但毕竟思想的障碍很难清除，非一日可以改变，不如我们就先来按摩太冲穴，然后敲胆经，通过改善身体来修正思想，然后慢慢地觉悟，一样可以达到健康快乐的彼岸。我深知，最有效的方法必须是最简单的。

求医录

胆小问：

做了胆囊切除手术的人敲胆经还有意义吗？

Jnc 答：

胆囊切除者敲胆经当然有意义，因为有这类问题的朋友原先多是由于胆汁分泌通道不畅通或胆囊收缩乏力等原因造成胆汁瘀积，由此产生的结石或胆囊炎、胆石病。这些发病原因多数起源于胆经的瘀滞和不畅通。胆囊只是胆经管理的一个小小的囊性容器，它的工作状态好坏受胆经的支配。若胆经瘀滞，气血不足或不畅通，虽然胆囊切除了，可造成这一问题的体质内环境并没有多大改观，并且因为胆囊这个储存胆汁的容器（西医的概念）没有了，肝脏分泌的胆汁没地方存，更会造成消化不好。因为胆汁随出随流掉了，这也更容易加重脾胃虚弱。消化不良、腹胀腹泻是常事。敲胆经可以疏通胆经的瘀滞，更可以调节肝经及肝脏的胆汁分泌，保持肝胆表里经络的畅通，避免气血在此瘀滞而引发的脏器工作不良；预防手术后胆总管发炎及结石，整体调理消化吸收营养（脾胃）的功能。同时通过推腹法、敲胃经等方法，可协助改善体质，摆脱再次出现结石的烦恼。

小星问：

请问老师，我前段时间开始敲胆经，刚开始觉得特别有效，我夜里经常失眠，敲了以后马上就睡得很好，但是过了段时间似乎作用不那么明显了，又开始失眠睡不着了，是怎么回事呢？心态都跟以前差不多，且听了老师的话，修养身心，很少生气了，不知道是不是像减肥一样，是什么“平台期”？

Jnc 答：

一定要配合按心包经和肝经的太冲。敲胆经可以调理肝胆，但若线路有瘀滞就会火旺，配合按摩那两个经络，可以保持经络顺接畅通。而且23点到凌晨1点不要敲胆经，容易导致肝火大而失眠。

Lucyxiaoyun 问：

我 42 岁，女性，一直以来有纤维瘤，吃中药后纤维瘤基本不见，但体检时还是说小叶增生较厉害，却没有让我吃药，我也没感觉任何不适。现在我睡、吃都好，拉的问题不太顺，身体中部较其他部位肥，最烦的是白天痰很多，吃完饭后更是觉得痰旺得厉害，不知是啥原因？

中里巴人答：

中医讲“气郁生痰”、“脾虚生痰”、“治痰先治气，气顺痰自消”，纤维瘤在中医看来也是痰浊流注经络造成的，所以您的问题只在“痰”、“气”二字上，应该是脾虚造成，可用启脾丸、参苓白术丸等健脾祛湿，平日少吃猪肉、肥鸡、牛奶、甜食、茶饮、酒类等助湿生痰之物，不过多饮水。在吃完较多肉食后可服用大山楂丸来避免肉食生痰。若平日再喝点山药薏米粥，腹胀、大便不爽时吃点加味保和丸，定会有很大的改善。但从根源上看，还是要解散肝胆郁结之气，阻断生痰之源。逍遥丸、越鞠丸等也可参酌应用。当然，精神状态的调整也重要。

难受问：

我每天都会利用去洗手间的机会敲敲胆经、胃经，中午吃饭也常常吃些海鱼、虾、牛肉等，但是最近蔬菜吃得有点少。近一个月来，已经有好几次晚上睡觉热醒，被子盖不住，口渴，每次醒来都是一两点钟，而且醒后就睡得很浅了。白天还常感觉眼睛周围很热，看电脑很容易疲劳，心脏部位发紧。使劲按摩劳宫和内关后，感觉稍微轻松一点。去看了中医，开了杞菊地黄丸，吃了后觉得大便很粘腻，晚上睡眠还是很不好。今天凌晨一点醒来，白天精神还可以，但是前胸心脏部位很难受。我该怎么办呢？

Jnc 答：

这是有些肝肾阴虚火旺，睡前可按摩心包经以攻大腿内到脚的肝经疼的地方，一定要仔细压透肝经、肾经的太溪、胆经的阳陵泉和三焦经的支沟穴。具体方法参看《胆经——排解积虑的通道》一文。眼睛不舒服，可改用石斛夜光丸。若心悸、心烦、口渴，也可服用些加味逍遥丸。这种现象是气血上升阶段，临时造成体内各脏腑不平衡，多数是肝血增多引起肝工作增多，是好现象。实在不行也可以吃些西药的安眠药临时睡两天好觉。

第三章

自己才是药师佛

足底反射疗法非常好学，它把人的脚当作一面镜子，人体的五脏六腑便都在这面镜子里了。当身体里脏腑器官发生问题时，这面镜子就以痛感或其他的方式显示出来，然后按摩这些敏感部位，疾病就解除了，就这么简单。

1. 健康的真正杀手是“体内三浊”和“体外两害”

有人向我讨要治病的秘方，我指给他装秘方的匣子，再把开锁的钥匙给他。他却把钥匙还给我，再向我讨要治病的秘方。

我只好将他请进客厅，奉献一杯香茶了！

所谓“三浊”是指：浊气、浊水、宿便。所谓“两害”是指：不良的生活习惯、不健康的心理状态。（其治疗原理后文详述）

虽然俗务繁多，但博客是每天必上的，我知道，那里有许多等待我的朋友，他们都等着我一起结伴去看美丽的风景呢！似乎大家都把我当成了向导，这种被依托、被信任的感觉既让我激动又令我惶恐。其实，在生命的丛林中，我也只是个充满自信的探索者而已。即使撞了南墙，也觉得命该如此。但是，现在和大家一起携手同行，其中还有几位对我挚诚笃信的朋友，我真怕会令他们失望，空欢喜一场。

眼见博客上的留言越来越多，信箱里也充满了求救的信件，都是十万火急，都是殷殷恳切，很多病都是疑难绝症，我也苦无良策、爱莫能助。真怕伤朋友们的心，但很多提问我是硬下心不回的。还有一些零零散散的问题，通常是一些很偶然随机的东西，或是一些一次性的症状，当我苦思冥想、斟酌揣测的时候，你的问题早已自行解决了。

一切只是个缘份，如果大家愿意坐这趟列车，那就上车吧！或有没赶来的，或有要等下班车的，一切只有顺其自然了。

不管我们的道路是否能抵达健康的彼岸，但我们的心是要去那里的。很明确，我们不要苟延残喘地活着，我们不要小心翼翼的人生。如果你说，我只想掌握点知识，摘点野花小草，那么在这里你不会得到同气相求的感觉。语言是有力量的，因为心灵是相通的。

我们想要健康，就要消除影响健康的障碍。如果北风呼啸的时候才向隅蜷缩，暴雨倾盆的时候才抱头躲避，那么这种狼狈与无奈将永远与你形影相随。所以，我们必须要主动出击，防患于未然。可我们大多数人却不知患在何处，如何去防呢？

很多人备足了干粮，束紧了腰带，握紧了拳头，却不知该去攀登哪座山峰。如果没有敌人，那我手中的屠龙刀又该挥向谁呢？

现在，健康的敌人就在我们的眼前。

有人向我讨要治病的秘方，我指给他装秘方的匣子，再把开锁的钥匙给他。他却把钥匙还给我，再向我讨要治病的秘方。

我只好将他请进客厅，奉献一杯香茶了！

2. 大部分慢性病都可以用“推腹法”去解决

当慢性病老是不愈，但又不知病因何在、如何治疗的时候，那你就去寻找这个腹部的阻滞点吧，只要把它推开揉散，会发现你的慢性病也随之消失了。

前两天，和几个较熟的朋友一起吃饭，一个朋友说：“你博客里介绍的健身方法太复杂，全是经络穴位，我看着就晕，而且也找不准，有没有更简单的方法，不学就会的？”我哑然失笑，打趣道：“你这家伙也太挑剔了吧，把烙饼挂在脖子上你都不咬，就欠饿着你。”他笑了，把一块牛肉送进我的嘴里，说：“这样才到位。”

我转念一想，他说的也有道理，毕竟很多人对经络可以说是一窍不通，连最基本的概念都没有。我觉得通俗的东西吧，仍然会有很多人觉得复杂。没关系，我这儿还有更简单的方法，没有人学不会，只是担心其太简单而被人忽略。人们有一种错觉，认为越难学的东西价值越高，其实从平凡中孕育的伟大、从腐朽中显露的神奇才是无价之宝。

这里介绍的这个健身法，就是“推腹法”。

推腹，顾名思义就是推肚子，用手指、手掌、拳头皆可，由心窝向下推到小腹，简单吧？但是我还要对你苦口婆心地反复强调，这可是最好的健身法。千万不要因其简单而忽略，那样你真是把天上掉下的馅饼当牛粪了。

其实这个方法也不是我的新发现，古来就有。但是我要告诉你一个书上没有的秘密，那就是一切慢性疾患都可以在腹部找到相应的阻滞点。也就是说，一切慢性病都可以在腹部找到其对应的蛛丝马迹，由此，当慢性病老是不愈，但又不知病因何在、如何治疗的时候，那你就去寻找这个腹部的阻滞点（也许是一个硬块，也许是一个痛点，也许是一个“水槽”，也许是一个“气团”）吧，只要把它推开揉散，就会发现你的慢性病也随之消失了。

如果你没有发现自己有什么慢性病，但推腹时却在某个部位发现有阻滞点，那一定要赶紧将它推散揉开，因为那将来必是个隐患。

每天早上起床时要推一次，晚上临睡前推一次，平常无聊时也可推推。有人一推就会打嗝放屁，那是清气上升、浊气下降，效果最好；有人则会腹中水声咕咕，这是在推动腹中沉积多日的浊水，这种湿浊如果不及早排出，循经上头则头痛眩晕，滞塞毛孔则发皮炎湿疹，遇肝火则化痰，逢脾虚则腹泻，遗患无穷，必须及早清除。

“胃不和则寝不安”，是说肚子不舒服就别想睡踏实觉。有人长期睡眠不好，或眠浅易醒，或辗转难眠，或噩梦不断，只能靠安定来麻醉神经，真是痛苦不堪。这种情况我建议你赶紧推推肚子，会很容易找到阻滞点，然后细心将它推散揉开，坚持下去，你就可以告别漫漫长夜忧愁枕，一觉睡过日三竿了。

求医录

想吃就吃问：

老师，我推腹后吃得特别多，这是怎么回事呢？

中里巴人答：

脾胃调理需要气血，推了后，瘀滞通了或改善了，胃想干活了，当然能吃了。有胃口在中医叫有胃气，说明气血生化有源，是好事情！

果儿问：

不知疝气这个病可否通过推腹法治好？还是只能通过吃药或手术治疗？在很多中医网站看到有人说通过中药有治好的，但是老家的人都是通过做手术治疗的，村里又没有真正的中医，实在是很难说服他们不做手术。像家父这样已经做了手术的，还能否运用这样推腹按摩？因家父说动手术是把肠子漏气的地方堵住就没事了，我也不是太清楚是什么意思，这样按摩应该不会对肠子造成不良影响吧？

中里巴人答：

难能可贵，你能为一方村民和父亲来寻问祛病良方，真是菩萨心肠。我想村子里很多人得此病，应该和你们当地的水土有关了。关于疝气中医分得最详，不下7种，有的书上写9种。要预防，只需从肝经做起，未病的按摩太冲穴、中都穴、曲泉穴，加敲胆经，常推腹，不让其有郁结；已病的按摩太冲穴、行间穴、中封穴、蠡沟穴和脾经的商丘穴，防止其再扩大病情。爱心感动世界，也会感动苍天，祝你们村子因你而福泽绵长。

您的粉丝问：

我痛经很厉害，每当我做推腹的时候总想睡（好像是眼干的症状，就是睁不开眼，但大脑不累），这是怎么回事？是不是气血下行后眼睛缺血呢？

中里巴人答：

推腹推得想睡觉、眼睛酸，这是气血通畅的大好现象，证明你的经络是畅通的。再坚持推，会有更好的疗效。

3. 身无“三浊”一身轻

为什么我把“推腹法”说成是最简单、最有效的健康法？那是因为它就好比是身体之家里的一把大扫帚，你每天用它来扫一扫，身体里哪儿还会有那么多的垃圾呢？没了垃圾，那些可恶的小病小灾还会来吗？

治病无非就是两点：一是治什么，二是怎么治。治什么也就是病因，怎么治就是治疗的步骤。

人世间的疾病千奇百怪，常见病就有几百种，而真正能说清病因的疾病却寥寥无几。怎么办呢？中医里有一句精华叫“治病但求其本”。只要找到了产生疾病的本源，那么不管它如何变化多端，如何纷繁复杂，皆是万变不离其宗，尽在掌控之中。

那么我们要治什么呢？其实，我们要治的不是外来之物，而是内生之物。内生之物就是“三浊”——浊气、浊水、宿便。

如果你家里到处是垃圾，那就难免会有各种臭味相投者前来分享美食，苍蝇、蚊子、蟑螂、臭虫，还有很多叫不上名字的家伙等等都来了。这不能怪它们，它们也是老天的宠儿，和咱们一样平等，只要有土壤，它们就要繁殖。你别想能够杀光它们，它们本与你无仇，只要你散发出它们喜欢的信息，那它们就必来光临。你肯定不喜欢这些不速之客，那么还是赶紧把家里收拾干净吧！这时你请它们来做客，它们都会逃之夭夭，唯恐避之不及呢！你家里的垃圾就是“三浊”。

我们发现，表面的灰尘易扫，但还有些脏东西时间太长了，已经和地板粘在一起了，清理就没那么容易了。但如果你知道这些垃圾是产生蚊蝇的根源，时时都在考虑如何清除垃圾，而不是整日在分析蚊蝇到底从哪里来、如何能将它杀光的问题，那么你就有救了，因为你一定会想出清理垃圾的妙招。

如何排“三浊”？为什么我要把“推腹法”说成是最简单、最有效的健康法？那是因为它就好比是身体之家里的一把大扫帚，你每天用它来扫一扫，身体里哪儿还会有那么多的垃圾呢？没了垃圾，那些可恶的小病小灾还会来吗？

具体应该怎么做呢？

首先，应该开窗通风，把浊气放出来；其次还要把下水道疏通；再者就是好好把犄角旮旯的脏东西清理出来。

对于浊气来说，放屁是最好的对策。

有人每天都放屁，可放的是小屁、蔫屁、臭屁，放的是肠胃产生的浊气，也就是食物发酵的产物，是脾胃有食积不化、消化不良，需要吃些助消化的药物，如加味保和丸、香砂枳术丸等。

还有一种响而不臭的屁，放出后心里很痛快，这放的是肝胆的浊气。肝胆的浊气多是由情志不舒造成的，但是肝胆与外界并无通道，需借肠胃之路得以宣发。每天能放些这样的屁对缓解心理压力帮助巨大。有人长期不知放屁为何事，那是很危险的。生于斯世，谁又能日日舒心、无怨无悔，故必会有些郁结之气。我们不能保证不生气，但是我们要力争能放气。因为气滞必血瘀，血瘀的地方多了，必然会表现出各种症状，也就是西医所说的各种病，如肝胆病、肾脏病、高血压、心脏病、月经病及肿瘤等，中医言百病从气生，正是此意。

提到排浊气、浊水，不得不再提提“推腹法”。

推腹时发现有的人肚子鼓鼓的，按下去不痛，但是像个皮球，这怎么办呢？必须先放气。放气的方法很多，“萝卜能通气”、“吃豆爱放屁”，这类民间疗法都很好用。也可敲打胃经，针刺中脘、气海、足三里等穴。爱出现这种症状的，多是有事儿总闷在心里的人，这种人肠胃时常会出现问题，或痛、或胀、或腹泻，他的痛点在较深层的地方。

有的人肚子痛点很多，能用“推腹法”推开的多是暂时的气结，还有用此法推不开的，通常这是气滞时间很长，已经有瘀血阻滞其中了。这时可查看痛点压在哪条经的通路上，只要敲打和按摩大腿上这条经的穴位，就可帮助打通瘀滞。在敲打和按摩时也可同时在腹上痛点针刺或拔罐。

还有的人肚子软软的，按压哪里都不痛，但是仍然会觉得腹中闷胀不舒，这通常是中气不足、气血过少造成的，必须先补足中气，或吃些如补中益气之类的成药，人参黄芪类的草药都可有效。

还有人胸窝下用手一推咕咕有水声，开始时水声很小，推的地方还有些痛，这是“浊气裹水”；越推水声越大，打了几个嗝或放了屁以后，整个肚子就成了水声一片，这是把死水给推活了，很快就可以从膀胱排出了。这种浊水你不将它排出，它可以长期停在胃肠之间影响脏腑的正常运行。为什么有些人不爱喝水呢？是因为本来就有水堵在胃肠之间下不去，如再要按西医的倡导每天喝几千毫升的水来排毒，那就先水中毒了。所以喝水能排毒也可中毒，还是要因人而异的好。

还有宿便，我为何没放在前面说，一是因为大家一直认为排毒就是排大便，所以很重视，各种常识性的文章也解说得甚为详尽；二是排大便相对于排浊气、浊水来讲容易一些，只要吃些纤维性较高的食物，气血虚弱的再补些气血，使其推动有力而不是强排硬通，不是一个很难解决的问题。

有人说，你这道理说得似乎还过得去，可是排浊的方法太少了，还需细细说明。其实方法遍地都是，你只要发现了问题，那答案就在问题里面了，只怕你还不知什么是你的问题，总得给你留点空间找一找吧！如果大家都找不到答案，那我也是白说了。

求医录

很想学问：

患胃溃疡可以做推腹吗？

Jnc 答：

当然可以做。这类人心窝和肋弓边缘一定有很多阻滞点，多推推腹，尤其胃经沿线，再配合敲胃经、胆经大腿部分的经络，对改善消化道疾患有很大帮助。

布谷鸟问：

我也是有胃病，推腹快一个星期了，每次推时都是咕咕地响，硬块有3处（1块在肚脐上方，即心窝那里，肚脐左右各1块，较硬，但不是很痛），用力大时会不会伤到内脏呀？一般推多久能推散呢？

Jnc 答：

好转的过程中，胃或肚子可能反而频繁地疼，或隐痛或腹泻，好多肠胃症状都可能出现。每个人病的时间长短和瘀滞的程度不同，不好说推多久可以好，但推上1～2周，疼痛的程度、深浅及位置就应该会有所改变，或减轻了，或层次深了，不用力都不痛了。当然力度要有限度，一般的瘀滞稍微用力按压就会有反应，或酸，或酸痛，或硬结，或刺痛难当，用大力按的时候下意识地绷紧腹肌，有肌肉的保护，就不怕伤到内脏了。坚持一段时间，定有效果，就像陈玉琴老师报告里讲的推压把胃癌都弄好了，只要努力坚持，一定会看到效果。

4. 一觉睡到自然醒——非常简单的失眠调养绝招

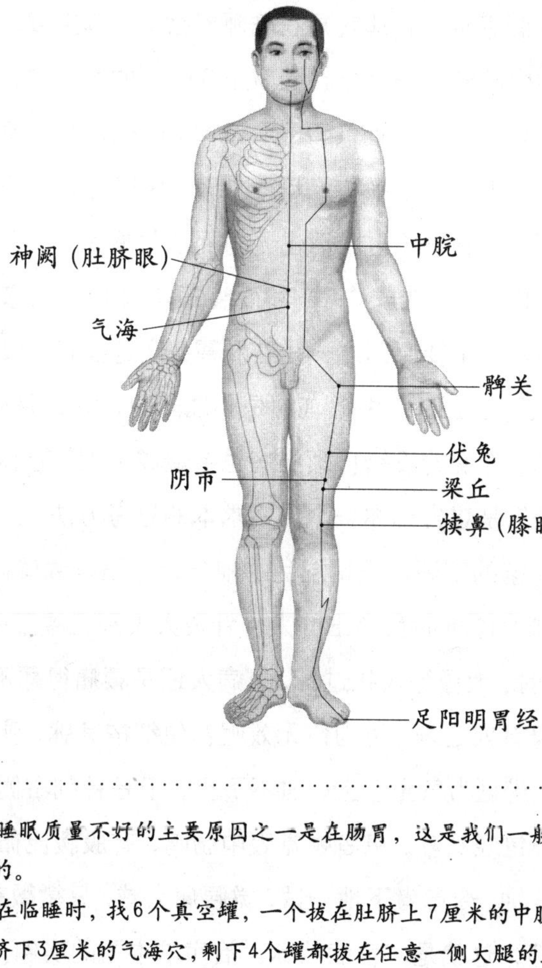

睡眠质量不好的主要原因之一是在肠胃，这是我们一般人做梦也想不到的。

在临睡时，找6个真空罐，一个拔在肚脐上7厘米的中脘穴，一个拔在肚脐下3厘米的气海穴，剩下4个罐都拔在任意一侧大腿的正面（胃经），均匀排列。拔上10分钟，然后再睡觉，便觉心里分外地平和。

辛苦了5个工作日，在双休日的早晨我们多么渴望一觉睡到日三竿呀！可是很多人却无缘享受这种生物本能，不是辗转反侧就是噩梦缠绵，有的人眠浅易醒，有的人睡得不解乏。无眠之煎熬是痛苦而可怕的，但往往又无应对之良策。西医只有舒乐安定，中药常用天王补心，都难除病根，最后只好默数绵羊，守星望月，好不凄苦。其实，我们有非常简单的睡眠秘招，那就是在临睡时找6个真空罐，一个拔在肚脐上7厘米的中脘穴，一个拔在肚脐下3厘米的气海穴，剩下4个罐都拔在任意一侧大腿的正面（胃经），均匀排列。拔上10分钟，然后再睡觉，便觉心里分外地平和。因为这几个拔罐起到的功效就是加强肠胃的供血量，使肠胃不再因消化无力而浊气瘀积，令肝脏负担加重，进而影响心脑供氧，造成“胃不和而寝不安”。所以大家这回清楚了，睡眠质量不好的主要原因之一是在肠胃。这是我们一般人做梦也想不到的。有人马上会说，失眠有的是心理问题，有的是神经衰弱，不光是胃肠问题。你说的没错！颈椎病也会造成失眠，冠心病也会半夜坐起，但这里只是想告诉你一个治病求本的思考方法。只求能够实用，不是为了专家的审评，逻辑混乱的地方，心里有数就行了。

有一次碰到个腰椎间盘突出的人，针灸大夫刚在腰阳关、委中、承山、昆仑、绝骨、大杼等穴扎过针，可病人还是腰痛得翻不了身。我看所刺位置皆符针穴之理，可为何无效呢？便细按其脉，脉象上实下虚，寸强尺弱；辨证为气壅于上，血不下行。于是针刺右侧肺经尺泽穴，同时左侧心包经刮痧。患者顿觉腹中肠鸣，有股暖流循大腿内侧而下。留针10分钟，令患者下地一试，觉腰痛大减，只微微有些酸胀。腰椎痛却治心肺，这就是“舍症从脉、治病求本”的实例。

有朋友问，你上述几症的病因，好像与你说的“三浊”没什么关系。其实不然，“三浊”是内生疾病的总源头，如果能及时排除它们，便无后面所论分支疾患，即使偶然产生也会很快自愈，从而气旺血足，则百病不生。人体虽天然有强大的自愈能力，但往往因为“三浊”作怪而难启动自愈的程序，所以清除“三浊”是治病于未萌的根本。事有先后，病有缓急，急就先治其标，救急要紧；缓当必求其本，长治久安。

求医录

爱妖问：

我敲胆经已经半年多了，最近夜里2点和4点左右总是醒来(尽管我有按摩太冲和尺泽)，而且睡觉总是不踏实，容易醒，午休也是睡不长。口苦，半夜醒来感觉身体比较热，似乎脾虚（舌头有齿痕)，而且最近舌头总是起疱，还有点牙疼。另外，我很瘦，按摩穴位基本都不会疼的。不知道还应该按摩哪些穴位可解决睡眠不好的问题？

中里巴人答：

您的问题似乎是肝脾不和、肝旺脾虚造成。最有效的穴位除了太冲穴外，阳陵泉（胆经）和支沟穴（三焦经）的效果也可。

盼望问：

我以前每晚11：30睡觉，每天睡5～6小时。自从看了《人体使用手册》以后我开始每天敲胆经、早睡，每晚10点左右睡觉，但这样反而睡不着了，经常两三点才能入睡，有时整晚都睡不着，失眠越来越严重。吃饭算正常，肉吃得少，蔬菜多一点。

我喜欢吃热的东西，不喜欢吃冷的、冰的东西。大便1～2天一次，大便色偏黑，总有拉不尽的感觉。

我性格内向，很少发脾气；话不多，说话多了会感觉很累，气接不上来；人比较胆小，遇事容易紧张。还有就是喉咙有点干疼，舌苔厚重白腻，口腔有异味。上火时我喝淡盐水、多吃水果一般就没事了，平时舌头有齿痕，经常牙龈出血。

按照老师书上介绍的，我平时是属于畏寒怕冷怕风、冬天手脚冰凉、不太想喝水的人（上火的时候除外），我想吃强肾片、桂附地黄丸，是两种药一起吃还是单吃一种？红糖山楂水加三七粉不知分量如何掌握？希望得到老师的指点。

Jnc 答：

您的失眠是由于以往体质虚、长期透支肝火，致使到了晚上身体就习惯地把肝火烧得很旺，导致很晚还很精神、缺乏困倦感。你可以按《人体使用手册》里的方法，多按摩足部的太冲——行间穴，如压着很疼，就从太冲向行间方向按压，与敲胆经一样，顺序按，每晚按压3～5分钟，以疏导肝火。也建议您睡前热水泡脚，协助疏导肝火。如果也有胸胁憋闷胀满，可以买瓶逍遥丸吃吃。

您的其他症状都是些脾虚、肾虚的表现。您先吃些补中益气丸，看看大便有没有改变。桂附地黄丸也可以吃吃，可空腹吃，先补补气再说。也可以吃些参苓白术丸及柏子养心丸（先吃补中益气丸，观察一下再说）。如果晚上心悸难入睡，可以喝点人参生脉饮以缓解心悸烦躁扰乱的睡眠。

三七粉买同仁堂管装的最好，4 块多钱一支。每次加一支在山楂水里和匀了吃就可以了。

调理很需时间的，要有耐心，看情况来变化吧。

5. 想吃什么就吃什么

济公曾经是“酒肉穿肠过，佛祖心中留”。我们何不效其心法来一个“毒物穿肠过，营养腹中留”呢？那样我们生活的每一天就再也不必去为吃什么或不吃什么而忧心忡忡了。

其实，人体的排毒功能相当齐备。我们可以把进入人体的毒素统统排出去，而不让它在我们的血液和肝脏中堆积下来。但是为什么大多数人体内的毒素会沉积下来呢？那是因为“三浊”在作怪，“三浊”就是浊气、浊水、宿便。

现在我们吃的很多东西据专家考证或多或少都有了毒素，而且毒素涉及的范围已经让我们防不胜防。这边这位高级专家刚刚说完这个食物很营养，我们正满怀欣喜，话音未落，另一位权威人士马上站起来说这东西有毒素，又令我们惶恐不安，而且他们都拿出了非常专业的统计数据。从肉、禽、蛋、奶到五谷果蔬，几乎每一个都标上了毒素的标签，昨天还是健康食品，今天却变成了致病元凶。有化肥毒，有添加剂，有转基因，还有工业污染等等，反正你若想不受其毒，除非绝食辟谷。其实，我们生活在这个从空气到水源、从土壤到生物都广受污染的环境里，还能寻找一块绿色的净土吗？

既然是天网难逃，那我们索性就“和于光而同于尘”好了。济公曾经是“酒肉穿肠过，佛祖心中留”。我们何不效其心法来一个“毒物穿肠过，营养腹中留”呢？那样我们生活的每一天就再也不必去为吃什么或不吃什么而忧心忡忡了。

现在大家一说排毒，往往指的就是排大便，似乎肠一清我们便休内无毒了。其实，排大便只是把体内最浅层的毒素排出，深层的血液之毒必须从尿液才可排出。有的人10天不大便也无生命之虞，但是只要3天无小便那就必有性命之忧了。

有的人每天喝的水很多，而排出的尿却很少，这样血中的毒素就不可能被冲刷带走。那么，那些水都跑哪去了？除了有爱出汗的人从毛孔而解，大多数是滞留在胃肠间，形成积液了。这种积液就是中医所说的湿毒，它若流注到四肢便为水肿，堵塞于毛孔便为疹癣，遇风寒化作痰饮，逢血瘀形成积块，积于胃脘则呕恶，上行于头目则眩晕……诸症纷然，皆因湿浊而起，所以及早清除湿浊甚为切要。但为何积液会停于胃脘而不下行呢？最初的原因是有浊气阻滞在水流的通道上了，这就像我们有时候楼房内的暖气管不热，水不流通循环，此时只要把通气阀打开放放气，水流马上就会重新循环起来。所以我们必须要把体内的浊气随时放出来才行呀！人体排泄浊气的方式主要是两个——放屁和打嗝，一定要注意检查你的“排气阀”，看看是不是已经生锈很久了。

6. 打通小周天——一分钟学会道家养生秘法

一、 叩首法（小周天打通法之一）

叩首，顾名思义就是磕头，有人问，磕头也是锻炼吗？那当然，磕头还是道家修身秘法之一呢！

“学道本无门，叩首先有益”。但是，咱们练的叩首不是头碰地，而是头叩手背，就像是我们趴在桌上打盹时将额头压在手背上的感觉。也就是说，怕我们的额头直接磕在地板上会疼痛受伤，就用手垫着。这样额头撞在手背上，既不会因接触面太软而无效，也不会觉太硬而受伤。

然后按拜佛叩头的样子，以额头部分（鼻根至前发际线）撞击手背，幅度和力度因人而异，本着由轻而重的原则。抬头再叩时要有一个头后仰的动作，每15次为一小节。接着从鼻根到下巴轻轻“撞揉”手背，每反复10次为一小节，“撞揉”时面部始终与手背相贴进行（“撞揉”时频率要快，如震颤一般），两节为一组。

如此可使任督二脉在头部顺接，为打通小周天的第一步（高血压患者暂不可练此功）。

二、震动尾闾法（小周天打通法之二）

先双腿盘坐。有些人说我盘不上，而咱们这个功盘不上正好！双脚微盘能交叉即可，然后用脚掌外缘骨用力站立（站的过程中膝盖不可触地）。刚站一点有人说不行，站不起来也没关系，这个功法本来就不需要完全站立起来，只要臀部离地10至30厘米就行。由于重力作用，臀部落地时正好使尾骨撞击地板，这个动作就完成了。这种撞击面积较大，安全无痛。为保万无一失，开始时臀部可垫棉垫，站起的幅度也宜由小到大，或面前有人帮忙拽起也可，主要目的就是要震动尾骨，使任脉会阴穴与督脉长强穴得以顺接。这是打通任督二脉的关键一步（有骨结核、骨质疏松及急性腰扭伤者，忌用此法）。

别小看这一站一坐。站时吸气使整个脊椎督脉气冲灌顶，落下呼气时自然气沉任脉丹田，乃用意而不用力之妙法。这对妇科病、肛肠病有立竿见影的效果，还可强壮肝肾功能，且能降压安神，治疗腰膝疼痛，只要锻炼时从容和缓，不急不躁，锻炼后都会有气力大增的感觉。

三、壁虎爬行法（小周天打通法之三）

我们都看过壁虎或诸如蜥蜴、鳄鱼的爬行吧，咱们这个动作就完全依照它们来进行，爬行得越像越好。但是咱们在地板上练时不用真的往前爬，如果真的向前移动了，那就必然是四肢在用力，而这个锻炼法四肢是不用力的。所有动作的完成虽然主要是靠胸腹和腰的力量，但我们却不可把意念集中在那里，而应集中在“爬”上——此时你就是一只壁虎，自然放松得像壁虎那样去摆动肢体就可以了。

记住壁虎的所有动作都要有，因为你就是一只壁虎。爬时大腿内侧和上肢内侧以及胸腹部都会直接接触地板，所以要注意为防止地板过凉、皮肤擦伤等问题，应先有些简单的防护措施。

此功法主要用来打通任脉，对增强五脏功能效果卓著，尤其对肝脏有很好的养护作用，对肠胃疾病、便秘、妇科病痛经、不孕等诸症都有很好的疗效，减肥消脂的作用也非常明显。任脉乃阴经之海，总调阴经各脉，对于更年期妇女尤为重要。

四、踏步摇头法（小周天打通法之四）

放松仰卧于地板，两手抱于颈，好像要做仰卧起坐，头略微抬起，现在我们开始做原地踏步的动作。

你问了，原地踏步，脚心碰不到地面呢！对，不是让你脚踏实地，而就是一种想像，你就躺在那里，脚跟贴着地板，两脚一收一伸踩着虚空，做原地踏步的动作就对了。动作不要大，同时头随着脚的伸缩而向左右摆动，收左脚时头向右摆，收右脚时头向左摆。意念想着：我站在一个空地上，抱着头，悠然自得地做着原地踏步。动作和缓从容，用意不用力。

这个动作主要是锻炼整个脊椎，也就是督脉。督脉是阳经之海，总摄各条阳经，能够升发人体阳气。所以这个功法只要练上几下，就会让人浑身发热、气血旺盛，尤其对于肾脏有很好的强壮作用，且活血通络作用很强，可治疗虚寒症及腰腿病，对心脏及脑供血不足的人效果明显，对于类风湿性关节炎也有很好的治疗作用。

不过要注意的是，练此功时脊椎供血非常旺盛，正是要打通督脉，但是有些人脊椎长期有瘀血阻滞，或侧弯，或膨出，或钙化，这时就会感到脊椎某些部位会产生一些较强烈痛感，也就是好血在冲击这些病灶。不必担心，这种痛感很快就会过去。为了使锻炼更加顺畅安全，锻炼要循序渐进，时间宁少勿多，以不疲劳为准。另外，如在练完此功后取俯卧位，让人用掌根从颈一直按摩到尾骨，常会发现有格外疼痛的点，需稍加仔细按摩，这样可加速打通督脉。

7. 美容的根本是保养身体内部

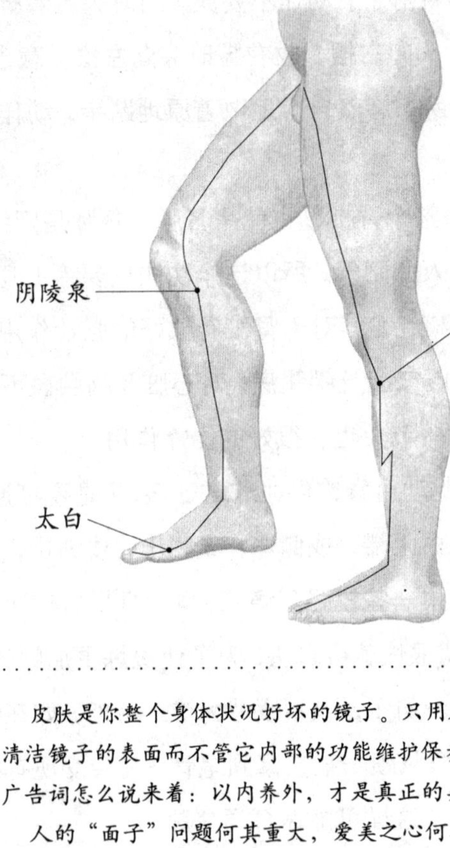

胃经的足三里穴和脾经的太白穴、阴陵泉穴治脸部老长痘、暗斑、起脓疱、浮肿，掉发、失眠、皮肤粗糙。

> 皮肤是你整个身体状况好坏的镜子。只用名贵的清洁剂、保养液护理清洁镜子的表面而不管它内部的功能维护保养，效果当然无法持久。有句广告词怎么说来着：以内养外，才是真正的美！
>
> 人的“面子”问题何其重大，爱美之心何其尊贵！美容真是关乎一个人的生命，尤其是女性，这似乎是天性使然。如果美丽能够成为大家追求健康的动力，我很乐意助你一臂之力。

前几日和两位中年女士聊天，她们说：“你的文章里少有美容方面的题材，其实这才是我们女人最关心的事情。”我一向认为疾病是人们心目中的最大困扰，然而对于女性来讲，可能美丽更是她们的生命。

现代人关注美容，多数只注重皮肤、毛发表面的现象，很少顾及这些问题背后脏腑功能发出的警告。肤色不好有化妆品救驾，嘴唇颜色暗淡有口红唇彩，皮肤有斑、痘用遮瑕笔。各种保养品畅销，越贵越有人买，用了后就离不开，因为很多都是用的时候可以改善一点，停了以后很快就反弹，于是爱美人士都成了护肤、保养品“忠实”的顾客，无论心理还是生理都成瘾了。为何用了就离不开，有谁想过这个问题？皮肤是你整个身体状况好坏的镜子。只用名贵的清洁剂、保养液护理清洁镜子的表面而不管它内部的功能维护保养，效果当然无法持久。

其实，人的皮肤、毛发、气色、体形等种种外在表现，都是其自身脏腑、经络功能好坏反映在体表的提示信号，身体的种种表现其实是在告诉人们哪里工作正常、哪里举步维艰。

问：我的皮肤粗糙，爱起疙瘩，是何原因？

答：主要是肺的功能虚弱。

问：我的皮肤没有光泽，脸色苍白，是何原因？

答：主要是心的功能虚弱。

问：我的皮肤总像没洗干净，蒙了一层灰尘一样，还在太阳穴附近莫名其妙地长出暗斑来，是何原因？

答：是肝胆郁结造成的。

问：我的皮肤老是起脓疱，用手一挤便成了麻坑，不挤就永不消失，是何原因？

答：是痰湿流注造成的。

问：我头发一掉一大把，枯干没有光泽，是何原因？

答：那是肾气虚弱造成的。

以上的界定是强调各脏腑与皮肤毛发的对应关系，切不要机械地去一一对应，因为没有哪一个脏腑会独强独弱，它们都是互相牵制，协同合作，一损俱损，一荣俱荣。

在中医的理论中，肺与皮肤关系最为密切，“肺主皮毛，司毛孔之开合”。我们知道，皮肤每天代谢的废物要经过毛孔排汗而出。如果毛孔开合的功能失调，废物沉积在毛孔中，那么皮肤就会粗糙没有弹性，堵塞严重便会长出疹子疙瘩来，所以要想皮肤好，肺的功能一定要加强。

心脏功能不好，最主要的就是影响面部的气色。心脏供血不足就会面色苍白，心血管瘀阻就会使面部颜色不均且隐隐发黑。所以，想要面色红润有光泽，一定要改善心脏的功能。

肝胆郁结，也叫肝郁气滞，通常是生气、忧虑、恐惧等因素造成的。其危害最大，是美容的大敌。它会令天生丽质的女士过早地长斑，而且来势汹汹，同时伴随着月经和乳腺等问题，有时还有剧烈的偏头痛。“百病从气生”，为了美丽，劝你一定要自娱自乐，远离忧愁、恐惧与愤怒。

还有一个影响美容的因素，那就是肾气的虚弱。肾乃先天之本，是人体能量的源泉。一旦虚损，好比房屋的根基动摇，将出现头发干枯脱落、牙齿松动、牙龈肿胀、头晕耳鸣、腰酸腿软等一派衰老之象，美容便无从谈起了。

有的人皮肤上总爱起脓疱，这是痰湿流注肌表所致，“脾是生痰之源，肺是储痰之器”，痰湿产生的根源在于脾胃功能失调。

人的“面子”问题何其重大，爱美之心何其尊贵！美容真是关乎一个人的生命，尤其是女性，这似乎是天性使然。如果美丽能够成为大家追求健康的动力，我很乐意助你一臂之力。

求医录

璇璇问：

我的皮肤就是老长痘，而且有脓，从十三四岁长到现在28岁了，还在不停地长。中药也吃了，皮肤科也看过了，护肤品也用了，就是不见好。皮肤总是油油的，毛孔也比较粗，脸色苍白。若说毛孔粗是肺不好，可我头发却黑亮柔顺，只是经常掉头发。另外我觉得自己的脸有些浮肿，我并不胖，可是第一眼给人的感觉总是比较胖。我妈妈说我小的时候经常流口水。还有，我经常失眠，白天没精神。肠胃也不好，吃一碗饭就撑得半死，怎么办呢？

中里巴人答：

您的所有问题都在脾胃虚弱上。只要脾胃调养好了，您的肿胀、掉发、失眠、皮肤粗糙等问题都会迎刃而解。食疗可吃山药薏米粥（等量打粉熬粥），成药以参苓白术丸、柏子养心丸（空腹吃）最佳。穴位取胃经的足三里和脾经的太白穴、阴陵泉。禁忌冰镇食物、冷饮、油炸食品，少吃鸡肉、河鱼、猪肉。肚胀时，可吃加味保和丸。

福星照问：

如果每天坚持敲打按摩经络，身体会出现一些好转反应吗？我现在比以前爱出汗了，却容易感冒了，比较怕凉了。以前我不爱感冒，不爱出汗，但怕凉。这是正常现象，还是我有其他的问题呢？

中里巴人答：

原来你固守城池，城外周边你无力顾及，都被敌人占领，但你的城池暂时还稳固；现在你主动出击去打击周边的敌人，赶跑了不少敌人，可你的城中也有点兵力不足，有些敌人便乘虚而入了。所以不要出兵太多、太勤，出兵后也要派人留守城池。敲打通经络固然重要，但是培补正气更为必要。现在您可在平日吃些玉屏风颗粒，给自己多加一层屏障以御外敌。

8. 美容从喝五色养颜粥开始

吃五色养颜粥（黄豆、绿豆、黑豆、红豆、紫米），就是最简单、最省时、最有效的美容方法。

禅经上说：无意之中是真意。看来，人只有率真了，才能得到天然美容的妙方。

近来总有女性朋友问我美容问题，我一时语塞，不知如何回答：我推荐的刮痧，有人觉得恐怖；点穴，有人说找不准穴位；做足底，有人觉得疗效太慢。真让我有点黔驴技穷的感觉。因为我对美容一向重视不够，没有把它放入研究范围，所以缺乏经过实证的妙方。而每每碰到的10个女性朋友，差不多有9个有事没事就把美容放在嘴边，所以说美容是女人的生命，实不为过。

不论什么事情你一琢磨它，它还就来了。我突然想起一位很久没有联系的女性朋友，她是一家电视台的节目主持人，已经40多岁了，我前年刚认识她的时候，把她当成了二十几岁的小姑娘，差点弄出笑话来，因为她的皮肤非常光滑细嫩，头发也乌黑发亮。我问她有没有结婚，结果人家孩子都上高中了。当时我是瞠目结舌，本来她是请我把脉诊病的，结果是我非常谦恭地向人家讨教养生之道。她说，没什么啦，一是多睡觉，然后就是唱歌、吃肉，完了。我想肯定不会这么简单，便一再追问，最后，她说，好吧，看你这么心诚，我就把我的独家秘方传给你吧。于是她一脸神秘地说出了自己的法宝——五色养颜粥（黄豆、绿豆、黑豆、红豆、紫米）。我一听，皆是寻常之物，没什么稀奇，便把它当做一件趣事，没再去探究其中的奥妙。现在突然想起女性美容，便对这个“豆米方”分析起来——

黄豆：味甘，性平。入脾、肺、大肠经。补气健脾，行气导滞，养血润燥，利水消肿。

绿豆：味甘，性凉。入心、胃经。清热解毒，利水消肿，开胃健脾。

黑豆：味甘，性平。入脾、胃经。滋阴养血，活血利水，补虚黑发，祛风解毒。

赤豆（红小豆）：味甘、酸、性平。入脾、肝、膀胱经。利水消肿，除胀消痞，健脾补血。《食性本草》认为其“下水肿，久食瘦人”，看来有减肥的功效。

紫米：味甘，性温。入心、脾、肾经。养心安神，健脾补血，强肾益精。

综合看来，这副“豆米方”对五脏六腑全都顾及，寒热搭配，不凉不燥，泻不伤脾胃，补不增瘀滞，真是一剂驻颜长寿的妙方。我曾问过那位女士这方子的由来，她说是无意之中搭配出来的。

禅经上说：无意之中是真意。看来也只有这样率真的女子才能轻易地得到这么天然的妙方。在此我真诚地祝福那位女士永葆童心，永远年轻！

求医录

貌美如花：

五色豆洗净后，用水浸泡一夜。（豆萌芽，生最盛，其酵素特多，少食后令人排出空的物，而且更容易煲。）把泡好的五色豆放入水中，加入适量的水煮至豆花，即加入冰糖、溶解后即可用。

Ellie问：

我很喜欢吃大枣的，只是怕热量太高不敢多吃，看来以后可以随意吃了。我最近把枣放在您上次推荐的五色养颜粥里面，不知道煮熟了以后能不能还有同样的效果？还有，这个粥可不可以当晚饭吃呢？我近两个星期以来每天晚上喝一碗，身体热乎乎的，觉得挺舒服。

另外，我手脚一直容易冷，最近开始每天下午慢跑20到30分钟，希望能够改善自己的体质。我还在别的书上看到一个方法，就是用冷热水交替冲脚，重复几次后再用热水泡。我想问一下老师，这个方法可以采用吗？能够从根本上帮助改善体质吗？

中里巴人答：

这个粥原本就是食品，一日三餐可随意服用。您增添了大枣，加强了养血的功效，创意不错。慢跑和快走都是很好的健身法，但是需要在锻炼时将意念集中在脚掌上，仔细体会脚掌和地面接触的感觉，这样才能将气血引到足底，脚底一热，全身温暖，四肢经脉顿时畅通。冷热交替洗足，古来有之，常人可用此锻炼体质，虚寒体质者却不适宜用此法，极易“引狼入室”、“关门留寇”，将寒气引入经络。不如每日临睡时用大盐（粗盐）水泡脚，每次用盐半斤（可反复使用），确有温经通络之效。

9. 一小时内解酒毒

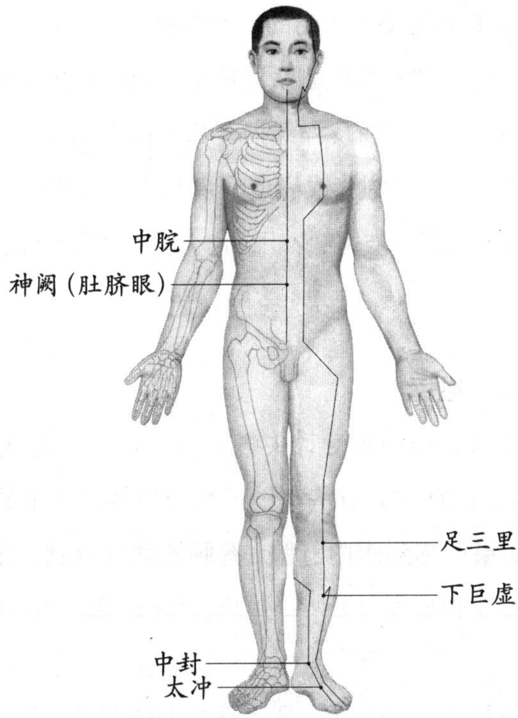

解酒的法子有两套：揉胃经的足三里、下巨虚和足底小肠的反射区，再使劲揉肝经的中封穴、太冲穴，再吃生萝卜、西瓜、莲藕、梨、霍香正气胶囊、大山楂丸，这样可以增强肝的解酒毒功能。

我有很多做生意的朋友，每人的手包里都随身携带着藿香正气胶囊和大山楂丸这两种常用药，且常常会在酒后按摩自己身上的穴位，他们觉得效果非常显著。教了他们这几招我真不知是害他们还是救了他们。

中华的酒文化从古至今渊源流长，少量饮酒可以行气活血，保护心血管功能，其中尤以干红最佳，干红在国外有“心血管保护神”的美誉。但不论何种美酒都有个量的限制，过犹不及。历史上饮酒过多伤害身体、耽误要事甚至丧失江山的比比皆是。

酒，很多朋友对它有着难以割舍的嗜好，但酒终究不是水，过度饮用带来的诸如脂肪肝、胃肠及神经损害都是健康的大敌。并且因醉酒驾驶导致的悲剧也频频发生。饮酒成瘾者及为了工作应酬多的人该如何减轻酒精对自身健康的伤害呢？下面我提供一些自己的治疗经验，供大家参考。

1.一小时内解酒毒的绝招

如果你饮酒至醉，腹中难受，头痛恶心，隔了一晚仍然不见好，通常称为宿醉，治疗最有效的方法莫过于用拇指揉按腿上的足三里穴了，按揉的同时如果你感到腹中舒服，有肠蠕动的感觉，证明酒食已入小肠，需同时揉下巨虚和足底小肠的反射区，通常10分钟就可明显缓解症状。

若点揉足三里恶心反而加重，证明酒食仍停在胃中，此刻则需要手指探喉催吐；因为食物和酒精已造成对胃的伤害，而胃粘膜上有急性炎症发生，食物和酒精此时和毒素没有区别，最好能吐干净了，症状才可消失。吐的过程中可以饮用加少许盐的水，可以帮助清洗胃粘膜，将更多变质的食品带出来。

然后揉中脘穴和足三里，再加揉足底胃反射区及太冲穴和中封穴，就可以增强肝的解酒毒功能，同时服用藿香正气丸，然后稍事休息，通常1小时内可解除症状。

2.吃以下东西就可以防酒醉

治莫如防，如何防止酒醉和酒精的伤害非常重要，一些日常的蔬菜水果和一些便宜的中成药就有很好的预防效果。

(1) 生白萝卜：解酒功效最强当属生白萝卜，寒热体质都适用，饮酒时吃些萝卜可防止醉酒。

(2) 西瓜、莲藕、梨：热性体质喝白酒时可吃些西瓜、莲藕、梨等清凉之品。但体质虚寒者忌服。

(3) 藿香正气胶囊：喝冰镇啤酒过多，可服几粒藿香正气胶囊。

(4) 大山楂丸：食肉过多服用大山楂丸2丸，可预防酒肉过多引起的脂肪肝及消化不良。

10. 足疗可以补充人的底气

> 把脚比喻为拿在手里的风筝线轴，经络则是长长的风筝线，各个脏腑则是天上飞的风筝。人们按揉脚的反射区就相当于放风筝的人收放线轴，通过经络这根线就可以控制脏腑风筝的方向和高低了。自由控制风筝的前提是连接的线需完整，如果连线中间被东西缠绕或者断了，风筝就失控了，此时按摩足下的反应也就不准确了。

不知道你有没有做过足底按摩或者埋耳针减肥的经验，现在许多的保健方法都是找到身体全身的反射区，对其进行经常的刺激，痛的地方就是有问题，按摩那里就可以调节疾病。

现在大家的保健意识都很强，许多美容洗浴中心都有足疗项目，由于它简单方便，受到许多人的喜爱。足底按摩（足疗）为何可以保健和治疗疾病呢？它的原理是：身体有许多脏腑的经络均下行到足，出现在脚相应的区域里，刺激这些相应区域就可以调节脏腑的功能。这样讲可能太抽象了，有部叫《无极》的电影大家可能看过，中间有个镜头就是把人当风筝来放的。拿这个例子来比喻足疗再好不过，把脚比喻为拿在手里的风筝线轴，经络则是长长的风筝线，各个脏腑则是天上飞的风筝。人们按揉脚的反射区就相当于放风筝的人收放线轴，通过经络这根线就可以控制脏腑风筝的方向和高低了。自由控制风筝的前提是连接的线需完整，如果连线中间被东西缠绕或者断了，风筝就失控了，此时按摩足下的反应也就不准确了。

体验过足底按摩的人都感觉到，有些地方特别疼，有些地方则没有感觉。感觉疼说明风筝线是完整的，没有断，这个地方还能反映出问题，但疼痛的轻重并不一定跟病情的轻重成正比。由于病轻，脏腑能力损伤少，经络通，在反应点的疼痛可能非常夸张和厉害；反倒是病情重、经络阻塞严重的时候，风筝线绕到其他地方或断了，疾病的信号传不到足底了，此时按压不疼的地方可能是病得非常严重的地方。因此，按摩的时候不能单凭足下的反应来判断病情，还要结合本人的感觉和不适等主诉来断定。不痛既可能意味着没毛病，也可能意味着病得很重，经络已经阻塞，到不了足底。

例如一个胃溃疡患者，平时反酸、嗳气，饭前疼痛非常明显，在做足疗的时候相应的区域却一点没感觉。此时查看该区有哪些经络经过，逐个向上一个个穴位排除，后来发现是足阳明胃经的穴位已经阻塞，这个穴位下的反应点都没有感觉。经过按摩疏通后，该穴位及足底该区也开始能感觉到疼痛了。这说明风筝线一度从中间断了，当接好后，就可以从线轴再次调控风筝了。

这个道理不仅仅应用于足疗，其他各种利用全息遥控治疗的方法都是一样的道理。

求医录

一堂问：

我想问的是“足底反射疗法”和“经络穴位按摩疗法”的区别与联系。足底内部有相应穴位，穴位一般沿着骨头或骨间膜，也有相应的反射区，是一块一块的，两者是否有联系呢？虽然两个方法都很有效，但我个人操作足底反射区按摩时为什么没有感觉呢？

中里巴人答：

您的问题提得非常好，但涉及的知识较多。足底反射和穴位之间确实有着互相交错的区域，当您熟悉了经络的走向时，您就会更加理解反射区的实质含义。拿胃经反射区来说，它的位置正好在肝经和脾经循行路线之间，这就启发我们：胃的问题根源通常是肝脾不和造成的。还有就是反射区相当于经络中的络脉部分，而穴位都是在经络的经上，如果反射区不敏感，而穴位敏感，通常是气血不够充足，也可能是病灶点本身只是在经络的位置上，而没有在脏腑的深层，只是经络不通而已。您能自行探究问题的根源，并身体力行与大家共享体会，实在难能可贵。在此向您致谢。

装在套中：

在不同的城市都做过足底按摩，多是为了缓解腰腿酸痛的症状去的。发现足底按摩师多是经过1个月左右的简单培训就上岗的，他们很难真正地给人探病。比如您提到的这个理论——“疼痛的轻重并不一定跟病情的轻重成正比”，对他们很多人来说，可能就是闻所未闻呢！毕竟他们都是以盈利为主要目的的商业化运作。如果我们对自己的身体有大致的了解，带着问题去做足疗，请他们对我们指定的部位重点关照，也许是一个好办法。不过，这个好难！越来越发现把自己交给没有医师资格的美容院、保健中心来调理，是一件很不靠谱的事了。不知这是一种因为知道一点皮毛之后的进步，还是一种束缚了！

蘅：

关于足底按摩的手法和顺序，我读过的一本书里推荐过一种方法，觉得蛮不错的。就是用热水泡脚，在盆里放一些玻璃弹珠之类的东西，用它们来按压相关的反射区，既能促进血液循环，提升整体的健康水平，又可针对性地强化某一脏器，而且操作极为简单。有些朋友担心方法不对会引起副作用之类，我觉得不必多虑。按摩不比吃药，是药三分毒，而按摩只要力度不太重，一般不会有什么副作用。操作的时候只要凭着直觉就好了。试想，当你磕痛膝盖的时候不由自主就会用手揉，这时需要别人告诉你要用多大力，揉多长时间吗？借先生的一句话，自己就是最好的医生。

11. 学中医的入门之法是足底按摩

足底反射疗法非常好学，它把人的脚当作一面镜子，人体的五脏六腑便都在这面镜子里了。当身体里脏腑器官发生问题时，这面镜子就以痛感或其他的方式显示出来，然后按摩这些敏感部位，疾病就解除了，就这么简单。对于有些疾病，足底按摩法独领风骚，立竿见影。

很多朋友对中医很有兴趣，但不知从哪里入门，中医书也看了不少，可越看越觉得玄奥，仿佛身陷于汪洋大海之中看不到航向，慢慢地也就敬而远之了。其实，中医离我们很近，也很亲切，学习中医需要的主要工具——经络和实验场所，就在我们身上，唯一欠缺的只是一些正确的理念和使用工具的方法。一旦迈进了这第一道门，后面便可触类旁通、游刃有余了。

市面上讲解中医经络的图书很多，写得也并不深奥，为何一般人学习起来仍然是一头雾水呢？关键是我们想学的东西书上没写，而他写的东西又通常是我们不感兴趣的。我们花了很多时间和精力学了一堆花里胡哨的名词，一碰上实际的病症却无所适从，百无一效。这样一来，谁还有兴趣再学下去呢？

那么，怎样才能学到切实有效的真东西？什么事情你相信它真的有用才会想去学它。中医里面有阴阳五行、子午流注、藏象学说，这些是中医的核心和精华，但是却非入门之径；且很多人对这些理论将信将疑，所以在开始学的时候不要去学这些东西。大鱼大肉蛋白质虽然最多，营养丰富，但对于哺乳期的婴儿无异于毒药，因为他根本无法消化吸收。我推荐大家可以拿足底按摩来当学习中医的入门之法。这种方法虽然不是正统的中医疗法，却与经络学说有着紧密关系。

大家都会觉得少林拳法博大精深，难于修练，那就先练练跆拳道，感受一下搏击的气息，不无裨益。

足底反射疗法非常好学，它把人的脚当做一面镜子，人体的五脏六腑便都在这面镜子里了。当身体里脏腑器官发生问题时，这面镜子就以痛感或其他的方式显示出来，然后按摩这些敏感部位，疾病就解除了，就这么简单。对于有些疾病，足底按摩法独领风骚，立竿见影。比如，我认识的一个中年女性，常年被泌尿系统感染所困扰，只要一去游泳就会诱发，而她又非常喜欢游泳。我告诉她要经常按摩一下淋巴区。不久她便打来电话说，只按摩了几次，困扰她多年的泌尿系统感染便完全好了。这样的事例很多，而且以后大家也会有更好的事例。

我为何如此推崇足底反射疗法呢？首先，它和经络学说有着互相印证的关系，是点和面的关系、平面和立体的关系。而且，它极为简单易学，需要的不过是一双手和一张足疗的挂图，比学习中医基础理论要容易有趣得多。有人问，我想学习的是正统的中医，这岂不是旁门左道？其实，什么又是正统呢？“正统”就像是个黑色的铁框，你可以在里面，也可以在外面。学习中医，思想必须开放，不要自定界限。“是法平等，无有高下”，只要拿来好用就行。

有兴趣的朋友们，现在咱们就开始学习了，对着足底按摩反射区的图反复试验，然后将你的体会和问题拿来大家共同分享，互相答疑解惑，不要只是我在这里一言堂，总是一种枯燥的声音，恐怕大家都要昏昏欲睡了。

12. 一学就会、一用就灵的5种中医防病法

有病去医院是必要的措施，但没病防病才是真正的明智之举。如何防病呢？一定要有一些简单有效的招数才行。我推荐几个让大家一学就会而又效果显著的方法。

现代人最大的困扰之一就是健康问题。周围总是会有生病的人，父母、孩子、兄弟姐妹、丈夫妻子、挚友近邻，或者是我们本人。很多人在一年甚至是一生当中总是难以摆脱疾病的阴影。家里只要一个人有病，整个家庭都会愁云密布，难有欢笑。我们往往爱莫能助，只能听从医生的处置。我们眼睁睁地看着至亲至爱的人受罪而无能为力，这真是太可悲了。其实，在疾病面前，我们不是听天由命的弱者，而是大有可为的主宰。

有病去医院是必要的措施，但没病防病才是真正的明智之举。如何防病呢？一定要有一些简单有效的招数才行。我推荐几个让大家一学就会而又效果显著的方法。

一、刮痧法

之所以向大家先推荐刮痧法，是因为它的防病功效最为显著。刮痧是正统中医六法中的第一法，擅治轻浅之患，是治疗疾病初起的首选方法。但凡对感寒、中暑、受风、突发的肠胃病、颈椎病、肩背痛、皮肤病（忌刮患处）等等新发急发之病，都有应手之效。操作也极为简单，只需一块牛角板、一瓶刮痧油（精油也可），循着受损的经络，以和皮肤45度以下的角度，轻轻刮拭即可（刮痧之法我另章详论）。刮出的痧点旁观者看着吓人，当局者只觉爽快，且不影响洗澡。几天后

便被新鲜血液吸收，随尿排出体外了。

二、拔罐法

俗话说“针灸拔罐，病去一半”，其在老百姓心目中的地位和其确切的疗效可见一斑。各大洗浴中心和按摩场所也都将其视为保健项目。我建议想学拔罐的人最好买枪式的塑料罐，不用点火，很方便。拔罐适合什么样的病呢？拔罐治疗虚证效果最好，尤其治疗肾虚引起的腰酸痛最快，通常可在患部直接拔罐，即时见效。还有就是针对刮痧刮不到、疼痛位置较深的患部，如慢性肩周炎、痛经、肝胆疾患等。

拔罐更好学，只要准备一套8个以上的真空罐，再有一张经络图就行了。没有什么严格的禁忌，只是注意湿气较重的人很容易起疱(尽管起疱疗效更佳，但很多人会望而生畏)，所以拔的时间不必过长，也不必拔得太紧。

三、足底反射疗法

如果拔罐、刮痧都不想学，而能精通足底按摩，那么70%的常见病照样可以应对有方。足底疗法的神奇功效一直没能充分彰显的主要原因，是专业的医者不屑于此，从事此项疗法的又通常是对医理一窍不通、只是经过简单手法培训的技工。这么充满随机个性的疗法，却变成了千人一面的“套子活”，真是可悲！诸如心脏供血不足、胃肠疾病、肝胆病、糖尿病、泌尿系感染、各种炎症，都是足底反射疗法的适应证。我曾告诉一个14岁脑瘤手术后遗症的男孩去按摩足底反射区一个黄豆粒大小的位置，他坚持按摩了两个月，使医院已经判定永远无法再睁开的左眼完全恢复正常。一个小小的反射区，换回了他一生的幸福。

四、经络点穴法

这种方法也简单易学，只要大概知道经络的走向，再了解一下常用的二十几个穴位，什么胃肠病、头痛病、感冒、痛经、心绞痛，都能有应对之法，不会临阵束手无策。经络点穴法是很有效的，其功效不亚于针灸（学东西要先有信心才行）。

举一个实例。一日楼里的电梯坏了，只好爬楼，在三楼看见住在6楼的张大爷，右手提着菜篮，左手扶着楼梯把手，脸色苍白，喘不上气来。我知道张大爷的心脏不好，便抓起他的左手，在其手心“劳宫穴”上点揉了一分钟，张大爷长出了一口气，说心里舒服多了，和我有说有笑，一气上了6楼。似此等应手而愈的情况，我碰到很多，希望能给大家增强信心。

五、导引法

此法类似西方的顺势疗法，但理论上更加全面，操作更加安全。如感冒了，可刺激鼻孔多打喷嚏来驱走风寒；拉稀了，可促其排泄来清除瘀积。呕吐助其呕，发烧助其热，煽风点火，顺水推舟。但操作需审症清楚才可，所以在此并不提倡大家用此方法，说出来是增加一下大家对传统医术的了解，以提高学习中医的兴趣。

13. 熬了夜要吃这些药去补

这些补救之法，只供世界杯期间暂用，起些亡羊补牢之效，不可恃此长期熬夜。否则，我这补救之方反成害人之药了，罪过！

世界杯期间天天熬夜看球，身心俱疲，体重也降了好几斤，整日处于半梦半醒之中，深感吴清忠先生倡导早睡觉的良苦用心。又见电视台报道因看球伤身体，感冒、消化不良、失眠、心脏病、高血压、无精打采的人堆满了医院的急诊大厅。以前都好好的，一看球就病了，唉！都是熬夜惹的祸。

夜里是人们长气血的时间，也是肝脏工作的时间，对人体的健康极为重要。但4年一遇的世界杯亦难以割舍，人生能有几回搏，那惊心动魄的场面对心灵的震荡似乎让我们永远能找到年轻的感觉。健康与激情，鱼与熊掌是否可以兼得呢？我在此提供一些补救方法，给那些和我一样缺乏理性自制的朋友们以暂时的慰藉。

从经络上讲，夜里11点至凌晨3点乃胆经和肝经的流注时间，此时肝胆经气血最旺。但这些气血是用来进行重要的人体代谢工作，如果挪为他用（如过多地供应给大脑、四肢或肠胃），人体推陈出新的工作就无法正常完成，体内陈旧的废物不能及时排出，新鲜的气血也无法顺利生成，所以对人体造成的危害很大。

肝开窍于目，夜里看电视、电脑最耗肝血，白天就会两目酸涩、脾气暴躁。如果再吃点夜宵，喝点冰镇啤酒，把供应给肝的气血抢到胃来消化食物，就会造成肝胃气血都不充足，两相损害。

补救的方法有：

怕热口渴、无厚腻舌苔者，夜服六味地黄丸。

若眼易酸涩难睁，服石斛夜光丸、石斛明目丸、明目地黄丸、杞菊地黄丸皆可。

若心烦躁热难睡，服一粒牛黄清心丸。

若心慌气短难睡，服一瓶盖柏子养心丸。

若喝冰镇啤酒，需与大枣同服。大枣性温，可祛胃寒，又能解酒毒，还可养血安神、润肠通便。

若同时又吃肉食，可服加味保和丸，白天常服些参苓白术丸更妥。

若属于气血虚、面色苍白、畏寒怕冷的，夜里可服十全大补丸、桂附地黄丸。

若大便无力、心慌气短的，可服柏子养心丸、补中益气丸。

晨起体倦无力、口干咽燥者，可服人参生脉饮，也可常含服些质地好的西洋参。

这些补救之法只供世界杯期间暂用，起些亡羊补牢之效，不可恃此长期熬夜。否则，我这补救之方反成害人之药了，罪过！

求医录

www问：

我老公今年才32岁，痰挺多，那张嘴就不闲着，除非在吃东西。晚上睡觉磨牙，有白头发。这是什么毛病？

中里巴人答：

这个问题可以从脾胃论治，因为“脾为生痰之源”。若有饭后腹胀的情况可服用加味保和丸，在平日里常吃些参苓白术丸，可健脾消痰。若爱吃肉，需在食后加服大山楂丸。磨牙多由气郁不舒或精神紧张造成，可吃些逍遥丸以健脾舒肝（此药常被误认为是妇科专药），还可经常吃点白萝卜通通气，“气顺痰自消”。

14. 预防、治疗一切中老年疾病的金鸡独立法

曾将自己想像成是一个冲浪运动员，想像自己在惊涛骇浪中起伏跌宕的感觉，充满激情，一会儿就会浑身出汗。

身体有病，中医认为是阴阳失调，不平衡，但是这个概念太过笼统，细分之可以理解为五脏六腑之间相互谐调的关系出了问题。有些人罹患的是肢体病，似乎也需归于五脏六腑与四肢百骸之间的不和谐所产生。如此推而论之，问题就会变得越来越复杂，没有点中医知识的人就很难理解。所以，有没有一种简单有效的方法可以直接来调节身体的平衡呢？答案是肯定的，而且是出乎意料的简单易行，那就是金鸡独立健身法。

只需将两眼微闭，两手自然放在身体两侧，任意抬起一只脚，试试能站立几分钟，注意！关键是不能将眼睛睁开。这样你调节自己的平衡就不是靠双眼和参照物之间的协调，而是通过调动大脑神经来对身体各个器官的平衡进行调节。在脚上有6条重要的经络通过，通过脚的调节，虚弱的经络就会感到酸痛，同时得到了锻炼，这根经络对应的脏腑和它循行的部位也就相应得到了调节。这种方法可以使意念集中，将人体的气血引向足底，对于高血压、糖尿病、颈腰椎病等诸多疑难病都有立竿见影的疗效，还可以治疗小脑萎缩，并可预防美尼尔、痛风等许多病症。对于足寒症更是效果奇佳。这是治本的方法，所以可以迅速地增强人体的免疫力。

有朋友说，金鸡独立现在一站能5分钟脚不沾地，觉得有些枯燥，不想练了。

其实，金鸡独立我们可以练得有声有色、乐此不疲呢!

记得我当初练此功法，曾将自己想像成是一个冲浪运动员，手里也虚拟着（想像着）攥着一根绳子，有意将身体倾斜，闭上眼，想像自己在惊涛骇浪中起伏跌宕的感觉，充满激情，一会儿就会浑身出汗。

如果再加上一些你喜欢的音乐就更加趣味盎然了。

求医录

难集中问：

集中意念对我来说似乎特别难，脑中总是会想东西，通常是流行歌曲，而自己其实已经很少听流行歌曲了。不知道有没有什么方法可以让人的意念很好地集中？

中里巴人答：

精神能集中到流行歌曲上也是很好的，那就哼着或听着流行歌曲练习金鸡独立。这是最练精神集中的运动，不用你去强迫自己精神集中，而是这个运动只能在精神集中的状态下才能完成。

手冰冰问：

自从练了金鸡独立后脚没以前那么冰冷了，但手还是像以前那样冰。有什么办法可以练手吗？

一堂答：

你用力地拍巴掌，拍得越响越好，可以增加阳气，一会儿全身都热了。人觉得手掌冷重点在10个指尖！所以锻炼重点也在指肚与指尖。分享我的方法，应该很快手就热起来：先十指指肚相对，用力挤压双手3下，再十指交叉转动手腕3下，十指交叉掌心朝外用力外推上推3下，再握着10个指头各揉摩3下（很重要），揉摩两手腕3下，揉摩肘弯3下，完毕。3下不是定的，可多揉多做。没事多敲敲10个指肚。漏了一个动作：十指指甲根部左右掐掐，也是3下。活血气，很重要。

糊涂：

通过练习老师所教的方法,确实是很明显地快速提升了体质。尤其是金鸡独立，练习了一段时间，即便在寒冬也很少出现较重的感冒，的确起到了立竿见影的效果。

林真子：

金鸡独立真的很受用，练了两次之后手脚冰凉的感觉就没有了。还有，我的腰受过伤，怕凉，每天磕头30个，做了3天，腰酸痛的感觉也没有了，而且现在能够正常用脑工作了。真的很感谢先生！

15. 玫瑰的激情——补肾最强法

这个功法动作简单，看似平常，但若是掌握了其中的心法要诀，那真是“补肾之峻猛，强身之迅捷，无出其右”。这是现年86岁、仍能以一敌五的太极拳名家、我的恩师李宝良先生的养生秘法。

周日一早，我便接到快递公司打来的电话，说朋友有包裹送给我，我告诉对方我的地址，他们说马上送到。大约一个小时以后，我打开门，迎面的是一位身着职业裙装、怀抱一大捧红玫瑰的漂亮女孩，她说：“您是郑先生吧，这是您朋友送给您的花，请查收。”“送我的？”我惶惑地看着对方，没敢接。“对了，还有一封信。”她从花束中拿出来递给我。我连忙打开看：“亲爱的郑老师，我们不怕扎伤手指，亲自为您挑选了22朵最好的玫瑰，祝您健康幸福、好运常在——您的粉丝们。”

我的心突突直跳，脸也涨得发热，手也有点帕金森似的接过了这火红的玫瑰。年近不惑，这种少男少女才有的激情心动真是久违了。

回到屋里左思右想，想不出是哪位朋友对我的厚爱，但真得谢谢她，让我瞬间年轻了20岁。一个小时后，心情慢慢地平静下来，想起刚才的失态不禁哑然失笑，但心里仍是很温暖的感觉。

朋友的支持就是最好的动力，粉丝们让我年轻，我也得给朋友们回赠点最好的东西，才是礼尚往来。这里就给大家介绍一种很棒的健身运动。这个功法动作简单，看似平常，但若是掌握了其中的心法要诀，那真是“补肾之峻猛，强身之迅捷，无出其右”。这是现年86岁、仍能以一敌五的太极拳名家、我的恩师李宝良先生的养生秘法。8年前，我有幸被恩师收为关门弟子，口传心授了一套老人家独创的养生绝学，真是受益无穷。不过恩师也再三叮嘱：“医不叩门，道不轻传。”

不知今天被这22朵玫瑰引出的冲动，会不会遭到恩师的詈责。

其功法动作：直立，两脚分开与肩宽，双臂上举伸直，在脑后交叉，此时小腹略向前倾，双手尽量向上伸直后压，所有力量、意念集中在腰椎。然后力量从腰椎发出，令两臂以最大弧度从脑后向身体两侧压下来，同时下蹲，两手最后在两膝间交叉。结束时意念集中在前脚掌5秒钟，脚后跟不可离地（在两臂向两侧下压时，胳膊不使一点力量，完全是腰在用力）。再站起时，前脚掌先用力，作为起动能量；紧接着将所有力量、意念再次集中在腰椎，两腿不要用一点力量，逐渐站起。两手一直交叉，从胸前直上头顶到脑后（站立过程中身体头脚在后，小腹向前，身体呈弓形）。

呼吸方法：身体下蹲的整个过程呼气，身体向上站起的整个过程吸气。在呼吸转接时略屏息两秒钟（最好用腹式呼吸法）。练习多长时间应根据个人体质而定，以不觉疲劳为宜。练后很多人会觉腰酸，需要用两手攥空拳，轻轻捶打后腰。

通常练两分钟就会浑身微汗、脚掌发热。有人会打嗝、放屁。至于长期效果，大家自己去感受吧。如出现腹痛，腰酸等不适症状，可按摩复溜、太溪穴，很快可解决。如果再配合金鸡独立一起练，那就更妙了。

有什么难的，还堪称是什么秘诀！许多人会有这样的感叹。但这确是心法，就跟哥伦布能将鸡蛋立在桌上一样的简单。其实是一层纸，但对很多人来讲，却永远是一座山。

求医录

Raysoem 问：

蹲要到底吗？还是蹲到半蹲即可？整个过程中，两手不会要握在一起，只是两臂就交叉吧？

中里巴人答：

分两步说吧：一、站立，蹲下，再站立。整个过程只用腰和脚掌用力，不许用腿。二、两臂交叉上举过头，从脑后向两腿侧分开，整个过程也用腰力，不用两臂和肩膀。两手始终不交叉（如果不懂这句话，就买一个拉力器，从脑后把它拉开，就找到感觉了）。如果只看懂一步，就先练一步。还可按您自己理解的来练，不必拘泥，最后也就真正成为您自己的东西了。

花香沁人问：

1.我全身都怕冷，尤其是下肢，就是夏天也是很怕冷，不敢吹风，也不敢穿裙子。大腿上边的两侧（也就是敲胆经的地方）经常冷得感觉不停地有风在那个地方刮。

2.晚上能入睡，但总是做很多噩梦。以前晚上12点钟睡觉，早上觉得起床困难，没睡够。现在改成了10点睡觉，早上就很容易起床，中午也不怎么想睡午觉。睡觉的时候很容易醒。

3.经常便秘，有时候二四天都没有，有时候是先干后稀。先前吃香蕉管用，现在不管用了。

4.10根手指和10个脚趾总是木木的，不是麻，是木。感觉摸东西的时候带了一层膜一样，很容易就冰凉冰凉。

5.脖子朝前、朝后、朝左、朝右都很痛，动一动感觉骨头很响。朝后仰的时候感觉背部右边连着一块痛。

请问，这么多毛病，每一个症状都是什么原因？我想先解决做噩梦的问题，因为年龄不小了，想要生小孩，觉得这个问题可能会影响到下一代，希望得到指点。

中里巴人答：

您有些脾肾双虚。若脾气急躁或有抑郁倾向，可能还有些肝气瘀滞。按按您的太冲（肝经），若是很疼的话，您就找到您睡眠不好、多梦的原因了。睡前泡脚和按太冲往行间穴（参见“身无‘三浊’一身轻”一文），可以帮助解决睡眠问题。若2点多醒来心悸、出汗、躁热，可以睡前加按心包经胸前穴位。补脾胃就用山药芡实粥配合推腹法。多做“玫瑰的激情——补肾最强法”里的补肾功法，按复溜到太溪。怕冷，就利用这个季节多吃肥牛火锅，羊肉、牛肉、配上大量蔬菜，饭后再吃山楂丸1～2个，这对健脾胃和提升气血很有帮助。也可以自己多做清炖牛肉，多加些姜。另，螺旋藻对改善怕冷也有很不错的效果。

我心飞翔问：

我的小腿特别怕冷，现在开始按摩脚踝上面这部分特别疼，请问老师，是肾脏有问题吗？另外，我的脚后跟感觉冻得疼，嗓子也干，吃了同仁堂的金匮肾气丸感觉头疼，手指也觉得有些凉，但不厉害。这是什么原因？

Jnc答：

您有典型的腰膝酸软、畏寒怕冷吗？单纯下肢怕冷的原因很多，不一定就是肾阳虚。经络血流有瘀滞也可以怕冷，或有旧伤也可怕冷。若您确定是肾阳虚，可以换用桂附地黄丸。不过不太主张吃药解决，因为您现在腿上寒气比较重，吃温补的药热被寒气阻挡，下不到腿上，过了反而会上升冲击头部，造成头疼。目前您最好按照经络图，看看腿上哪条经络按着反应最大就按摩，把痛的瘀滞揉开，还可以配合从大腿向下敲这些经络，以引血下行。若想补肾可做做“激情玫瑰”里的补肾功。腿脚冷，做做金鸡独立也是最好的方法。

蓝蓝月儿问：

我做推腹功的时候确实上下都排气了，在肚脐下面1厘米处有一个横着（一摸达5厘米左右）的硬块。开始我还想是不是人人都这样呀，后来越读您的文字越觉得好像还是自己那里有问题。我26岁，脸上刚又长有非常红大的青春痘，看来是在胃和小肠经通过的地方。肚子其他地方也有水槽什么的，但好像都能弄掉，而这个硬块好像非常非常坚硬，一按非常疼，这怎样化解呢？

中里巴人答：

先按到不疼了再说。

果儿问：

我一般都是手脚温热，而四肢和身体总是凉。像在夏天时，热了就出汗，但是出了汗后身上仍然是冰凉的，有时摸起来就感觉能冰到手心里去。不知这样算不算正常？最近一段时间，不知是否受办公室空调的影响，左侧后腰部总是觉得好冷。请教老师，像我这样的状况，一般是什么原因引起的呢？该怎么注意呢，是否多运动运动就行了？

Jnc答：

脾虚、寒气太重，还有膀胱经也有寒气，你说的好像是命门位置，说明肾有些阳虚。多做推腹和“玫瑰的激情——补肾最强法”里的补肾功法，假以时日会有改善。平日也要多吃些补气血的食品，如牛羊肉、姜、桂圆、大枣、螺旋藻一类的。若无盗汗、虚火，可以吃些十全大补丸以辅助调理。可常喝些淮山药薏米粥以补脾胃。可以做些轻度体育锻炼，如快步走、慢跑。若本来气血就很差的话，建议只做快步走和太极拳类的不太剧烈的有氧运动，以利气血增长。若平时就怕冷，疲倦懒动，就说明气血不够，不要从事“奢侈”的体育运动，以免白白耗费气血。

玫瑰的激情问：

这个功法的重点是在锻炼腰椎部位上，我的理解就是：站起伸个懒腰，蹲下再站起伸个懒腰，再配合一点呼吸和两手交叉就是了，我起名曰“伸懒腰功法”。

中里巴人答：

说对了，从头到尾都是腰在用力，胳膊和腿尽量少用力，意念集中在腰上，蹲下时集中在前脚掌，脚跟不要离开地面，这样腿和胳膊就不会疼了。

咱们再给它简化一下，分两步说吧：一、站立，蹲下，再站立。整个过程只用腰和脚掌用力，不许用腿。二、两臂交叉上举过头，从脑后向两腿侧分开，整个过程也用腰力，不用两臂和肩膀，两手始终不交叉（如果不懂这句话，就买一个拉力器，从脑后把它拉开，就找到感觉了）。如果只看懂一步，就先练一步。还可按您自己理解的来练，不必拘泥，最后也就成为您自己的东西了。

双手上举到头上时，掌心是向前的；从头上向下时，掌心是向下的；到膝盖时，掌心是向内的。但是，从始至终意念都不在手掌上，而是在腰上。

16. 生气就按“消气穴”

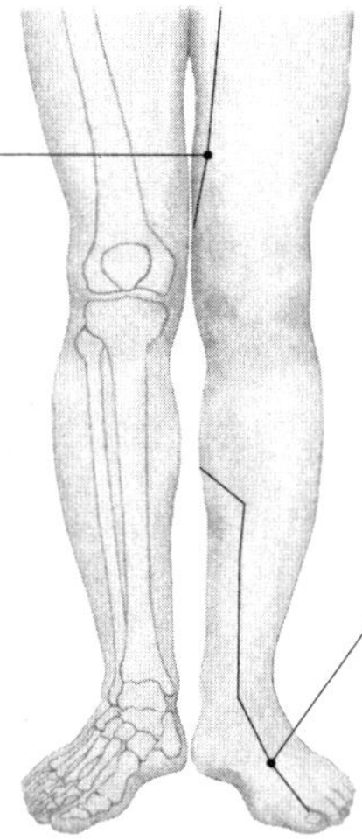

你一会儿说阴包穴能消气，一会儿又说太冲穴能消气，到底用谁来消呀？这让我很难说清，借用刻舟求剑来略说一下：病已变矣，而穴不变，治病若此，不易惑乎？其实，哪个穴又不能消气呢？

那年8月去香港出差，顺路去拜访了一位同道。他是3年前从内地去香港开私人诊所的文安兄，由于用针灸治好了一位香港富豪的风湿痛，富豪便出资在香港为他办了一个诊所，据说在当地已小有名气，来就诊的也都是些有钱的商人。他的诊所是坐落在山间的一幢二层小楼。在香港寸土寸金之地，这样的格局可谓是身价不菲，里面的装潢更是古色古香，真有点山林隐客的味道。

文安兄急匆匆出来相见，又急匆匆消失了，让他的助手陪我在客厅喝茶。我感到自己来得不是时候，正准备起身告辞，文安兄又急忙忙跑了进来，并连连致歉，说怠慢怠慢，晚上一定请客谢罪。我打趣道：“病人多得都要跑步来治了。”他说：“就一个腿疼病人，我这半天还没搞定呢！”对于文安兄的针灸术，我还是很佩服的，通常的腰腿痛，一针就能有效。今天这是怎么了？他看我疑惑地望着他，便拍了拍我的肩膀，说：“老弟，要不你帮忙给看看，这是我一个非常重要的客户。”我说：“我哪敢班门弄斧呀！”他执意道：“哪里，你要一出马，我对这老主顾也算是有个交代了。”

于是他把我引进诊室，他的两个助手正在给那位患者在腿上拔罐。我让他们把罐先去掉，扶患者坐起来。这是个50多岁、体态丰腴的妇人，此时已是一脸的不满。文安兄略带夸张地将我吹嘘了一番，那妇人用极锐利的目光审视着我说：“你的医术真的这么厉害？”一脸的不信任，一丝笑容也没有。

我很少碰到对我这么无礼的病人，我笑着对她道，“您又不是什么大病，不用那么高的医术。”她说：“你能知道我有什么病？”我显得一脸轻松，微笑着对她说：“摸了脉就知道了。”

她此时脸上的肌肉略微缓和了些，伸出手来让我号脉。摸其肝脉弦紧如绳，肾脉却细涩无力，而肺脉、膀胱脉皆浮紧有力。我胸有成竹地对她说：“您的病从表面看是腿疼，但根源却不在腿，而在肝，必是您先生气，再受凉，腿才疼的。”

她听我这么一说，脸上立刻堆满了笑容，连连拍手说：“对呀，对呀，我昨天下午与我的合伙人大吵了一架，气得我晚饭都没吃。夜里睡觉时心里发热烦躁，我就把空调开得很大，早上就这条腿冰凉，后来就痛得走不了路了。不过刚才安先生也说我是受寒了，可扎了半天针也没用呀，还给我拔罐子，越拔越疼。”

我说：“安先生扎的穴位都对，只是他没想到您是个爱生气的人，所以没给您扎‘消气穴’。”

“还有‘消气穴’？太神了，在哪儿？”这厉害的妇人此时像个好奇的孩子，拉着我的手让我快指给她看。

哪里有什么“消气穴”，我给她找的是大腿内侧的阴包穴。我对她说：“您一生气，肝就紧张，也就是通常说的肝火旺，同时整条肝经都会弦紧拘挛起来。肝火一起，火性上炎，气血便不下行，腿上没有充足的气血抵御风寒，则空调冷气乘虚而入，所以腿就疼了。因此要治腿疼，只要推开肝经上的郁结让气血下行就好了。”

于是我让她先摸到“消气穴”，发现这里有一段硬结。我用手掌顺着肝经从大腿阴包穴轻轻往下揉推。一开始推她疼得直叫，可两分钟以后她就说一点也不疼了。我让她下地走一走，她走了两圈，还做了个下蹲，都一点不痛。此时她已是满面春风，还极力邀我去她家做客呢。

我谢绝了她的好意，将她送走，回到客厅和朋友叙旧。文安兄对我的治疗仍有些不解，问我道：“我刚才给她扎的都是通经络祛风寒的，甚至用上了‘烧山火’的绝招（针灸中一种能使机体迅速发热的手法），可她小腿还是冰凉。你一揉阴包穴，她马上脚都变热了，这到底是怎么回事儿呀？”

我边用手比划边对他说：“她小腿冰凉，是因为她气血下不来，瘀阻在肝经，你强通膀胱经只会让她经脉更紧张，即使加上足三里补气血也补不上。就像一根绑紧的绳子，你越使劲拽它它就越紧，必须要找到绳扣才行；这阴包穴就是绳扣，所以一揉，所有的经脉就都松开了。”

晚上我和文安兄到酒店痛饮了一番，他在异地难得遇到知己。他说：“我的病人里得肝病的很多，兄弟有什么好的方法吗？”我举起酒杯对他说："少喝酒，别生气，就是最好的方法。"

记得吴清忠先生在他的《人体使用手册》中强调大家要多揉肝经的太冲穴，这真是金玉良言！揉太冲穴既可解郁散结，又能舒肝健脾，对于爱生气的人来说真是个法宝，它才是真正的"消气穴"。我这样说有人会很困惑：你一会儿说阴包穴能消气，一会儿又说太冲穴能消气，到底用谁来消呀？这让我很难说清，借用刻舟求剑来略说一下：病已变矣，而穴不变，治病若此，不易惑乎？其实，哪个穴又不能消气呢？

求医录

清风明月问：

我向来比较怕冷，冬天容易手足冰冷，最近两年秋冬又经常口干舌燥。特别是早上起来口干的感觉特别明显。容易生气，脉缓且偏弱，睡觉有时要流口水。大便干结。这种情况下适合吃杞菊地黄丸吗？桂附地黄丸呢？该怎样调整身体呢？最近便秘更加严重了，是否应该停了杞菊地黄丸，改吃补中益气丸，请老师明示。

中里巴人答：

杞菊地黄丸对您不太适合，先别吃了。上午可吃一袋补中益气丸，下午和晚上临睡觉的时候各吃一袋参苓白术丸，早上口渴的时候就吃桂附地黄丸，可按说明量加一倍服用。平时若爱吃大枣，可随意多吃。若还有肚胀的问题，可在肚胀时服用加味保和丸。这样我想您的便秘问题很快就会解决的。若经常爱生气，就在生气后服用逍遥丸，这样气很快就消了。但最好还是别生气，生气最易使人长斑和衰老，还是清风明月天地宽吧！

爱生气问：

我眼睛有点酸痛，我想应该是上火了。每天尝试按摩太冲穴，时间还挺长的，但效果不太明显，先生是否有其他祛火的方法？

中里巴人答：

可以按摩颈后胆经的风池穴、三焦经的中渚穴、小肠经的养老穴，效果都很好。

17. 六味地黄丸不是补肾的通用专方

六味地黄丸是宋代幼科（儿科）专家钱仲阳专门为小儿先天不足准备的一剂良药，用以治疗小儿五迟之症（立迟、行迟、发迟、齿迟、语迟）。现在大人们争先买来补肾虚，甚至有很多人竟把它当成了壮阳之品经常服用，从此，小儿们的药典中便再也找不到六味地黄丸了（哪位家长敢给孩子吃呀），六味地黄丸似乎成了补肾的通用专方。

不久前，一个朋友告诉我，她的同学因常年在医院值夜班缺乏睡眠，结果10多年不见，最近变得虚胖、脸色苍白、嘴唇无色、眼圈发黑，医院一查血色素变成了7.1克，典型的贫血。她结婚几年了，很想有个孩子，就去医院看病；那里的医生给她开了六味地黄丸，说她老怀不上可能是因为肾虚，需要补补。朋友得知后就来问我可行不可行。她这个同学虚胖、脾胃不好、贫血，应该考虑从脾胃治疗，改善睡眠，以解决贫血，此时六味地黄丸是解决不了她的问题的。借此话题，我来讲讲这几种叫人分不清的地黄丸吧！

受广告的影响，很多人都觉得自己肾虚，要补肾，人们不约而同地想到了六味地黄丸。其实六味地黄丸是宋代幼科（儿科）专家钱仲阳专门为小儿先天不足准备的一剂良药，用以治疗小儿五迟之症（立迟、行迟、发迟、齿迟、语迟）。现在大人们争先买来补肾虚，甚至有很多人竟把它当成了壮阳之品经常服用，从此，小儿们的药典中便再也找不到六味地黄丸了（哪位家长敢给孩子吃呀）。六味地黄丸似乎成了补肾的通用专方。

其实，名声显赫的六味地黄丸并不是万灵丹，它有非常严格的适应证，只适于阴虚有热之人，所以是肾阴虚常用的一副药。你可能分不清阳虚阴虚，其实判断肾阴虚只要记住它最明显的特征：口干舌燥，总想喝水，同时还伴有头晕目眩、腰膝酸软、失眠心烦、睡觉出汗、手足心热、脑空耳鸣等症状。这么一界定，能吃此药的人就不多了。

哪些人不太适合此药呢？畏寒怕冷、不喜饮水、睡觉流涎、痰多湿重之人，尤其虚胖的人、脉缓之人（除了运动员），基本上都是湿寒体质；咳嗽痰多，痰色白而清稀，容易咯出，并伴有胸脘满闷、呼吸不畅、纳差食少、身重困倦、舌苔白腻、腹胀消化不良的人，就更不适宜了。

总之，此药无半点壮阳之力，（肾、脾）阳虚之人绝对忌用；肝火过旺之人服此药犹如火中添柴，亦不适宜。平常体质的人，不寒不热，想用此药补一补也未尝不可，那就需在空腹饥饿时或口干欲饮时再吃此药，最易吸收且有益无弊。

此药还有一些主要管肾阴亏虚的“兄弟姐妹”：

1.杞菊地黄丸、明目地黄丸

两药功效相似，后者祛肝火的功效略强。

主治肝肾阴虚所致的眼睛干涩、迎风流泪、视物不明，还有防治高血压的功效。

2.麦味地黄丸

在六味地黄丸里面加上了麦冬（润肺、滋阴、祛心火）、五味子（纳气、平喘、止咳嗽）两味药。

主治肺肾阴虚之咳喘（久咳气喘，痰少而咳或干咳无痰，伴有腰膝酸软、气短无力、动则出汗、时发低热）。还有就是，经常讲话太多、咽喉干燥、咳嗽无痰之人（慢性咽炎）也可选用。

3.知柏地黄丸

在六味地黄丸里面加上了知母、黄柏两味祛火药，以治疗肾阴虚而又火气偏盛的人。和六味地黄丸的区别是，在六味地黄丸适用的症状基础上还有头晕耳鸣、咽干腰酸、小便黄赤或浑浊、尿频数而热痛。这是知柏地黄丸的主症，特别是小便黄赤。

4.耳聋左慈丸

即六味地黄丸加上磁石、石菖蒲、五味子。

主治耳内常闻蝉鸣声（耳鸣），夜间更甚，听力渐差，伴有心烦失眠、头晕眼花、腰膝酸软、遗精盗汗等症状，适合阴虚型的神经衰弱患者。

下面再谈谈治肾阳虚的成药。

金匮肾气丸（桂附地黄丸）：即六味地黄丸加上肉桂、附子两味大热强阳之药。由于加了两味补肾的热药，许多中医师便把它当成了治疗阳虚的法宝；只要患者说自己怕冷畏寒、手脚冰凉、腰膝冷痛，或阳痿早泄、倦怠乏力，那十有八九便会给你开这个药了。其实，这个药对真正阳气虚弱体质的人百无一效。

这方子的原意为"阴中求阳"，也就是说平常体质的人，由于饮食劳倦等原因造成了体内的精血（阴）一时性的缺少，而不能及时转化成阳气来温暖四肢，造成一时性的虚寒，或先天体质中阳气略显不足，稍感怕冷，但又不是阴寒无火之人，这样才适用。所以如果总是口干、喜饮热水而又畏寒怕冷的人较为对症。

求医录

ANDY 问：

我冬天怕冷，夏天又不是很怕热，月经周期在26～28天。3年前生了宝宝后，同房就没有分泌物；看了西医，查了内分泌，都说是正常，现在转为看中医。上次说我肺热、气虚、湿热，因为我有点便秘，小腿的皮肤很干、掉皮，但身上又没有，口气有点重。医生给我开了六味地黄丸，我总觉得月经后腰酸背痛。请问，我应该怎么调理？

中里巴人答：

冬天怕冷，是肌表有寒；夏天不怕热，是体内无火。若再有不爱喝水、尿少易倦，就更是脾虚湿盛的明证，不可用滋阴药六味地黄丸。可尝试用柏子养心丸、参苓白术丸。平日再吃些大枣以补气养血。没有分泌液及皮肤干燥都是气少血虚无力输布津液造成的，月经将结束时可吃八珍颗粒两袋合三七粉（同仁堂产）一瓶，可防止月经后腰背痛。

delphing 问：

我29岁，女，已婚未育。我从今年初好几个月排卵期都出褐色分泌物，比如15号排卵，10号开始有褐色分泌物，到大概16号结束。月经每个月都很准时。后来，我每天按肝经、涌泉穴、足三里和三阴交。4月份排卵期没有出血，5月份在10号那天出了一点点褐色的分泌物，之后就好了。可以说，经络按摩对我还是有用的。不过，我现在每个月10号开始还是会觉得很疲惫、很累、总想睡觉，可又睡不踏实，到15号以后这种现象会好一些。每次月经完了之后也会觉得没劲、头晕。在脖子后面和腰后面（膀胱经的位置）起皮疹。您看，我的情况能吃六味地黄丸吗？（以上月经周期均以15号为排卵日，29日为月经第一天举例）

中里巴人答：

能不能吃六味地黄丸，是很多朋友都问过我的问题。

六味地黄丸是一个治疗肾阴虚的妙方。肾阴虚的症状主要为口干渴、怕热、腰膝酸软、头晕耳鸣、舌红无苔、脉细而数。您的症状我觉得是脾肺气虚、心血不足。可先服柏子养心丸和参苓白术丸进行调养，平日可吃些大枣以补血安神。

天堂女问：

我今年41岁，每年体检结果是身体各零部件都很好，就是有点轻度贫血（一般血色素在9克左右）。但我自己感觉身体很糟，特别是近3年来，每年都会无缘无故病一周，症状很奇特，没有明显预兆，就有一点点感冒的样子，然后就是一点劲儿都没有，连坐在沙发上看一会儿电视都觉得累得受不了，轻飘飘得没一点重量，话也说不动，好像提前体验百岁老人的状态。去看医生，医生说不出所以然，就吊点水补充一下营养，一周后慢慢恢复。前两年这种状况都在秋天发生，但今年6月初已提前体验了。前天有位懂点修行的老师建议我服用点逍遥丸、归脾丸和补中益气丸，正要去买呢。今天看到老师的书很高兴，就先咨询一下。

中里巴人答：

补中益气丸的功效在于益气升阳、甘温除热，主治气虚发热和气虚下陷之症，只要觉得自己属于“气虚”都可参酌用之，且药力平和。归脾丸补气养血安神，属于气血双补之药，主治心悸怔忡、健忘失眠等症。但此药有些粘腻，若有大便不爽的症状就不适合，还是补中益气丸较为通利。柏子养心丸既能补气养血，还有安神通便之效，对心脏也有养护的作用；但因其中含有朱砂成分，近来对朱砂的毒副作用非议较多，所以我也不便大力提倡此药，酌情用之，中病即止。逍遥丸对肝气不舒但又不是肝火太旺的人较为适合，尤其是那些因思虑过多而影响食欲的人更为适宜。吃完多会打嗝放屁，感觉气通神清。对真正阳气虚弱的人，原来有个右归丸，还有个阳和丸，都专治肾阳虚弱，可现在药店买不到了，只有一个治脾阳虚的附子理中丸还比较好买，专治脾胃虚寒，效果很好。

怕冷问：

我今年43岁，平时比较怕冷，确切地说主要是晚上睡觉特别怕风吹；不太爱喝水，好像喝进去马上就排走了。大便尚可，略有一点干燥。小时候得过牛皮癣，后来犯过两次，目前情况尚好。我多年来牙周一直不好，尽管我一直很努力地清洁口腔（每天用牙线，并用水冲牙，定期看牙医做清洁），牙肉还是不停萎缩，有几颗牙已松动得很厉害。

几个月前，经一位中医朋友介绍开始吃六味地黄丸和知柏地黄丸，感觉有一些帮助（不知是不是心理因素）。

我是否适合吃六味地黄丸或知柏地黄丸？应该如何调整身体？

中里巴人答：

牙齿松动通常被中医认为是肾虚之症，也是六味地黄丸的治疗范围。如果您的先生一直是畏寒怕风的体质，就不适合六味地黄丸，更不适合知柏地黄丸了，可选择桂附地黄丸。但如果是过去怕热而现在怕冷怕风，不是真正的虚寒体质，又有您的中医朋友诊脉确定，也是可以吃六味地黄丸的。至于知柏地黄丸，不是火性体质的，实非所宜。

Lolita 问：

我爱口渴，每天要喝8杯以上的水，月经前后会腰膝酸软。每次看中医，大夫都会写上脉细数，自我观察则舌红无苔。但我不怕热，相反很怕冷，冬天总是手脚冰凉。我这样的体质可以吃六味地黄丸吗？

中里巴人答：

口干渴、爱喝水、脉细数、舌红无苔都是阴虚的主症，可放心服食六味地黄丸。至于冬天怕冷，是肌表有寒。您属于是冰包火的情况，郁结之气不得宣发是其原因。可服食加味逍遥丸，以舒肝解郁，并用取嚏法宣散体表之寒气。

18. 玄妙五行治疑病——导引法

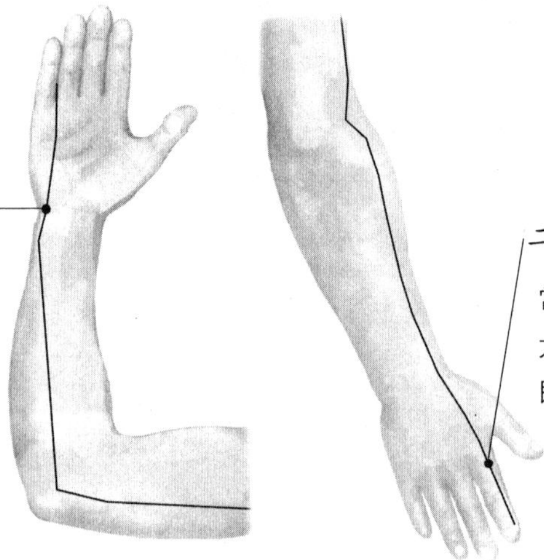

老祖宗给我们留下的好东西实在太多太多了。每当从《黄帝内经》等典籍中学了个一招半式，得心应手，就不禁心生无限感激之情，真要向苍天叩几个响头，以遥拜先知大德的在天之灵。难道我们竟要将家中的财宝视如垃圾，弃如敝履，用手里的茶盅去估算大海的深浅，用裁缝的皮尺去测量天空的高低，在无限的宇宙里画地为牢、打造铁窗，让人们都隔窗而望，并美其名曰为“科学的视野”。如果科学真是如此的浅薄，我们不要也罢。

前面介绍过，中医常用六大法门：砭、针、灸、药、按跷、导引。其中的导引之法是集前五法之大成，调节经络的升降顺逆，因势利导，以强济弱，便可将体内多余之能量转移到气血虚弱之部位，而无须白白泻掉。肆虐之洪水反成发电之动能，岂不快哉！通常我们有了胃火便吃牛黄清胃丸来泻胃火，有了肝火便吃龙胆泻肝丸来泻肝火，心火盛吃导赤丹，肺火盛吃抑火丸，似乎一上火便必须要泻，顺理成章。其实，“邪火”也是一种身体的能量，也是要耗费人体的大量气血来推动运行的。如果人身体五脏之间的气血是平衡协调的，便不会产生某脏偏旺上火的情况，因为五脏的功能既相互推动又相互制约，如果某脏腑气血偏旺，必然同时会有脏腑气血虚弱。导引法就是将那些气血过盛的脏腑的多余能量转化到气血衰弱的脏腑上。这种自身的转化没有能量的浪费，是人体无污染的绿色能源。

金庸金大侠曾在他的多部作品中有过类似导引法的描写。例如有人练功走火入魔，疯狂难以自制，这时只要有个大师级的人物点上几个要穴，再略加推按，只需片刻，那人便会转危为安、狂躁顿消。这种描述绝非空穴来风，这也不是什么高不可攀的武林绝学，只要知其扼要，你何尝不可以小试牛刀呢？

这里面运用的是中医五行学说，此学说既是中医的入门基石，又是登堂入室的捷径。可越是好东西越是广遭非议、少人参悟，现在竟成了某些人诋毁中医理论的佐证，嗤之为最不科学的“迷信残渣”。所以，导引法几近失传。

这里举两个简单的导引法，让朋友们大概了解一下。若意犹未尽，可自行去参研五行之法。

邻居大姐50多岁，常年抑郁不舒，总想大哭一场，腹胀但能食。诊其脉胃旺肝虚，右肾亦强，常气胀至腋下。取大肠经二间穴，只揉两分钟，便肚中肠鸣，连放响屁，腹内顿觉舒爽，胸中畅快。二间穴为大肠经“荥水穴”，大肠为金，取此穴“泻金补水”，泻金则金不克木，补水则水能生木，且泻金即是泻胃土，使土不侮木，诸法皆护持肝木，使肝气条达，气郁之症随屁而解。

某朋友，男，46岁，突然头痛欲裂，服止痛药无效，找我急救。

摸其脉，心脉旺，脾脉虚，正是牛黄清心丸的主治症。牛黄清心丸泻心火而转生脾土，取五行中“火生土”之意。一药而两治，能量转化而不耗费，是为导引玄机。当时手中无药，但“诸穴即是诸药”，随手拈来，先按摩整条心经，以泻心火，然后点掐神门穴（输土穴），泻心火而转生脾土，同样是“火生土”。由深知心火旺、脾虚，脾经必“虚不受补”，所以先点按脾经之大都穴（荥火穴），以便和心经顺接，然后点按脾经太白穴（输土穴）将心经之能量储藏于脾，此导引过程即告完成。前后5分钟，朋友头痛尽消，恍如做梦一般，整个治疗过程并没有揉任何头部经穴。

导引术手法极为简单，就是寻常的点穴按摩，但病因必须明确、五行必须通晓才好应用。倘若此法精熟于心，那么治病真的就如顺水推舟、庖丁解牛一般了。此术医理庞博，我也只是略窥一斑，抛砖引玉而已。

老祖宗给我们留下的好东西实在太多太多了。每当从《黄帝内经》等典籍中学了个一招半式，得心应手，就不禁心生无限感激之情，真要向苍天叩几个响头，以遥拜先知大德的在天之灵。难道我们竟要将家中的财宝视如垃圾，弃如敝履，用手里的茶盅去估算大海的深浅，用裁缝的皮尺去测量天空的高低，在无限的宇宙里画地为牢、打造铁窗，让人们都隔窗而望，并美其名曰为“科学的视野”。如果科学真是如此的浅薄，我们不要也罢！

丰盛的美味需要宽大的盘子，如果没有一颗无限包容的心，我们如何去承载苍天的博大厚赠？《素问》、《灵枢》、《伤寒论》便是其中的美味珍馐，等哪天有空，一定和大家一起品尝。

19. 刮痧最适合治皮肤、肌肉和关节的病

痧不是医者刮出来的，而是患者自己的气血所到之处而推出来的。正确的刮痧是无痛的，就像抓痒一样，感觉很舒服，出痧也很顺畅。若患者感觉刮的地方很痛，心里烦躁抵触，那刮的地方肯定不对，白白地耗费气血，而且出痧也不多。

提起刮痧，人们通常会想起乡间的老婆婆拿着铜钱、汤匙，在人们的后背前胸刮出一道道红红紫紫的血印，以治疗中暑发烧、呕吐等症，有时疗效还颇为显著。一般人认为刮痧可以祛火、排毒、美容，所以美容院、洗浴健身中心都设立了这个项目。

在西医看来，刮痧无异于损伤肌肤血管，是愚昧无知的自残行为。而正统的中医呢，也因其工具简陋、操作简单好像有失医者的身份而不屑一顾。而刮痧疗法实在是中医疗法之鼻祖、针灸之先驱。中医弃之，岂不是数典忘祖？

刮痧古称砭法，是中医治疗六大技法之一。

中医治疗六法分别是：砭、针、灸、药、按跷、导引。砭为第一法，可见其地位的重要、应用之频繁。砭法又分为刮痧、揪痧、吮痧和刺络法。

我们以吮痧为例讲解一下。望文生义，“吮”就是吸吮，用嘴嘬的意思，主要用于婴儿的治疗，由医者根据病情的不同，指导孩子的母亲在幼儿身体的相应穴位上进行吸吮，嘬出紫红痧，患儿病情即时就可得到减轻。治疗就像母亲平时对孩子的爱抚，孩子们都以为是母亲与自己嬉戏、亲吻自己，没有丝毫痛感且心情愉悦。这种治法难道不是医疗的最高境界吗？可现代中医对此竟茫然无知，且还轻视遗弃，

岂不可惜？

刮痧虽然手法简单，但医理复杂，对经络走向、脏腑虚实不熟悉的人，很难正确地把握与使用。如果认为此种疗法有益无损则更是贻害不浅。请记住：刮痧是否出痧，不在于你刮的力度是否够大，而是在于患者的气血是否够足。痧不是医者刮出来的，而是患者自己的气血所到之处而推出来的。正确的刮痧是无痛的，就像抓痒一样，感觉很舒服，出痧也很顺畅。若患者感觉刮的地方很痛，心里烦躁抵触，那刮的地方肯定不对，白白地耗费气血，而且出痧也不多。

刮痧最适合皮肤、肌肉和关节的疾病，如颈椎病、肩周炎等，疗效立竿见影，远胜于药物和针灸疗法。而对于脏腑病使用刮痧就有些力不从心、鞭长莫及了。

中医的六大治疗方法各有各的优势，各有治疗的领地：脏腑的病多用药，经络穴位的问题多用针灸，浅表皮肤的病多用刮……生活中，许多疾病的病因非常复杂，一种疾病，其脏腑、经络、表皮都可能有大大小小的问题，这就需要多种方法一起配合治疗，各自发挥在治疗上的优势，才能做到法到病除，而不是单纯依靠其中某一个法来解决。例如，皮肤浅表的疾病若用药物来治疗，药物要先入脏，然后到经络，再到肌肉，最后才到皮肤，绕了一大圈，药的力量就好比强弩之末，所剩无几了，治疗的效果还不如用刮痧立竿见影来得快。

可叹的是现在的中医，用药的不用针，针灸的不懂药，至于刮痧和按跷导引更少人精通。更有甚者，将刮痧这门纯中医的东西归结到旁门左道、民间疗法。中医技法变得支离破碎，对疾病的治疗都受限于单一的技法，难怪疗效要大打折扣了。

其实，我在这里不是要给刮痧正名，而是要唤醒同道们找回被随意丢弃的中医至宝，以重振岐黄大道。

求医录

痧迷问：

刮痧是不是按照经络走向来？

中里巴人答：

一次不要刮那样多条经络，因为人体的气血有限，那样太分散战斗力了。最好得知哪条经络比较瘀滞虚弱，就主要刮那条经。一般刮痧都是从脖子往下刮，推拿一般都是从腰骶向脖子方向。不要拘泥于所谓的补泻手法和方向，那些都是花拳绣腿。按揉刺痛的地方用力可以强些就等于泻了，酸或酸痛的地方有些虚，就力度小一些，等于补了。按摩穴位只是保持开关接通的方法，打开开关，有些刺激就成了，没必要一个劲地在那些地方按个不停。推个三四遍，5～8分钟就成了。腰背疼可以看看是哪个经的穴位，然后找到该经腿上的穴位进行按摩，腰疼多是按揉小腿上的承山、委中。

好学问：

小时候在农村，有一种疗法就是用缝衣针快速挑刺皮肤，然后挤出一些血。老家的很多人头痛感冒就用这种方法，比如着凉了头痛，就沿发际用针挑刺，然后挤血；有时候会挑刺太阳穴，一般都会在针刺破的地方出现黑紫色的小疙瘩，类似痣一样，过段时间会消失，疗效不错。我的亲身体验是有一次肚子疼，忘了什么原因，疼得直不起腰来，就是村子里的老奶奶用一种三棱的针刺破胳膊肘内侧的血管，流了些发黑的血，很快就好了。不知这种疗法在中医里有没有？叫什么名称？是否有科学根据？

中里巴人答：

此法为刺络疗法，中医常用，现在医院的针灸科也偶尔使用，但会的人越来越少了。这种方法疗效显著，也叫刺血疗法。

bxl2610问：

我看到有些书上说背为阳，腹为阴，冬季要养阴藏阳，所以冬季不要在后背刮痧和按摩。这种说法对吗?

中里巴人答:

此论只知其常，不知变通。秋收冬藏，确实不宜宣发、耗散。但若寒气束表，郁热难发，不及时用刮痧法解散，用按摩法疏通，则冬令难补，外冰内火，春必发病。

20. 随身携带好医生——刮痧、拔罐与按摩

刮痧是将粘着在血管壁的瘀血清除到血管外，然后再经血液重新吸收入血管，经过全身的循环，将刮出的废物从尿液排出。

刮痧会加速血液循环，对心脏是很好的锻炼，作为防病来用，安全有效。如想补肾，就光在肾俞穴拔罐；补胃呢，就在中脘和足三里拔罐。

拔罐可补可泄。补呢，就是用罐数量要少，引气集中一处。

通常在外面拔罐时总是满后背都被拔上，那主要是将气血引入膀胱经，起到利尿排毒的作用。但这对于气血虚弱的人便大为不利了。

拔罐最棒的功能就是它的引血功能。

按摩一定要找准经络，穴位找不准慢慢来，离穴不离经就行。如果肚子上压着痛，你要看痛点压在什么经上，然后就按摩腿上相应经络的穴位就行了。胃经上压痛的就按腿上的足三里，脾经痛就按阴陵泉……

敲打和按摩的作用是相似的，可以替代使用（例如敲胆经和胃经）。

许多人家里有拔罐、刮痧板，却不会使用，只好束之高阁。现在咱们就拿下来，擦一擦，准备派上用场。

很多人畏惧刮痧，觉得那是损伤皮肤的一种疗法。其实，这是一种误解，误解的原由就是你没有亲自感受过，只是凭着视觉的经验，就像西医对中医的误解一样，拒绝实际的体会，只凭感观的成见。可当你真正刮过一次，且必须找个懂刮痧技巧的人来操作，你当时就会接纳这种方法，并连呼痛快。

记得我3年前曾给一个比利时电视台的记者刮过痧，他当时不住地向我挑起大拇指称赞这种方法的神奇，没有半点恐惧与排斥，并把我送给他的刮痧板当做宝贝似的珍藏起来。可是国内的很多专家，甚至是中医专家，都在抵制或轻视这种简单有效的方法，真让人不可思议，似乎这种方法一进了健身中心就不是正统中医的东西了。其实，

你就是把它算到民间土法当中，它仍然有其不可替代的医疗价值。拿颈椎病这个极普遍但是很难治愈的疾病来说，用刮痧法真是手到病除。当然还有很多疾病，如心血管疾病的预防和早期治疗，如果能巧用刮痧法，将会有多少人躲过心脏搭桥的煎熬呀！

很多人问我拔罐有用吗，比刮痧如何，我怎么说呢？我会说，比刮痧还棒。真是这样吗？那当然了，这些东西如果你会用，非常地好使，而且能除大病。

一年前，我曾在香港治疗过一位中风的病人，她被当地最好的医院诊断为不可能再站立行走的重症患者。我在她家住了12天，她便从卧床不起的状态变成了能拄杖行走两步了。我用的就是朋友从内地带去的真空拔罐。你说拔罐是不是好东西呢？

说到这里，肯定会有人说："你就吹吧，反正也不用交税。"好，如果我的吹牛能让许多人增加一点对拔罐的信心，那我闪了自己的舌头也是值得的。

至于什么时候刮痧，什么时候拔罐，从哪里刮起，拔多长时间等等许多问题，常常会困扰着大家。我这里就较为详细地讲解一下。

刮痧最好使的工具是刮痧板，再配上一瓶刮痧油，就全了。有人觉得刮痧只适合热症、实症，这真是"千古奇冤"。其实，刮痧补虚去寒的效果更妙。某人感冒发高烧，这时有人说，刮刮痧，去去火，于是就在后背膀胱经刮痧，痧一出，火就散了，大家认为是泻火了；其实是用体内的积热把后背的风寒赶走了，所以应该说是祛寒了。说祛火呢也对，但不是你所理解的那种光热无寒的火。

刮痧最善补虚，但补的不是气血两虚的虚，而是因瘀而虚的虚。举个例子，有个朋友的右手腕不知为什么一点劲儿都没有，甚至拿不起书包，手指还总是发麻。到医院，医生说可能是颈椎或者是脑神经的问题。可核磁共振都查了，也查不出个原因。于是来问我，我说："手发麻说明气脉是通的，只是气至血未至。"手腕部缺少气血，怎么能有力量呢？但他本人并不是气血很弱的人，所以必有阻塞之处。我于是在他的右臂上仔细查找，发现他肘部天井穴上方有一点按下去痛不可忍，已经形成了一个硬结。他说，这地方两个月前踢球时曾摔伤过，当时没管它，疼了3天就不疼了，没想到变成了瘀滞。我在他的痛点及整个三焦经刮痧，当刮到接近手腕的时候，手已经运动自如了。

如果你身体太弱，还是要先培补一下气血再刮，否则是不爱出痧的。一定要清楚，痧不是你用刮板刮出来的，而是体内的气血顶出来的。所以当我们用力刮也不出痧的时候，那就是体内的气血没顶到那里，就别再白费劲了。

有人说，出痧就是人为地造成了血管的损伤，是毛细血管的破裂。其实，刮痧是将粘着在血管壁的瘀血清除到血管外，然后再经血液重新吸收入血管，经过全身的循环，将刮出的废物从尿液排出。值得一提的是，将血管壁的瘀血清除以保持血管的弹性和空间不会变小，也是西医的梦想，但是西医无法可施，或是说施不得法，只能用扩张血管的药或抗凝剂来保持管道通畅，从而来保障供血。为了不确定的瘀血而使整个血管的血液都被抗凝，这注定要改变血液的正常成分，并人为地造成易出血症状，甚至造成血管壁失去弹性而变硬。这就好比是我们家的白墙上有一个黑点，我们只要用湿布一擦就掉了，可我们却找来了高压水枪，把整个房间都冲刷一遍，搞得是墙皮脱落、房屋损毁，真是得不偿失呀！我们小小的刮痧板却能轻易地解决血管的瘀血，这可是世界医学难题，你不觉得这很奇妙吗？消灭苍蝇，一只苍蝇拍就够了，那些洋枪大炮都派不上用场。你愿意为了消灭屋里的一只苍蝇而用大炮把你家炸平吗？可我们在医院里却经常上演着这一幕而不知不觉，或无可奈何。

仍然会有些人心存顾虑：刮痧会不会有什么副作用呀？这小心是对的，有些人是不适合刮痧的。

心脏功能弱的人很容易晕倒，尤其是坐着刮时更容易出现这个问题，一般会有心慌、头晕、恶心的症状。还有气血很虚弱的重病人不要刮，会白白耗费他的气血，这样的人刮出的瘀血不会被带走，出来的痧很久都下不去。

有皮肤病的人也先别刮，因为不知皮肤病的来龙去脉，有时会把内毒引出来却排泄不掉。

孕妇不要刮，安全第一。

癌症病人也不建议刮，会出现许多不可预知的问题。

对于有出血倾向的人来说，刮痧是双刃剑，特效和危险并存，没搞清病因情况下也别刮。

6岁以下的小孩先别刮，可用捏脊替代。

血压很高的人也先别刮。尽管刮痧对于高血压有特效，但特效的东西都不是平安药，如果不能确保安全，还是先回避风险吧！

总之，刮痧会加速血液循环，对心脏是很好的锻炼，作为防病来用，安全有效。

那什么时候拔罐呢？通常我们的肩膀很痛，用刮痧法，只要一出痧症状马上减轻；但有时刮了半天也不出痧，肩膀疼痛依旧，为什么会这样？主要有两个原因：一是病灶点很深，刮痧法触及不到；二是气血不足，体内的气血没有顶过来，瘀血就难以出来。这时用拔罐法可马上见效。病灶点深的，如果一拔很快出现黑紫印，那深层的瘀血就被拔出来了；如果还是罐下无痕，那就要耐心地在此处拔几天，每天10分钟，直到出现黑印为止。

拔罐可补可泄。补呢，就是用罐数量要少，引气集中一处。如想补肾，就光在肾俞穴拔罐；补胃呢，就在中脘和足三里拔罐。如拔的地方太多反而会将气血分散，达不到补的效果，会白白泻耗了气血。

通常在外面拔罐时总是满后背都被拔上，那主要是将气血引入膀胱经，起到利尿排毒的作用。但这对于气血虚弱的人便大为不利了。所以拔罐也是很有讲究的，不可莽撞行事。

拔罐最棒的功能就是它的引血功能。记得有个糖尿病病人，膝盖下足三里附近有个直径两寸的溃疡点长期不愈合，使用了各种消炎药，也敷贴了中药生肌散之类，都没有效果。后来我让患者每天在腹部中脘穴拔一罐，同时在患侧大腿胃经从髀关→伏兔→阴市→梁丘→犊鼻，一路拔下来，5个罐同时拔上，连拔4天，每天5分钟，再用生肌散，一贴而愈。为什么？通过拔罐把好血引下来了，破损自然就被修复了。

你已知道了拔罐、刮痧的机理，手法还用我教吗？刮痧要顺着经络刮，最好是从上到下，这样比较顺手；刮板和皮肤保持45度以下的锐角，比较不痛。刮痧时最好能用上腰劲，这样会很省力。其实，自己去体会，手法是最容易掌握的。

拔罐操作方法也没什么严格要求，买个枪式的真空罐，省得再去点火。拔前可在皮肤上抹点润滑油，这样拔皮肤不会痛。拔的时间以觉得舒服为准，气血虚弱的就少拔一会儿。但是湿气较重的人很容易起疱（尽管起疱疗效更好），会影响洗澡和皮肤的美观，所以拔的时间不要太长，也不要拔得太紧。

再唠叨两句按摩吧。有人说，按摩的技法那么多，两句能说清吗？其实，从治病的角度来看，按摩中80%的手法都是花拳绣腿，何为补何为泻，我劝你大可不必去浪费时间研究这些，能够一招制敌，何必先摆出100种花架子呢？按摩一定要找准经络，穴位找不准慢慢来，离穴不离经就行。如果肚子上压着痛，你要看痛点压在什么经上，然后就按摩腿上相应经络的穴位就行了。胃经上压痛的就按腿上的足三里，脾经痛就按阴陵泉……这只是举例，临症还有更适宜的穴位可选。再说一句按摩的方法，痛点不明显的经络和穴位按摩效果差，就像风筝线断了或半路打结了，要多按摩敏感的穴位。还有，敲打和按摩的作用是相似的，可以替代使用（例如敲胆经和胃经）。

法门很多，真想再多告诉大家几招，但我怕说多了，有人就更迷惑了，就像服装店里的衣服，款式品种越多，我们就越难挑选。

求医录

sweet_windy 问：

我的颈椎在大椎穴的附近有增生，按上去很痛，特别是每天早上起床的时候；而且按摩这个痛点时我会打嗝，按摩师帮我按摩时说肩部的肌肉僵硬。像这种情况如何拔罐呢？

中里巴人答：

僵硬的地方就先别拔罐，一定要先揉开。肩上僵硬的地方要看看是哪条经，肩膀上边僵，肩下臂上必松弛无力，需在臂上的经络拔罐。上边揉下边拔，肩上的僵硬才可解除。

行者无牙问：

我通常是先刮痧，再拔火罐，这顺序上有讲究吗？

中里巴人答：

法无定法，您的方法也是其中一法。先把表层的瘀滞散掉，再把深层的瘀滞引出。很好！

碰就疼问：

我这几天按摩腿和脚部的穴位，很多穴位都很疼，按摩之后，第二天轻轻一碰就疼了，是不是按摩得太重、伤了经络了？

Jnc 答：

不用害怕，只是瘀滞出来了，到了浅层，你可以减轻手法力度或休息一两天再按。

lucyxiaoyun：

现在我只要手有闲大脑有闲就是一个多动者，这里按按那里敲敲。三两天里就会在自己感觉不舒服的地方拔下罐。膀胱经是我经常光顾的地方，足三里、三阴交也会搞两记。夏天去过医院拔过火罐，背后都是暗红，想想办公楼的空调害怕得很。现在吃着老师建议的淮山粥，还有健脾胃的参苓白术丸、让人无忧的逍遥丸，放点保和丸备用着，还买了八珍丸。现在的我气色很好，白里透红，上楼轻盈，大家羡慕。

每年我的皮肤会发东西，尽管从不发在别人能见的地方，但是奇痒无比，总是会让我抓得不成样子，要到穿单服才会转好。读了老师的书后，今年一出苗头赶紧拔罐，拔出血水第二天就结了，第三天就差不多好了。

21. 小病的治疗只需蜻蜓点水

在我们生病时，如果饮食正常，二便调顺，就不用特别紧张，备一些常用的中成药就可以轻松解决。因此了解一些常用中成药的知识非常必要。

邻居家的李太太70岁了，一向身体不错，每天清晨去公园爬山、做体操。听说这两日得了重病，我便前去探望。

一见李太太，吓了我一跳，只见她两眼红肿得像两个桃子，眼睑被挤成一条细缝，已看不见东西了，还有脖子前面起满了暗红色密密麻麻的疹子。说去了医院看了内科、皮科、眼科，大夫也说不清是什么病，开了好几百块钱的药却毫不见效，急得老太太直哭。我把了一下脉，觉得脉象平和，不像有什么大病。又问了问大便、小便和饮食的情况，也都很正常。

我于是告诉她，没什么大病，不用着急，可能是吃了一些不洁的食物，又受了点热邪火毒。李太太听我这么一说，一下子想起来了：她一周前在早市买了一袋干虾米，回家吃后脖子上就起了许多芝麻粒大的小疙瘩。她也没当回事，就买了点皮炎膏抹上。前几天天气很热，她去参加老同事的聚会，在酷热的阳光下找了一个多小时才找到聚会的地点，结果当天晚上眼睛就肿起来了。我说："这就和病因对上了。"

于是让她的家人帮她去买了一瓶扑尔敏，晚上睡前服一粒。然后再买了6袋补中益气丸、3袋防风通圣丸，一共花了10块钱。早晚各一袋补中益气丸合半袋防风通圣丸，3天后她眼睛的肿胀和脖子的疙瘩都消失了。

补中益气丸能提升气血到达头面，以驱除毒邪。但如果只吃这一种药，皮肤的毒邪就会向外发。虽然也是一种排毒，但就会先肿得更厉害，然后溃脓而消，病人痛苦很大。防风通圣丸能清热、祛风、除湿、消肿，若吃一袋力较大，容易下行而祛脏腑之火，却难以上达头面，故用补中益气丸一袋载运半袋防风通圣丸直达病所，所以去病迅速。

疾病种类很多，即使有类似或相同的症状，其诱因也不完全相同，不可完全照搬治疗方法及用药。仅想以此例说明，李太太的病其实很轻，只在皮肤，但表现的症状却很重。如果错治，乱用消炎、去火、攻伐之药，必会变生它症，从此迁延不愈。

在我们生病时，如果饮食正常，二便调顺，就不用特别紧张，备一些常用的中成药就可以轻松解决。因此了解一些常用中成药的知识非常必要。

求医录

小斌问：

近来添了一个毛病，只要在阳光下晒一会儿，两个手臂上就会起一片片很痒的小疙瘩，大腿的正面和小腿虽然不起疙瘩，也会很痒，有时下午晒了太阳，到第二天早上还会痒，非常痛苦。这是身体出了什么问题？用怎样的经络治疗保健手法可以治愈？

中里巴人答：

这3个穴位对于您的情况可能会有帮助：一是膝盖附近的血海穴，一是大腿外侧的风市穴，还有一个是肘横纹上的曲池穴。哪个穴位较敏感就多刺激哪个穴位。另外，您若属于怕冷怕风的体质，就再吃点成药玉屏风颗粒；如属于燥热口渴的体质，就吃点防风通圣丸。

洁问：

感冒喉咙痒得要命，按哪个穴好呢？

sweet_windy 答：

我在遇到这种情况时，按摩尺泽穴和合谷穴，还有手背无名指和中指之间的咽喉反射区。效果很明显。

宝宝问：

老师好！前几天，在不知情的情况下，发现自己从委中到承山一段的小腿淤青（想来想去想不出有外伤作用）。因我一直在实行一招三式，难道是身体在主动排毒吗？

中里巴人答：

这是经络调整的正常现象，不用太担心。

22. 举手投足皆治病——坠足功

其实，举手投足皆是功法，行动坐卧全可修炼。你大可不必弃易从难、舍近求远！

有的人手脚冰凉，有的人尿少水肿，有的人大便费力，有的人头晕脚软，有的人睡眠不实，有的人胸闷气短……凡此种种，不一而足。现在咱们就学习个简单的功法，将这些症状一扫而光。

这个方法并不难，且很有趣味。请听仔细：首先，需要你显出疲惫的表情，显出慵懒的神态，像是半梦半醒，没精打采，饿了一天没吃饭，腿上还绑着大沙袋。如果达到了这种精神境界，可以说您已经学会了80%。然后我们开始“跑步”——坠着沙袋跑步（可不要真绑上沙袋，全是意念），脚步异常的沉重，刚勉强抬起一寸又重重地落下；想停下歇歇，可后边还有人推着你，使你不得不一步挨着一步地向前“坠落”。全身各处的肌肉随着脚步的起伏而上下颤动，不由自主地颤动；两手自然下垂，也可稍稍弯曲，随意放于腰间两侧，手掌处完全的“肌无力”状态。此时所有意念全部集中在前脚掌，用意念往脚底加力，使每踏出一步都好像要把水泥地砸出个坑一样。千万记住，只许用意念使力，不可使肌肉用力，不要额外地做出用脚跺地的动作。要像铅球坠地，而不是铁锤砸地，把脚想成是“自由落体”就对了。

这样的“坠步”使你的全身完全放松，气血意念贯注于脚心，很快就会打通足底的肾经，起到迅速补肾的效果；而且前脚掌是肝、脾、肾经的交汇之所，又是心、肝、脾、肺、肾及胃肠的足底反射区，对增强脏腑功能极为有效。与金鸡独立有异曲同工之妙,而其利尿消肿、降气祛寒之效又远胜于金鸡独立。

此乃动静之功，于身心最为有益。“动中有静风吹柳，静中寓动月照云。”将意念与肢体血脉协调一致，真乃养心治本之法。

每日在小区“坠步”500米，耗时10分钟，便可使身心状态大有改观，而且会令两脚从此不再冰冷，难道不值得感受一下吗？这只是个公式，当你自己做题的时候还会有更多的自己的体会、答案和收获。

如果我们多一分自信，便多一分灵感。我相信每个人都有灵感的火花，只是通常人们认为那是幻影，而当别人拿着同样的火花点亮火把、又来照亮我们的时候，我们才开始对那亮光顶礼膜拜。

其实，举手投足皆是功法，行动坐卧全可修炼。你大可不必弃易从难、舍近求远！

读者文摘

书里的方法真不错！我原先只想到把双手想像成“肌无力”，双手轮流用腰带动像甩草绳一样甩开，每只手都只要一分钟就可以达到麻、热、胀。可是对于脚我就没办法了。先生此计妙哉！

(Yangxin)

双手“肌无力”般地甩拍就是江湖传闻的“弥陀掌”，也是好功法啊！另外，倒着走路锻炼肯定是前脚掌先落地，意念自然就会放在前脚掌了，那样专心走几百米也定会全身发热。不过这适合路上没人的时候走，安全。

(一堂)

俺就是“冰脚丫”的人，看了书后就试了试坐步功，真的很神奇。讲讲俺的感觉：先把身子放软，就是头也耷拉了，肩也耷拉了，手也耷拉了，闭上眼睛，觉得从脑后打了个寒颤一般，一股气向下流，一下就到了手指尖。想想老师是让意念在前脚掌，于是重新来过，脑中想着前脚掌，气流就从后背向腿的方向走，初时只能走到膝盖附近，试了几次后就能到达脚部了。走几步就不自觉地打个寒颤，慢慢地觉得双脚好似一个方方正正的冰块，如同刚从冰库里拿出一般还呲呲地冒着白烟。俺就拖着这个大冰块走啊走，感觉自己像个风雨中跋涉的路人。叫老公来观看俺的表演，他笑称俺是“泥人”，就像从泥潭里捞出来的。俺本来打算练10分钟的，结果总忍不住打寒颤，竟走了半个多小时。这两天走了几次，昨晚老公很惊讶地说俺的脚是热的，只因俺的脚平时闲着无事时从不放光发热。于是老公也跃跃欲试，也把肩、头、手耷拉下来走，活像一个斗败了架的大公鸡，可他走了一阵却说没感觉。也许是我的寒气比他大吧！反正我是打算广而告之了，通知俺那些“冰脚丫”的姐姐妹妹们都试试。

（一条小鱼儿）

23. 让你在瞬间强壮起来的升阳法

练铜头撞树法3分钟左右，你会有焕然一新的感觉。两脚分开同肩宽自然站立，或两脚一前一后成人字。想像面前有一棵两个人都抱不过来的大树。好，现在可以用你的铜头来撞树了。

这时你会觉得蕴藏的内力喷薄而出，源源不绝。浑身的虚弱疲惫感一扫而光。更重要的是勇气和自信心会在瞬间被激发出来。

气血不足、中气下陷，会产生很多病症，诸如气短乏力、头目昏沉、倦怠思睡、大便不畅、脱肛阳痿、脏器下垂等等。大家往往束手无策，但有一种健身法可以让你在瞬间强壮起来，这就是铜头撞树法。听起来有些恐怖，我们的头都是肉长的，平时不碰它有时还隐隐作痛，还说要撞树，这是什么野蛮的锻炼法呀？其实这种方法既安全又简单，一学就会。

首先，试试自己的头是不是结实。把手攥成空拳，然后用中等力度去敲打自己的头部，大多数人会觉得头比较软弱、比较痛。好，咱们转换一下思想，加一点意念：大家都见过运动用的哑铃吧，最好是那种老式的、不能拆卸、一体的那种粗大乌黑的铁疙瘩，将这个铁疙瘩放大为我们头的形状和大小，并进一步将我们的脑袋想像成是这个实心的铁疙瘩。现在，还是我们那只攥着空拳的手，这次我们是用大脑这个铁疙瘩像铁锤那样去迎击柔软的手。这次我们敲打的力度、手法和第一次完全一样，但是我们改变了意念，结果会怎样？大多数人不会觉得头有痛感，而是觉得手有痛感，头瞬间变得坚硬了。

好，我们已经有了坚硬的铜头，现在我们可以撞树了。两脚分开同肩宽自然站立，或两脚一前一后成人字。想像面前有一棵两个人都抱不过来的大树。好，现在可以用你的铜头来撞树了。撞树的时候最好播放着有节奏的音乐，这样撞起树来更加轻松有力。树被你撞得摇摇晃晃，而你却越撞越来劲，头上已微微出汗。这时你会觉得蕴藏的内力喷薄而出、源源不绝，浑身的虚弱疲惫感一扫而光。撞完前面，撞左面，撞右面，撞后面，撞上面并把屋顶撞穿。整个撞击过程3分钟左右，你会有焕然一新的感觉，更重要的是勇气和自信心会在瞬间被激发出来。这会令你大吃一惊。

这种效果卓越的健身法却不适合两类人锻炼：高血压、心脏病和有出血疾患的人（痔疾除外）；还有就是脾气急躁易怒的人，这会增加他的厉气和狂暴。

这种方法适合白天锻炼，可益气助阳，而不要在黄昏和临睡前锻炼。

求医录

王菲问：

做这种功法时间稍长会感觉有些头晕，怎么办呢？

中里巴人答：

做这种功法时间长会发晕的主要原因可能有3种：一是本身您的体质就是上实下虚（也就是上焦有火，下焦虚寒）；二是您虚拟撞树的过程当中头摇的幅度过大；三是撞树过程中太过用力，且没有放松呼吸，憋气锻炼。如何纠正呢？只要运动时发力点先从前脚掌起，然后再到头。每撞一次都按这个顺序，气血便自然不会过于涌上头了。若还觉不舒服，那就先别练此功好了，好的功法很多嘛！

古昀问：

是找一棵小树，把它想像成两人都抱不过来的大树，以己头撞此小树；还是根本没有树，把面前的虚空想像成大树，头撞虚空啊？

中里巴人答：

您分析得对，就是头撞虚空，您可自选印象深刻的、喜欢的树种，想撞多粗的树就撞多粗的。撞的时候要有撞真树的感觉，好像树叶都被您撞得哗哗作响。其实这练的不仅是肢体，更主要的是意念。古时练武功的人都要锻炼这种意念，要“面前似有人，拳打卧牛之地”，这就是说只要练习招术，好像真有个对手在跟你对打一样，既要攻也要防，尽管打拳的地方很小，只能是一头牛睡觉的地方，但仍然能把翻飞腾跃的动作练出来。在哪儿练？就是在意识中练。练过气功的人都知道，气功练的是什么，全部的内容不过就是“意念”二字。

第四章

慢性病可以这样去治

有人觉得中医疗效慢是中医在治本，因此也就无怨无悔地去吃上一年甚至几年的汤药；尽管无效，也仍觉得是顺理成章，治本嘛，哪有那么快的！其实，很多时候如果能真正找到病本，中医治疗起来并不缓慢，而是非常迅速、立竿见影。

1. “金鸡独立”等方法是孝敬父母的最好礼物

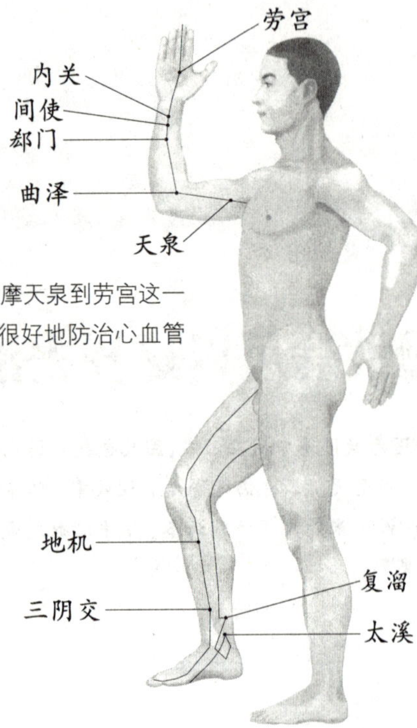

只要坚持每天按摩天泉到劳宫这一段的穴位，就能很好地防治心血管疾病。

建议：
如果能每日闭眼练金鸡独立1分钟，那么老年痴呆今生便与您无缘（“金鸡独立”功法参照第三章“预防、治疗一切中老年疾病的‘金鸡独立法’”）。

每天按摩脾经的地机、三阴交和公孙以及肾经的复溜、太溪四穴，血糖就会慢慢地恢复正常。

> 面对那些被病魔煎熬的人们，我常发出这样的感叹：不要等到失去健康的时候才去珍惜健康，不要等到孤独无助的时候才去寻求帮助，不要借口我们忙就无暇顾及身体，那样你永远不会有空闲。“若要了时当下了，若觅了时无了时”，记住这句话，马上行动！

我相信很多人小时候都有一个愿望，那就是长大成人后一定要让父母过上好日子。转眼，我们已经人到中年，结婚生子，我们的双亲也都是白发苍苍、步履蹒跚，能有多少父母真正享受到了快乐幸福的晚年呢？很多人因为病而早早地离开了人世，让子女没有机会去尽孝。我们或许事业成功，或许声名显赫，但如果没有让父母亲眼看见这一切而为我们欣喜，那将是我们心底永远的悲凉。若能让含辛茹苦、一手把我们拉扯大的父母能够在我们的关爱下开开心心、快快乐乐、健康无忧地生活，难道不是我们做子女的最大幸福吗？

为了这一切，我们一定要为父母准备最好的礼物——那就是为他们提供健康长寿的方法。人到老年最担心的疾病有：老年痴呆、高血压诱发的脑血管疾病、低血压、心血管疾病、糖尿病、腰膝疼痛以及耳聋眼花、便秘、失眠等。现就针对这几条，为老人们挑选几个防患之法。

我曾经在一个老年干部活动站进行过几次健康养生的讲座。当时，我手把手教给他们一些简单的方法。他们太需要这些了，每个人都仔细地记着笔记，听得极其认真，生怕漏掉一个字。每次讲完课都没人舍得离开，而是围着我问这问那，让我觉得我们的父母对于健康是那么地渴望，也是那么地无助！

在我教给他们的健身法里面，反响最大的是金鸡独立，他们都非常喜爱这个简单而特效的方法。许多人在开始做的时候5秒钟都做不了，但后来有人甚至可以站上2分钟。随着站立时间的延长，原来头重脚轻的感觉没有了，睡眠质量也大有提高，头脑清楚了很多，记忆力也明显增强了。有一个脑血栓偏瘫的患者，此法3个月后，由原来的只能勉强站立到后来能够拄杖上5层楼，这不能不说是一个奇迹。高血压在中医看来通常是阴虚阳亢引起的上实下虚之证，而金鸡独立却可以很好地引血下行、引气归元，将气血收于肝经的太冲穴、肾经的涌泉穴和脾经的太白穴，使肝、脾、肾的功能都得到了快速的增强，其好处真可以专写一部书来仔细陈述。可以肯定地说，如果你能每日闭着眼做金鸡独立1分钟，那么老年痴呆今生便与你无缘了。

还有一个时时威胁老年人生命的杀手，那就是心血管疾病。我曾经写过一篇文章，叫《救命的心包经》，心包经就是一根防治冠心病的救命稻草。心包经穴位很少，而且多集中在手掌和小臂，许多冠心病很严重的患者在小臂的穴位上没有痛感，这令大家很奇怪。其实，这条经最容易堵塞不通的地方是在上臂肱二头肌（俗称“小耗子”）上。其具体位置每人稍有不同，可以在天泉穴与曲泽穴之间点按寻找，必有一痛点，且疼痛剧烈。仔细按摩此点，会在两三天之内出现一个青黑色的瘀血点，这个点的出现会暂时缓解心脏堵闷，是对冠心病非常有效的防治方法。然后，我们要乘胜追击，将曲泽穴、郄门穴、间使穴、内关穴、劳宫穴一一按得穴感强烈，让这些我们生命的保镖们时时地处于警醒状态，就决不会再有突发猝死的惨剧。

再说一下老年人的糖尿病。这个病常令患者忧心忡忡，所有的精力都集中在血糖、尿糖上，天天提心吊胆地活着，还有什么快乐可言呢？

前不久，我的一个65岁的忘年交急匆匆地从美国赶回来，说他刚在美国做的化验，血糖已经达到17.5，大夫让他马上住院，说情况很危险，并确认他有糖尿病足的征兆，弄不好还要截肢。我对糖尿病研究不多，本想推辞，但朋友远渡重洋专程找我，我深为感动，就让他先试上一周，不成再另请高明。糖尿病，中医叫作消渴，分上消、中消、下消，上消多饮、中消多食、下消多尿。我这朋友是多饮，每天最少要喝两暖壶水；还多尿，夜里要起夜五六次；饭量倒还正常，只是两腿日渐消瘦，整天疲惫不堪。我让他把从美国带回的花旗参每天煮水喝并冲服杞菊地黄丸，疲劳时吃人参生脉饮两支，每天喝两碗山药芡实粉熬的粥，晚上睡觉前吃两瓶盖五子衍宗丸，同时练习金鸡独立、伸懒腰并按摩脾经地机、三阴交、公孙穴和肾经复溜、太溪穴。一周后他找我复诊，告知血糖已经降到10，每天起夜两次，一天半壶水就够了。我嘱咐他接着再吃两周，不久又打来电话，说血糖指标已经正常，身体感觉很好，体重增加5斤，而且有意外收获，眼睛看东西比以前清楚多了。

我这朋友得的糖尿病只是消渴的一个证型，属于肺肾阴虚、脾肾气虚之证。因是初起，急性发作，且没打胰岛素，只要治疗及时，胰腺的功能可在短期恢复，所以我让他喝山药、芡实粥，健脾补肾。二者淀粉含量都高，按西医应为禁忌，但依中药理论此二者乃健脾补肾之良将，作用最快。中医没有胰腺之说，而是把胰腺的功能当作脾的一部分来对待，所以健脾就是修复胰腺功能。但若是糖尿病病期已久，长服西药或依赖注射胰岛素的患者，胰岛分泌激素的功能几近废置，用山药、芡实调理就需要稍加慎重了，因为已经“虚不受补”，反倒成负担了。那时，不妨先从经络入手，调经补脾，更为妥帖。

面对那些被病魔煎熬的人们，我常发出这样的感叹：不要等到失去健康的时候才去珍惜健康，不要等到孤独无助的时候才去寻求帮助，不要借口我们忙就无暇顾及身体，那样你永远不会有空闲。“若要了时当下了，若觅了时无了时”，记住这句话，马上行动！

求医录

孝心问：

小腿静脉曲张的老人可以练习金鸡独立否？如果不行，有没有功效类似的简单办法？

学习答：

这是一个需自己实际体会才可解决的问题。从表面看，腿部静脉曲张应该不适合长久站立，而且有许多人就是过去工作需长久站立得的此病。但有许多患静脉曲张的人练习此功，静脉曲张并没有加重，反略有减轻。从理论上讲，此功将气血引到足底，对改善腿部循环应有好处，但如果静脉曲张严重，或在急性疼痛期，做此功必会引血下行，冲击病灶，造成疼痛加重。所以若求稳妥，有静脉曲张的人可不练此功，可按症状不同选择相应的穴位按摩。

甘草问：

我妈妈她经常牙痛，牙齿上有个针洞大小的洞，并没有其他上火，牙龈红肿，这几天疼得特厉害，看人都成双层的了，牙肉看起来有点萎缩。我让我妈用白酒加盐煮开后含在口里，并按摩中冲穴、肩井穴、下关穴、合谷穴，但只是缓了一点，还是一直在痛，痛得我妈妈说要去医院把它拔掉(以前就因此脱了两颗)。看妈妈痛苦的样子,我又帮不了她,真是好难过。所以还请先生看看。

光明云答：

我知道一个办法可以治你母亲的牙痛，很简单，就是在嘴里含几片苦参。这可是扁鹊传下来的神方，史书上有记载的。

Hhhwws问：

我母亲患慢性病（乙肝）10年，请问如何调理肠胃为好？喝高博特盐水已有3年，感觉有点效果（以前常滞胀、呕吐，现改善），也坚持早睡养生，但仍腰椎突出，不知还要注意些什么？

中里巴人答：

对于迁延不愈的慢性病，我们最稳妥有效的方法就是调理脾胃而不去管其他症状。调理脾胃最平和有效的方法，就是喝山药薏米粥。两者打粉熬粥，1:1的量。

山药以河南怀庆府所产最为上乘，也称淮山。山药打粉易煮易于消化。操作很简单，用家用榨汁机或豆浆机打粉一分钟就打好了，味道很好，还可加些砂糖调和。对于小儿尤为适宜，功效卓著，无药能及。

宝宝问：

我母亲70多岁，她的舌头中间常年有道很深的沟痕，请问是怎么回事？

另外，她自己施行一招三式养生法半年多来身体状况好了很多，现在十分爱吃肉，一顿不吃都觉得心里亏得慌（之前不怎么吃），饭量也增加很多，请问这是好的现象吗？

Jnc 答：

您的母亲恐怕有些阴虚火旺；如果舌头还胖、边缘有齿痕的话，也可能有脾虚。吴老师的一招三式目的就是改善气血，消化改善后一定胃口很好。俗话说有胃气能医治百病，一个人能吃很好，只要她是真的很饿那种吃。如果她爱吃肉，就不要限制，不过多吃些牛肉、鸡肉、鱼肉比较好，肉不用刻意限制，吃肉后最好吃些山楂丸类帮助吸收。但粮食一定要限制，因为上岁数的人消化粮食的功能已经退化，不要每顿吃太多粮食，尤其是白米精面，会刺激她的食欲，而且这些是引发“富贵病”的源头。营养代谢一两句话不容易说清楚。总之要多吃肉，多吃蔬菜、水果，控制主食，才是长气血之道。

2. 再也不怕风烛残年

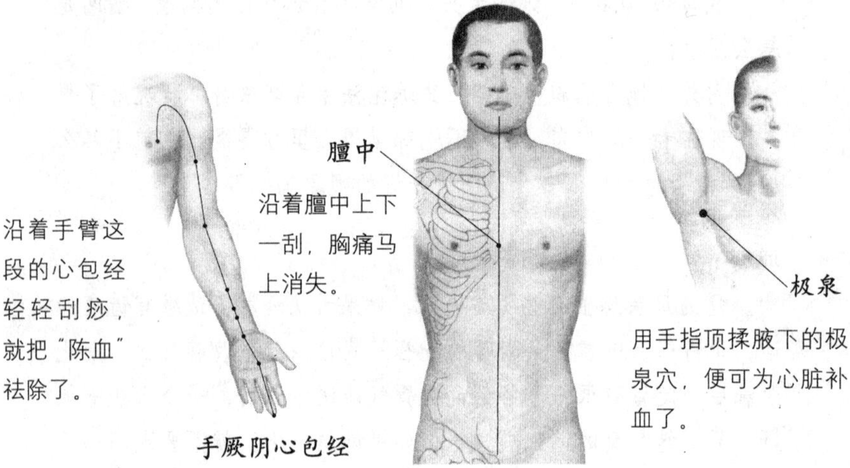

我很理解老人的心情，让他看见了一丝萤光，他便希望能看到月亮。谁不渴望光明呢？更何况是风烛残年的老人？最怕眼前的黑暗，谁又知道那黑暗能有多久？

我的一位常年在京做生意的朋友，看过我的文章“孝敬父母的最好礼物”后，当晚就坐飞机飞往老家，将他76岁的老父亲接到北京来，让我帮忙诊治。我当即推掉了下午所有的事情，急匆匆赶往他家为老爷子看病。

这是个脸色红润、看似硬朗的老人。见面时，老人还一个劲地说：“我说我不来，我没病，他非得把我拉来，你们都挺忙……”

我为老人把脉，除两肾脉沉涩无力外，余脉皆弦紧有力。其舌质暗红，有散在瘀斑。我抬起老人左臂，拨动其腋下极泉穴（此穴可查看冠状动脉的供血），问他手有无电麻感，他说只痛不麻。再点按其左臂肱二头肌天泉穴老人连连呼痛。又在他后背膀胱经左右厥阴俞点按，老人说这个地方一直又沉又痛，平常像背着石头，而且老觉得背凉，特别怕风。我问老人："夜里是不是总觉得心里憋闷呀？"他说："夜里总得把窗户打开，不然就觉得屋里的空气不够用，头顶出汗，可身上还怕冷。"

我当即诊断为心包经瘀阻，相当于西医的冠心病。老人说："那年在医院就查出有冠心病，大夫给开了一堆药，我怕儿子担心，没告诉他。"我这朋友听老人这样一说当时就有些急，责怪老爸说："有病您就得说，每次往家打电话，您都说身体挺好，这要不给您接来，不就耽误了吗……"老人笑着说："我了解这病，没啥好招，再重了，不是安支架就是搭桥，想着就怪吓人的，我可不做手术。郑老师，我现在是不是已经很严重了？"我故作轻松地说："没事儿，您放心，就是血液有点粘稠，经络稍微有些堵塞，一会儿，咱们就给它打通。"其实，老人随时都有发生心梗的危险。

我让朋友先到他们楼下的药店去买点药——一盒人参生脉饮，一盒血府逐瘀口服液。朋友让家里的保姆去买，我笑着命令朋友："这药你得亲自去买，效果才好。古人常说：'药必亲煎，不用侍婢。'其意深刻呀！"朋友连忙说："好，好，你说得对，我马上去！"抢过药方，他兴冲冲地下楼去了。老爷子此时也显得异常兴奋，笑着问我："还真有这些说道？"我神秘地说："那当然了，'儿子尽孝，胜服良药'呀！"老人听此一说，眉开眼笑。

其实治疗并不复杂，当时是下午3点多钟，膀胱经气血正旺，我便先在后背膀胱经两侧厥阴俞附近进行刮痧，只刮了十几下，便出了厚厚的黑紫痧。老人说刮这个地方太舒服了，都不想让我停手，我于是在此穴附近刮了足有十几分钟，出了一层又一层的痧，老人形容刮过的地方像被太阳晒着，暖洋洋的。刮完后背，休息了几分钟，老人开始觉得左臂心包经发胀了。由此可见身体从来不会闲着，只要气血充足它就会主动冲击堵塞的经络。就借着这股气血的冲击力，我便在他左侧心包经从腋下开始刮起，轻轻一刮，痧便涌出，好像早就等在那里要出来似的，而且全是疙疙瘩瘩的一个个青包。刮到曲泽穴时，刮不出痧了，老人说膻中穴附近忽然痛起来了。我说："那太好了！就要打通那里的堵塞了。"迅速让他喝了两支血府逐瘀口服液，然后便在膻中穴上下一刮，当即出来很多黑紫色的痧，胸痛马上消失。老人说现在心里太豁亮了，喘气都觉得是一种享受。

医治到此，可以暂告一段落。但老人很有点意犹未尽，想让我帮他把心包经打通了。我摸了摸他的脉，平和有力，气力还很足，就同意了。此时，他的曲泽穴有些发痒，这是告诉我们，新鲜的血液已经流向这里了。我取出梅花针，在小臂郄门穴轻轻敲了几下，然后再在上面拔上一个直径1.5寸的真空罐。同时，我仍在曲池穴刮痧，此刻出痧已非常通畅。不一会儿，真空罐里已经有了约10毫升的血，颜色紫黑粘稠。此时，老人说："左手掌和5个手指发麻发凉，好酸呀！而且心里略有些慌乱无力。"我让老人马上喝下早已准备好的生脉饮两支。然后我用右手拇指按揉老人左手手心劳宫穴，不到一分钟，老人又重新精神抖擞起来，并惊讶地说："过去也老喝这生脉饮，从来也没有今天这种感觉，好像这药是直接倒进了心脏里似的，当时心里就舒服了。"我说："您现在喝这药，一支顶平常十支，能全部吸收。您最需要的时候它才最补。"10分钟后当我取下刺血罐时，一股热流随即流向老人的整个手掌，手凉酸麻的感觉也瞬间消失了。

刺血可以加快打通经络的进程，但通常会加大心脏的负担，需及时培补才行。最后，揉老人双脚的太冲至行间，为心脏及时补血，取五行中“木生火”之意。此时补血的效果事半功倍，“只有倒出脏茶，才能倒入新茶”，“陈血不去，新血不生”。到此，治疗宣告结束。

老人欣喜若狂，和我也不再生疏客套，对我说他还有前列腺炎、耳聋、痛风、腰椎间盘突出，想让我都给看看。我那朋友惊讶地说：“老爸，您怎么一下冒出那么多病呀，是想要累死郑老师吧？”我很理解老人的心情，让他看见了一丝萤光，他便希望能看到月亮，谁不渴望光明呢？更何况是风烛残年的老人？最怕眼前的黑暗，谁又知道那黑暗能有多久？

我起身向老人告辞说：“伯父，别着急，病得慢慢治，您多住些日子，我把您的病都治好了，您再回去。”老人很激动，眼圈也有些湿润。

送我回去的路上，我那朋友对我说：“今天是我这几年来最开心的一天，比赚几百万都开心。”

我说：“我想把今天的事情写到博客里去，你没意见吧？”他睁大眼睛，连连点头说：“好呀，好呀，一定要把我的心情也写进去。”

朋友的心情我无法非常准确地表达，我自己也是百感交集。能帮助老人摆脱病痛，能帮朋友达成夙愿，能让一个家庭在瞬间便充满阳光和希望，真是件令人无比欣喜的事。但想到网上那么多朋友的疑难困惑，那么多沉疴顽疾，那么多忧愁恐惧，我这蝇头之火，在这漫漫长夜，又能照亮几人？！

求医录

蚊子问：

我母亲常抽筋，一抽起来就痛得要命，不能动，一般是手和脚抽。抽的时候可以看到痛的地方的血管是凸起来的。还有就是头痛。她痛的时候，我父亲一般都帮她按摩，按抽筋和痛的地方，有时很有效，有时就作用不大。有时会用电吹风（吹头发那种）用热风吹。请教老师，这样做有用吗？有什么方法可以治呢？平时要注意什么呢？

中里巴人答：

抽筋、头痛，病多在肝、脾。如口干想喝水，则可服加味逍遥丸、明目地黄丸，口不干则可选逍遥丸、柏子养心丸。若买药方便可加八珍颗粒2袋和三七粉1瓶（同仁堂所产效佳）。日常可服些大红枣以养血。按摩可选肝经太冲、脾经太白、血海以及胆经风市、阳陵泉。

May问：

有一位老人家，上腹位置体表温度特别冷，加上很湿重及有便秘，可能是什么问题，可以有那些穴位合用？

中里巴人答：

湿重又有便秘的老人家可以吃些参苓白术丸，1袋/次，一天三次，饭前空腹吃。上年纪的人多数是因气虚无推动之力造成便秘，吃这个可以健脾胃之气，增加推动力，还可以利湿。同时还帮助排除浊气，放屁比较多。老年人最好不要吃寒凉的泻药和通便的药物来解决便秘问题。

另外，吃药同时，配合经常按摩脾经的阴陵泉（去湿）和胃经的足三里（治胃），以调整脾胃，去除湿气。

如果有条件，可以给老人常熬山药（药店里卖的）加薏米一起磨粉做成的粥，帮助健脾利湿，比例为1:1。

贤孙问：

老外公80多岁，前几天告知老妈手脚无力，有时连话都说不出来，想来年纪大了，身体也不行了，两年前还好着呢。老外公不抽烟，不喝酒，不生气，是个好老小孩。薏米粥可否服用，或参苓白术丸？饮食上再做相应调整，少主食，多蔬果，肉类？枸杞+红枣+

桂圆＋粳米适合吃吗？天冷时我们常吃的。老外公想来应该多补补气血的，我们还想让他做个百岁寿星呢！他现在在服西洋参茶，觉得精神会好一些。

中里巴人答：

祝老外公长命过百！给老人用药要慎重，气力不足，先补气血，要补气血，先健脾胃。山药薏米粥老少咸宜，但老人通常气阴两亏，如喝洋参茶有效，更属于此种类型。山药和薏米的比例就要2：1，而不是1：1，因为薏米有利湿消肿的功效。对于气力太差的老人来说，这一“利”一“消”也是要耗费体力的，所以薏米要减半了。你家的四宝粥也很好，可以继续；但对于老人来讲，肉还是尽量少吃。性味寒凉的蔬菜和水果也要尽量避免。主食相对好消化些。尽量按老人的胃口，不要太苛求营养。

禾日问：

我妈妈今年53岁了，可这几天她的膝盖有些酸痛，有时晚上睡觉她说膝盖一阵一阵不舒服，不知道按哪些穴位可以帮她解决这一问题？

中里巴人答：

有提供一个治疗膝盖痛的小功法。那就是在软硬适当的床上练习跪着走路，每次5分钟。(这个功法使许多老年患有膝盖痛的朋友摆脱了困扰，最快的只用了3天的时间)。

3. 颈椎病——可以随手而愈的病

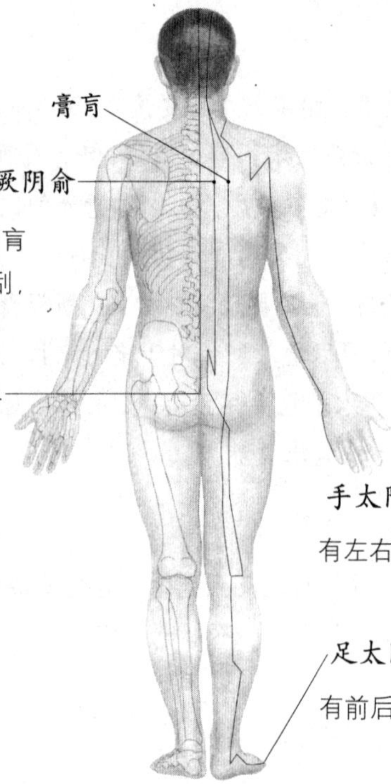

> 颈椎病主要是由两个原因引起的：一是心血管瘀阻造成的颈部供血不足，另一种是脊椎受损在先（主要是腰、骶椎的劳损），进而影响了颈椎的供血。知道了病因，解决起来并不难，用刮痧配合按摩的方法最妙。

总说西医治标、中医治本，但究竟“本”是什么，似乎就没有人再去追究了，好像吃了中药就治了本了。另外有人觉得中医疗效慢是中医在治本，因此也就无怨无悔地去吃上一年甚至几年的汤药；尽管无效，也仍觉得是顺理成章，治本嘛，哪有那么快的！

其实，很多时候如果能真正找到病本，中医治疗起来并不缓慢，而是非常迅速、立竿见影。

病本，也就是病根所在。除了我在前面已经列出的体内“三浊”和体外“两害”这五大总的病因以外，具体到每个病有各自的病因。

拿颈椎病来说，类型最多，但普遍治疗效果不佳，就是因为病因不清，没有对应的治疗之法。其实，颈椎病主要是由两个原因引起的，一是心血管瘀阻造成的颈部供血不足，另一种是脊椎受损在先（主要是腰、骶椎的劳损），进而影响了颈椎的供血。知道了病因，解决起来并不难，用刮痧配合按摩的方法最妙。例如，有前后俯仰颈痛的，病在膀胱经，就先刮膀胱经；有左右转侧疼痛的，病在小肠经，就先刮小肠经；痛连后背的就从膏肓、厥阴俞开始刮，然后再刮脖子；只是中间颈椎痛的，从后发际顺脊椎向下刮，直至刮不出痧为止。

使劲刮都不出痧的人，就用按摩法；但不可光按摩颈椎，一定要上按摩入发际，下按摩至尾椎，对整条督脉进行按摩。用掌根或肘按摩较为方便，痛点处要仔细按摩直至不痛。按摩颈椎时一定要轻柔，绝不可贸然用力，否则易造成颈椎的进一步损伤。掌握了这种刮痧和按摩法，通常的颈椎病随手而愈。

求医录

屑屑沉香问：

由于职业的原因我有颈椎病。去医院拍了片子，医生建议牵引，但是我没有时间每天去医院。后来听从朋友的建议改睡很低的枕头。一段时间以后，右手手指发麻的现象有所改进，可是几个月后右肩突然出现问题，现象跟肩周炎一样，往后背手很困难。我去医院做按摩，按摩大夫说就是肩周炎，只要坚持按摩一周左右情况就会有所好转。可是，我坚持按摩超过了一周，情况不但没有改善，反而更加严重。现在往后背手越来越困难，甚至早上梳头都有困难，真是愁死我了。但是我发现一个现象，跟周围有肩周炎的人不太一样，就是我每天右胳膊在痛的时候，右手臂上部的肌肉似乎也在拧着痛。而且不断有"落枕"现象，也在右边。每天洗完热水澡以后，手臂就可以比平时抬得轻松。我注意了一下，是因为洗澡时脖子下部始终在热水的冲淋中，我并没有刻意去冲右胳膊。

请问，我的胳膊疼痛是否不是肩周炎，而是颈椎病引起的呢？我该怎么做？

中里巴人答：

颈椎病和肩周炎在中医眼里恐怕只是路经脖子和肩膀的几条经络的瘀滞造成的，经过脖子和肩膀的主要有膀胱经、胆经、小肠经、三焦经、心包经。您最好参照经络小人，找找肩膀、脖子最疼的点在哪里，找到后可以刮痧疏通一下瘀阻的经络，或是在痛点拔罐，常有立竿见影的效果。刮痧常先刮膀胱经、小肠经、胆经。

4. 类风湿——可以让家人帮着治愈的病

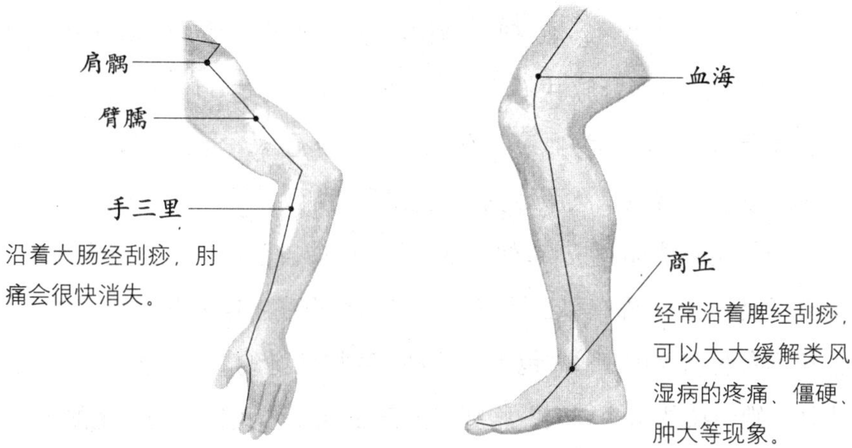

> 每天跪着在床上走一走，这样可预防膝盖痛，且一定不要按摩疼痛的关节，否则易增生变形。

儿子同学的妈妈方女士来访，说让我给看看一张中药方，评价一下其疗效怎样。

方女士40岁出头，患类风湿有好几年了。因为婆婆是西医专家，所以一直吃着西药，据说都是进口药，但一直没什么效果，连早上起来的晨僵问题也没解决。两个月前我在接孩子的时候碰上她，让她每天晚上睡觉前揉揉10个脚趾关节；据她说只揉了一周，晨僵问题便一直没犯，所以对我还很信服。中药方是一个60多岁、很有名气的老专家给开的，可是吃了两周没看出什么效果来。现在右臂肘关节已伸不直，西医说是滑膜炎，进一步发展就会肌肉萎缩。而且膝关节已持续疼痛了许多天，腕关节也肿胀明显。

我看了看药方，不过是些鹿胶、紫河车、仙灵脾、清风藤、全虫、寄生、牛膝、藏红花等补肾活血、散风通络之药，乃治疗类风湿的通剂，千人一方，难说优劣，便对她说："此药吃吃无妨，但难有显效。"摸她的脉，发觉两肾脉并不虚弱，心脉也浮大有力，唯脾脉沉涩，肺脉缓弱无力，脉涩必为血瘀。看其舌，光剥无苔，质红色暗，乃脾经瘀血之象，通常也是久服西药、重伤肝脾所致。

她说她心情坏到极点，快要崩溃了，害怕自己这样慢慢就会瘫痪。我笑了笑，说："哪有那么严重？现在你哪里痛？咱们先治治。"她说这几天右肘痛得厉害，书包都拿不动。我按住她的"手三里"，再让她伸臂，她说按住这个"穴"胳膊就不怎么痛了。我告诉她，她的大肠经有瘀血阻滞，刮一下痧，马上就好。于是让她捋起衣袖，我顺着她大肠经的"肩髃"往下一直刮到手三里，刮了5分钟，出痧较多，且在"臂臑"穴刮出一个大青包。再让她伸臂，已自如无碍。她说这两天早晨食指一直在痛，我说食指也归大肠经管，所以这下就全好了。然后我再看她的膝盖痛点，正好压在脾经上，我就指出脾经从"血海"到"商丘"的循行路线，让在旁边早就跃跃欲试的她先生帮她按摩。有了先生的关爱，疗效绝对不同。

果不其然，她先生只为她按摩了3分钟，她就可以随意蹲起而不痛了。我对她说，回家一定要吃山药薏米粥，把脾胃好好养养，估计一个月就可长出正常舌苔来；另外，每天还要跪着在床上走一走，这样可预防膝盖痛，且一定不要按摩疼痛的关节，否则易增生变形。她临走时把那药方一撕，说："我也不吃这药了！"我觉得可乐，说："不吃就不吃，有老公亲自按摩，比啥药都灵。"

5. 中风后遗症——这样治就能重新站起来

采用健侧、患侧同时治疗，无外乎“平衡”二字。不平衡又如何呢？打个比喻，狼妈妈下了一窝小狼，由于出生先后和发育的原因，有的个大强壮，有的则十分弱小，在喂奶的时候，总是强的比弱的先抢到奶水。这就造成了强的总能得到营养，而弱的越来越差。健康一侧就好比强壮的幼崽，在机体里总能抢夺到绝大部分气血，而弱小的患侧就永远抢不到气血，永远没有滋养，无法恢复。而这个治则解决的就是两者之间的不平衡，让它们重新站在同一个起点上，从而使身体的气血得以重新均衡分配，当患侧解决了气血滋养的问题，康复也就指日可待了。

缺血性脑血管疾病通常没有死亡的危险，却使很多人只能瘫痪在床，与轮椅为伴，生活无法自理。西医对于偏瘫后遗症基本上没有任何有效的治疗，除借助中医的针灸、按摩以及一些理疗手段外，让患者尽早地进行康复训练成了西医的必修课。我在国外的一家康复医院目睹了这种康复训练，病人非常痛苦，是医生和患者之间强行的对抗性治疗：用特定的器械将患侧屈曲萎缩的肢体固定，然后强行拉直，以患者耐受度为限，真是像上刑一样，患者在心理和身体上都非常抵触，疗效可想而知。几个月下来，基本上没有什么实质性的进展，患者还饱受身体和心灵的摧残。

在中医方面，古代医家对中风后遗症的论述很少，且在认知上多有误区，认为是外感风邪所致，以散风通络为治疗大法。此法治疗面瘫或有疗效，要治疗卧床不起的偏瘫则百无一效。直到清代出了医学大家王清任，主张“中风无风”，是身体气血亏少所致，发明治偏瘫名方“补阳还五汤”，才使得治疗中风偏瘫有了正确的理论依据。现代医家治疗此病时也大多以本方为基础，加减出入。此方对于早期较轻的偏瘫确有疗效，但是王清任先生自己也说:“此法虽良善之方，然病久气太亏，肩膀脱落二三指缝，胳膊屈而扳不直，脚孤拐骨向外倒，哑不能言一字，皆不能愈之症。”

药物的作用有限，所以更多的人把最后的希望寄托在针灸上。虽然从各种媒介多次听说针灸治疗偏瘫的神技，但事实并不如此乐观。走访一下各大中医院的针灸科，能治好半年以上偏瘫后遗症的针灸大夫绝对是凤毛麟角。为什么会这样呢？主要是治疗的方法有误。

这里浅谈一下在治疗中风偏瘫中我的一些看法与经验，对于用心于此病的医者或许能有些帮助。

古人立方先立法，万变不离其宗，方只是法的一个实例，用以说明此法如何应用，非此法必用此方。而现今的人多执著于方子本身，忽略了立法是用方的先决条件，用一方而治纷繁百症的现象比比皆是——不是方子疗效不好，是使用方子的人不善于发挥它们的效用。

以补阳还五汤为例，现在治疗中风无不将其视为首选，再加上地黄饮子、镇肝熄风汤等几个方，套来套去，难以见效。清任先生说“半身无气便半身不遂”，是说病果而非病因，因何半身无气？如果是单纯气虚者果便为因，直接用补阳还五汤即可药到病除；但临床上纯虚的患者很少，皆是杂因致虚，或气郁，或痰结，或血滞，或肝风实，或肾阴虚，杂然纷呈，直接用补阳还五汤难以见效。抱一方而治百病、守株待兔的治疗思路实在不可取。

应该根据清任先生当初确立此方的思路来治疗中风后遗症，而不必要非使用这个方子。不遂是因半身无气，只要将气血灌注到无气的一侧就可成功。我这里要提的就是“导引灌注法”。

传统的治疗，针对患侧断流的原因多用药来治疗，而针对患侧的肌肉萎缩、功能衰退则采用只注重于瘫痪一侧的针灸、按摩等等的理疗治疗，但往往效果不理想，为何呢？把患侧比喻成北方旱季的庄稼田，本身就缺乏水源肥料，此时按摩针灸无异于在干裂的大地上翻地、松土，而无法引来河水（气血）的灌溉，此时再好的种子、再辛勤的耕作也不要期望会有收获。而劳动又白费患侧有限的气血，患者如何能得以康复？

此时再看看健康一侧，就好比南方的水田，饱受着水灾暴雨的蹂躏，气血过剩而无处发泄。如果能将两地的资源重新分配一下多好！

所以我采取的措施便是“南水北调”，重新分配气血资源，原则是：“健侧流而不留，患侧留而不流，抒其所欲发，勿强开其所闭。”

流是疏通推动之意，留是静候保存之意。可选用于砭、针、灸、按摩、拔罐、导引诸法中，在患侧的干涸之田中挖井、修渠、建水库，做好基础设施的准备工作，然后就静候气血的到来。此时患侧本无气血，即使强行打开通道也得不到灌注，只能等。与此同时，治理健侧气血泛滥之地，用按摩健侧的方法使这里郁积过剩的气血可以流向患侧事先挖好的水库、河渠和水井，从而解决患侧的饥渴（气血不足）。

采用健侧、患侧同时治疗，无外乎“平衡”二字。不平衡又如何呢？打个比喻，狼妈妈下了一窝小狼，由于出生先后和发育的原因，有的个大强壮，有的则十分弱小，在喂奶的时候，总是强的比弱的先抢到奶水。这就造成了强的总能得到营养，而弱的越来越差。健康一侧就好比强壮的幼崽，在机体里总能抢夺到绝大部分气血，而弱小的患侧就永远抢不到气血，永远没有滋养无法恢复。而这个治则解决的就是两者之间的不平衡，让它们重新站在同一个起点上，从而使身体的气血得以重新均衡分配，当患侧解决了气血滋养的问题，康复也就指日可待了。

读者文摘

“古人立方先立法，万变不离其宗，方只是法的一个实例，用以说明此法如何应用，非此法必用此方。而现今的人多执著于方子本身，忽略了立法是用方的先决条件。”先生所言极是。在下以为这种态度多少和整个社会的价值观念和文化素养有关系。现在的社会太过急功近利，身处其中的许多人变得本末倒置，一心想要走捷径，却忘记自己的目的地在哪里和为什么要往这里走。

（蘅）

我是中医临床专业的学生，每天接触最多的就是中风的病人，其中恢复期占大部分。如先生所说，的确是以补阳还五汤、地黄饮子、镇肝熄风等寥寥无几的几个方，套来套去，加上针灸，结果确实疗效甚微。

（阿符）

6. 尿毒症——清一色的胃经虚弱

肾就好比是一台电风扇，如果打开开关它却不转，很有可能是停电了，或是线路出了故障，不见得是电风扇本身出了问题。气血就是电能，而胃经则是线路。由此推断，只要气血充沛，经络通畅，肾脏得到了足量的气血供应，就能够正常工作，而没必要对“电风扇”本身修来换去。

尿毒症实在是医学界的禁区，无论中医西医都望而却步。相对有效的方法是透析，最终换肾，这已成了治疗此病的定例。人们关心的是如何找到合适的肾源而不是找到病因，似乎尿毒症的罪魁祸首就是这个“倒霉”的肾了。

一个偶然的机会看了一组尿毒症患者的经络测试图，是用刘亦鸣教授发明的经络仪测试的，图中显示的结果令我大为惊讶——清一色的胃经虚弱，且虚弱程度极高，而肾经却只是略为虚弱而已，由此看来肾脏是代人受过了。西医的治疗，透析只是暂时解除血液排毒的困境，而高虚不下的脾胃却没多少人关注。

中医认为脾胃是气血生化之源，而胃经又是多气多血之经。金元时期的医学大家李杲就曾说：“脾胃虚则九窍不通。”《黄帝内经》则云：“痿症独取阳明。”尿毒症可以说是肾痿之证，而阳明正是胃经，所以肾功能衰竭是由于脾胃气血供应不足造成的。

肾就好比是一台电风扇，打开开关它却不转，很有可能是停电了，或是线路出了故障，不见得是电风扇本身出了问题。气血就是电能，而胃经则是线路。由此推断，只要气血充沛，经络通畅，肾脏得到了足量的气血供应，就能够正常工作，而没必要对“电风扇”本身修来换去。

求医录

蚊子问：

我母亲已经做腹膜透析，效果并不如医生的书上所说的“与常人无异”，现在胃口可以，可是不能大便，她吃辣椒有时能解决这个问题。请问这个能吃吗？还有晚上常失眠、心烦，常心慌（是不是叫心悸）。做心电图，结果正常，就不知道怎么治了。要怎么解决她的失眠问题呢？

中里巴人答：

如果吃辣椒确实能解决她的便秘问题，又没有其他的不适症状，自然可以吃。要看看她的体质是属于偏寒的，还是燥热的。如果总是手脚热，喜冷食，大便干，脉搏每分钟在80次以上，是属于热性体质，可选择中成药天王补心丸，养血安神去心火而通便（大便稀则不可用）。如果心中烦热难以睡眠，也可试试同仁堂的牛黄清心丸。如果是体质偏于寒凉，则宜用同仁堂的柏子养心丸，补气安神的效果也很好，增长气血也很快。若体质不寒不热，同仁堂的人参生脉饮补气养心的效果也是不错的。

7. 治疗近视眼的速效法

转眼的要领在于头始终朝前端不动，只动眼，不动头。向左转时，目光要极力向左，能看多远看多远，但头不能向左转；向上转时要极力向上看，但不许仰头；向右和向下也是如此，极目而视。转动的轨道应为圆形，而不要只是左、上、右、下4个点。顺时针转完25次后，再逆时针旋转25次，这时会感到后颈发酸，关键就在这，必须要转到后颈发酸才有疗效，只有此时眼部的肌肉神经才已经和后颈的肌肉神经接通。

中医讲肝开窍于目，肾注精于目，所以对许多眼疾中医都从肝肾来调治；中药的羊肝明目丸、石斛夜光丸、明目地黄丸等等，无不遵循这种治疗原则。但是，这些方法对于治疗近视疗效却不佳，根源就在于近视更多是由于长期的眼部肌肉疲劳造成的，问题并不在深层脏腑，而是在经络层面。明白了这一点，近视的问题就可以迎刃而解。

直接调控眼部肌肉供血的是膀胱经的后颈区。眼部的肌肉我们无法直接调控，触及不到，但我们可以把眼部的肌肉和后颈的肌肉连接起来。通过调节后颈肌肉就可以治疗眼疾，岂不是非常便利？

一个人只要每天花一丁点时间，就可以做好这种连接。把这个方法教给你的孩子和身边的朋友吧！

一、转眼球。先按顺时针方向转眼球，转动速度须极慢，左、上、右、下，转眼的要领在于头始终朝前端不动，只动眼，不动头。向左转时，目光要极力向左，能看多远看多远，但头不能向左转；向上转时要极力向上看，但不许仰头；向右和向下也是如此，极目而视。转动的轨道应为圆形，而不要只是左、上、右、下4个点。顺时针转完25次后，再逆时针旋转25次，这时会感到后颈发酸，关键就在这，必须要转到后颈发酸才有疗效，只有此时眼部的肌肉神经才已经和后颈的肌肉神经接通。

二、这时只要按摩后颈的肌肉，酸痛感很快就会消失，而这时会感觉眼部异常轻松。

通过短短几周的锻炼，视力会大幅度地提高，且可以预防其他眼疾。

求医录

无奈问：

我按您说的方法转眼部，倒是能感觉到和颈部肌肉相联，但同时也感觉眩晕，不知道是怎么回事？

中里巴人答：

转眼球感觉眩晕可能有3种情况：一是颈椎病，脑供血不足。转眼前先按摩颈后的风池穴就可解决。二是胃肠病，气阻于胃脘，这和晕车是一个道理。觉眩晕时用手指肚从心窝处向下推按到肚脐处，打一个嗝，眩晕顿消。三是肝肾血虚，同时会有眼睛长期酸涩干痛的情况。需平时再吃些石斛夜光丸，内外同治，便会有效。

小蜜蜂问：

我转了很久的眼球，也是慢慢转的，脖子没有动，可是一点酸痛的感觉都没有，只是眼睛的疲劳有好转。我视力一直很弱，近视七八年了吧，也不戴眼镜。为什么会后颈不酸呢？我在担心别是眼睛肌肉神经连不上了？

中里巴人答：

我想您虽然是慢慢地转眼球，但是“极力”二字至关重要，向左看时就要“极力”向左看，能看多远看多远，向上看时就要“极力”向上看，能看多高看多高，但头始终得保持中正不动。向右、向下看也是如此。如果您能像我说的这样“极力”去看，想要脖子不酸，还真是不容易呢！别着急，再试试。

清澈如水：

给大家一个用黑豆治疗近视的方法，简单之极，很多人尝试过，很管用。

黑豆和红枣按1:1比例一起煮着吃，每日吃一点，对轻度近视（400度以下），也即假性近视，很管用。邻居家孩子上中学近视了，按方子煮过，吃了段时间就好了。不过，这对更深点的近视疗效不明显。有小孩子近视的不妨一试。

网友：

我练了瑜伽几年，瑜伽有相似的动作，还可以配合其他动作，治疗成年的近视改善明显，当然要坚持才有用。和大家分享一下。

1. 每天半小时或者一小时眺望远处，比如远处的树木、屋顶，越远越好，仔细把视线集中在远远的一点。

2.眼睛疲劳时候可眼观鼻子5秒，再看远处5秒，反复3次以上。

8. 补中益气丸等药治便秘最见效

这里介绍3种常用的补脾胃养气血的小药——补中益气丸、参苓白术丸、柏子养心丸。这3味药你若只看说明会很失望，不但不治便秘，反而主止泻。别管它，要知道，若想长久保持大便通畅，那就一定要脾胃强壮才行。其中，如便秘伴有肛门下坠、内脏脱垂的用补中益气丸为好，失眠心悸的用柏子养心丸更佳，参苓白术丸则对便秘腹泻交替的有特效。

便秘，大家多多少少都有过亲身体验：有的是偶然饮食所伤，造成肠内大便干结，此时吃些通便泻火的药很有效果；可大部分便秘患者则是长年饱受煎熬，无论是多吃富含纤维多的蔬菜水果还是用泻药，甚至用开塞露都不能解决问题，长此以往，极其痛苦。

要治疗便秘，首先从观念上要有所改变。一般我们认为大便下不来那就要通，各种方法都是围绕在肠子那一亩三分地费心思，最多采用的是泻法。无非是大便水分不够给湿润一下，纤维素不够多吃点……其实我们多数人的便秘不该吃泻药，反倒是要吃些补药才对。为何呢？多数时候我们感觉大便并不是很干很硬、堵在肛门口出不来，而是我们觉得肛门下坠、有大便的感觉，可是去大便却没有，或者即便有也是细细的一点，还总便不干净。这种现象以老年人、久病不愈的病人、虚胖或瘦弱的人最多见。其产生的原因是肠子自身没力气往前推动，就算你腹肌再用力压，此时的肠子就像刚跑了几千里的马一样，累得再抽打都懒得动弹了。造成肠子无力的原因还是脾胃虚弱、气血不足。既然是因为虚，治疗起来就该像对待马一样，让其好好休息、喂养，把脾胃补强壮了，气力充沛后自然大便就痛快了。泻药则像再给疲惫不堪的马匹抽鞭子一样，最好少吃或干脆别吃了。

要想将大便迅速排出体外，就要借助气血作为载体。吃补药的目的就是补充气血。这里介绍3种常用的补脾胃养气血的小药——补中益气丸、参苓白术丸、柏子养心丸。这3味药你若看说明会很失望，不但不治便秘，反而主止泻。别管它，要知道，若想长久保持大便通畅，那就一定要脾胃强壮才行。其中，如便秘伴有肛门下坠、内脏脱垂的用补中益气丸为好，失眠心悸的用柏子养心丸更佳，参苓白术丸则对便秘腹泻交替的有特效。即使没有上述特别症状，这3种药也可以随意选用，不必拘泥于说明所限。

此时或许有人问，你这方法固然治本，却不能救急呀！告诉你一个秘诀：将这3种补药中的一种和你觉得有效的泻药同服，会发现，补药的力量会加到泻药上，在泻得更畅快的同时又不伤脾胃。补药就像火箭，泻药就是弹头。这个方法尤其适合热性体质而又便秘的人。

顺带说说，吃肉多了容易便秘的人多数是脾胃消化能力不好，此时若在饭后服用些类似大山楂丸、加味保和丸等消食化腻的中药，可以起到预防的作用。

另，有朋友提醒，柏子养心丸内含朱砂有毒成分，故我在此不建议大家多吃久服，若仍有些困惑疑虑，索性不吃此药，免得落下心病，更难医治。

9. 80%的妇科病都应从调理月经入手

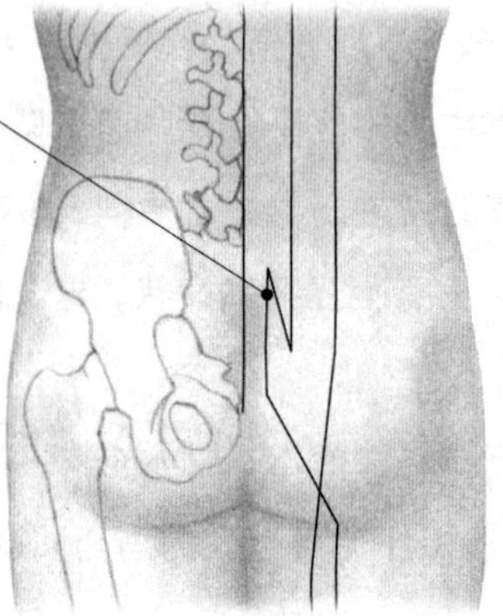

如果经常按摩此穴，使此处的疼痛逐渐减轻，而相应的病症也会缓解。可以说它是调节妇科疾病的一个有效按钮。

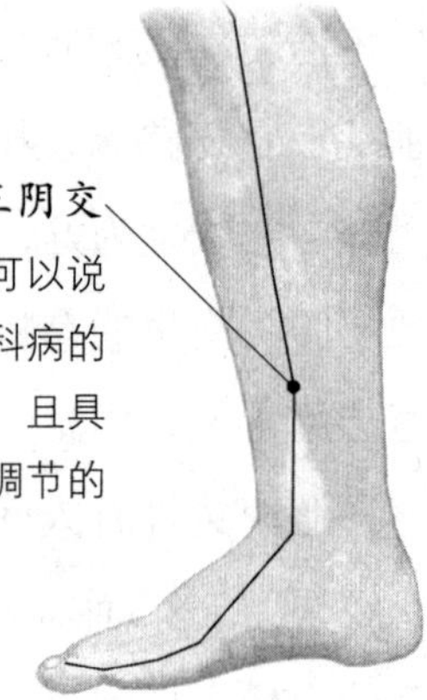

三阴交可以说是治妇科病的万灵丹，且具有双向调节的作用。

> 对于月经病的治疗主要从肝、脾、肾三脏入手，现在告诉大家两个重要的穴位，如果能在每天点按它们几分钟，会非常有益。

80%的妇科病都与月经不调有着直接或间接的关系，所以调顺了月经，很多妇科病就可不治而愈；而忽略月经问题，则会给许多女性朋友在以后的生活中留下诸多隐患。常见的月经问题主要有：痛经、经前乳房胀痛、经期头痛、月经提前、月经错后、月经淋漓不止以及月经后腰痛等等。这些问题早期发现，及时调理，并不难治。

对于月经病的治疗主要从肝、脾、肾三脏入手，现在告诉大家两个重要的穴位，如果能在每天点按它们几分钟，会非常有益。

1. 三阴交

三阴交是妇科的首选要穴，我们应该重视它的作用。它可以说是治妇科病的万灵丹，且具有双向调节的作用；也就是说，它能通利又能收摄、能活血又可止血、能滋阴又可利湿，根据个人不同的体质而对机体产生有利的作用。此穴又非常好找，在脚内踝尖上7厘米左右、小腿胫骨后缘的地方，用手按时较其他部位敏感。

2．次髎穴

在臀部尾椎附近的次髎穴也是防治和诊断妇科病的重要穴位。只要有妇科问题，不论这问题是出自子宫、卵巢还是附件，点按此穴都会极为敏感。如果经常按摩此穴，使此处的疼痛逐渐减轻，而相应的病症也会缓解。可以说它是调节妇科疾病的一个有效按钮。

以上是简单而有效的外治法，若能同时进行内部调理，效果一定会更好。如何调理呢？可常备一些小成药，如逍遥丸和加味逍遥丸。二者是治疗月经病非常有效的成药，对70%以上的月经不调都能起到作用，对早期的乳腺增生也有良好防治作用。

逍遥丸，顾名思义，就是让精神愉快，消除郁闷。不论是月经病还是乳腺增生，以及更年期综合征，都和情志抑郁有着直接的关联。

加味逍遥丸与逍遥丸有何区别呢？就在“加味”两字。加味逍遥丸是在逍遥丸的基础上加了丹皮和栀子两味凉血去火的中药。

如果你觉得自己是火气较旺、口干、喜欢饮冷的人，可选择加味逍遥丸；若是无火体质且不爱喝水的，那就用逍遥丸最好。

一般临月经前三四天开始服用，到月经时可暂停，觉得舒服也可继续多服两日，会感到月经很顺畅。

另外还有其他调理用药效果也不错：

由于月经会耗掉人体大量的气血，所以在月经后有许多人会有头晕乏力、腰酸腿疼的症状。这时只需在月经快要结束的时候赶快吃点六味地黄丸。如是虚寒怕冷的人可选用十全大补丸，就可防止月经后体虚的问题。

如月经淋漓不止，通常是脾不统血、气虚下陷造成的。可在平日吃补中益气丸，每日吃红枣数枚，在来月经时可服用八珍颗粒两袋和三七粉一瓶。三七粉最好用同仁堂的，以确保药效。

如果每次月经量少，滞涩难下，或久久不来，可在平日里经常以山楂煮水服用，偏虚寒者可加些红糖同服。

如能按以上方法进行防治，我想从此女性朋友的月经问题将能得到很大的改善，而且身体的各个方面（尤其是美容方面）也会因此大受裨益，祝愿女性朋友们月月顺利。

求医录

白玉微瑕问：

我2002年顺产生下女儿，除了42天复查以外，没有再做过妇科检查。今年单位组织查体，结果宫颈涂片显示的是“炎性反应性细胞改变（中）”；妇检的时候宫颈光滑，医生说有“旧裂”，应该是生孩子的时候留下的。我平时并没有任何不适的感觉，不知这种情况需不需要医治呢？

另外，我月经周期比较短，25天左右，平时食欲不错，有时舌苔白厚，有口气。16岁时曾经得过阑尾炎，从那时起，下午只要没有及时吃饭，就会饿得胃疼；吃过饭后还要用热水袋暖半个小时才会好转，不过近几年有所好转，这种情况只是偶尔才会出现。我这种情况可以吃加味逍遥丸吗？

Jnc答：

炎性反应性细胞改变（中）多数是对宫颈炎的检查结果，就是怀疑子宫颈有炎症发生，但您的子宫颈光滑，也不肥大，也没糜烂和息肉，那么炎性反应性细胞改变（中）可能是您旧时生产的宫颈裂伤造成的。如果没有白带分泌和味道异常等宫颈炎表现，就不用太担心，定期复查就好了。

从舌苔来看，您属于脾胃有寒，还有胃疼需要热水，也是寒。若平时月经前烦躁、抑郁、容易激动或心烦严重，可在经前一周吃些逍遥丸；若还伴口干，可以吃加味逍遥丸，不过月经平时量很多就不太适合吃了。

平日注意脾胃，少吃生冷和寒性食品，每天可以用推腹法保健一下，将脾胃或肝经的废气排泄掉，以引气血重新灌注而解决脾胃寒的问题。尤其注意胃经沿线的痛点瘀滞，还有肚脐周围的压痛点，这样长期按摩可以调理隐藏的慢性炎症。胆经和胃经大腿的部分要经常敲敲。

明明问：

我35岁，生一子8岁了。觉多，每晚10点就睡了，睡到早6点，但不踏实，从入睡到醒一直有梦，有段时间每晚都梦见被追杀。现换了工作，心情较好，但仍是每晚有梦。早晨醒来觉得累，每天上班要先喝一杯咖啡提神，平常爱喝绿茶。有口气，一早刷了牙，差不多早10点就觉得有口气。大便每天都有，但总是黑绿色，且粘。每月例假前面部起痘，现在在美容院每周做一次刮痧，面部不起痘了，略有成效，但其他方面还是没有改善。我原是北方人，3年前来南方定居，自己不想来，是跟丈夫来的，刚来时心情不好，也没朋友，现在好一些。还有我不怕冷，常想喝冰饮。恳请先生给以指引，有什么好的调理方法呢？或配合一些什么中成药呢？

Jnc 答：

根据您的描述，您应该是脾胃虚、有湿热和痰饮的体质。而咖啡是很容易生痰的东西，常喝虽然提神，但对您的湿热体质有雪上加霜的作用。

平常可以多练习“激情的玫瑰”里的补肾功法，外加推腹和敲胃经、胆经（大腿上的）。平日多按摩复溜穴到太溪穴（肾经），太冲到行间穴（肝经），经常熬些薏米山药粥喝。少吃猪肉、牛奶等易生痰的食品。

建议您可以吃些加味逍遥丸，观察一下口渴喜冷饮和口臭的变化。口臭多为脾胃肝胆的瘀热造成，您的调理应以疏肝健脾、补肾为宗旨。

金蛇狂舞问：

我的妹妹今年23岁，17岁来潮，月经一直不正常，开始好几个月不来，量少，经期短，经历高考学习压力等因素，上大学后经常不来。我带她看病，查内分泌发现垂体泌乳素高，做了脑部CT和核磁及腹部B超都没发现异常。医生指导做人工周期，开始用安宫黄体酮后，第二个月正常来潮，后来加用了倍美丽做了3个周期，效果还可以；再后来因为她没按时用药，学习压力又大，又开始紊乱，之后又查过一次B超发现多囊卵巢（以前查过没发现，不知是因为没查出来还是用药引起的）。后来又在一个中医的指导下用中药人工周期：月经干净后吃六味地黄丸、归脾丸一周，逍遥丸一周，乌鸡白凤丸5天，当归精吃至月经来潮。正常了一段时间，后来坚持不了按时吃药，停吃任何药物一年多，月经基本正常。但现在又出现了问题：今年7月份开始来月经后一直淋漓不净，一次没干净下一次又开始了。因为一直没有干净的时候，所以以前用过的中药周期都没法用，9月份干净了9天后又来潮。我妈妈听人介绍给她吃了大豆精（天然雌激素），血止住了，但很快又来了（药物撤退性出血）。我找了我们医院的妇科中医，开了止血汤剂，还没给她吃；想请教您有何良方，还要注意配合些什么，如何为她实施简单有效的经络刮痧？另外，她参加工作一年了，刚开始工作压力很大，生活很没规律，现在也常十一二点才能睡，体型瘦弱，面色青黄，经常觉得头痛，精神不好，还有胃下垂（喝水后B超检查下到耻骨联合部位）。这些问题困扰我们家人很久了，一是她的体质虚弱，二是会不会影响今后生育，烦请老师不吝赐教！

中里巴人答：

令妹现在的问题，我想应该是肝脾不和、脾不统血、气虚下陷之证。用山药、芡实（或薏仁米）打粉熬粥，经常当稀饭吃。平常多吃些大红枣，补气养血，也有止血之效。出血期间主要服用八珍颗粒两袋配同仁堂三七粉一瓶。平常每日吃两次补中益气丸，量可略大。可用艾条灸脾经隐白穴，止血调经效果最佳。

盈盈问：

我36岁，育有一儿8岁，患阴道炎已有3年，期间用了达克宁栓剂、克霉素栓剂等，均用时缓解，下月即又发作。服中药快半年了，停用栓剂3个月，只用中医开的外洗药煎汤外用，仍然没有好转，从原来的霉菌性阴道炎已转变为混合性阴道炎。长期坚持蒸煮内裤，现在房事减少很多，顽疾未能减轻，实在苦恼。请问有没有办法？

中里巴人答：

请问您平时白带的颜色是什么，形状如何（稀还是稠，是否豆腐渣样），有无异味（腥还是臭）？平日饮食有何偏好，胃口如何，饭后有无胃肠胀满？平时怕冷还是怕热，喜欢吃凉的还是热的？你胖不胖？月经规律否？量多吗？颜色如何？服用的是何种中药？

阴道炎在西医看来是外界感染，要消炎；在中医看来是内部环境湿热，利于细菌繁殖。如果湿热的环境变得清爽适宜了，细菌也就不长了。建议您可以吃些清热利湿的成药看看，比如参苓白术丸，每次1袋，一日3次，饭前服用，吃两三周观察一下。同时饮食上可常服用薏米仁和山药，各20～30克，磨成粉做粥喝，有利水渗湿的作用。山药须是药店里卖的淮山药，不是菜市场卖的生的，经常吃山药薏米粥对湿热有一定的效果。同时保持消毒和清洗患处的治疗，内外一起治病才会有转机。现在是老是在门外打苍蝇，里面还是个孵化苍蝇的安乐窝，没有根治源头。

其实，治疗阴道炎最好的方法就是足底反射疗法，省去很多麻烦，效果相当显著。只需买一本足底反射疗法的书（这种书很多），找到其中的阴道反射区、子宫反射区，还有下身淋巴区，每天按摩10分钟。如这些反射区很痛，那效果就会更加迅速，再加上外用药，就更好了。如还能找到肾、输尿管、膀胱的反射区再按一按，可能会更理想。这种方法很好学，一个小时就可以熟练掌握，而学会了却受益无穷。

Ruby问：

乳腺增生和乳房肿块应该按摩哪些穴位呢？

中里巴人答：

乳腺增生和结块中医诊断为气滞血瘀，遣方用药的原则多是活血化瘀、舒肝理气，常用药物为逍遥丸、舒肝止痛丸等，常用穴位有胆经的肩井、阳陵泉，胃经的梁丘穴、丰隆穴，脾经的三阴交。但治疗此病，精神的舒解至关重要，否则难除病根。

bettyyang问：

本人41岁，近一年经期前后不定，又因母亲生病、去世，心情悲伤抑郁，发生闭经。西医检查性六项，指标显示为更年期。医生开成药佳蓉片，另旅游散心，又自行来月经一次，时间、血量也还正常。但本月却只有少量血，总感觉憋，不畅快，好像中暑时的感觉，身体似乎需要排出什么，总想刮痧（我很容易中暑，家人在后背刮痧后，很快就好）。看了先生的博客，试着按摩三阴交和次髎穴，发现这两个穴位很痛，中等力度按压就有喘不上气的感觉，反复按摩几分钟后，穴位处明显发红，像出痧的样子，要过十几分钟才退去，而且明显感觉身体舒服、清爽。请问我这种情况是否为进入绝经期？可以通过经络按摩而好转吗？需要吃中药配合调整吗？

中里巴人答：

从您的症状看，我想您还没有到更年期，只要进行一些简单的自我治疗就能够将月经理顺。您可用刮痧法，但要记住，月经不通畅，刮痧的时候就要将后背的膀胱经连同臀部和腿上的膀胱经部分一路刮下来，尤其是腘窝后面的委中穴。如果出痧效果最好，但若是不爱出痧，且刮时感觉太痛，就需改为拔罐法，可在臀部到腿部的膀胱经拔罐，同样有效。按摩可选肝经的太冲穴、蠡沟穴，胆经的阳陵泉，肾经的复溜穴，这些都是通经下滞的要穴。平常注意敲打胆经，重点敲风市穴，每天再做3分钟的金鸡独立。如果您能按照以上方法去试一试，定会得到满意的效果。

10. 取嚏法——屡试不爽的千古良方

通常西医的感冒药是抑制身体排寒气的，减少打喷嚏和流鼻涕，强行将寒气压在体内不得抒发，长久如此会演变出很多大毛病。那怎么办呢？如果能将侵入的寒气人为地及时排出去，也许感冒症状会很轻或根本不会发生。

从小到大，感冒恐怕是我们最经常体验的疾病了。感冒在中医里又可分成风寒、风热等许多类型。风寒感冒是最常见的一类，通常我们会胡乱地吃些感冒药，有时症状很轻，觉得吃药有点多余，但不吃又还真怕加重。

风寒，就是寒气在不知不觉中侵入了身体，此时可能打个冷战了事。当身体要驱除寒气的时候，那些打喷嚏、流鼻涕等难受的感觉就出来了，虽说病不大，但把人折腾得天昏地暗，影响工作和生活的质量。通常西医的感冒药是抑制身体排寒气的，减少打喷嚏和流鼻涕，强行将寒气压在体内不得抒发，长久如此会演变出很多大毛病。那怎么办呢？如果能将侵入的寒气人为地及时排出去，也许感冒症状会很轻或根本不会发生。

其实，有一个非常简单而实用的方法，比吃任何药都管用，而且还可起到预防作用，这就是“探鼻取嚏法”，即人为地诱发打喷嚏这一排寒气的过程。

只需用平常的卫生纸纵向撕15厘米，用手搓成两个纸捻，要稍有点硬度；同时插入鼻孔，纸捻尖要贴着鼻内上壁，这样刺激性会较强。如果你已感受风寒，自然就会打喷嚏，喷嚏的多少取决于你感受风寒的程度。打了几个喷嚏后，头会略微出汗，这时风寒已去，你就可高枕无忧了。

其实取嚏法的功效还远不止这些。有些人有过敏症，如鼻敏感或花粉症之类，都是以往处理寒气不当、积压了过多的库存造成的。用取嚏法帮助排出寒气的同时，再由个人不同体质配些增强免疫力的中成小药，诸如补中益气丸或六味地黄丸等，可以完全去除病根。

另外，在中医里肺与大肠相表里，肺气不宣就会影响大肠的传导，使得大肠缺乏向下推动的力量。取嚏法可以协助肺气宣降，补充大肠向前的推动力，从而治疗便秘。更奇妙的是，中医的五脏是配以五行的，肺属金，肾属水，肺金能生肾水，难怪有些人用了这个方法后，竟不经意间治好了早泄的问题。我想，这可能是因为早泄也算是一种敏感吧，而取嚏法正好调节了脑部的敏感神经，或许鼻子本身就与生殖系统有着一些内在的联系。关于这一点还需进一步的论证。

求医录

拜友问：

我的鼻涕非常多，吃热饭或辣味的时候尤甚，我一直借口那是在排毒而没有诊治。请问，有什么办法减少鼻涕吗?！

中里巴人答：

鼻涕多，尤其是清涕，是肺气不足、体表有虚寒之气。可多做取嚏法以散体表之寒。平常吃玉屏风颗粒，或参苓白术丸，健脾祛湿，可有些效果。

11. 感冒可以自己治好

> 我曾对一个积寒很重的妇女推荐过此方，可对方却因此方简单而弃之不用，仍然跪求汤方。当时就有那个论坛的大师级人物对我指责道："中医这点不传之秘全让你抖落光了！"我回复他说："拦路奉上都无人问津，弃如瓦砾，何秘之有呀！"

朋友的儿子12岁，考上了重点初中，前几天朋友特意带着儿子来我家致谢，感谢我治愈了纠缠了他儿子多年的顽疾——感冒。

这孩子体质较差，三天两头感冒，几乎是每个月都有几天休息在家或是在医院输液，严重影响学习，朋友为此烦恼不已。这孩子特爱出汗，可出汗后只要一受风就会感冒。我让他吃玉屏风散加参苓白术丸。朋友说这两种药过去医院都开过，吃着没觉着特别管用，后来就不吃了。我说这次再用这两种药就应该管用了。我看到那个男孩正在用吸管喝饮料，就把吸管要了过来，用剪子铰成了两个15厘米长的细丝，丝头有1毫米宽，丝尾有3毫米宽。我对他说："这是叔叔送给你的两件法宝，收好了，只要感觉受了风寒，在打喷嚏或鼻子堵塞时用这两根细丝同时插进两个鼻孔中，在鼻腔内壁上轻轻滑动，马上就会喷嚏连连，等到怎么滑动细丝也不会打喷嚏时，皮肤表面的风寒就被全部赶走了，这时额头就会微微出汗，而这次的感冒也就与你擦肩而过了。"按照我的嘱咐，男孩把这"宝物"放到纸盒中，经常拿出来打打喷嚏，再同时吃玉屏风散和参苓白术丸。从那以后，他就再也没感冒过。

这个方法我曾写文章介绍过，但可以肯定的是，多数人并不会真正在意，看过也就看过了。在网上的中医论坛中，我曾对一个积寒很重的妇女推荐过此方，可对方却因此方简单而弃之不用，仍然跪求汤方。当时就有那个论坛的大师级人物对我指责道："中医这点不传之秘全让你抖落光了！"我回复他说："拦路奉上都无人问津，弃如瓦砾，何秘之有呀！"

夏天到了，电扇、空调就会天天伴随着我们，感冒也就时时会威胁我们的健康。这小小的细丝或许就是大家防病的屏障呢！(注意：细丝要软而细，切忌粗而硬，10岁以下儿童鼻粘膜过于薄弱，不推荐此法。)

我们通常会认为复杂的东西才有效，难学的道理才高明，费用高的疗法才值得信赖。岂不知"要言不繁，大道至简"！

求医录

sweet_windy 问：

我女儿发烧，38.5度，扁桃体发炎。吃了消炎药没多大效果。然后，我给她按摩合谷、大椎、风池、曲池、尺泽、肺俞、脾俞、天突，还有就是捏脊和耳垂下部的扁桃腺放射区。今早她说有痰咳不出来，有点疲倦，早上打了几个喷嚏还流清鼻涕。像这种情况，我该怎么做好呢？她这是外感风寒感冒吗？还有，这种肝胆浊气冲击肠胃的现象能通过按摩或者吃中药解决吗？

中里巴人答：

肝胆气冲击肠胃可用中成药来解决，但要看时机用药：已经冲到小肠位置时，可吃加味保和丸；刚从两胁入胃时，可吃舒肝止痛丸；还在肝胆郁结时，可吃逍遥丸。还可通过按摩太冲、阳陵泉、支沟、足三里等来调节。小儿如何治疗，本人经验不足，但感觉成人的这套穴位效果不是太好。有痰吐不出来，通常点按后背肺俞穴，加上胃经的丰隆穴。她的情况应该是风寒感冒。

12. 减肥为何总是半途而废

我一直不提倡吃减肥药减肥，而许多人因此而身体大伤。但爱美之心高于一切，也就只好迁就于此，为其提供补救之法。像长期熬夜之人、长期饮酒之人，皆是可治其病而难改其性。但作为医生，只医其生而已，何必担命运之忧呢？

有个邻居，女，38岁，体形较胖，身高1.67米，体重80公斤。肚子上赘肉较多，屡次减肥，都是头几天有效，大便泻不少，然后就停滞下来，大便也少了，并出现头晕、乏力、后背疼痛等诸多症状。这次感觉一种新的减肥药还不错，肚子不像往日那样绞痛，泻便也很平和。只是好景不长，不到一周，上述的症状又出现了，肚子虽然整日咕咕作响，就是排不出多少大便，且有肛门下坠的感觉，左侧面部还时时觉得有些麻木，体重又恢复到减肥前。一个疗程的药吃了不到1/3，眼看又要半途而废了。

我为她号脉，她的心脉很弱，而减肥过程是在成倍地加强代谢功能，需要耗费大量气血才能完成。如果心脏没有力量，气血供应不足，是无法继续进行的。于是为其点按给心脏供血的相关穴位，并嘱其每日加服八珍汤以增强气血。就这样她减肥得以顺利进行，不到一个月已减了15斤，且身体无任何不适。

我一直不提倡吃减肥药减肥，而许多人因此而身体大伤。但爱美之心高于一切，也就只好迁就于此，为其提供补救之法。像长期熬夜之人、长期饮酒之人，皆是可治其病而难改其性。但作为医生，只医其生而已，何必担命运之忧呢？

求医录

Phoenix 问：

我目前苦于产后肥胖（生产完将近4个月，体重比产前增加10公斤）。执行吴老师书中的一招三式近两个月，但身材并没有显著的变化，腰部、臀部和腿部水肿仍然相当严重。

请帮助我摆脱肥胖，谢谢！

中里巴人答：

如果是腰部、臀部、腿部水肿明显，显然是膀胱经阻塞造成的。造成阻塞的原因，从中医学上讲是脾肾两虚。如果同时有尿少、怕冷、腰酸的症状，可选择中成药桂附地黄丸。如果会刮痧，则将后背整个膀胱经由脖子到臀部一直刮下来。还可选择食疗法，取淮山药、薏仁米等量打成细粉熬粥，有健脾利水的功效，每天一小碗即可。平日还可吃些冬瓜、萝卜，有利水通气的作用。如不爱喝水，则尽量少喝，免得增加肾脏负担使水肿加重。若懂得穴位，可选用膝盖内下方的阴陵泉，足内踝上的三阴交、复溜穴，都有很好的利水消肿功效。

Lorena 问：

我的儿子因为读书学习，每大熬夜至凌晨两三点钟。我让他敲胆经早睡养血。按他的身体各处经络，发现好像充满了气，不是普通的肌肉或肥肉，也不是水肿。他脸上生了一些暗疮，爱出汗，体重也偏重，想既养身又减肥，请教先生应该怎么按摩？身体中的气应该怎样排出去？

中里巴人答：

减胖和养身其实并不矛盾，因为正确的减肥理念是添加气血能量，排除体内垃圾。人体内的浊气正是首先要清除的垃圾。浊气不除，它就会污染血液，这也是形成暗疮的原因。排除浊气最快捷的方法就是打嗝、放屁，每天按摩腹部的中脘穴、天枢穴，同时用十指指肚推腹部由心窝至肚脐附近，也很有疗效。胃经的足三里是治气要穴，可多点按。丰隆穴可化痰理气，对治疗暗疮也有良效。爱吃肉的话，可常吃牛羊肉和柴鸡肉，增加气血较快，但在吃完肉后最好吃两粒大山楂丸，既可防止增加血脂，又能加快增长气血。如果是肝火旺的体质，则可适当饮些绿茶，可使浊气从尿道而出。如果想进行肢体的运动，徒步行走则是减肥的最佳选择。另外，敲胆经、练金鸡独立都对减肥和排出浊气有很大帮助。

13. 减肥应该是一次轻松愉快的旅行

泻药的作用通常是通便、利尿、活血，用这些泻药的时候最好同时服用一些补气血的药，如十全大补丸、补中益气丸等。这样，泻的力量成倍增加，而且丝毫不伤脾胃。如此便可以加快体内赘肉的排出速度，且有泻有补，泻的是废物，补的是气血，一出一进，从此走上良性循环。

很多朋友只因为自己身材稍胖，便终日饱受精神的折磨，心理异常地自卑，在人群中不是尽量保持沉默便是经常自我嘲弄一番。仅仅是因为身材便影响了我们一生的幸福，从婚姻、家庭、事业、朋友到整个命运，因为肥胖而丧失了本应有的欢乐、幸福、机遇和成功，这真是让人扼腕叹息的事。这里，我要帮助肥胖的朋友们用一种全新的方法和理念摆脱这无形枷锁，找回自信，找回美丽，找回本应属于我们的一切。

人为什么会肥胖呢？原因很多，有遗传因素、习惯因素、体质因素，还有饮食结构、身心疾患等因素。简而言之，它们有一个共同的原因，那就是脾对食物的消化吸收能力"太差"。

有人会以为我写错字了，说应该改为"太强"。不，绝对不能改！就是因为大家一直认定——肥胖是由于我们的吸收能力太强，在身体里造成了能量过剩——这个虚假的"事实"，我们的减肥目标才一再无法实现，因为那是个南辕北辙的计划。

有人说，我胃口好极了，什么都能吃掉，吃多少都不饱，这能说我是脾胃虚弱吗？中医里有个专有名词叫"胃强脾弱"，其含义显而易见，就是能吃而不能消化。胃是受纳器官，脾是运化器官。运化包含"运"和"化"两层含义，"化"是将胃肠中的饮食化成营养精微物质，

“运”是把这些营养精微运输到全身各处，成为人体的气血。有时我们虽然吃了很多东西，但脾“化”的能力太弱，无力将食物转化成营养精微。这就像是一家工厂，虽然买进了大批原料，但是工厂的机器设备太差，加工出来的东西不是半成品就是残次品，根本无法正常使用。你以为你身上的那些赘肉是营养过剩吗？不是，它们就是一堆运不出去的废品，当你身体需要能量时，它们不是储备，它们不会转化成气血来供你使用；反之，它们却阻碍你生成新的气血，就像工厂的成品仓库本是用来储备成品的，现在却堆满了半成品、残次品。这些半成品、残次品不会变成工厂的有效资金，却长年占据着成品库，使成品无法储存，无法实现价值。身体也是一样，赘肉占据了正常肌肉的位置，痰浊瘀血占据了新鲜气血的空间，使人体的气血能量无法生成。所以，减肥的过程就是“去粗取精，去伪存真”——瘀血去而新血生的过程。

过去的治疗方法都是围绕能量平衡概念进行的，认为减少能量（食物）的摄入，然后再尽量往出排泄，增加能量的支出，以达到进少出多的目的，认为能量达到负平衡就自然会减肥。从表面上看来，这似乎很合理，却忽视了一个关键问题，那就是堆在体内的废物（赘肉）是不会自行分解并排出的，而是需要很多的气血、很大的能量，才能将它分解成可以被血液带走的碎末或液体。这就好比工厂要花费很大的财力、人力、物力来把那些残次品和半成品回收、分类、分解，该扔的扔，该再利用的再利用，这才能把仓库腾出来，迎接新的优质产品。这个过程若没有大量的资金（能量）支持，根本无法完成。

这种能量从何而来？只能从食物中获得，若你此时却节食，吃一点东西仅够人体一天基本代谢的能量，那什么时候你才能够攒够充足的能量来将体内废物运走呢？有些人说，我饿了一段时间还真瘦了，体重下来了，只是身上的肉更松弛了，皮肤也起皱老化了，体力好像也不如以前了。这是因为你分解了身体内本来就少的一点气血储备，把正常的肌肉分解掉，来供应脏腑及其他人体重要器官日常必需的能量，而并没有把体内真正的废物排出去。这样的结果是就会很快反弹，而且比原来会更胖。

肌肉竟如此重要吗？当然。肌肉是人体气血储存、分配、调度的能量仓库。你若不断地用饥饿法来减肥，那这个仓库都被你拆了去维持脏腑的气血需求了，将来哪里还有足够维持健康的气血储备空间呢？这个空间越小，将来人的气血资金储备能力就越低，减肥过后的反弹是注定的结果。所以，若想持久保持身材和健康，那就请珍惜你的气血储存调度的资源仓库——肌肉吧！

还有一种更为严重的情况，那就是由于有些减肥药的作用，使人体代谢异常加快，身体很快消瘦。这就好比为了把库存的积压货处理掉，竟然把工厂也一同廉价卖掉了。如此，常常会造成甲状腺机能紊乱和心肌的实质性损害，甚至会引起肾功能衰竭。还有一种神经性厌食，对人体的损害也是致命和长久的。好在只要明白了只有增加进食才能有效减肥的道理，这种心理问题通常会不治自愈。

我们已经知道了引起肥胖的机理，那么该怎么来实施我们的减肥计划呢？我想告诉大家的是：这一历程将是一次轻松愉快的。

首先，我们要选择那些既能快速增加气血又不会产生赘肉的食品，也就是健脾养血的食品。具体有哪些呢？山药、薏米、芡实，这3位乃健脾养血的主将，不可小视。还有牛肉、羊肉、大虾、海鱼、蛋类都可尽情享用。如果你属于见肉没够的那种人，也不必太过刻意限制，因为你的身体急需肉里的营养来补充气血，此时只要饭后服一两粒成药大山楂丸便可把肉食迅速消化，变成对身体有益的气血，而无生赘肉之忧了。当气血补充足了，这种嗜好肉的现象也会随之消失。蔬菜、水果更无禁忌，豆类、坚果当随心所欲。萝卜排气，冬瓜利水，大枣养血通便，皆为减肥佳品。不要吃米、面类的主食，少吃猪肉、肥鸭、肉鸡、河鱼，禁食糖果、糕饼、冰镇寒凉食品。有些食品则因人而异，如牛奶不适宜腹胀的人、螃蟹不利于胃寒的人等等。

在感觉饥饿和无力的时候不要用糖来解决问题，因为身体此时需要的是气血，而不是糖。一般主食也是糖类的代名词，要加以小心。此时吃些补气血的桂圆、红枣、水果、牛肉、坚果等，比吃粮食对身体好得多！

照此方法减肥，轻松愉快，百无禁忌，身体的气血会日渐增多，体内的能量会迅速增长。在减肥初期，你的体重不会减轻很多，通常还会略有上升。看着体重秤上升的指针，你也不必沮丧，因为那是肌肉密度的增高，是气血的重量。而外人看你却显得瘦了，这时你的感觉是身上的肉结实了、气力增强了，应该恭喜自己了。

接下来，我们可以任其自然。随着能量积累到一定程度，它会自行冲击体内的赘肉。此时，你可以配合身体的行动，推按小腿脾经，这时脾经的穴位会异常敏感。但大家往往没那么多的耐心，要马上看到效果，那就只好先选一些适合自己的泻药。泻药的作用通常是通便、利尿、活血，用这些泻药的时候最好同时服用一些补气血的药，如十全大补丸、补中益气丸等。这样，泻的力量成倍增加，而且丝毫不伤脾胃。如此便可以加快体内赘肉的排出速度，且有泻有补，泻的是废物，补的是气血，一出一进，从此走上良性循环。

减肥的过程对肥胖的朋友来说，就好像是蚕蛹的破茧而出，是一次推陈出新、脱胎换骨的经历。在此预祝大家减肥成功，更期盼大家从此轻装走上快乐的人生旅途！

读者文摘

这篇文章其实在讲一个帮助人气血回升的饮食方法，不仅减肥用得上，脾胃虚弱造成的面黄肌瘦一样可以以此指导来调理脾胃。

（真好）

我就是个瘦子，吃啥都不长肉。这次我知道该怎么去养脾胃了。气血一旺，瘦能胖，胖亦能瘦。所以这篇文章也同样是给瘦子们的礼物。

（玫瑰草）

我坚持早睡早起，并配合做敲胆经，按摩心包经，做金鸡独立，做推腹，有空就泡脚。3个月下来气色好了，人也精神了，在没有节食的前提下瘦了5斤！而且主要是瘦在腰臀部，是不是很让人羡慕呢？

（YIREN3）

14. 心病可用穴道医

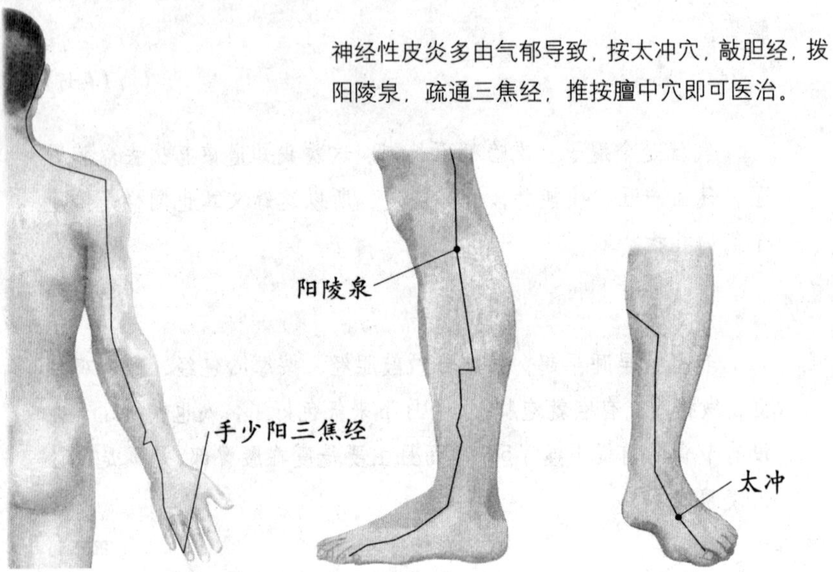

这病症虽在皮肤，但起于肝气不舒，肝毒难解。肝是体内最大的解毒工厂，把食物之毒、血液之毒、浊气之毒纷纷化解，将大块的“毒”化成碎末，通过肾、输尿管、膀胱变成尿液排出。但如果肝因生气而功能减弱（怒伤肝），毒素不能被很好地分解成碎末，而把大块的“毒”直接由肾往外排，这样最易形成结石，肾排不出去，又进入血液进行再循环，于是血液被污染了，血液里的毒素急剧增加。

某个周末的晚上，一个做生意的朋友打来电话，说第二天要带他一个香港客户的太太来找我看神经性皮炎，中医叫“牛皮癣”。我说这病我看不了，可他说已答应了人家，且这事儿关乎他一大笔生意的成败，请我务必帮忙。第二天一大早，他就把我堵在家里，没办法，只好硬着头皮给看了。外科不治癣，真是不假。这病起因复杂，诱因又多，极难除根。每逢顽症，我总是知难而退，从不勉力而为。摸了脉，寸脉沉弱，关脉弦旺，肾脉浮大。问其二便正常，食欲旺盛，除满身皮疹外，别无不适。已先后去欧洲、美国、加拿大治疗过很长时间，毫无效果。

又是一个气郁之人！我对患者说："大姐，您身体没什么问题，就是心里有很大的委屈说不出来，哭一场就好了。"我这话音未落，这位太太便泪如雨下，向我哭诉他先生几年前在内地包了个"二奶"，现在虽改邪归正，可她心里的疙瘩还是解不开，难以真正原谅老公，又无人可以诉说。我并不劝解，而是时时点点她的痛处，引得她越加地伤心。她断断续续大概哭了一个小时，渐渐平息下来。我再看她的脉象，肝脉已平和了许多，心肺脉也变得有力了。她说哭得身上都出汗了。我帮她按摩了一下太冲穴，痛得厉害，又敲敲她的胆经，大腿外侧痛不可碰。我为其拨动阳陵泉，以引浊气入肠道，然后又为她疏通了一下三焦经，推按了几下膻中穴，她即时就打了几个大嗝，放了几个响屁。她很不好意思，连声说"对不起"。我说："大鸣大放，上下通畅，您的病这下有出路了！"

这病症虽在皮肤，但起于肝气不舒，肝毒难解。肝是体内最大的解毒工厂，把食物之毒、血液之毒、浊气之毒纷纷化解，将大块的"毒"化成碎末，通过肾、输尿管、膀胱变成尿液排出。但如果肝因生气而功能减弱（怒伤肝），毒素不能被很好地分解成碎末，而把大块的"毒"直接由肾往外排，这样最易形成结石，肾排不出去，又进入血液进行再循环，于是血液被污染了，血液里的毒素急剧增加。然而机体有自我保护的功能，为了不伤害身体更重要的内脏器官，只好将毒素暂借皮肤毛孔排出了。其实毛孔的确也是排毒通道，但只有8%的排毒能力，却要承担80%的毒素流量，小水库当起了泄洪闸，而且是永久的，所以皮肤老是被“淹”、被冲垮，内毒以“牛皮癣”的方式向外宣泄，皮肤做了脏腑的替罪羊，做了忍辱负重、舍己为公的无名英雄。其实，我们真得感谢这“牛皮癣”。若毒素不从皮肤出，或许就要在体内长肿物引起痛风或损伤其他脏器，直接伤害肝脏，这样弄个肝硬化不是更可怕吗？瑞典有个自然疗法专家来京向我讨教中医时说，他用按摩肾、输尿管、膀胱反射区的方法曾大大减轻了好几个神经性皮炎患者的症状，在业界引起了不小的轰动。我说：“你的思路很好，让毒素从它该出的地方出是最佳途径。”

我嘱咐这位太太回家后接着按摩、敲打我操作过的经络穴位。我还送她一把梅花针，对她说：“夜里若皮痒难眠时，就用这个针敲打，微微出血，马上止痒。”她高兴地说：“总是夜里12点到两三点痒得要命，整宿都睡不好觉。”她问我，她有一个亲戚也是这病，用这个敲行吗？我连连摇头说不行。因为通过刚才的治疗，她的肝解毒的功能已经修复，通道已经打开，毒素会循正常的路径而走，夜里再出现皮痒也只是些残留的余毒，用梅花针一敲，毒随血出而散。而如果肝脏解毒的功能没有恢复的，毒素只能挤在皮肤毛孔这一条小路而出，你再一敲，病走熟路，反而引毒从皮肤往外排了。虽说外治排毒也是一法，但需放血拔罐，同时再服汤药往外“托毒”，工程就大了，自己不好操作。所以不建议直接用梅花针来敲打患处。

我对她反复强调，要想除病根，不可再对往事耿耿于怀，否则终将前功尽弃。她说：“我尽量努力吧！可是有时念头一来，就是挥之不去，就是想不通，怎么办呀？”

真是没有办法，她总想从破损中找回完美，割下新肉来弥补旧伤。

我最不会安慰别人，因为我心里常想：让假殷勤和假慈悲见鬼去吧！她真正需要的是心灵的力量，我给不了她，但我也不想用软绵绵的话来削弱她的意志。

两周后她打来了电话，说她的病已经痊愈，心情也好多了，正在读《金刚经》，最喜欢里面的一句话："应无所住而生其心。"

读者文摘

如果说自己因早年的小病不断成长至今日的淡定从容，不能不说受到先生太多的感染，所以心中对先生一直有着一种难以言表的感激和尊崇。自先生开博客以来，每来必有收获和感动。收获的是先生的妙方，感动的是先生的境界。先生的文章或沁人心脾、随意自然，给人信手拈来之感；或心无旁骛、举重若轻，颇有四两拨千斤之力。最近有些心病，与先生沟通成为我每日的习惯，如果没有先生的宽慰，我不知道自己会不会如本文中的这位太太一样毒无发处，走入偏门。而对我的喋喋不休，先生没有抱怨，每次都用无私的胸怀和宝贵的时间予我支持与鼓励，我因此也对先生更多了几分敬意和谢意。周末的子夜，读先生的这篇"心病的治疗"，突然想借题发挥一下，用我在美国学到的3句话说说如何去除心病，既是对先生禅学思想的发挥，也算送给有心病的朋友们的圣诞礼物吧。

第一，be yourself（做真实的自己）；

第二，just do it（做就做好）；

第三，enjoy everyday（快乐每一天）。

以上3句话说着简单，做起来却不易。想起先生几年前曾经说过一句话："对于有些病而言，有时候吃药还不如读一本金庸的小说有效。"这里的"有些病"，指的就是心病。

(Helen)

15. 脂肪肝的根源是脾胃不好，气血不足

从中医角度看，脂肪肝的出现的根源还是脾胃不好、气血不足，无法良好运化食物，使得垃圾处理困难，堆积在肝脏里，从而影响肝的供血和其他功能。

这是我的一个朋友的亲身经历：他一年多前被查出有脂肪肝，当时觉得很委屈，觉得减肥时吃得很“穷”，还得这个病，不是被愚弄嘛！不过有了问题就要解决，于是就开始漫长的学习。为了解决脂肪肝，他考了营养师，学了运动专业的课程，最后在研究中医的过程中我们成了朋友。可以说，因为脂肪肝他学到了养生的知识，也治好了他的病。下面是他的一些经验：

脂肪肝是营养不良造成的。这里的“良”说的是食品的质和数量是否均衡。常见原因有：

有的是长期大量饮酒，伤害了肝功能的酒精性脂肪肝。

有的是营养不良，热卡过剩，身体肥胖，缺乏运动；或不肥胖，但消化不好，饮食结构不好，吃得不均衡，多数是垃圾食品成日吃，或不重视蔬菜、水果和其他营养的均衡，整天大鱼大肉、粮食玩命吃，忽略了均衡，影响了肝脏内的正常代谢。

另一类则是因为经济或本身原因，吃的很“贫苦”！饮食中长期缺乏蛋白质，是没钱或是自虐，克扣生长必需的原料，使得维持肝脏正常工作的维生素、蛋白质等原料不够，无法正常维持肝内脂肪等能量的代谢，造成脂肪积压。最典型的就是某些没营养知识的素食者或纯为漂亮不知道营养的减肥人群。

还有一类就是身体虚弱、久病，吃不下东西，营养不足；或吃得

下却无法吸收。

脂肪肝分轻、中、重度，程度越严重将来越容易演变成肝硬化。脂肪肝其实是现在代谢性疾病（冠心病、高血压、糖尿病等）的警钟，是这些疾病的幼苗，如果不及时控制而进一步加重，不但破坏肝功能，导致肝硬化，更增加了患那些“文明病”的几率。

得了脂肪肝，也不用太紧张，只要稍微调整一下饮食和生活，就会大有改观；无非就是把营养均衡一下，不需要太大毅力也能把身体弄好。特别注意的是，脂肪肝患者切忌快速减肥，切忌在短时间内快速降低体重，尤其是中度以上的患者。因为快速减肥意味着脱水，意味着能量严重缺乏，这样会适得其反，会加速肝脏功能的破坏。这些患者不要用减肥来消灭脂肪肝，而是该均衡饮食，适度活动，提升身体的气血，不要去管体重有多少。随着身体状况好转，营养均衡，体重会有所减轻的。

脂肪肝饮食指南：高蛋白、低糖（包括主食）、高纤维（多蔬菜、水果）。按以下比例吃，保证营养均衡，还美味无穷（经验证明，按这个吃个半年，身体状况一定大变）。那就是1份粮食；3～4份优质蛋白（肉、豆腐、蛋）；6份蔬菜和水果；常喝奶类（不用管是否低脂），每天250～500毫升；零食吃坚果，如美国杏仁、核桃和松子、瓜子。

另外，可适当参加类似快走（每天走6000～7000步，1小时内）、游泳、自行车等有氧运动。当然，这个阶段要少饮，或最好不饮酒。如此有个半年一年，脂肪肝就会减轻或消失。只要长期坚持均衡饮食，也许肥胖的脂肪肝患者体重不一定下降，因为正确的饮食和生活提高了身体的代谢能力（气血），即使不减肥，脂肪肝也可以渐渐地消失。所以不用把治疗脂肪肝看作一个艰苦的过程。

可以看出，脂肪肝的治疗不是叫人少吃肉，而是把优质的肉类当做药物来吃。中医认为适当吃肉是培补气血的良好手段，肉类以牛肉、羊肉、鱼、虾、家禽最好，吃肉的同时吃些大山楂丸更好。控制粮食和甜食是饮食调整的关键。西医认为吃太多主食会扰乱激素水平，影响脂肪的正常代谢；在中医看来，脾胃不好的人大量吃主食无异是雪上加霜，不但吸收不了，还会加重病情。所以在饮食调整的前两三周尽量减少主食，增加优质蛋白食品，有利于气血的恢复。两三周后可以适当吃些粗粮、杂粮，少吃精米、精面和白面包。饮食方面细节太多，这里就不一一叙述了。

其实，从中医角度看，脂肪肝出现的根源还是脾胃不好、气血不足，无法良好运化食物，使得垃圾处理困难，堆积在肝脏里，从而影响肝的供血和其他功能。除了影响肝以外，脾胃不好还影响到五脏六腑，造成很多不舒服的症状。

有胸闷心悸气喘而无实质性心脏病的脂肪肝患者，平日可吃些补益气血的小成药，类似参苓白术（脾肺气虚，容易乏力气喘的）；感觉肋间憋气、胸肋骨胀满、容易着急发火或抑郁的人，多数为肝脾不和或肝气郁结，可以吃些逍遥丸（舒肝健脾），同时还可以按摩阳陵泉、太冲穴，以舒肝理气，并放松心情，少生气； 此外，经常按摩胃经的丰隆穴可以调理脾胃，降低血脂；容易心悸头晕、全身无力、但又不是有饿感的人，可以服些人参生脉饮、柏子养心丸（容易心悸失眠、饿但无全身乏力的）；如果是觉得喘气费劲，气憋在胸中、胃堵，就像不主动呼吸就上不来气的，可以吃些补中益气丸……所有药物都是以补正气、化瘀滞为目的。

首要的还是要靠饮食和生活的改变，药物的作用是第二位的。只需要小小的改变，带给你的则不会只是解决小小的脂肪肝，而是整体的健康改变。

16. 癌症——我们体内家庭里的不良孩子

癌症不会被消灭，就像我们不会因为孩子精神错乱就杀死他一样，其实只要我们能够倾听他内心的烦恼、宣发他心中的积怨，那么他仍然可以重新成为一个友善的、与我们亲近的孩子。研究已经证明许多癌细胞在特定的环境当中（如不同的温度下）可以转变成正常的细胞。

近40年来，现代医学对癌症研究的最大收获是发现了癌基因。起初科学家们欣喜若狂，以为找到了根治癌症的钥匙；可当打开这神秘的匣子一看，里面还有两个匣子，再分别打开，发现里面还有更多的匣子。没想到，癌基因是如此众多，最后得出了一个惊人的结论：凡在癌病毒上发现的癌基因，在正常的细胞中都存在。

既然我们每个人身上都有着无数的癌基因，那么可以说，癌是与生俱来的，而且是正常细胞转化而成的，防止这种细胞转化应该就成了预防和治疗癌症的核心。但令人遗憾的是，我们似乎无法发觉这种悄然无声的转化，只有它们已经变成彻头彻尾的癌细胞时我们才能发现，可那通常为时已晚。就像家里一向乖巧的孩子突然拿起了菜刀，变成了疯子，砍向自己的父母，而我们猝不及防，只有束手待毙。

于是我们不断地去寻找——是谁让我们的孩子变成了残暴凶狠的顽劣少年？终于我们找到了致癌物：亚硝酸胺、苯并芘、氨基酸加热物、黄曲霉素、尼古丁等等。我们禁止孩子和他们交往，免受不良影响，却发现它们就像空气中的尘埃，无处不在，让我们防不胜防。我们喜爱的烧烤、熏鱼、腌制品以及鲜美的调味品、色素、食品添加剂，还有各种蔬菜中的农药残渣、各种非天然饲料喂养的禽畜、汽车的尾气、被污染的水源等等，哪个不是毒害我们的元凶？

当我们看到将家里的问题少年与外界隔绝并不能挽救他的堕落，只好求助于他的哥哥姐姐们（淋巴细胞、巨噬细胞）要随时盯住他，并鼓励他们去教训这个家中的逆子（免疫疗法）。可心慈手软的哥哥姐姐却不愿意用自己手中的权力去管教亲如手足的弟弟，宁可让他去肆意胡为；有时迫于父母的重压，最多也只是不痛不痒地给他一巴掌，或者假装喝斥一下。可丧失理智的问题少年却六亲不认，一阵拳打脚踢，到头来也就没人管得了他了。最后，我们只好找来又锋利又笨重的大砍刀（手术和放疗、化疗），在狭小的屋里气急败坏地挥舞着，与这个家中的叛逆拼个你死我活。这家伙强壮而灵活，总能扛住或躲开我们的追打；倒是其他的孩子由于无处躲避，个个被打成重伤，屋里的家俱门窗也都被捣得稀烂。当我们气喘吁吁、筋疲力竭的时候，却发现这个家中的小霸王仍然站在我们的面前，对着我们傻笑。到此为止，我们知道，等待我们的结局必定是家破人亡，这“可怜”的疯孩子也将一同饿死。

难道我们就注定无法摆脱“癌症”这个噩梦的诅咒吗？

当然不是。我们现代医学对癌症病因的研究理念残缺不全，甚至是徒劳无功的。所有的研究都是针对生理的功能，而人却是灵与肉的结合，如果不同时将心理的因素吸纳进去，那么一切研究的成果永远将只适用于动物或者是死人。

癌症不会被消灭，就像我们不会因为孩子精神错乱就杀死他一样，其实只要我们能够倾听他内心的烦恼、宣发他心中的积怨，那么他仍然可以重新成为一个友善的、与我们亲近的孩子。研究已经证明许多癌细胞在特定的环境当中（如不同的温度下）可以转变成正常的细胞。

是一个心灵的恶魔在控制着癌症这个无辜的孩子，使他就像是一个强迫症患者那样，在某种特定的场合注定发病。但是，没有关系，我们已经看清了这恶魔的嘴脸，那不过就是一团黑影，他最怕我们手里的强光。

读者文摘

救灾解难，不如防之为易。疗疾治病，不如避之为吉。今人见左，不务防之而务救之，不务避之而务药之。譬之有君者，不思励治以求安；有身者，不惜保养以全寿。是以圣人求福于未兆，绝祸于未萌。盖灾生于稍稍，病起于微微。人以小善为无益而不为，以小恶为无损而不改。孰知小善不起，灾难立成；小恶不止，大祸立至。故太上特指心病要目百行，以为病者之鉴。人能静坐持照察病有无，心病心医，治以心药。奚伺卢扁，以瘳厥疾，无使病积于中。倾溃莫遏，萧墙祸起，恐非金石草木可攻。所为长年，因为病故，智者勉焉。

为什么我们还不能够找到治癌症的药？或许癌症是所有人类压抑疾病的表达。直到目前，我们已知道如何压抑单一的疾病，但癌症并非一个单一的疾病，这是一种非常集合性的攻击，它是一个全然的攻击——所有的疾病都结合在一起，手牵着手，它们已经形成了一个军队，在攻击你。这就是为什么医药会失败之由。现在似乎不可能找到任何对癌症有效的药。

癌症是一种新的病，它并不存在于原始社会。为什么呢？因为原始部落的人不会压抑，不需要压抑。它是来自你的系统的一种反叛，如果你不压抑，那么就不需要任何反叛，一些小事会发生，然后消失。

（一堂）

找到解决已经变坏的孩子的方法可不容易，唯有在孩子未变坏之前，发现苗头立即纠正，引导他往正确的方向发展。“上工治未病”，想不到在郑老师这里除了学到医术，也可以学习教育孩子的方法。爱孩子，不能害了孩子，受教了！

（王一力）

我是刚接触中医的，是因为胃病久治不愈。经过一段时间严格按医生的要求调理，不仅治好了折磨了我很久的胃部不适，而且使我的身心发生了极大的变化。以前面色萎黄，觉得很累，做什么事都是靠一点精神支撑着；现在面色红润，遇到长时间没见的朋友，他们都很吃惊，觉得我变了很多。我要用自己的经验告诉各位姐妹：

1.不要盲目相信护肤品，内在健康才是最好的护肤品。我因为肠胃不好，嘴巴周围和下巴长满小痘痘，平时看不出但摸得到，说话、吃东西就会发红，看皮肤科用激素不能根治。吃中药期间，我惊奇地发现这些小痘痘慢慢消失了，皮肤变得很光滑。现在我放弃了所有昂贵的护肤品，只做最简单的洁肤和润肤的工作。

2.从饮水开始改善体质。我已经完全改变了饮水习惯，从喝很多碳酸饮料到只喝清水和茶，偶尔喝点果汁，还买了频谱饮水机。坚持到现在，我已戒掉了喝可乐的瘾。

3.几位老师都说过，身体出现疾病不是一朝一夕的事，所以要完全摆脱疾病的控制，也不是吃一两次药就能好的，贵在坚持。

4.心情开朗很重要，摆脱外在的虚荣，不要在意别人的看法。以前的我总是希望比别人走得快，很急，效率很高（表面上），然而现在的我希望走得更远，包容别人，放慢脚步以便能欣赏沿途的风景。这样做了，反而觉得自己更优秀，很多好事不经意地就会发生在自己身上。我认为这是自身修炼的成果。

（Mico）

我不怀好意地想，几个病毒、几个细菌、几个坏细胞真的那么法力无边，真的可以让我们毫无还手之力，只能坐以待毙吗？难道我们真的不能和他们和谐相处，构筑一个协调平衡的人体社会吗？难道我们真的和他们是势不两立吗？

为什么，病毒、细菌、癌细胞不是在我们一来到这个世界的时候就发作，就呈现出无论多少抗生素都不能消灭的强劲势头呢？为什么我们可以和他们和谐相处了几十年，后来却势同水火了呢？郑老师把癌症比作一个可怜的孩子，让我想起这样一个故事：

一位母亲对儿子百般疼爱，娇生惯养。在母亲的庇护下，孩子最初的不良习惯发展为不良习气，再从恶习发展到恶行乃至犯罪。在临刑之时，儿子对母亲提出了最后一个要求："再吃妈妈一口奶。"就在母亲再一次献出"爱心"之际，儿子却残忍地咬掉了母亲的乳头，表达了对母亲"养不教"的愤恨。

无从考证这个故事的真假，我只是想说当癌细胞这个可怜的"儿子"咬"母亲"的时候，作为"母亲"的我们应该反思什么呢？

我们一味要求医生给我们提供可以一招制敌的降龙十八掌，却从来不想是谁把"孩子"培养成强大的"敌人"的！呜呼！

现代医学一直很用力地研究疾病，这也养成了我们一直以来把健康交给医生的惰性思维。而当医院收留我们的时候呢，医生通常会告诉你：没治了。

我不怀好意地猜测：现代医学的研究方向真的错了？其实，现代医学真的不应该一直很用力地研究疾病的。现代医学应该好好研究研究健康，研究如何让人们不生病，而不是作为消防队，一味提高自己的消防装备。

你到底是关注疾病，还是关注健康？

（翻书等缘）

17. 腰痛都去找膀胱经治

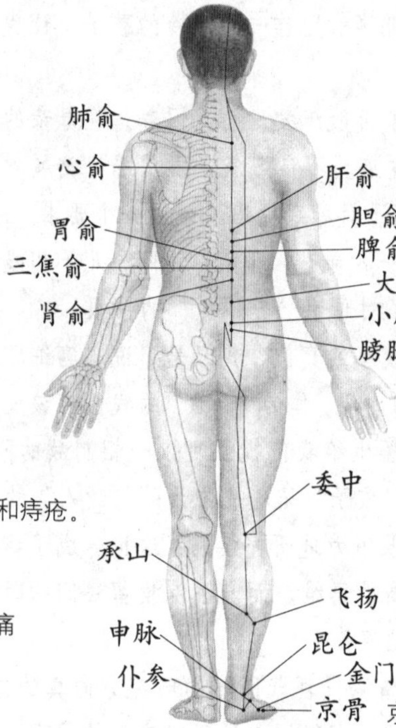

背上的俞穴都通着自家的脏腑，就跟不同工厂都有自己的排污管道一样。

点委中穴，灸膀胱俞就能让鼻子通气。

承山穴可治疗痛经和痔疮。

按摩委中穴通常能减轻腰30%的疼痛。

金门穴治疗急性腰痛（两周以内）。

慢性腰痛点5分钟飞扬穴比按摩后背1小时都好。

京骨穴治后头痛和眉棱骨痛。

经常在外面做保健的人可能比较熟悉，按摩师给你拔罐、按摩选择最多的部位就是后背——在后背拔满了罐，或者在后背按摩、刮痧、捏脊、踩背。为什么都愿意选择后背进行治疗呢？因为后背是膀胱经主要循行的部位，治疗的范围极其广泛，可以说身体内任何疾病都和膀胱经有着直接或间接的关系。它就像你家的污水管道，如果不通，整个日常生活都会被破坏。

我认为选取膀胱经治疗腰痛疗效最为确切。

大家学习经络，或者说是学习中医，如果按西医逻辑思维模式来深入，常常事倍功半，徒增迷惑。我们不是说逻辑思维本身有什么问题，而是因为中医很多东西不是按照三段论原理来进行的，它往往更贴近于模糊哲学的意味，就像是恋爱中的情人，说不清到底爱对方什么，只是爱。所以，我在下面讲的许多概念，若仔细分析起来似乎有很大的疏漏，甚至不合逻辑，但站在让你尽快了解中医的角度来说，却大有裨益。

膀胱经是人体最大的排毒通道，如果经常在外面做保健的人可能比较熟悉，按摩师给你拔罐、按摩选择最多的部位就是后背——在后背拔满了罐，或者在后背按摩、刮痧、捏脊、踩背。为什么都愿意选择后背进行治疗呢？因为后背是膀胱经主要循行的部位，治疗的范围极其广泛，可以说身体内任何疾病都和膀胱经有着直接或间接的关系。它就像你家的污水管道，如果不通，整个日常生活都会被破坏。

膀胱经在后背上有许多俞穴，俞就是通道的意思，有肺俞、胃俞、脾俞、肝俞、胆俞、心俞、厥阴俞、肾俞等等，这些俞穴各自通着各家的脏腑，这就跟不同的工厂都有自己的排污管道和途径是一个道理，因此，咳嗽就治疗肺俞，胃痛就按摩胃俞，心血管有病就检查厥阴俞。治疗这些俞穴效果如何呢？可以说，越是经久难愈的疾病，这些俞穴就越显得有效。

曾经有朋友向我介绍一家拔罐中心，说是曾治疗了许多疑难杂症，很神奇，我便到这家中心去看了看。这家中心的治疗方法就是在后背的膀胱经拔满了罐，然后看拔出颜色紫黑的地方用梅花针点刺出血，最后再在出血的地方拔罐。很多有慢性病的人都感觉效果立竿见影。但也有不少人私下聊天说，头几次治疗效果很好，几次之后效果就没什么进展了，有的人治了3个疗程，反而觉得效果越来越差了，却不知何故。

我对朋友说："如果你要做这种治疗，最好就来治疗3次，以后隔一个月再来治疗一次就可以了。”朋友问我为什么？我说膀胱经是最好的排毒通道，有慢性病的人大多在体内血管中堆积了不少的毒素，通过刺血将体内堆积多年的瘀血排出一些，身体的血液循环得以重新被激活。但是体内的瘀血通过俞穴被拔出后，继之而来的却是好血了，再反复地放血吸拔，是白白浪费了好血，于身体无益，这时需及时培补气血，将内力养足，为冲击更深层的瘀毒做好准备。隔一个月来一次就是给身体养精蓄锐的喘息时间。

朋友又问我，除了后背，膀胱经腿脚上有什么可以自己独立操作的穴位？我说那太多了，先说委中穴，经穴歌诀里有“腰背委中求”，是说后背、腰部的病痛都可以用委中穴来解决，实际上是不是这样呢？根据本人的经验，只要是腰痛，按摩委中穴通常能减轻30%的疼痛，这是一个不错的穴位。委中穴最独特的作用是能让鼻子通气，有的人长年是“一窍不通”，按摩委中穴有即时通气的作用。但是要有正确的方法，取侧卧位，鼻子不通气的一侧身体在上位，屈腿用大拇指点按委中穴，需稍用力。如果有人说，试过这个穴位了，当时真管用，却不长久，鼻子又堵了，有没有可达到长通不堵的治疗穴位？我告诉你，还真有，就是臀部上的膀胱俞，这个穴针灸最佳，如用点穴法必须要找准穴位，且用力要大，感觉点揉时和鼻子相通了才会有效，且疗效持久。再说两个穴位，都是治腰痛的。一个是治疗慢性腰痛病的（一个月以上），选取小腿肚子上的飞扬穴，只这一穴，点按5分钟就够了，比按摩整个后背一小时效果还好。还有就是位于外脚背的金门穴，是治疗急性腰痛（两周以内）的。此穴穴位较深，按摩时可用食指关节点按较为有力。但是要提醒你的是，这两个穴位治疗的腰痛主要是针对腰脊两旁肌肉的，对于腰椎本身的病痛（那是需要选取肾经和胆经的穴位来治疗，这里只说膀胱经），则效果较差。此外，点按昆仑穴、仆参穴、申脉穴对腰痛都有很好的疗效。有这么多治腰痛的穴位可选，你还用担心腰痛吗?

此外，小腿上的承山穴可治疗痛经和痔疮，脚上的京骨穴可治疗后头痛和眉棱骨痛，通谷穴据说对颈椎病效果显著。还有就是至阴穴，最神奇之处就是它有催产的功效。只用香烟在至阴穴上灸一灸，就能使胎位转正，真是不可思议!

说了这么多功效，本人认为选取膀胱经治疗腰痛，疗效最为确切。

求医录

Yasu 问：

背上的膀胱经可否像敲胆经那样敲? 我想要加速自己的排毒。

中里巴人答：

敲打膀胱经是很好的健身运动，只是要选择好工具（软硬适度，有些弹性更好），一定要由轻到重，循序渐进，打到后背略微发热即可。

温和的日子问：

我今年36周岁，女，16岁前人很健康，但小时候黄瘦。16岁时家兄患白血病，一年后去世，我因此痛不欲生，之后数年一直在这样的情绪里不能自拔，身体也从此不好了。常感冒不好，嘴唇内侧长囊肿，走路无力，于1992年无奈中去北京学气功，练了一两年，好转。1993年因工作单位不理想，心情很差，身体又开始走下坡路，走路无力，脚发软，有时感觉累得疼。而我本身做财务的，工作也不累，就是身体没有力气，常感冒。1998年结婚后，怀孕3个月自然流产；1999年怀孕7个月死胎引产；2003年怀孕50天药物流产。期间夫妻感情也走向分裂，我在这几年里心情坏到了不能再坏的境地。我爬楼到3层就累得喘气，累得脚软并疼。找中医看，说我未老先衰，主要是肾虚，怕冷，应该是肾阳虚，爱吃姜，冬天手脚冰凉，夏天不敢吹风扇。2005年生下小女(剖腹产)后，人很胖，虚胖的那种，稍微做点事就累，头昏，容易尿路感染，容易腰酸痛。2006年7月找中医看，说我心脾失调，肺肾气虚，脉细，开中药21贴，吃后感觉好多了。只是常年睡眠不好，主要是多梦，几乎整晚都做梦，且爱梦发大水。白天头昏，记忆力很差，一扭脸的工夫就忘事。脾气暴躁。吃饭方面，荤菜吃不多，饭量还可以。自己带小孩，很累。

基本的情况就是这些。看书多了，上网久了（半小时）就眼干涩，累。有时喜欢趴着睡，感觉要舒服一点。我该如何在饮食及药物方面进行调理？

Jnc 答：

您现在的状况既有先天原因也有后天原因，主要是因为不良的情绪和心理。

首先，您先天脾胃不太好，黄瘦，是典型的气血亏、脾胃不太好的表现。后来遇到大悲、工作挫折、夫妻感情等巨大情绪问题，严重伤到了心、肺及肝，从而渐渐引发了体内各经络、脏腑工作的紊乱，最后造成了肝郁、气血双亏的局面。您的肾、肺、脾胃都是气血虚的受害者。首要原因是情绪。

其次，大悲损伤肺气。伤了肺气，原本您先天气血就有点亏，此时加重，肺又伤了肾气，从而肾阳虚怕冷。肾与膀胱是搭档，肾工作不好势必会影响膀胱经的排毒功能，造成垃圾堆积，典型的是后背虚胖、肉很多、软若棉絮，肚子虚胖，腿后侧胖等现象。此外还可以造成头晕、头发蒙、记忆力不好，这都是肾与膀胱经造成的。

再次，您一定生闷气很多，从而有了许多肝郁的表现，脾气暴躁就是其中一个表现。眼睛酸涩也是肝郁、肝血不能养目的表现。另外肝郁严重影响到胆、脾胃的工作，也因此加重您的脾胃不好，气血生化无源，而且睡眠又不好，进一步造成气血亏加重。其实开始几次怀孕失败不是偶然的，是身体气血不足无法负担而造成的。身体应付您本人活着都凑合，何况怀小孩这样耗费巨大的工程，因此造成流产、月经紊乱都不奇怪了。那是身体的警告。此外，您的虚胖也和剖腹产手术有些关系，生孩子及手术很伤元气。原本就气血亏，此时就更加重了。

您需要做的是：改变情绪→补充气血→疏肝健脾→益肺补肾。这些是按箭头的先后逐步来的，不是同时都能实现的。希望您有耐心，因为病不是一天两天可以解决的。要有调理一两年的决心。

鉴于您的问题情绪原因很大，可否多与朋友或者心理医生交谈，甚至找机会大哭一场，将心中郁闷发泄出来。尽量看开些，保持乐观的精神状态，这对改善您的问题很关键。“不要用别人的过错惩罚自己”，而且你的哥哥也不希望你因为他每天活在悲伤之中。

除改善情绪外，您适合吃些解除肝瘀滞的小成药，例如逍遥丸、加味逍遥丸（如口渴、心烦可吃），具体用法可见调理月经那篇文章。月经前后吃些逍遥丸，可以减少您暴躁或抑郁的感觉，使心灵舒畅一些。此外，晚上有空就手指按压脚上的太冲、行间穴位，方向是由太冲到行间。如果压着很痛就说明很好，这样可以帮您疏导肝火，每次按3～5分钟。晚上用热水泡脚也很好。

另外，可以长时间服用参苓白术丸，每次1袋，每日3次，饭前一小时空腹吃。

同时可以买点白人参，一次15克熬汤喝。如果吃几天后无上火感觉，就适宜长吃；也可以用10克白人参，加入牛肉、柴鸡或乌鸡炖汤喝。经常吃炖的肉和喝汤，里面多放姜和料酒、少许盐，每顿少吃粮食，把肉代替饭吃，配合一些蔬菜，饭后吃些山楂丸。最好是每日至少吃一两次牛肉，牛肉长气血最快。如果可以，吃两个月看看。平日多吃些红枣、桂圆，饿的时候就少吃粮食，拿这些东西当粮食吃，还可以经常喝淮山药（药店卖的）和芡实粉熬的粥（1:1）。

如果您爱吃姜和很烫的东西，可以买一盒附子理中丸吃吃，每顿饭前吃一颗。这个药可以暖脾胃，还补气。如果觉得好吃，就吃它一两个月。手脚冷、腰酸等问题也可以适当吃些桂附地黄丸、是浓缩丸，16～20粒，睡前服用。此外，螺旋藻对改善手脚冷有明显效果，您也可以买来吃一两个月看看，一次6片，每天3次，饭前30分钟吃。失眠的同时若有心悸，又感觉饿，就睡前吃些桂圆及柏子养心丸（1～2瓶盖）。若伴有烦躁，手脚心发热，可吃牛黄清心丸一颗，可以帮助改善睡眠。乏力、口渴、全身软而无力的，也可以喝人参生脉饮2支，人参生脉饮也可以帮助睡眠的，就是价格有些贵。根据您自己的感觉随时调整吧，没有固定的章法。

至于膀胱经，可以去保健的地方给您刮痧、拔罐。但如果现在您气血很弱，估计刮痧没有反应，还是沿膀胱经拔罐为好。

XjAcKs 问：

我女朋友昨天搬东西时扭到腰，现在身体只能弯着不能直起来，一直起来，背后腰部和屁股中的部位就会疼。不知按摩什么穴位可以缓解或者治疗这种症状？

中里巴人答：

急性腰扭伤可选择委中、申脉、金门（膀胱经）、复溜、太溪（肾经）穴，哪个穴痛就多按哪个，按到不痛为止。腰部伤处不要按摩。

第五章

我们每个人身上本来就百药齐全

人体气血总量在不同情况下是相对恒定的。按照生存的需要，气血首先要确保脏腑器官的需求，然后才是四肢百骸；就像一棵大树，要先长树根、树干，再长枝叶。脏腑又是确保气血生成与贮藏的源头，只有脏腑健康、功能相互协调，才会有足够的气血储存以供人体日常使用。

1. 我们每个人身上本来就百药齐全

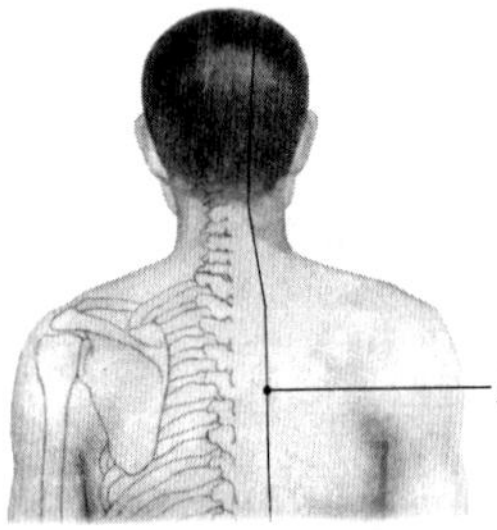

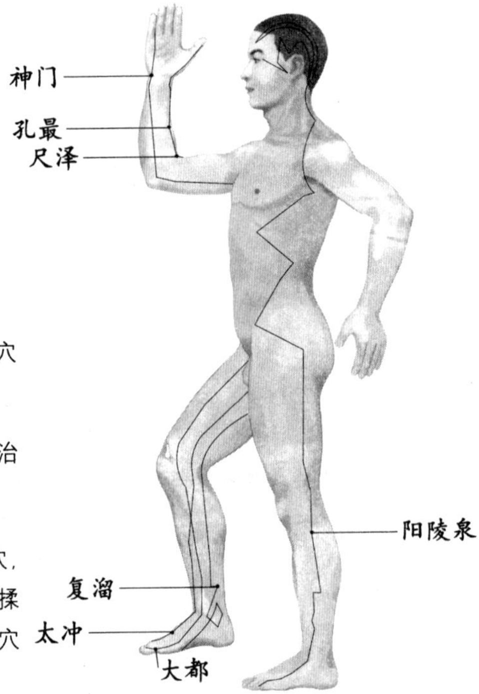

膀胱经的风门穴加上肺经的孔最穴就是一付通宣理肺散。

肝经的太冲穴和胆经的阳陵泉穴治疗月经不调。

心中发热烦躁先按摩心经的神门穴，再按摩脾经的大都穴，此外，再按揉肺经的尺泽穴，加上肾经的复溜穴就没事了。

我们每个人身上本来就百药齐全，都在经络穴位中翘首待选，只看医者和本人会不会用它了。

学习中医知识本身并不难，难的是我们一定要清楚究竟要学些什么！

很多朋友对学习中医充满了渴望和决心。先被中医的神奇所感动，再被偶然的成效所激励。然而随着一些看似难以逾越的屏障挡在面前，便逐渐踟蹰徘徊，最终磋砣放弃。

一日去朋友家坐客，看到他的宝贝女儿正拿着针灸针聚精会神地在一个金黄的橘子上练习针刺。她是某中医院校的学生，说这是老师留的功课。我看到满桌上被扎烂的橘子，说："这么好的橘子吃了多好！"她问："郑叔叔，你当时学针灸是扎什么呀？"我笑着说："我可舍不得去扎橘子，只是扎自己，针刺得满身青紫，艾灸得遍体疤痕。"她说："郑叔叔，你来扎扎这个。"又指着墙上的一个纱布包，对我说："这是由两张白纸、三层棉花、四层纱布组成的练习针刺的法宝，这包正中心有一个牛皮纸撕的小碎片，旁边还有一粒黄豆，看看您能否一针穿过小纸片，然后再扎到黄豆上。我已经练了两个月了，还是不行，您应该没问题吧？我们教针灸的教授说了，不练会这个以后别想成为高明的针灸师。"我连忙举手投降，头摇得像拨浪鼓。她很失望："郑叔叔你都不行，我恐怕是练不会了。"我问她："为什么要扎得这么精确呢？"她说："扎得准才能针感强烈，效果才能好呀。"我又问她："那你说说看，身上的穴位是你刺它才起作用呀，还是你不刺它它也起作用？"她似乎从来没有思考过这个问题，边反复扎着桔子，边疑惑地看着我。我对她说："穴位就像是一群孩子，平常都在那里玩，有的孩子玩累了，就趴在那里打个瞌睡，想让他醒，轻轻拍拍他的肩膀就行，何必非要狠狠地踢他一脚呢？你这个幼儿园的阿姨不去调动这些孩了玩的积极性，却天天在那里练习踢人的技术，难怪你越来越失去信心了。"

我常常接触一些海外的客人，他们迷信中医，崇尚中医奇妙的理论，但是他们同时也害怕针灸、畏惧汤药，问我中医除了针灸、吃汤药还有什么其他更简单的方法。我说："当然有了，针灸只是舟楫，没它照样行船；汤药不过调羹，有它只为方便。"难道没带针具，药店关门，中医大夫就束手无策了？我告诉他们，我们每个人身上本来就百药齐全，都在经络穴位中翘首待选，只看医者和本人会不会用它了。

举个例子，治疗月经不调通常首选逍遥丸，如果手边没药，我就按摩患者肝经的太冲穴和胆经的阳陵泉，效果一样，且更为迅捷。如果心中发热烦躁，常用牛黄清心丸，但有人担心这药若常吃其中的朱砂会对身体有损害，我就教他先按摩心经的神门穴，再按摩脾经的大都穴。此外按揉肺经的尺泽，加上肾经的复溜，相当于六味地黄丸。按摩膀胱经的风门加上肺经的孔最就是通宣理肺散。还有血府逐瘀汤、补中益气丸等等几乎所有的常用中药，都可以从经络穴位中找到同类。

有人因为针灸太复杂，总是敬而远之；因为汤方太繁多，常常如坠云雾，再加上脉学玄秘、经文古奥，更觉得中医高不可攀。其实，这是你自设迷障，学中医本可“闲庭信步通幽径”，何必非要“踏遍群山觅归途”呢？事障易解，理障难除。学习中医知识本身并不难，难的是我们一定要弄清楚究竟要学些什么？否则尽管学得殚心竭虑，最后也是劳而无功。

所以我的建议是，学习中医要从经络开始，从穴位入手，因为经络穴位都在我们自己身上，随时可学，处处可用。我再重复一下：穴位不是因为你用针刺才起作用，而是时时都在对身体起着调控作用；穴位起不起作用不是因为你针刺够不够深，而是主要在于你的气血流没流到那里。按摩、点穴、拔罐、意念守窍都有针灸的功效，没有优劣之分。所以你即使不会针灸，也可以是经络专家，丝毫不影响疗效。

如果你想送心爱的人一朵玫瑰，那么茎上的刺就不是问题。

求医录

好学问：

哪几处经络穴位相当于补中益气丸？

中里巴人答：

这是一个简单又复杂的问题。如果您是一个刚接触中医的人，我会径直告诉您，只要按摩太白、商丘、太冲三穴就会有补中益气的效果；但倘若您学习中医已经有很长的时间了，我这样说就会扰乱您的思路。就像您问我月亮在哪，我用手一指，您不去看月亮而是盯在我的手指上，那样您岂不是永远也看不到月亮了？其实，穴位是死的，又是活的。同样的穴位，体质不同，效果也会不同，所以须灵活变通才好。

2. 穴位就是你随身的药囊

敲胆经，揉心包，金鸡独立，推腹法……简单易行又有效。如果您想养生祛病，这些技法就是随身的药囊，方便实用。

很多朋友对中医情有独钟，多次向我讨教学习中医的方法，并让我推荐入门读物。我总是推荐中医院校的课本。然后，朋友们又问，那么学会了这些课本就能治病救人吗？我说不能，学会了这些课本可以当个中医博士，但是却不能治病。大家就很失望，不愿意去读这些课本了。

那么，学会哪本书就会治病了呢？其实真要是有这么一本书，岂不是人人都成了《倚天屠龙记》中的“胡青牛”了？我这里没有“九阳真经”，我也不知在哪里能找到，我只是随时把自己的感悟当做真事儿，相信那是老天的赐予，而不是事事把自己的想法用权威的标准来定夺。

我读过《黄帝内经》，是零星地去翻看的，从来没有当做必学的功课一页一页地去分析、体会，更没有去背诵它。

我读过《伤寒论》，是把它当做小说来读的，有兴趣就多看，没兴趣的地方就翻过去。

我读过《针灸甲乙经》，把它当做字典，有忘记的字再去查。

我还读过各类的古典医药书，东看一眼，西看一页，走马观花，不求甚解。很多书之间观点完全对立，而且互相针砭、鄙薄，但全是医学大家，难分优劣。我都统统奉若神明，摆上贡桌，一一礼拜。最爱看两派交锋之点，最喜读书中禁忌之处，因为那正是治病救人的诀窍玄机。

一本好书读到兴头，我会拍案叫绝；读另一本观点完全不同的书，我也同样会拊掌称妙。有人会说，你到底有无立场？你到底算哪头的呀？

其实，“是法平等，无有高下”。喝完咖啡，我还想喝点清茶，难道就大逆不道了？只是喝的时候要把残根儿倒掉，否则您既喝不到咖啡的浓郁，也品不出龙井的清纯，只是一碗不伦不类的“污水”。有人想从我这儿学走一招半式，我倾囊而授，从不隐藏。可你不去换个新杯子，也不舍得倒掉杯子里的红酒，却想品味我瓶中的茅台，那你永远也喝不出真滋味，不晕才怪呢！

从山上看山脚下的树，我说树小如草，可你正在树旁站着，你说树大参天——咱们说的是同一棵树，却永远也争论不清。

有一只狗卡在墙洞里，进退两难，我说应该往外拉，你说应该从里推——咱俩一个墙里一个墙外，你说听谁的好呢？

有人说，我们就喜欢敲胆经、揉心包经、金鸡独立、推腹法，简单易行又有效。如果你作为养生祛病，这些技法就是随身的药囊，方便实用。我们已经尝到了果子的香甜，但是要栽培果树还需另下树种才行。

还有人说，你就告诉我，哪个穴治胃痛，哪个穴降血压，哪个穴能补肾，哪个穴治失眠，我去实施操作，而你也就功德无量了。

你觉得这是捷径，我却觉得这是迷途，你急于走脚下的小道，却不看山顶的信标，每当岔路总会彷徨无措，每遇沟坎定不知如何搭桥。授人与渔无人学，授人与鱼争先抢。如果你执意去走小路，我可没有能力去为你开道，因为那样不但你是山重水复皆岔路，我也会困陷荆棘满身伤。有人会很不耐烦：“你别老卖关子，故弄玄虚了，说，我们现在该看哪些书吧？”我会推荐你去看正统中医院校的课本。“你不是说看完这些课本也不会看病吗？那还看它干嘛？”我们都熟悉这句话：“知识就是力量”——可我们有了知识就真的有力量了吗？其实——“善用知识才是力量”。可你一点知识没有，你又去用谁呢？

我的儿子是班里的宣传委员，书法不错，老师就让他在班里白墙的两侧写上一副对联，儿子写的是“书山有路勤为径，学海无涯苦作舟”。我看后觉得词儿太俗，没什么新意，就自作聪明，改为“书山有路勤更巧，学会无涯荡轻舟”。结果第二天放学，儿子就哭丧着脸，责怪我多事儿，害得他被老师臭批一顿，说他是宣传投机取巧、好逸恶劳的思想。这真令我哭笑不得，也让我想起上初中的时候学的一篇古文——《愚公移山》。老师让我们写读后感，我写道：“愚公抛开晚年的天伦之乐，再搭上儿孙们一生的幸福，只为解决一个‘碍其出入’的小事儿，不值得称道。山不转水转，既然搬不动山，那我们就搬家，何必自找麻烦？寓言里神仙会帮他，现实中老天爷却不会同情这样的人……”

还好，那时已是80年代了，没把我打成反革命，只是在班会上批判了我一下。回想起当年老师和同学们情绪激昂的样子，真让我笑破肚皮。

说这些，你只当听个笑话吧！不过，我想这可能就是我的心路历程，而且我也喜欢这样走下去，当然有几个知音更好，没有，我也一如既往……

3. 锻炼身体要先脏腑后肢体

你见过树枝粗大而树干纤细的大树吗？你一定会觉得那是怪胎畸形，因为它不符合自然的规律。但我们在身体锻炼中却经常这样去做。我不是反对人们在日常生活中适度的肢体运动，这不但必要而且充满情趣。但是锻炼要知先后，分缓急，明主次，先脏腑后肢体，脏腑有问题的要先解决了才能去锻炼。

现在重视健身锻炼的人越来越多，大家希望身体强壮、健康长寿；锻炼的方式也很多，简而言之，都是在强调肢体的运动，并以健美的身材和漂亮的肌肉作为锻炼的最终成果。但是，这样锻炼是否真正能够达到健康长寿的目的？答案是否定的。

很多参加锻炼的人都是因为身体弱或者肥胖，有各种疾病或是为追求完美的身材。他们锻炼的目的多数是为了健康、健美，但由于其本身脏腑多多少少都存在功能缺陷，这种锻炼不一定对他们都是好的。

众所周知，人体气血总量在不同情况下是相对恒定的。它有自己的分配规律。按照生存的需要，气血首先要确保脏腑器官的需求，然后才是四肢百骸；就像一棵大树，要先长树根、树干，再长枝叶。脏腑又是确保气血生成与贮藏的源头，只有脏腑健康、功能相互协调，才会有足够的气血储存以供人体日常使用。

如果人为过多地去锻炼四肢肌肉，而不考虑脏腑的需要和气血的生成能力是否跟得上锻炼的需要，那么五脏六腑相互间气血协调的分配就会被打乱。锻炼后被刺激增多的肌肉与血管同样需要大量血液供应，虽然身体会对增长的气血需要产生适应和代偿，不断加强气血的制造，但气血的增长不是短期能达到的，一般需要1～3个月才会有明显提升，气血在很长时间内处在僧多粥少的境地，四肢就会跟脏腑抢夺有限的气血资源。此时，只有通过心肺的超负荷运转来弥补气血的不足，例如心跳加快、减少对胃肠血液供应等。身体会减少一些脏腑的气血供应来满足本属次要地位的四肢。肌肉粗壮了，而脏腑由于缺血，功能反而减弱了。

脏腑在气血欠缺的情况下还要完成消化吸收、新陈代谢、免疫防御、神经调节、内分泌激素调节等重要工作，此时身体内有限的气血资源只好拆了东墙补西墙，引发一些脏腑功能障碍，原本气血就不足、功能就不好的脏腑会变得更差，最多见的是运动性闭经、月经紊乱、运动性贫血、胃肠功能紊乱等。

长期气血不足会导致脏腑功能早衰，影响寿命。国外很多运动名家都是在晚年疾病缠身。大陆的许多武术家由于没有真正了解内功心法，只重视筋骨皮和技击实战的锻炼，而忽略了气血的培养，反而没有普通人长寿，他们晚年罹患心脑血管疾病以致半身不遂的极为普遍。

你见过树枝粗大而树干纤细的大树吗？你一定会觉得那是怪胎畸形，因为它不符合自然的规律。但我们在身体锻炼中却经常这样去做。我不是反对人们在日常生活中适度的肢体运动，这不但必要且充满情趣。但是锻炼要知先后，分缓急，明主次，先脏腑后肢体，脏腑有问题的要先解决了才能去锻炼。这就像先悉心培育好大树的根基与树干，使其粗大深埋才能获得良好的营养支持。相对应于人体就是调养好脏腑（别在脏腑自身气血不足的情况下去雪上加霜），使其功能协调、气血充沛，可游刃有余地供应自身与锻炼的需要。在此基础上去适度锻炼，才会感到精力充沛，乐趣无穷。不然让脏腑带病工作，不仅会增加其负担，而且锻炼后疲劳难以恢复，那样锻炼就毫无乐趣可言了。

举个例子吧。邻居家的小姑娘，15岁，一直肠胃不好，身体虚弱，手脚冰凉。她母亲说她就是缺乏锻炼，于是每天早晨都逼着她去跑步，跑了3个月，手脚不怎么凉了，可气色还是很差，肠胃也没见好，且不来月经了。我给她诊了脉以后，帮她分析了病因：脾胃是后天之本，气血生化之源，脾胃不好，产血不足，不能保证全身的血液供应，所以身体虚弱；血少无力循环到四肢末梢，所以手脚冰凉；本来五脏六腑尤其肠胃就缺少足够的血液滋养，时时等待着心脏的供血，但此时却强迫心脏将血液输入两腿两足，舍其本而供其末，造成血液生成能力的进一步减弱，难怪因此血少而闭经了。于是，我让她先不要去跑步，先对脾胃进行锻炼，告诉她如何将血液引入脾胃的方法，又配合吃了一点保养脾胃的小成药。也就是不到一个月的工夫，她的面色就开始变得红润，人也显得漂亮多了，肠胃已经没有任何不适，月经也如期而至。她对我说，她现在有一种想跑步的愿望，因为她觉得身上有劲了。我说好呀，想跑就跑呀。很多人都觉得慢跑会使身心达到很好地锻炼，且是一种享受。这么好的运动，我怎么会反对呢？

求医录

盈盈问：

我儿子现8岁，1岁零8个月就患上哮喘。西医检查确诊为典型的过敏性体质，同时患有过敏性鼻炎和过敏性荨麻疹，且经过过敏源测试，对屋尘螨及粉尘最过敏，另外合并对一些花粉也过敏。

4岁起我就让他参加游泳训练，坚持了3年，包括冬天，均在室内游泳馆进行。最近一年改成1周5次，每次1个半小时的羽毛球训练，运动量很大。这样训练后，他的哮喘两年内基本没有发作，但鼻炎越来越厉害。

请问，现在的运动会不会过了？

中里巴人答：

根据您的陈述，我觉得小孩的运动量有些大了。

在中医的概念中并没有过敏性体质，每一种症状都必须利用推理的方法寻找产生的原因。

过敏性鼻炎的症状是打喷嚏、流鼻涕。这是身体排除寒气的症状，因为生活中有大量的寒气会不断的侵入人的身体，较健康的身体自然会不断地排寒气，也就不断地打喷嚏、流鼻涕，不是鼻子敏感才打喷嚏。

荨麻疹则是身上长红点，有时是身体排除体内有毒物质的方法，身体会选择最短的路径排出这些有毒的东西，不会让其循着微血管、血管、肝、肾等正常的途径来排泄，以免伤及其流过的器官，因此从皮肤直接排出是最明智的。这些有毒物质包括日常饮食中的化学添加剂或化学合成的西药，所以荨麻疹也必须找出其原因。

这些症状大多数是身体内部的活动造成的，而不是外部刺激产生的。哮喘是痰盖住了气管造成呼吸困难的结果。痰的来源可能是胃或肺，胃是胃寒，肺则是寒气，因此这个孩子也会出现过敏性鼻炎。另外，孩子肝火过盛，过盛的肝火会将胃或肺里的痰向上推到气管，这才发生哮喘。胃或肺产生的痰是这两个器官排除寒气时的现象。

身体只有在血气充裕时才有能力排除寒气，因此使哮喘症状消失有两种途径：

1.提升气血，使身体有足够的能力将寒气排除干净。这个方法会出现许多排寒气的症状，不断地打喷嚏是其中最主要现象，但此现象却被认定是过敏性鼻炎而急欲去除之。

2.不断地透支体力，使气血下降到身体失去排寒气的能力，则痰也不会再产生，哮喘的症状自然消失。估计孩子的症状消失是这个途径。运动并不会产生能量，只会疏通经络。游泳时很容易受寒，当从水中起来，只要受点风寒，打个寒颤风寒就进入了身体。过度的运动，加上不断累积的寒气，使气血愈来愈亏，当然身体不再有能力排除寒气了。气血不足时，症状都不会再度出现。只有在停止大量剧烈运动后的调养时间内症状才会再出现。

4. 最损健康的是心理上的痛苦

其实，最耗心血最损健康的不是身体的劳累，而是心理的矛盾和冲突。心灵的力量是可以穿越时空来传递的，发自内心的选择才是最好最适合健康的选择。

我的身体近来有些透支：白天培训、演讲、咨询、诊疗，紧锣密鼓；夜里写博、答疑、撰书、备稿，不亦乐乎。

好在周末闲暇是不容侵犯的，周六献给老婆、儿子，逛街、运动；周日留给自己和朋友，读书、小聚。

这似乎已成了生活的惯性，不是我在自由地迈步前行，而是像被风推着无法驻足。

老婆总担心我这样身体会垮，老吴（清忠）也常来电话要我注意睡眠。被老婆和朋友们时时关爱着，令我的心里常常涌动着一股暖流，这似乎就是最有力的补剂、最新鲜的气血。

我深知身体是不会给我带来疲劳的，因为我不是一个体力劳动者。我会随时在一分钟之内睡着，做两个有趣的梦，然后在3分钟之后醒来，感觉像是睡了4个小时。

也许这就是我倚仗的法宝，但当半个月前对着镜子刮胡子的时候，额头的一丝白发却让我吃惊不小——难道这就是身体开始苍老的迹象？还是对我轻视健康敲响的警钟？

前不久，一个朋友在饭桌上帮我联系了一宗“生意”，为几家大公司做健康演讲，酬劳很高，但演讲时间由他们来定，为此我必须推掉预订好的培训，再搭上周末的闲暇。这让我很为难，晚饭时我随口一说，老婆倒也支持，说这是我的事业，本该如此，不过晚上要早些

睡觉。儿子则全力反对，笑我“重物轻人”，见利忘义，对我表示鄙夷。真是当局者迷，面对取舍，我有些不知所措，

当晚本想好的博客主题，却在这种心态下昏乱如麻，面对着Word文档，半天也打不出一个字来。我感觉胸口有些躁热，从冰箱拿了听冰镇啤酒，一饮而尽，迷茫地盯着电脑屏幕，很快眼睛变得酸涩流泪，肩膀也僵硬疼痛起来。这是我难得的疲劳状态，我只好关上电脑，上床睡觉了。这一宿睡得轻浅，很不解乏，早上揉着惺忪的睡眼，在镜前欣赏着自己的尊容：脸色暗淡，眼睛混浊，毫无神采。呵呵，刹那间我突然想起了一句成语——“利令神昏”，可能就是我现在的这副德行了。

一念闪过，突然如释重负，心中豁然开朗。于是我拿起电话，谢绝了这桩“美差”。周六陪儿子去打网球，我们挥汗如雨，玩得畅快淋漓，我依然是他心目中的英雄。这时的感觉真实而又充满力量。

说也奇怪，没过两天朋友又打来电话说，几个老总都想见见我，交个朋友，说佣金还可以再加些，讲演的日子也由我来选定。这真是出乎我的意料，但由此我更加真切地感觉到，心灵的力量是可以穿越时空来传递的，发自内心的选择才是最好最适合健康的选择。

5. 打坐可以激发出我们身体内的健康潜能

为什么要静呢？因为静可以给我们无比巨大的力量，令我们身心合一，它联通了自然之力，这种力量无坚不摧，无疾不除。它不损耗我们身体的能量，还发掘出我们固有的源源不断的潜能。

有朋友问我打坐的好处，是否可以打通经脉，是否可以代替睡觉，是否可以开天目？我说没有那么好，打坐通常会手脚发麻，感觉经络堵塞；打坐经常会半梦半醒，使人陷入昏沉；打坐常常杂念丛生，令人神思混乱。朋友不信，说我不传他心法，回家自己去练了，练了一个月后对我说，真如你所说的那样，打坐好像也没什么好的。

有人说，打坐的姿式最重要，跏趺坐、金刚坐、如意坐、跨鹤坐等，能打出各种花样来，且坐坐精通。

有人说，打坐重在守窍，或百会，或眉间，或膻中，或气海，或命门，或涌泉，要守到“气凝成丹”才成。可结果丹没结成，反倒出现血压升高、胸闷气结、血淋崩漏、阳亢遗精等诸多难治之症。

有人说，自己心思太乱，杂念太多，忧虑烦恼萦绕于心，打坐只是想图个静心安神。我说，打坐恐怕帮不了你，如果你睁眼的时候心乱如麻，闭上眼睛盘腿一坐也一样如麻心乱。

有人说，打坐的时候我心里默念“意守丹田”、“注意呼吸”，渐渐地我不就守住了？如果一个人你不爱他，却在心里说我应该爱他，他这里好那里好，值得我爱，你就真爱他了？

开始学车的时候，教练会提醒我们精神集中，身体放松。很多学员边开车边心里默念着“精神集中，身体放松”，可四肢僵硬得像一根棍，睁着眼睛把车往沟里开。

但是，如果你真心地爱一个人，似乎不需要再提醒自己他哪里好、哪里值得你爱，或许在别人眼里他一钱不值，可你却仍为他痴狂，时时牵挂。同样，当我们学会开车以后，我们即使听着音乐、聊着天、打着电话，精神仍然是集中的。

有人说，那打坐可不可以入静呢？这就像有人问，你的手饰盒用来装什么，我说装手饰。其实打坐就像手饰盒，它原本是用来装“静”的，但如果你没有“静”，那么装在里面的或许就是个爬动的小虫了。但是你若有“静”，你又不必总把它装在手饰盒里，可以随身带在身上，无处不“静”。

当然，如果你已经有了名贵的手饰，我们还是应该给它找个好的手饰盒——打坐就是这个手饰盒，它是用来装“静”的。如果您能够很快入静，再去打坐，那么才会有进一步的感悟。

其实，你首先要知道静是什么，我们为何要去寻求它呢？静不是让你默不作声，闭目塞听，而是让你意念集中，精神投入，以达到忘我的境界。

为什么要静呢？因为静可以给我们无比巨大的力量，令我们身心合一，它联通了自然之力，这种力量无坚不摧，无疾不除。它不损耗我们身体的能量，还发掘出我们固有的源源不断的潜能。

其实，如果你打坐是为了入静，那么对于心里很乱的人来说，就不要选择打坐；不要试图让一个多动症的孩子手放背后坐直，那样根本无济于事。

有很多人肝火很旺，脾气很急，就更不适宜在那里意守丹田；越守火气越旺，无处宣泄，在机体里四处乱撞，造成脏腑功能紊乱。这种人要选择动中求静的运动，最好是那种有些对抗性的两人运动。就拿打网球来说，运动强度很高，看着一点不“静”，但精神是高度集中的，打得激烈的时候，外面的一切好像都不存在，眼里只有对手，心里也只是那个球。还有跆拳道、拳击，更是必须精神专注，否则就会被动挨打。要知道，只有动中静，乱中静，才是真的清静。

还有书法家，在尽情泼墨的时候，眼前哪里还有书案纸砚，完全是天马行空、情随意转。钢琴大师的即兴弹奏更是人琴合一、心乐共鸣。

其实专注就是入静，入静并不是入空去追求虚无，而是不用心力，没有阻碍，就像是一个圆润的玻璃球儿，将它投在光滑的冰面上，靠始发的推动力一直滚下去，没有摩擦也就没有损耗。当你放弃人为力量的介入，内心的自然之力便会显现出来。

金鸡独立是最好的入静法门，而其补肾健脑之功、引血下行之力，不过是入静的副产品。如果打坐不能安心，睡眠纷然乱梦，那都是心不静的症状。练习金鸡独立真是一个接引的桥梁，因为在练习金鸡独立的时候你是无法分神想事的，没有给你想事的时间和空间，你稍不集中精神就站不住了。而当你能站到2分钟了，意念自然就容易专注了。这时你再去打坐，很快就会入静。

有人打坐想追求开天目，希望能看到神佛的形象或听到天外之音，想做一个通灵的人，结果灵没通成，却走火入魔，成了妄想狂。一旦如此，想再回到正常的心态就非常之难了。

所以，在练习打坐之前，一定要先读读《金刚经》，上面有4句话，就像是套在孙行者头上的金箍，不让人起心猿意马的妄念，那正是佛对孙悟空的师傅须菩提祖师说的："若以色见我，以声音求我，是人行邪道，不得见如来。"可现在的人却偏向邪道行，有困难要上，没有困难创造困难也要上。很多人对《金刚经》不屑去读，却忙着追求特异神功，岂不知"平常心是道"。越是离奇怪诞的东西离道越远。

“千江有水千江月，万里无云万里天”，你看每条江里都有一个月亮，可那都是幻影，是水中月；有那么多的月亮在心中，你就永远看不到真正的月亮了。

你有1000个杂念，便有1000个幻影相随，你的精力便有1000个人为地损耗；但如果你一念清静，真实的全貌就尽显在你的眼前了。当你不再搅动混水的时候，却发现它反而清澈见底了。

6. 养生要养到实处

什么是最重要的呢？那就是可以真正改变我们体质的方法，可以摆脱我们忧愁恐惧的方法，可以完善我们身心的方法。而不是一经一穴、一方一药，只对症于一病，只苟延于一时。

很多人觉得，只要把经络穴位都熟记于心，汤头方剂都倒背如流，便可治己救人了。岂知学医和看病是两回事儿，就像武术中的花拳绣腿，学它百种套路，用来搏击实战，倒不如拳击一招来得实惠。所以，学武就要学少林武当真功，学医就要学治病养生心法。有人说，学些总比不学强。其实，那也不见得，不学百无禁忌，倒也潇洒；学完动辄得咎，作茧自缚。

学习必须知道目的，我真正想得到什么。孙悟空向老师须菩提祖师求道，祖师告诉他许多道法，在其他徒弟看来都是可炫耀于世的绝学，但悟空只问："可得长生吗？"当祖师说"皆是水中月，镜中花"时，悟空便坚决地说："不学，不学。"

人生本应风光无限、妙趣横生，如果整日围着身体打转，担惊受怕，修残补漏，百般禁忌，那样你永远不会真正地康复，因为在泥水中永远别指望洗得干净，健康的幼苗必须在健康的土壤中才能长大。我宁愿送给你一株新鲜的小草，也不想送你一捧漂亮的假花。

什么是最重要的呢？那就是可以真正改变我们体质的方法，可以摆脱我们忧愁恐惧的方法，可以完善我们身心的方法；而不是一经一穴、一方一药，只对症于一病，只苟延于一时。如果头痛我们知道按摩"列缺"，有胃病就忙于寻找"足三里"，而不管头痛因何而生、胃病如何而起，那我们就有的忙了，头痛总会如期而至，胃病也必是宿命难逃。

7. 连国粹都不要的人，能不有病吗

醉鬼在巷里骂街，千万勿劝，一劝其必耍酒疯。泼妇在街头撒野，别去围观，一围观更增其气焰。

某媒体约我写篇稿子，想让我驳斥一下某些人反对中医的论调，用我治病救人的鲜活例子去迎头痛击。

可我无话可说，因为我不知道怎么用语言去向一个聋子来表达声音，去向一个瞎子来说明颜色。我们需要解释吗？

天日昭昭，一切清清楚楚的，还需要蜡烛去点亮吗？

事实分明，古今有无数事例，还需要我再添加旁白吗？

清者自清，浊者自浊，一切无需辩驳。

醉鬼在巷里骂街，千万勿劝，一劝其必耍酒疯。泼妇在街头撒野，别去围观，一围更增其气焰。

有人指鹿为马，有人项庄舞剑，是非本不分明，何必我再添乱！

读者文摘

任何医学的存在都有其价值。若要评其高低，则先要分别西医和中医的不同。去看西医，经过化验、诊断，医生会跟你说：你的心脏有病，请去看心脏科医生。或说你的肾有病，请去看肾脏科医生；又或说你的眼有病，请去看眼科医生。总之是一对一，即点对点的关系，是名副其实的二维空间医学。去看中医，经过望、闻、问、切，医生会跟你说你眼的问题是因为你肝火太盛；或你耳的问题是因为你肾虚造成的。这是整体观，是从系统关联去诊断的。到此为止，中医是三维的。但中医若只是这么简单，也不

会令没有良心的西医如此视之如仇，更不会让现代科学的卫道之士口诛笔伐，如此不遗余力。

中医还有一个更高的层次，即时间观、时空观。真正的中医是可以预测和预后的。当然，会这种医术的人很少了，但不能说没有，如广西李阳波先生、美国佛州倪海厦先生等。所以说，中医是一个四维空间的学问，这很令现代科学尴尬，因为二维之与四维，实在是幼儿园水平和博士的水平之对比。这也是为什么生活在三维空间的人类对二维空间的西医能很直观地感受，但对四维空间的中医却很难理解——因为它不是直观的，是需要逻辑思维思考的。

为什么有那么多人反对中医？究其深层原因，是自我膨胀、自大、无知、恐惧等种种因素所成的。当我们看到这两三百年的科技成果，就觉得非常之了不起，是有史以来最棒的；当然，秦始皇兵马俑坑出土的剑因其镀了一层德国在20世纪才能熔解的铬而不生锈、长沙马王堆出土的48克的麻衣我们至今仍仿制不出来等问题，就闭着眼睛不去看它了。大家最惧怕的是现代科技给我们带来了丰盛的物质文明和享受，同时却带走了我们的精神追求；若现代科技有任何不妥，那我们便一无所有了。反对中医的人大都怀有这样的潜意识。

(Musushi)

8. 如何吸收自然界中的各种正面能量

一幅画会令我们心动不已，一支歌会让我们勇气倍增，一个眼神会令我们心仪神往，一颦一笑会令我们茶饭皆废。所有这一切都是一种巨大的能量。如何把正面的能量吸纳进来，如何把负面的能量排斥在外，实在是我们每天都要时时警醒的。

气本无形之物，却可能对有形之体产生极其深远的影响。比如说，有时一句话能使我们大汗淋漓，有时一句话能让我们神清气爽、力量倍增，而这时我们并没有摄入食物，并没有增加额外的能量。能量有时只是一句话，而同样的一句话，对于旁人简直是充耳不闻。能量是无处不在的，我们如何吸收自然界中无穷无尽的能量，那才是真正的学问呢！一幅画会令我们心动不已，一支歌会让我们勇气倍增，一个眼神会令我们心仪神往，一颦一笑会令我们茶饭皆废。所有这一切都是一种巨大的能量。如何把正面的能量吸纳进来，如何把负面的能量排斥在外，实在是我们每天都要时时警醒的。如果能善于挖掘日常生活中的能量，随时注入于身体，将是一件多么伟大的事情呀！别人的目光可以给予我们力量，别人的步伐可以给予我们力量，路边的一块石头也同样可以给予我们力量……关键是我们要善于发掘蕴含在自然界中的这种无形能量，用心灵去吸纳它，用意念去感受它。

求医录

思贤问：

看到巫师唐望系列的一本书里讲，印第安巫师用另一种观察世界的方法所看到的人像一个个白色的蛋，由亮亮的纤维包裹缠绕起来。这个说法颇似所谓的气场概念。而印度文化里提到的七脉轮说，认为道行高深的人可以看到人的气场是由从基地轮到顶轮的7个顺时针旋转、颜色各不相同的轮盘组成的（我的表述可能不是很精准，不过大概就是这样）。那么中国文化里对气场是怎么描述的呢？先生认为各个种族的“智者”为什么“看见”的是不同形状的气场呢？

中里巴人答：

古代就有医道同源、医巫同源之说。依个人资质的差异和人生价值取向的不同而各行其道。《论语·述而》记“子不语怪力乱神”，孔圣人已到了穷通天理的境界，对于鬼神之事早已了然于胸，但仍不讨论以揭示其玄秘，只是为了不扰乱常人之心智。所以平常心是道便、是方便法门，而形而上之学便由形而上之人去感悟好了，究其奥理于世人无益，徒增迷惑罢了。况于此种玄学我一向敬而远之，因个人智力不及，不敢涉足。

第六章

思考疾病

我给人看病时很少用药，因为身体里什么药都有，而且是最方便、最快捷、毫无副作用的良药——那就是人体的经络和穴位。有些朋友可能觉得我对经络穴位的作用有些夸大其辞。其实，从经络穴位的实际功效来看，我对它们的夸赞似乎还过于吝啬。

1. 为什么现代人得的病五花八门

半身不遂，手总是蜷缩成拳，点掐手部的八邪穴一分钟，然后手就能伸开。

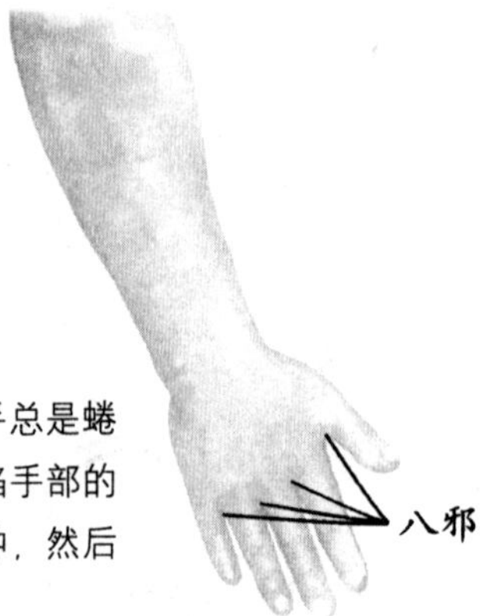

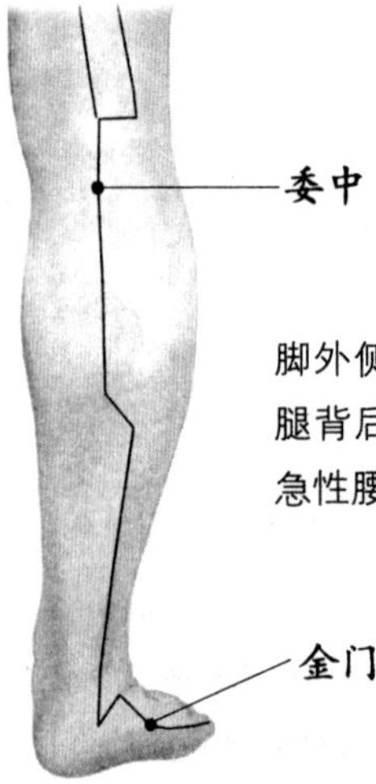

脚外侧的金门穴和腘背后的委中穴治急性腰扭伤。

得病的人心里总是着急，便乱服虎狼之药，却不能把病邪赶走，反而损伤了脏腑机能，耗费了大量气血。使原本简单的病症，最终变成了疑难杂症。

我的博客开了到现在，很感谢来自全国各地及海外朋友们的大力支持，也非常感谢吴清忠先生的举荐。我办博客原是出于好奇，有点赶时髦的意思，想把自己这些年感悟的一些医学养生理念与大家分享，希望能同气相求，广结善缘。

隔行如隔山，相信大家都会对自己所陌生的事物既好奇又恐惧。因为对某些事物的无知，心理害怕、抵触甚至逃避也是人之常情。更何况是对人体医学这些完全陌生却关乎生死的领域，普通人因知识范围所限，愈加感觉不知所措；一旦身体患了疾病，自己对此毫不了解，没有对策，就更恐慌了。有疾在身，外行人的种种行为都是可以理解的，那种恐慌与无助，无论中医、西医，只要可以带来一线康复的希望都要去尝试，此时最重要的就是需有一个正确的导引与帮助。患者对医学知之甚少，在疾病面前他们是非常无辜与无助的，身为医者应该很清楚自己的位置和对患者的影响。

我周围的朋友、邻居、亲戚们都很推崇我的医术，觉得只要我能出手，似乎就没有治不了的病。而在我看来，其实他们根本就没有什么大病，基本上是依靠自己痊愈的，我只是稍微指点了他们一下。这就像是对电脑，我也是菜鸟，我总是把那些来帮我修电脑的朋友奉若神明。其实很多时候，他们只不过是把零件拆下来，擦一擦，然后再装上，就这么简单。而我就是不知道应该拆哪个。对于自身的疾病，有很多朋友也有同样的苦衷。本来得的是小病，由于不知道如何修复、如何调养，只能眼睁睁地任其蔓延开来，成了迁延不愈的顽疾。得病的人心里总是着急，便乱服虎狼之药，却不能把病邪赶走，反而损伤了脏腑机能，耗费了大量气血。使原本简单的病症，最终变成了疑难杂症。

为什么我们现代人得的病“五花八门”？

第一个原因就是乱吃药。

我们现代人服的药千门百类，而大多数药只是去症，并不治病——只关注了不适的感觉消失与否，化验值正常与否，而不去探究出现这些问题的根源。于是，止了头痛，却引发了失眠；抑制了关节痛，却加重了心脏病；扩张了心血管，却诱发了牛皮癣；去掉了疮疡，却搞坏了脾胃。按下葫芦浮起了瓢，刚弄灭了烟头那边却起了山火，病也就越来越多，越治越乱。

其实，对于疾病我们首先不要慌乱，要克服心理对未知领域的恐惧，要相信自己身体的自愈能力。古语说“有病不治可得中医”的意思就是，你得了病，即使不治，也和找个中等水平的医生来诊治是一样的效果（因为碰上高明的大夫不大容易，往往倒会撞上庸医）。

第二个原因是把自己完全交给大夫了。

是谁在治病？这一点一定要搞清楚。是你自己在治病，并不是大夫。很多人都参加过拔河比赛，大夫就是那个喊号子给你加油的人。他的号子喊得和你用力的节奏一样，你就很容易获胜；要是他乱喊一气，或者是你根本不用力，完全靠着他声嘶力竭的呐喊，都将是一败涂地。

我给人看病时很少用药，因为身体里什么药都有，而且是最方便、最快捷、毫无副作用的良药——那就是人体的经络和穴位。

有些朋友可能觉得我对经络穴位的作用有些夸大其辞。其实，从经络穴位的实际功效来看，我对它们的夸赞似乎还过于吝啬。

举个简单的例子：一个半身不遂的人，他的手总是蜷缩成拳。通常我们在做康复训练时会帮患者把手拉直，但患者的手马上就会蜷缩回去。这时，只要点掐手部的八邪穴一分钟，患者的手就会自行伸开，而且会保持很长时间。还有急性腰扭伤的患者，只要在脚外侧的金门穴和患侧的委中穴痛点处点按两分钟，腰痛可即时缓解。还有上楼就喘的老年朋友，通常是心脏的功能较弱，只要停下来按摩手掌心的劳宫穴一分钟，马上就会觉得呼吸顺畅。这只是零散的一些穴位的常用功能，很多穴位还有祛除顽疾的妙用。

不要轻看这小小的穴位，它可是治病和养生的无上至宝。这就好比是一支苍蝇拍，只卖5毛钱，但对于打苍蝇来说它比身价千万美元的爱国者导弹都强大有力。人体的病症有时就是那几只苍蝇，一支苍蝇拍也就够了，何必动用机枪、大炮来狂轰滥炸呢？治疗疾病其实并不困难，尤其是在其萌芽状态，我们及时消除它就更为容易，只要大家掌握了一些基本的方法和正确的理念。切忌有病乱投医，要保持自己的头脑清醒与冷静，因为乱投医的结果很可能扰乱了身体康复的自我修复程序，直至毁坏修复的能力，使得小病变大，直至失去痊愈的机会。我们把握了自己的健康，同时也把握了自己的命运。

读者文摘

我是由于对芳香疗法有兴趣才接触中医的，不想却走进了一座宝山。先生的博客可是我现在每天必来的地方，因话题严肃、内容高深，故不敢随便插嘴，“不敢高声语，恐惊天上人”。心里却是极其仰慕的，有机会试试您教的妙方，也有惊喜的效果，真是非常感谢。

我们所处的这个时代，在医疗行业向市场经济转变之后，医药费已经成为极大的开支，相应的医疗保险制度还未健全，所以平民饱受医疗消费的压力，而医院缺乏监督。与此同时，社会的进步使人们的生活节奏也跟着加快，竞争的结果就是人们每天都生活在压力与恐惧之中。而这种压力又非人类进化前期“战”或“逃”(fight or flight)那种可以经由行动疏散而又为人的身体所熟悉的压力。这种压力和超负荷运转成了影响人们健康的最强的杀手之一。另外一个很强的杀手就是日益恶化的环境和品质不佳的食物。在这种情况下，自然疗法是该大显身手了。

先生所做的事情真的很有意义，把深奥的中医知识用浅显的方式传播给大众，让大家了解自己的身体，提升自己的健康品质。用网友古昀的话讲就是“善莫大焉”！

（蘅）

2. 很多人都是关注疾病，不关注健康

> 我们虽天各一方，却能感觉到彼此的气息。没有一种土壤便没有一种生存，没有一种氛围便没有一种力量。其实，我们真正要找的不正是这片天空吗？

前两天博客上的一则留言引起了我的兴趣：

受郑老师影响，最近也开始注意琢磨一点保健方面的东西了。因眼睛近视，最近一直在寻找方法（郑老师介绍的方法一直也在用）。昨天在看放风筝的时候忽然想到，其实每个人的眼中在需要的时候都可以出现一只风筝，所以就想了一个“有鸢在心”的法子，呵呵！我的想法就是眼睛近视的朋友每天不妨拿出一点时间，向天空极目远眺；因参照物不是很好找，所以在极目处可以想像一只风筝在飞，对眼睛放松还是有一定帮助的。纯属个人一点体会，希望会对和我一样近视的朋友有所帮助。郑老师如果有时间，还望指点与完善一下。

这位朋友没留下网名，不然我真想马上加他为好友，请教一二呢。“看放风筝的时候忽然想到……”是啊，很多时候“无意之中是真意”的东西正是无价的至宝。你的心灵已经给了你完美的答复，何需再向别人请教呢？

还有一个好东西，是网友xxsh送来的，我还没来得及感谢呢。是关于我在“玫瑰的激情”中补肾功法的回帖：

我觉得老师这个功法的重点是在锻炼腰椎部位上，我自己的理解就是：站起伸个懒腰，蹲下再站起伸个懒腰，再配合一点呼吸和两手交叉就是了。我起名曰“伸懒腰功法”。

真是精妙绝伦！我在回复中反复说明都没讲清楚的功法，让xxsh一语道破，令我感佩之至。于是按照他说的方法一试，感觉比原先的练法更有情趣。

还有“翻书等缘”所发的感慨：“我们要的是健康，而不是疾病！但是好多人都是关注疾病，而不关注健康。”

说得真好呀！

我们虽天各一方，却能感觉到彼此的气息。没有一种土壤便没有一种生存，没有一种氛围便没有一种力量。其实，我们真正要找的不正是这片天空吗？

有人问，我们将去向哪里？

我们不是急功近利的淘金寻宝者，我们不是超越极限的登山探险者，我们更不是自我磨砺餐风饮露的苦行僧，我们是穿着五颜六色衣服、眼中闪着灵光、大声嘻闹玩耍的孩子。如果没有一颗童真的心，那么这趟旅行你将一无所见，徒增烦恼并心生怨恨。

这是幼稚园孩子们的专车，没有老人家的座位。如果有人说，别再耽搁了，快开车赶路吧。那你又想去哪里呢？其实目的地既在天边也在咫尺间，你又何必舍近求远呢？

还有人说，先给我个果子吃吧，也不枉我来这一趟。我说，那你还是先回去，我这里的果子还没长熟，你吃在嘴里也是酸的。

3. 疾病不是我们的敌人

为什么我们对那么多的疾病束手无策？那是因为我们不能辨别谁是罪魁祸首，而只是挥舞着大刀在滥杀无辜。

人们都怕得病，其实疾病正是你成熟的契机，那是你内心与你的对话，如果你仔细倾听，然后加以修正，人生就会因此而有所感悟。但是，通常人们都会加以抵触、敌对、掩盖、压制，使疾病变得不再是它的本来面目，说的不是它本来想要对你说的话，最后变成一派胡言，而你的生命也因此将变得一塌糊涂。头痛有头痛的深意，溃疡有溃疡的警示，这些症状对生命来说并无敌意，它只是在告诫。但人们听不得这逆耳的忠言，偏要与疾病作斗争，就像是一位昏君杀死了仗义直言的忠臣一样。

为什么我们对那么多的疾病束手无策？那是因为我们不能辨别谁是罪魁祸首，而只是挥舞着大刀在滥杀无辜。所以从现在起，请大家小心地对待自己的疾病，用一种宽容平和的心来倾听它。它既是问题，又是答案的指针，我们可以按照心灵的指引去走一条本能的自愈之路。

求医录

紫花苜蓿问：

“这些症状对生命来说并无敌意”，这句话说得太好了！是啊，这些症状其实是我们的生命对自己的提示，以往不懂，欲乱棍打死之，让它永远消失不见，以为这就是健康。看了郑老师的书后，越来越觉得我们的生命是神奇的，我们应善加利用，应真诚与自己的身体展开交流与协调，而不是抗争与对立，这样真正的健康才会莅临我们的身体呀！我好笨，先生的意思是不是说身体或者精神的变化通过疾病来表达而不论这种变化是好的还是坏的？

中里巴人答：

很高兴您能看我这篇文章并有所思考。其实您已经说出了问题的答案。先不管答案是否正确，因为我写此文的初衷也就是让大家对疾病有所思考，对心灵多些关注。每个人的阅历不同、体质不同、精神不同，对疾病自然有各自不同的理解。没有对错的标准，只有程度的区分。只要大家能够多些耐心去倾听一下身体所发出的声音，我想，对于疾病，我们将会有全新的感悟。

紫花苜蓿：

是呀！各种“疾病”其实都是在对大脑诉说或报告身体的情况，可惜的是多数时候大脑听不懂身体的告白，以为身体有恶意，把原本简单的问题复杂化了。

4. 治病不可强扭

治病要顺其性而为，舒其所欲发，则内外合力，不治而治。不可恃药力之毒，逆势强压，如石头压草，费力而无功。

几个月前曾治疗过一个病人，17岁，女，因每日下午至晚上的无名低烧（37.8度）造成的头痛头晕而辍学在家，四处检查却不知烧起何因，遍吃各种退烧的中西药皆疗效不显。

初见时患者面色萎黄，情绪极为低落。给我看了一老中医开的汤方，皆是苦寒去火之药，说已吃3个月，见着就想吐，没什么疗效，但又不敢不吃，怕病情加重。我问患者喜欢吃什么，她说喜欢吃肉，但已3个月不敢吃了，老中医不让吃，说肉生痰火，只可吃蔬菜水果。我问她有什么爱好，她说最爱唱歌，但因发烧时嗓子会疼痛发炎，也一直不敢唱。我对她说："从现在起，你想吃肉就吃肉，想唱歌就唱歌，百无禁忌，随心所欲。"小女孩一听，眼中立刻放出神采，而她妈妈却慌了，连忙说："老大夫一再叮嘱，不能吃肉，而且她现在还两天一次大便，经常便秘，再吃肉，恐怕……"我说："她本无大病，因经期时生了闷气，造成气血瘀滞，肝胆之气郁结；本应抒发情志，调畅气机，却天天以苦寒之药降火，使郁结无舒展之日，咽痛、头痛、痛经都是压抑造成的结果。而苦寒之药最伤脾胃，气血不足，大便必然无力而下。"

我给她开的药方是：大山楂丸，吃肉后服两丸。补中益气丸，每日3次，不定服（因此药中有人参，并写有止泻作用，小女孩的妈妈有些困惑，问能否减量）。月经来之前服加味逍遥丸，快结束时吃六味地黄丸。另每日再喝生姜白萝卜汤一碗。

老中医的药是不可再吃了。我告诉她治痛经的几个穴位，每天点按5分钟即可。3天后她来电话说，头痛头晕症状已无，大便每日非常顺畅，精神状态很好，每日吃肉唱歌很高兴。只是发烧未退，前一天还增高到38度以上，她妈妈有些担心。我说没关系，你现在不用考虑发烧的事，这是身体的自我调节，过一段时间自然就好。一个月不到，小女孩已经痊愈，痛经症状也从此消失。

这个病例说明：治病要顺其性而为，舒其所欲发，则内外合力，不治而治。不可恃药力之毒，逆势强压，如石头压草，费力而无功。

求医录

Aileen 问：

生姜白萝卜汤有何功效？去寒？散肝郁之气？

中里巴人答：

生姜白萝卜汤去风寒，化湿痰，养受寒之脾胃，但肝旺脾虚之人并不适宜久服，有虚虚实实之嫌。

5. 养生胜于治病

《黄帝内经》上说："上工治未病，不治已病。"这是说高明的医生注重的是疾病的预防，治疗是次要的，而预防的方法就是养生！中国人自古便崇尚"学会养生，百病不扰"的说法。

如今，饮食不节、起居无度等不良的生活习惯不断助长着疾病的发生与泛滥。而人们对于健康的理解，却仅仅限于在体检时那些仪器查不查得出问题，或化验值的正常与否。孰不知由于常年不懂养生，放任自己的欲望，身体的生存环境已经渐渐变糟——整日忙于应付各种不利的内部生存条件，以尽量维持身体的正常运转。这个时期为疾病的潜伏期，虽然身体状况日趋恶化，在潜伏期内所有的体检数值却可以保持"正常"，让人觉得自己很健康，而对疾病毫无防备。潜伏期可以持续数月到数十年不等，一旦身体无法应对那些恶劣的因素，防线崩溃，所谓的疾病就发生了。

"上工"往往会在疾病的潜伏期就及时发现不对头，并扼杀它的滋长，以恢复真正的健康。而如今的医疗现状，无论财力物力都仅仅只够应付"已病"的人群，对疾病的治疗就像等洪水泛滥的时候再去堵窟窿一样，按下葫芦浮起了瓢，根本没有更多精力谈到预防！很多人因此疾病缠身、疲于奔命，这样的人生还有何乐趣可言呢？因此，只有我们自己提早做功课才可得遇"上工"的指引，防微杜渐，把健康掌握在自己手中，这样我们的人生才会充满自信与快乐。

也许你会说，找"上工"谈何容易啊！名医天底下就那些个，挂个号都难呢！其实，医生并不是"上工"，真正的"上工"是你自己！你大可不必叹服于"言之必中"的医生的神奇医术，他们只是推测而己，而你才是身体最直接的使用者，哪里虚弱，哪里强壮，关于它的状况你比医生更心知肚明！

可是往往在很多时候，我们并不知道如何做个合格的“上工”，不是疏忽了身体的诉说，就是根本不懂它的语言，就更别提如何应对了。面对纷繁的各种健康资讯，我们更无所是从，不知道哪些适合自己；于是保健品买了不少，按摩、刮痧、针灸学了不少，可它们似乎对自己的健康总是力小声微。于是发现症状似乎是无穷无尽的，并以各种面目出现。出现这一困窘局面皆因你没抓住做个合格“上工”的养生重点——知己，即了解自己的先天的体质，是寒是热、是实是虚、是阴是阳。只有了解自己身体中的这些天然禀赋，你才能知道如何去维护它。

知道自身的天然禀赋后接着又该如何做呢？每种体质皆有自己的优劣强弱，你只需记住“扬长避短，引强济弱”这八字真言就可以了。平日因势利导，借助的是自然的风向起飞，这样来治疗疾病，纵是千江有水千江月，你也依旧万里无云万里天了。“治病但治其本”，“本”其实就是体质，知道了在哪里用力，从此你就成为了自己的“上工”而无需再求他人。

附录一

《求医不如求己大全集》常用穴位使用方法

怎样找穴位：

穴位跟身体其他地方不一样，当身体生病时，穴位会有反应：用手压，比其他地方疼；或者感觉发凉，或者发烫；手指按下去，来回摸摸，里面好像有沙粒或者硬条一样的东西。有时候，穴位上会起红点、小痘痘。这些反应能帮你找到穴位，还能让你发现身体哪儿出了问题。

使用穴位的手法：

（1）点按：找到穴位后，用手指肚儿使劲儿往下按压。如果嫌用手指太累了，用圆珠笔头、钢笔帽代替也可以。不仅能保健，关键时候还能救命，比如人昏倒时“掐”人中，其实就是点按。

（2）揉法：手指按住穴位做回旋转动，就是原地转圈。要注意的是，一直要有向下压的力，让力量透下去。除了手指，还可用手掌、掌根，可以根据身体的不同部位选择。腰背等肉厚、面积大的地方可以用手掌，手上、脚上或者骨头缝的穴位只用手指。

（3）敲打：累的时候想让身体舒服，就要先让经络舒服。攥起拳头，轻重随意，沿着经络走行的线来回敲打。经络通了，疾病也就离你远了。

（4）推法：稍使劲，用手掌或者手指沿着经络移动，腿上的经要由上向下推，胳膊上的经要由下向上推。推法可以推动气血，让全身各个部位都能受益。

（5）灸法：灸法要借用一种中药——艾草，药店里有卖成品的艾条或者艾绒。把艾条点燃悬放在穴位上，或者沿着经络来回移动，艾条与皮肤的距离因人而异，以皮肤有温热的感觉为好。还可以在穴位上放一块硬币大小的生姜片，放一撮艾绒在上面点燃，这又叫“隔姜灸”。

附录二

《求医不如求己大全集》常用穴位指南

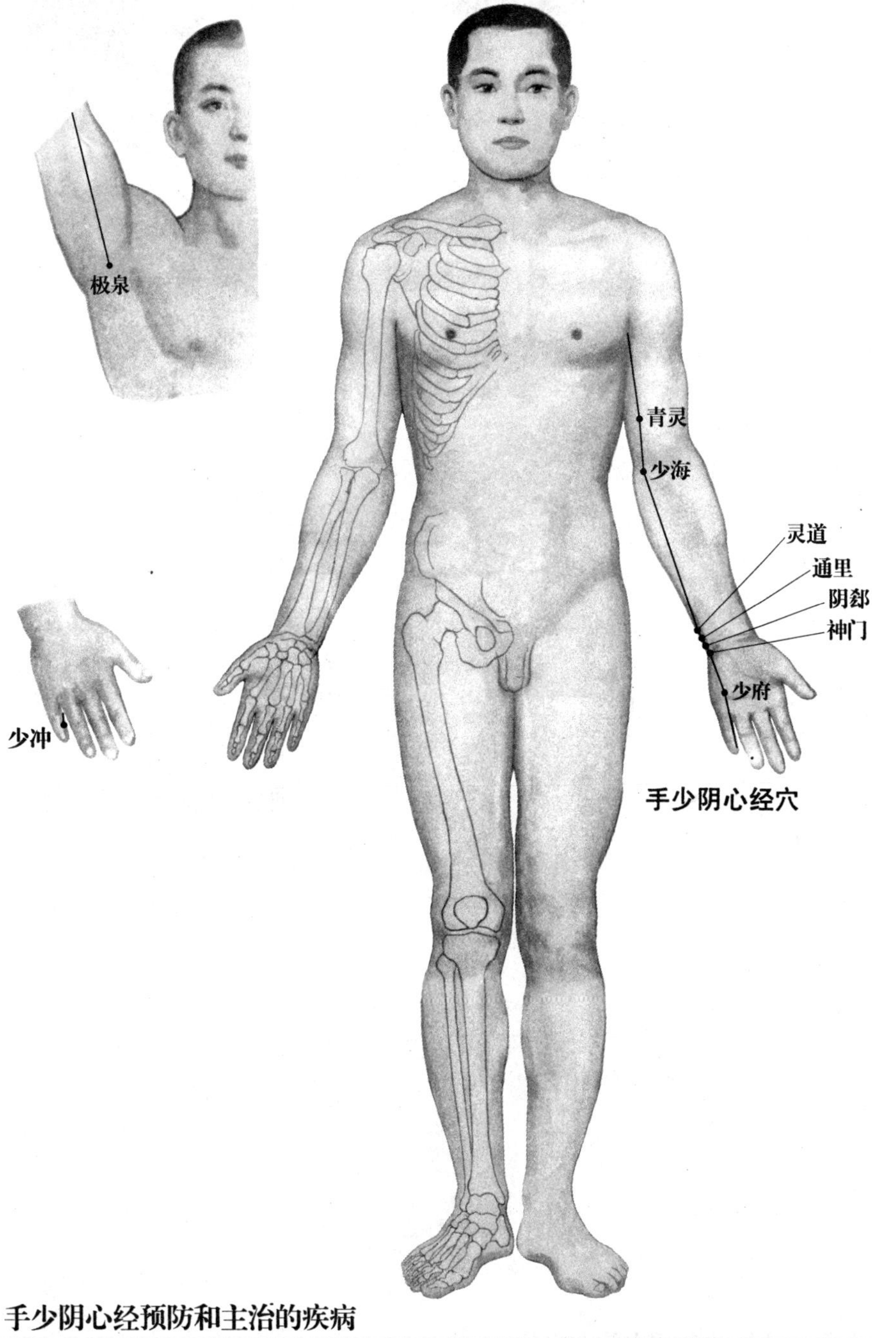

手少阴心经穴

手少阴心经预防和主治的疾病

心血管病：冠心病、心绞痛、心动过缓、心动过速、心肌缺血、心慌。
神经及精神疾病：失眠健忘、神经衰弱、精神分裂、癫痫、神经官能症。
其他：经脉所过的肌肉痛、肋间神经痛。

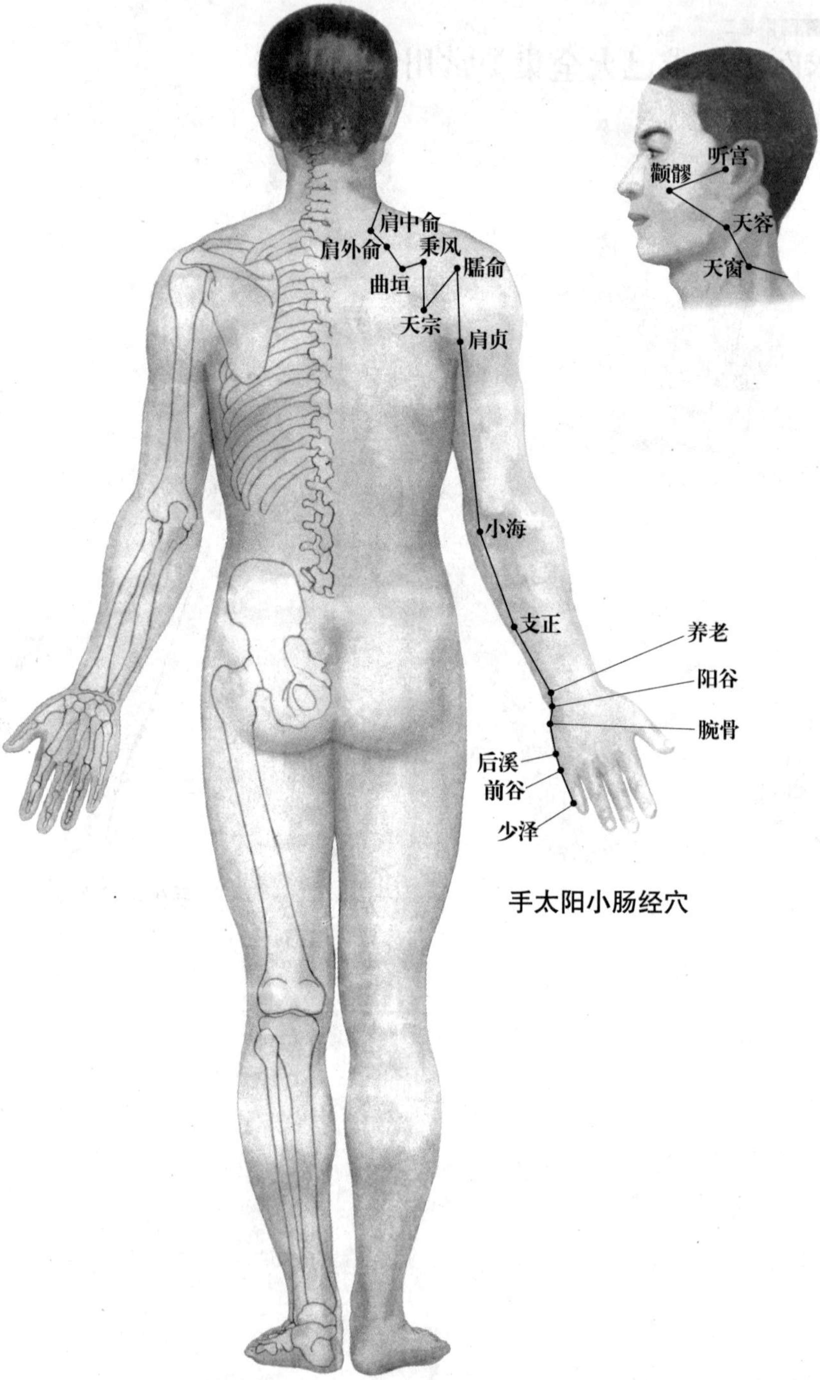

手太阳小肠经穴

手太阳小肠经预防和主治的疾病

五官病：咽痛、眼痛、耳鸣耳聋、中耳炎、腮腺炎、扁桃体炎、角膜炎、头痛。
其他：腰扭伤、肩痛、落枕、失眠、癫痫、经脉所过关节肌肉痛。

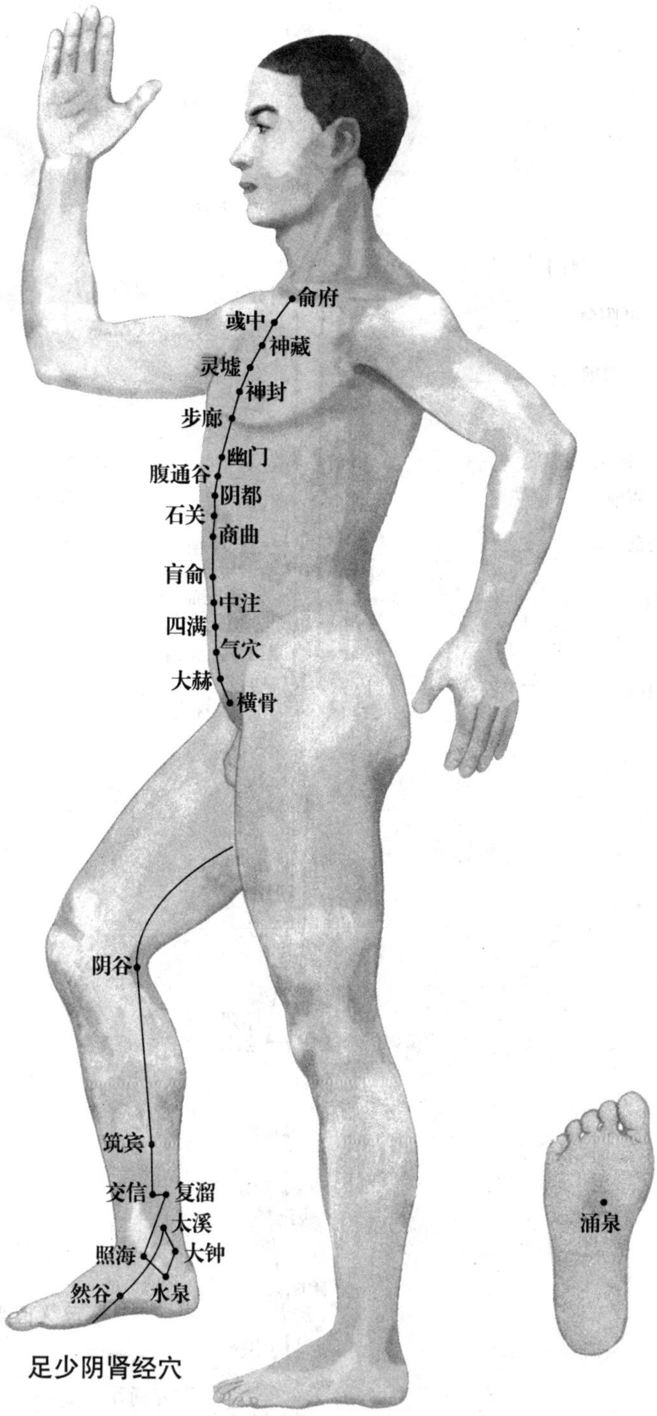

足少阴肾经穴

足少阴肾经预防及治疗的疾病

泌尿生殖系统：急慢性前列腺炎、阳痿、早泄、遗精、术后尿潴留、睾丸炎、痛经、月经不调、盆腔炎、附件炎、胎位不正、各种肾炎、水肿。

头面疾病：头痛、牙痛。

其他：消化不良、泄泻、耳鸣耳聋、腰痛、中风、休克、经脉所过的各种关节肌肉软组织病。

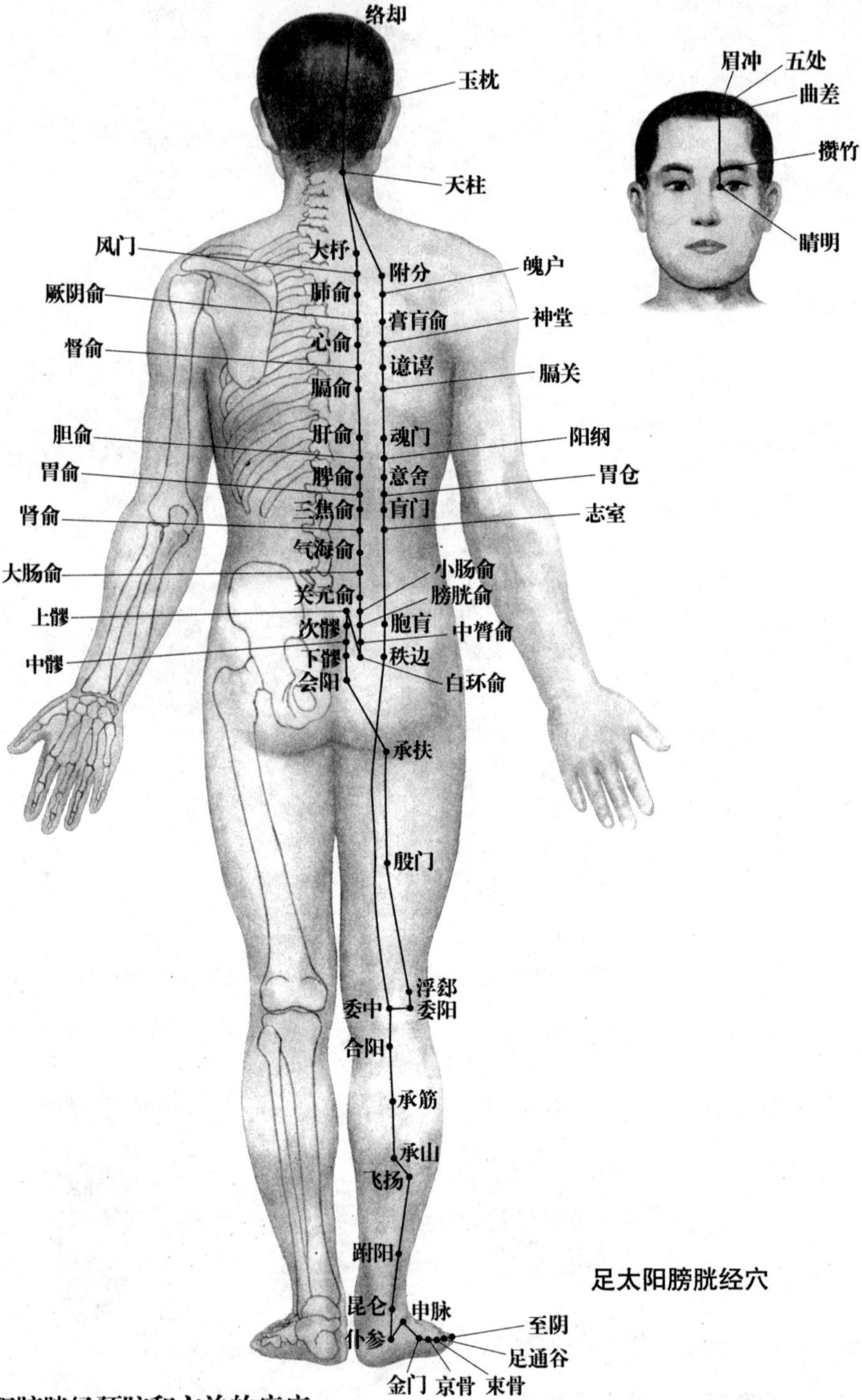

足太阳膀胱经穴

足太阳膀胱经预防和主治的疾病

呼吸系统：感冒、发烧、各种急慢性支气管炎、哮喘、肺炎。
消化系统：消化不良、腹痛、痢疾、胃及十二指肠溃疡、胃下垂、急慢性胃肠炎、肝炎、胆囊炎。
泌尿生殖系统：肾炎、阳痿、睾丸炎、闭经、月经不调、痛经、盆腔炎、附件炎、宫颈糜烂。
其他疾病：失眠、腰背痛、坐骨神经痛、中风后遗症、关节炎、经脉所过的肌肉痛。

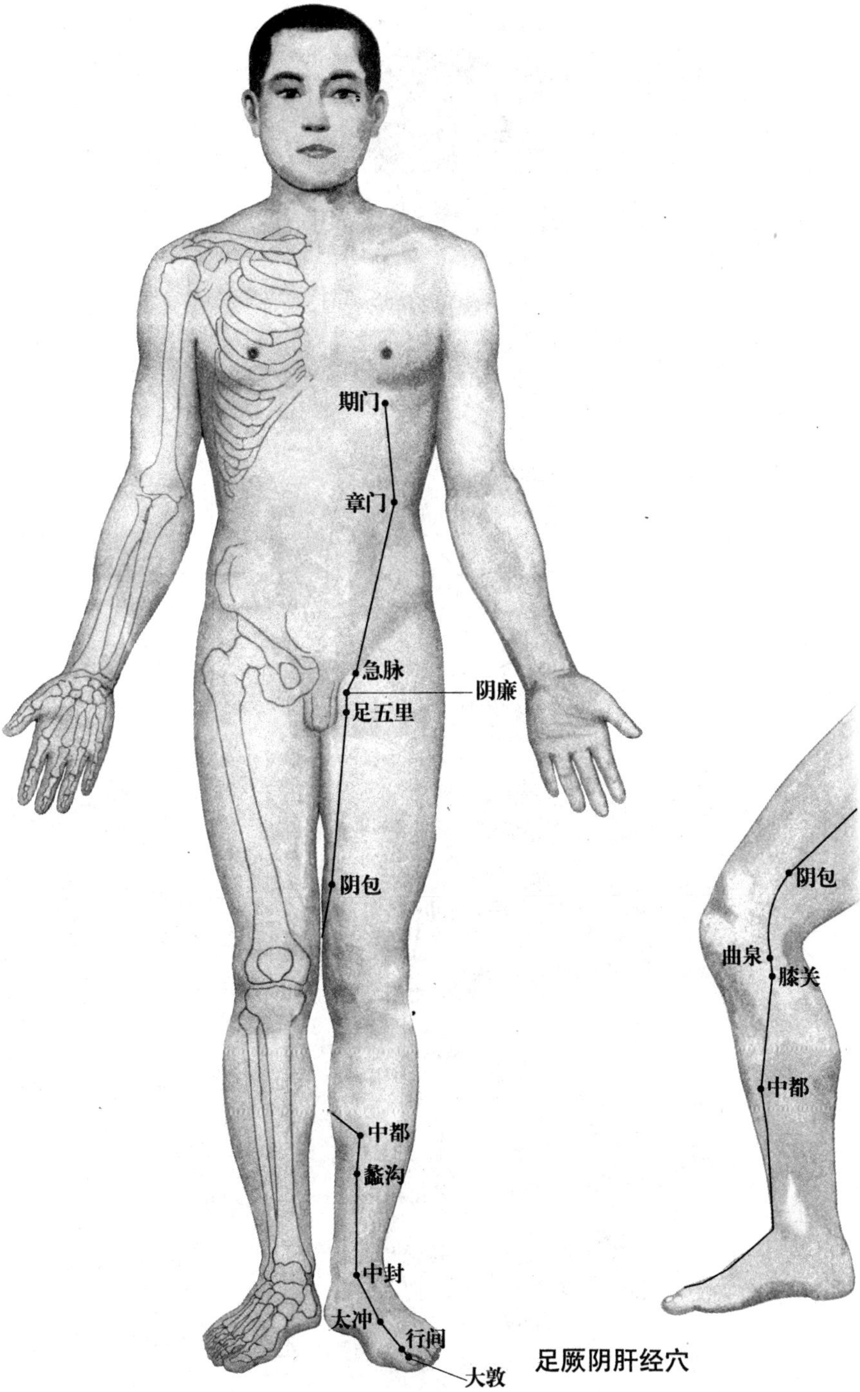

足厥阴肝经穴

足厥阴肝经预防和主治的疾病

生殖系统疾病：痛经、闭经、月经不调、盆腔炎、前列腺炎、疝气。

肝胆病：各种急慢性肝炎、急慢性胆囊炎、肝脾肿大、抑郁症。

其他：头顶痛、头晕眼花、各种眩晕、癫痫、胃痛等。

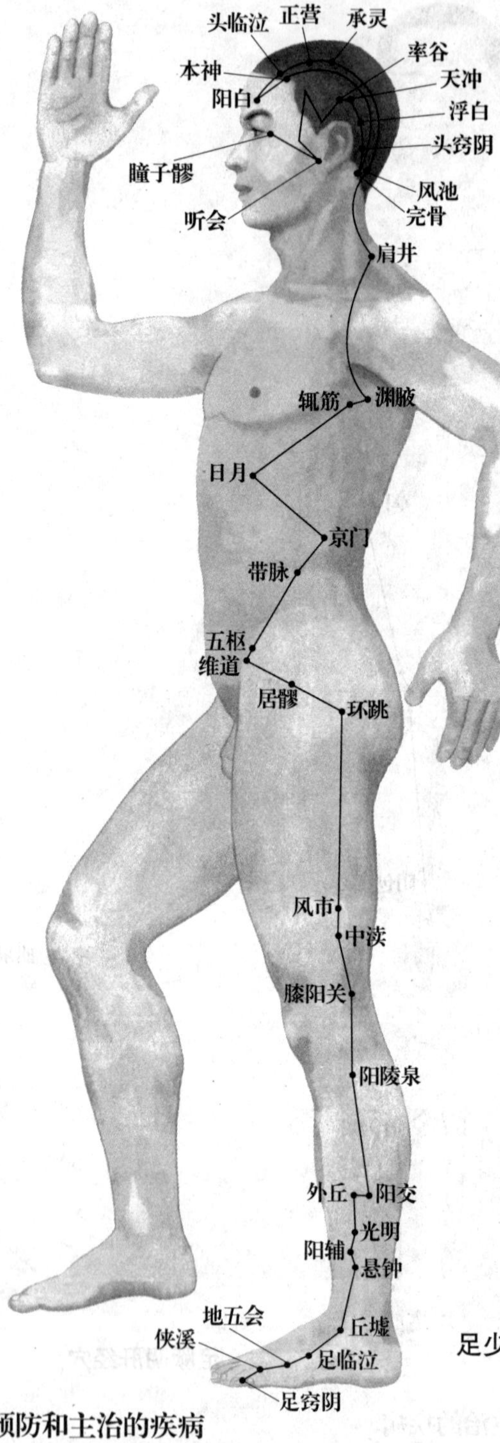

足少阳胆经穴

足少阳胆经预防和主治的疾病

肝胆病：急慢性胆囊炎、胆绞痛、各种慢性肝炎。

头面五官病：头昏、偏头痛、面神经炎、面神经麻痹、耳鸣、耳聋、近视。

其他：感冒、发热、咽喉肿痛、胁下痛、经脉所过处的肌肉痛。

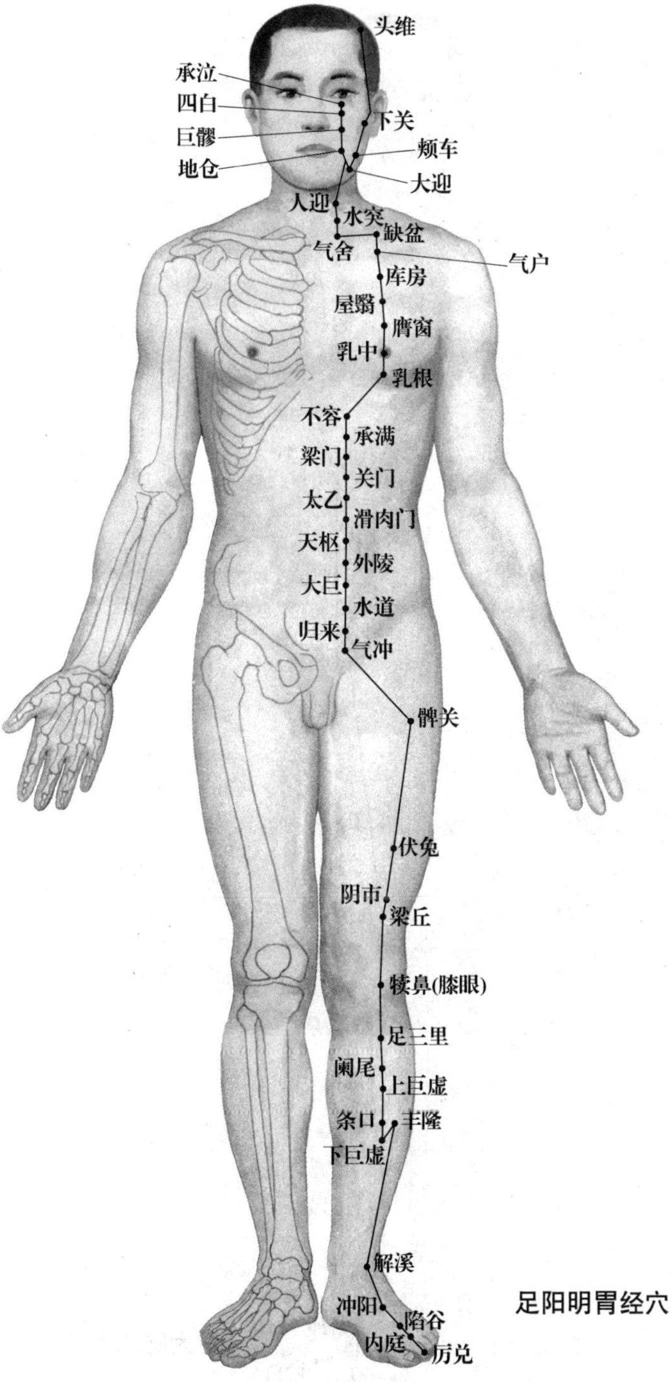

足阳明胃经穴

足阳明胃经预防及主治的疾病

胃肠道疾病：小儿腹泻、胃胀、胃痛、胃下垂、急性胃痉挛、胃炎、胃神经官能症、胃及十二指肠溃疡、消化不良、食欲不振、便秘、泄泻、痢疾、胃肠蠕动过慢。

头面疾患：痤疮、黄褐斑、头痛、眼痛、牙痛、面神经麻痹、腮腺炎、咽炎。

其他：中风偏瘫后遗症、慢性阑尾炎、乳腺增生、白细胞减少症、经脉所过的关节肌肉病。

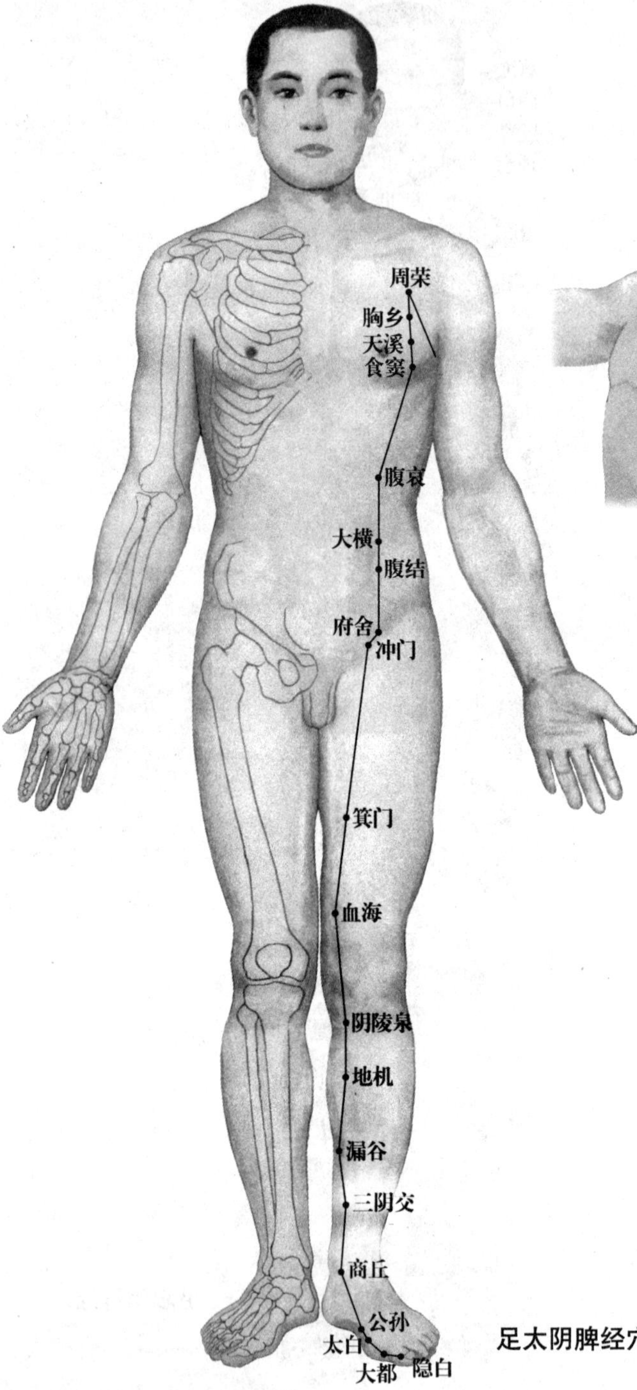

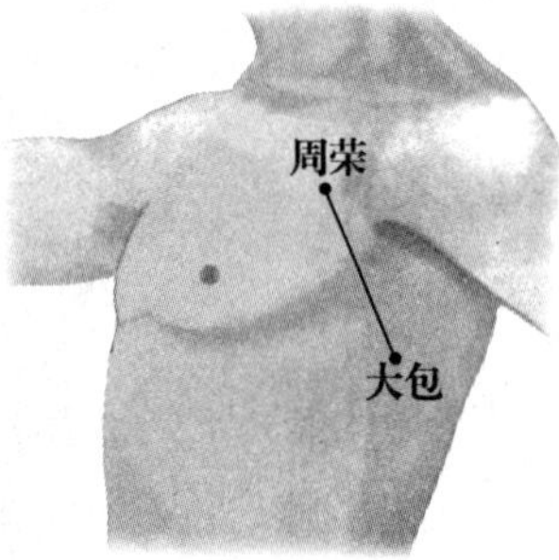

足太阴脾经穴

足太阴脾经预防及主治的疾病

消化系统疾病：消化不良、泄泻、痢疾、便秘。
妇科病：痛经、月经不调、闭经、月经提前或错后、盆腔炎、附件炎。
男科：急慢性前列腺炎、水肿。
其他：周身不明原因疼痛、关节炎、经脉所过的肌肉软组织疾病。

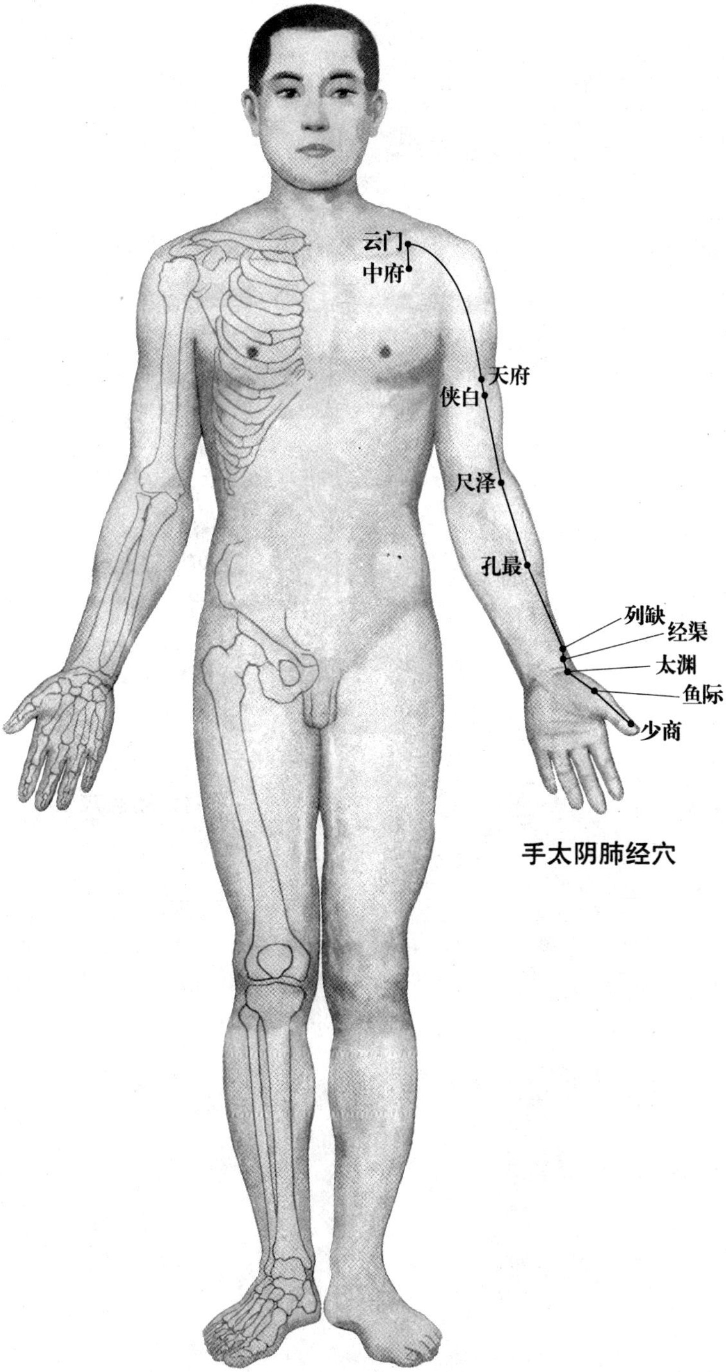

手太阴肺经穴

手太阴肺经预防及主治的疾病

呼吸系统疾病：各种急慢性气管炎、支气管炎、哮喘、咳嗽、咳血、胸痛。

五官病：急慢性扁桃体炎、急慢性咽炎、咽痛、鼻炎、流鼻血。

其他：经脉所过的关节屈伸障碍、肌肉疼。

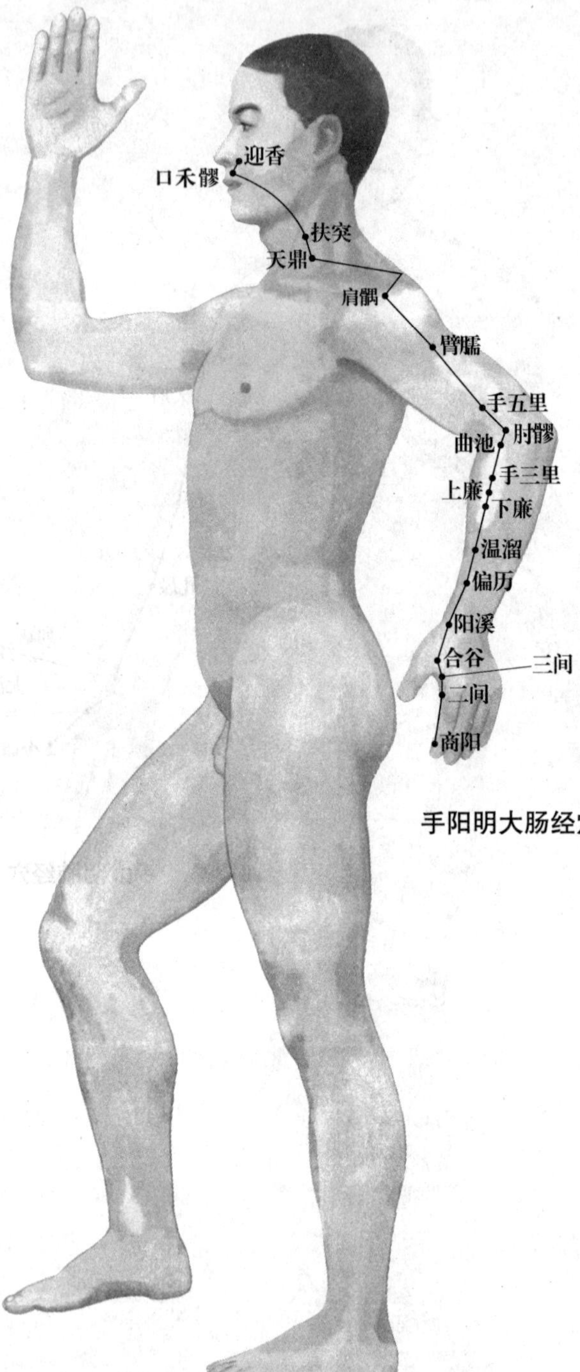

手阳明大肠经穴

手阳明大肠经预防及主治的疾病

呼吸道疾病：感冒、支气管炎、发烧、头痛、咳嗽。
头面疾病：头痛、面神经炎、面肌痉挛、面瘫、牙痛、麦粒肿、结膜炎、角膜炎、耳鸣、耳聋、三叉神经痛、鼻炎、鼻塞。
其他：颈椎病、皮肤瘙痒、神经性皮炎、荨麻疹、经脉所过的关节活动障碍。

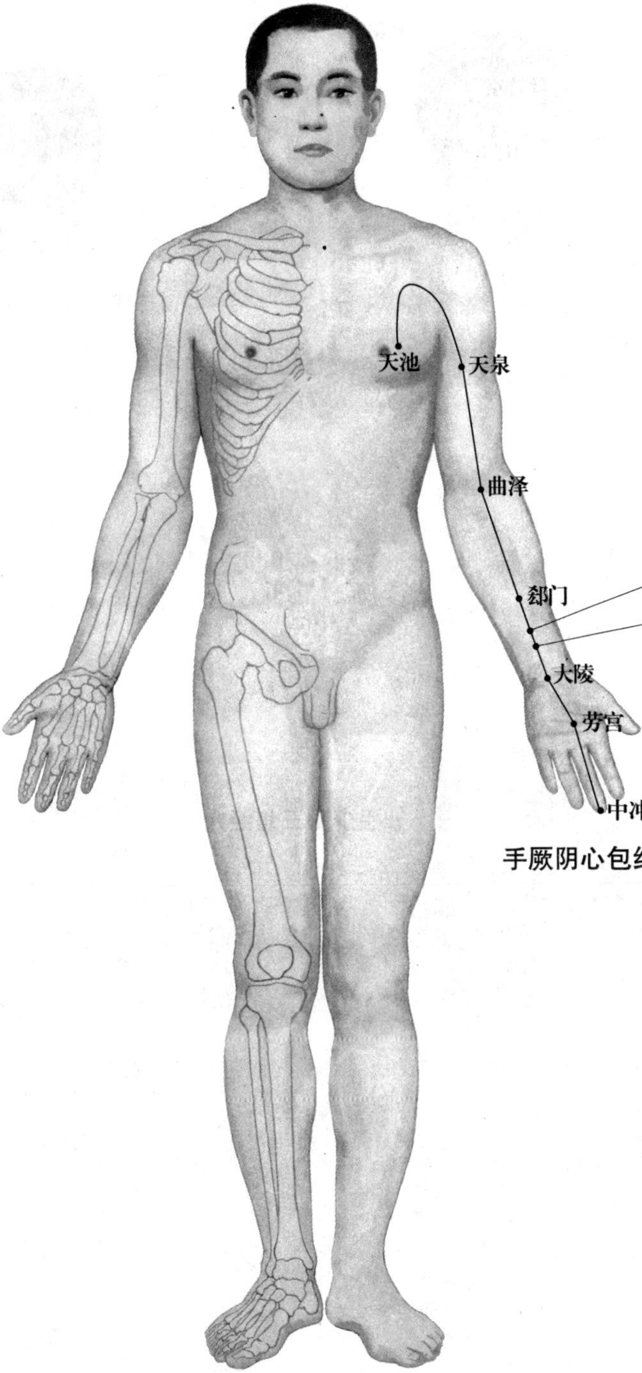

手厥阴心包经穴

手厥阴心包经预防和主治的疾病

心血管系统：心慌、心动过缓、心动过速、心绞痛、心肌缺血、胸闷。

其他：恶心、呕吐、抑郁症、中暑、休克、小儿惊风、胃痛胃胀、经脉所过的关节肌肉痛。

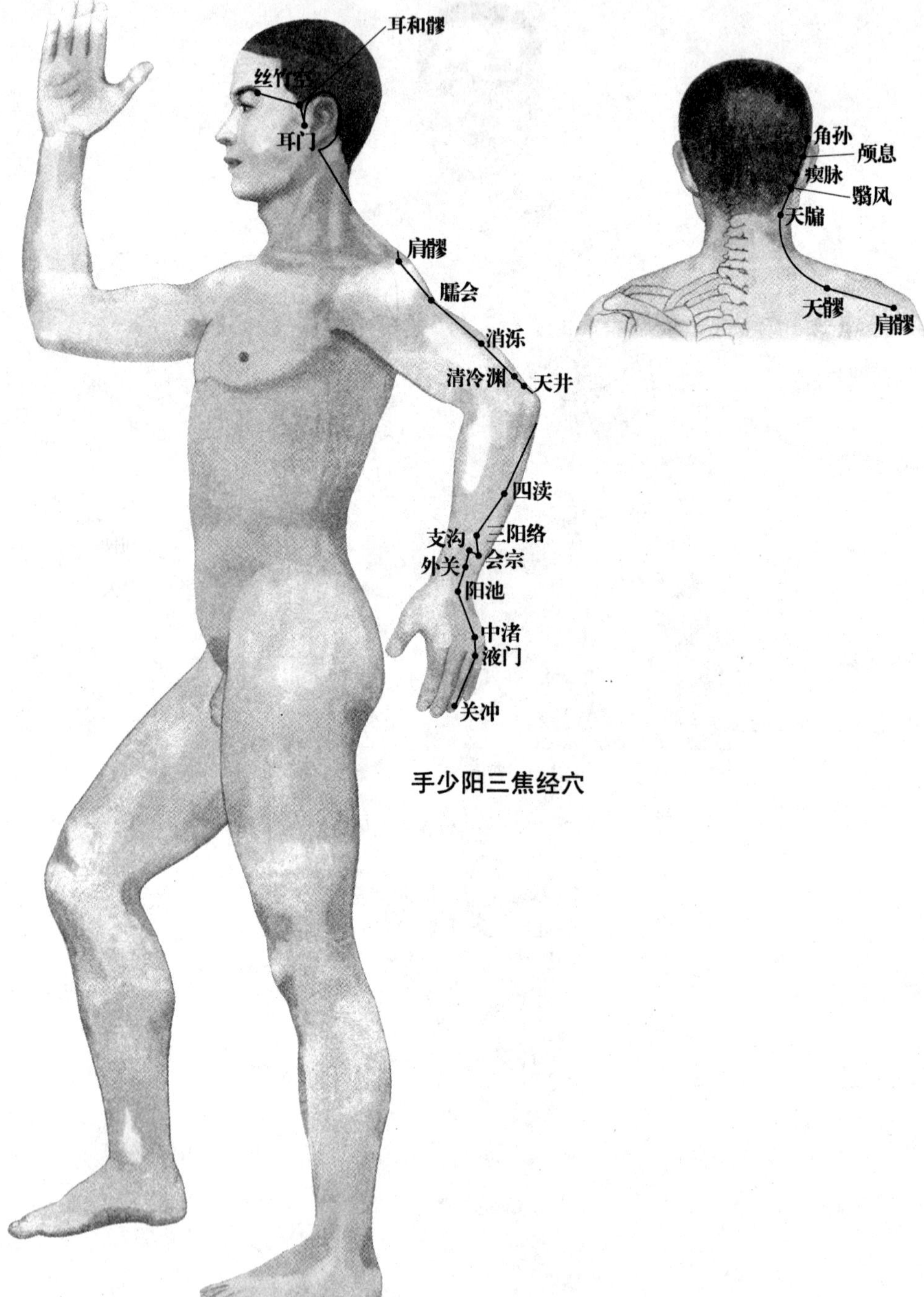

手少阳三焦经穴

手少阳三焦经预防和主治的疾病

五官病：耳鸣耳聋、腮腺炎、偏头痛、面神经炎、面肌痉挛。

其他：肋间神经痛、便秘、感冒、中风后遗症、肘关节屈伸不利、经脉所过的关节和肌肉软组织病。

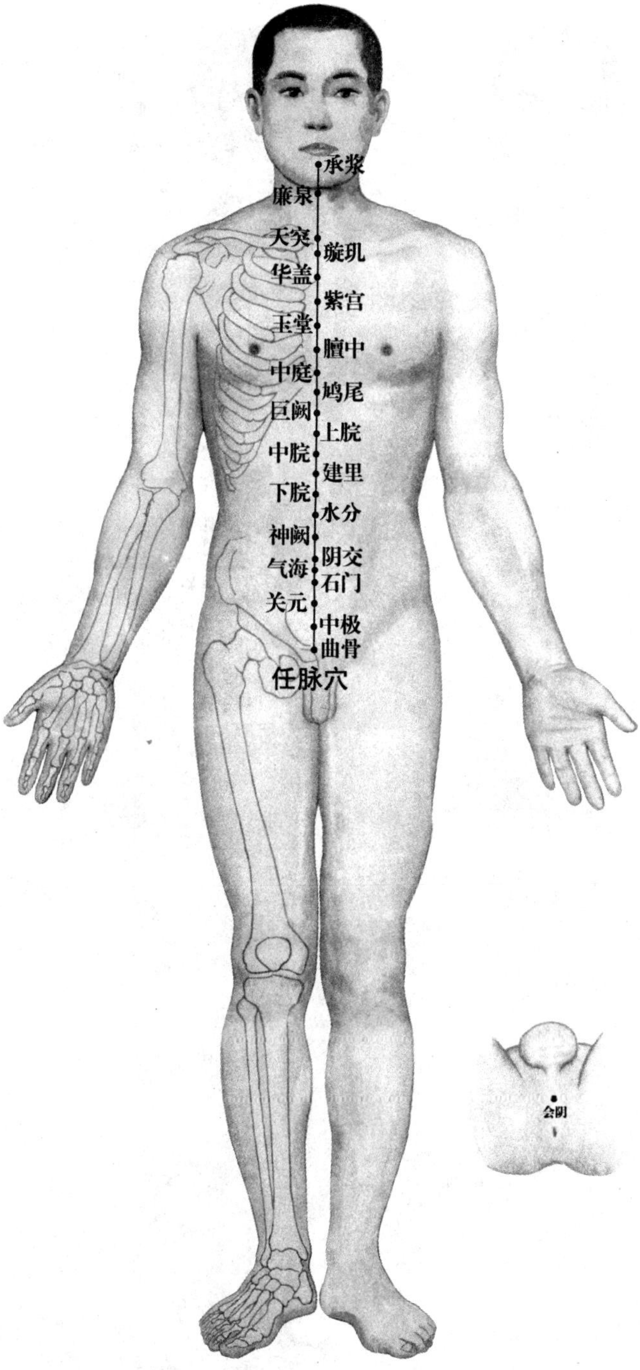

任脉预防和主治的疾病

泌尿生殖系统：前列腺炎、阳痿、早泄、盆腔炎、附件炎、白带病。

消化系统：胃痛、消化不良、胃溃疡。

其他：失眠、胸闷气短、腰痛。

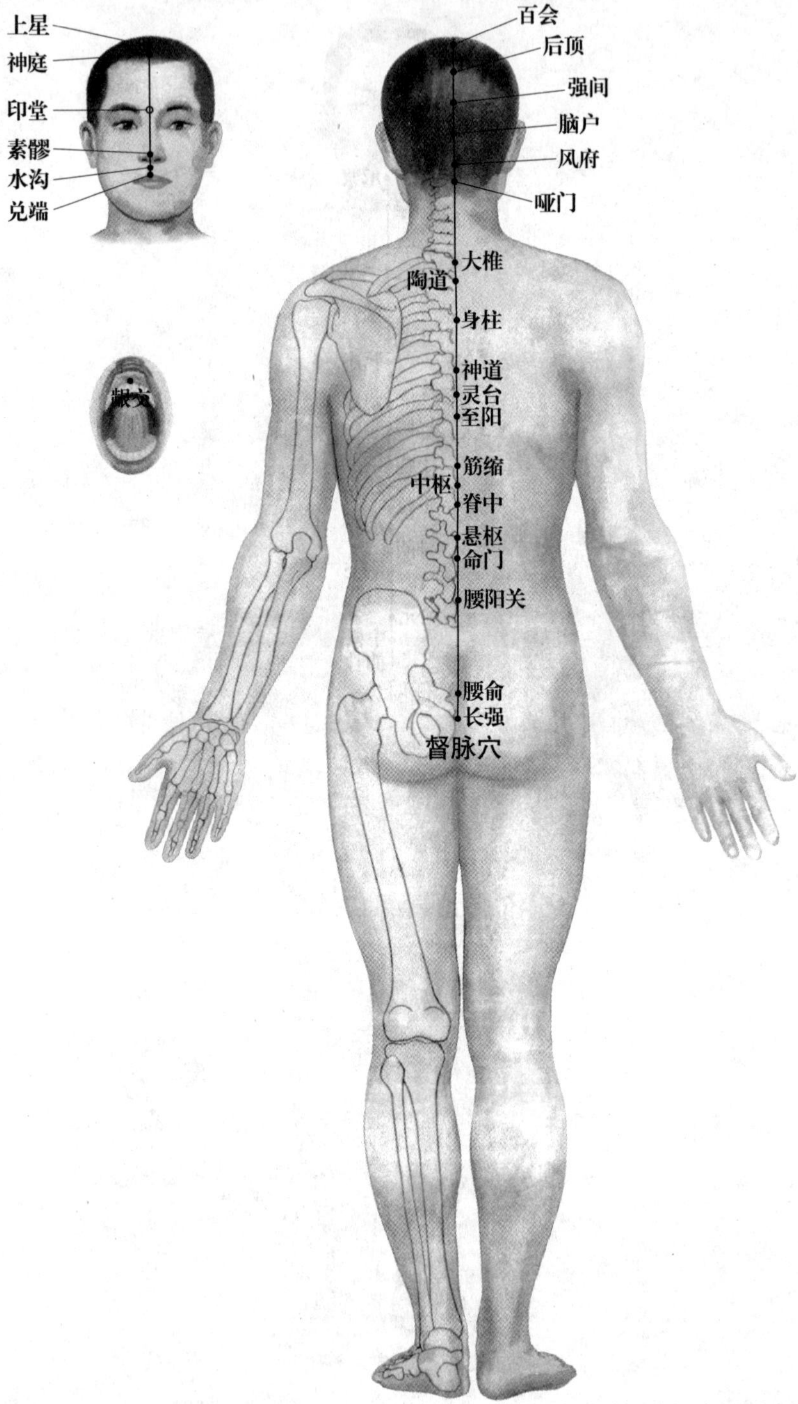

督脉穴

督脉预防和主治的疾病

脊柱病：腰肌劳损、腰椎间盘突出、强直性脊柱炎、颈椎病。

其他：小儿消化不良、头痛、发烧、中风、脱肛、失眠多梦、记忆力减退、退行性关节炎、胆囊炎。

《求医不如求己》作者**中里巴人**最新力作

当代健康版心经

《万病皆可心药医》

让您借病修身，拥有快乐老年

特别赠送《万病皆可心药医身心双补大法细解》DVD光碟

定价：29.80元

图书简介：

一、分析人得病的真正根源，指出治万病的最新特效药——心药。

二、对《求医不如求己》（1、2、3）中的经络方法进行系统总结，并结合近年思考心得，萃取出冶炼心药的经络之路。

三、指出冶炼心药的关键材料是新鲜气血，并教您轻松意守丹田、导引新鲜气血的六大方法，如腹部引血法、打坐炼丹法等。

四、强化人体本能这个“广谱抗菌剂”的一招三式。

五、对中医六法和传统四诊进行精辟阐释和全新改造，使之变得人人可学，居家可用，如不用拜师就能学会的号脉法等。

六、从《黄帝内经》中提取出可帮您身心共治、拥有快乐老年的“健康论语”。

光盘简介：

《万病皆可心药医身心双补大法细解》：由中里巴人先生亲自讲解示范，讲述他多年苦修的养生心得，分享经络通神之真谛，探讨心药治病之神奇。除了中里巴人的传奇故事，光盘中最吸引人的当数如何把中医传统治法和经络养生结合起来，如何快速、有效地意守丹田等创新方法。

重大公告

不吃药、不打针
只须用意不用力就能补五脏治百病
健康导引法家庭实用指南
《五脏百病六招治》

即将面世

【作者简介】

金宏柱：南京中医药大学教授、博士生导师，著名运动养生家。“插队”时染副伤寒至弥留时，幸得乡间名医妙手施治，奇迹般生还。从此拜倒在救命恩人门下，承其养生长寿秘法，后融四十余年运动养生验方心得，编创“独门绝技”五脏六大运动处方，享誉海内外。

【为您献上】

一、来自于民间大医的救命导引按跷术。
二、五脏一步到位强壮法。
三、疏肝理气方。
四、宁心安神方。
五、健脾益胃方。
六、宣肺通气方。
七、固肾强腰方。
八、五脏百病点穴金谱。
九、金氏五脏疾病归类及运动处方最佳选择一览表。

特别赠送全彩国家标准经穴部位挂图

求医不如求己大全集②

中里巴人·著

凤凰出版传媒集团
江苏文艺出版社
JIANGSU LITERATURE AND ART PUBLISHING HOUSE

目 录

还记得夏天热了一天后，享受黄昏那一丝凉意的痛快了吗？还记得冬天踩着冰碴子的感觉了吗？还记得新鲜空气的味道吗？还记得春夏秋冬都有哪些花开吗？恐怕早已不记得了。现在的人们冬天照样可以穿裙子躲在暖暖的空调屋里，夏天穿着吊带在冷气里吹，春天怕下雨，秋天怕晒黑。

第二章 到处都是祖传秘方

有的朋友劝我说："你怎么把知道的都说出来呀！不怕教会徒弟饿死师傅吗？"我说："本来就没有什么秘密可言，无处没有宝贝，到处是祖传秘方，我有什么怕丢失的呢？我只怕指给您，您还看不到呢。"如果别人有个一招半式，守如宝贝，我劝您不必去跪求他的施予，让他留着吧！每个人都有上天的赐予，还是去找您的那一份吧！

第三章 华佗妙手自家生——人体常见顽疾根除法

我们身边，健身的法宝取之不尽，随时都在我们的眼前跳跃。我们一定要善于捕捉那稍纵即逝的灵感。您只要相信自己，您今天就会有所发现！

第四章 开启《黄帝内经》的法宝

《黄帝内经·灵枢经脉篇》中的补肾法，原文是这样一句："缓带披发，大杖重履而步。"也就是要您宽松腰带，披头散发，拄着大拐杖，穿着沉重的鞋子而散步。这不就是"坠足功"吗？类似这样的健身法宝，《黄帝内经》当中俯首皆是。进了黄金屋，您可一定要多加留意，钻石都硌了脚心，却又被我们一脚踢开，岂不太可惜了。

第五章 让身心一天比一天强壮

我们总是关注疾病，而不关注健康，要知道，如果您的体质增长一分，疾病就减弱二分。我们无法驱散寒冷，那我们就去寻找阳光吧。疾病是要靠“内力”赶走的，而“内力”是我们每个人所固有的，但要我们去寻找，去培养，去激发，因为它就是我们心中的“太阳”。

我们完全可以在50岁时仍然没有鱼尾纹,可以终生都没有老年斑。

眼袋和黑眼圈更不是自然衰老的必然产物。

第六章 百病渐消，清福自来——经络是人体的医魂

身体就像我们的孩子，你关心她，她也喜欢你。

很多穴位，或许只有一个对您管用。那您就守好这一个吧，关键的时候，有一个朋友就够了。

第七章 每个人都将是解救自己的观音

我们的身体和心灵已经生锈多久了？要想脱胎换骨，就请用自己的手在身体上耕耘，让心灵五谷丰登。一旦能听懂身体发出的声音，那么每个人都将是解救自己的观音。

代 序

让中医更加贴近百姓

半年多前，中里先生请恩师谢阳谷教授对自己的旧作《求医不如求己》进行指点。谢教授现任北京市中医管理局局长、中华中医药学会副会长和北京中医协会会长。在几十年的职业生涯中，谢教授一直致力于中医文化的普及和推广，致力于中医事业的发展和深化。读完《求医不如求己》，谢教授一时兴起，用毛笔小楷给中里先生修书一封。值新作《求医不如求己2》出版之际，中里先生征得恩师的同意，将此信公诸于众，并以之为序。读者可以从信中感受到谢阳谷教授对中医事业的深情以及对中里先生用现代人的思维方式普及中医的支持和鼓励。以下是信的正文：

小郑：

认真读完你的《求医不如求己》，心中不禁百感交集。作为从事中医管理几十年的专业工作者，我一直认为将祖先留下来的中医文化发扬光大是我们肩负的责任。但是近年来，中医存废之争闹得沸沸扬扬，有些非专业领域的学者从不同的角度对中医进行了歪曲和断章取义，而专业领域的学者在传播中医文化时又多于学术化和理论化。百姓普遍认为中医虽然疗效确切，但只能求助于中医大夫，自己很难触其玄机。《求医不如求己》不仅在中医思想的传承和延伸方面，做出了许多有益的探索和突破；更以通俗易懂和百姓喜闻乐见的语言表达出来，为在芸芸众生中普及中医基础知识和文化理念可谓贡献不小。

让中医更加贴近百姓是我多年来的夙愿。我愿意与你一道为达成这一夙愿，振兴祖国的中医事业而努力！

谢阳谷

2007年3月

第一章

保养人体的“生、长、收、藏”

还记得夏天热了一天后，享受黄昏那一丝凉意的痛快了吗？还记得冬天踩着冰碴子的感觉了吗？还记得新鲜空气的味道吗？还记得春夏秋冬都有哪些花开吗？恐怕早已不记得了。现在的人们冬天照样可以穿裙子躲在暖暖的空调屋里，夏天穿着吊带在冷气里吹，春天怕下雨，秋天怕晒黑。

1. 春天——祛病养肝的良机

春天，如果莫明其妙地感到嘴苦，可吃小柴胡丸或冲剂；有肩膀酸痛、偏头疼、乳房及两肋胀痛，可选加味逍遥丸；臀部及大腿外侧疼痛，可选平肝舒络丸。

春天腿老抽筋、爱腹泻、经常困倦，可服用逍遥丸、参苓白术丸、大红枣、山药薏米粥，这样就可以肝脾平和无偏了。

春天，冰开雪化，雁来惊蜇，万物复苏，到处都涌动着勃勃生机。这种生长之力源源不绝，为每个人的身体注入了强大的动力，这种能量，绝非药物可比，此刻我们若能借天时之力而祛病除疾，那真是“昨夜江边春水生，艨艟巨舰一毛轻”了。

春天的时候，人体陈旧的疾病最易复发，这是什么原因呢？这是因为时令给您的身体注入了阳气。人的机体有一个本能，就是一旦有了动力，它就要冲击身体的病灶，并将病邪赶出体外，这就好像是勤快的主妇，看到家里脏乱就一定要打扫一样。这种力量是借助肝脏来表现的，春天是肝气最足、肝火最旺的时候。肝在中医五行当中属木，此时它的功能就像是春天的树木生长时的情形。这时人最容易生气发火，肝胆是相表里的，肝脏的火气要借助胆经的通道才能往外发，所以，很多人会莫名其妙地感到嘴苦(胆汁上溢)、肩膀酸痛、偏头痛、乳房及两肋胀痛、臀部及大腿外侧疼痛。这时，您只要仔细观察一下，就会发现出现症状的地方都是胆经的循经路线。其实，从胆经来抒发肝之郁气，是最为顺畅的。口苦可吃小柴胡丸（或冲剂），偏头痛、乳房胀痛可选加味逍遥丸，肩膀或腿痛可用平肝舒络丸。

昨天，有位当教师的网友对我说，他白天与学生生气，到晚上十一二点的时候（胆经最旺的时辰）肩膀疼痛加剧（三焦经的肩髎穴），这时他按摩了肝经上的太冲穴一分钟，马上止痛，且睡眠香甜。我很赞赏此网友治病求本的思路，因为这是学习实用中医的捷径。这种感悟是书上找不到的，但是您自己却可以天天在自己身上找到。只是，灵感虽然经常光顾，但又随即被我们忽略，觉得那是偶然的现象，不值得去捕捉和思考，于是玄机妙法也就这样与我们擦肩而过了。

人体的经络之间存在着密切的联系，按摩肝经的太冲穴，可以解救三焦经肩髎穴的疼痛。

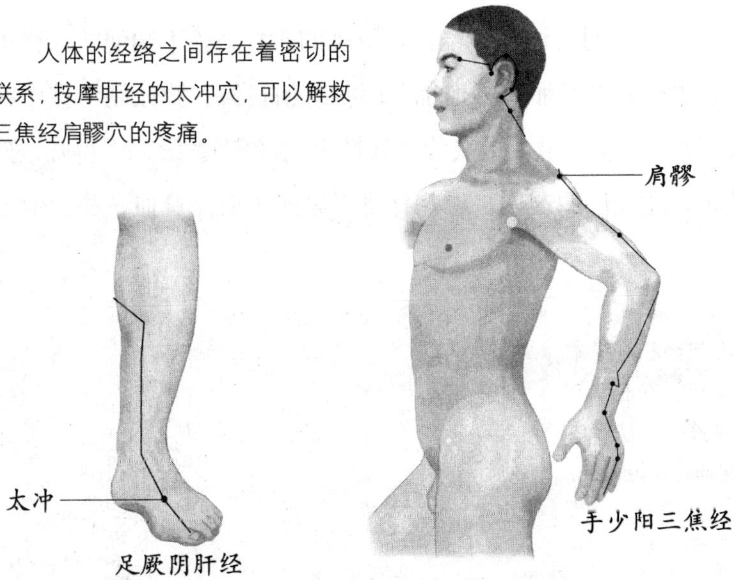

有人问："既然肝火从胆经向外宣发，上面说的那位教师怎么会在三焦经的穴位上痛呢？"这是个很好的问题，大家仔细留心一下胆经和三焦经的名称就可明白了。胆经和三焦经都叫做少阳经，其实是同一条经，在手臂上是三焦经，在腿上就是胆经。所以那些敲胆经的朋友们，若敲完胆经后头痛失眠，通常是邪气被赶到三焦经了，若再敲敲三焦经，问题也就解决了。

春天肝火旺，人体的阳气开始不断地往外宣发，皮肤毛孔也舒张开放，这时最易感受风寒，所以，常言所说的“春捂秋冻”是很有道理的，很多人在这时常犯咳喘病，尤其是夜里咳嗽不止。肺在五行中属金，正好可抑制肝火（木）的宣发（金克木），但春天是木旺之时，肝气是最强大的，谁也抑制不了，于是就出现了“木火刑金”的情况。此时肺脏外有风寒束表，宣发功能受阻，内有肝火相逼，火气难发，于是只有借咳嗽这一病理现象来排解内火和外寒了。

前两天有朋友给我打电话，说她的3岁小孩不知何故，夜里发烧咳嗽，去医院打吊瓶总不退烧，问我有何良策。我让她给孩子在睡前推天河水500次（用拇指从劳宫穴推至曲泽穴）。第二天得知，孩子烧退咳止。还有位朋友说，近几日每天早晨都会流鼻血，我让他在左臂

心包经和肝经本是一条经，在左臂心包经刮痧，可祛除内热，快速治愈流鼻血。

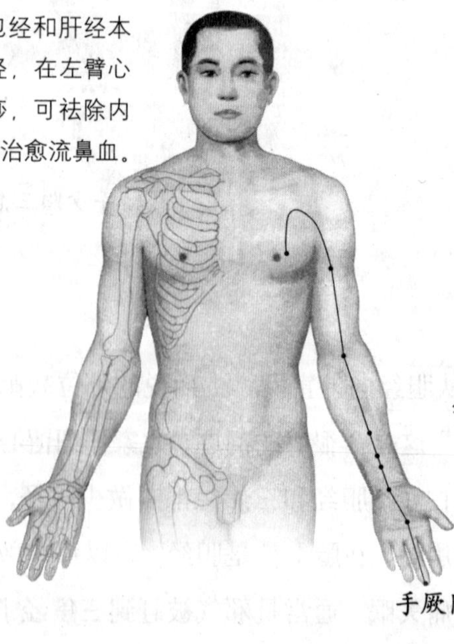

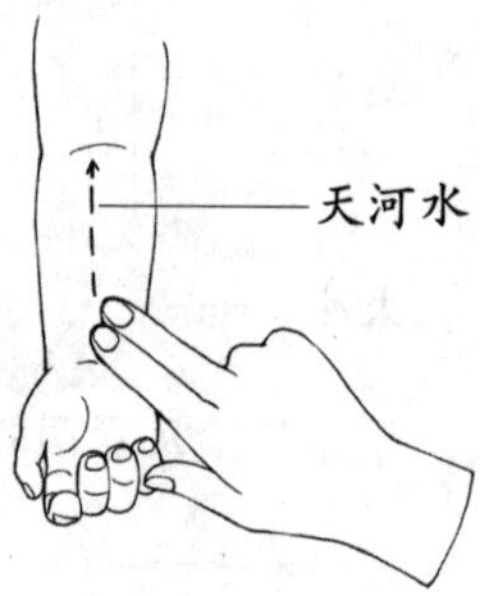

给孩子推天河水5～10分钟，可很快治愈孩子感冒发烧。

的心包经刮痧，一次即愈。这两种不同的病，我选择的都是心包经，是因为考虑到春发的时令，心包经和肝经都是厥阴经，本是一条经，在臂为心包经，在腿为肝经，所以肝血的瘀阻，可以借心包经得以宣发。

有朋友又问了："您不是说，肝经之气是借胆经而发吗，这里怎么又出来个心包经呀？"其实，这两条都是肝经的通路，胆经抒肝经之气郁，心包经通肝经之血郁，侧重不同而已。

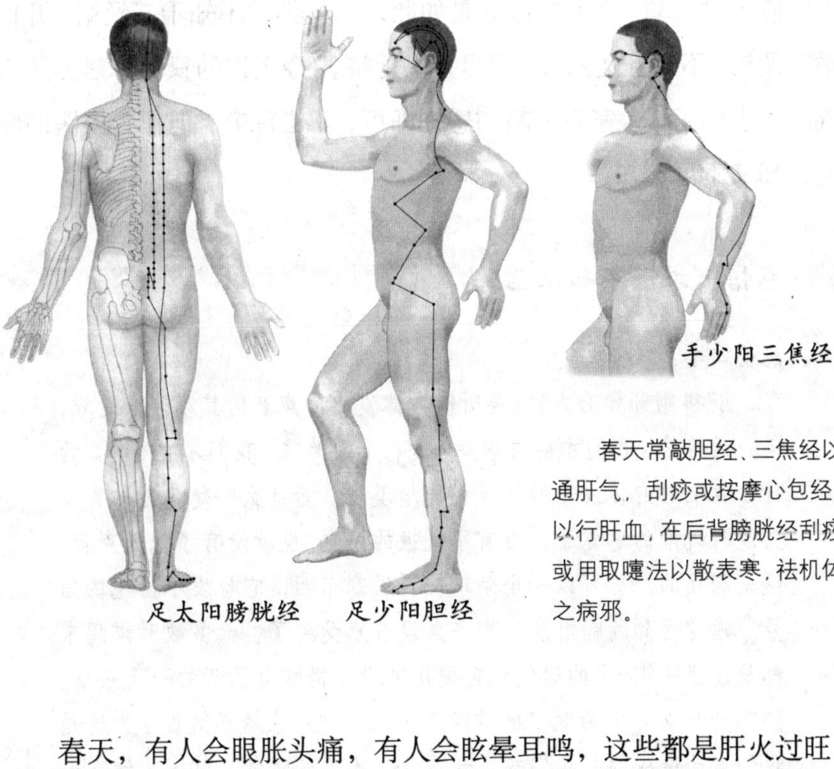

春天常敲胆经、三焦经以通肝气，刮痧或按摩心包经，以行肝血，在后背膀胱经刮痧或用取嚏法以散表寒，祛机体之病邪。

春天，有人会眼胀头痛，有人会眩晕耳鸣，这些都是肝火过旺，无从宣泄所致，所以要及时打开宣泄肝火的通路：敲胆经、三焦经以通肝气，刮痧或按摩心包经，以行肝血，在后背膀胱经刮痧或用取嚏法（参见《求医不如求己大全集1》P202～P203）以散表寒，从而借自然之神力，祛机体之病邪。

春季有人经常腿抽筋，有人经常会腹泻，有人经常会困倦，这又是一种情形，叫做“肝旺脾虚”。五行中肝属木，脾属土，二者是相克的关系。肝气过旺，气血过多地流注于肝经，脾经就会相对显得虚弱，脾主血，负责运送血液灌溉周身，脾虚必生血不足，运血无力，造成以上诸般症状。这时，可服用逍遥丸、参苓白术丸、大红枣、山药薏米粥以健脾养血，脾血一足，肝脾之间便平和无偏了。

说了上面诸般情况，无非是让朋友们随时想到，人是宇宙的细胞，需顺应天时而动。学习中医亦是如此，古人言：“不知十二经络，开口举手便错，不明五运六气，读尽方书无济。”今天讲的只可算是五运六气的一点影子，大家只需略加感知即可，不必深究，但作为中医的精髓，却又不可不知。

感悟《求医不如求己》

感受四季：

记得刚开始有人说，要听懂身体发出的声音何其难啊！是难，但正因为难，我们才要去求疑解惑；正因为难，我们才要思考，为什么我们对身体发出的声音如此地漠视，为什么？想想你的胃多久没有饥饿的感觉了？没有了饥饿的感觉，也就没有了饱的声音，这是相互的，你可以一个劲地往胃里塞东西，它也发不出饱的信号。睡觉睡到酣畅淋漓，有多久没有感受到了？大多数时候醒来都是迷迷糊糊，有的时候还需要用冲澡来提醒自己新的一天来临。

为什么？因为我们的神经末梢的感觉越来越不敏锐了，这是我们自己造成的。我们热了开冷气，冷了开暖气，试图生活在一种恒温的空气中。还记得热得长痱子的感觉了吗？还记得夏天热了一天后，享受黄昏那一丝凉意的痛快了吗？还记得冬天踩着冰碴子的感觉了吗？还记得新鲜空气的味道吗？还记得春夏秋冬都有哪些花开吗？恐怕早已不记得了。现在的人们冬天照样可以穿裙子躲在暖暖的空调屋里，夏天穿着吊带在冷气里吹，春天怕下雨，秋天怕晒黑。

现在是春天了，走在路上，注意到那一颗颗饱含了生机的新芽吗？所有的新芽都是往上长的，即使杭州最著名的倒垂柳，枝条向下，可是你看她那眉毛似的柳叶，初开的花蕊，都是往上长的，如此的勃勃生机，你可曾注意到了？一场春雨过后，阳台上的盆栽能长出半盆新绿，你可曾感受到了它突破束缚的力量？今天走在路上，看到围墙里的海棠花开了，我指给同事看的时候，就见她满脸的惊讶。四季更替，植物生长，花开花落，这些都是自然的魔力。

还记得我们的祖先是怎样生活的吗？那留在我们心底最深的烙印是无法抹去的，只要我们还能去感受春天的生机，夏天的炎热，秋天的肃杀，冬天的清冷，我们的身体就会敏锐而有弹性，何愁听不懂自己身体的声音？

果果：

春天中旬的一个多月，我肚子像抽筋一样难受，特别是有点饿的时候难受得更厉害。难受的部位还经常不一样，肋骨跟心窝的地方总觉得胀痛胀痛的。想请教一下，我这是什么毛病，需要吃什么药或是按摩什么穴位？

Daiyan：

痛无定处，像是气窜，试试舒肝止痛丸、推腹法、拨动阳陵泉，再加上旋手、脚关节法。

Lorenaa：

妈妈每年春天时都是大腿外侧和臀部疼痛，久治无效。请问这是什么原因？

Jnc：

经络阻塞，血不下注，自然会麻。可在心包经刮痧，也可用平肝舒络丸。

2. 夏天——医治冬病的天时

药王孙思邈说："上医治未病之病，中医治将病之病，下医治已病之病。"所谓"将病之病"就是这种现在虽然未发，但却会在将来某个时候必发的疾病。那就要在未发之时，赶快祛除其必发的条件——或主因，或诱因。消除主因就是要改变体质，祛除诱因就是要改变环境。

前两天路过一家中医院，看到排队就诊的人都排到了门口。原来是针灸科在伏天搞的穴位敷贴，用来治疗冬天易犯的哮喘病。冬病夏治，善用天时，确实是很高明的疗法。

药王孙思邈说过："上医治未病之病，中医治将病之病，下医治已病之病。"所谓"将病之病"就是这种现在虽然未发，但却会在将来某个时候必发的疾病。那就要在未发之时，赶快祛除其必发的条件——或主因，或诱因。消除主因就是要改变体质，祛除诱因就是要改变环境。有的人虽然体质没有增强，但是换了个居住环境，身体的问题却不药而愈了。

"冬病"就是在冬天易发的病，此种病的易发人群多为虚寒性体质，也就是俗话说的"没有火力"。通常的症状是手脚冰凉，畏寒喜暖，怕风怕冷，神倦易困等。中医称之为"阳气不足"，也就是自身热量（能量）不够，产热不足，寒从内生。这样的人即使在盛夏，睡觉也要盖着被子，穿着袜子。

为什么冬病要夏治呢？是因为冬病患者本身体质就偏于虚寒，再加上冬天的外界环境也是寒冰一片，两寒夹击，便毫无解冻的可能，所以在冬天治寒症，就像是雨天里晾衣服，是很困难的。然而在盛夏之际，外界是暑热骄阳，体内也是心火正盛，这时积寒躲在后背的膀胱经以及各关节处，最易被赶出来。但若是阳气衰弱，体内没有推动之力，就会错过排寒的大好时机。再加上有很多人体质本来就有些阳气不足，夏天再痛饮消暑的饮料，如冰镇啤酒、凉茶等，然后整日在有空调的房间里工作，那真是陈寒未祛，又添新寒。

要记住，寒气是会沉积的，且身体被寒气侵袭的地方，必会气血瘀阻，这叫做“寒凝血滞”。若寒气停留在关节，就会产生疼痛；停留在脏腑，就易产生肿物；停留在经络，就会使经络堵塞，气血也就流行不畅，不但会四肢不温，也常会有手脚发麻的症状出现。所以倘若不在夏日祛除积寒，等到秋风一起，外寒复来的时候，就又会内外交困了。

那如何在夏日祛除积寒呢？方法也很简单，就是“内用温热”、“外散风寒”。

“内用温热”就是服用偏温热的饮食。有人觉得，大热天的，再吃热的东西，那还不得心烦气躁。不错，关键是服温热也有个正确的服法——我们可以热药凉服。比如说红糖姜汤水，本来是温热暖胃的，但我们如果在暑天服用，可以倒在塑料瓶中，然后放到冷水里泡一下，此时，我们虽然喝的是冷饮，到胃里的时候却是热药。还有那些不出汗或出汗后怕风的人，此时可用“玉屏风散颗粒”数袋冲成一瓶，放凉，每日当饮料频饮，汗多可止，无汗可发，又可防风，真是一石三鸟，您不妨一试。

夏天毛孔大开，最易出汗，汗为心之液，可泻过旺之心火，也可将侵入皮肤的寒邪及时排出，所以发汗法是排除体内寒邪的最好方法。借用金庸先生小说里提到过的《九阴真经》里的第一句话：“天之道，损有余而补不足”，正好体现了人体应天时而动的这种自然调节功能：泻心经之气血（火）来补充膀胱经的虚弱（寒）。心，五行属火，夏天最盛；膀胱经，人体之藩篱，是抵御外寒之屏障，也是清除内寒之通道，所以夏天身体多汗是上天赐予我们的自然疗法，不但可以清除寒气，发汗本身还可排出体内大量的瘀毒。但由于夏日我们贪食冷饮，胃肠中有大量寒气，本来用于发汗的心火，转而被用于温暖肠胃了。此时，体表便缺少气血来抵御外邪侵袭了。而所谓的外邪也是我们一手制造的，那就是空调的冷气。冷气从皮肤而入，冷饮从肠胃而入，心火虽盛，难敌二寒，既不能很好地消化，也不能很好地发汗，结果就出现了所谓的“肠胃型感冒”：发热无汗，吐泻交加。此时，我们可以吃“藿香正气丸”，此药偏温热，外散风寒，内消寒湿，一药两解。但如果是真正的中暑之症，内外俱热，此药却大不适宜。

以上说的，似乎与冬病夏治无关，其实不然，告诉您寒邪出入之机理，您才会有长久应对之策略。下面说得再具体些：

如果感觉肚子凉，夏天也爱吃热的，又怕风怕冷的人，那就要吃些附子理中丸先暖暖胃。夏天药店很少有人买此药，怕上火，可有人

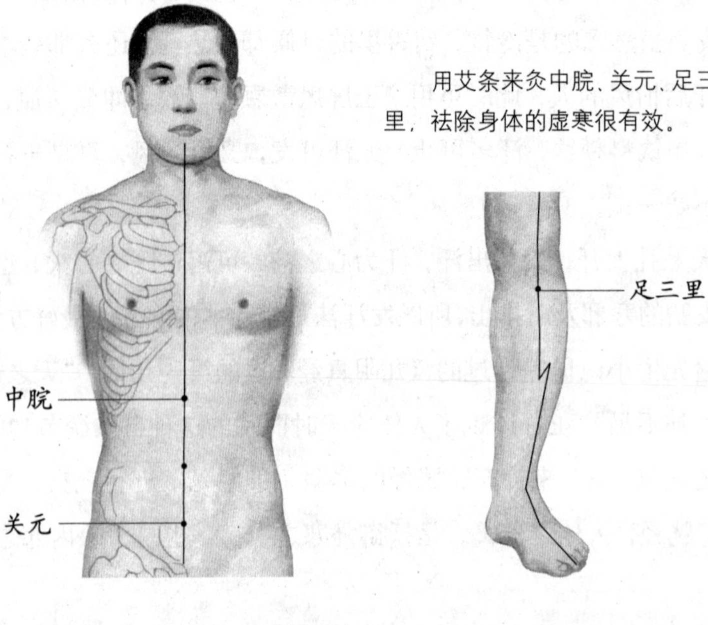

用艾条来灸中脘、关元、足三里，祛除身体的虚寒很有效。

本身虚寒一片，这点火投进去，恐怕马上都会熄灭呢！用艾条来灸中脘、关元、足三里，也很有效。只是艾灸的味道有人不喜欢，也有人怕烟，那就可以不用。其他的方法还有很多，找自己最乐于接受的效果才好。

如果感觉后背发凉，怕风，那就先在后背刮刮痧，若能同时用热水泡脚，再喝一碗发汗的生姜红枣汤，或者是胡椒白萝卜汤，寒气是很容易排出的。

还有取嚏法，对于身体有寒的人，是最好的宝贝，尤其是一取就容易打喷嚏的人，那就更要多取。每次取到打不出喷嚏，并微微发汗为止。排出身体的寒气是一件长期的事情，有时甚至需要几年的时间。因为虚寒是一种体质，是胎里带来的，如果我们按照先天的生长惯性而不去改变它，那它就会像一株本来倾斜的树苗，继续往偏曲的方向生长。所谓"治未病之病"，就是要从先天体质入手，纠正阴阳之偏。"损有余而补不足"，才是治病之本。

有人说，我虽然虚寒怕冷，但是一吃热药或热的食物，就会上火，脸上起疱，牙龈肿痛，必须马上再吃祛火的药才行。这是什么原因呢？那是因为您表寒过重，虽吃热药，也是"冰包火"，外寒不解，内热直上头面所造成的。外寒就是膀胱经之寒，只要在后背刮痧或拔罐"破冰融化"，再吃热药或热的食物，就会火有去处，发向后背去御寒，不再往头面上跑了。

当然，这里只告诉大家个思路，用的时候要根据自己的感受，随心取舍，任意添加，千万别去生搬硬套，其实，没有更好最好，只要恰好就好。

感悟《求医不如求己》

宝宝：

我的背老发冷，而且全身各个关节也经常发冷，不知道是什么原因？

夜晚的彩虹：

膀胱经寒气太多，上背部冷是肺的问题，中间是脾胃，下段是肾和膀胱，好好看看《夏天——医治冬病的天时》这篇文章，会有所启发。

康康sky：

用取嚏法老也打不出喷嚏怎么办？

我知道：

用巴掌大的餐巾纸，分成4小块，正方形或长方形都行。折成对角，搓成细细的小棍子。然后沿着内鼻壁稍稍摩擦，如果你比较敏感，一下子就会止不住地打喷嚏了。

小小问：

生姜红枣茶是怎么做的啊？

浊世公子：

生姜（六七片）、红枣（八九枚）适量，水1斤左右一起煮。

小惠：

对于排汗顺畅的人来说，夏天发汗是很好的。但有的人就像老师说的是“冰包火”，体表堆了一层厚厚的脂肪（寒气所致），无法顺畅排汗，就会觉得酷热难当，甚至中暑。老师说过，这种情况只要在后背刮痧或拔罐，“破冰融化”，加上养血气，清除体表之寒，使发汗顺畅，就可以起到冬病夏治的效果了。

路过蜻蜓：

此文就像姜汁红糖水一般，暖心暖身。昨天用艾条灸了足三里等穴位，感觉很好，喜欢艾灸的味道和暖暖的感觉。喝了姜汁红糖水暖胃发汗，此次没有腹痛。用了几次取嚏法，预防了淋雨后的感冒，容易出涕，每次取到打不出喷嚏，并微微发汗。今天对照老师的新文，感觉自己很对路。前阵感冒、咳嗽很流行，往日体弱多病的我居然"幸免于难"了，心中充满前所未有的自信。相信跟着老师的指导，坚持调理，一定能彻底改善体质。

3. 秋天——“娇生惯养”肺

如果没有来自内外的双重侵害，肺本来也不会有病，又何谈去养它呢？来自外界的侵害主要就是寒气。寒气若没及时排出，自毛孔侵入体内即会伤肺，所以防止寒气侵入是养肺的重要环节。而来自内部的侵害主要缘于肝火，所以消解肝火也可养肺。

按中医的五行学说，肺属金，秋天正是肺的脏气最旺、功能最强的时候，我们可以借天时以养肺。肺在中医理论当中，主要有两大功能，一个是宣发，一个是肃降。宣发主要是通过发汗、咳嗽、流涕来表现。肃降功能主要表现在两个方面，一是通调水道，下输膀胱；二是推动肠道，排泄糟粕。但肃降的功能通常要从病理状态中才能感知到，正所谓“善者不可得见，恶乃可见”，也就是说它的功能正常时，你根本看不到它的作用，但不正常了，才会有症状表现出来。许多便秘患者并不是大便干硬，而是大便无力下行；还有人小便艰涩，需良久方出，这些都与肺不肃降有直接关系。

肺的宣发和肃降的力量来自哪里呢？来自中气，也就是脾肺之气。很多中药制剂就可以补中气，如参苓白术丸，既可健脾又能补肺，平和无偏；补中益气丸，功如其名，但其功能是升提肝肾之气以补中气，若肝肾本虚的人就不适宜了。肺经有个穴叫做“中府”，此乃中气之府，是中气汇集的地方，因此为调补中气的要穴。太渊穴，是肺经的原穴，穴性属土，土能生金，其补中气之力最强，按摩、艾灸都有显效。此外山药薏米粥也是补益中气的佳品。

有人说，我不想吃药，是药三分毒；不想喝粥，操作不方便，还有没有养肺方法呢？其实，如果没有来自内外的双重侵害，肺本来也

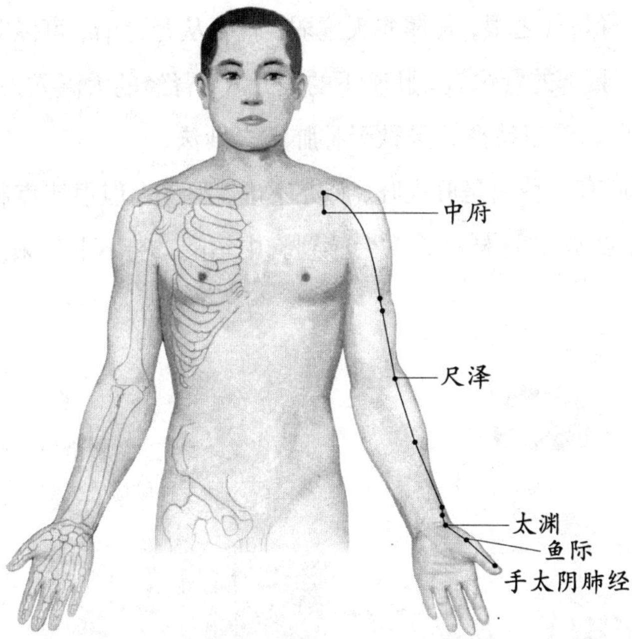

中府为调补中气的要穴。太渊穴是肺经的原穴，补中气之力最强。鱼际穴是肺经的火穴，点按可祛肝火旺引起的肺热咳嗽。尺泽穴，为肺经合穴，可治上实下虚的高血压症、哮喘症、遗尿症。

不会有病，又何谈去养它呢？来自外界的侵害主要就是寒气。寒气若没及时排出，自毛孔侵入体内即会伤肺，所以防止寒气侵入是养肺的重要环节。而来自内部的侵害主要缘于肝火。肝属木，肝火伤肺，中医叫做"木火刑金"。肝火虽旺，如果能够及时消解，也不会伤及肺，所以消解肝火也可养肺。鱼际穴是肺经的火穴，点按可祛因肝火旺而引起的肺热咳嗽。若平日多按摩肝经的太冲至行间，使肝火及时疏散，火不来克金，肺自然也就没有内患了。

有的人先天肺气不足，身体没有火力，畏寒怕冷，言语低微，动则气喘，吸入的氧气很少，总有吸不进去的感觉，这就叫做"肾不纳气”。肾是气之根，凡属先天虚弱，就要从肾论治。可以艾灸督脉的命门穴，腰部的肾俞穴，肚脐下的关元穴，肾经的太溪穴。艾灸之法，温经通脉，作用持久，是秋天补肺虚之妙法。

还有一种人是肝火旺，肺亦不虚，脾气大但很能克制自己不发火（金能克木）。这样的人常会感到胸中堵闷，喘不上气来。此时可点揉

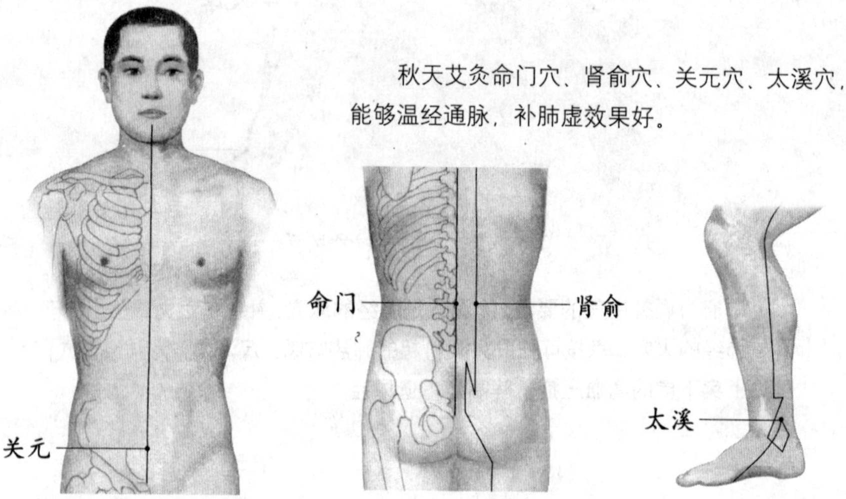

秋天艾灸命门穴、肾俞穴、关元穴、太溪穴，能够温经通脉，补肺虚效果好。

肺经的尺泽穴。尺，此字在此不指尺寸，而暗指肾脏（中医诊脉讲“寸、关、尺”，而“尺”正是肾脉之反应处）；泽，是雨露，引申为灌溉，由此可知，此穴有补肾之意。尺泽穴为肺经合穴，属水，金气化水，则肺气不壅滞于胸，水可涵木，则肝火得水而平，所以此穴可治上实下虚的高血压症、哮喘症、遗尿症。

以上诸法，可根据个人体质参酌而用。但更有一简捷之法，上通鼻窍毛孔，下通前后二阴，通天彻地，肺之宣发肃降之功一举完成，

那就是"取嚏法"。举一例，若大便因中气不足、无力下行时，可在排便同时取嚏，借其宣发之后坐力，大便轻易可通。若小便不利者，也可试用此法。取嚏法是锻炼肺脏功能的绝妙之法，诸位一定要善加利用，方可体会其妙处。对于过敏症、虚寒症、气郁症、皮肤诸症，取嚏法皆可一招致敌。此法来源于本能，所以才有先天的神力。

感悟《求医不如求己》

hadhad1：

"善者不可得见，恶乃可见。也就是说它的功能正常时，你根本看不到它的作用，但不正常了，才会有症状表现出来。"说得太好了！太上，无为而成，不知有之。孔子祖述尧舜，道家其实还要古老，蕴含着黄帝遗风，故汉以前一直黄老并称。虽然在顶点处儒道汇合，但在自然科学（含医学）和思辨方面，道家是更深邃的。

大罗：

善学者其如海乎！旱九年而不枯，受八洲水而不满！中里巴人就是这样的高人！

oaheh：

先生之取嚏法，确有良效。近一周来，每晨皆取，不亦乐乎。取时如天崩地裂，去时则通体舒泰，妙。

近日拜读先生著作，感获良多，方觉多年鼻疾实寒气所致，用先生教法取嚏，伴以刮痧，并按照吴清忠先生建议的一式三招，调节生活作息，确觉身体日日渐好。祖宗所传，确非等闲。

4. 冬天——养生从避寒开始

“鸟因迁徙而羽丰，兽恃蛰伏而体壮”，冬天是万物休养生息的季节，也正是我们身体储存能量的最好时机。当我们在寒风中呵手跺足，在飞雪中嬉闹玩耍时，我们的心里却温暖如春。因为，我们时时为苍天的厚爱而感动，更为这份感动而欣喜。

《史记》言：“夫春生夏长，秋收冬藏，此天道之大经也。”古人倡导“天人合一”，与自然相应，与万物共沉浮。许多现代科学家也强调，人就是宇宙的细胞，包含着宇宙的全部信息。所以我们要顺天而行，借天之力来养生祛病，自然能得到上天的帮助。

《黄帝内经》上说：“冬三月，此谓闭藏”，“早卧晚起，必待日光”，“去寒就温，无泄皮肤”，“逆之则伤肾”。古人生活条件较差，冬天也没有现在的暖气设备，更不能随时摄取足够的热量，因此避寒的方法主要是从太阳那里获得能量，同时减少体内热量的消耗，所以冬天里天一黑就要睡觉，太阳出来了再起床。这样的养生法，放在今天，却不能普及，因为大家一早就要去工作，很晚了才下班，还要看电视、上网，夜生活也很丰富，这就是现代人的生活方式，谁都不想改变这种习惯。但古人的养生法又的确是安身立命的法宝，那应该如何取舍呢？如果大家仔细分析一下《内经》这段“冬季养生”的文字，就会发现其实里面要叮嘱我们的就是两个字——“避寒”。

“早卧晚起”为了“防寒”，“必待日光”为了“散寒”，“去寒就温”为了“驱寒”，“无泄皮肤”为了“御寒”。

“避寒”二字，并不难解，以现代人的生活条件，可以轻易做到，另外还有许多有效的方法，可以帮您把不小心进入身体的寒气驱赶出去。为什么我们非要赶走寒气呢？因为寒气是导致众多疾病的直接原因。寒性凝滞，会使经脉气血阻滞不通，不通则痛。寒性收引，会令筋脉拘挛抽搐，关节屈伸不利。《灵枢·天年》中黄帝问大医岐伯，有人不能寿终而死的原因。岐伯回答："薄脉少血，其肉不实，数中风寒……故中寿而尽也。"其中"数中风寒"便是早亡的一个重要原因。所以，我们要健康，我们要长寿，我们就要善于"避寒"。

有很多时尚女性，冬天的时候，上身穿得厚厚的，下面却只穿条裙子，这个装束，虽然美丽"冻"人，却是贻害无穷。俗话说："风从颈后入，寒从脚底生。"虽然血总是热的，但很多人气血虚弱，或阳气不足，新鲜血液很难循环到脚上去，没有热血的抵挡，寒气便会乘虚从脚下侵入，所以为了您的健康，请穿上棉鞋、厚袜和暖裤吧。

还有人一到冬天脚总是冰凉，即使盖上厚被，也整宿不温，那就请您多多练习"跪膝法"（参见《求医不如求己大全集1》P181）和"坠足功"（参见《求医不如求己大全集1》P159～P161），当然能加上"金鸡独立"（参见《求医不如求己大全集1》P122～P124），那就更好了。另外每晚用盐水泡脚，不仅对暖脚有很好的效果，对冻疮的防治也很有帮助。其实，每天若离单位不是太远，步行上下班真是最好的冬季健身法了。我们走得不必太快，但一定要体会脚踩地面的感觉。有的人其实并不会走路，只是用腿拖着步子，脚却抬不起来，结果鞋跟都磨偏了。有类似情况的朋友走路时需尽量用脚内侧用力，这样不但能增强肝脾的功能，鞋跟也不会再被磨损了。

冬令进补，我们要吃些什么呢？怕冷的朋友可以多吃些羊肉、虾类、姜、蒜、胡椒、咖喱等温热的食物。羊肉、香菜、萝卜汤的补益力最强，又美味可口，可常吃无碍。若吃肉太多，别忘了吃些大山楂丸。《内经》上说："秋冬养阴。"这句话对于五心烦热、阴虚火旺、口干喜饮的人最为适宜。乌鸡、鸭肉、甲鱼、银耳、百合、莲藕等，都是最好的养阴佳品。此外中药六味地黄丸更是养阴第一药。进补的关键是要看体质，畏寒体质则补阳，虚火体质则滋阴。

还有的人，阴阳平衡，身体健康，仍想在冬天让自己更强壮些，我建议您可以艾灸肚脐下的关元穴，再加上胃经的足三里，两穴每天各灸15分钟，灸它个冬三月。据说，此法是许多百岁老人的长寿秘方。

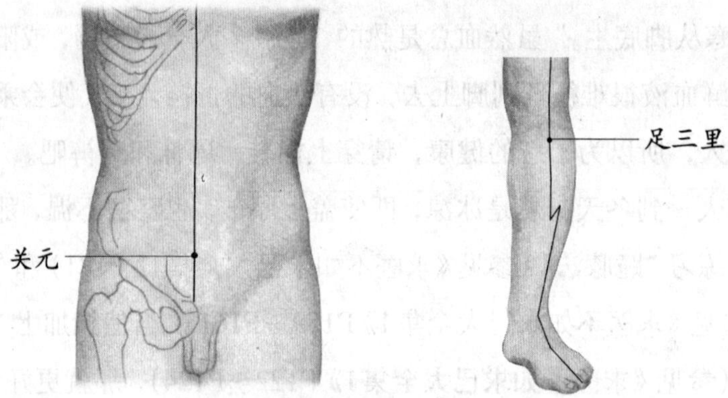

冬季每天艾灸关元、足三里各15分钟，可以让身体更强壮，更健康。

“鸟因迁徙而羽丰，兽恃蛰伏而体壮”，冬天是万物休养生息的季节，也正是我们身体储存能量的最好时机。当我们在寒风中呵手跺足，在飞雪中嬉闹玩耍时，我们的心里却温暖如春。因为，我们时时为苍天的厚爱而感动，更为这份感动而欣喜。

第二章

到处都是祖传秘方

有的朋友劝我说："你怎么把知道的都说出来呀！不怕教会徒弟饿死师傅吗？"我说："本来就没有什么秘密可言，无处没有宝贝，到处是祖传秘方，我有什么怕丢失的呢？我只怕指给您，您还看不到呢。"如果别人有个一招半式，守如宝贝，我劝您不必去跪求他的施予，让他留着吧！每个人都有上天的赐予，还是去找您的那一份吧！

1. 到处都是祖传秘方

有的朋友劝我说："你怎么把知道的都说出来呀！不怕教会徒弟饿死师傅吗？"我说："本来就没有什么秘密可言，无处没有宝贝，到处是祖传秘方，我有什么怕丢失的呢？我只怕指给您，您还看不到呢。"如果别人有个一招半式，守如宝贝，我劝您不必去跪求他的施予，让他留着吧！每个人都有上天的赐予，还是去找您的那一份吧！

有些人总觉得自己储备的军火太少，不足以去战场御敌，但如果不去战场上放一枪，您怎么知道您的枪到底能不能用呢？

有的人苦练武功却不敢实战，直到练得很多，一试才知，都是些无用的废招。要想搏击，就先打出一拳，这样您才知道，回来该练哪些招数了。

灵感来的时候，似乎就是一些最平常不过的观念，但它逝去的时候，你却苦思冥想也别想再得到了。

有的朋友劝我说："你怎么把知道的都说出来呀！不怕教会徒弟饿死师傅吗？"我说："本来就没有什么秘密可言，无处没有宝贝，到处是祖传秘方，我有什么怕丢失的呢？我只怕指给您，您还看不到呢。"如果别人有个一招半式，守如宝贝，我劝您不必去跪求他的施予，让他留着吧！每个人都有上天的赐予，还是去找您的那一份吧！

总有人争论中医是哲学还是科学，其实无论是哲学、科学、医学，都不过是生活的工具而已，不要反过来把生活投入到它们的套子中去，反而成了"生活是为了哲学和科学"。科学是人类的奴仆，而不是统治我们的主人。某些时候，这些学科门类更像是装载不同能量的容器，有的方、有的圆、有的可方可圆，有的可大可小，有的是钢铁制造的精密容器，有的是橡胶做成的伸缩气囊。不要企图用小的容器来装载大的，也不要企图用方的容器来装载圆的，我们发明这些工具不是为了互相装载的，也不是为了互相替代的，而是用来方便，用来顺手的。吃饭可用饭勺，也可用筷子、叉子；喝汤用勺，吃面用筷，方便而已，哪有优劣呢？人们发明的东西，不论是哲学还是科学，不过是想让我们的生活更自由、更宽阔，而不是让我们的思想更拘束、更狭隘。

寒蝉不可能为冬天叫早，麻雀不可能为大雁引路，别和小河的鱼谈大海的事，装在套子里的人随时都想用套子套人。再宏伟的殿堂也是供人来居住的，您去膜拜它，它就盛气凌人，您若端坐大堂上，它不过是您家的客厅、厨房。

我们总是怀着卑微的心走进华丽的艺术殿堂，其实，那些艺术品哪个不是在等待我们去鉴赏品评呢？否则，此时它们让我们看到又有什么意义呢？

感悟《求医不如求己》

莲花童子：

被身奴役，被心奴役，被映射出的世界奴役，不知有多少辈子了！苦累且不说，这次啊，定要争回个主人翁。呵呵，您这碗药轻灵、温煦，直达病灶。

2. 百善孝为先——献给父母的无价之宝：推腹法、跪膝法、金鸡独立

年纪大的父母就是老小孩，有时我们要学着哄着他们，鼓励他们，让他们看到希望，看到未来的美好，帮助他们找回年轻的感觉，这样他们就真的会年轻了。

我曾经写过两篇《孝敬父母最好的礼物》和《献给父母的爱》，主要介绍了“金鸡独立”等简单有效的方法，并借朋友之口抒发了人们希望父母健康长寿的感情。此后，我不断地收到网友们的来信，纷纷咨询自己父母的病情。

是啊，当我们的父母步入老年，常常会步履蹒跚，腰酸膝痛，有头重脚轻的感觉，同时高血压、关节炎、糖尿病、心血管病、前列腺病炎等疾病也会接踵而至。老年病症多不胜数，防不胜防，以致我们无从下手。其实，这些都是“上实下虚”之症，也就是气血不足，气血下不到脚了。有句俗话叫做“人老先老脚”，一棵大树，只要树根不坏，树就不会枯萎，所以只要我们脚上的气血充足，全身的血流就会是正常的。所以古人有每日搓脚心百次的养生法，还有赤足走路健身法，都对防止衰老有很好的效果。今天我再告诉大家一个引血下行，见效更快，而且对每个人的父母都会有效的健身法，那就是引血下行“三部曲”。

一、推腹法（参见《求医不如求己大全集1》P86～P88）。腹部的“三浊”（浊气、浊水、宿便）如果不及时排出的话，气血就难以运行到下肢去，下肢就会由于缺血而出现膝痛、水肿、伤口不愈等很多病症，所以推腹是引血下行的第一步。

二、跪膝法。这是个引血下行的绝妙方法。气血不易一下子引到脚底，那就先引到膝盖，膝盖气血充足，离脚底也就不远了。在一个不太软的床上或在地毯上，跪着行走，气血就会源源不断地流向膝盖，膝盖由于新鲜血液的供养，而使寒气可散，积液可消，肿痛可化。但有人膝盖有伤痛，那就先在较软的床上跪着不动，逐渐缓缓运动，很快就会适应的，那时膝盖也就不痛了。

三、金鸡独立。做完了跪膝法，再练金鸡独立，您会突然发现可以闭着眼睛站更长时间了。这是由于跪膝法已经把大量的气血引到下肢了，下肢有力了，当然脚也就站得更稳了。用金鸡独立可以引气血把脚上6条经络（肝、胆、脾、胃、肾、膀胱）的原穴冲开，这样，气血才会运行得更加持久有力。那时，什么关节炎、高血压、糖尿足（一种因足部缺血而需截肢的病症），就都与您无缘了。

以上“三部曲”方法很简单，适应症也极为广泛，腹胀的人、头

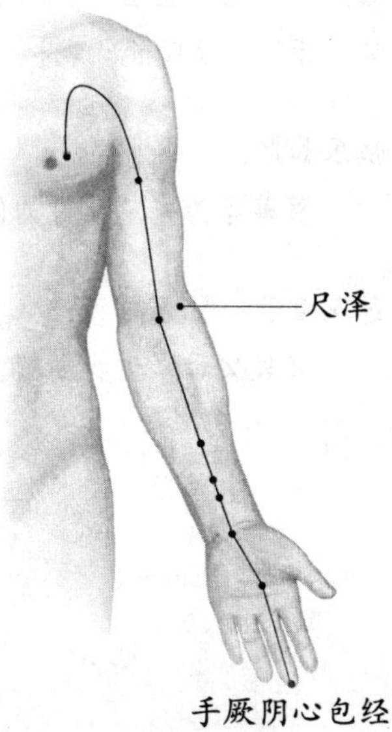

将“跪膝法”与敲打左侧心包经相结合，效果更好；有高血压的朋友，再点揉尺泽穴，可使头脑清明。

痛的人、脚寒的人，失眠的人，都可试用；另外心情烦躁、焦虑不安的人，练完此三部曲，就会觉得心里平静，头脑清晰。

如果在跪着走的时候，同时敲打一下左侧心包经，那么效果就会更佳。有高血压的朋友，再点揉一下肺经的尺泽穴，您会立刻感到头脑清明。

年纪大的父母就是老小孩，有时我们要学着哄着他们，鼓励他们，让他们看到希望，看到未来的美好，帮助他们找回年轻的感觉，这样他们就真的会年轻了。

感悟《求医不如求己》

夕阳红：

学了金鸡独立和推腹法，现在每天坚持锻炼，再配上喝醋蛋液，效果太神奇了。以前睡8个小时还感觉睡不醒，头昏昏沉沉的，现在睡五六个小时就神清气爽，精力充沛，头脑反应速度也快了。谢谢老师，恩泽众人保健康，惠泽天下不牟利。每日睡前练金鸡独立，后做推腹法，再用热水烫烫脚，再按按脚，几效合一，无梦，无醒，实睡至天明。

快乐如斯：

百善孝为先！父母的健康就是儿女最大的幸福！

莲花童子：

哀哀父母，生我劬劳。

3. "海的女儿"的养生经——双脚同时写"马"字

> 转关节能改善心脏供血不足的问题，是很好的降压之药
>
> 转关节还可除宿便，治失眠，肝斑、黄褐斑、面色灰暗等面子工程也可一同解决。

春风拂面的时候，网友"海的女儿"在我的博客评论上给大家带来了一件养生法宝，随着时间的流逝，那宝贝一直在我的脑子里熠熠发光。特用一篇文章来把它彰显出来，也不负这位网友的一片爱心。

"海的女儿"如是说道："这几天正在学习针灸穴位图，发现在手腕关节、脚腕关节等部位有很多重要穴位，比如经络的原穴、经穴等。（郑老师曾经说过，太冲穴是肝经的原穴，"原"就是"发源、原动力"的意思）我突然想起姨妈曾讲过的一个真实锻炼功法，愿意分享给大家，并且我自己也在这样做，效果真是太好了。

姨妈说，她的一个男性邻居已八十多岁，耳不聋，眼不花，每天最喜欢做的体育运动就是转手关节和脚关节，每天转300下。于是，我也学着转关节。转了一周，体会真是好极了。我是乙肝患者，不久前刚出院，指标还没有完全正常，脸上有肝斑，感觉后背沉、痛，可能转氨酶有上升的倾向。但这几天转全部关节各300下，仅仅只有一周，脸上的肝斑没有了，体感轻松了，心情也好了很多。我想，这是因为转关节有'牵一发而动全身'的效应，即四两拨千斤的作用，最简单的动作就能治人体最严重的疾病，人类常把最简单的事情复杂化了。但我不明白道理在哪里，能请郑老师给论述一下吗？"

我还用论述吗？这才是真正的祖传秘方。小小的功法，却能调动全身十二条经络的原穴。原穴本来就是各条经络相通的接口，这一转，

堵塞不通的经络瞬间被接通。有许多人的表里经、子母经交接不畅，如肝胆为表里，胆经是肝经排浊气的出口，若交接不畅，浊气就会堵在肝经里，肝必会受到损害。肝经属木，心经属火，木为火之母，二者为母子关系。若两经交接受阻，必然会形成“木不生火”的情况，也就是所谓的“心脏供血不足”。

此法既然能解除肝斑，自然黄褐斑、面色灰暗等诸多“面子工程”也可一同解决了，看来还可以充当美容神丹。前两天，还有网友反馈此法对足寒症效果甚佳。我也曾推荐给一些睡眠不好的朋友，都说有效。

为了增加大家的兴趣，我曾建议大家平躺在床上，双脚同时写“马”字，右脚写正字“马”，左脚写反字“马”，然后再写个“氏”字，也是一正一反。但其实这也属画蛇添足，如果您能同时顺时针，或逆时针转足，或一顺一逆，一抬一压，或自行编排发挥的话，那才叫触类旁通呢！

有人问，此法对高血压如何？每日转脚至酸，引血下行，这自然就是最好的降压之法。至于常坐在电脑桌前的人们，更是可以随着音乐，转转手腕，解决眼疲、颈疼、腰酸的问题，心中郁闷有火气者向外转手腕，心血不足需安神定志者，双手向胸腹内旋转。

这么好的功法，应该有个好听的名字，还是留给原创“海的女儿”来点睛吧！更感谢她的姨妈和那位不知名的老人，这是老人家们留给“海的女儿”和我们大家的宝贵礼物啊！

感悟《求医不如求己》

空知：

在深圳莲花山上有一位老先生已86岁，也用类似方法，但他是眼随手转，左眼看左手，右眼看右手，手和手互相包容，一个张，一个握紧，顺时针、逆时针来回转动，很是灵活。

topofsummer：

我觉得，其实许多功法就是活动经络，像“饭后百步走，活到九十九”，应该就是慢走活动了手脚的经络，与“海的女儿”的功法是一个道理，只是没有转动关节的针对性和高效率。只要我们用心体会，身体力行，一定会有所发现的。

匿名：

我旋转关节一周后，手背的色素斑明显变淡了。

大冈：

我的双脚总是凉冰冰的，睡眠也不好，看到这个功法后，马上学以致用，效果非常好。我的方法是用脚写所有认识的人的名字，没写几个就睡着了，一点都不枯燥。

小净：

其实，转关节的方法在瑜伽体位法的初级练习中非常普遍。

在我使用的瑜伽教材中，这类体位练习属于祛风系列姿势中的抗风湿练习，从始于脚尖的脚趾关节开始，依次是脚踝关节、膝关节、大腿根部的关节、腰椎、手指关节、手腕关节、肘关节、肩关节、颈部，分别都有屈伸和旋摇的动作练习，一共是16组。在瑜伽相关的印度古代医学中，风、酸或胆汁是调节身体平衡的重要体液，而祛风系列姿势可以帮助人体把过多的风和酸从体内排出。这套抗风湿练习，堪称是瑜伽体位法中最简单的一套动作了。不管是男女老幼，胳膊腿僵硬的，体力不支的，甚至是在最初的身体康复期间卧床不起的病人，只要能如法练习这套动作中的一个或几个，都能有很好的效果。可惜的是，越简单的东西，就越容易被人忽视，连很多瑜伽老师教体位课时，都把这套“初级”练习一带而过，何况是对瑜伽不很了解的门外人呢？因此，中里老师提到了关节旋转法，让我又很激动，在此热切地推荐这套动作。希望老师和朋友们多多给予指点。

瑜伽中这套转关节功法对每个部位的练习都有详细的设计，这里不细说，但总的原则有二：1.要保持脊椎的正直。人或坐、或卧、或站，但上半身一定要处在自然的正直状态，不要僵硬和扭曲。2.要保持放松。活动哪个关节，除转这个关节必要的那几块肌肉以外，其他部位就要尽量保持放松，就好像完全失去控制一样地瘫软下去。这一条需要慢慢练习才能做到。比如说，很多人旋转膝关节的时候，大腿根关节也会下意识地跟着动；旋转踝关节的时候，膝关节也会不自觉地紧张起来，这些习惯需要在练习中慢慢调整。最初转的时候动作要慢、均匀，要专注，尽量体会这种放松的感觉，要练到每个关节转动时都能“相对独立”。

人越在疲倦的时候，这套动作效果越明显。而且这套动作本身不怎么花费力气。还有，这套动作尤其适合那些年老体弱的人，你可以帮他们做，还可以教他们自己做，效果都很好。

怡然：

做了近一个月的转关节，感觉非常好！刚开始时每天能3～4次大便，是绿色的，稀的。一周之后，逐渐变为每天1次，还是绿色的。到20天的时候，大便真的像有的大夫说的那样，是黄色的香蕉一样了，非常健康！而且头发也不像原来掉那么多了，睡觉也踏实了！

4. 强壮我们身体和心灵——道家养生功中的“撞丹田”

这个功法，可以说适合每个想要身体强壮的人，如果您觉得“心有余而力不足”，如果您觉得“有劲使不出”，如果您觉得“心神不定，魂不守舍”，如果您觉得“体力透支，难以积蓄”，我想，您都可以从“撞丹田”中找到解决之法。

我给您推荐这个方法，其实更想看到的是您能撞出勇气，撞出自信来。生活本来就是要去感受烦恼、感受恐惧、感受疾病、这些都无法逃避，那我们就迎着它，撞击它，借着“撞丹田”，撞出您心灵的感悟，撞出您身体的强势，撞出您心底的力量。

人活斯世，我们不想只满足于不生病，不想自己是一个易碎的花瓶，每天都要小心翼翼地抱在怀里，生怕有一点磕碰。我们想让自己更强壮，就像那路边的荆棘，禁得起风雨严寒，禁得起路人踩踏。既然知道我们都是老天的儿子,那么我们还有什么办不到的事情呢？强壮的方法，自古就有，而且我们每个人都有这份权力。如果有人问，我需要做些什么准备呢？我说，只要您拿出一点自信，咱们马上就可以开始。

但您以为这点自信真能那么痛快地拿出来吗？很多人根本拿不出，他们等待着我去给他们，他们说，只有掌握了高超技法的人才会有自信；只有修炼得道的人才会有自信；只有本身就强壮的人才会有自信。对于他们这些原本虚弱的人来说，还需要慢慢地积累知识，慢慢地储备能量，增长勇气，常言说得好，循序渐进嘛，怎么能着急呢？乍一听，他们的这种说法很有道理，其实，一切的积累，一切的储备，一切的增长，如果不是以自信为前提，那么无论拥有了多少，您的内心仍然会犹疑不定，因为您永远都会觉得自己没有资格，总是弓着身子走路，怎么可能有高大的一天呢？长久的力量不是外来的，它就在您的内心当中。一念之差，就将改变人一生的命运。

有人说，我们不喜欢听空洞的理论，那么，咱们就来点儿实际的。今天向朋友们推荐的是道家养生功中的“撞丹田”。

少林武功中有一个强壮身体的方法叫做“铁布衫”，就是用一个装满石子的细长沙袋来敲打腹部。我小的时候，家里有很多这样的沙袋，在我四五岁的时候，爸爸就让我拿沙袋每天敲打肚子和两肋，结果练成了“钢肚”。上学的时候，我经常让班上的同学用拳头来打，打得他们个个气喘手疼，我却仍然谈笑自如，而且觉得肚子暖洋洋的，舒服极了。但随着年龄的增长，便逐渐更注重身体的养生，发现“铁布衫”的功法过于刚猛，而且由于在击打的瞬间要闭气绷紧肌肉，有违养生“自然顺随，松静合一”的要旨，便选“撞丹田”取而代之了。

对“丹田”的具体位置，自古说法不一，通常分为“上丹田”——两眉间；中丹田——两乳间的膻中穴；下丹田——脐下1寸3分。今天要撞的就是这个“下丹田”。咱们要撞的不是一个点，而是一个面，

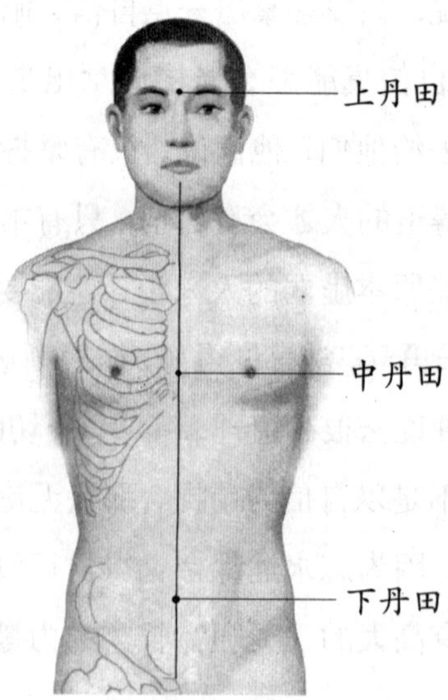

位置就在肚脐上下左右巴掌大的一块地方。

“撞丹田”可以说适合于每个想要身体强壮的人，它将帮您找到人体的能量库，让您体会身心合一的境界。

找个像水泥电线杆一样粗细和平滑的大树来撞，效果最好，我家里有一个20公分宽的平整的门垛，我觉得也很方便。两腿略分开，站在树前，肚子离树干15公分，然后用肚脐去撞树就可以了。

动作要点：开始撞时，力量一定要轻，幅度要小，最好穿运动衣裤（以防皮带或纽扣硌到皮肉），撞的时候全身放松，不要憋气，不要绷紧肌肉。请先感受一下撞“丹田”时腹内脏腑和心里的感觉，可以闭上眼睛，仔细体会，呼吸自然而悠闲。说是“撞”，其实那是以后的事，开始练习的时候，应该叫做“靠”更为准确。每天撞个几分钟，慢慢地，您多半会撞上瘾呢！

这个功法，可以说适合每个想要身体强壮的人，“丹田”是人体的发力点。如果您觉得“心有余而力不足”、“有劲使不出”、“心神不定，魂不守舍”或者“体力透支，难以积蓄”，我想，您都可以从“撞丹田”中找到解决之法。

“撞丹田”将帮您找到人体的能量库，使您真切地感受到什么是人体的“内力”。很多人打坐难以入静，“撞丹田”却可让您轻松达到身心合一的境界。

“撞丹田”会使您的内力增长得很快，一段时间后，您就可以从“靠”自然转成较为有力的“撞”了。这时，您会发现原来腹部松弛的赘肉少了很多，取而代之的是柔软而富有弹性的肌肉，这种肌肉没有突显的棱角，与健美运动员的完全不同，但远比后者的更为结实。

如果有年轻的朋友想练成“钢肚”的话，这种方法，就是最安全有效的捷径，若每天坚持，大概3年时间，当您气运丹田的时候，差不多就可以像汽车轮胎那样强健了。

要注意，撞丹田的禁忌人群有三：孕妇及腹部有过较大手术的人；有急腹症及腹部有肿物或有出血病灶点的人；撞腹后感觉不适以及对此功法心有疑惧的人。

练此功要顺其自然，不可急功近利，与“推腹法”（参见《求医不如求己大全集1》P86～P88）同练，效果更佳。有些朋友肚子上的赘肉较多，用推腹法根本没啥感觉，一撞丹田便发现敏感点了。这时再用推腹法，则事半功倍。

“撞丹田”的好处太多，我把它当做最方便的养生法，我经常在心烦时撞、疲劳时撞、生气时撞、忧虑时撞，总之，感觉它是个力量的源泉，取之不尽。

我给您推荐这个方法，其实更想看到的是您能撞出勇气，撞出自信来。生活本来就是要去感受烦恼、感受恐惧、感受疾病，这些都无法逃避，那我们就迎着它，撞击它，借着“撞丹田”，撞出您心灵的感悟，撞出您身体的强势，撞出您心底的力量。

感悟《求医不如求己》

宝石流霞60：

我没有门垛，只是看电视的时候用拳头敲打肚脐附近，轻重可自己把握。我昨天第一次敲，顿觉神清气爽。

福星照：

向老师及各位汇报一下我这两天的感受：我觉得非常有助于排便，这两天我排便正常，而且非常顺畅。这对于有便秘的人来说，一定会有好处的。另外，因为找树撞不方便，也不好意思，我就在家找任何一个门框角来撞，方便也有效，大伙不妨试试。

有心人：

撞丹田的方法，能否用双手拍打腹部代替呢？如果只是对墙撞，我试了一次，感觉腹部很凉，后来用双手拍打肚脐到关元的区域，感觉皮肤很热，还有点发麻发痒的感觉，这样是否效果相同？

中里巴人：

“撞丹田”这一功法，只是一个基本模板。各位可根据自己的理解、方便、环境、体质，自行改造发明。法无定法，可行就好。

心事重重：

压力大，心情抑郁，总觉得胸中有股气堵在那儿，想使劲地长吼几口气，把胸中的郁气排出去，可有什么方法治？

高徒：

“撞丹田”专门治这病。

5. 来自天涯的宝贝——敲带脉

敲带脉是治疗便秘的妙方。
可调理不正常的月经，是自古以来治很多妇科病的良方。
可以快速减肥和美容。

前两天，有个叫“慢慢”的网友在我的博客评论上推荐了一个网址，说那里有个治疗便秘的妙方，但不知是何原理，请我帮忙看一眼，详细解释一下。我赶紧过去寻宝，原来是一个叫天涯社区的网站，有个网名叫做“熊熊和宝宝”的女士发出的帖子，她介绍说：

“方法很简单，你躺在床上，然后用手轻捶自己的左右腰部，100次以上就可以，不用刻意。我一般是睡觉之前捶，第一次捶完了，第二天还没有什么反应，但是到了第三天就开始排山倒海地拉肚子了，非常神奇。

这还不算什么，神奇的在后面，我从第四天开始，食欲就减低了非常多，一点都不想吃东西了，尤其是肉类，还有就是外面做的食物，只可以接受清淡的家常菜，或者是素菜。然后排便还在进行，顺利得很，可是食欲越来越低，人也不觉得哪里不舒服，就是很明显地抵制吃东西，自然就没有了食欲。

如果你有兴趣试试的话，完了告诉我你是不是也食欲减退。因为我看到别人介绍这个方法的时候只提到了便秘消失，没有说降低食欲，我不知道是不是我自己体质的问题……每天都感觉身体更轻松了。而且我的痘痘也都扁下去了，疖子也渐渐消失，一举两得！”

我看了这个帖子，感到很兴奋——又是一个超级简单的健身法，但效果真是如此神奇吗？我需做一番仔细的研究和实践，起码要保证安全，才好向那些信任我的朋友们隆重推荐。其实我做许多事情不是这般缜密的，通常是感情多于理智，直觉多于分析。如果单单是我自己的话，在没有实践之前，我已经接受这种方法了，我觉得它可行，并且是非常上乘的健身法。因为敲的那个地方是人身体当中很重要的一条经脉——带脉。

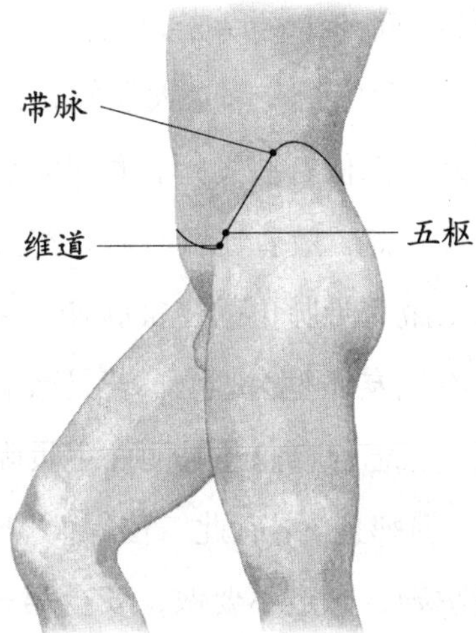

敲打带脉，可以解除便秘之苦，还可以调经止带及疏肝行滞，消除诸经在此处的血瘀积热，也善治各种疝气疾患。

取“带脉”为名，有两层含义：一是此经脉像是一条带子缠在腰间，二是因为与妇女的经带关系密切，按现代的话说，就是专管调理月经及妇科各器官功能的重要经络。带脉是奇经八脉之一，有“总束诸脉”的作用。人体其他的经脉都是上下纵向而行，惟有“带脉”横向环绕一圈，好像把纵向的经脉用一根绳子系住一样，所以哪条经脉在腰腹处出现问题，如郁结气滞，瘀血堵塞，都可通过针灸带脉的方法来进行调节和疏通，而且带脉上的三个穴位“带脉”(与经同名也叫“带脉”)、五枢、维道，又全都压在胆经上，所以敲击此处有同于敲打胆经之妙。

有网友担心，这样一敲会不会敲坏肾呀？其实从解剖位置来看，敲击的位置离肾还很遥远，那个位置应该是结肠的部位，右侧为升结肠，左侧为降结肠，震动结肠，应该是有利于通便的。而且是平躺着，对于稍微胖些的人来说，正好敲的就是腹两侧“草帽圈”的赘肉。肉又多，敲得又轻，还是很安全的。

于是我将此法告诉了老婆还有两位女性朋友，她们一听可以减肥和美容，都十分踊跃去尝试。我自己也每天敲打两次，看看有无额外的收获。两位朋友都是大便较为正常的人，所以反馈说，无异常变化，只是敲的部位有些发痒，大便似乎更顺畅了些。老婆也说大便比往常要量大一点，敲着比较舒服。本人也试过几次，感觉此法很平和，觉得如果敲完带脉再结合推腹法，可能效果更佳。

有朋友还是会担心：若是敲后腹泻不止，消瘦厌食，岂不麻烦？其实，您忘了咱们还有两件宝贝呢！山药薏米粥，补气养血；参苓白术丸，健脾止泻。有此二位保驾护航，您还有什么后顾之忧呢？当然，若是孕妇，一定不要做，安全第一。

用带脉来治疗妇科病，古时是常用之法，有调经止带及疏肝行滞的作用，最善消除诸经在此处的血瘀积热，同时也是治疗各种疝气疾患的必选经脉，但现代的针灸师大多忽略此脉而不用了，因为，即使是专业的教科书，对“带脉”的介绍，也只是寥寥数语，一带而过，没有更多临床的分析和总结。所以今天重新来敲打带脉，想来是一件很有意义的事情。就像是不经意的挖掘，或许就挖出财宝来。

这“熊熊和宝宝”的宝贝，是网友“慢慢”从“天涯”运来的，看来咱们这里真成“聚宝盆”了。大家分享的时候，请别忘了谢谢这二位好心的朋友。我在此先行一礼。

感悟《求医不如求己》

感恩的心：

敲带脉第四天了，每天早晚各敲100多次，敲完后打嗝放屁，很舒服。重要的是这几天排便次数增加（以往一天1次，很干）。现在每天2～3次，成形稀便。并且坚持用拳头击丹田，身体轻松了，体重逐渐下降。欣喜中！中里老师功德无量！想减肥的同志可以试试，真是求减肥药不如求自己！

太好了：

这个方法不错，我前几天都试了，每天大便都是早上，很准时，而且排得很干净，感觉身体很轻松。

YIREN3：

用空拳头直接敲肚子效果也不错，我就试了试，而且连整个肚子都敲了。早上起来敲那么几分钟，大便就顺畅很多，接下来几天都是早上起来或者早餐过后就大便，很顺畅，一天都精神。如果几天不敲，就又像以前那样没有规律了。看来每天多敲敲，把自己的妇科病也可以调理好，那多好啊！因为困扰很多女性的妇科病在医院是根本除不了根的。

6. 减肥要和自己的喜好结合才有效

减肥其实可以很简单地完成，而且对身体毫无损伤。胆汁与胰腺正是消解人体多余脂肪的两位干将。将这二位的积极性调动起来，才能迅速解决肥胖的问题。

每每和女性朋友们谈到减肥的话题，顿时大家就会眼睛发光，兴致盎然。其实许多女士，身材匀称，体型丰满，非常健美，但仍迫不及待地要修炼成“魔鬼身材”。“瘦”似乎已经成了现代人刻意追求的时尚。

但瘦也要瘦得健康，瘦得结实，瘦得精神才好。如果减肥减到面色灰暗，浑身无力，无精打采，皮肤松弛，一副病怏怏的样子，甚至真的有了机体功能紊乱的问题，那真是得不偿失。

通常的减肥，并不是一件轻松愉快的事情，要每日节食，而节的食也都是最爱吃的美食。看到喜欢的佳肴而不敢吃，心里的感觉最为不爽。况且还要经常忍饥挨饿，简直成了苦行僧，好像执意要与身体作对。凡是令身心抵触的做法，都很难持久，常常要以失败告终。这种屡试屡败的经历，对自身精神的伤害远大于减肥。它会人为地制造一种心理上的挫败感，使自己丧失自信。所以，我们最好能让我们的目的和我们的喜好统一起来，能和我们的身心协调起来。这样去做事，既轻松愉快，又容易成功。

减肥其实可以很简单地完成，而且对身体毫无损伤。影响减肥的最大问题就是中医所说的“肝郁，脾虚”。肝郁使胆汁分泌不足，脾虚使胰腺功能减弱，而胆汁与胰腺正是消解人体多余脂肪的两位干将。只有将这二位的积极性调动起来，才能迅速解决肥胖的问题。

肝郁我们的消解法是：常揉肝经的太冲至行间，大腿赘肉过多的人，最好用拇指从肝经腿根部推到膝窝曲泉穴100次，这通常会是很痛的一条经，每日敲带脉300次，用拳峰或指节敲打大腿外侧胆经3分钟，拨动阳陵泉一分钟，揉“地筋”3分钟。这样肝郁的问题会很快解决。

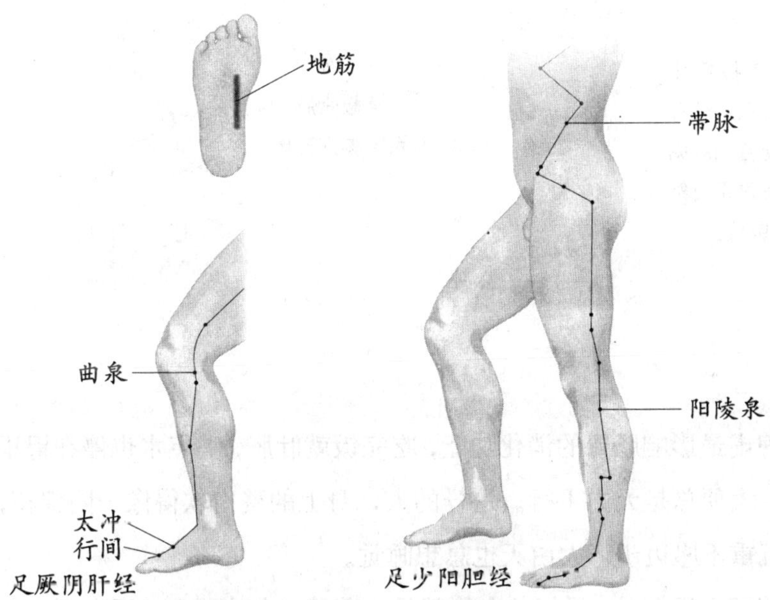

常揉肝经的太冲至行间，从肝经腿根部推到膝窝曲泉穴100次，每日敲带脉、大腿外侧胆经3分钟，拨动阳陵泉1分钟，揉地筋3分钟，解肝郁，减肥快。

肝郁也是乳腺增生、子宫肌瘤、卵巢囊肿等许多妇科疾病的主因，还有痛经、黄褐斑、偏头痛等病症也与肝郁关系密切，减肥若能连带预防妇科疾患，那才更有长远的意义。

敲带脉擅消“游泳圈”（腰旁赘肉），敲胆经易减臀部和大腿上的赘肉，此二法实为一法，都是在疏通胆经，因为“带脉”也是胆经在腹部的一段。如果用此二法一段时间，并未有明显效果（应该大便增多或食欲略减），那咱们就用第二招，先从增强脾经入手。

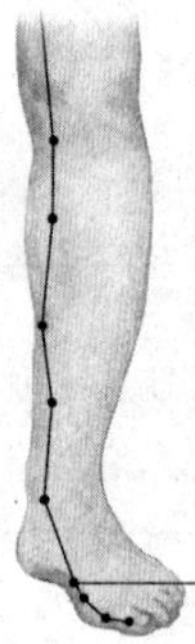

经常按摩小腿脾经，点刺公孙穴，再配合内服粥药，健脾效果自然更上一层楼。

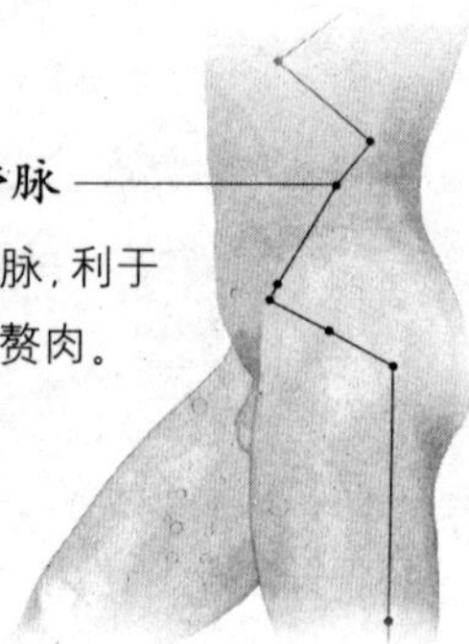

常敲带脉，利于消除腰腹部赘肉。

脾虚最影响肠胃的消化功能，吃完饭就肚胀，喝点水也停在胃里不动，大便总是无力下行。这样的人，身上的赘肉软得像一团棉花，两腿沉重不愿迈步，大白天也总想睡觉。

脾虚可用食补，最好的食物就是山药薏米芡实粥了。胃寒可去薏米；胃热可去芡实、山药，换成绿豆，绿豆薏米粥，最祛湿热，对于肝旺脾虚，舌苔黄腻的人，最为对症。

如果胃寒、怕冷又脾虚的人，附子理中丸当为首选，此药祛寒湿而养胃，扶中气而健脾。如果吃一点东西马上就饱胀难消，那是心脏功能虚弱，供给胃用于消化的气血不足，此时补心就是健脾，柏子养心丸最堪此任。此药补心又养肝，安神又通便，若总是心神不宁，气短乏力，大便难下的人服此药最为恰当。

每日空腹多吃些小枣，既补血健脾，又益气通便，大枣补血力强，小枣活血力强，暑日以小枣为佳。有人说喝了山药薏米芡实粥，反而腹胀，认为自己是虚不受补，其实是因为您腹中浊气太多，平日无力排出，而此粥补气最快。清气生必然驱赶浊气，两气相争，一时难出，便觉饱闷腹胀。此时喝一碗白萝卜汤，胃寒重的可再加上点胡椒粉，自然胀随屁解，腹中顿时畅快。此时再喝山药薏米芡实粥，便觉顺下无碍了。此外，经常按摩小腿脾经，再重点刺激公孙穴，配合内服粥药，健脾也并非难事。

说了半天调理脾胃，没谈“减肥”二字。其实，脾胃功能健旺，减肥自是随心所欲的事情。

身边有许多朋友只敲带脉、推腹就能顺利减肥，但也会有人效果不佳。其实无妨，用这些方法，会得到许多额外的好处，无意中祛除了慢性病，可能比减肥更有价值。

感悟《求医不如求己》

远方：

我给朋友介绍的方法更简单：想瘦哪儿就敲哪儿。通常哪个地方的赘肉多，说明经过这里的经络出了问题，你敲打这里，会把气血集中到这里，气血集中过来，此处的经络运行旺达，赘肉就会搬走了，自然就达到打哪儿瘦哪儿的目的了。此法简单易学，乃受陈玉琴老师网上理论和郑老师关于小肠经的文章的启发想到的，有心人可以验证。有一点需要说明，在敲打后，敲打部分可能会先胖起来，这是细胞充水的表现，然后才会瘦下去。

人体其实就是一个很天然的药库，真正能正确地使用好这个药库，就不用求医。

7. 让生命的每一天都有神医的护佑——奇妙的足底反射疗法

足底反射区疗法功效卓著，但必须接通反射区和病灶点的线路。所以，能否找到断点，并将其连接，才是此技术的心法要诀。若精于此，足底按摩这个寻常保健之法，马上可以身价百倍，变成治病奇方。

我在我的文章和网友留言回复中多次推荐足底反射区疗法，但总没有得到大家足够的重视，其中有一个非常重要的原因，就是有许多朋友都是经常在外面做足疗的，但并没有感到有什么神奇效果，也许认可其保健的功效，但其治疗的作用，却一直被轻易地忽略。昨天，正好碰到一个很好的案例，拿来与朋友们共享，只是想让大家再发掘一下自家的“后院”，或许还有许多财宝没有发现呢！

昨天晚上已经10:30了，邻居家刘姐的儿子来敲门，说他妈妈突然犯胃痛，痛得都直不起腰了。我到她家的时候，见刘姐侧躺在床上，蜷缩着，痛得连话都说不出来。我问了一下起因，说是刚吃了个苹果，然后就胃痛，还有些恶心想吐，且心脏位置也不舒服。我急掐了她左

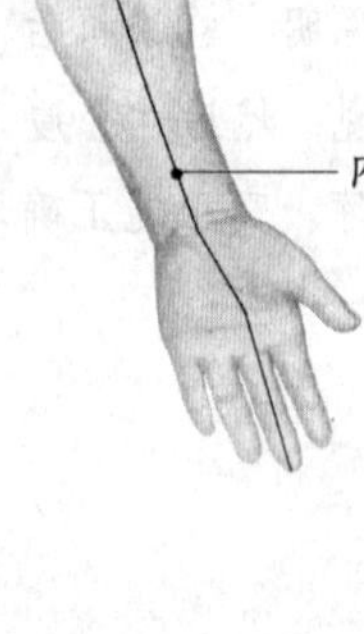

掐按内关穴，可迅速缓解胸闷、恶心等症状。

手的内关穴(若胸腹同时出现症状，这个穴是有效的)一分钟，她说胸不难受，也不恶心了，只是胃痛依旧，毫无缓解。

她儿子说，刚才已经帮妈妈做了半个小时的足底按摩，揉的是胃和小肠反射区，还有下身淋巴反射区、心脏反射区，没有一个地方管用，而且哪里都不痛。

刺激梁丘、足三里或地机，接通足部十二指肠反射区和病灶点的线路，可快速治好胃痛。

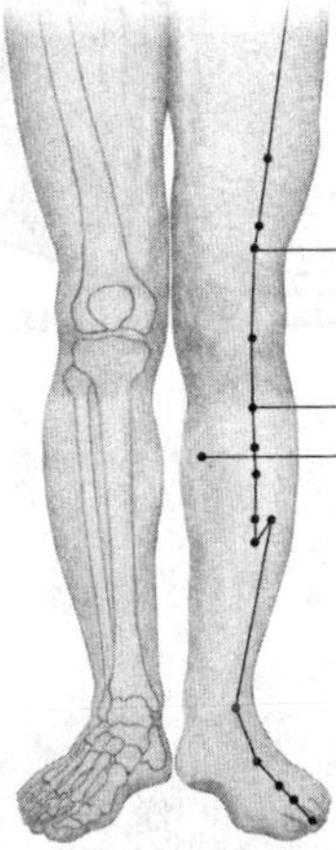

刘姐是一个非常重视养生的女士，每周都要去健身房锻炼，去做足底按摩，足底的穴道知道的比专业按摩师都清楚，她常常自夸说，自己可以去办足底按摩班了。看她痛的位置是在胃脘部，又是突发性的，于是我选取了胃经的郄穴梁丘（郄穴治急），不痛，选择足三里(合穴治腑)，无觉，便皆不用。再选脾经的郄穴地机，痛不可摸，于是我便按住此穴不动(以其耐受度为准)，然后让她儿子再来按摩脚底的反射区，她儿子只轻轻按了一下她十二指肠反射区，刘姐的脚马上像触电一样，急忙缩回，说：“痛死我了！”但只要我一松手，不按地机穴，再按脚上十二指肠反射区，就又没感觉了。于是，我按住地机

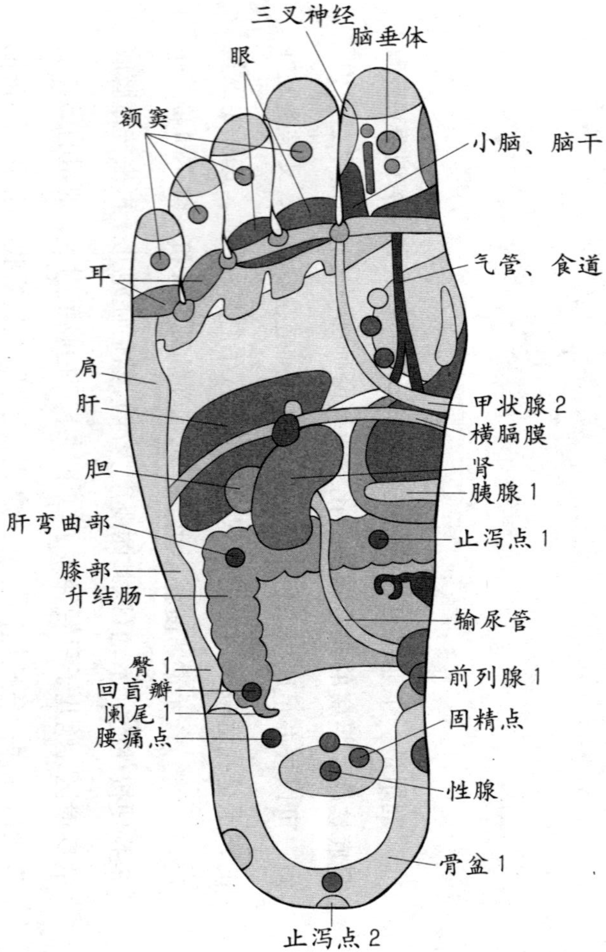

三叉神经
脑垂体
眼
额窦
小脑、脑干
耳
气管、食道
肩
肝
甲状腺 2
横膈膜
胆
肾
胰腺 1
肝弯曲部
止泻点 1
膝部
升结肠
输尿管
臀 1
回盲瓣
阑尾 1
腰痛点
前列腺 1
固精点
性腺
骨盆 1
止泻点 2

右足底

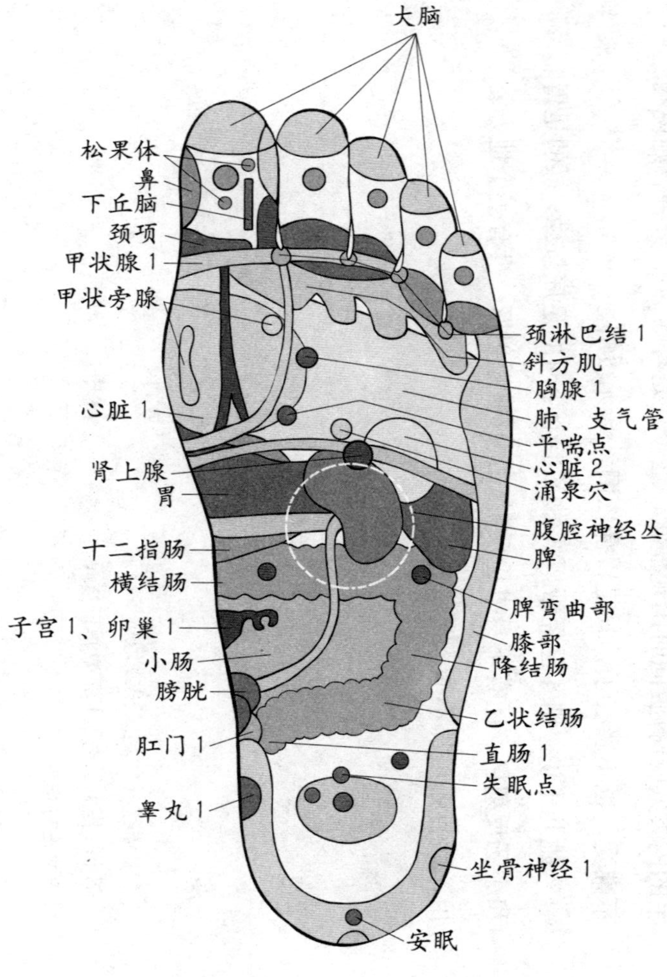

大脑
松果体
鼻
下丘脑
颈项
甲状腺 1
甲状旁腺
颈淋巴结 1
斜方肌
胸腺 1
心脏 1
肺、支气管
平喘点
心脏 2
肾上腺
涌泉穴
胃
腹腔神经丛
十二指肠
脾
横结肠
脾弯曲部
子宫 1、卵巢 1
膝部
小肠
降结肠
膀胱
乙状结肠
肛门 1
直肠 1
失眠点
睾丸 1
坐骨神经 1
安眠

左足底

穴不放手，然后让她儿子仔细按摩反射区，只两分钟，刘姐觉得胃脘已经不痛了，肚子开始“咕咕”地叫起来，并感觉胃肠在蠕动。这时，我松开手，但地机穴还是疼痛不减，我说：“好了，这下反射区和脏腑的病灶点接通了。”我又帮她摸了一下脉，“肝旺脾虚”之象，看来又是生气造成的。但平日刘姐对外总显得极为开朗，常是笑声不断，所以我也就不便指出人家的病因了。

足底反射区疗法功效卓著，但必须接通反射区和病灶点的线路。所以，能否找到断点，并将其连接，才是此技术的心法要诀。若精于此，足底按摩，这个寻常保健之法，马上可以身价百倍，变成治病奇方。很多人崇尚正统疗法，不屑于此。还有人在学习一种新的技法之前，总是疑心忡忡，担心会有什么副作用，反复让我解释说明，似乎要给他打个保票才成。如果是这样，我会对他们说：哪种方法没有危险呢？走路还会崴脚，更何况还是心惊胆战地走路呢？

其实一切无非投缘，看着喜欢就亲近，看着讨厌就疏远，没什么原因好讲的，去寻找属于自己的那片天空吧！

感悟《求医不如求己》

静悟：

对于足底按摩，我的理解是：

1.哪疼按哪。如果你觉得你脾胃不好，而脚底相应的反射区按着酸疼，那就按摩直到不疼为止。

2.但如果你觉得脾胃不好，但脚底反射区不疼，那就说明存在断点，这时就要循经从脚底往上找，把断点找出来，再按郑老师的方法接上断点。

3.从郑老师的书中，一般治疗的顺序应该是：先把脾胃调理好，也就是先按摩脾胃的反射区，再调理其他的脏腑。急性病除外。

宝石流霞60：

我儿子17岁，平时肝火旺，易怒，我就着重给他按太冲到行间，还有大拇趾（管大脑）、其余四个脚趾的中间部分（管眼睛和耳朵），又想到他平时常说腰酸，我就重点按他肾经的复溜、太溪，顺便按涌泉、大都、商丘，加上平时敲胆经，几个月坚持下来，儿子脾气好了许多，主动求上进了，现在想的是“怎样提高分数”，待人有礼貌了，与同学的关系也融洽了许多，这跟每天的足底按摩有很大的关系。郑老师说过，胆经是忧虑的出口，我明显感觉他的情绪在变好，幽默了许多，所以我很有信心，继续努力。

Newborn：

我就是这个疗法的受益者。一直被霉菌性阴道炎困扰的我，在按摩足部阴道反射区、子宫反射区、还有下身淋巴结反射区后，这个以前用什么药都没有用而让我几欲绝望的病，真的就再也没有复发过，这让我第一次领略了足底按摩的神奇功效！还有，前几天喉咙难受，又痒又疼，还有右脚背外侧靠近那块突出的圆形骨头处，也开始一阵阵地疼，我马上意识到这可能是身体给我的信号，我就按啊按，直到痛不可触，还出了淡淡的乌青。结果第二天喉咙就好了，后来我查了一下，那块地方正是上半身淋巴结反射区！

这让我坚信足底反射疗法的快捷有效，也希望大家都开始学会倾听身体的声音，坚持求医不如求己的探索精神，让治疗的过程变成奇妙的旅程，在途中得以重新认识自己，得以新生。

路过蜻蜓：

通过这段时间的坚持实践，本来体弱多病的我，心情乐观平和了很多，这和身体的舒调绝对密不可分的。另外，老公的脂肪肝好了，胃病也在好转。我教姐妹们一个窍门：替老公按足底胃部反射区，按时疼痛难忍，但后来会非常舒服，既治了病又“报仇解恨”，双赢！你可以把平时的小抱怨都用在手劲上，看着他疼得抓狂，回头还总上瘾，主动求你施刑，老婆们乐不可支，小小变态心理，呵呵。

8. 可以终生相依的朋友——善补气血的山药薏米芡实粥

如果说这世界上还能找到不计利益、甘愿付出、并全力帮忙的朋友，那么山药、薏米、芡实则当之无愧。这是那种不急不躁、从容有力、可以托付一生的朋友，会在我们百般无奈，需要帮助的时候，给我们以最无声、最持久、最平和的帮助。它们在《神农本草经》中都被尊为上品。

很多朋友患有慢性病，症状很多，从头到脚，好像就没有舒服的地方，病虽不是很危重，但总是迁延不愈，时好时坏，令人烦恼不堪。其实这些朋友的当务之急是要培补气血，气血充足了才有抵御病症的资本。

如何补气血才是最快捷最有效的呢？中医说：脾胃为后天之本，气血生化之源。所以我们要想气血充沛，必须要先把脾胃调养好才行，有些人吃一点东西就饱胀不适，难以消化；还有人吃下东西，不能很好地吸收，或腹泻，或便秘，或不生精微而生痰涎，或不长气血而长赘肉，诸般问题，皆因脾不健运而造成，所以补益脾胃是改善体质的前提和关键。如果脾胃连五谷菜蔬都难以消化，那么药物就更难于被吸收了。

有些人因肾虚而吃补肾的药，但补肾药多味厚而难于消化，通常肾没补上，却成了脾胃的沉重负担，最后，补药停滞不消而成为毒素，所谓的虚不受补，便有脾胃虚而难于消化之意。还有人心肝火旺，常年需服用寒凉之药以清热解毒。岂知寒凉之药最伤脾胃，这就像常年把自家的庄稼地当做战场一样，最后，就算不被敌人打败，也会因无粮草而饿死。所以我们一定要给自己一些储备——气血的储备。只要粮草充足，我们就没有什么可怕的。怕只怕我们已经没有能力再制造新鲜的气血了。很多病人只因不能纳食，无法吸收营养而丧失了最后反戈一击的机会。只要我们还能挣来钱，我们就还有的可花，我们就能够坚持到最后的胜利，抵御疾病是要有本钱的。

如果说这世界上还能找到不计利益、甘愿付出并全力帮忙的朋友，那么山药、薏米、芡实则当之无愧。这是那种不急不躁、从容有力、可以托付一生的朋友，会在我们百般无奈的时候，给我们以最无声、最持久、最平和的帮助。它们在《神农本草经》中都被尊为上品，“凡上品之药，法宜久服……与五谷之养人相佐，以臻寿考”。我们需要经常和真正的好朋友在一起，一生都要相伴，但我们不会厌倦。有几个时时都支持您的朋友，难道不是我们的福气吗？

对于衰弱高龄的老人、先天不足的幼儿，还有那些身染重病的患者，我常常给他们同样的建议，那就是去喝山药薏米芡实粥。有人问，光喝粥能管用吗？能快速增长气血吗？如果您喝粥都不长气血的话，那看来没有可以进补的东西了。通常的食物，即使是那些可以增长气血的食物，我们想要获取它们的营养，也要先投入一些气血来消化吸收它们，可对于气血太弱的人，连这点气血也拿不出来，而山药、薏米、芡实，是不需要我们额外的支出而却能直接供给我们气血的良药美食。

先来说说山药，山药其性甘平，气阴两补，补气而不壅滞上火，补阴而不助湿滋腻，为培补中气最平和之品，历来就被众医家大加赞誉。《本草纲目》云其：“益肾气、健脾胃、止泄痢、化痰涎、润皮毛。”《景岳全书》云：“山药能健脾补虚，滋精固肾，治诸虚百损，疗五劳七伤。”《药品化义》云：“山药温补而不骤，微香而不燥，循循有调肺之功，治肺虚久嗽，何其稳当。”清末最有名的大医家张锡纯对此药更是推崇备至，在其医学专著《医学衷中参西录》中曾屡用大剂量生山药一味，治疗了许多诸如大喘欲绝、滑泻无度等危急重症。其言：“山药之性，能滋阴又能利湿，能滑润又能收涩。是以能补肺、补肾、兼补脾胃……在滋补药中诚为无上之品，特性甚和平，宜多服常服耳。”山药品种较多，河南怀庆府也就是今河南省沁阳市所产的品质最好，所以通常山药也叫怀山（或淮山）。药用时通常要干燥切片。药店有炒山药和生山药两种，建议用干燥后的生山药较好。

再谈谈薏米，如果您的体内有湿气，如积液、水肿、湿疹、脓疡等等与体内浊水有关的问题，薏米都是您最好的帮手。“薏仁最善利水，不至耗损真阴之气，凡湿盛在下身者，最宜用之。”薏米性微凉，脾胃过于虚寒，四肢怕冷较重的人，还是不太适合的。李时珍说孕妇忌服，可能也是怕利水太过，把羊水也利干了，虽然在现实应用中并未见对孕妇有什么危险，且常有相助之益，但为安全起见，权且听他老人家的吧。薏米的主要功效在于健脾祛湿，健脾可以补肺，祛湿可以化痰。所以，本品亦可用于治疗肺热、肺痈、肺痿之症，和山药同用，更是相得益彰，互补缺失。“山药、薏米皆清补脾肺之药，然单用山药，久则失于粘腻，单用薏米，久则失于淡渗，惟等分并用乃久服无弊。”近代医家曾指出，用两药各50克，每日熬粥，对肝硬化腹水有明显疗效。我们何苦非要等到病重如此再去喝粥呢？平日即将二者打粉熬粥常服，岂不是明智之举？况且此粥美味可口，常吃不厌。有人说，粥有药味，且酸苦难喝。这恐怕是由于您选料的品质不好。由于品种不同，有的山药会略带一点酸味，但却毫不影响粥食的美味。

最后再说说芡实，前面山药、薏米好像把溢美之辞都分而占尽了，其实不然，芡实，更有其与众不同的绝妙之处。如果您是“脱症”和“漏症”，芡实就是一双有力的大手，把您托住，让您的气血不致白白地流失。有人长期腹泻，下利清谷；有人遗精滑脱，其势难禁；有人夜尿频多，无法安睡，这种情况下，就会发现芡实的神奇了。清代医家陈士择说得最好：“芡实止腰膝疼痛，令耳目聪明，久食延龄益寿，视之若平常，用之大有利益，芡实不但止精，而亦能生精也，去脾胃中之湿痰，即生肾中之真水。”所以说芡实是健脾补肾的绝佳首选，若能与山药同舟共济，那补益的效果就更佳了。

山药、薏米、芡实是同气相求的兄弟，都有健脾益胃之神效，但用时也各有侧重。山药可补五脏，脾、肺、肾兼顾，益气养阴，又兼具涩敛之功。薏米健脾而清肺，利水而益胃，补中有清，以祛湿浊见长。芡实健脾补肾，止泻止遗，最具收敛固脱之能。有人将三药打粉熬粥再加入大枣，以治疗贫血之症，疗效显著。

这三味药粥虽然好处太多，但仍然有许多人无福消受。体内浊气太多的人，喝完此粥必饱胀难消；肝火太旺的人，必胸闷不适；瘀血阻滞的人，必疼痛加剧。还有津枯血燥、风寒实喘、小便短赤、热结便秘者都不适宜。这就好比您要想引来清泉，就要先排走污水，“陈血不去，新血不生，浊气不除，清气难存”。

还有不喜欢此粥味道的人，也是与此无缘，勉强硬喝也吸收不好。不如去找您喜欢的味道，用心去感觉，总能发现的。

感悟《求医不如求己》

常青藤：

我是这样熬山药薏米粥的：买九阳豆浆机的五谷豆浆机那款，然后将山药、薏米、芡实、红枣、桂圆还有大豆、小米等一起放进去，18分钟后就出来一碗香浓的粥，之前我一直都用大豆、玉米、大米、小米等打粥喝的，现在只是改变配料了而已。

白狐：

怎样熬山药薏仁芡实粥才不糊锅？我有个办法很好用，我一直都是这样熬的，从没有糊过锅，现把它分享给各位朋友。

1. 首先先买好两样道具，一个是家用的打磨机（超市里都买得到），还有一个最重要是的熬粥的锅，这个锅不是不锈钢锅，而是陶瓷做的煲锅，这是熬粥不糊的关键。

2. 头天晚上先把这些东西用水浸泡，早上，把泡好的原料淘洗干净，把坏的拣出去，然后把原料带水倒入打磨机中，水的量已没过原料为准（水太多则不容易将原料打碎）。一般不到一分钟就能打成浆。

3. 将打好的浆倒入烧开的煲中，大火烧开后，随即将炉火旋到最小的内火，盖上煲盖，中间搅动两三次，煲15～20分钟后即可。这样煲出的粥既粘稠又不会糊锅。有兴趣的朋友不妨一试。

Topofsummer：

已经喝了近一个月的山药薏米粥了，刚开始的时候确实挺难受的，现在想想应该是正常的排湿排毒反应，加上选料不是太好，有一股酸味，差一点放弃了，但坚持到第三次喝的时候，感觉就好多了。现在越喝越上瘾，辅助按揉郑老师在《求医不如求己》中提到的脾经上的商丘、大都两穴（我的这两个穴位都很疼），现在的肠胃功能有了明显的好转，真是高兴呀。

CORONA：

感觉补肾的作用很不错，本来右肾有些虚弱，感到不太舒服，喝了几天就没事了。

Heping：

说到淮山薏米芡实粥的功效，我是确认不疑的。我的父亲1999年患病中晚期肝癌，结束治疗之后回家，即多管齐下：心理康复，气功锻炼，服用中科灵芝保健品，此外就是天天服食此粥，另外添加了百合、红枣。结果改善了便秘毛病，增加了食欲，如今父亲身体非常好，能吃能睡。此粥功不可没，我逢癌症患者都向他们推荐。

Jnc：

山药可以配合薏米或芡实来吃，各种材料以1：1的比例搭配即可。对于平日有水肿，尿又少的人，可以用山药薏米粥；平日肾虚，尿频，口舌干燥，喜饮水的人，可偏用山药芡实。平日保健，三种均等比例，可以做成山药薏米芡实粥，这和做八宝粥没多大区别，里面还可以放芝麻、核桃、松子、红枣，或是放肉丸、海菜来调味，最起码的量是山药，薏米，芡实，每个人一次至少要各吃30克，比如山药芡实粥，那就是各30克，共60克，打粉，做法和做玉米粥差不多。如果你觉得60克还不够吃，才主张往里面加米，一般情况下，为确保粥发挥最大效果，不主张加米，特别是大米。

对于老人，偏重补脾肺的，山药可以2份，薏米或芡实1份；偏重补肾阴的，芡实可为2份，山药1份；偏重去湿热的，还可以单用薏米，里面可加绿豆。最简单的就是等份服用，方便好记。其实不必如此苛求，不需要跟抓药一样准确。

9. 虎虎生风——决定男子性能力的是肝肾两经

锻炼肝肾功能最好的办法，就是把两腿分开劈叉。这时您两条大腿内侧会酸胀紧绷。而这紧绷的地方就是肝肾经的循行路线。肝肾经要一起锻炼，才会协调一致。

不要今天刚练习，明天就希望有显效。这是一个通过经络重新打造身心的过程，这是一个战胜恐惧，脱胎换骨的过程。

最近，越来越多的男性朋友在私信中向我求助关于性功能障碍方面的问题。有的兄弟刚二十几岁，由于有此隐忧，非常懊丧，对前途失去了信心，整个生活也因此一片阴霾。

我不是性学专家，无法从生理解剖的角度来分析病因。但可以使用经络这个万能的法宝，来重新打造我们的身子骨，简单实用有效。

大家要记住，想要哪里强壮，就要把气血引到哪里，而引导气血灌注的通道就是经络。那么决定男子性能力最关键的经络在哪里呢？就在肝肾两经。

从经络图可以很清楚地看到，肝经是绕阴器而循行。肝主筋，在《黄帝内经》中男子的生殖器被称做“宗筋”。宗筋的意思是许多筋的集合处，也有传宗接代之意，所以俗话说男怕伤肝，女怕伤肾，就是指这层意思。肝是人体阳气的聚集地，男子的阳刚必借此而发，所以肝火旺的人通常性能力也较强。但肝肾的功能必须协同合作，才会持久而无伤。肝若是枪，肾就是弹药。能否强硬，靠的是肝的功能，但能否持久，却依赖肾精的支持。有的人光去补肾而不养肝，就好像虽然有很多木柴，但却是湿的，根本点不着一样。其实肝脏本身就是一个能量仓库，它的功能在于应用，而不是储存。对肝来说，只要把肝的阳气调动起来，就是最好的补益。但有的人已经肝火过旺，就像家里烧的土暖气，若不用盖子盖上火，而是敞开火来烧的话，虽然火旺，却容易很快把煤烧光，而暖气管却不热，能量算是白白浪费了。所以肝的阳气，我们要把它引到它该去的地方。

锻炼肝肾功能最好的办法，就是把两腿分开劈叉。这时您两条大腿内侧会酸胀紧绷。而这紧绷的地方就是肝肾经的循行路线。肝肾经要一起锻炼，才会协调一致。

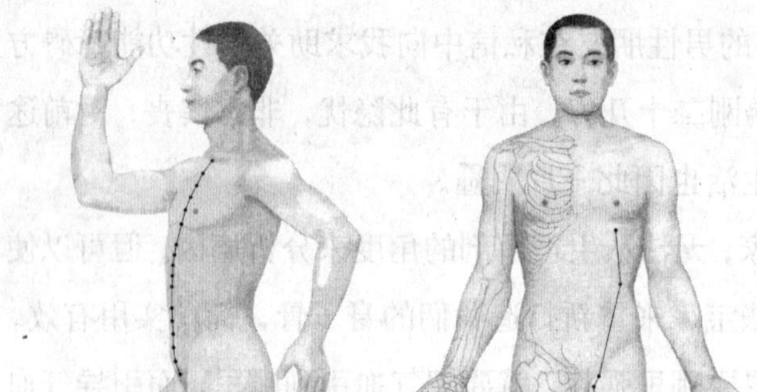

决定男子性能力最关键的经络就是肝肾两经。可以经常两腿分开劈叉，锻炼此二经。

当然，打通任督二脉对性功能也会有很好的帮助，但不如上法简单迅捷。然而即使功法精妙，但您一定要有些耐心和信心才行，不要今天刚练习，明天就希望有显效。这是一个通过经络重新打造身心的过程，也是一个战胜恐惧，脱胎换骨的过程。如果您已经看到了前面的灯塔，那就不妨多走两里路吧！

打通任督二脉对提高性功能很有效。

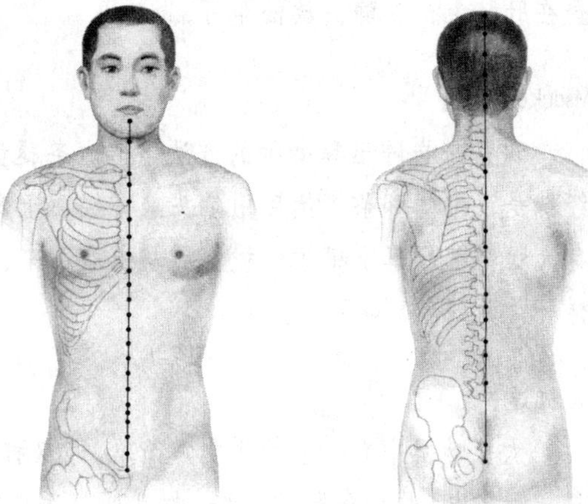

任脉　　督脉

感悟《求医不如求己》

阳光灿烂：

想要气血充足，可以喝山药芡实薏米粥，吃牛肉；推腹可以把任脉打通；金鸡独立练人体的平衡协调能力；还有四种打通小周天的方法；再加上这个两腿分开的功法，最后的收获就不仅仅是单单一个提高性功能的问题了，什么问题都不可以单一来看待来解决的。

hadhad1：

肝若是枪，肾就是弹药。我冒昧地加一句：气血就是弹药的原材料。气血丰盈，自然精满神足，自然性能力提高——不过有意思的是，如果达到气血丰盈，精满神足，就会觉得神清气爽，身轻如燕，那时性事反倒没那么大吸引力了。

阳春百草：

有一个这样的功法与老师的“两腿分开劈叉”有点相像，仰卧，枕头以舒适为宜，两脚心相对，两膝外开，腿似环，两手重叠在肚脐上，安静、放松即可。

Msduke：

这是来自陈玉琴老师的方法：把一条腿盘起来放到床上，肝经就是正中间那条，然后用拳头敲肾经，上身的用刮痧板刮，下身大腿根部用真空罐拔，拔上后马上取下来，不要拔出红印，这样肝肾两经就“ok”了。

太极迷：

太极功操中有一个动作非常简单，即双脚并拢慢慢蹲下，然后向一侧伸出，成侧压腿的姿势，然后两只手抓同侧脚踝，身子向伸出的一侧压低，保持10秒，然后站起来，换另一侧。此法可壮阳。

杨树的眼睛：

劈叉两边都要练哦，先后面一只脚跪住，前面一只脚伸直，双手撑地慢慢下去，千万别太勉强了，这个地方拉伤了可不是一天两天能好的。练好一边换另外一边进行练习。

在练习之前，强烈建议先转动手腕和脚腕10分钟。先来个金鸡独立也不错。总之，练习胯部的动作一定要先热身才行，硬撑的话，肯定是要拉伤的。

罗汉堂：

明白卧功里的“还阳卧”的补肾原理了！因为做“还阳卧”的时候，大腿内侧有酸胀紧绷的感觉，尤其是胯部，特别酸痛。

“还阳卧”的练习心法是：身体自然平躺，髋关节放松，腿似环，两脚心相对，脚后跟最好直对着会阴（如果能顶着会阴最好）。两手心放于大腿根部附近，掌心向着腹部。仰卧由于着床面积大，压迫力较小，身体更容易放松，身体的放松加上一定的姿势，可以很快地使阳气和肾气充盈起来。肾阳气相当于命门的真火——一个生命力的大小关键就是看命门的阳气是否充足。摆这个姿势，就是为了更有利于肾阳气的充足，因此补肾的作用非常明显。

第三章

华佗妙手自家生——人体常见顽疾根除法

我们身边，健身的法宝取之不尽，随时都在我们的眼前跳跃。我们一定要善于捕捉那稍纵即逝的灵感。您只要相信自己，您今天就会有所发现！

1. 用刮痧和掌根按揉法就可以把颈椎病治好

只要循序渐进，刮痧法还是很安全的。您可以试着来，不舒服就停手。好的东西，就得亲自尝试，我说得再多，不如您动手刮上一下。当您刮过第一次之后，就会踌躇满志，暗笑道：不过如此。

有人在进行统计后，做了一个现代文明病的排行榜，结果，颈椎病高居榜首。无论在电脑前、办公桌旁、驾驶室内，到处都有它的阴影。它影响思维、扰乱睡眠，让人无法集中精神、心情烦躁，甚至全无自信。

颈椎病虽不是致命的险症，却是恼人的顽疾。按摩、理疗、针灸、吃药，似乎都效果不佳，难道我们对它真的就无可奈何了吗？

要想解决这个问题，就要找到引起颈椎病的原因。其实，颈椎病有两大基本的病因：一是心脏给颈椎供血不足，二是整个脊椎变形老化。第一个问题，我们可以用最简单的方法来解决，那就是用掌根来按揉前胸的胸骨一段（从天突到鸠尾）。颈椎位置的痛点不同，反映到胸骨痛点的位置也不一样。把胸骨按得不痛了，颈椎痛也跟着缓解了。如果在后背的肺俞、厥阴俞、心俞等处先刮痧，或在督脉上找与前胸骨痛对应的地方刮痧，会有更好的效果。第二种病因的解决方法更简单，就是用拳头敲打自己的腰骶骨处，发现疼痛的地方，再用掌根多揉揉。这两个简单的方法，可以缓解颈椎痛，而且自己也很容易独自操作。

要想彻底治好颈椎病，一定要先调理好整条脊椎。可请亲人用掌根从头后发际一直按揉到尾骨，痛点可多按，若能配合我头一部书中讲到的“地板上健康四法”中的壁虎法和踏步法（参见《求医不如求

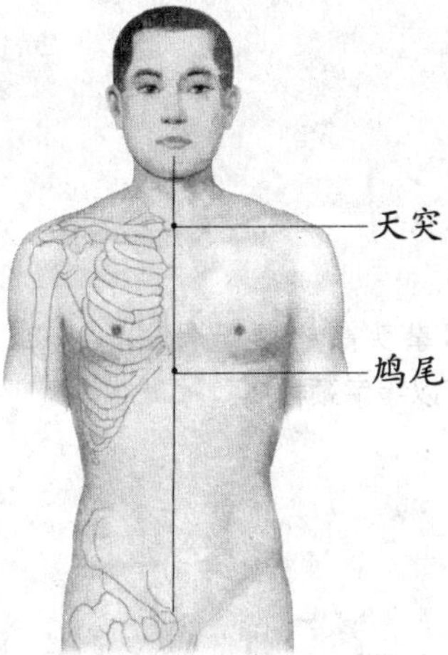

用掌根来按揉前胸骨天突到鸠尾，可缓解颈椎痛。

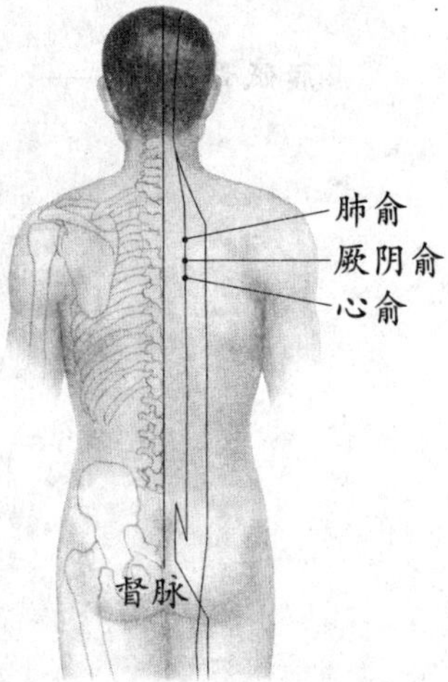

在后背的肺俞、厥阴俞、心俞的地方刮痧，或在督脉上找与前胸骨痛对应的地方刮痧，治疗颈椎痛有更好的效果。

已大全集 1》P100~P101)，效果会更好。用掌根揉脊椎，可把脊椎当做一个擀面棍，边按边搓动这根“棍”，也可两只手一起来滚动这个擀面棍，但对老年人及脊椎有损伤的人，不可用此法。若觉得这个方法过于繁杂，还有一个更简单的方法：患者俯卧，亲人在后，一手掌全贴放在颈椎患部，另一手用拇指点按在患者尾骨尖，这就是最著名的“手掌贴放术”，国外已经把它当做一项很先进的方法来研究，不过此方法更适用于对经络感觉较为敏感的人。

如果家里有人会刮痧，那就直接在颈椎的痛处刮，一出痧，疼痛马上会得到一定的缓解。对于刮痧，很多人希望我说得更详尽，怕刮不好，或刮坏了。那我告诉您，刮痧不要太用力，像搓澡的力度就行。可以先刮最痛的部位，但要找到痛点所在的经络，最好顺着经络的走向来刮，从上到下，从中间到两边，这样刮出来是一条粗线，不要上

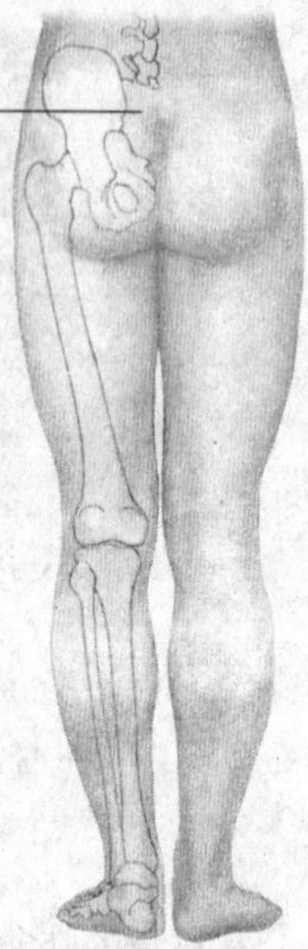

用拳头敲打腰骶骨处，可以缓解颈椎痛。

一下，下一下，左一下，右一下。有时痛点不出痧，可能是痛点的位置较深，而刮痧只适宜痛点较浅的部位，您可以先刮这条经的其他部位，同时在痛点处拔罐。

有些人拿着刮痧板不敢刮，其实这样谨慎是对的，如果面对的是一个体弱的老人、重病的患者、孕妇以及5岁以下的幼儿，还是不用此法为佳。心脏不好或贫血的人，刮痧常会令其心慌气短，甚至昏厥。刮痧还会令血液循环加快，本来这对心脏是一种很好的锻炼，但是开始的时候心脏常常不太适应，所以，我常让大家在刮痧时准备一些同仁堂的“人参生脉饮”，以补气养心，心里不舒服就喝上两支，同时，揉左手心的“劳宫穴”(此穴不用找，揉手心就行)。

只要循序渐进，刮痧法还是很安全的。您可以试着来，不舒服就停手。好的东西，就得亲自尝试，我说得再多，不如您动手刮上一下。当您刮过第一次之后，就会踌躇满志，暗笑道：不过如此。

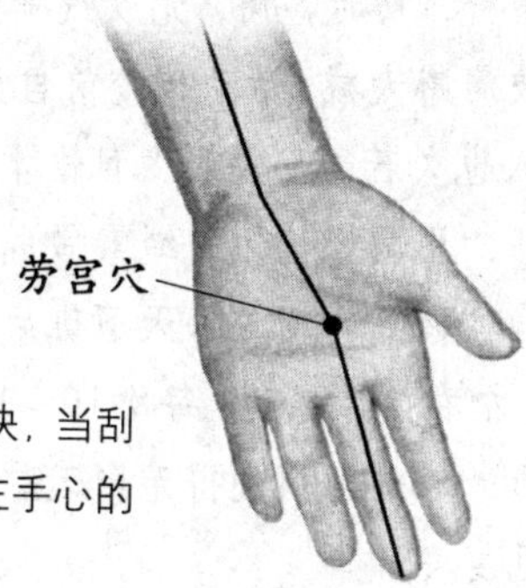

劳宫穴补心血最快，当刮痧出现不适时，按揉左手心的劳宫穴即可缓解。

感悟《求医不如求己》

Juanjuan：

我终于买了刮痧板开始刮痧了，昨晚刮出很多痧，在手上臂外侧，马上很舒服，在颈后也刮出很多，也是即刻舒服，像一股暖流从那里经过似的！手臂上刚开始刮的时候很痛，后来出痧了就不痛了。出的都是红色带紫的痧，没有黑色。

飞雪：

按足底时，我抱着试试看的心态按了足底的颈椎反射区，结果对治颈椎痛非常有效，一般晚上按左右足底颈椎反射区各2分钟，第二天颈椎部就非常轻松，一点也不痛。我患颈椎痛已经两年多了，痛的时候整个背部、肩部及头部都疼痛难忍，本打算今年8月抽时间住院牵引治疗，7月底看到郑老师的书，开始按足底，无意间发现非常有效，也不用住院了。对我而言，治疗颈椎病按足底反射区很有效。

老山界：

我有一个最简单的方法——吊臂法。这来源于一个真实例子的启发：某市某人患肩周炎，群医束手，惟以止痛药缓解。一次，此人突然想，何不运动患肢试试？遂每天乘公车时，伸患肢握吊环或上横杆，初时甚痛，尤以汽车颠簸时更甚，强忍之。下车后，竟觉患肢痛感大减，活动也较前自如。坚持一月，臂痛霍然若失！

本人也久苦于肩周炎，可惜本人上班无需乘公车，遂效仿公车的吊环，用两根较粗的绳索做成吊环的样子，挂在门头上，以双手仅能伸握到为度。每天下班后，双臂握住索环，以自身的重量下坠，左右前后晃动，每次10～15分钟。几天后患臂疼痛大减，不到一月，疼痛已消失得无影无踪。至此，每天坚持吊臂，两年来，未见复发。

有肩周炎者何不试试，既不花钱，也不费时。说白了就是肩膀周围几条经络堵了，周围垃圾堆得太多，粘连了。

2. 献给电脑族们的福音——肩膀痛的自我防治法

> 我们身边，健身的法宝取之不尽，随时都在我们的眼前跳跃，但我们一定要善于捕捉那稍纵即逝的灵感。您只要相信自己，您今天就会有所发现！

很多朋友在电脑桌前一坐一天，这种工作方式要想躲过颈椎病的话，恐怕不是那么容易。我先前的文章里（这些文章可以在《求医不如求己大全集1》一书和我的和讯博客上找到），提到了消除此患的绝妙专方——刮痧法，疗效显著，但却无法自己完成，结果引得周围的朋友们纷纷打来电话，说他们的朋友和朋友的朋友都想让我出手相帮，以消除此顽疾。突然发现周围此类病人，太多太多，而我日常事务繁忙，只好一一谢绝，引得怨声一片，让我灰头土脸。本想建议大家“求医不如求己”，现在却引得朋友们都来“求医不如求中里”了。

其实，常在电脑旁，我也一样肩酸背痛，虽会刮痧，也同样是鞭长莫及，所以，自己编了一组小功法，每天练习5分钟，效果非常好。功法很简单，没人学不会，都是咱们曾经做过或是司空见惯的。不过所有动作都是虚拟的，需要有些想象力才行。

功法分五部分：

一、3种泳姿：自由泳、蛙泳、蝶泳；二、左右上手抛球；三、为同学们摇跳绳；四、伸臂开关阀门；五、仰泳休息。

其实，我想很多朋友一看便知其意了。下面我再略加唠叨两句，以加深诸位对此功法的理解。

一、虚拟游泳的3种泳姿。您直立，然后开始游泳，先是自由泳，再是蛙泳，然后是蝶泳，每个泳姿做上20次就足够了。有人说：“我不会游泳，姿势恐怕不太正确。”没关系，其实我游泳也只会“狗刨”，不过在虚拟的情景中，咱们个个都是游泳高手。

二、然后“上岸”来打打沙滩排球。只需左手将球抛向空中，头向后仰，然后，抡圆了右臂在头上一米左右处将球用全掌击出。球个个发向对面的场地，连发它10个球，然后换右手来抛，左手来击球，也发10个。

三、这时您看到不远处有一群活泼可爱的小学生，他们的小老师拿着根长长的麻绳，准备带孩子们一起来跳绳，可是少了个摇绳的，请您来帮个忙，于是您欣然同意。攥着绳子的一头，和他们的老师一边一个，为同学们起劲地摇着跳绳。找到感觉了吗？只转动肩膀，手腕却不可用力和旋转。若觉得一手摇得不过瘾，那就两臂平伸，两手各攥一根绳子一起摇，那才更有趣呢。可以同时向前摇，同时向后摇，一前一后摇，随心所欲。

四、生活中，我们会碰到水管子漏水的情况，这时我们要先关上总阀门。拧紧阀门的动作，我想每个人都不会陌生吧！现在我们要做的就是拧紧阀门，首先，我们要选那种最常用的、红色的、一只手正好握在手中的那种圆盘状阀门。我们直立，两臂向两侧平伸，两只手各自握住一个阀门，开始同时做拧紧阀门的动作。手腕在转，肩膀也在转，转15下，差不多了。水管子很快修好了，可以通水了，那我们就需要把阀门向反方向拧开，再转它15下。这个动作能极好地打通上肢6条经脉。

五、干半天累活，最后该休息一下了，那就做做仰泳吧，这是最好的放松法。做仰泳时节奏要慢，可以闭上眼睛，享受躺在水中休息的闲暇，抬左臂时慢慢地吸口气，抬右胳膊时慢慢地吐气，千万不要憋气，做上20次。这种虚拟的游泳运动，因为没有水的阻力，所以是完全的放松状态，可以使肩膀和颈部得到充分的放松。记住，放松就是祛病的“妙方”。

在写这篇防治肩膀痛、颈椎病的文章的时候，无意中看到了一位叫“蓝蓝月儿”的网友提供的经验分享，其中有一段是不经意中治好颈椎病的方法，太宝贵了，大家一定不可当面错过，这些“不经意”而来的东西，都是无价之宝，是可遇而不可求的。

“蓝蓝月儿”写道：“我那时看郑老师写道，‘在腹部的阻滞很可能是潜藏的慢性病’，我就找呀找，结果就在带脉的部位找到很硬的块。按着按着，我发现硬块‘呼噜呼噜’地慢慢化开了，而且奇怪的是，我的脖子居然好多了（因老待在电脑前，太忙，颈椎疼已经难以入睡了）。”我很感谢这位朋友的无私分享，为我们大家提供了开阔的思维方式。

我们周围，有爱心的朋友无处不在，彼此都在传递着一种美妙的信息，我们身边，健身的法宝取之不尽，随时都在我们的眼前跳跃，但我们一定要善于捕捉那稍纵即逝的灵感。

您只要相信自己，您今天就会有所发现！

感悟《求医不如求己》

药童：

下面介绍两种简单方便的保健活动，送给长期伏案、肩背酸疼的朋友们。

第一种：两脚分开与肩同宽站立，两臂向两侧伸展，左手心朝上，右手心向下，深呼吸，保持这种姿势不变，直至手臂无力支持为止。然后，尽可能慢慢地高举双手过头顶，尽量上伸，掌心相接，然后放下双臂，放松。

第二种：坐在椅子边沿，双脚岔开与肩同宽，平放在地板上，身体前倾，两臂从两腿内侧穿过，两手摸脚背外侧，保持这种姿势几分钟，腰部脊柱会得到伸展，会增加脊柱的柔韧性。

以上活动，由美国医学博士安德鲁·韦尔提供，本人每天都做，效果甚好，在此借花献佛，希望朋友们感兴趣。

张丽：

中里老师介绍的方法真棒！我的左肩膀最近疼得厉害，刮痧后虽有缓解，但是有一个痛点还是很疼，而且只要坐在电脑前时间稍一长，脖子就很僵硬，试用这个方法后，还真是好了很多。我最喜欢“上手抛球”这个动作，做的时候手尽量往高处够，让胳膊及腋下得到伸拉，比较舒服。

自然治愈力：

肩膀痛的自我防治法很简单，首先我们要明白为什么坐的时间长了肩膀就会痛，主要是因为头部给颈椎的压力使椎骨间的间隙变窄，血液流通状况发生改变而导致的后果，所以，缓解压力是最根本的解决办法。一、躺下来休息片刻就会缓解。二、双手交叉放在颈椎后部，头向上仰片刻做牵引也能缓解。三、使用牵引枕30分钟也可以缓解。

蓝蓝月儿：

假如脖子酸痛，眼睛发胀啊什么的，那就按风池比较舒服。另外，把脚腕转到某一个角度，最大限度地用力弯，动作定格在那里，直到很酸为止。手也是这样。我的感觉是把胆经伸开的那个姿势最管用了，其次是让三焦经伸开的姿势比较舒服，然后很长时间就真的不疼了！大家试试啊！

Bsmoon：

我也是颈椎病的受害者，照着中里先生的“游泳疗法”做了一遍，的确挺舒服的。突然想起一句治颈椎病的至简话语——经常要——举头望明月，不要——低头思故乡。当我们不方便“游泳”的时候，抬抬头也是活动颈部的好方法。

3. 鼻炎不能怪鼻子——各种鼻炎的经络调治真法

鼻炎分为两种，一种是鼻流清涕，易喷嚏，易鼻塞；一种是鼻流浊涕，花无香，饭无味。前者病在膀胱经、肾经，治宜祛风寒，清脾湿，补肺益肾；后者病在胃经、胆经，治宜清肝火，化痰浊，通肠利胆。我送给大家一个小功法，对两种鼻炎都有一定的效果。

鼻炎似乎是最普遍的病患，周围的朋友十有六七都有此疾，看似小毛病，其实却很难根除。尤其是过敏性鼻炎，更是需要彻底改变体质，才有望治愈，非短期可见其功。

说到鼻炎的调治，我在这里首先要告诉大家的是：鼻炎并不是鼻子本身的问题，光在鼻子上下工夫，不会有持久的疗效。鼻子不过是个替罪羊，其症状反映了脏腑的功能出现了问题。

简单而言，可以把鼻炎分为两种，一种是鼻流清涕，易喷嚏，易鼻塞；一种是鼻流浊涕，花无香，饭无味。前者病在膀胱经、肾经，治宜祛风寒，清脾湿，补肺益肾；后者病在胃经、胆经，治宜清肝火，化痰浊，通肠利胆。那具体如何操作呢？

鼻流清涕、鼻塞者，用刮痧法先刮后背，循督脉、膀胱经，刮到皮肤温热；秋冬遇风喘咳者，用艾条慢灸背俞，沿风门、肺俞、脾俞、肾俞，灸至穴位痒痛；怕冷怕风易过敏者，用取嚏法，喝姜枣汤助力，取到嚏尽方休。

鼻常流清涕者，体内多有湿寒，若胃寒肚冷，可以服附子理中丸以温里；若痰多不渴，易多用参苓白术丸以祛湿，同时要少饮水；取嚏不出者，可服补中益气丸以增心肺之力；若皮肤干燥，喷嚏无力者，可服人参生脉饮，以强心润肤。

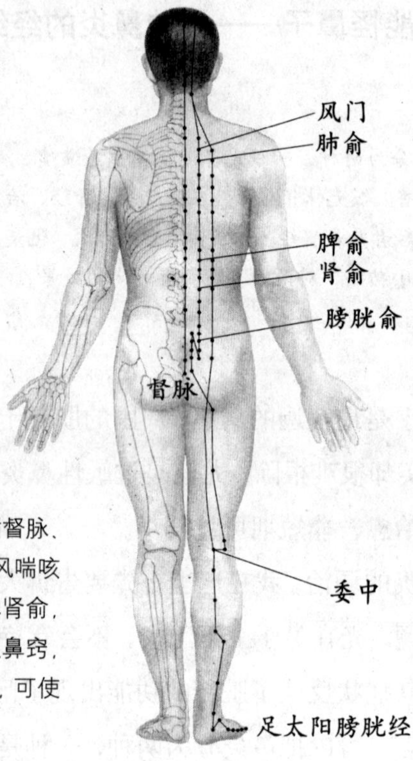

鼻流清涕、鼻塞者，可循督脉、膀胱经在后背刮痧。秋冬遇风喘咳者，可艾灸风门、肺俞、脾肾俞，灸至穴位痒痛。委中穴能通鼻窍，可解一时之急；刺激膀胱俞，可使鼻窍持久通畅。

鼻为肺之窍，鼻病与肺自有脱不开的干系。“肺主皮毛”，皮是皮肤，毛是毛孔。皮肤是人抵御外邪的屏障，易出汗怕风者，毛孔开合不利，风寒最易乘虚而入，“玉屏风散颗粒”内增脾肺之气，外御风寒之侵，可谓表里兼顾。

对症的药本就不多，药店又常无货，那我们就不如常服山药薏米芡实粥了。药调不如食补，若能坚持，自然更好。委中穴能通鼻窍，可解一时之急；膀胱俞强刺激，可使鼻窍通畅，且较持久。

取嚏后若觉鼻堵加重，为暂时性症状，可用些通鼻窍的中药喷剂，暂时疏通。过敏性鼻炎，其病本在肾，若要除根，还需增加肾的功能才行；可用艾灸条，常灸肚脐下关元穴，后背肾俞穴（也可用拔罐法）和肾经太溪穴。若能表里兼顾，标本同治，过敏性鼻炎，过敏性体质，一样可以脱胎换骨。

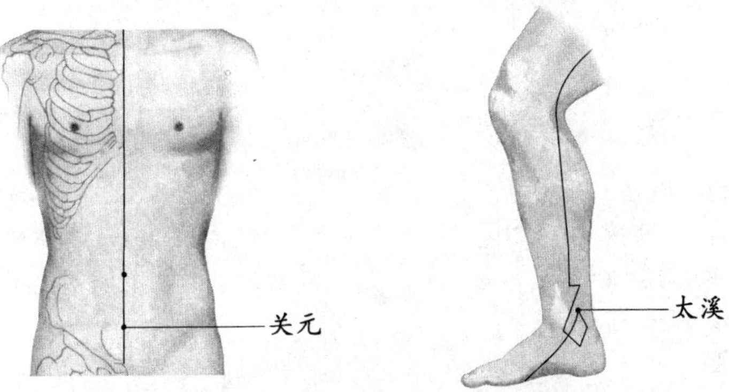

过敏性鼻炎病根在肾，艾灸关元穴、后背肾俞穴和肾经太溪穴，可以增强肾功能，有效缓解或治愈过敏性鼻炎。

再说一下鼻流浊涕的慢性鼻炎。前段时间，有位30岁的女士，说自己患鼻炎已经十几年了，闻不到饭菜的香味，还常常前额头痛。我告诉她是肠胃的问题，用推腹法，常敲打胃经，多按胃经的丰隆穴。两周后她告诉我，已经能闻到饭菜的香味了，食量增加了一倍，现在又转而担心长胖的问题了。

相对来说，鼻流浊涕的鼻炎要好治许多。市场上的中成药，多对这种鼻炎有效。

有的朋友对吃药很抵触，那咱们就学一个小功法，对两种鼻炎都有一定的效果。

躺在床上，臀部贴墙，不是背靠墙，而是面朝天花板。脚没地方

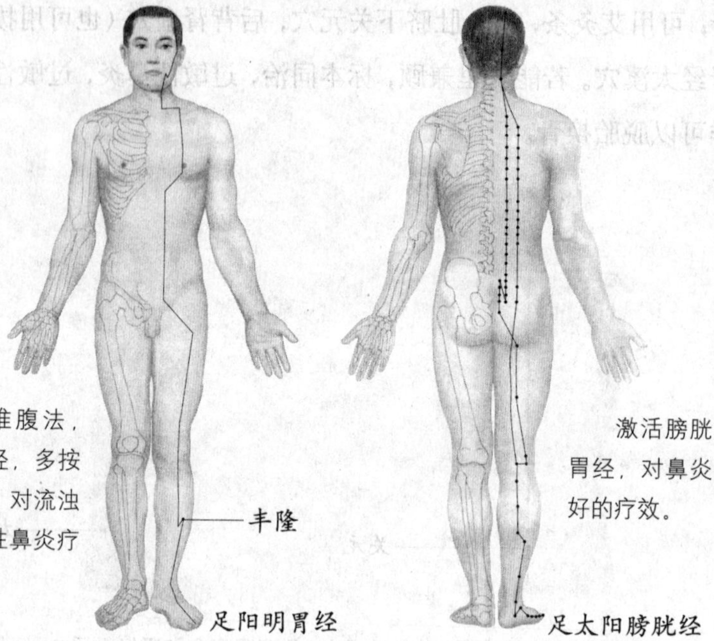

用推腹法，敲打胃经，多按丰隆穴，对流浊涕的慢性鼻炎疗效显著。

激活膀胱经和胃经，对鼻炎有很好的疗效。

放了，只好放到墙上去了，墙与床成90度直角，那我们的身体下肢与躯干，也就是90度直角。脚跟紧贴墙，脚心朝天，脚心与胸要平行。这是开始时的姿势，其后两脚同时全脚掌贴墙，腰臀部会自然地抬起来，然后脚心再重新与胸部平行，脚心朝天，为一次。每天抽空做上5分钟，对鼻炎有很好的疗效。那是什么原理呢，我一说，您就清楚了，这个动作，不就是在激活膀胱经和胃经吗？其实，小功法都很简单，您也可以自己发明。自己包的饺子，也许更好吃呢！

感悟《求医不如求己》

普洱叶子：

这个动作类似于瑜伽里的一个放松动作，是借床面和墙面的90度角，将身体折成90度。背躺在床上，脚举到墙上，臀部是这个90度角的转折处。老师说臀部要紧贴墙，是为了保持夹角尽可能是90度，自己照着做就明白了。这个动作在瑜伽里有温暖腹部器官的作用。

营养MM：

中医认为，肺藏气，主收敛，它还有两个作用：肺气内降，则通达于膀胱；肺气外行，则熏泽于皮毛。所以皮肤的好坏也是由肺来主管的。有的人皮肤干，就是因为肺气不外行。

现在人常常在空调房里，也影响肺的宣发；如果胃不降，就影响肺气内降，这样“外感风寒而皮毛闭秘，脏腑郁遏，内不能降，外不能泄，蓄积莫容，则逆行于鼻窍，鼻窍窄狭，行之不及，故冲激而为嚏喷”。过敏性鼻炎，就是这个原理。

4. 养生最要紧的是在经络上温故知新

孔夫子说："不愤不启，不悱不发。"真是至理名言。

我不想害了您一辈子不懂思考，只知信手拈来，又随意丢弃，然后再渴望多得。

金鸡独立、推腹法、敲带脉、磕头功、补肾功，您认真练了吗？您不必期冀我的新文来增长新知，因为我也不过是新词唱旧曲。我一直在唱的总是一个旋律——求医不如求己。

昨天网上有个小朋友，直言不讳地骂我是大懒虫，总不更新博客，我心里甚是羞惭，童言无忌，也最真诚，我在此虚心接受小朋友的批评，连夜写出一篇，希望还能保住叔叔在你心目中的良好形象。

许多朋友都买了我的第一本书，有的朋友甚至看了好几遍，但收获各不相同，有人觉得拨云见日，豁然开朗；有人却感到阴云密布，疑窦丛生。实践了书中的方法，有的立竿见影，屡试不爽；有的却毫无效验，了无寸功。这全然不同的反应，其实极为正常。

本人三生有幸，几年前偶遇太极恩师李宝良先生。老师弟子众多，很多师兄太极拳打的是"虎跃龙形"，潇洒飘逸，而我的拳法套路打的总是"熊头狗面"，浑混不清。老师平日当众对我也颇有微词，说我太笨，简单的姿势也学不像。但与老师私下交流心得时，老师对我却大加肯定，说我已经悟到了太极拳的心法意趣，至于形体姿势，若愿意打得漂亮些，则赏心悦目，更为理想，若只是寻求太极意境，姿势倒不很重要，照样可以哑巴吃蜜，乐在其中。

今天有个叫"芷兰"的网友，在博客评论中写了这样一段话，道出了我的心声：

"是啊，学些与自己有关的，太对了。昨日，咳得很厉害。唉，诸脏病都会咳，我一点也不知从何下手。突然自己身体给了灵感，腋下一痛，哈，这不是极泉穴吗，心经嘛。《内经》不是说咳在脏，就针这条脏的合穴？好像是这样吧，于是我按少海穴。按了十分钟，果然好多了。

本来，心经我只认识极泉，是看图片无意中记下的，这下，这条经与自己有关了，于是这条经的9个穴都熟悉起来了，还知道了少海乃心经合穴！”

这才是学习中医的心法秘诀。

很多朋友来信说，找不准经络穴位，其实这根本不是学习的障碍，即使您知道的经络穴位和针灸专家一样多，也不见得对您有多大的帮助。知识是死的，若不能化成自己的体会，那就等于零。听不到内心

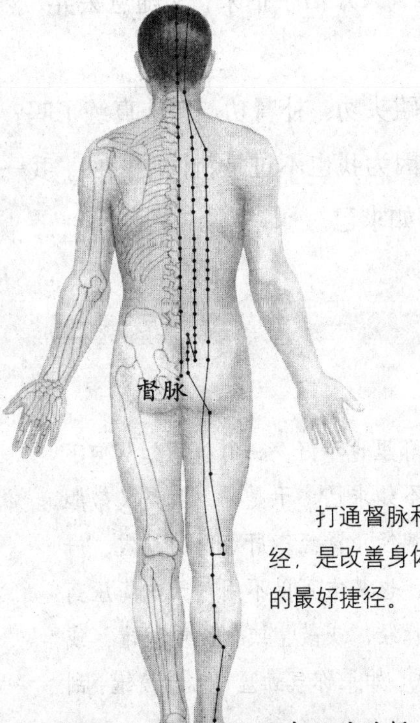

打通督脉和膀胱经，是改善身体状况的最好捷径。

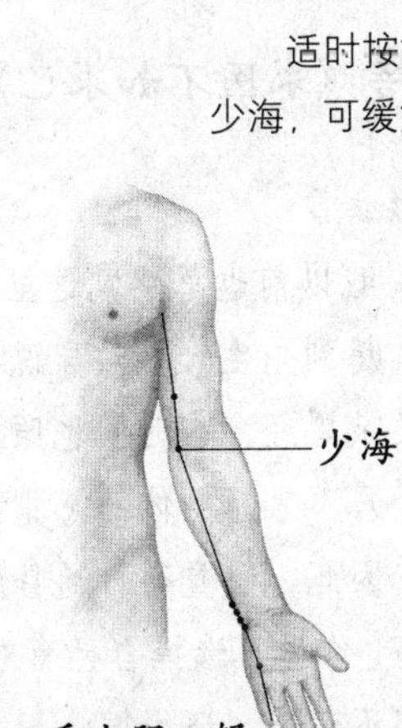

适时按揉极泉和少海，可缓解咳嗽。

的声音，不会发现灵感，才是您最应该担心的问题。

有人说了，用了你的方法，不管用呀，怎么办呢？

还有人说，我的病你的书上没写着，所以我无从下手呀！

那我就再告诉您一招万能功法，基本上适合于大多数病患的防治。如果您想改善自己的身体状况，却不知从何下手的话，打通督脉和膀胱经就是一个最好的捷径。有人马上会问，怎么打通呀？其实，我真希望您先思考一下，再问。有人说：郑老师，不要保守嘛，还是和盘托出吧！

其实，仓库的钥匙都给您了，还怕您拿走些小玩艺儿不成？只怕您拿在手里，还是不知如何使用。

孔夫子说："不愤不启，不悱不发。"真是至理名言。

我不想害了您一辈子不懂思考，只知信手拈来，又随意丢弃，然后再渴望多得。

金鸡独立、推腹法、敲带脉、磕头功、补肾功，您认真练了吗？您不必期冀我的新文来增长新知，因为我也不过是新词唱旧曲。我一直在唱的总是一个旋律——求医不如求己。

感悟《求医不如求己》

孤影立雪：

我以前也总感觉这里不好，那里也不好，一时也不知从何下手。想到先生一再教导说：求医不如求己。于是乎，我是又敲胆经又敲胃经，有时间也照顾一下脾经、肾经、肝经及曲池穴。一二个月下来，身体的感觉好多了，也基本可以不用每天吃降压药了。因此，我觉得打通督脉、膀胱经，或敲、或捏、或拔罐、或刮痧，你尽可选择自己喜欢的方式，如果你气血虚，估计拔罐、刮痧都不适合，还得敲、捏。

5. 让痘痘昙花一现——根治痘痘的两大法宝

痘痘其实是体内的痰浊，随血液在周身流动，由于头面没有排毒的出口，只好从皮肤里拱出来了，在脸上形成痘痘。

治痘痘有两件法宝，一要健壮脾胃，消除生痰之源，二要打通经络，给湿毒以出路。

有痘痘的俊男靓女很多。这一点点的瑕疵，给追求完美生活的人们带来了无尽的烦恼。本来长了挺漂亮的一张脸，却由于满脸痘痘而导致自卑心理的人比比皆是。其实，只要认清了痘痘的本质，那么它们就犹如昙花一现，不会伴随我们太久的。

痘痘其实是体内的痰浊。饮食入胃，消化后本来应成为气血，供养全身，可由于脾胃虚弱，进入肠胃的食物没有全部化成气血，而有一部分变成痰湿了。这污浊的痰湿也随血液在周身流动，肝火旺，脾气急的人，痰湿会随火气而上于头面。由于头面没有排毒的出口，只好从皮肤里拱出来了，在脸上形成痘痘。大家通常认为是自己上火了，于是找些祛火的中药来吃，但祛火的药，通常都是寒凉伤脾的。脾胃本来就虚弱，再用寒凉攻伐，岂不是愈加地虚弱了？所以祛痘痘就要先祛痰湿，祛痰湿就要先健脾胃。“脾为生痰之源”，脾胃健则痰湿自消。山药薏米芡实粥，健脾胃，生气血，平和持久；参苓白术丸，化痰涎，祛湿浊，无出其右。

可有些人肝旺脾虚，肝火不祛，则脾虚难补，如有的女士通常月经不调，痛经强烈；有的男士则脾气急躁，夜卧流涎。这时可试用加味逍遥丸，祛肝火又健脾，但虚寒怕冷，不喜饮水的人又大不相宜，可改用逍遥丸，解郁舒肝，又无寒凉之患。其实，若不想吃药，可以

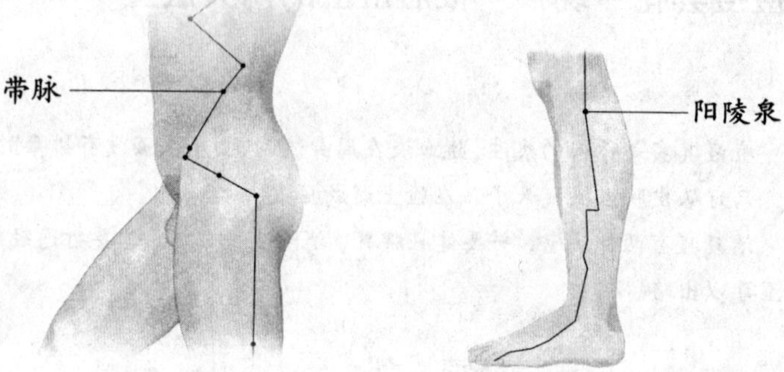

祛除痘痘，若不想吃药，可以敲带脉或者推腹，同时揉阳陵泉，肝脾健，痰气消，皮肤自然光洁。

敲带脉或者推腹以舒肝健脾，同时揉“消气穴”阳陵泉以顺气消痰。

前几日，一位二十五岁左右的女士找到我，说自觉胸闷气短，便吃了补中益气丸。我为其把脉，见其心肺脉俱弱，肝脾脉郁结，用补中益气丸以提升中气，并无不妥。但她说，吃完此药，除了每天打嗝增多以外，脸上的痘痘也跟着多起来。她问我是不是上火了？我说，“补中益气丸”增强了气血运行之力，本想把血液中的痰湿赶快运出去，但是排毒的经络堵塞了，只好病走熟路，从原来出痘痘的地方再出了。不过没关系，咱们正好借助药力，给痘痘找个出路。于是我按摩了一下她的肩膀，发现肩膀僵硬，大肠经、小肠经、三焦经都很痛。她告诉我，她月经不调，有些便秘，失眠多梦。我为她刮了一下这3条经从脖子到肩膀的位置，出的痧又紫又多。第三天碰到她时，她脸上的痘痘已经明显小了下去。她说，刮完痧当晚睡得非常香甜，第二天大便也非常通畅，感觉浑身都轻松了。我告诉她，治痘痘有两件法宝，一要健壮脾胃，消除生痰之源，二要打通经络，给湿毒以出路。

感悟《求医不如求己》

拿什么来拯救自己：

痘痘其实就是你身体里的毒素超过了排泄的能力，身体只好安排皮肤这个排毒通道加点儿班，也就是把毒素暂时运送到皮肤的某些地方堆积。造成长痘的原因有两个，第一是身体素质整体下降，解毒、排毒器官功能下降，比如肝、肾衰弱，身体的整体垃圾运输能力不堪重负；第二是身体进口控制不严，进入身体的垃圾、毒素太多。

6. 弹指一挥间——抑郁症的通用疗法

将双眼轻轻微闭，哼着您喜爱的小调，用您的手指有节奏地敲打着桌面。就这么简单，从此您将远离忧郁，把烦恼恐惧尽数敲散，并且每天都将获得新的能量，源源不断。因为那是身体与心灵的合力，而心灵的力量来源于宇宙，所以永远不会衰竭。

在市场经济的驱动下，社会竞争越来越激烈，人们的生活压力越来越大，从而造成了越来越多的精神抑郁者。这些抑郁者往往由开始的忧愁恐惧，逐渐变得悲观厌世，最后竟麻木不仁，拖着一具毫无灵魂的躯壳晃来晃去。一个人有病，家人和朋友都会受到感染，于是天天求医问药，担惊受怕，总是在压抑惶恐中度过，家里家外再无宁日。

心理的疾病最难排解，不是光靠劝说就可以开释的，更不是仅凭讲道理就可以讲明的。有的病人很有学问，甚至是专家、教授，什么高深的理论都能谈得头头是道。但他仍然像一只惊弓之鸟，焦虑不安，知识似乎并没有给他太多的力量，反而成了捆绑他的绳索，学得越多，禁忌越多，顾虑越多，烦恼越多。有的病人总想哭，总感到心里有什么委屈，但又说不清。还有些病人总想倾吐满腹的苦水，却总找不到可以倾吐的人，好像根本没人能够理解。

前几天，有个朋友带来他七十多岁的老父亲，请我给摸摸脉，说是患支气管扩张好几年了。老人神色沮丧，言语低微，与我说话，一如自言自语，眼睛失神地看着前方，偶尔抬头瞥我一眼，也毫无表情，一副任人摆布的样子。我仔细摸着老人的脉，对他说："老爷子，您的病根并不在支气管上，您是长期心里忧虑恐惧造成的心脏供血不足，没有新鲜的气血供应肺和支气管，给细菌繁殖提供了土壤，所以炎症才久治不愈。”

他听我这么一说，先皱着眉摇了摇头，叹了口气，然后使劲点了点头，说道：“去了那么多家医院，消炎药吃了一筐，您今天算是说到点上了。其实，我自己很清楚我的病是啥原因。”他把老伴支到另外一个房间，然后双手捂着脸开始抽泣起来，他的女儿搂着父亲的肩膀，轻声地劝慰着。我说：“让老爷子哭吧，他心里有太多的委屈。”我的话音未落，老人家已经是嚎啕大哭了。

原来老人的老伴6年前得过一场大病，老人总担心朝夕相伴了四十多年的爱妻会随时离自己而去，因此每天忧虑恐惧，造成了现在这种状态。

老人的情志长期被压抑，难以宣泄，中医讲“气郁生痰，气有余即火”，这个“气”就是郁结的肝胆浊气，这个“火”就是积郁的肝胆之火，肝属木，肺属金，便形成了“木火刑金”。中医讲“诸闷愤郁，皆属于肺”，也是在强调肝胆气郁会使肺气不得宣通。另外，病人肝火虽旺，但肾气不足，外在的表现就是脾气很大，对家人易发怒上火，但是私下里却总是惴惴不安，“如人将捕”。看一下经络图就会发现，肾经的走向正是经过支气管发作的位置，所以按摩肾经的复溜穴、太溪穴就会对支气管的病症有效，也就是“经脉所过，主治所病”之意。

哭了3分钟，老人突然止住，对我连连表示歉意，说自己太失态，让我见笑了。我说：“没关系，其实大家都是一样的，生活在这个浮躁的社会当中，家家都有一本难念的经。哪个人没有忧愁恐惧呢？只是有的人更善于排解罢了。现在，我教您一个排解郁闷、增强心理力量的小方法。”老人听我这话，顿时眼里闪出了光采，急切地说：“真有这样的方法？”我说：“那当然了，而且还非常简单有趣呢！”

这个方法，我是受姑姑家爷爷的启发而得。那时我还在上高中，爷

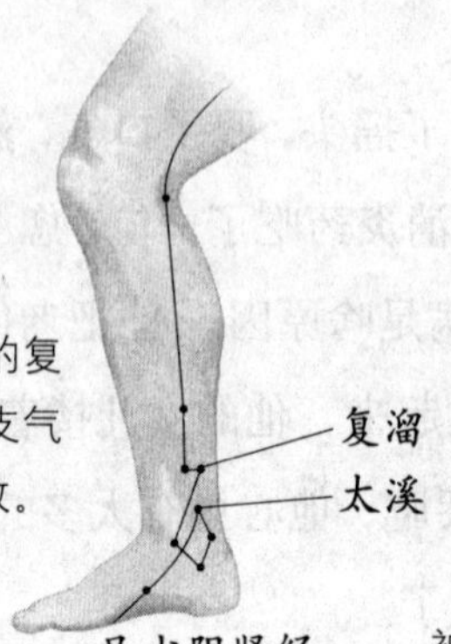

按摩肾经的复溜和太溪，对支气管的病症有特效。

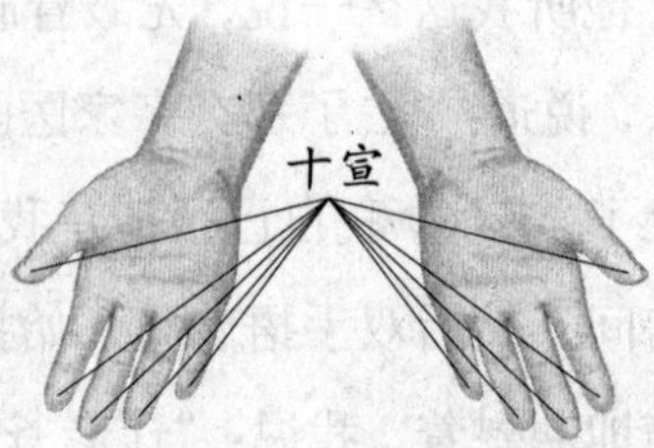

十宣位于十指肚，最能开窍醒神，一直被历代大医当做高热昏厥时急救的要穴。

爷当时已经九十多岁了，耳不聋，眼不花，一天到晚总是在哼唱着京剧。记得有一次，我问他："爷爷，您的长寿秘诀是什么？"爷爷呵呵大笑："没什么，就是唱京剧，打拍子。"说完，又闭上眼睛，摇头晃脑地接着唱他的《甘露寺》。爷爷唱的时候，左手摇着芭蕉扇，右手在茶桌上敲着节奏，"啪啪"地发出动听的脆响声。他那灵活有力却没有一点老年斑的手指，至今让我记忆犹新。在我的脑海里，一直有这样一个印象，有这样不停打节奏的手指，就永远不会衰老，永远不会忧愁。

我要告诉这位老人的就是这种有节奏敲手指的方法。老人可以在桌子上、椅背上、墙壁上、大腿上，有节奏地敲，或和着小曲，或哼着京剧，或念着诗词，或打着鼓点，总之是自得其乐，最好是闭目摇头，敲得浑然忘我才好。十指肚皆是穴位，叫十宣，最能开窍醒神，一直被历代大医当做高热昏厥时急救的要穴。十指的指甲旁各有井穴，《灵枢》上说："病在脏者，取之井。"古人以失神昏聩为"病在脏"，所以刺激井穴最能调节情志，怡神健脑。《难经》上说："井主心下满。"所谓"心下满"简单地说就是"心里堵闷不痛快"，这也是抑郁病的主要症状。另外抑郁病还表现在整日疲劳不堪，不但四肢无力，连心里也觉得虚弱无力，吃饭走路都没精打采，甚至不知道哪里还能使出力气来。俗语道：十指连心。您只要闭上眼睛，轻轻地在桌上一敲，手指的微痛，立刻就会让您重新找回“心力”，这是人体中最宝贵的力量。

生活中处处是被人忽略的、微不足道的小事，但有时正是这一点点的改变，就会让您从此脱胎换骨。那点燃引线的虽然是星花小火，但引爆的炸药却将烈焰冲天。将双眼轻轻微闭，哼着您喜爱的小调，用您的手指有节奏地敲打着桌面。就这么简单，从此您将远离忧郁，把烦恼恐惧尽数敲散，并且每天都将获得新的能量，源源不断。因为那是身体与心灵的合力，而心灵的力量来源于宇宙，所以永远不会衰竭。

感悟《求医不如求己》

营养MM：

好文章啊，十宣穴是经外奇穴，不但可以健脑怡神，还有很多意想不到的功效呢！

(1) 对心肾不交型失眠非常有效，具体办法是睡前剪十个小方块的伤膏（活血通络膏）贴在十个指头，哈哈，一会儿你就呼呼大睡了。

(2) 可用于中风、脑溢血的急救，具体方法：在病人出现中风症状时，拿注射针头去扎十个手指头，每个手指头挤出黄豆大的血，可立即缓解，免于中风（此法可减轻大脑的压力）。

十宣穴位于四肢末端，为三阴三阳之经气贯通交会之所，又位于手足十二经“井穴”之旁，十二经起始之处。故针刺十宣穴出血，可泄诸经之邪热，从而使脏腑蕴积之邪热得以宣泄，通经开窍，调和脏腑。另外足太阳膀胱经与手太阳小肠经相连，手太阳小肠经与手少阴心经相表里，故在治疗热淋时，重按心经和小肠经，并增加小指和食指出血量，以增加疗效。十宣穴针刺出血治疗法，简便易行，取效迅速，不失为一种好的方法。

7. 一招天河水，拳拳舐犊情——小儿发热的通治之穴

推天河水，既可泻肝经之火，又可补脾经之血，肝火得泻，心里自然清凉，脾经得补，胃口必会大开。

记得儿子小时候发烧不退，但不让我给他推，我就只能在夜里趁他睡熟的时候，为他推，那时才理解了“不养儿不知父母恩”。

在我的博客留言中，询问儿科调养的不少，家长都是心急如焚。我自己也有小孩，自然能体会父母们的舐犊之情。记得儿子一岁的时候，有一次发烧感冒，夜里无法入睡，孩子每一声剧烈的咳嗽，都会扯痛我的心。看着他胀红的小脸，急得我团团转，我所擅长的这些疗疾招数，用在孩子身上却疗效不佳。情急之中猛然想起一招“推天河水”，忘了曾经是在哪本书中看到的，看书时就觉得此法甚妙，但从未实践过，当晚在儿子身上一用，果然灵验，很快便烧退神安，咳嗽也大为减轻。古代医家对幼儿疾病总结得最为精道，“小儿之患，非肝即脾”。我儿子的体质就属于肝旺脾虚型，这样的孩子有一个显著的特点就是睡觉少，即使哈欠连天，也不愿去睡觉。此外这种体质的孩子通常夜里爱出汗，脾气较大，胃口不好，爱挑食，体瘦面黄，个子窜得快，但牙齿却长得很慢。

推天河水，为什么会功效卓著呢？让我们来看看天河水的位置，是从劳宫穴一直到曲泽穴，这正好是心包经的位置，逆推心包经，既可泻肝经之火，又可补脾经之血，肝火得泻，心里自然清凉，脾经得补，胃口必会大开。所以对于那些夜里手脚心发热，汗出烧不退，烦躁难眠，夜咳不止等热性病症，最为有效。但若是畏冷怕风，神倦易困的虚寒性体质，则万不可用。

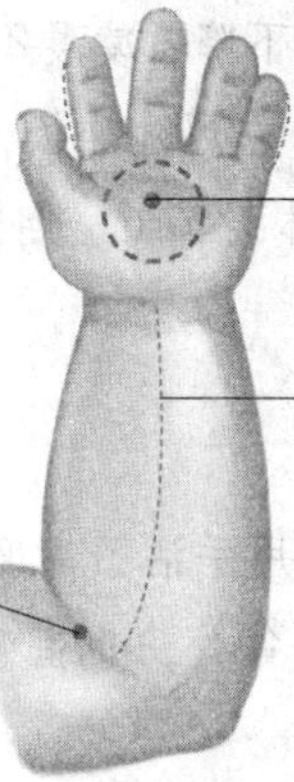

给孩子推天河水，可泻肝经之火，补脾经之血，这样孩子就会很快退烧，胃口大开。

推“天河水”方法简单：家长用拇指，从孩子左手心沿小臂中线一直推到肘窝的曲泽穴为一次。每次要推至少300次。推时要在孩子小臂上抹些润滑油（擦手油），防止擦伤皮肤。睡前给孩子推一推，效果最好。记得儿子小时候发烧不退，但不让我给他推，我就在夜里他睡熟的时候，为他推，那时才理解了“不养儿不知父母恩”。

感悟《求医不如求己》

bradeol：

这个心包经是不是左右手都有啊？

木兰心语：

心包经左右两边都有，但由于心脏在人体中靠左，通常我们多揉左边的心包经更为有效。

海星：

昨晚10点发现小儿感冒发烧38.5℃，无涕，喉咙微红微痛。在大椎、肺俞、曲池穴拔罐，背部轻刮痧，左耳尖放血4滴，推天河水左右100次，推六腑左右300次，清心火。一推天河水即微微出汗。12点开始汗出如珠，体温下降，凌晨2点时体温37.4℃，3点时又升到38℃，按压风池穴，左风池痛极，后在左右风池各拔一紫印。一夜安睡，早9点醒后体温37℃。期间没用任何药物，只喝一些水。今天一天体温正常。

爱妈妈：

小时候感冒发烧，母亲每每用手沾了高度白酒，去摩擦手心、脚心、肘窝、腿窝、前心、后心等处，也蛮管用的，至少不用吃药就会退烧。

第四章

开启《黄帝内经》的法宝

《黄帝内经·灵枢经脉篇》中的补肾法，原文是这样一句："缓带披发，大杖重履而步。"也就是要您宽松腰带，披头散发，拄着大拐杖，穿着沉重的鞋子而散步。这不就是"坠足功"吗？类似这样的健身法宝，《黄帝内经》当中俯首皆是，进了黄金屋，您可一定要多加留意，钻石都硌了脚心，却又被我们一脚踢开，岂不太可惜了。

1.《黄帝内经》里面的钻石之旅

《黄帝内经·灵枢经脉篇》中的补肾法，原文是这样一句："缓带披发，大杖重履而步。"也就是要您宽松腰带，披头散发，拄着大拐杖，穿着沉重的鞋子而散步。这不就是"坠足功"吗？类似这样的健身法宝，《黄帝内经》当中俯首皆是，进了黄金屋，您可一定要多加留意，钻石都硌了脚心，却又被我们一脚踢开，岂不太可惜了。

最近有网友批判我，说我提供给大家健康养生的小功法，纯属"臆想杜撰，无据无实，于中医理论无可考证"。我读罢哑然失笑，刚好提醒我写一篇关于古法今用的文章，使更多的朋友在阅读古代医书的时候，能够有一些全新的感悟，今天就以"取嚏法"和"坠足功"为例，探究一下《黄帝内经》中我们可以拿来一用的好东西。

先说"取嚏法"，我书中告诉大家可用手纸搓成细捻或把吸管铰成细丝，捅鼻孔取嚏，以防感冒和鼻炎，此法取自《黄帝内经·灵枢杂病篇》，原话是这样说的："哕，以草刺鼻，嚏，嚏而已。"这是说打嗝不止，可用草来刺激鼻孔，一打喷嚏，打嗝就止住了。但是，现在打嗝不止的人毕竟不多，而经常感冒的却大有人在，借此古法来派上新用，不亦乐乎？《内经》上说："诸气愤郁，皆属于肺。"打喷嚏，打到微汗最佳，可以宣通肺气，调畅气机，既解肝郁，散心火（汗为心之液，心火随汗而解），又御风寒（寒亦随汗而出）。"取嚏法"岂止可治打嗝、感冒，还有很多功效等着您去摸索呢！

再说"坠足功"，我书中是这样说的："首先，你要显出疲惫的表情，显出慵懒的神态，像是半梦半醒，没精打采，饿了一天没吃饭，腿上还绑着大沙袋……然后我们开始'跑步'。"（参见《求医不如求己大全集1》P159）这一段其实完全是《黄帝内经 · 灵枢经脉篇》中的补肾法，原文是这样一句："缓带披发，大杖重履而步。"也就是要您宽松腰带，披头散发，拄着大拐杖，穿着沉重的鞋子而散步。这不就是"坠足功"吗？

看古书一定要身临其境，感同身受，这样才有意趣。不然您看到的是难字，想到的是生词，记住的是古语，总觉得与现在的您毫不相干，百无一用，那谁会读得进去呢？

类似这样的健身法宝，《黄帝内经》当中俯首皆是。进了黄金屋，您可一定要多加留意，钻石都硌了脚心，却又被我们一脚踢开，岂不太可惜了。

感悟《求医不如求己》

hadhad1：

孔子谓子贡曰："女与回也（颜回）孰愈？"对曰："赐（子贡）也何敢望（颜）回？回也闻一以知十，赐也闻一以知二。"非通达之士，孰能与古圣先贤会心而笑，促膝而谈，虽相隔千年，亦如秉烛夜游，曲水流觞！若夫乘天地之正，而御六气之辩，独与天地精神相往来，以游无穷者，以其知天心，故能通人心也！

2. 破解穴位的不传之秘

怎么知道一个穴位有神奇的功效？其实，古人在穴位的名称中早已标明了它的地位和用途，那穴名可不是随便起的，里面大有学问，有很多东西可挖呢！那里蕴藏着祖先们的智慧与厚爱，我们怎可不心怀感恩呢！

几位朋友一起吃饭，谈起了我新写的博客文章《〈黄帝内经〉里面的钻石之旅》。一位朋友神秘地对我说："中里，你可知'激人得秘法，抬扛长学问'？我看那个批判你'杜撰功法'的人，不过是想激你告诉他功法的秘密，故意这么说的。"我说："这样最好，他得到了他想要的，我写出了我想写的，互利双赢。况且这些功法，书上写得清清楚楚，哪是什么秘法，只是大家看书，太过粗心，好东西就这样当面错过了。"另一位朋友问："中里，俗语说'道不轻传'，这经络穴位中想必也有许多不传之秘吧？"

说实话，秘法我这没有，如果有的话，也只能算做一些学习经络知识的心得和思路，就拿出来和大家随便聊聊吧。拿肝经来说，我一直推崇太冲，并把它叫做"消气穴"，它散肝火，补心血，安心神，利水道，功能极为强大。有人说，看古书中对每个穴位的解释，用词都差不多嘛，并没有额外强调谁更加重要，你是怎么知道这个穴位有神奇的功效？其实，古人在许多穴位的名称中早已标明了它的地位和用途，那穴名可不是随便起的，里面大有学问，有很多东西可挖呢！

比如太冲穴，太，盛大的意思；冲，重要的通道。那么人体"盛大"而"重要"的通道在什么地方呢？那一定是在气血聚集流动最多的地方。那就是肝脏和心脏相通的地方。肝是血库，心是血泵，心血不足，非心脏本身造成，而是肝脏供血不足。因何供血不足？因为两脏之间的通路瘀阻。因何瘀阻？源于肝气不舒，气滞则血瘀。“冲”字还有用水灌注的意思，更加形象地告诉我们，刺激太冲穴就会把肝的血液灌注到心脏中去，但一定要朝“行间”的方向去揉。行间是肝经的“火穴”，肝脏属木，心脏属火，正是“木生火”之意。

再说个肝经的蠡沟穴，此穴在内踝尖上 5 寸。“蠡”的本意是指小瓢虫在咬木头，所以我们看到上面是“椽”字的右半边，底下有两只小虫在往上爬。“沟”，指细长的水道，在这里暗指妇女的阴道。古人对于“私处”常用这种暗语来表达。所以这个“蠡沟”在中医院的针灸科一贯是用于治疗阴道瘙痒的要穴。当然，阴道瘙痒的内因是源于肝胆湿热，最好再加上祛湿要穴“曲泉”与“阴陵泉”，平日再喝些绿豆薏米粥，以解肝毒，除湿热，才是治本之道。

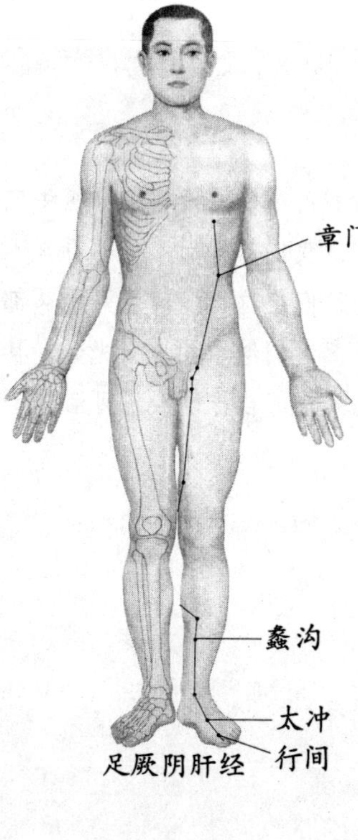

足厥阴肝经

太冲穴散肝火，补心血，安心神，利水道，刺激时一定要朝行间的方向去揉。蠡沟穴、曲泉与阴陵泉是治疗阴道瘙痒的要穴。章门会聚五脏的精气，可常按揉。按摩大钟治咽喉肿痛。

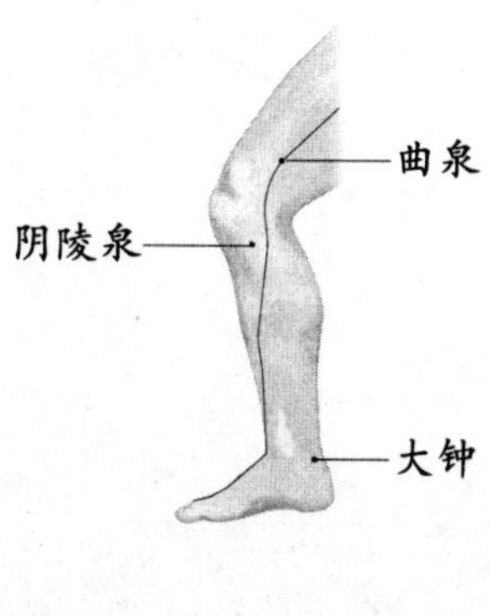

肝经还有个要穴叫章门，位于肋骨下缘。“章”的意思是“贵重的材料”，什么是人体中贵重的材料呢？那当然是五脏了，章门是五脏的“会穴”。“会”是指五脏的“精气”都在此穴会聚。刺激这一个穴，等于把五脏功能都调节了，所以，我们敲带脉减肥的时候，别忘了顺手把这个大穴也敲一敲，此穴还是脾经的“募穴”（募是聚集的意思）。此穴清肝火而补脾，好处多多，大家慢慢去体会吧。

有个朋友发烧后音哑失声，我直接给她点按肾经的大钟穴。她疼得大叫：“好痛呀！”我说：“你看，出声了吧。”我们相视哈哈大笑。大钟为什么会这么有效呢？除了要记住它是肾经的络穴，肾经通于咽喉，所以治咽喉肿痛；更不要忘了它的名字叫“大钟”，钟不敲不鸣。这些神奇的穴位名字中蕴藏着祖先们的智慧与厚爱，我们怎可不心怀感恩呢？

感悟《求医不如求己》

贡嘎山：

平时看穴位的名字，都没有特别的感觉，没有想到祖先们把它们的功效都放在我们的眼皮底下，我们却视而不见，看来不光要学，更重要的是要去感悟啊。先辈们把这么多的灵丹妙药都给了我们，如果我们这些后辈们不能把它们继承和发扬光大，甚至一些人居然要把中医废除掉，那就真是“自作孽，不可活”了！

3. 离穴不离经——轻轻松松找穴位

古代的医家都提倡“离穴不离经”，就是说穴位可以找不准，但经络找对就行了。按不准穴的，就用敲打法，一敲打，就把那个宝贝穴位从身体深层敲出来了。因为通常穴位要比其他的地方敏感许多。

古时的藏宝图，都是手绘的，肯定没有现在的经络图清楚，宝物也照样会被挖走。穴位都是我们身上的宝物，仔细找一找，不会太难发现的。

很多朋友对我书中的理念很是认同，又听我说得“有鼻子有眼”，甚至有些神乎其神，于是对经络穴位产生了强烈的好奇，摩拳擦掌，准备一试。可刚一出手，就遇到了难题：穴位找不准呀！本来踌躇满志的情怀，一下子变得迟疑不定：如果穴位找不准，揉错了地方，会不会产生副作用呢？于是有的人开始查查书，看看图，或者问问专家；有的人干脆就心生狐疑，弃之不用。可是就算查书、看图、问专家得到的结果，也经常是不清楚、不准确和没空回复，于是学习的热情转瞬即逝，刚买来的书本束之高阁，一项美好的计划，就这样掉进了“死穴”。

找穴难确实是很多朋友面临的共同问题，穴位在经络图上密密麻麻，就像是夜晚的星星，似乎是很难找准。其实，每个穴位都有自己的路径和轨道，那就是十二条经络的位置。您只需找到与自己有关的那条经络就行了。

其实，在学习经络的过程中，找穴可以说是最不重要的一环。有人一听，马上就会对我翻白眼，认为我说的也太不严谨，太不科学了。有人说，穴位找不准，就如同没有靶子乱放枪一样，你说不重要也太不负责任了吧。不错，穴位是什么？是路标，是参照物。很多人专找路标，却不看路，连要去哪里都不知道，您找到路标又有什么用呢？比如说，胃痛时应该按摩胃经的足三里，书上说足三里在“膝眼”下三寸。膝眼是什么？就是膝盖的眼睛嘛！在膝盖骨下凹陷处。三寸到底有多长？这里的寸也叫同身寸，三寸是自己四指并拢的距离，那就在膝眼下 7 ~ 8 厘米胃经的那条线上去找，上按一下，下按一下，上上下下，左左右右，循胃经去找最敏感的点就是了。如果您此时正在胃痛，最敏感的那个点就是您自己的足三里。按对了，它会回应您的。那个点会持续地疼痛或酸胀一会儿，与按其他地方的感觉迥然不同。您自己亲自找到一个穴，其他的就顺藤摸瓜，举手可得了。

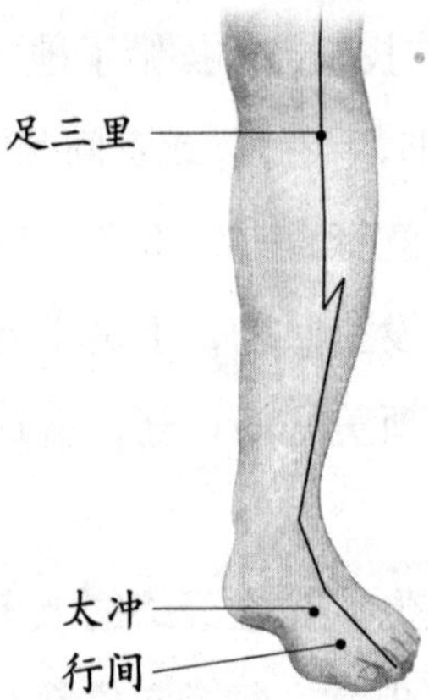

胃经的足三里，在膝眼下三寸的地方，刺激时可用指节点揉。刺激太冲穴，一定要用手指掐进足大趾与二趾的凹陷中，以这种深度从太冲揉到行间，才会真正起效。

有人说，你熟练了，当然闭着眼睛都能找到，我们初学者却怎么也找不准。让您说中了，要熟练，就要多按多找，要有探宝的兴趣和细心才行。另外，闭着眼睛去找穴位的感觉，也是非常好的方法。您要记住，准与不准，没有死标准，每个人的身长不同、胖瘦不同、气血强弱不同、按压的力度不同，找不准很正常。穴位都在较为深层的位置，有些人把皮肤都揉破了，也不见得真揉到那个穴位了。比如，最重要的太冲穴，位置很好找，但很多人却没有揉到。这个穴一定要用手指掐进足大趾与二趾的凹陷中，才会真正起效，所以要把指甲铰平，不然脚肯定要被掐破的。以这种深度从太冲揉到行间，效果才真正显出来呢！还有像足三里这样在肌肉深层的穴，就要用指节来点揉。若用拇指肚轻轻地揉，像抚摸一样，根本就没把电路接通，经络自然也不会传导疗效。

上了年纪或体虚无力的人，找起穴位来，的确不易，那也不用着急，您只要找对经络就可以了。古代的医家都提倡“离穴不离经”，就是说穴位可以找不准，但经络找对就行了。按不准穴的，就用敲打法，一敲打，就把那个宝贝穴位从身体深层敲出来了。因为通常穴位要比其他的地方敏感许多。拔罐的朋友就更不用担心穴位的准确与否了，一个罐常常会覆盖两三个穴，这时，您要自己体会一下，拔在哪个位置最有感觉，就拔那个穴，那才是您所需要的。

古时的藏宝图，都是手绘的，肯定没有现在的经络图清楚，宝物也照样会被挖走。穴位都是我们身上的宝物，仔细找一找，不会太难发现的。

感悟《求医不如求己》

CORONA：

重复读《求医不如求己》的时候，发现很多以前不理解的、记不住的，开始有些记忆了。我觉得刚开始找穴位的时候可以把身上都摸摸，哪儿痛就捏哪儿，记不住穴位名称都不要紧。觉得这懒办法也好用的。还有就是对照针灸小人，把痛的位置找个大概，然后按照相应比例放大，在自己身上找，也就差不多了。

崔梓：

我按左腿的足三里很疼，右腿的却不疼，这是为何呢？力度都一样的啊！

夜晚的彩虹：

这又不是天平，没必要都疼，有问题才疼。而且经络多是半边半边调整的，一边在调整，一边休息。不必追求疼，有问题的话，穴位自己会告诉你。

Topofsummer：

我觉得不管什么方法，都是为了疏通阻塞的地方。平常学一些经络方面的知识，没事的时候，在全身的各个部位经常揉揉按按，觉得有痛点，就耐心地把它揉散，就不会有什么大病了。有毛病的时候，查看一下相关的经络，找到痛点，按摩到不痛就行了。像我最近事务繁多，舌上生疮的老毛病又犯了，以前没有好办法，只有耐心地等它们消失，什么冰硼散之类的药都没有用。现在根据从郑老师的博客上学到的知识，知道“舌乃心之苗”，就在心包经、心经、小肠经这些与心脏相关的经络部分慢慢寻找，果然在左臂心经的“少海”发现痛点，一按下去，马上就知道了什么叫“痛彻心肺”，慢慢按摩，痛得不重了，舌上的口疮也奇迹般地消退了，并且折磨自己多年的左臂酸胀的感觉也轻了很多，再接再厉，慢慢地向下寻找，发现痛点又转移到“通里”了，现在我每天想起来就按摩这两个穴位，按摩一次，左臂酸胀的现象就好转一下，虽然没有根治，但我觉得只要坚持下去，这个困扰我十几年的慢性病会好起来的。

Jnc：

若能加上揉揉肝经在腿到脚上痛的地方，外加三焦经在手背上痛的地方，效果可能会更好。“舌为心之苗”这话没错，可心火多数是由肝胆之火引发，治疗莫忘源头，若再能按摩一下肾经，补一下肾阴更好。

4. 驻颜有奇术，养肾存大道——每人都要读点《黄帝内经》

读书嘛，大致有两种，一种可用来陶冶精神，一种则是专为应用而读。若为应用而读，那么读的东西应该是可用的，若无处可用，就不用再耗费短暂的人生了。比如在非洲生活，就没必要去学习游泳的技法。学习中医，还是找您的兴趣所在，这才是入门之径。

昨天去一位朋友家做客，看到他太太正在专心致志地研读《黄帝内经·素问》，书中画满了红蓝线条，颇感惊异。因为他太太是有名的"股迷"，现在正是"牛年"，怎么有心情研究中医了？

我是他家的常客，刚一进屋，他太太便招呼我过去，说："小郑来得正好，快给大姐讲讲这一段，我看了半天也没看明白，郁闷一下午了。"我走过去一看，她读的正是《阴阳别论篇第七》，这是难度很高的"脉学篇"。若给她说明白，用3天估计差不多。我对她笑笑说："大姐你太厉害了，总是知难而上，这个太深，我也不懂。"她用眼睛斜瞥我了一眼，嗔怪道："跟大姐摆架子是不是？"

我坐在她对面的沙发上，转移了话题，问道："您学这些经典是想要做什么呢？""我想看看有没有防止衰老的秘方，你看大姐还不到50岁，就开始掉头发了，多吓人呀，再过几年还不都掉光了。"其实，她一点不显老，也就像40岁的光景，但女士们总是"精益求精"。"您看了这些天，找到驻颜秘方了吗？"我打趣道。她懊恼地说："还没找到，很多地方看不懂，有点学不下去了。"我说："若只是想学驻颜术，第一篇就有，而且说得很详细呢！"

她迷惑地说："我怎么没看到呢？"

于是我让她翻到第一篇《上古天真论》，指给她这两句话："……五七，阳明脉衰，面始憔，发始堕。”什么意思呢？我为她解释说，女子过了35岁以后，大肠经和胃经的气血就逐渐不足，由于这两条经都上行于头面发际，一旦经气衰退，面色就开始憔悴，头发就开始脱落。所以要想面色红润，头发浓密，胃肠的气血就需充盛才行。我说：“这下您知道我为什么建议您常吃山药薏米芡实粥了吧，因为这粥最长肠胃气血。记得我曾写过一篇《预防衰老的秘方》（参见《求医不如求己大全集1》P64～P68），提倡大家多敲胃经和大肠经，以养颜防老，就是‘抄袭’《黄帝内经》的这一篇。”

听我这么一讲，大姐来了兴趣，说：“我来解释这下一句，你看看，我说得对不对，‘六七，三阳脉衰于上，面皆憔，发始白。’是说人过了42岁，3条胳膊上阳经（也就是大肠经、小肠经、三焦经）和腿上的3条阳经（也就是胃经、膀胱经、胆经）的气血都将逐渐衰弱，而这6条经脉又都上达于头面，所以人就会变成了“黄脸婆”，头发也白了，所以我们要经常敲胆经，按摩三焦经，以防衰老……”

我连忙鼓掌，说：“您讲得太好了，这么学就对了。”她先生李哥听我们说得这么热闹，也连忙从厨房跑了出来，边用围裙擦着油手，边好奇地问：“那书中有没有讲怎么补肾的，我最近吃了不少补肾的药，也不管用。”我知道李哥指的是“性功能”的问题，这也是许多过了40岁的男性朋友即将面临的问题。但这是一个综合体质和心理的问题，并不是一两副药就能根本解决的，也不是一句话说得清的。李哥又催问了一句：“有这方面的论述吗？”我胸有成竹地说：“当然有了，这第一篇就讲得很清楚。”我于是指给夫妻俩看这一句：“肾者主水，受五脏六腑之精而藏之，故五藏盛乃能泻。”这句话是说：五脏六腑各有精，非肾一脏独有精，随用而灌注于肾，所以肾虚光补肾是不行的，要根据不同虚损的情况而分补五脏才能有效。简单地说：肾气虚则补肺，肾阳虚则补肝，肾无火则补心，肾无血则补脾，肾阴不足直补肾。当然这只是个思路，并不是公式。气不足则不振奋，阳不足则不刚硬，火不足则神不定，血不足则难持久，阴不足则筋易伤。

听我这么一讲，李哥马上捧过此书，肃然起敬，啧啧赞叹，说："我也要好好读读《黄帝内经》。"

读书嘛，大致有两种，一种可用来陶冶精神，一种则是专为应用而读。若为应用而读，那么读的东西应该是可用的，若无处可用，就不用再耗费短暂的人生了。比如在非洲生活，就没必要去学习游泳的技法。学习中医，还是找您的兴趣所在，这才是入门之径。

5. 为自己把脉——观赏五脏的精灵之舞

把您自己左右手腕表示的6种脉（心、肝、肾、肺、脾、命门）当做您的6个最亲近，但禀性不同的孩子来照看，摸脉的时候就像是在抚摸孩子的头顶，要有关爱而细腻的感情在其中，仔细感觉她们的跳动，也就是她们的语言，一旦您感到了她们细微的变化，再看李时珍的《濒湖脉学》，便可一目了然。逐步实践，自会日有新得。

很多朋友想向我学习诊脉，觉得这种方法非常奇妙，居然能够用3个手指探明身体五脏的情况，甚至有些疾病在身体上还没有任何征兆，但是在脉象上已经显示得很严重了。诊脉真有如此神奇吗？

回答是肯定的，但是要学会诊脉也并非易事，因为您要学会用“心”去看脏腑才行。诊脉的时候，最好闭上眼睛，手搭在左手的寸、关、尺上，可以检查心、肝、肾的情况，搭在右手则反映肺、脾、命门的情况。

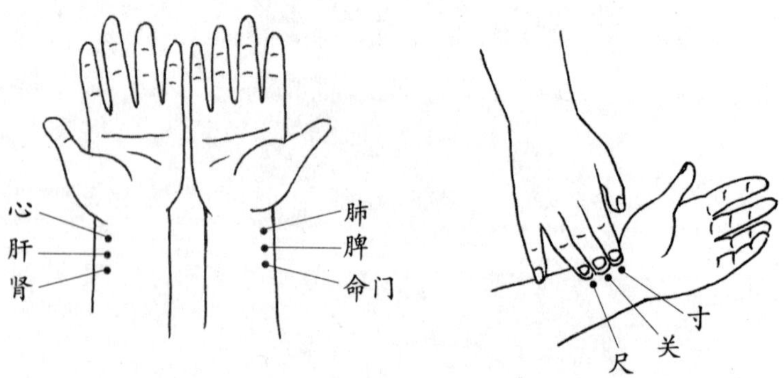

古老而奇妙的诊脉法，能够用3个手指清楚探明身体五脏的情况。

一次朋友聚会，有个朋友执意要我教大家诊脉。我请大家安静，最好是鸦雀无声，因为诊脉一定要有一个安静的环境；然后让大家用右手的的食指、中指、无名指上的三个手指肚，放在左手的寸、关、尺上。我说：大家现在摸脉一分钟，然后告诉我各自的感觉。有人说，摸不准，忽有忽无；有人说，脉跳得很有劲儿；有人说，脉跳得很快；最后一个女士的话，大概道出了所有人的感觉。她说：摸不出什么特别的，只是感觉脉在跳：一下，二下，三下……

其实，您若用心去体会，三个指肚下的感觉是有不同的，有的有力，有的无力，有的粗大，有的细小，有的滑利，有的滞涩，有的紧硬得像琴弦，有的松软得像丝线。而古人类比得最为形象，比如说滑脉（一种表示体内有痰湿的脉）被喻为“如盘走珠”；涩脉（一种表示体内有瘀血的脉）像“轻刀刮竹”、“如雨沾沙”；浮脉（一种表示气血向外发散的脉）古人说得最细：“如水中漂木，举之有余，按之不足”，摸这个脉的时候，感觉就像是用手按着水中一块漂浮的木头，轻轻按，会觉得这木头的浮力很大，可一用力，木头就沉到水里，反而觉得没什么力量了。

所以，学习诊脉要有一种身临其境的感觉才行，您需一会儿去摇一摇盘里的珠子，一会儿去拿小刀刮刮竹子（能想象就好，没必要真的去刮那可怜的竹子），一会儿再去河边用手压一压水中的漂木，只有在心里有了这些真切的体会，才能感觉出脉象那细微的变化。

古语说“心中易了，指下难明”，是说这些感觉您已经有了，可到了用手指去摸脉，又糊涂了，那怎么办呢？难道脉学我们就学不会了？非要得遇名师亲授才能窥其门径吗？也不尽然，告诉您一个方法，您若能突破这一关，就可以摸脉入门了，想登堂入室，只是时间的问题。这个方法就是把您自己左右手腕表示的6种脉（心、肝、肾、肺、脾、命门）当做您的6个最亲近，但禀性不同的孩子来照看，摸脉的时候就像是在抚摸孩子的头顶，要有关爱而细腻的感情在其中，仔细感觉她们的跳动，也就是她们的语言，一旦您感到了她们细微的变化，再看李时珍的《濒湖脉学》，便可一目了然，逐步实践，自会日有新得。不然就算是穷经皓首，把58种脉象背得烂熟，也是蜡做的大炮——摆设罢了。

有人说，关于脉学你只说了这么一点点，让我们如何能够学会呢？其实我早就想告诉您，这种心法上的东西，本来就不是语言所能表达清楚的，会者心会，无需多言，不会的话，就暂时放在一边，可能还有别的机缘，或别的方法更适合您。每个人都有自己的缘分，不是您的，我给您，您也看不到，拿不走。

感悟《求医不如求己》

hadhad1：

佛家云：向上一路，千圣不传，故有释迦拈花，迦叶微笑的典故。我想生命的真谛是无法传授的，只能自己去体悟吧。一念不生全体现，六根才动被云遮，无为方能无不为。老师已将心法奉上，我等观者惟有悉心领会，徐而察之，才不算是辜负。

从容淡定：

读巴人君的书，觉得巴人君很像金庸小说中的大侠，对中医的那份融会贯通让人佩服，在没有任何药物、工具（针、罐）可以借助的情况下，可以随时凭周围能取用的工具——汤勺、木板甚至树叶，将之啸成剑气，直毁病灶，病人顿觉神清气爽，真是佩服得紧。

第五章

让身心一天比一天强壮

我们总是关注疾病，而不关注健康，要知道，如果您的体质增长一分，疾病就减弱二分。既然我们无法驱散寒冷，那就去寻找阳光吧。疾病是要靠“内力”赶走的，而“内力”是我们每个人所固有的，但要我们去寻找，去培养，去激发，因为它就是我们心中的“太阳”。

我们完全可以在50岁时仍然没有鱼尾纹，可以终生都没有老年斑。眼袋和黑眼圈也不是自然衰老的必然产物。

1. 长生从养“筋”开始

只要常常调节我们脚下的“地筋”，我们的力量就会源源而发。到过上海杨浦大桥的人，都会惊叹于它的宏伟壮观。但是您发现了吗，是谁在支撑着它？承载着它的巨大负荷的，是那些粗壮有力的铁索，也就是这座桥的“筋”。我们要打造的，也正是这样的铁骨“铜筋”。

每个人都渴望健康，渴望能够快乐地生活。可是现代生活的快节奏使太多的人心中充满躁动和不安，似乎一时一刻的舒适都成了奢望。肝病的恐怖，前列腺的困扰，还有强直性脊柱炎、腰脊间盘突出、失眠症、脑血管疾病、帕金森、性功障碍以及小儿多动症等很多疾病，看似毫无关联，其实问题都出在一个地方——“筋”。

《黄帝内经》上说：“肝主筋。”筋是什么呢？筋就是人身体上的韧带、肌腱部分。很多病症，说不清原因，但都可以遵循一个原则，那就是从筋论治。人的身体里有一些总开关，治病养生都是在这些地方用力，所谓的“不传之秘”也尽在于此。曾经说过的“消气穴”太冲、“疏筋穴”阳陵泉、“强胃穴”足三里、“健脾穴”公孙、“腰痛穴”飞扬、“补血穴”劳宫、“补肾穴”太溪等，都是能独当一面的人身之大穴。但这些穴位书中已尽有记载，也算不得什么秘密。今天，我要告诉大家的是一个书中很难找到的，但却是对以上诸症皆有疗效的养生之法——揉“地筋”。

道宗秘诀中有这样一句话：“天筋藏于目，地筋隐于足。”藏于目的天筋，一般人难于下手去锻炼；隐于足的地筋，我们却可以把它找出来，为我们所用。那怎么找呢？将脚底面向自己，把足趾向上翻起，就会发现一条硬筋会从脚底浮现出来。按摩这条硬筋，把它揉软，会有神奇的功效。通常脾气越暴的人，这根筋就越硬，用拇指按一下，就像琴弦一样。凡是有肝病的人，这条筋是必按之处。您可能会问，这条“硬筋”在脚底，并不循着任何一条经啊？稍微仔细些就会发现，其实这根筋是循行在肝经上，只是肝经一般都标注在脚背而不是脚底。肝的问题是人体的一个核心问题，肝的功能加强了，人体的解毒功能、消化功能、造血功能就会显著提高。但肝却是最难调理的脏腑，药物难以起效，针灸似乎也鞭长莫及，古人的一句“肝主筋”，却道破了我们通往肝经的捷径——通过调理“筋”就可以修复肝，所以说“书是黄金屋”一点也不过分，岐黄经典，真是字字珠玑，随便摘下一句都是“零金碎玉”，我们真是需要睁大眼睛才行。

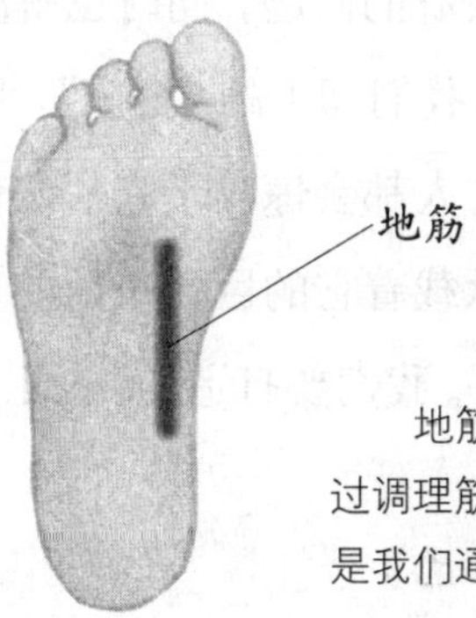

地筋循行在肝经上，通过调理筋就可以修复肝，这是我们通往肝经的捷径。

这根筋虽然用途极广，但有些人却找不到它，揉这地方的时候反而会感觉这根筋软弱无力，塌陷不起，这样的人通常肝气不足，血不下行，反而需要把这根筋揉出来才好；还有的人虽然这根筋很粗大，揉起来却毫无感觉，也不坚韧，像是一根麻绳，50 岁以上的男士较为常见，这样的人通常年轻时脾气暴躁，肝功能较强，但由于酗酒、房劳、忧虑等诸般原因，现已肝气衰弱，更需要常揉此筋。

关于“筋”，我再提供些其他的知识，您可参照着自己的具体情况来调理。膝为“筋之府”（所以要经常跪着走以养筋），胆经的阳陵泉为“筋之会”（所以要常拨动以舒筋），脊椎督脉上有个 “筋缩”（所以要多用掌根揉它以伸筋），膀胱经的膝腘下有个“承筋”（所以要多用拳峰点按以散筋），请记住，理筋即是调肝。而凡和“摇动”“震颤”“拘挛”“强直”“抽搐”“火气”“眩晕”“抑郁”等有关的病症，都与肝经有关。

前些天写过一篇《虎虎生风——决定男子性能力的是肝肾两经》，告诉大家将大腿尽量劈开以增强肝肾功能，其实不过是要拉伸腿上的大筋。男性生殖器名为“宗筋”，即是诸筋汇聚之意，所以改善“筋”的供血，是从源头来解决肝的问题，同时也解决生殖的问题，方法也极为简单。只要常常调节我们脚下的“地筋”，我们的力量就会源源而发。到过上海杨浦大桥的人都会惊叹于它的宏伟壮观。但是您发现了吗，是谁在支撑着它？承载着它的巨大负荷的，是那些粗壮有力的铁索，那就是这座桥的“筋”。我们要打造的，也正是这样的铁骨“铜筋”。

感悟《求医不如求己》

Daiyai：

我怎么找不到这条筋呢？这条筋是横着还是竖着？请知道的朋友给予指点，不胜感激！

老船长：

你把脚底朝着自己，把大脚趾往后拉，一条大筋很明显就出来了，连着大脚趾和后脚跟，也就是沿着脚面肝经的线路！

新西兰：

中里老师谈到的“地筋”，我曾经做“抽筋”锻炼时练习过。刚开始，我的这根筋确实很硬很痛，练几次就松多了。“抽筋”锻炼是指在放松状态下，有意地改变体位，人为地造成肌肉的痉挛，俗称“抽筋”。其实，“抽筋”是人体的自然调节的方式之一。人体的某些部位在遇到寒冷或疲劳等情况时，相应的筋会自然地收缩，会伴随疼痛，有时还很剧烈，但过一段时间后（一分钟或更长），疼痛达到最大值以后便会递减，同时筋也会逐渐松弛发热，最终恢复轻松自然的状态。可惜的是，由于对人体这一调节功能的认识不足，人们往往会紧张，从而改变体位，人为地中断这一过程。“抽筋”锻炼的要点是顺其自然，放松，同时做深呼吸。

hadhad1：

含德之厚，比于赤子。骨弱筋柔而握固，把大道理融于简单易行的小小绝活，先生真是大巧若拙，道隐无名。

八卦顶人：

大家真的可以试试看。有些脾气急躁的人，这根大筋会绷得跟琴弦一样，揉起来非常痛，如同针刺。另外，这根筋自己揉起来不太好揉，让他人帮忙又不太容易掌握力度——有时候能痛得让人流泪。建议买个按摩棒，就是带个把手的小轱辘那种，一手扳着脚趾头，一手用小轱辘按压就可以了。经常按，养成习惯，就和按太冲一样，您肯定受益匪浅。

许个心愿：

肝是解毒的。如果长期吃西药的话，一定要坚持每天抻筋，最好的方法就是练习上学时候体育课的必练准备动作——侧压腿，大家不妨试试，尤其经常吃西药的人。

2. 打通督脉和膀胱经——防治众多疑难杂症的万能功法

> 现在大路、小路都摆在了您面前，舟船车马也都等着您上路，若您还在担心：大路有无沟坎，小路有无荆棘，车马会不会脱缰，舟船会不会抛锚。我会告诉您，这一切都可能发生，因为这就是生活。您不借着风向扬帆，不顺着水流起航，还在等什么呢？

我曾经告诉大家，若对自己虚弱的身体无从改善，那就先从打通督脉和膀胱经入手。言下之意，是想告诉您，不要在那里等待指引，要大胆地走出第一步。方向都告诉您了，路径岂不就在脚下了？这时您会问我，我是走大路，还是走小路；我是坐车去，还是乘船去。我说，您看着办，我喜欢走山路，可您觉得山路危险，那就走大路好了，虽然远了些，也一样可到达终点。有人说，我也想和你一样走捷径，但是你要保证我的安全才行，我说，我保证不了，山路崎岖，我自己也是跌跌撞撞，连滚带爬地一路走来，但我喜欢这种摔打的感觉，不愿经历破茧而出的艰辛，却想享受彩蝶飞舞的荣耀，那怎么可能呢？

自己可以把控的经络按摩，举手投足的健身功法，简单而安全，或许您可能操作不当，最多也就是无效，哪里还需战战兢兢，非要反复得到承诺和保证，才敢浅尝小试呢？这种狐疑不决的心态，软弱无力，意念游离，最后只会落得自艾自怜，怨天尤人，难免要毁了您的一生，所以您一定要把对我的信心，变成对您自己的信心才成。

为什么要从膀胱经和督脉入手呢？因为，这两条经脉可以调动人体肾脏的功能。有人会问，你曾经说过，补益脾胃是改善体质的关键和前提，现在怎么又来强调肾的功能了？难道肾脏的强壮比脾胃更为重要吗？

我来告诉大家，脾胃是后天之本，肾是先天之本，“后天”的功能是靠外来的培补来使身体强壮，“先天”则是自然的赐予，是与生俱来的自然潜能。我们可以通过后天的调养来改善体质，但却无法使之变得强大，若想达到天人合一，从自然中汲取源源不断的能量，就一定要打开通往宇宙的先天之门，这就是肾脏的强壮。古时练功修道的一个重要步骤就是“还精补脑”，而这个“精”指的就是肾精，所以要想身体有一个质的升华，而不是停留在“温饱”状态，健壮肾脏就是必修课程，甚至可以说是终极目标。

古人说：“肾脏有补而无泻。”意思是说肾脏是总会显得亏欠，而不会过于强壮的。打坐时男子意守“丹田”，女子意守“命门”，无非是要增强人体的“元气”。何为元气？就是先天之气。先天之气在哪里呢？就储存在两肾之中，但肾的先天之气，在成年时，已经完成了一般人的生长需要，也就不继续“喷薄”而出，人也就开始“物壮则老”了。为什么说年轻时是“人找病”，而年老时是“病找人”呢？就是因为“元气”的盈亏造成的。但肾脏补起来并不是很容易，原因是五脏六腑如果只维持一般情况的“温饱”，即使没有充沛的“元气”供应，也仍然可以达到自身的满足，身体也就不必费力非要激发肾脏先天的功能了，没有需求就没有创造。

膀胱经是人体最大的排毒通道，也是身体抵御外界风寒的重要屏障。若这条经络通畅，外寒难以侵入，内毒及时排出，身体何患之有？所以我们一定要打通膀胱经，所谓“打通”就是让更多的气血流入这条经络。谁给膀胱经供给能量呢，主要是靠肾，肾与膀胱相表里，膀胱经只是个通道，本身无动力运行，需肾气的支持才能完成御寒、排毒的功能，所以您加强了膀胱经的需求，也就激发了肾脏的供应潜能。

同理，督脉亦是如此。

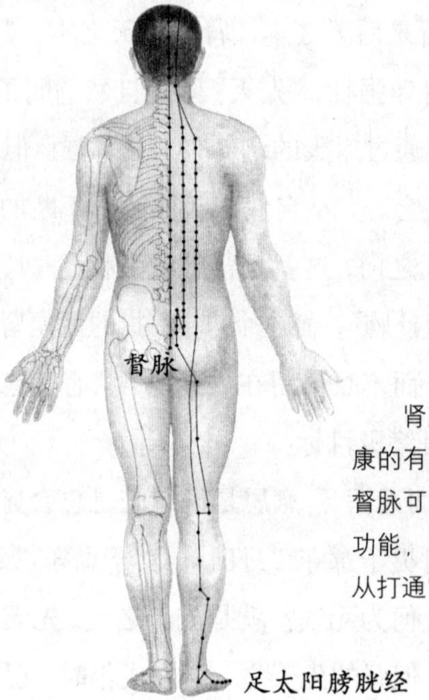

肾脏的强壮是人体健康的有力保障，膀胱经和督脉可以调动人体肾脏的功能，改善身体状况可以从打通它们入手。

督脉是诸阳之会，人体阳气借此宣发，是元气的通道。为什么我们总要说“挺直你的脊梁”？就是因为那里最展现人的精气神，所以，打通督脉，可以祛除许多疾病，国外医界专有整脊医学的分支，治疗效果极为显著，其实就是调整督脉。增强督脉的气血供应，就能激发肾脏的先天之气。

那怎么打通膀胱经和督脉呢？其实很简单，方法很多，捏脊法、刮痧法、拔罐法、敲臀法（如果膀胱经不通，敲臀就会很痛）都可以用，还可用掌根从颈椎一直揉到尾骨，肉太厚的话也可用肘来揉。要注意，膀胱经在腿上的部分也很重要，同样可以刮痧、拔罐、点揉、敲打，甚至用手大把攥，只要能充分刺激它就行。还可两腿绷直，俯腰两手摸地，向后仰身弯腰以及仰卧起坐，还有许多瑜伽上的动作，只要能刺激腰椎以及大腿后侧的膀胱经，那就全可采用。

好了，现在大路、小路都摆在了您面前，舟船车马也都等着您上路。若您还在担心：大路有无沟坎，小路有无荆棘，车马会不会脱缰，舟船会不会抛锚。我会告诉您，这一切都可能发生，因为这就是生活，您不借着风向扬帆，不顺着水流起航，还在等什么呢？

感悟《求医不如求己》

暖暖：

据我体会，打通督脉的最简单方便的方法就是暖脊功，这其实是瑜伽的功法，这里借用一下。很简单，就是抱成团，在地上打滚。不是真的滚，而是脊椎受力，以头臀为两头，像小船似的两边摇，很有效的，大家可以试试。另外在地板上做效果才好，在床上，特别是床垫上则没什么效果。

芷若：

我发现了一个挺管用的小功法：平躺，曲膝，双膝轮流向左右倒，左右各算一下，每次大概做个200下。头一天做了，第二天就会感觉腰部很舒服，3天后感觉整个后背都是暖洋洋的。

3. 美丽新生活——四十岁只能算青少年

上睑肿肾虚，下睑肿脾虚。知其成因，我们就可以及早防患。
我们完全可以在50岁仍然没有鱼尾纹，可以终生都没有老年斑。
眼袋和黑眼圈也不是自然衰老的必然产物。

人过中年，年轻时的美丽渐渐如潮归海，黑眼圈、肿眼袋、鱼尾纹、黄褐斑纷至沓来，谁不想留住光彩照人的往昔，留住那惊鸿一瞥的灿烂呢？化妆品的遮盖，未能增加我们的自信，却平添了一份隐忧：当睡前擦去粉妆，岁月的沧桑便一览无遗。

能不能让青春放慢脚步，让我们每天都愿意在镜子前伫足凝望呢？恼人的黑眼圈和眼袋，是怎么出现的？如何消除它们呢？要知道，眼睛是气血灌注的地方，《黄帝内经》上说："五脏六腑之精气，皆上注于目。"所以每天每条经的气血都流向此处，这里就像是一个洼地，阴经的气血注于目内，阳经的气血流于目围。脾虚则水湿不运，胃经之湿浊则上行于眼下四白穴；肾虚则水道不通，膀胱经之湿浊则由攒

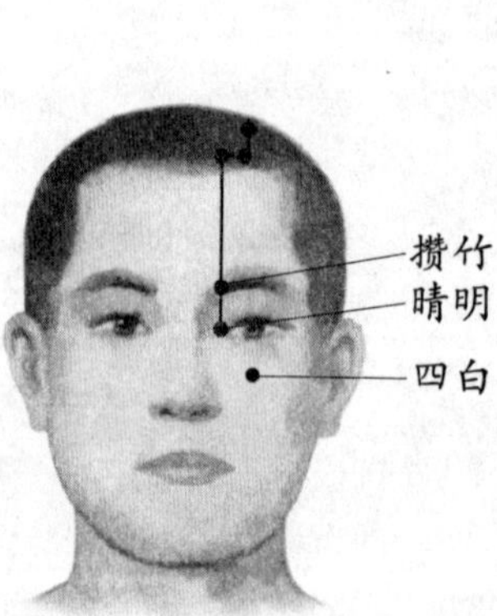

经常按揉四白、攒竹、睛明穴，可以化解湿浊，消除黑眼圈和眼袋。

竹穴、睛明穴旁注于眼上，所以通常讲上睑肿肾虚，下睑肿脾虚。知其成因，我们就可以及早防患。

我们完全可以在50岁仍然没有鱼尾纹，可以终生都没有老年斑，而眼袋和黑眼圈也不是自然衰老的必然产物。

有人说，你还没到50岁，怎敢妄言50岁的事情呢？其实，我即使言出必中，也仍然是一家之言，您且做个参考，会有很多人想先去找到科学的验证才愿去实施，那也很好，走一条严谨的路，也是一种生活态度。

黑眼圈被公认为是熬夜的必然产物，是很有道理的，但其机理是什么呢？是肝血被过多地消耗所致。肝血被消耗过多，就会导致胆经的虚弱，眼睛周围的供血主要是依靠胆经来供应的。睡觉时血归于肝，正是养肝生血的最好时机，肝与胆相表里，肝血旺则胆气足。夜里肝血主要是用来消化解毒，既解有形之血毒，也舒无形之气郁，所以叫做“肝主疏泄”，也就是所谓的“推陈出新”。若夜里不休息，强将肝血调用到娱乐上，肝解毒之力就会减弱，血液就会变得很脏，而且制造新鲜气血的能力降低，不但眼睛会由于供血减少而酸涩，眼周围也会由于胆经供血量不够且血液不够新鲜而显得晦暗，造成黑眼圈。有些人并不熬夜，也有黑眼圈，多为肝气郁结、胆经气血不畅所致。

还有长在眼角的鱼尾纹，也会让我们感到忧心忡忡，但大家一看便知，胆经第一个穴——瞳子髎，正好长在鱼尾纹的位置，所以这就既告诉了我们鱼尾纹的成因，即胆经气血不足或瘀阻了，也告诉了我们解决的办法，那就是养肝利胆。

但如果是皮肤先失去弹性，面部整个松弛下来，那时就不光有鱼尾纹，而是满脸皱纹了。此时光通胆经就无效了，而是要改善整个面部的供血，那就要去敲打按摩胃经了，因为面部的气血主要是靠胃经

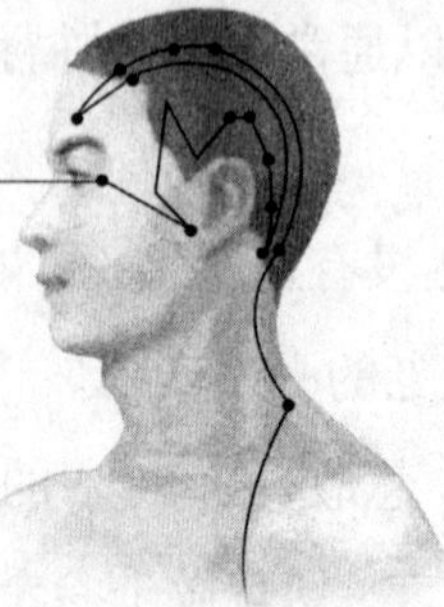

瞳子髎是胆经第一穴，胆经气血瘀阻就会出现鱼尾纹，所以要经常敲胆经。

来供应的。但胃经只是个通道，除了要通畅以外，还要气血充足才行，所以心脏的供血一定要充足。而心脏的供血是由肝来完成，转来转去，又到肝上了。由此可见，要想美容，一切从肝开始。

最后说黄褐斑，更与肝胆郁结有直接关系。有黄褐斑的女性，通常同时也有妇科的病症。还有一种是长在太阳穴附近的黄褐斑，那是

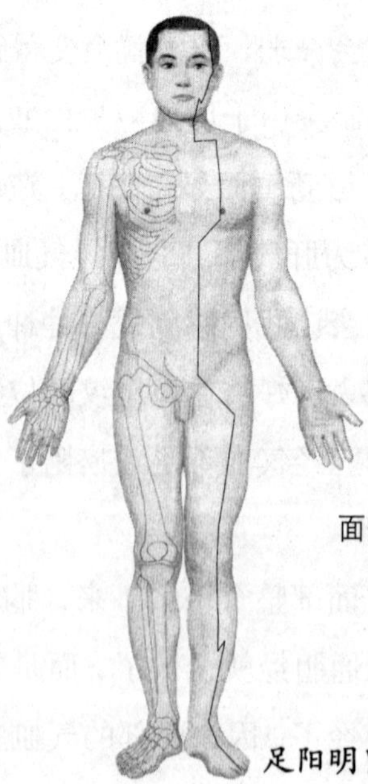

经常敲打胃经，可改善面部供血，让皮肤充满弹性。

足阳明胃经

肝胆瘀滞堵塞在三焦经所致，通常也是更年期综合症的早期信号，需要及早调理三焦经来防治。

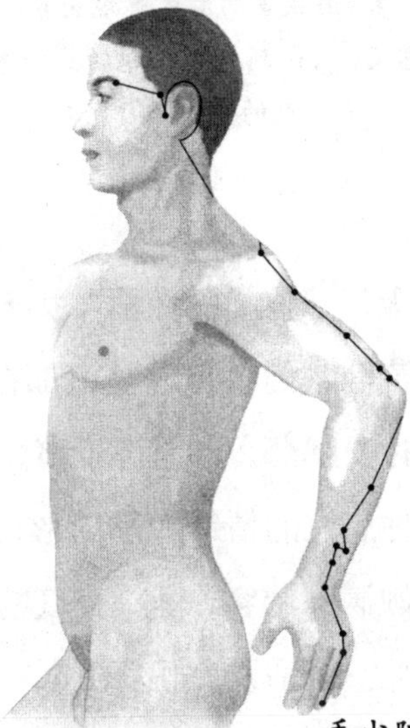

敲打三焦经，解除了肝胆瘀滞堵塞，就可以使太阳穴附近的黄褐斑消失了。

手少阳三焦经

知道了美容问题的症结，我们就有了明确的目标。具体的操作，就要依您身体的实际情况、喜欢的方法而灵活运用。按摩、敲打、刮痧、拔罐、针灸、服药、瑜伽、太极、打坐，只要能达到养肝利胆之效，就可以随意而为。但如能心胸舒畅，情志调达，自会百脉皆通，气血充足。前面所有的健身方法，不过是铺石引路，借假修真罢了。

4. 梦境是生活的一种回报

梦境是上天给予我们心智的启发，它将我们日常生活中的忧虑、困惑、感慨，用故事的形式重现出来，给我们放一遍电影，让我们能理解其中的意义，以得到解决问题的最佳途径。爱做梦的人，做梦后能记忆清晰的人，真是上天的宠儿。因为梦是灵感的源泉，而灵感正是智慧的兄弟。

前几天，一位“白骨精”女士（白领、骨干、精英）向我抱怨失眠多梦的苦恼。她说自己整宿都在做稀奇古怪的梦，让她烦恼不堪。她吃了多种安眠药，也无济于事。各种各样的梦境令她心情紧张，整天都有一种焦虑的情绪如影随形，挥之不去。

看着她满脸倦容，垂头丧气的样子，我打趣道：“估计你做的梦，没有美梦吧？俗话说：好梦由来容易醒。美梦即使天天做，也不会觉得多。”她说：“是啊，我做的梦，不是和人争斗，就是被人追赶，不然就身处险境，无法脱身。”我说：“这么有趣的梦，真像是惊险小说，不妨说来听听。”

她说：“在梦里时，连追赶我的人脸上的痦子都看得清清楚楚，但是具体情节，过后却忘记了。”我说：“梦境是上天给予我们心智的启发，它将我们日常生活中的忧虑、困惑、感慨，用故事的形式重现出来，给我们放一遍电影，让我们能理解其中的意义，以得到解决问题的最佳途径。这里的‘上天’，并不是有什么神仙的恩泽，而是我们自己心灵的感悟，这是最有智慧的。很多人不相信心灵的指引，却只相信书本，相信‘权威’们的陈词滥调，用别人的信条来规划自己的生活。爱做梦的人以及做梦后能记忆清晰的人，真是上天的宠儿。因为梦是灵感的源泉，而灵感正是智慧的兄弟。”

那“白骨精”一听此话，顿时精神抖擞，黑眼圈都泛出了亮光，急切地问道：“那你说说我的那些梦，都有什么含义呢？”我说：“这其中的答案最好你自己来寻找。从梦中醒来时尽量把梦境详细地记录下来，越详细越好，就连梦中的一草一木，一针一线也不要丢掉，细节的背后通常都有其深刻的涵义。开始的时候，可以只记录不思考，记录一段时间以后，经常回过头来看一看，答案或许就会跃进你的脑海。往往是你在现实生活中碰到某件事，突然就想起了这个梦，那时你不用费心去思索，答案就在心里了。”她高兴得手舞足蹈，又神采飞扬地说：“没想到，我这久治不愈的毛病倒是一件难得的好事，我恨不得现在就躺下做梦呢！”

我本人对梦一直情有独钟，但一觉醒来，很少能记得住什么。我也曾有意识地在白天打个盹，做个小梦，然后记下来玩玩，对增强记忆力很有帮助，因为复返梦的路径正如同回忆英语单词，两者的感觉几乎是一样的。有时遇到困惑不解的事情，我就躺下来，在半梦半醒之间，常常会有些想法飞进我的脑海，我通常认为它比书本的知识更有价值。

几天后，“白骨精”打来电话，显得有些懊丧。她说：“自打跟您谈完以后，却睡得沉了，几乎不做梦了，就算做梦也是浅尝辄止，醒来后就记不清了。”我说：“好呀，这不正是你所希望的吗？”“可我还想得到更多的灵感呀。”她说，“以前做了那么多梦，我都没能好好把握，现在想好好回味一下，却无从得到了。”我说：“灵感若能被随意抓到，那还叫什么灵感。许多事情可遇不可求，寻梦之法，只是让你在灵感常出没的地方等待，犹如等待你的梦中情人，你不知他住在何方，于何时出现，就像那句脍炙人口的词：‘众里寻他千百度，蓦然回首，那人却在灯火阑珊处。’”

感悟《求医不如求己》

人生观价值：

老师说得不错，有很多自身潜在的疾病，自己还没有什么感觉的时候，身体会以梦的方式和你说话，这就是你自身的灵感。

sail830105：

老师的治病之方真厉害！好多事情就是这样，你越想往东，它就越往西，你顺着它就对了，这才是你真正想要的。好多事都是同样的道理，包括教育孩子、对待疾病……

麦青苗：

我也曾经因为做梦太多很苦恼。可是后来发现，梦境的确跟人的日常生活所遇见的事情有很大关联。于是我笑着说，梦会通知我现在所处的是哪一个位置，哪一类的状况。虽然有时候，身体会因为梦而感觉累。不过，像郑老师这样灵巧地使用梦来帮助自己，甚至故意去求梦来解答，的确是高招，是高手之中的高手。反被动为主动，这很值得我们学习。其实我觉得将自己的心情记录下来，表面是一篇文章，可是却也帮助了别人，这是很好的事情。

hadhad1：

老师此文对我的启发可谓大矣，有缘者当有所悟！“昔者庄周梦为胡蝶，栩栩然胡蝶也，自喻适志与，不知周也。俄然觉，则蘧蘧然周也。不知周之梦为胡蝶与？胡蝶之梦为周与？周与胡蝶则必有分矣。此之谓物化。”故佛说：“颠倒众生。”老子曰：“反者，道之动也。”《易经》曰：“易，逆数也。”明乎昼夜之道，通乎醒梦之理，则切之己也。

5. 梦更是祛病养生的良药

其实，我们每天的梦都是一部生动感人的大片，假如您懂得她、会欣赏她，那么您的生活从此将增添多少激动人心的画面，将收获多少昙花一现的灵感。人生如梦，多一些梦的情怀，人人都将是伟大的艺术家。

自从我写了《梦境是生活的一种回报》一文之后，“美梦共享”便成了办公室同事们的热点话题。大家都说，对梦的交流使生活平添了许多灵感和乐趣。

比如前天午餐时，同事小李问我：“郑老师，我昨天梦见‘刺儿猬猬’了，不知是什么意思？”小李是内蒙来的，那里的人管刺猬叫“刺儿猬猬”。我不假思索地说：“梦见刺猬，那是代表你的男朋友了。”

“噢？是这样吗？我梦见一只老鼠，跟着刺儿猬猬在钻洞。”

“那就更对了，你今年23岁，属鼠，那老鼠正代表你本人。”

“您说得对，我也觉得自己是那只老鼠，开始的时候我们好像是遇到危险了，刺儿猬猬就带着我钻洞，我们好像钻了好久，那洞很宽敞明亮，在里面一点也不害怕，只是感到跑得气喘吁吁的。后来，我就先跑出洞了，坐在洞口对面的大石头上歇着，看着刺儿猬猬不一会儿也从洞口慢吞吞地钻出来，对我说：‘你看，这不出来了，什么事儿也没有。’”

我说：“你真是做了个好梦，把你和男朋友同甘共苦，携手并进的整个过程，通过老鼠和刺儿猬猬钻洞的情节，活灵活现地表现出来，简直就是上演了一出动人的人生动画大片。”

小李听我这么一说，高兴得手舞足蹈，说：“郑老师，那您每天吃中饭的时候帮我解梦好不好？”我连连摆手：“你的梦，我来给你解多没意思，而且也不准呀，你还是‘自性自度’吧！”小李显得有些失望，说：“像我这等俗人，哪里会像老师那样能看到其中的玄机呢？”我说：“咱们都是俗人呀，‘人’吃‘谷子’，可不就是个‘俗’嘛！如果人到山里去修道，或许会成‘仙’，如里超出人的境界，弗（不）是人，那就成‘佛’了。”

小李大笑说：“郑老师，汉字里竟有这么多的玄机呀，太好玩了！”我说：“这算什么玄机，不都写在字面上了吗，谁都看得明白，只是一般人不仔细看罢了。同样你的梦也是如此，认真去看自然就能明白。”

其实，我们每天的梦都是一部生动感人的大片，假如您懂得她、会欣赏她，那么您的生活从此将增添多少激动人心的画面，将收获多少昙花一现的灵感。人生如梦，多一些梦的情怀，人人都将是伟大的艺术家。

感悟《求医不如求己》

hadhad1：

老师真是寓教于乐，谈笑间使人有所思，有所悟。

6. 妙用小周天，寿比彭祖年——改变我们先天之本的道家真功

我们总是关注疾病，而不关注健康。要知道，如果您的体质增长一分，疾病就减弱两分。我们既然无法驱散寒冷，那就去寻找阳光吧。疾病是要靠“内力”赶走的，而“内力”是我们每个人所固有的，但要我们去寻找，去培养，去激发，因为它就是我们心中的“太阳”。

在上本书中，我曾经写过一个地板上的健身四法，也就是打通小周天的方法（参见《求医不如求己大全集1》P99～P101）。本来觉得这个自己精心挑选的道家养生功法，会被大家视为宝贝，与几位熟悉的朋友一聊才知，大家看书时，一看到“打通小周天”，不知是什么玄学，感觉与自己相隔太远，都将此页一翻而过了，这不禁让我叹息不止。

很多人喜欢金鸡独立，因为随处都可以练习；很多人喜欢推腹法，因为能治慢性病，并与减肥有些关联。但我说的“地板上的健身四法”，也就是“打通小周天”，更为快捷，它包含了铜头撞树、金鸡独立、推腹法、跪膝法、补肾功五大功法的全部功效。今天还得再重提一番，正所谓“道不轻传”，那就“重”传一下吧。

壁虎爬行法：此功法从头到脚，从头项四肢，到五脏六腑，从皮肤肌肉到筋骨关节，都同时得到了锻炼。但由于动作和缓自然，习练者随时交叉处于运动与休息状态，所以不会感到丝毫的疲惫。又加上了意念，把自己想象成壁虎，使“心力”与“体力”相合。这种锻炼之法，体力没有消耗，只有增长，而且增长的是自然协调之力，对于体力虚弱无法进行激烈运动的朋友，最为适用。游戏之间，就练成了“九阳神功”，岂不妙哉？

有的朋友更关心此功法能治什么病，否则说得再好，也觉得与己

无关。“我们总是关注疾病，而不关注健康”，要知道，如果您的体质增强一分，疾病就减弱二分。有的人浑身是病，症状无数，写私信来，问我应从哪个病开始调治，我回复道：“从增强体质开始。”既然我们无法驱散寒冷，那我们就去寻找阳光吧。疾病是要靠“内力”赶走的，而“内力”是我们每个人所固有的，但要我们去寻找，去培养，去激发，因为它就是我们心中的“太阳”。

叩首法：可将气血引入头面，开窍醒神之力很强。对于颈椎病、头痛、耳鸣、近视眼、黑眼圈都有疗效，尤其对于长期“一窍不通”的慢性鼻炎患者，多练此功法中的“撞揉”动作，可即时通窍，并作用持久。此外，患腰肌劳损的朋友，若能循序渐进地练此功法，也有很好的辅助疗效。

震动尾闾法：此法最能激发人体的先天之力，撞击的位置正是督脉的长强穴与任脉的会阴穴之间。“长强”就是可以让您长久保持强壮的意思；而“会阴”，相当于瑜伽当中的“海底轮”，是人体能量与自然界能量相通的门户。震动这两个穴，将任督二脉接通，人体就会阴阳调和。此功法对肛门疾病、前列腺疾病、妇科疾病以及男子性功能

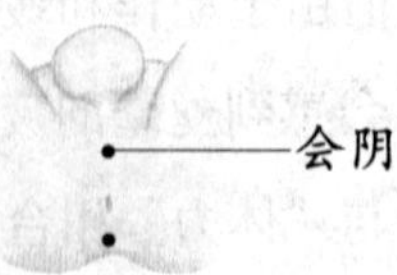

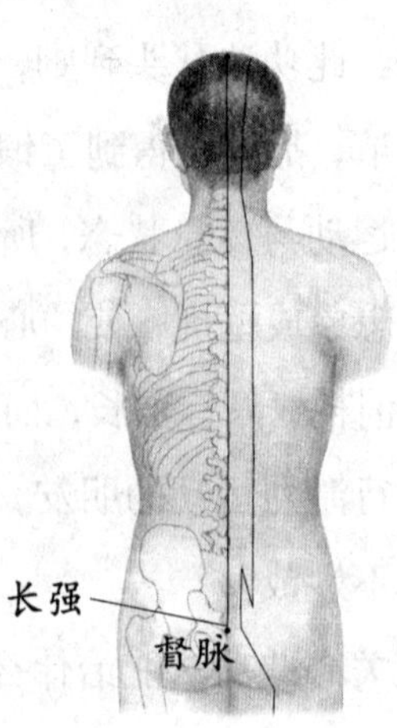

震动长强和会阴二穴，将任督二脉接通，人体就会阴阳调和。

障碍，都有显著疗效，切莫等闲视之。另外它还有一个神奇的功效，此功法在站起的时候，受力点是脚外侧膀胱经部位，所以最善治风寒感冒，尤其对过敏性鼻炎疗效甚佳。

踏步摇头法：很多早期强直性脊柱炎患者，向我咨询调养方法，我总是推荐踏步摇头法，因为此病症状虽在脊椎，其实病因却在肝肾。踏步摇头时，能激活督脉上的筋缩穴，此穴通肝，善治筋脉拘挛强直，此为“舒筋柔肝之法”。“一摇一踏”，锻炼的部位主要是督脉与膀胱经，督脉为诸阳之会，阳气最盛，膀胱经是寒气出入之所，寒气最多。练此功法时，因为头部要抬起，自然会小腹绷紧，这样会使气聚丹田。丹田气盛则内力转输督脉，令督脉之阳气源源不绝，便可将膀胱经之积寒轻易驱出，随汗而解。此为“散寒补肾之法”。常练此功法，再配

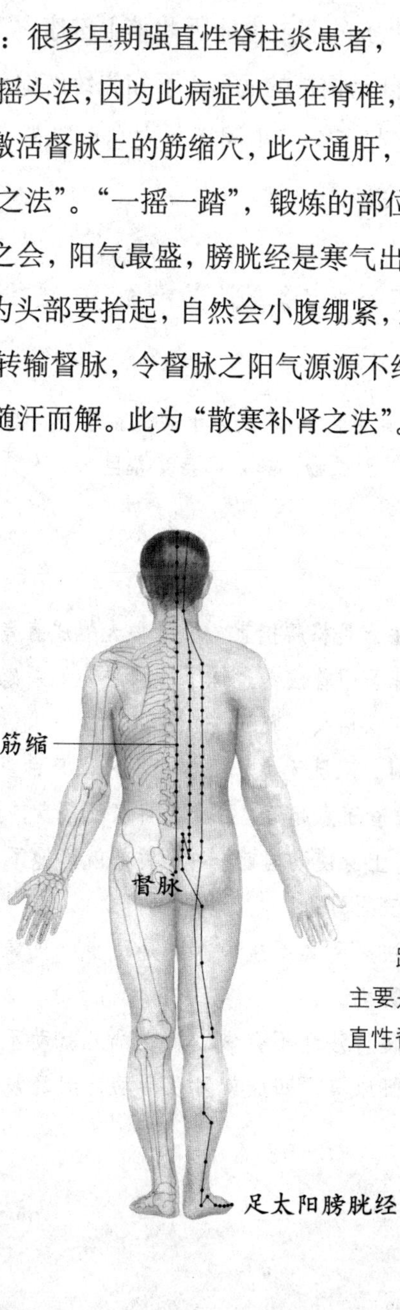

筋缩穴通肝，善治筋脉拘挛强直。

踏步摇头法锻炼的部位主要是督脉与膀胱经，对强直性脊柱炎有特效。

合其他补益肝肾之法，强直性脊椎炎或有痊愈的可能。

此四法，自从去年6月份在博客上发出，时间已经过去一年多了。有心练习者已大为受益，很多慢性病都得以缓解甚至消除，虚弱之体迅速强健。真希望更多的朋友也能因此踏上健康之路，如果您还在我的书中苦心搜寻与自己相符的病例，不如先练练这地板上的“健身四法”，不要因为给它起了个“小周天”之名而就敬而远之，试着练一练，您将马上找到全新的感觉。

感悟《求医不如求己》

hadhad1：

孟子说：“其生色也，睟然见于面，盎于背，施于四体，四体不言而喻。”小周天通畅，身心都会受益巨大，人的气质也会随之变化。

清泉石流：

我练叩首法，是将腰挺直，小腿和大腿成直角，叩一次挺身一次，这样既练了叩首法，也练了跪膝法。如果感觉腰累，也可以双手不离地，只抬头，腿还是直角。

震动尾闾时，双腿无力，根本起不来，只希望面前有棵胳膊粗的树，让我拉着随意起落。后来我将双腿散盘，就是脚面挨地，两手按两脚心，上身使劲向前一冲，臀部就离地了，然后向后蹾，做50次，手心直冒汗。

踏步摇头法，两腿不挨地，说是踏步，更像蹬三轮车。既练督脉，又练腹肌。

惟独壁虎爬行法还不会做，趴在那儿就动不了。有网友说地板上铺一条旧床单，四肢就可以活动，我还没试过。

傻点点：

我给大家推荐一种方法，晚上睡前练习可以促进睡眠，早上起床时练习可以提高精神状态。具体做法是：躺在床上，左、右两手劳官穴相对放在关元上，舌头顶住上牙堂，全身放松，用意念使气血流通，可开通大周天。

7. 无敌瑜伽

> 瑜伽之功，用的是三脉七轮的心法，对于只想借瑜伽强身健体的朋友来说，太有难度，不是循阶上梯的法门，倒不如咱们借玉雕龙，以印度瑜伽之外形，修中华经络之心法。想打通哪条经络，就练习相应的动作。从而治疗相应的病症。何其简便，何其快捷。

前些天，有幸结识了一位身形秀美的瑜伽教练，是位30岁左右的女士。她只随意向我展示了几个瑜伽常见的动作，便令我感佩不已，立即申请拜她为师了。

她却不肯收我这个徒弟，她说，其实在练习瑜伽过程中常会遇到各种各样身心方面的困惑，学员们提出的问题，她也不知如何解决，希望我能抽时间给她们讲一讲其中的道理。我对自己不熟悉的事情，向来不敢大放厥词，恐贻笑大方。我说，要好好参研几天，争取能提些有用的建议吧。

第二天，我便收到了这位朋友快递来的瑜伽光盘和书。看着光盘里的瑜伽动作，我百感交集。这些动作实在太好了，从这些功法中，我看到了中国传统的养生精粹：五禽戏、易筋经、八段锦的形迹，还看到了已经失传很久的中医六大治法之一——导引法的踪影，真是踏破铁鞋无觅处，得来全不费工夫。中医的导引法是六大治法的最高境界，是通过调动先天的自然能量，顺势而为，以打通经络为锻炼宗旨，以身心合一为最终目的，打通经络方可百病不侵，身心合一才能快乐无忧。但导引法用于医学上很少，用于武学上却较为普遍，而中国武学最有门户之见，互相倾轧，难以相容，各大门派遮掩私密，很少交流，使此法难以彰显于世。所以本为医家健身防病的寻常法门，终成了玄奥难求的武学秘笈。其实，各家之法，各有所偏，如能互相参证，岂不融通圆满？好在东方不亮西方亮，印度的瑜伽功法，把一套完整的导引之术，现成的摆在面前。唉，真是大道无隐，人自失之。

其实，武林的门派之别，并不取决于外形的动作差异，主要是源于心法修炼的不同。同样的动作，运用不同的心法，便有完全不同的境界。瑜伽之功，用的是三脉七轮的心法，对于只想借瑜伽强身健体的朋友来说，太有难度，不是循阶上梯的法门，倒不如咱们借玉雕龙，以印度瑜伽之外形，修中华经络之心法。想打通哪条经络，就练习相应的动作，从而治疗相应的病症，何其简便，何其快捷！

感悟《求医不如求己》

jmce6159：

如果神农氏在，如果华佗在，如果孙思邈在，如果李时珍在，中华瑰宝何以令人如此堪忧？先人的离去让中医文化流失掉多少，谁又说得清楚？而今天，先生如上天派来的一位使者，为我们传播着先人的中医的思想，传承着前人的中医理念，唤醒人们以往被动的求医观念。在这个充满压力与竞争的时代，因为有中里先生在，所以我们都是幸运的。有了这一份幸运，我们就更应该好好领悟先生传授的“求医不如求己”的真谛，用我们自身的能量来拯救自己。

营养MM：

我摘录一段《雯哈嘉瑜伽》中的文字与大家分享：

“现在很多人熟悉的是一种当做运动来做的瑜伽，这种瑜伽源出于哈达瑜伽（Hatha Yoga），是帕坦迦利所谈的8支瑜伽之一。在《瑜伽经》中，持戒、精进、调身、调息、摄心、凝神、入定、三摩地，是瑜伽的8个步骤。这是从最初步的调理身体开始，一步一步令人达到瑜伽（自我觉醒）的境界。可是目前许多瑜伽课程却将调身这个部分独立来教，不断练习各种姿势（asana），这样当然不可能真正达到瑜伽的目的。而且那些姿势本来只是为身体有毛病的人而设，一个姿势医治某种病。如果将所有姿势不加分辨地练，就相当于把什么药都一并吃下肚。”

这段文字发人深省，现代瑜伽和古代瑜伽谁对谁错，请大家分析。

西夏：

我曾和叶迦老师谈论过瑜伽，老师说瑜伽其实就是中国的导引术。前年购得一本《八段锦功法》，感觉在理论上和瑜伽是相通的。

杨树的眼睛：

我自己就是通过练瑜伽，在精神上得到了很大的改变，但是，在练习的时候一定要有一个好的心境，瑜伽的灵魂在于它的呼吸法，你必须时刻把注意力集中在你的呼吸上，而不是你的体位能达到什么样的程度，这样我们就不会受伤。

一定要配合中里老师的这些养生功，这样才能使中华经络疗法和瑜伽练习更好地互相促进，我按摩经络半年时间，瑜伽突飞猛进。中里老师说得很对，在我们没有机会学习印度正统瑜伽心法的时候，大可以结合我们自己中医经络知识来练习瑜伽，自然是“打遍天下无敌手”。

第六章

百病渐消，清福自来——经络是人体的医魂

身体就像我们的孩子，你关心她，她也喜欢你。

很多穴位，或许只有一个对您管用，那您就守好这一个吧。关键的时候，有一个朋友就够了。

1. 五行相配的穴位才是人体的妙药

有人总说买不到参苓白术丸，而太渊与商丘就是免费的参苓白术丸。学会了五输穴的用法，您可以灵活地搭配出许多免费的中成药来，而且是最正宗且无毒副作用的良药。

有朋友问：你总是说这个穴属火，那个穴属水，这是什么意思呢？这属水属火的究竟是怎么规定的？“金、木、水、火、土”，这是中医的五行学说。有不少人反对该学说，或言之为封建糟粕，故弄玄虚；或说其牵强附会，不符科学。对我而言，五行学说是祖先留给后人的思维工具，用来学习中医，方便顺手，就像我们吃面条用筷子好使，何必非要换成叉子呢？

按照五行学说，肺、大肠属金，心、小肠属火，肝、胆属木，脾、胃属土，肾、膀胱属水，心包、三焦也属火。某条经络上的穴位，一方面同属于这条经络的属性，如肺经的穴都有肺经的“金性”；另一方面，每条经还依五行（金、木、水、火、土）各自构成五个特定穴（井、荥、俞、经、合），叫“五输穴”。“输”就是传导的意思，古人最善比喻，把经络的传导比喻为水流从小到大，从浅入深的变化过程。下面简单说一下“五输穴”各自的含义。

“井”穴多位于手足之端，如肺经的少商穴和脾经的隐白穴。“井”就是水的源头，“井之为义，汲养而不穷”。

“荥”（xíng）穴多位于掌指或跖（脚掌）趾关节上，如肺经的鱼际穴和脾经的大都穴。“荥”的意思是迂回的小水，像山溪细流。

“俞”（shù）穴多位于掌腕或跖关节部，如肺经的太渊穴和脾经的太白穴。“俞”是灌注的意思，像山泉的瀑布，倾泻而下。

“经”穴多位于腕踝关节以上，如肺经的经渠穴和脾经的商丘穴。“经”是主道，像宽广的江河，畅行无阻。

“合”穴多位于肘膝关节附近，如肺经的尺泽和脾经的阴陵泉。“合”喻做江河之水汇入大海。

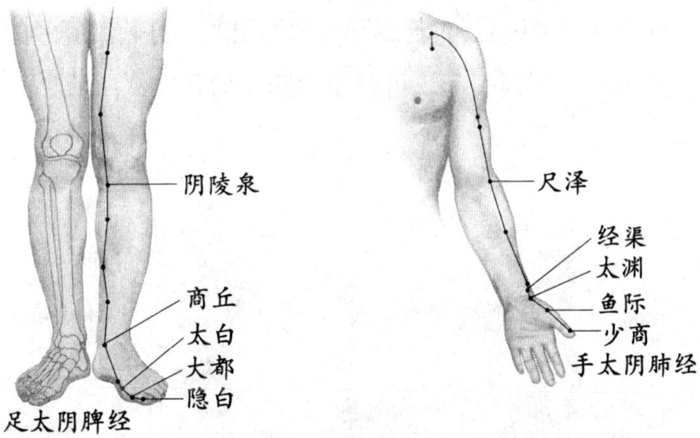

井穴多位于手足之端，如少商穴和隐白穴；荥穴多位于掌指或跖趾关节上，如鱼际穴和的大都穴。俞穴多位于掌腕或跖关节部，如太渊穴和太白穴；经穴多位于腕踝关节以上，如经渠穴和商丘穴；合穴多位于肘膝关节附近，如尺泽和阴陵泉。

五输穴以“井、荥、俞、经、合”来说明经气由四肢末端向心脏方向流注于肘膝关节，经气由微至盛，由浅入深，汇入脏腑的过程。五脏（心、肝、脾、肺、肾）所主的经络叫“阴经”，六腑（小肠、大肠、膀胱、胆、胃、三焦）所主的经络叫“阳经”。不管是阴经还是阳经，都有其各自的五输穴，各自的属性也完全不同。阴经的“井”属木，“荥”属火，“俞”属土，“经”属金，“合”属水。而阳经的“井”

属金，“荥”属水，“俞”属木，“经”属火，“合”属土。对于这些属性，其实大家可以不必强记。“五输穴”在一条经络中的功能，就像是一个公司里不同部门主管的作用，中医经典《难经》上说：“井主心下满，荥主身热，俞主体重节痛，经主喘咳寒热，合主逆气而泄。”

井主“心下满”，是指胃脘部痞满，郁闷之症。五脏六腑皆有可能成为“心下满”的原因，如果因脾胃不和引起，可刺激脾的井穴“隐白”，胃的井穴“厉兑”。若因肝气郁结引起，可刺激肝经的井穴“大敦”。若因大便不通引起，可刺激大肠经的井穴“商阳”。

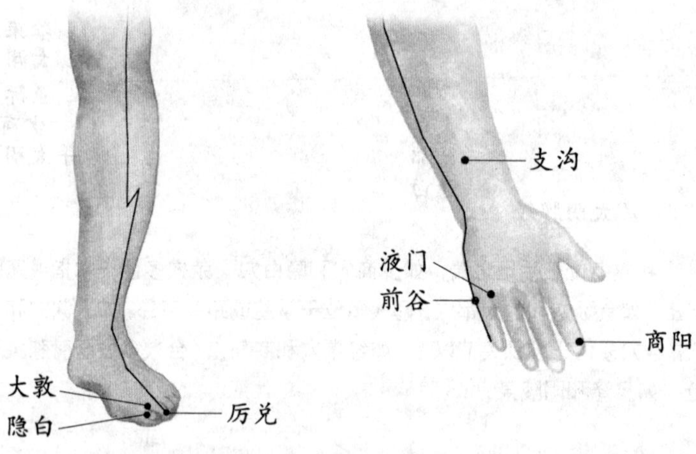

脾胃不和引起胃脘部痞满，可刺激隐白和厉兑；若由肝气郁结引起，可刺激大敦；若因大便不通引起，可刺激商阳。上火引起口疮可选前谷。牙龈肿痛，眼红赤，可选液门。肝火旺引起咳嗽可选支沟。

荥主“身热”，身热可理解为“上火了”，如发烧，咽喉肿痛，可选肺经荥穴“鱼际”。口疮，小便短赤，可选小肠经荥穴“前谷”。口臭，大便燥结，可选胃经荥穴“内庭”。心烦不眠，五心烦热可选心经荥穴“少府”。牙龈肿痛，眼红赤，可选三焦经的荥穴“液门”。各经络的荥穴可以配合使用，祛热功能效果更佳。

俞主“体重节痛”，“体重节痛”是指浑身酸懒，身体倦怠，关节疼痛。如膝关节肿痛，行走困难的，可选肝经俞穴“太冲”，胆经俞穴“足临泣”，上肢关节痛，可选肺经俞穴“太渊”，心包经俞穴“大陵”。白天倦怠嗜卧，无精打采，可选脾经俞穴“太白”，肾经俞穴“太溪”。若是感冒引起的肢体酸痛，可选膀胱经的俞穴“束骨”，胃经的俞穴“陷谷”。俞穴具有健脾祛湿，舒筋活络，祛风止痛的功效。

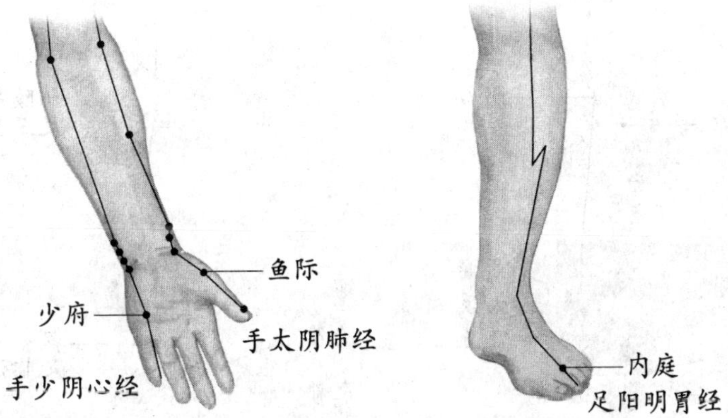

肺经荥穴鱼际，治疗发烧、咽喉肿痛有特效；若心烦不眠，五心烦热，可选少府；若口臭，大便燥结，可选内庭。

经主“咳喘寒热”，“咳喘寒热”是说经穴善治咳喘之症，且无论是寒性、热性还是阴虚、发热的咳喘，都可选择经穴治疗。《内经》上说：“五脏六腑皆令人咳，非独肺也。”如外感咳嗽，可选肺经的经穴“经渠”和膀胱经的经穴“昆仑”；肾虚的咳喘，可选肾经的经穴“复溜”；肝火旺引起的咳嗽可选三焦经的经穴“支沟”；肺气不足的咳喘，可选脾经的经穴“商丘”。经穴有清肺化痰、理气镇咳之效，平日可作为保养肺脏和预防咳喘的要穴。

合主“逆气而泄”，若胃气上逆则呕吐，可选胃经合穴“足三里”；胆汁上逆则嘴苦，可选胆经合穴“阳陵泉”；肺气上逆则咳喘，可选肺经合穴“尺泽”；脾虚便溏腹泄，可选脾经合穴“阴陵泉”；肾虚遗尿，遗精，可选肾经合穴“阴谷”。《灵枢 · 四时气》中说：“邪在腑取之合”；《内经 · 咳论》说：“治腑者治其合”，都是在强调合穴善治脏腑之病。

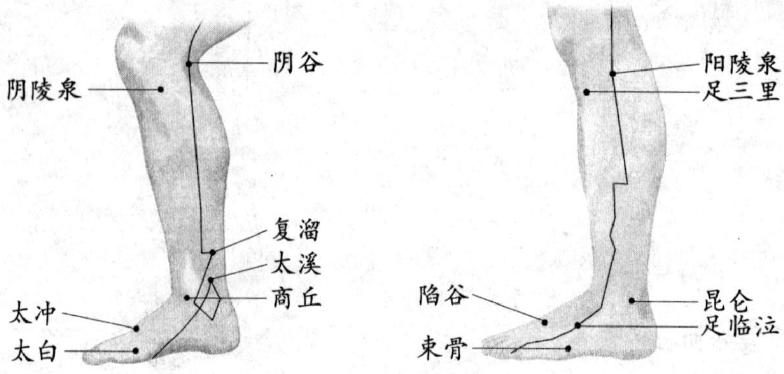

膝关节肿痛可选太冲、足临泣。白天无精打采，可选太白、太溪。肾虚的咳喘，可选复溜；肺气不足的咳喘，可选商丘。感冒引起的肢体酸痛，可选束骨和陷谷。胃气上逆导致呕吐，可选足三里。胆汁上逆导致嘴苦，可选阳陵泉。脾虚便溏腹泄，可选阴陵泉。肾虚遗尿遗精，可选穴阴谷。

五输穴的效用非常广泛，这里只是简单地略述其皮毛，让大家有一个简单的印象。知道了穴位的五行，就可以试着用在日常保健上了。如肺经的太渊穴，是俞穴，属土，肺经属金，正好是“土生金”，又如脾经的商丘穴，是经穴，属金，脾经属土，也是“土生金”。这两穴合在一起来用，补肺健脾，功效显著。有人总说买不到参苓白术丸，而这太渊与商丘就是免费的参苓白术丸。

上肢关节痛，可选太渊、大陵；外感咳嗽，可选经渠和昆仑；肺气上逆引起咳喘，可选尺泽。

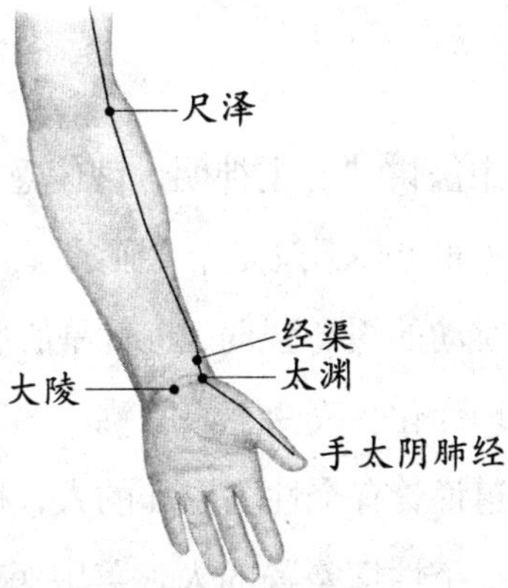

学会了五输穴的用法，您可以灵活地搭配出许多免费的中成药来。而且是最正宗且无毒副作用的良药。不要着急，穴位很多，但不用一下子都掌握，学中医，一定要一点一点渗透进去。中医的精髓，是一种思想，是一种文化，是一种精神，是一种人性化的科学，需要灵感，需要领悟，需要身心交融，更需要宽大的胸怀。

2. 福由心经生——清心除烦之要经

对于我们普通人来说，“有效就是硬道理”。当我们运用古人“心主神明”的思想，在自己的“手少阴心经”上尝试按摩一番之后，便会真切地体会到，以此法来养心，何愁万病不祛，清福不来？

中医讲“心主神明，魂魄意志，皆为其统”。有人说，脑才是思维的中枢，心不过是个“血泵”，与情志有什么关系呢？其实，一个人心脏跳动的缓急强弱，也就是心脏自身的节奏韵律，完全可以控制人的心理变化。改变了心脏跳动的节律，也就改变了人的心理状态。曾有报道说，有个性格温和的人，移植了心脏以后，性格完全改变，变成了一个性情暴躁的人。美国医学家阿拉特拉斯博士也曾说：“心脏实际上是一种具有思维能力的智慧脏器。”

心脏到底有没有思维、情志、意念等精神方面的功能？自古以来，科学家们一直争论不已，我们可以暂且不去管它。对于我们普通人来说，“有效就是硬道理”。当我们运用古人“心主神明”的思想，在自己的“手少阴心经”上尝试按摩一番之后，便会真切地体会到，这条经对调节我们的情志有巨大的作用。《灵枢·口问》上说：“心者，五脏六腑之太主也……悲哀忧愁则心动，心动则五脏六腑皆摇。”《内经》上也说：“（心）主明则下安，以此养生则寿，主不明则十二官危，使道闭塞而不通，形乃大伤。”这些金玉良言都是在告诉我们，养生必须养心，如果心神昏乱，却想身体健康，根本是不可能的。

也许您会问了，养心又谈何容易呢？《内经》上说：“恬淡虚无，真气从之，精神内守，病安从来。”这话虽然是至理名言，却不好操作。于是《内经》上又说了些具体的养心之法：“美其食，任其服，乐其俗。”不管是粗茶淡饭还是海味山珍，都吃得津津有味；不管是名牌西服，还是廉价布衣，都穿得落落大方；不管是阳春白雪，还是下里巴人（两首古曲），都听得声声悦耳。还有“以恬愉为务，以自得为功”，也就是说，以让“身心保持愉快”为生活的第一要务，以“让精神感到满足”为事业的最大成功。如果您能按此心法来养心，何愁万病不祛，清福不来？俗话说：“药能医假病，酒不解真愁”，真正的病根在心，岂是药力所能及？但药能减轻病痛，正如酒可令人昏眠，在我们尚未“明心见性”之前，还将是我们的伙伴。

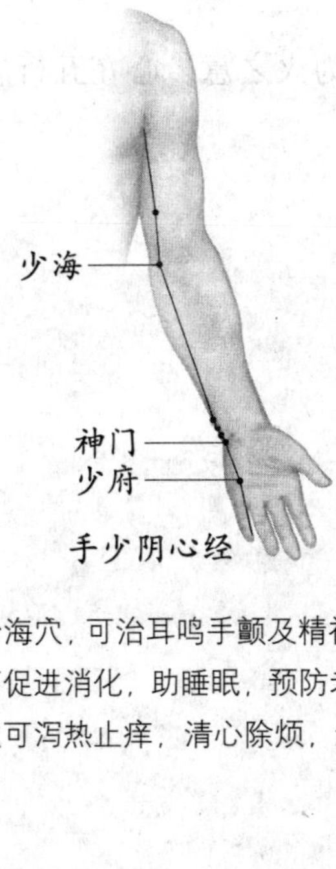

拨动少海穴，可治耳鸣手颤及精神障碍；点掐神门穴可促进消化，助睡眠，预防老年痴呆；按揉少府穴可泻热止痒，清心除烦，通利小便。

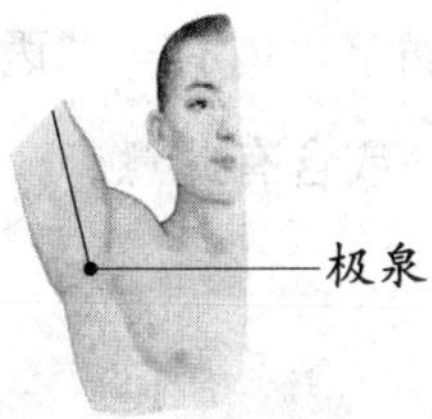

点按极泉穴，可使心率保持正常，还能治劳损性肩周炎。

而按摩心经，就是最好的药，就是最纯的酒。沿着心经的走向，可以找到以下要穴：极泉穴在腋窝中，点按可使心率正常，又治劳损性肩周炎；少海穴在肘纹内，拨动可治耳鸣手颤及精神障碍；神门穴在掌纹边，点掐可促进消化，帮助睡眠，预防老年痴呆；少府穴在感情线，可泻热止痒，清心除烦，通利小便。此外还有4种常用调心的中成药——柏子养心丸、天王补心丹、牛黄清心丸和人参生脉饮，大家可以根据自己的体质和症状，参选而用。

以下顺口溜也可以助您一臂之力：

心慌气短食不下，可服柏子养心丸。
口燥盗汗大便干，快用天王补心丹。
夜晚难眠心烦热，牛黄清心神自安。
常服人参生脉饮，气阴同补功效全。

病字，内有一“丙”，“丙”为火之意。心在五行属火，“百病从心生”或含有此意。

3. 危难时刻显身手——化生气血的小肠经

小肠经的穴位，我只说了4个，不到整条经上穴位总数的1/4，但或许只有一个对您管用。那您就守好这一个吧，关键的时候，有一个朋友就够了。

《内经 · 灵兰秘典论》上说：“小肠者，受盛之官，化物出焉。”“受盛”“化物”是指小肠能够将胃输送来的食物，进行加工，分清泌浊，清者化生成气血津液，给全身供应营养，中医叫“运化精微”；浊者通过大肠、膀胱以二便的形式排出，中医叫“排泄糟粕”。

小肠的这种功能决定了小肠经的治疗范围。《灵枢 · 经脉篇》说，小肠经是“主液所生病者”。“液”包括月经、乳汁、白带、精液以及现代医学所称的腺液，如胃液、胰腺、前列腺和滑膜分泌的滑液等，所以凡与“液”有关的疾病，都可以先从小肠经来寻找解决办法。

前两天，同事小张问我，“郑老师，我今天不知为什么，左臂总是没有一点力气。”小张是个二十出头的女孩子，身体一向不错。我捏了一下她的胳膊上的小肠经循行的位置，她就说此处又酸又痛。我说：“你是不是来例假了？”她说：“是呀，今天已经是第三天了！”我说：“没事，吃点小枣，补补血，就会好了。”例假来时，气血多供于下焦，给小肠经的供血就略显不足了，所以胳膊就会觉得酸软无力，吃点小枣补一补，自然就没事了。小肠经与体液（月经）的关系，从这个事例可见一斑。

另外，小肠经还是调控产妇乳汁分泌的重要经络。如果产后乳汁不下或量少清稀，通常是小肠经的经络堵塞不通，我们在培补气血的同时（如吃猪蹄和鲫鱼汤），刺激小肠经的相关穴位也可促进乳汁分泌。下面就找几个小肠经的常用穴位说一说。

小肠经从小指旁的少泽穴起始，沿着胳膊外侧循肩膀一直向上到头部，直到耳朵旁的听宫穴，左右各19个穴位。其中有7个穴在肩膀上，自己按不到，暂时可忽略不记，您只要记住它们的循经路线就可以了，以后为亲人、朋友刮痧按摩的时候会有用。咱们现在要记住的是那些容易找到又确实有效的穴位。

先说“后溪穴”。它的功能很强大，按摩又极为方便，位置在手掌感情线小指侧尽头处，可握拳取穴。后溪穴为小肠经的“俞木穴”，俞主“体重节痛”，因此此穴可治腰膝痛、肩膀痛、落枕。又因后溪是八脉交汇穴，通督脉，督脉入脑，所以又治后头痛、颈椎病和神志病。此穴还有个特殊的功效，就是可以治疗麦粒肿，但最好用艾灸的方法，可做成麦粒大的艾柱，用凡士林粘在后溪穴点燃，通常连灸三柱就会有效，病在左取右后溪，病在右取左后溪。灸后一天，麦粒肿通常可自行消退。

再献给我们的父母一个长寿大穴——“养老穴”，听这个穴名，就可以猜到它的用途。此穴对许多老年病有很好的疗效，可治疗眼花目暗，眼睑下垂，听力减退，肩酸背痛，起坐艰难，脚步沉重，此外还有降血压的功效。此穴在手腕上（小指一侧）。取穴有一个窍门，先掌心向下，用另一手食指按住腕上尺骨小头最高点，然后再将掌心面向自己胸口，另一手食指本来按在骨头上，这一转掌，发现食指已经按在了骨缝中了，这个穴正在骨缝中。

再说一个有神奇功效的穴位“支正”（有“支持正气”之意），它在养老穴直上4寸处，是专门治疗扁平疣的。《景岳全书》上说：“正虚则血气不行，大则为疣，小则为痂疥之类，用灸法常效验。”可选择上面灸后溪的方法，用艾柱每日灸5柱，可连灸一周。从小肠经找到

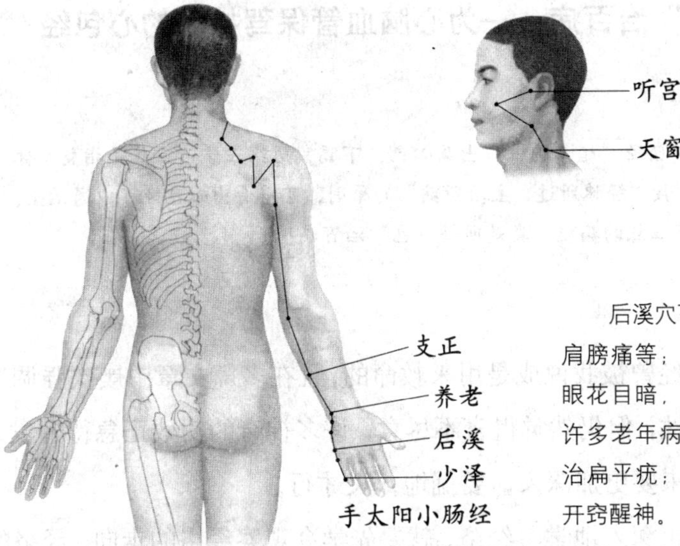

后溪穴可治腰膝痛、肩膀痛等；养老穴可治眼花目暗，肩酸背痛等许多老年病；支正穴专治扁平疣；天窗穴最能开窍醒神。

一个能治疗扁平疣的要穴，这就提醒我们思考，小肠的功能是否会影响疣赘之物的生成。

俗话说：“打开天窗说亮话。”下面就说说“天窗穴”，这个穴是本人最喜欢的穴位之一。“天”指头部，“窗”指孔窍。这个穴最善开窍醒神。目窍开则眼明，听窍开则耳聪，鼻窍开则神怡，所以此穴是我每天伏案工作后必按的法宝。天窗穴非常好找，在耳颈外侧部，胸锁乳突肌的后缘，与喉结处相平。点按此穴，通常酸胀感能窜到后背，顿时会觉得肩膀有轻松之感，所以此穴还是预防颈椎病的要穴。诸位经常守在电脑旁的朋友，若能经常按按此穴，自会获益良多。

小肠经的穴位，我只说了4个，不到整条经的1/4，但或许只有一个对您管用，那您就守好这一个吧，关键的时候，有一个朋友就够了。

4. “包”治百病——为心脑血管保驾护航的心包经

心包经“起于胸中，出属心包，下膈，历络三焦（三焦是指整个体腔）。”按“经脉所过，主治所病”的原则，可以看出心包经可以通治上、中、下三焦的病症，真是所谓“包”治百病！

心包经曾被我说成是用来救命的，且在多篇文章中屡次强调这条经的重要性，但仍然觉得言不尽意，许多神奇的功效正急待开发，探宝行动看来要更加深入，要掘地八尺才行。

要想再深入地学习经络，就要先学会观察经络的走向。经络的走向包括两个方面：一个是标有穴位的主经，还有一个是在经络图上找不到的“暗行之路”。如《灵枢·经脉》上说心包经的走向“起于胸中，出属心包，下膈，历络三焦（三焦是指整个腹腔）。”如果我们仅从图中看，心包经是不经过膈肌、上腹、中腹、下腹部的，所以“下膈，历络三焦”就是心包经的暗行之路。虽然这条“暗道”上没有穴位，但是既然经络循行过此，按“经脉所过，主治所病”的原则，可以看出心包经可以通治上、中、下三焦的病症，真是所谓“包”治百病！

心包经在经络图上显示为从胸走手，起于乳头外一寸天池穴，止于中指指甲旁的中冲穴，左右各9个穴位。《灵枢》上说心包经主治“手心发热，心跳不安，胸闷心烦，喜笑不休，臂肘曲伸不利”。现在临床上多用于治疗与心脏、心血管有关的疾患。下面就选几个心包经的常用穴，和大家稍微细致地探讨一下。

曲泽穴：在肘横纹上，曲，这里代表肝的意思；泽，是滋润的意思，所以这个穴有滋养肝的功效。为什么说“曲”是指肝的意思呢？《尚书·洪范》曰：“木曰曲直”，肝在五行中属木，曲直是“曲中有直”，也就是“刚柔相济”，说明了肝木的正常属性应该是“坚中有韧”的，就像肝所主的“筋”那样。此穴是手厥阴心包经的合穴，合属水，水能养木，又可去火，专可用来以水灭火，以水涵木，以缓解木旺强直，肝火过盛之症，所以最善治痉挛性肌肉收缩、手足抽搐以及心胸烦热、头晕脑胀等“肝风内动”之症，即现代医学所称的冠心病、高血压等。

郄门穴：在腕横纹上 5 寸，“郄”的意思是指“深的孔穴”。郄门是心包经的“郄穴”。郄穴在经络中具有特殊功效，专门用于治疗急性病。每条经都有一个郄穴，如胃经的郄穴叫“梁丘”，膀胱经的郄穴叫“金门”。当突发胃痛时可揉梁丘，若急性腰痛就点金门。当心绞痛时点揉郄门穴也可即时缓解症状。不过这些穴位最好平日就多揉，不要非等到急性发作时再去找，恐怕那时就是想揉也没有力气了。

内关穴：在腕横纹上 2 寸。历来医家都把内关穴当成是个万能穴，为治疗心、胸、肺、胃等疾患的要穴。《百症赋》上说“建里（任脉穴位，肚脐上三寸），内关，扫尽胸中之苦闷。”据我的经验，此穴

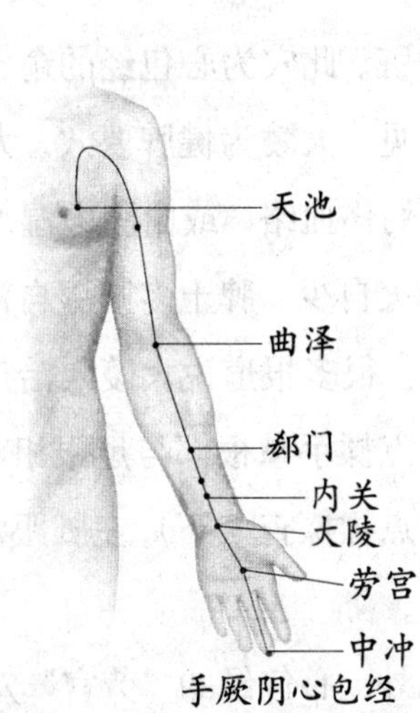

曲泽穴可以滋养肝脏；郄门穴可以即时缓解心绞痛。内关穴是治疗心、胸、肺、胃等疾患的万能穴；大陵为健脾要穴，最利泻火祛湿，善治口臭；劳宫穴能及时补充气血。

梁丘是胃经的郄穴，若有突发胃痛时，按揉此穴很快就可缓解。将内关穴与公孙穴合用，对心慌失眠、头晕、呕吐、慢性胃肠炎有显著疗效。

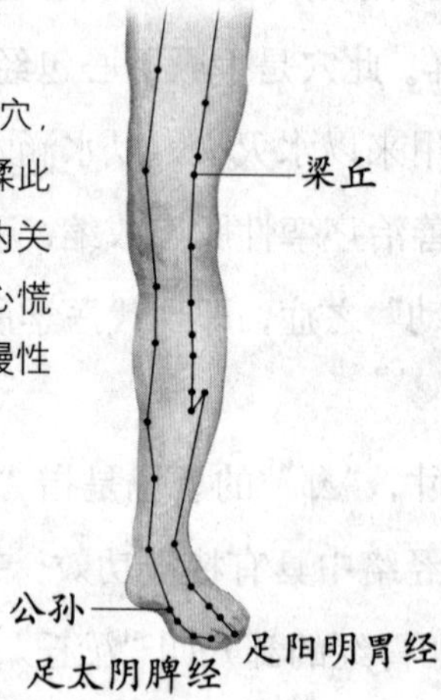

金门是膀胱经的郄穴，若有急性腰痛，点按有特效。

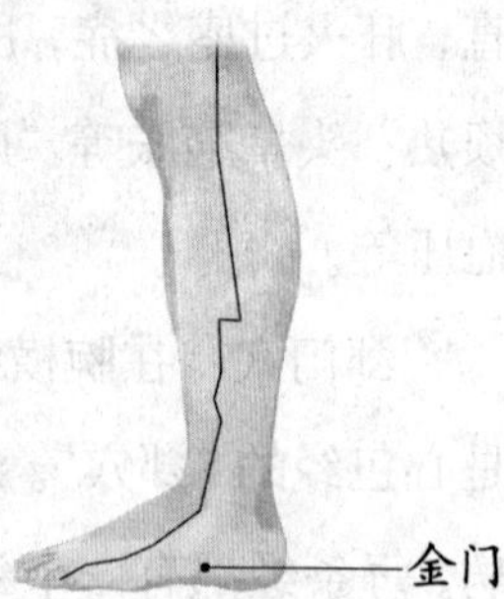

镇静安神的效果不错，可用于心慌失眠；还有止呕的作用，可用于晕车，对于慢性胃肠炎也有显著疗效，但需与脾经的公孙穴合用，效果才好。内关穴还能治疗膝关节痛，但需与“跪膝法”同时合用，疗效始佳。

大陵穴：大陵，意为“大土山”，是说此穴生土最多。五行中的土指脾脏。此穴为心包经的俞土穴，心包属火，自然是“火生土”了。由此可见，大陵为健脾要穴。大陵穴善治口臭，口臭源于心包经积热日久，灼伤血络，或由脾虚湿浊上泛所致。大陵穴最能泻火祛湿。火生土则火自少，脾土多则湿自消。一穴二用，自身能量转化，最是自然之道。很多报道说大陵穴治疗足跟痛效果不错，您不妨一试，但个人觉得点揉手掌根部与足跟相对应部位的痛点效果更佳(可在手掌根部仔细点揉探查一下)，左脚跟痛就点揉左手掌根，右脚跟痛则点揉右手掌根。

此外，心包经的“劳宫”穴，我曾解释为“劳累了以后去宫殿休息”，以强调这个穴最补心血。有网友说，揉劳宫穴居然治好了他多年的便秘，真是意外的收获。我真盼望大家都能经常有些意外收获拿出来交流共享，那将是何等巨大的财富呀！

在学习穴位时，大家不要被书上的说明所限制。穴位岂止是这点能量，它就像我们的孩子，您真不知道还有什么超常的能力没被您发现。如果您先入为主，觉得它也就这样了，没什么大的出息了，那您的“宝贝孩子”就真要被埋没了。我们要相信自己的潜能，也要相信大自然总会给我们机会，让我们喜出望外，但如果您没有一颗充满激动与感恩的心，那就永远都将一无所见。

5. 肝经的五输穴是我们消解生活压力的本钱

我们的肝脏最能忍辱负重，它每天都要化解血液中的毒素，时时要承受各种情绪上的压力，抑郁伤肝，过劳伤肝，发怒伤肝，喝酒伤肝，吃药伤肝……伤则伤矣，但肝仍然会默默地工作，直至筋疲力尽。肝脏是我们消解生活压力的本钱，可别累坏了它，如果本钱没有了，您还能创造什么呢？

前面已经讲过，五输穴是12经络分布在肘膝关节以下的5个特定穴位（井、荥、俞、经、合），因为具有金、木、水、火、土五行属性，所以也叫五行穴。五输穴首见于《灵枢·九针十二原》："所出为井，所溜为荥，所注为俞，所行为经，所入为合"，可以说将经络气血流注的状态，用不同的水流，形象地比喻出来，由微至盛，从涓涓细流逐渐汇成滔滔江海。

五输穴对内脏病、五官病、情志病等有独特的治疗作用，是强身保健的方便工具，也是系统学习经络的入门之法。下面举肝经为例，讲述五输穴的具体应用。

大敦（井木穴），在足大趾外侧趾甲角旁一分，古代的医家一致认为此穴为治疗疝气的特效穴。《玉龙歌》说："七般疝气取大敦。"《胜玉歌》也道："灸罢大敦除疝气。"此穴为木经木穴（肝经属木），疏肝理气作用最强，善治因气郁不舒引起的妇科诸症，如闭经、痛经、崩漏，更年期综合症；同时还是治疗男子阳痿、尿频、尿失禁的要穴。此穴用艾灸效果最好。此外，用指甲轻掐此穴还有通便之效。"病在脏者取之井"，若为慢性肝病，此穴更是必不可少的治疗与保健要穴。

行间（荥火穴），在足大趾、次趾的缝纹端。"荥主身热"，行间属火，为肝经的子穴，最善治头面之火，如目赤肿痛，面热鼻血等，掐此穴对眼睛胀痛尤有显效。《类经 · 图翼》上说：“泻行间火而热自清，木气自下。”另外，此穴还治心里烦热，燥咳失眠。因肝经环绕阴器，所以行间还善治生殖器的热症，如阴囊湿疹、小便热痛、阴部瘙痒等。对痛风引起的膝踝肿痛，点掐行间也有很好的止痛效果。

太冲（俞土穴），在行间上二寸，第一二跖骨结合部的凹陷中。此穴是最令我敬畏和感动的人身大穴。肝为“将军之官”，太冲穴所表现的功能就如一位横刀立马而又宽宏大度的将军，时时保护着我们的身体，而且有求必应。当我们感到头晕脑胀（如高血压），太冲穴会让我们神清气爽；当我们觉得有气无力时（心脏供血不足），太冲穴会给我们补足气血；当我们心慌意乱时，太冲穴令我们志定神安；当我们怒气冲天时，太冲穴会让我们心平气和。它不怒而威，能量无穷：发烧上火，太冲能去热；身体虚寒，太冲可增温；月经不调，太冲善调理；阳痿遗精，太冲能改善。慢性肝病的调理，太冲也是必选之穴。此外还善治咳喘、感冒和各种炎症，真是：诸病寻它皆有效，没事常揉体自安。这种适合各种体质的好穴，我们要倍加珍惜才是。

中封（经金穴）：在足内踝前一寸。中指“中焦”（因肝在中焦位置），封指“封藏”，要封藏什么呢？当然要封藏人体精血，使之不致轻易耗伤。肝藏血，肾藏精，许多人长年遗精，吃诸多补肾、固涩之药而无效。原因是不知补肾亦当补肝，但自古皆言“肝不受补”，补肝岂不有助火之虞，这种考虑是有道理的，但也不可胶柱鼓瑟，要知其常，也要通其变。“中封”是保养人体精血之要穴，为肝经金穴，金能克木（这里的“克”是约束之意），所以此穴本身就可抑制肝火过旺。金有肃降之性，故此穴可通利小便。“溺窍开则精窍闭”，正是固精之妙法。另外中封还善治脚软无力，步履艰难之症，配合足三里，效果更佳。正如《医宗金鉴》上说：“中封主治遗精病，三里合灸步履艰。”

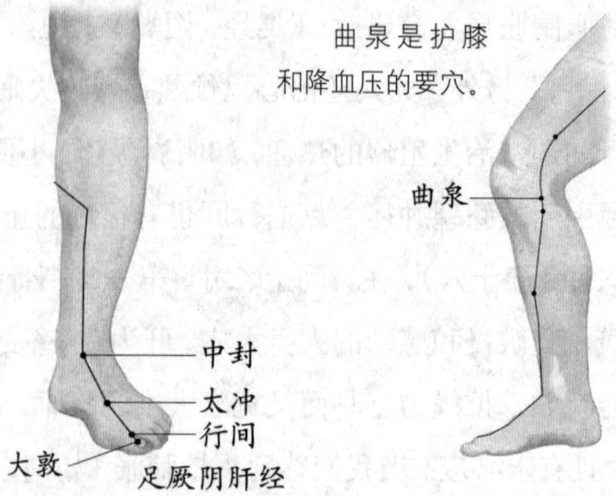

大敦疏肝理气作用最强，行间最善治头面之火，太冲是适合各种体质的保健大穴，中封是保养人体精血之要穴。

曲泉是护膝和降血压的要穴。

曲泉（合水穴）：屈膝，在膝内侧横纹上方凹陷中。曲指肝木（木曰曲直），泉指肾水。肝属木，肾属水，水能生木，肾为肝之母，根据“虚则补其母”的原则，肝之虚症，可用曲泉补之。肝虚则易倦乏力，肝虚则阳痿早泄，肝虚则心恐善惊，肝虚则血亏不孕，肝虚则头胀眩晕，肝虚则眼花目涩。另外肝主筋，膝为筋之府，曲泉正位于膝关节部位，最善治膝关节疼痛。膝痛曲泉穴必痛，所以此穴为护膝要穴，平日可多加按摩。另外曲泉穴也是降血压的要穴，还能治疗各种湿症，不论湿寒、湿热、风湿、湿毒均可选用此穴。

《黄帝内经》上说：“肝主筋，肝者，罢极之本”，“罢极”，是耐受劳苦的意思。“本”，就是资本，本钱。我们的肝脏最能忍辱负重，它每天都要化解血液中的毒素，时时要承受各种情绪上的压力，抑郁伤肝，过劳伤肝，发怒伤肝，喝酒伤肝，吃药伤肝……伤则伤矣，但肝仍然会默默地工作，直至筋疲力尽。肝脏是我们消解生活压力的本钱，可别累坏了它，如果本钱没有了，您还能创造什么呢？

6. 群英荟萃——结拜胆经上的五大英雄之穴

我本人也喜欢敲胆经，并敲打得很专注，就像与身体在说话一样。身体就像我们的孩子，你关心她，她也喜欢你。

被吴清忠先生大力倡导的“敲胆经”，实在是一个简洁高效的养生妙法。敲胆经不但能增强胆汁分泌，有助消化排毒，更主要的是能够舒解肝脏的郁结，调节心理平衡，解决诸多身心病造成的亚健康问题。《素问·六节藏象论》上说：“凡十一藏取决于胆。”可见胆经的重要作用。

胆经是一条穴位众多的经络，左右两侧各有44个穴位，起于眼外角旁的瞳子髎，止于脚四趾趾甲外侧的足窍阴。胆经上特效穴很多，可谓是群英荟萃，下面先选出5位精英，详解一番，以彰显一下此经的神奇妙用。

先说风池穴。风指风邪，池是浅水塘。此穴为风邪窝积之处，但它隐藏不深，容易露出水面，所以只要我们经常刺激此穴，那么风邪也就没有藏身之所了。风邪，含义很广：感冒，我们常说成是“受了风寒”；头痛头晕，中医称为“头风”；身体抽搐痉挛，叫做“羊角风”；突然起了疹子，俗称“风疙瘩”；脑血栓习惯被称为“中风”等。再者，如出汗怕风，迎风流泪，凡是和风沾边的病症，都与这个穴位有关，所以常揉风池穴，便可预防和调治由风邪引起的众多疾病，如感冒头痛、小儿抽动症、帕金森症等。但风池的功效，远不止这些，头面五官的疾病，如鼻炎、眼疾、耳鸣、牙痛、面部神经麻痹都可通过刺激它得到改善，尤其是青少年的近视眼，此穴为特效穴。之所以没能显示出其应有的功用，主要在于取穴不准，点按无力，且用力方向不对。此穴在后颈部，当枕骨之下入发际陷中，大致与耳垂平。用拇指或食、中、无名三指向鼻根方向用力点按，点按时闭眼效果更佳。通常按此穴一分钟，马上会感到眼睛明亮，神清气爽。另外，此穴还是奇经八脉中的阳跷脉的终止穴，阳跷脉起于足跟，主管下肢运动，所以风池穴还是治疗足跟痛的要穴。

再说肩井穴。凹陷深处为井，此穴在肩膀上较深的凹陷中。右手随意搭在左肩上，右拇指贴于颈左侧，右中指尖下即为此穴。肩井穴之“井”，从字型可以看出其“四通八达”之象，其意正是如此。此穴最善通经活络，消肿散结，善治“不通则痛”之症，对偏头痛、胃脘痛、乳房疼痛有即时缓解之效。另外，肩井穴善治牙痛，若与大肠经

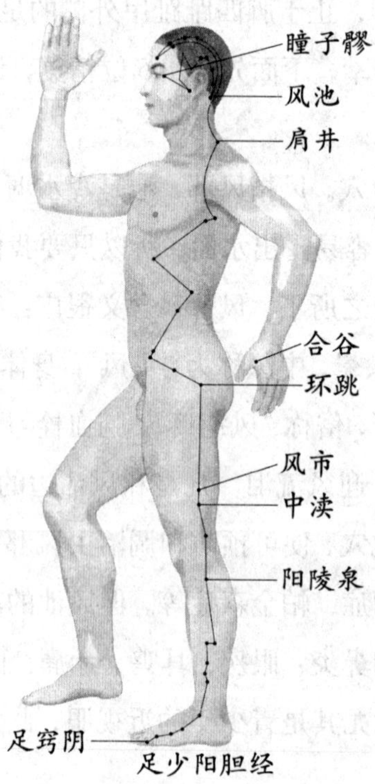

常揉风池穴，便可预防和调治由风邪引起的众多疾病。肩井穴最善通经活络，与合谷同时按压，可快速止牙痛，与环跳合用，可缓解坐骨神经痛。风市穴善治各种风症。中渎是治疗胆结石、胆囊炎及胆绞痛的要穴。阳陵泉善治胆囊之病及与人体的筋有关的病症。

的合谷穴同时按压，通常在30秒内，止痛效果就很明显。您不妨收藏此法，以备急用。另外，拿捏肩井穴还可缓解坐骨神经痛，正所谓“下病上治”，若能同时用肘尖按揉臀部胆经的环跳穴，效果更佳。

再往下说就是风市穴。此穴最好找，直立，将手垂于两腿外侧，中指尖处即为此穴。风市，是风邪的“市场”。此穴也善治各种风症，与风池穴有近似功效，也可治头痛眩晕，耳鸣耳聋。而且其还有安神之功效，用按摩棒稍重一些点按此穴一分钟便会产生睡意，对改善失眠有很好的效果。此外，风市穴对三叉神经痛也有辅助疗效。在此穴刮痧，还有祛风止痒之功效。

在风市穴下二寸，有个穴叫中渎。中，指中焦（包括脾胃肝胆）；渎，本来是污水沟的意思。中渎，中焦的排污通道。中焦只有一个地方常堵塞瘀滞，那就是胆囊及胆管。所以中渎是治疗胆结石、胆囊炎及胆绞痛的要穴。古人将治法隐藏于穴名之中，以传承其效验，真是用心良苦，令人赞叹。其实敲大腿上的胆经部分，主要就是敲击风市与中渎穴，此处肌肉较厚，穴位较深，建议用四指关节尖来敲打，效果更佳。

最后说一个大穴——阳陵泉。在膝盖下外侧，腓骨下头前下方凹陷中。此穴为胆经之合穴，善治胆囊之病，对嘴苦之症有特效；该穴还为筋之会穴，凡与人体的筋有关的病症，皆可通过刺激阳陵泉来改善，如小儿抽动症、肋间神经痛、肩肘关节痛、急性腰扭伤等。而且此穴还有一个更重要的功能，那就是调和肝脾。阳陵泉为胆经合穴，胆经属木，气通于肝，合穴属土，血贯于脾，此穴正为调节肝脾功能之枢纽。对于妇女月经不顺，内分泌失调，甚至更年期综合症，拨动刺激阳陵泉，总能解纷扰于乱世，化干戈为玉帛。此穴最善舒肝解郁，常与著名的“消气穴”太冲合用，功效更为明显。

我本人也喜欢敲胆经，并敲打得很专注，就像与身体在说话一样，身体就像我们的孩子，你关心她，她也喜欢你。

感悟《求医不如求己》

入市6年：

秋风吹来，夏天过去了，妈妈换上春秋的衣服，惊讶地发现原来很紧的裤腰居然松了，然而体重并没有变化，这就是整个夏天坚持敲胆经的效果！周末家庭聚会时，姑妈也说，衬衫最后一颗纽扣，春天扣不上的，现在已经可以轻松扣上了，这也是整个夏天坚持敲胆经的效果！

7. 治疗一切慢性病的关键就是健脾

如果我们没有优越的先天遗传，我们也无需抱怨，毕竟大自然还同时给了我们“五彩娲石”以补天。也许这正是我们的生命历程，不经历风雨，怎能见彩虹。

在中医理论中，脾的功能非常巨大，被称为是“后天之本”和“气血生化之源”。运用健脾的方法，可以迅速增长人体的气血，为防病治病储备了能量。当新鲜的血液源源不断地生成，并供应到全身各处，疾病便无藏身之地。因为治愈疾病的过程，就是把新鲜血液引到病灶的过程。脾正具备了生成气血和运送气血两大功效。此外，脾属土，土能克水，从而可以调控人体水液的代谢，如果人体水液代谢失常，体内就会有湿浊生成，而湿浊正是许多疾病滋生的土壤。所以说，治疗一切慢性病的关键，就是让脾强壮起来。

在饮食上，我们已经知道了健脾最快的是山药薏米芡实粥、红枣、牛肉、四季豆。另外我们还可选中成药参苓白术丸、补中益气丸、人参健脾丸。此外，还可以随时随地按摩我们的脾经，这条经有许多非常有用的穴位，有的增长气血，有的善祛湿浊，有的专除腹胀，有的开胃消食，有的调经止痛，有的祛风止痒。脾经起于大脚趾端隐白穴，止于腋下侧肋大包穴，左右各21个穴。下面咱们就把主要的穴位一一道来。

隐白（井木穴）：在足大趾趾甲根的内侧角。脾经属土，木穴通肝。脾统血，肝藏血，此穴最善止血。像子宫出血、月经过多、崩漏等，都可选用此穴。通常可用艾条或香烟灸一灸，在穴位上距皮肤1～2厘米处，灸至皮肤发红为度。此法还可治疗小儿因肚子不舒服引起的夜啼不止，但要注意灸的时间要短些，以免起泡。常揉此处还可防止流鼻血，对过敏性鼻炎也有辅助疗效。

隐白穴最善止血；大都善治脾虚大便无力，心中有火无食欲；太白能治各种原因引起的脾虚；公孙为八脉交会穴，是治妇科病的要穴；血海能治各种与血有关的疾病。

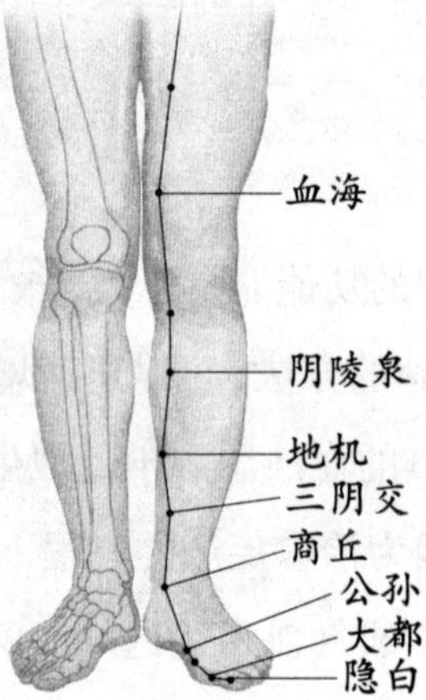

足太阴脾经

三阴交是生殖病专穴，地机穴是糖尿病必选，阴陵泉专祛湿毒，商丘穴最善消炎。

大都（荥火穴）：在足大趾本节后内侧陷中，脾经属土，火能生土，所以此穴为本经母穴。善治脾虚大便无力，心中有火不欲食，以及缺钙引起的腰痛、腿抽筋等。

太白穴（俞土穴）："太白"为古代星宿之名，传说此星有平定战乱、利国安邦之能。太白是土经之土穴，阴经以俞代原，故而又是脾经的原穴。此穴为健脾要穴，能治各种原因引起的脾虚如先天脾虚，肝旺脾虚，心脾两虚，脾肺气虚，病后脾虚等等；并有双向调节作用，如揉此穴腹泻可止，便秘可通；另外点揉太白穴还可调控血糖指数，高者可降，低者可升。

公孙穴（脾经络穴）：公孙的含义为"脾居中土，灌溉四旁，有中央黄帝，位临四方的意义，黄帝姓公孙，故以此为名"（《中医杂志》

1962年第11期《概述腧穴的命名》)。这个命名言简意赅，正道出了公孙穴运通十二经，将脏腑气血灌注四肢末端的微言大义。此穴为八脉交会穴，通于冲脉，冲脉为妇科主脉，所以公孙是治疗妇科诸症的要穴，如痛经，不孕，崩漏。此穴是脾经络穴，脾胃相表里，所以一穴可治脾胃两经之病。所以胃痛、胃胀、胃下垂，都可按公孙取效。就连胃经头痛（眉棱骨痛），揉此穴也有很好的效果，所以真要感谢“公孙黄帝”对子孙的厚爱。此穴还能治高血压、手麻、腰痛，真是无微不至，若配以心包经内关穴同时使用，效果更佳。

血海穴：屈膝，在髌骨内上缘2寸。男子以气为根，女子以血为本，血海穴是妇科最常用穴位之一，能通治各种与血有关的疾病，不管是出血，瘀血，还是贫血，血不下行，都可选用此穴。此穴还有一特殊功效，专能止痒，取艾条或香烟灸此穴2分钟，常会有意想不到的效果。

脾经其他的穴位，也都身怀绝技，三阴交是生殖病专穴，地机穴是糖尿病必选，阴陵泉专祛湿毒，商丘穴最善消炎。我们身上，真是百药俱全。

如果我们没有优越的先天遗传，我们也无需抱怨，毕竟大自然还同时给了我们“五彩娲石”以补天。也许这正是我们的生命历程，不经历风雨，怎能见彩虹。

8. 内分泌失调从三焦经寻找出路

经络穴位，就是我们与身体交流的通道，想要真正认识自己，不必去远方寻求开悟，因为答案就在我们自己身上。

三焦，用通俗的话来说，就是人整个体腔的通道。古人把心、肺归于上焦，脾、胃、肝、胆、小肠归于中焦，肾、大肠、膀胱归于下焦。《难经·三十八难》云："三焦者，主持诸气，有名而无形。"《灵枢》上说三焦经"主气所生病者"，这种"气"类似于现代医学所讲的内分泌的功能。

去医院看病，很多症状查不出病因，往往会被诊断为"内分泌失调"。但很多时候，也很难确定是哪个内分泌系统出现了问题，这时大夫常常会给您一些谷维素或维生素B_{12}这些比较安全平和的药物，但治疗作用实在有限。当您焦虑不安、不知所措的时候，不妨揉揉自己的三焦经，求医不如求己，效果通常会让您喜出望外。

三焦经从手走头，起于无名指指甲角的关冲穴，止于眉毛外端的丝竹空，左右各23个穴。三焦经属火，焦字本身就是"火烧"的意思。看来此经"火气"不小。三焦经与胆经是同名经，二者都是少阳经，上下相通，所以肝胆郁结的"火气"也常常会由三焦经而出，于是三焦经便成了身体的"出气筒"。三焦经直通头面，所以此经的症状多表现在头部和面部，如头痛、耳鸣、耳聋、咽肿、喉痛、眼睛红赤、面部肿痛。三焦经的症状多与情志有关，且多发于脾气暴躁之人，打通此经，可以疏泄"火气"，因此可以说三焦经是"暴脾气"人群的保护神。及早打通此经，还可预防"更年期综合症"的困扰。此经穴位多在腕、

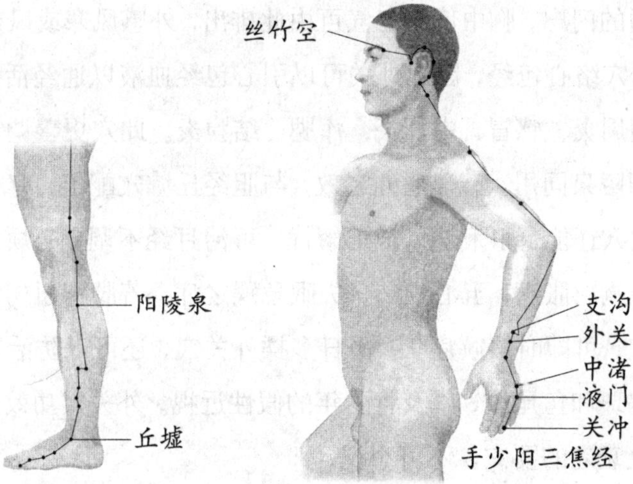

液门善治口干舌燥等津液亏少之症；中渚最能舒筋止痛；外关可排出胸中郁结之气，与阳陵泉配伍，有逍遥丸之效，其与丘墟配伍，能舒肝利胆；支沟化解风寒，善治急性头痛等。

臂、肘、肩，“经脉所过，主治所及”，所以对风湿性关节炎也有特效。下面咱们就挑选几个自己容易操作的穴位试一试。

液门（荥水穴）：津液之门，在无名指、小指缝间。此穴最善治津液亏少之症，如口干舌燥，眼涩无泪。“荥主身热”，液门还能解头面烘热、头痛目赤、齿龈肿痛、暴怒引发的耳聋诸症，此穴还善治手臂红肿、烦躁不眠、眼皮沉重难睁、大腿酸痛疲劳诸症。

中渚（俞木穴）：此穴在手背侧，四、五掌骨间。俞主“体重节痛”，木气通于肝，肝主筋，所以此穴最能舒筋止痛，腰膝痛、肩膀痛、臂肘痛、手腕痛、坐骨神经痛，都是中渚穴的适应症。此穴还可治偏头痛、牙痛、耳痛、胃脘痛、急性扁桃体炎。此外，四肢麻木、腿脚抽筋、脸抽眼跳等肝风内动之症，都可掐按中渚来调治。

外关（络穴）：此穴非常好找，在腕背横纹上 2 寸。外关即与外界相通的门户。胸中郁结之气可由此排出，外感风寒或风热可由此消散。此穴络心包经，因此外关可以引心包经血液以通经活络，可治落枕、肩周炎、感冒、中耳炎、痄腮、结膜炎。此穴更善调情志病，与胆经阳陵泉同用，有逍遥丸之效。与胆经丘墟穴配伍，有小柴胡汤之功。此穴还能舒肝利胆，散郁解忧，可治月经不调，心烦头痛，厌食口苦，胸胁胀满，五心烦热，失眠急躁之症。若脚踝扭伤，用力点按外关穴，可即时缓解症状。平日多揉外关穴，还可以防治太阳穴附近长黄褐斑和鱼尾纹，以及青少年的假性近视。外关穴功效众多，且又是防止衰老的要穴，不可小视。

再说个支沟穴，此穴在外关上 1 寸。所以与外关穴的功用较为类似，也可舒肝解郁，化解风寒，但同时还善治急性头痛、急性腰扭伤、胆囊炎、胆石症、小儿抽动症。古书皆言其善治便秘，但其最为特效是治疗“肋间神经痛”，俗称“岔气”。当岔气时，用拇指重力点按支沟穴，即时见效。

三焦经暂时说到这里，其实这条经络的功效，远不止这些，朋友们自己去慢慢探寻和体验吧。经络穴位，就是我们与身体交流的通道，想要真正认识自己，不必去远方寻求开悟，因为答案就在我们自己身上。

9. 肾经是强壮一生的经络

肾是先天之本，是我们身体的根基。我们要及早培补它，时时加以呵护，千万别让我们的根基动摇倾倒。您只要经常刺激几个肾经大穴，让它们常葆活力，您自己也就会觉得活力四射。

前几日，邻居刘姐叫我过去给她家大哥把把脉，说近日他总发低烧，咽喉肿痛，左肋胀痛，感觉饿却不想吃饭，心里老是七上八下，烦躁不安，头昏昏的总想睡觉。去医院做了化验，指标都正常，中医给开的小柴胡颗粒，吃了两盒，却不见好。我搭了下脉，脉象较为平和，并没觉出有什么异常，问了一下二便，也都正常。正在低头思忖之际，大姐的一句话提醒了我："他白天一天都没事儿，但只要一过下午5点钟，马上开始发烧。"下午5点到7点，乃肾经流注时间，莫非是肾出了问题？看看他肋骨疼的位置，正是京门穴（肾的募穴），结合他说的症状，我建议大哥去医院照个B超。第二天，B超结果出来了，说是肾上长了个瘤子，大哥当时就住院了。

《灵枢经脉》描述肾经的病状："饥不欲食……气不足则善恐，心惕惕如人将捕……口热，舌干，咽肿止气，嗌干及痛，烦心……嗜卧，足下热而痛。"邻家大哥的许多症状都与此说较为符合，只是发现得太晚，恐是凶多吉少。作为日常保健，肾经是不容忽视的。肾是先天之本，是我们身体的根基。我们要及早培补它，时时加以呵护，千万别让我们的根基动摇倾倒。下面讲几个肾经大穴，您只要经常刺激它们，让它们常葆活力，您自己也就会觉得活力四射。

太溪（俞土穴）：在内踝高点与跟腱之间的凹陷中。此穴是俞土穴，阴经以俞代原，所以也是肾经的原穴。太溪穴治疗范围极广，是个大补穴，很多人觉得自己肾虚，如感觉腰酸膝软，头晕眼花，按按太溪，当时就会见效，比吃补肾药快得多。具体地说，太溪穴可以治疗足跟痛、失眠、耳聋、耳鸣、支气管哮喘、小儿抽动症、经期牙疼、肾虚脱发、内耳眩晕症、高血压、遗精、遗尿、假性近视。总之按揉这个穴，能够改善体质，是治本强身之穴。

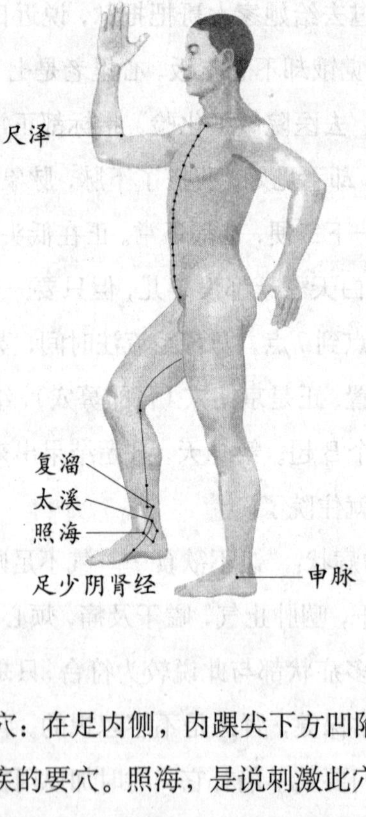

太溪穴为补肾要穴，多按揉能够改善体质；照海能治疗多种眼疾以及咽喉肿痛，与申脉配伍可治疗失眠和神经衰弱；复溜通经活络，利水消肿，功效极多，与尺泽穴同用，疗效更好。

照海穴：在足内侧，内踝尖下方凹陷处。照，为光明所及。此穴是治疗眼疾的要穴。照海，是说刺激此穴，能够让您的目光明亮，照见大海的广阔，这个场景还是很让人神往的。照海是治疗咽喉痛的要穴，不论是急慢性扁桃体炎，还是咽炎、鼻咽管炎，都有很好的疗效。此穴有很好的安神镇定之功，配合膀胱经的申脉穴，治疗失眠和神经衰弱效果极佳。还可用于治疗中风偏瘫的足内翻。此外，此穴还是利尿消肿的要穴，经常点按，可以增强肾的泌尿功能。

复溜（经金穴）：在太溪穴直上2寸。溜，水迂回缓流的样子；复溜，就是让死水重新流动起来的意思。此穴专能通经活络，利水消肿，去腐生肌。所以可以治疗气血瘀阻的慢性腰痛、膝关节肿痛、水肿少尿、月经不下、泌尿系统感染、溃疡伤口不愈诸症。复溜穴属金，肾经属水，复溜穴为本经的母穴，既能生肾水（金生水），又能平抑肝火（金克木），所以还可以治疗夜间烦热失眠、咳喘盗汗、口干尿频，与肺经的尺泽穴同用，疗效更佳。此外，复溜穴还能治疗手脚麻木、眼皮下垂、眼痛散光等等，它的功效太多了，真是随身药囊中不可或缺的宝贝。

肾经就先说这三个大穴吧。古人对肾格外重视，《黄帝内经》上还特意传授了补肾之法——“坠足功”：“缓带披发，大杖重履而步。”短短十个字的补肾法，谁会去注意呢？

10. 胃经——多气多血的勇士

胃经上行头面，令我们脸色红润，下行膝足，让我们步履矫健，激活这条能量的供给线，让它时时保持充足旺盛，那样，我们就可以永远昂首挺胸，精力无穷。

俗话说“人吃五谷杂粮，没有不生病的”，其实我们身体的很多病都是吃出来的。真羡慕有些人，见什么都有胃口，吃什么都能消化，相声里说这种人——吃秤砣能拉出铁丝来。而且，胃口和心情关系很密切，通常吃了一顿可口的饭菜，精神也会为之一爽。

爱吃，能吃，还能消化，这是一种难得的福气，通常叫做有“口福”，也是身体健康的一个指征。但有的人是光能吃不能消化，结果长了一身赘肉；还有的人，一点胃口也没有，每顿只能勉强吃下一点点；再有的人就是胃里总不舒服，吃点东西就胃痛；另外还有人胃极为敏感，怕冷怕硬，怕辣怕酸。胃一有病，整个身体都会觉得虚弱，心情也好不起来，而且“胃不和则寝不安”，也会直接影响睡眠质量，所以我们要及早调治才行。调治胃还是用胃经最为便利和迅捷。下面就说说胃经的几个要穴。如果您能坚持去认真操作，我想不出一周就会见到切实的变化。

足三里（合土穴），这是一个被历代医家赞誉最多的人体大穴，被奉为长寿第一要穴。据说日本人还有一句谚语：“不和‘不灸足三里’的人同行。”因为他们认为，灸足三里可以增强人的免疫力，是爱惜生命的表现。日本的科技不能说不发达，依然将中国的医学视为珍宝，可我们自己却要废除它，真让人痛心疾首。老祖宗的这点好东西，最后真不知会不会落在自己子孙的手里。足三里，在膝眼下 3 寸向外旁

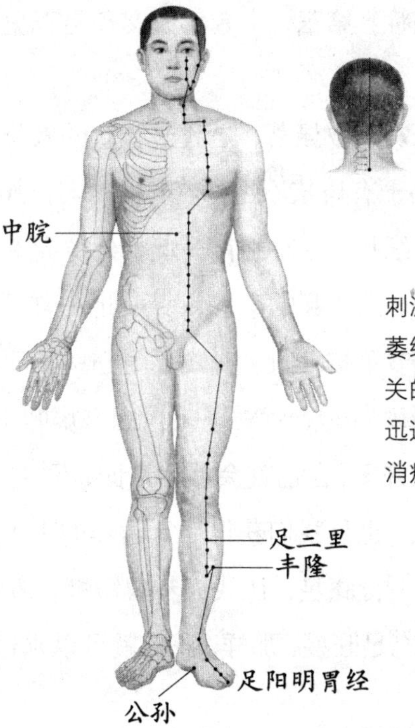

足三里是长寿第一要穴，常刺激可降血糖，治疗胃下垂、肌肉萎缩、痛风等，通治一切与肠胃有关的疾病，配合中脘和公孙穴，可迅速缓解胃痛；刺激丰隆穴，可以消痰，让喉咙清爽。

开1横指。此穴功用太多，这里捡几个常用的说说吧。足三里为胃经的合穴属土，为土经土穴，是治疗各种胃病的首选。若能同时配上中脘穴拔罐，再点揉脾经公孙穴，会有即时缓解胃病之效。慢性胃病可在足三里刺血拔罐（找专业针灸医师），效果更加显著。足三里也是个“消气穴”，但与太冲消的“肝胆怒气”不同，足三里消的是胃肠的浊气。有许多人整天肚子都是胀胀的，那就常揉揉足三里吧。对糖尿病患者来说，刺激足三里可以降低血糖。对胃下垂的患者，足三里也有升提之效。另外，肌肉萎缩、痛风、高血脂、醉酒等等，都是它的适应症，当您操作时记住几个要点就行了：第一，足三里为强壮穴，能增强体质，所以对所有疾病都会有效；第二，足三里是胃经的合土穴，通治一切与肠胃有关的病症；第三，中老年人艾灸足三里，疗效往往更佳（小儿不灸此穴）。

再说个丰隆穴吧，此穴疗效显著，是我最喜欢的穴位之一。我把它叫做“化痰穴”，凡是嗓子有痰咳不出的，点按此穴，当时就会喉咙清爽。只是此穴位置不太好找，在小腿前外侧，外踝尖上 8 寸，胫骨外侧 2 横指。丰隆，就是丰满隆起的意思，所以此穴肉厚而硬，点揉时可用按摩棒，或用食指节重按才行。找穴要耐心些，可在经穴四周上下左右点按试探，取最敏感的点就对了。当您有痰吐不出的时候，丰隆穴会变得比平时敏感许多，自己就会浮出水面，不用担心找不到。

胃经是多气多血之经，也是我们获得后天营养的主干道。它上行头面，令我们脸色红润，下行膝足，让我们步履矫健，激活这条能量的供给线，让它时时保持充足旺盛，那样，我们就可以永远昂首挺胸，精力无穷。

11. 主治各类咳嗽的肺经

当疾病来临的时候，我们多掌握了一个要穴，便多了一份自信和勇气，而这份自信和勇气更让我们在疾病面前占尽先机。如果心中早有应对之策，谁还会惧怕疾病呢？凡事“预则立，不预则废”，早点防患于未然，便不会疲于应对和补救，我们也就会时时淡定从容。

咳嗽是日常生活中最常见的症状之一，有时还经久不愈，让人烦恼不已。因为咳嗽不单源于肺，“五脏六腑皆令人咳”，常常难除病根，所以有“医不治喘”之说。咳嗽本身并非坏事，它是身体的一种自然保护反应。通过咳，排出肺中痰浊，以宣畅气机；但久咳伤肺，会破坏肺脏的正常生理结构。这时，我们需要及时去修补受损的肺脏，而刺激肺经就是最便捷的方法。

肺经的穴位不多，左右两侧各11个穴位，经脉从胸走手，起于中府，止于少商。但这些穴位都善治咳嗽，所以咱们就多说几个。

先说云门穴，中线任脉旁开6寸，锁骨下缘处。两手叉腰时，此处会有一个三角窝。云门穴止咳平喘效果很好，还善治肩臂痛麻，颈淋巴节炎等。

中府，在云门下1寸，为治疗支气管炎及哮喘的要穴，又是肺脾两经的会穴，所以同时可以治疗脾虚腹胀、气逆痰多、食欲不振诸症。若与后背肺俞穴同时点按，可有即时止咳之效。

天府，在腋下3寸，此穴可以用一种特殊的方法来找到。两臂张开，掌心相对平伸，在鼻尖上涂上一点墨水，用鼻尖点臂上，点到处就是此穴。此穴最大的效用，就是善治鼻炎，不论过敏性鼻炎，还是慢性鼻炎，经常按摩此穴，鼻塞流涕、不辨气味的症状都会明显改善。

云门穴治疗咳嗽、肩臂痛麻、颈淋巴节炎效果好。中府是治疗支气管炎及哮喘的要穴。天府善治鼻炎。尺泽治热性咳嗽、咽喉炎和扁桃体炎有特效。孔最可治耳痛、耳鸣、鼻塞等。太渊可治一切肺虚之症。鱼际清肺热，利咽喉，善治哮喘。

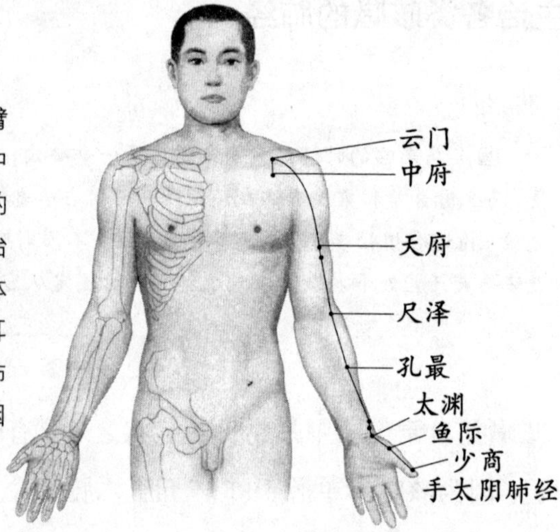

尺泽（合水穴），在肘横纹挠侧凹陷中，此穴作用极多，且疗效迅速，诸位一定要多加用心。本穴善清肺热，不但治热性咳嗽，还对咽喉炎和扁桃体炎有特效。尺泽为肺经合穴，“合治逆气而泄”，所以此穴不但是治疗气喘要穴，对因饮食不洁引起的吐泻之症也有卓效。另外此穴还有治疗鼻衄、遗尿、腰扭伤、高血压等诸般功用。

孔最：“孔”为孔窍，“最”为第一。此穴有统领人体诸窍之义。凡窍之病，皆可用此穴调治，如耳痛、耳鸣、鼻塞、鼻衄。此穴还是治疗痔疮的要穴。另外，孔最还善调毛孔的开合，“为热病汗不出”之第一要穴。孔最为肺经郗穴，郗治急症，所以此穴也可治急性咽炎、咳嗽、扁桃体炎。

太渊（俞土穴）：土生金，此穴为肺经母穴。“虚则补其母”，所以此穴可治一切肺虚之症，对虚寒咳嗽、脾虚咳嗽，特别是表现为咳声无力、遇寒即咳、口吐清稀白痰者，最为对症。太渊还是脉之总会，可治疗各种心脏虚弱病症及各种与动静脉有关之症。

最后说一个鱼际穴，在大拇指下肉肚最高点。此穴为肺经荥穴，“荥主身热”，所以本穴清肺热，利咽喉，滋阴凉血，适合热症，对咽喉疼痛、咳嗽痰少者效果最好。鱼际还是治疗哮喘的要穴，经常按压此穴，对哮喘有很好的预防功效。鱼际穴在《幼科推拿秘书》中叫“板门穴”，每次点揉5分钟，专治小儿消化不良。

此外从太渊穴到孔最穴之间，这一段为“止咳点”，大家在咳嗽时，可以找此处最敏感的地方多揉一揉，症状马上就会减轻。

当疾病来临的时候，我们多掌握了一个要穴，便多了一份自信和勇气。而这份自信和勇气更让我们在疾病面前占尽先机。如果心中早有应对之策，谁还会惧怕疾病呢？凡事“预则立，不预则废”，早点防患于未然，便不会疲于应对和补救，我们也就会时时淡定从容。

12. 被忽视的大肠经——值得敬重的人体血液清道夫

一个团体总有被忽视的成员，他们总是在那里默默无闻地工作，很少有出头露面的机会。大肠经就是这样一个无名英雄，好像没有什么广大而显赫的功效，但有些特殊的疾病，真得它亲自出马才行。

一个团体总有被忽视的成员，他们总是在那里默默无闻地工作，很少有出头露面的机会。看起来他们似乎无足轻重，位卑言轻，但他们的作用，却是不可或缺，有时甚至是无可替代。大肠经就是这样一个无名英雄，好像没有什么广大而显赫的功效，但有些特殊的疾病，真得它亲自出马才行。

皮肤病可以说是最让人心烦意乱的疾病了，荨麻疹、神经性皮炎、日光性皮炎、牛皮癣、疥疮、丹毒、疖肿、皮肤瘙痒症……都让人痛苦不堪。在百治无效之际，取大肠经刮痧，通常都会得到不同程度的缓解。大肠经为多气多血之经，阳气最盛，用刮痧和刺络的方法，最善祛体内热毒。若平日常常敲打，可清洁血液通道，预防青春痘。大肠经对现代医学所讲的淋巴系统有自然保护功能，经常刺激可增强人体免疫力，防止淋巴结核病的生成。下面说说这条经络里面的几位“隐士高人”。

三间（俞木穴），位于食指近拇指侧根部，第二掌指关节后。此穴最大的特点就是穴位好找，按摩方便，随时都可以操作。三间穴，最善通经行气，上可通达头面，治疗三叉神经痛、齿痛、目痛、喉肿痛和肩膀痛；下能通腹行气，泻泄可止，便秘可通。另外，有研究指出此穴有消炎、止痛、抗过敏的功效。三间可作为日常的保健穴，常揉多按。本人常用大拇指内侧指节横向硌揉此穴，效果甚佳。

阳溪穴（经火穴），翘起拇指，拇指根与背腕之间有一凹陷，凹陷处即为此穴。此穴最善缓解头痛及眼痛酸胀，但若用按摩法，一定要闭目，掐按一分钟，才能有效。此穴名为阳溪，是指阳气像溪水般周流不止，所以此穴最善通经活络，经常按摩，并配合金鸡独立，可以有效防止脑中风和高烧不退等症。

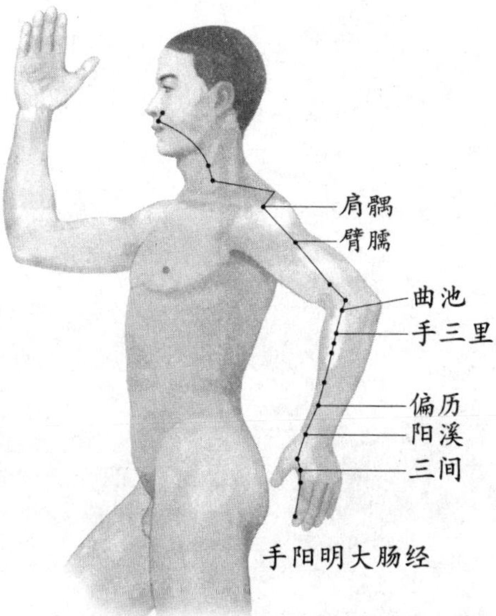

阳溪穴最善缓解头痛及眼痛酸胀；手三里善治胃肠病、腰膝痛，能消肿止痛；曲池通治各种皮肤病；偏历善消水肿；肩髃最散风寒；臂臑能除眼疾。

手三里，曲肘取穴，在肘横纹头下 2 寸。提起足三里，向来声名显赫，而手三里却默默无闻，其实经络歌诀中“肚腹三里留”，这个三里，也包括手三里在内的。此穴也善治胃肠病，与足三里并用，效果更佳。此穴还善治腰膝痛，不论是急性慢性，都可点按此穴，可即时缓解症状。手三里善消肿止痛，对于头面肿、牙龈肿、肩臂肿都有疗效。此外手三里还是治疗鼻炎的要穴。手三里可增强体质，是人体的强壮穴，所以平日也可多揉以健身。

大肠经似乎每个穴都有其独特的杀手锏，曲池是治痒奇侠，通治各种皮肤病，还能降血压；偏历善消水肿；肩髃最散风寒；臂臑能除眼疾，常点揉此穴可预防白内障，还能治疗麦粒肿。

不被重视的经络也依然是光彩夺目，看来这世间没有什么能隐藏的宝贝，我只是草草地选了几个，匆匆地向大家展示了一下。您若觉得好，就要自己亲手去挑，找您想要的带回去。

13. 强壮膀胱经——我们的身体可以固若金汤

如果我们不是被自己的不良情绪与生活习惯打倒，那么任何外界的疾病也别想战胜我们。膀胱经就是我们抵挡外来风邪侵入的屏障，我们只要经常加固它，把住几处保命的要塞关口，那我们还有什么可怕的呢？

前两天，高中同学顺子突然因心肌梗塞而去世。顺子是我们班最英俊的男生，今年才39岁，年初同学聚会的时候我还碰到过他，当时还一起搂肩谈笑，没想到，转眼间竟阴阳两界了。我从电话里听到这个消息的时候，CD机里正唱着“后街男孩”的*Don’t wanna lose you now*（我现在不想失去你），顿时我的眼泪夺眶而出：顺子，难道这就是给你送行的曲子吗？

当我将这消息告诉老婆时，她也叹息不止，并严厉告诫我，以后不许再熬夜了。我说没关系的，我知道怎么保养自己。其实，我也是给自己和老婆一粒宽心丸罢了。谁不是血肉之躯呢？人的生命只在呼吸之间，谁又知道明天会怎样？

我对自己的身体从不担心，因为我知道人体有一个“马其诺防线”，固若金汤，那就是我们的膀胱经。有人说，马其诺防线不是没放一枪一炮就被攻破了吗？有什么坚固可言呢？是呀，您说得对，它是那么的不堪一击，但它不会被来自外面的进攻所攻破，而是从里面被瓦解的。我们的身体也是一样，如果我们不是被自己的不良情绪与生活习惯打倒，那么任何外界的疾病也别想战胜我们。膀胱经就是我们抵挡外来风邪侵入的屏障，我们只要经常加固它，把住几处保命的要塞关口，那我们还有什么可怕的呢？

膀胱经从头走到足，起穴为眼内眦的睛明穴，止穴为足外小趾处

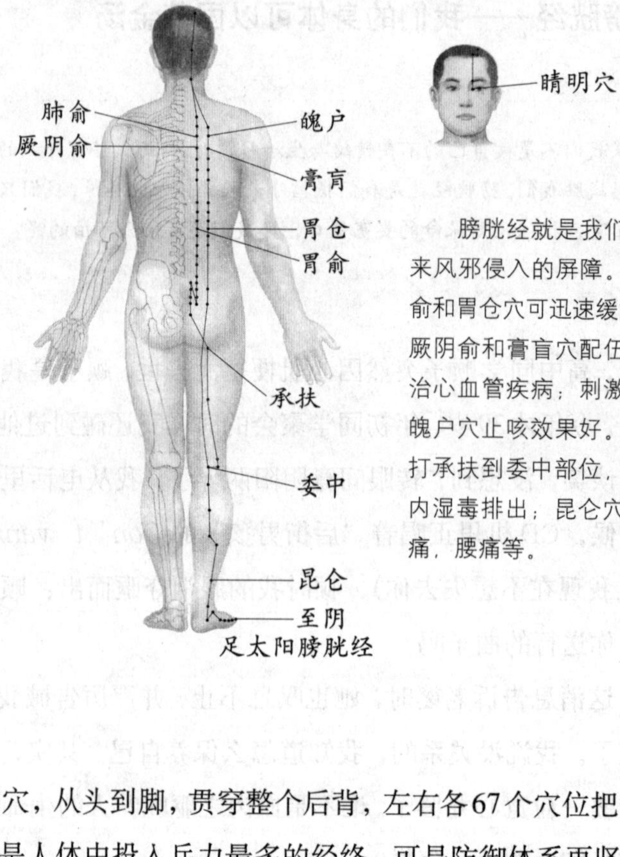

足太阳膀胱经

膀胱经就是我们抵挡外来风邪侵入的屏障。刺激胃俞和胃仓穴可迅速缓解胃痛；厥阴俞和膏肓穴配伍，可防治心血管疾病；刺激肺俞和魄户穴止咳效果好。经常敲打承扶到委中部位，利于体内湿毒排出；昆仑穴可治头痛，腰痛等。

的至阴穴，从头到脚，贯穿整个后背，左右各67个穴位把守着我们的身体，是人体中投入兵力最多的经络。可是防御体系再坚固，也架不住我们对自己身体的恣意挥霍。若您总是在透支，总是在消耗，而不去保养，那样即使是钢铁也要生锈，即使是水泥也要断裂。

膀胱经穴位那么多，我们要记住哪些呢？这个您大可不必烦恼，我们只要记住几个大穴就足够了。然后您再找一两个与自己关系密切的，着重关注一下就可以了。

膀胱经有许多俞穴，非常重要，如肺俞、肝俞、肾俞等。俞就是通道的意思，俞穴可以直接与相关的脏腑相通。如果胃痛，只要在后背胃俞点按一下，疼痛马上就可以缓解。如果觉得心血管有问题，那就多关注一下厥阴俞。膀胱经在脊椎左右各两条，一条在脊椎旁开1.5

寸，一条旁开 3 寸，这两条同样重要。当我们咳嗽时，我们除了要点按肺俞，还要把它旁边的魄户穴也同时点按了，这样止咳的效果才最佳；同样，胃痛除了点按胃俞，也要把胃仓穴一道按了才好；所以心血管的问题，除了要关注厥阴俞，更要关注它旁边的膏肓穴。古人也把严重的冠心病叫做“病入膏肓”，所以还是早点防治为好。其实，当我们的心血管有了问题的时候，通常厥阴俞和膏肓穴这两个地方就会经常疼痛或感觉沉重，身体是会提前给您发出信号的。这时您就要多加关注了。您也许会问，你光让我关注有什么用，我得治疗才行呀。那是当然了，早期轻浅的问题，拔拔罐，刮刮痧，按摩几下就会好；虚寒体质的，用艾灸更佳。如果情况没有改善，还是要及早去医院检查才是明智之举。

膀胱经的穴位因为都在背后，自己不好寻找和操作，所以不用记得太多，经常敲打臀部和大腿后侧（承扶穴到委中穴）就是最好的膀胱经锻练法，最有利于排出体内湿毒。有的人臀部及腿后侧极为僵硬，更需要经常敲打，敲得松软、有弹性就可以了。

膀胱经的委中穴，就在膝后窝正中，最好找，这是治疗腰背痛的要穴。昆仑穴在脚后跟外踝骨后凹陷中，这个穴很深，要把指甲剪平用力掐才行，可以治头痛、腰痛、足跟痛。因为点按昆仑穴有催产之功，所以孕妇禁用。此穴还能降血压，您做“金鸡独立”时，可以在两脚的昆仑穴同时拔上小罐，降压效果最佳。拔罐若总是拔不住，则说明气血下行不足，可用些软膏将昆仑穴附近涂抹后再拔。当逐渐越拔越有力时，血压也会稳定地降下来了。

膀胱经就说到这里，其实方法不用太多，一招好用就行。

第七章

每个人都将是解救自己的观音

我们的身体和心灵已经生锈多久了？要想脱胎换骨，就请用自己的手在身体上耕耘，让心灵五谷丰登。一旦能听懂身体发出的声音，那么每个人都将是解救自己的观音。

1. 唯“我”独尊——每个人都是解救自己的观音

> 打嗝，放屁，这可是老天赐给我们排除毒素的两件宝贝。
> 一旦能听懂自己身体发出的声音，那么每个人都将是解救自己的观音。

2007年3月，西安《华商报》一直在连载我的《求医不如求己》。据说，每天收到读者向我咨询健康问题的短信有几百条，后来报社随机选了1000条发给我，请我尽量多回复一些。《华商报》的编辑说：“读者都是那么恳切，不忍心落下任何一条。”我看着这1000条短信，洋洋7万多字，真是百感交集，感觉自己像是一只蚂蚁，却背着一座大山。

我用了五个半小时，将所有短信一口气看完，觉得其中有80%的问题，大家都可以自己解决，只是大家面对纷繁杂乱的症状不知如何应对。其实，只要把问题搞清，答案就在其中了。

当时，我应《华商报》之邀，去古城西安举行了一次健康讲座。来时准备的近两万字的讲稿，几乎没用上。我本来是想讲些健康理念的，但读者的实际问题太多，都亟待解决，正是：远水难解近渴，饥时莫奉香茶。

更有坐飞机从别的省市赶来的听众，有的是为父母，有的是为孩子，都是急切地想让我当面解答他们的问题，看到他们被工作人员拦在外面那副痛苦无奈的样子，我心里非常沉重。

演讲时，我尽量谈一些最好使、最快捷、最有效的招数，也不知大家听懂了没有，后来看着时间很紧了，还要赶飞机回京，就更加快了语速，尽量想让大家多掌握一些招式。但我想，我这次讲座是失败的，因为我的心态就不是平和的，而是焦急不安的，这样怎么能给听众们传递镇定自若的感觉呢？没有让大家意识到“求医不如求己”，没有激起大家的自信，大家只是学了那么几招几式，却并没有真正减弱对疾病的恐惧。是啊，有时即使是望梅止渴，也仍然可以让大家走出困境。而我却只是将随身带来的一小壶水，分给众多口渴的人们。有人或许喝到了一口，更多的只是润湿了一点嘴唇罢了。

讲座后的10分钟，报社的朋友们给我找了个很安静的房间，让我休息，禁止别人打扰，可他们刚一走，便有一个40多岁的女士，不知从哪里钻了出来，她拉着我的手，非要我给她把脉。我摸了摸脉，说：“您的脉强壮有力，气很足，没什么大问题呀。”她说：“是呀，去医院化验也说我一切正常，我吃得好，睡得香，二便也非常通畅。可就是有一样，每个月都要头痛一两次，痛起来，简直想去撞墙，吃止痛片也不管用，许多年了，就是查不出原因。您给我说说吧，求您了。”

我问她：“那您都是在什么时候疼痛呀，有没有什么诱因呢？”她说：“也说不好，只是每次和家里人开车出去玩，回来多半是会痛的，对了，我还有晕车的毛病，每次坐车出去，我总是会晕车，甚至呕吐，所以我平常都是走路去上班。”

我用手拨动了一下她两腿的阳陵泉，疼痛剧烈，但没有电麻感窜到脚上去。我说：“其实您已经找到了问题的原因，只是您没去仔细思考罢了。您看，每次晕车后，您都会头痛，看来晕车就是您的病因，那您为什么会晕车呢？晕车的原因通常有三：心下有水气，叫做‘水气凌心’，会眩晕恶心；胃肠有积食，叫做‘宿食阻膈’，会恶心呕吐；气不下行而上逆，叫做‘浊气熏蒸’，也会令您头晕欲呕。”

我又说：“您小便通利，心下就不会有太多积水；您食欲好，大便顺畅，胃肠也一定不会有宿食积滞，而您的胆经阳陵泉堵塞，肝的

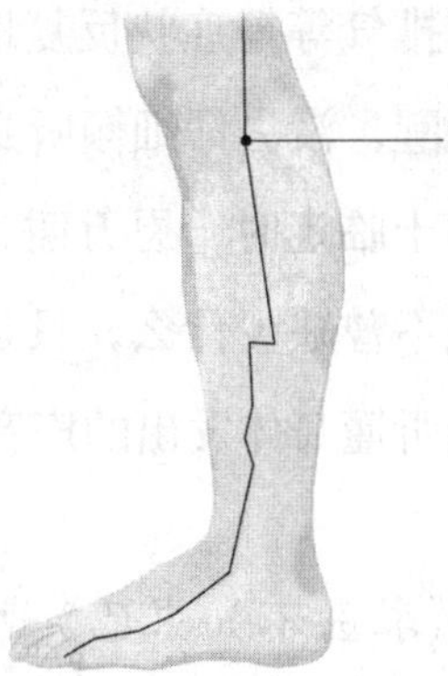

阳陵泉是胆经的重要穴位，如果它堵塞了，肝的浊气将不能循胆经而出，便会郁结于体内致病。

浊气不能循胆经而出，必会结于心下两肋处。当闻到不良味道，或感于汽车的颠簸，或通风不好时，都会诱发浊气冲撞胃脘，产生恶心呕吐之症，但浊气经过这样的冲撞，便会循经络上行于头，循胃经则上于前额，循胆经则痛于两侧，但症状都是一样的，都是胀痛，感到血管强劲的搏动。这就是浊气在作怪，它想冲出来，却无路可走。其实，此刻只要在它冲撞的经络上，点刺放血，给浊气以通路，便马上痛消于顷刻，无影无踪，因为不过是一股浊气罢了。浊气乃无形之物，用CT、用核磁，怎么可能捕捉得到呢？结果自然是'一切正常'。"

我问她是否平日很少打嗝或放屁，她说，她从来都不打嗝，也不放屁。她还常在人前以此为自豪呢！我说："这可是老天赐给我们排除毒素的两件宝贝呀！"

我让她每天早晚做推腹法，攥空拳常敲胃脘部，争取打嗝，还要多敲打胆经，多拨动阳陵泉。只要她一找到打嗝或放屁的感觉，那么困扰她多年的顽疾也就会渐渐痊愈了。

听我这么一说，她高兴得直拍手跺脚："没想到会是这么简单！"我说："其实您身体出现的所有问题，身体早就以晕车、恶心、头痛、不打嗝、不排气等等症状反复地告诉您了，可您只知道去吃止痛片，忽略它的提醒，没去仔细倾听身体的语言，所以才会病痛到今天。”

这位女士临走时千恩万谢，说她得到了太多的东西。其实，我觉得她本来就不曾缺少什么，只是自己没有发现而已。

一旦能听懂身体发出的声音,那么每个人都将是解救自己的观音。

感悟《求医不如求己》

深深海洋：

我今年23岁，2005年11月份月经来的时候，忽然腰胀得难以忍受。从那以后，只要吃饱饭就会腰胀，大小便之前也会腰胀，而且无法集中精力思考问题，还不能久坐。如果是硬凳子的话，只坐几分钟就会腰胀，不得不起来走动。后来我吃了中药，坐的时间比以前长了很久，但还是没精力想问题，饭后及大小便之前也还是会腰胀，但一直无法弯腰，总觉得腰部没有力气，承受不了，而且总是没精打采的，总想睡觉。我想让自己多笑笑，可是一笑就干呕。我去医院检查，医生却说没有问题，我想我是气血不畅。还有，我小时候头部受过好几次伤，流了好多血，所以从小经常头晕、头痛，头发也是枯黄的，现在最重要的是我的记忆力减退了很多，可我还这么年轻啊！

但这个问题我现在自己解决了，这纯属偶然。我本来只知道按太冲和行间穴可以补气血，就按了，可按时没有感觉，所以我就使劲按太冲穴，这穴位还真的被我按痛了。痛的同时，腰也胀得难受，我就坚持了几分钟，结果这腰胀的毛病就好了。没想到我吃了那么多的药都没用，现在却只用几分钟就好了，真的好高兴！

中里巴人：

非常感谢“深深海洋”的回馈，这种亲身体验得到的经验非常宝贵。有胀的感觉通常就是有浊气作怪。而太冲正是消气穴，所以效果显著。月经时出现的症状多与肝胆有关。所以这时调节肝胆经，是很正确的。如果是肠胃产生的浊气，症状为胃脘胀，那就要揉胃经的足三里了。所以说，太冲、阳陵泉可消肝胆的浊气，而足三里和公孙可消肠胃的浊气。

2. 孩子是上天派来祛除我们心病的灵丹

这小姑娘的海豚音，还有那纤柔而又有力的小手，那咿呀的动人妙语，那清纯如水的目光，哪一种不是上天派来祛除我们心病的灵丹呢！

近日心绪不佳，昨天被几个好友邀去酒楼吃饭，也是想顺便散散心。

这家酒楼很大，能容纳几百人同时就餐，大厅里灯火通明，菜肴飘香，人们把酒言欢，觥筹交错，笑语喧哗之声不绝于耳。我不太喜欢这种热闹的场合，但也仍是面带微笑，听着朋友们眉飞色舞地讲着那些不太可笑的笑话，喝着那不酸不甜的葡萄酒，心里则是一种百无聊赖的感觉。

忽然，一阵"呀呀"声掠过整个餐厅，那是一种令人震撼心动的海豚音，像长着翅膀似的，一千多平米的餐厅顿时鸦雀无声。大家循声望去，只见离我们座位六七米远的一张不大的圆桌旁，一个粉雕玉琢的小小孩，正在她爷爷的腿上欢快地跳跃着，还不时地从小嘴里发出一声声短促的尖鸣，所有就餐的客人都不约而同地发出了惊叹。片刻寂静后，餐厅里又恢复了喧闹和嘈杂。但这"一鸣惊人"的小家伙却深深地吸引了我，我拿着朋友刚刚送给我的一个精致的玩具小猪，来到这个小宝宝的餐桌前。这是个漂亮的小姑娘，听说还不到一岁，此时正吃着小手，并吐着泡泡。我向她的家人表示了我的惊讶和喜爱，并送上我的礼物——会说话的小猪。小姑娘接过我的小猪，随手就扔进了餐桌上热气腾腾的锅仔里面，一脸的不屑。不过还算是很给我面子，伸出双手主动叫我抱呢！我受宠若惊，赶紧将"小天使"小心翼翼地抱在怀里。她的眼睛大大的，一眨不眨，好奇地看着我的脸，那目光就像是清澈见底的泉水，我的内心瞬间像是被清洗了一般，郁闷的感觉一扫而光。小宝宝用手摸摸我的鼻子，又拍拍我的头，发出美妙的“咿呀”声，像是在和我说话，我也赶忙“噢噢”地应和着她，生怕让她觉得我听不懂。她突然抓住我的耳朵不放，边噘着小嘴，边使劲地拽着，似乎是嫌我没听懂她的话，惹得满桌的人哄堂大笑，我连忙求饶：“小宝贝儿，轻点好吗？”小家伙咯咯一笑，倏地松开手，马上投入她妈妈的怀抱里，不再理我了。

这真是一次不同寻常的经历，竟让我有一种被老师“耳提面命”进而“醍醐灌顶”的感觉，我的耳朵发热，周身百脉俱通，心情畅快无比。

这小姑娘的海豚音，那纤柔而又有力的小手，那咿呀的动人妙语，那清纯如水的目光，哪一种不是上天派来祛除我们心病的灵丹呢？

感悟《求医不如求己》

yangxin_chen：

我8天前才当了叔叔。小侄女的每一次眨眼，每一声啼哭，每一次吮手指，都会让人瞬间回到童稚时光。把她抱在怀中，才知道什么叫小心翼翼，什么叫喜悦。在小小的孩童面前，我的眼光也变得充满童真，原本复杂的内心也变得纯净。怪不得老子说：“能婴儿乎？”

鱼腥草：

孩子没有天生的劣根性，他们是自然而又纯净的，我们的传统观念里认为，孩子在某些阶段的自私，其实是他们成长过程中的心理需求造成的，比如小孩子在1岁左右都有追求完美的心理需求，所以他们会要求他的苹果或面包都是完整的或者是最大、最好看的，即使大人认为他们吃不完。

如云：

我也有一个6岁的儿子，夫妻二人从小带大，那真的是我成长最快的6年，慢慢地学会包容与忍耐，也知道了为人父母的不容易，有时候我觉得与其说孩子需要父母，不如说父母更需要孩子，带孩子很辛苦，但更多的是感悟，让我体验到人生中无需回报的付出。感谢儿子！

敏珠林：

当宝宝用那样清澈的眼神望向你，“呀呀”地笑着张开胖乎乎的小手扑向你，那小小的、软软的、暖暖的身子全然依赖地靠向你时，什么烦恼都烟消云散了。有多少父母为了这一扑，平添无限力量，咬紧牙关，度过危机。父母养育了儿女，可有时候，儿女也成就了父母。这是支撑我们在这世间走下去的最强大的能量、爱以及希望。

3. 伤感时伤感，愤怒时愤怒，多顺水推舟，少逆流而上——使生命真实才能获得自然神力

冬天我愿伴着寒风而瑟缩，春天我愿随着柳枝而舒展。顺着自然呼吸，必然得到自然的神力。

“终于又等到了，每次看都不忍心看完，看完后又期待着下一篇”，这段话是一位匿名的网友给我上一篇文章写的评论。这句简单的评论，着实让我感动了很久，以至，我要把它珍藏在心里。其实，我的文章原本就是献给这些朋友的。如果您真心喜欢，那就是对我最好的褒奖。我要把最好的东西献给那些偏爱我的人，生活中，我只和欣赏我的人在一起，我只看那些能让我有共鸣的书，我只听那些能打动我的音乐。

有人说，“郑老师菩萨心肠”，我听到这话，心中只有负担和压力，没有甜美和温暖。因为我愿意在伤感时伤感，在愤怒时愤怒。我的境界还没有升华到大慈大悲的高度。我鄙视假殷勤，我厌恶假慈悲。

有人问孔子：“可以用恩德来报答对你有仇怨的人吗？”孔子反问道：“如果用恩德来报答仇怨，那用什么来报答恩德呢？”

有人会问：“你的博客不是为了弘扬中医文化？不是为了造福大众吗？”我说：“那只是您的期望，却不是我的初衷。我只做我胜任的工作，我只为知音而辛劳，我喜欢顺水推舟，而不是逆流而上。”

有人问我：“你怎么不爱竞争？”我说：“你看人都挤得满满的，哪里还有我的位置。大路虽宽，万马同竞，不如小路，一人独行。”

其实，我写文章真正想传达给大家的不是方法而是理念，不是理念而是感情，不是感情而是力量。当大家看到我的文字，心里淡定坦

然的时候，这种力量已经注入，一切治疗的大门自然打开，那些具体的治疗方法，只是一些临时的船桨，如果大家找到了渡河的小船，还怕没有桨不成，您或许还嫌我提供的桨粗糙呢！

因为一个评论而引出了我的一些感慨，只愿朋友们都能表达真实的情感，真实才感人，真实才最有力量。冬天我愿伴着寒风而瑟缩，春天我愿随着柳枝而舒展。顺着自然呼吸，必然得到自然的神力。

感悟《求医不如求己》

甲乙木丙丁火：

好一叶轻舟，好一支粗桨！《坛经》曰：迷时师度，悟了自度，度名虽一，用处不同。

jmce6159：

先生传播的不仅是中医精髓、中医理念，还授人以哲学的人生观。读先生此文，感受的是一派王者之气。其实神力未必在蓝色天穹，而是始终来自人间万千气象之中。

4. 身体须全面打开才有大喜悦

我们的身体和心灵已经生锈多久了？要想脱胎换骨，就请用自己的手在身体上耕耘，让心灵五谷丰登。

很多朋友给我发来长长的私信，罗列出一大串身体上的毛病，请求我给出十招八式，来一一对付其变化无常的症状，言语中透着悲凉和无奈。如果我身临其境，马上能体会到“暗无天日”这句成语的含义。

很多长期被疾病困扰的朋友，心中充满了恐惧和卑微的思想，仅满足于蜷缩在阴冷的小屋，搓手跺脚以求得些许的温暖，却没有勇气走到外面来感受阳光。也许担心阳光太刺眼，也许觉得太阳的温暖离自己很遥远，可是如果您想融化心底的寒冰，如果您想要脱胎换骨，那就必须从黑暗的小屋走出来，让阳光直接穿透胸膛，点燃内心曾经潮湿的火药。心中的炉火一旦点燃，我们将能自行调节阀门，或让其激情四射，或让其温暖如春，那全是您自己的身心，您自己的四季。

感悟《求医不如求己》

wping_xzd：

区区几字，如同寒冬里的一把火，温暖人心。路在脚下，没有谁能够代替你走完属于你自己的人生旅途。不缺能力，仅仅少了一点自信心。中里老师在鼓励大家，建立你的自信心，命运在你手中。

王一力：

前天看书时不知不觉和衣睡着了，没有盖被，冷醒之时，咽喉右部疼痛不能咽，心知又着凉了，平日着凉不怕流涕，就怕咽喉痛，前者很快就好，后者非要折腾到咳嗽、化脓，吃药一两周方愈。

想到老师文章中有关肺经的论述，于是卷起袖子，抡起空拳将左右两条肺经各敲81下，大概10分钟的光景，经络发热发痒，咽部疼痛之感顿感减轻。

后用父亲曾授我的“玉环桩”（音译），现在看来就是用手摩膀胱经，由背后往下，经脚腕转摩肝经的原理。这样摩个百来下，汗微出，后背寒凉感渐去。

就做了一回，第二天，咽喉竟不药而愈，因而深信老师所说，身体是最好的医生。“心中的炉火一旦点燃，我们将能自行调节阀门，或让其激情四射，或让其温暖如春，那全是您自己的身心，您自己的四季。”感谢老师将这宝贵的法门授予我们。

米堆：

想到自己当初得知重病后的恐慌，现在仍是心有余悸，自己跑到海边想了很久，最后才决定告诉家人的。因为害怕的并不是生病本身，而是身边关爱你的人的担心。

随后的则是各式各样的治疗，但我的心态一直仍是无法调节过来，所以疾病也没好转多少。直到有一天，一位老中医跟我说：“人生来就是要跟各种各样的疾病作斗争的，从一出生开始就被赋予了这种使命。只是今天是你得了这个病而已，而别人可能正在与其他疾病抗争。”于是我的心情也顿时开朗了起来，有种拨云见日的感觉，回去便对那些担心我的人用一种没什么大不了的语气说：人生来本来就是要跟病魔作斗争的，明天我就会好了的，你们没必要吓成那样的。

果然，治疗的效果变得很好，恢复得也很好。

看来，人的心态真的很重要。

5. 同气相求，心安身健

> 我平日最不爱做的一件事情，就是向别人去解释，我出于本心去做，也许别人会理解，也许会误解，那都与我无关。别人的思想，谁又能揣测清楚呢？我不想去讨朋友高兴，如果是真正的朋友，那在开口之前，自然不必思前想后，如履薄冰。如果言不由衷，话不投机，那又何必去担朋友的虚名，不如尽早远离的好。

半个多月以前，我的好友人数达到了500人，可每天要加我为好友的朋友还是很多，我虽然对所有朋友一律点击“同意”，但系统会提醒：“您的好友已经超过500个，不能增加好友了！”朋友哪儿还有嫌多的，尤其是主动想把我当做朋友的，那更是同气相求的知音，我怎会拒绝呢？本以为，网友们会理解，这是系统的问题，绝不是我在故作清高，拒人门外。可系统也在和我开玩笑，把我的朋友人数增加到513 人，也就是偶尔还会增加一个。这一来，有的网友就向我提出质疑了：“老师的好友一天天增加，都513了，比昨天还多了一位，可还是不肯加我，5555只能说伤心……其实加了老师也不代表什么，那么多好友您哪里聊得过来呢，一人一句，呵呵，估计您连睡觉时间也没有了，其实只是一种信念而已，看了老师的文章，感觉很受启发，很有心得。我的人生需要很好地调整，要想生活得轻松愉快些，调理好身体是第一步，老师的文章给我指路，就是被老师拒之门外感觉伤心，呵呵，开个玩笑哦，虽然真的也是失望得很。祝您一切好！”

我平日最不爱做的一件事情，就是向别人去解释。我出于本心去做，也许别人会理解，也许会误解，那都与我无关。别人的思想，谁又能揣测清楚呢？我不想去讨朋友高兴。如果是真正的朋友，那在开口之前，自然不必思前想后，如履薄冰。如果言不由衷，话不投机，那又何必去担朋友的虚名，不如尽早远离的好。

我首先为这位朋友的大度宽容所感动，并向您表示由衷的歉意，我能体会到被人拒绝和冷落的感觉，那最让人不堪忍受。本来喜欢或尊重一个人，却遭到对方的轻视，连带着把自己原有的一点自尊也伤害了，真让人受不了，换到我，我准会拂袖而去。

朋友之间，是可以传递感情，传递智慧，传递力量的，我写文章的本意也是想让我们彼此的心灵能够相互感应。所以，那些希望把我加为好友的朋友们，我也同样求之不得，愿意把大家当做知己，倍加珍惜。

感悟《求医不如求己》

杨树的眼睛：

把朋友放在心里，需要的时候我会竭尽所能，但不是时刻的关怀，否则即使是情人，有一天也会厌倦；把朋友放在心里，偶尔想起，或者被想起，就是一种幸福；把朋友放在心里，如果没有接到你的求助电话，我就知道你过得很好！

6. 幸福的真经——必是“求医不如求自己”

> 我不会因朋友的希冀而改变初衷，不会因病弱的哀求而将其勉强背负。纵使骂声四起，门庭冷落，我也依然如此。我只愿奉献一杯清茶，而那也是留给知音的。曲终人散，仍坐在角落里看着你的人，才是我的朋友。

近来屡遭人骂，想来甚为有趣，因为骂我的人都是以往与我关系不错的朋友。都是《求医不如求己》这本书惹的祸，真是“门前生瑞草，好事不如无”。其实，这些朋友对我一向厚爱，推崇备至，新书一出，便争相大量购买，广送朋友，为我大做宣传。但随后，我便电话不断，每天，大家都以朋友、哥们儿、知己的身份，代他们的朋友向我求助，请我一定要给他们这个面子，帮忙诊治一下。开始，我碍于情面，难以推托；后来由于每日应接不暇，我自己的事情陷入全面瘫痪。无奈之中，我只好把手机一关，一概置之不理了。于是朋友们由称赞变成嗔怒，最终恨恨不已。这或许就是“爱深责切”吧。

近几日外出，博客由一位好友代为看管，偶尔也替我回答一些问题。昨日一回家，朋友便打来电话，说我的博客上怨声四起，私信里也骂声阵阵，好不热闹。我急忙打开博客一看，果真如此，不禁哑然失笑。起因也都是因为有问不答，跪求无果招致的。患者病急心切，求治无路，寄望于此又每每落空，肯定会将一腔怨怒倾泻于此。我虽觉是无妄之灾，权且代为受之吧！远初道人说得好：“人情世态倏忽万端，不必认得太真，爱恨恩仇总相结伴，随它缘聚缘散。”

昨天，看评论上QQ群已经建立，人数过百，而且朋友们再三敦促我加入。虽深知自己也无闲暇与网友交流，但面对如此盛情，再要推托，真是“敬酒不吃吃罚酒”了。

一到QQ群，便受到网友们的热烈欢迎，令我受宠若惊，诚惶诚恐。真是体会到了“相逢好似初相识”的感觉。

自己的博客，始终想把它办成“春来茶馆”，而自己则充当阿庆嫂的角色，奉上一杯清茶，听听朋友们畅谈各自的人生感悟，哪怕您说个俚言俗语，只要心有所感，那也是妙语真经。其实大家每天的感悟都很多，拿来一起分享，每个人都会受益良多，光听我一个人，一种腔调有什么意思呢？有人说，你哪来的闲情逸致，还要品茶，你没看到有那么多挣扎的病患吗？你没听到他们痛苦的呻吟吗？我听到了，我看到了，但我无能为力。我或许是一根救命稻草，但我禁不起众多信赖的大手；我或许强壮有力，但我也承担不了太多沉重的人生。每个人都有自己的命运，自己的机缘，自己的宝藏，各自去寻找吧，路就在脚下，但愿您能看到。

我不会因朋友的希冀而改变初衷，不会因病弱的哀求而将其勉强背负。纵使骂声四起，门庭冷落，我也依然如此。我只愿奉献一杯清茶，而那也是留给知音的。曲终人散，仍坐在角落里看着你的人，才是我的朋友。

感悟《求医不如求己》

孤影立雪：

有一句话我非常喜欢：“见高不低，见低不高。见智不愚，见愚不智。见富不穷，见穷不富。见老不青，见青不老。”老师亦如此！

月儿：

中里先生指引道：“此路通向健康。”先生又不厌其烦地告诉我们：太阳帽在这里、防晒霜在这里、跑鞋和背包在这里。对我们而言，剩下的就是“求已”了，蹬上鞋、背上包、涂上防晒霜、戴上太阳帽，向健康之路迈出自己坚实的脚步。这条路是要您亲自走的，谁也替不了您。

听芷：

在您的博客中，细细品味字里行间那些只能用心去体会而看不到的东西。寻找养生良方的过程，同样也是感悟人生的过程。

hadhad1：

子曰：“岁寒，然后知松柏之后凋也。”郑老师慈悲心肠，苍天可鉴。

居士：

中里先生又不是菩萨。再说即使菩萨救苦救难，也只是外力，最终还是要依靠自己。

萧木木：

且不说世界上，只是一个中国，或者只是一个北京，被病痛折磨着但又求医无门的人有多少？可作为医生，真正以治病救人为目的的又有多少？人都要赚钱，都要生存，医生也一样，所以我们不能要求医生将治病救人作为他们工作的唯一目的。在这样的情况下，难道我们应该将拯救病痛的希望全部寄托在郑老师一个人身上？

郑老师的书给了我们很多治病养生的好方法。不用说老师的BLOG是可以免费看的，即使10倍的价格去买书，我也觉得太值了。在这个社会里，试问有几个人能将自己的知识和经验无私地奉献给所有的人？没有人有义务这么做，也极少人会这么做。

要治好所有病人是不可能的，要一一解答大家的疑难也不可能，所以我觉得郑老师的书就是他给大家最好的礼物。

7. 每个人都有上天施予的解药

我们身边的一草一木，都时时刻刻散发着动人的气息，但我们常常不为所动。我们身边的一石一沙，也处处昭示着生命的玄机，但我们依旧不以为然。

相信自己，我们每个人都是上天降下的独特个体，我们各怀绝技，无可替代。

节日的闲暇，真是惬意，让我已经透支的体力又重新恢复。前天上来看看博客，也比以往热闹许多，让我感到很欣喜。看来咱们的茶馆已经在不知不觉中正式开张了，气氛虽不像“老舍茶馆”那般雅致、幽静，有些凌乱和嘈杂，但这似乎更符合阿庆嫂“春来茶馆”的办店宗旨：“垒起七星灶，铜壶煮三江。摆起八仙桌，招待十六方。”来的都是客人，大家可以畅所欲言，百无禁忌。

说出心里想说的话，不管是批判还是赞美，不管是怨怒还是偏爱，不管是困扰还是感悟。合逻辑的、非常理的、优雅的、粗俗的，在这里都不会受到限制。只要您的话发自本心，那就是金玉良言。

对我的批评，无论是善意还是恶意，对我的成长都很有帮助，让我能了解不同的理念，站在反对者的角度来体验感觉，及时修正自己的偏颇之处，但不会影响我的初衷、改变我的方向。

对我的赞扬，无论是真诚还是奉承，都让我体会到了不同层次的共鸣。同一首歌，不同的人演唱，感觉相差很大。但只要您唱时，觉得有趣，觉得好听，能够自得其乐，就是对我最好的褒奖。我们大家可以同唱一首歌，主旋律总是不会走调的，而且声势浩大，振奋人心。

其实，我更想听到的，是您自己独创的歌曲。“你方唱罢我登场，只为自己做嫁妆”。那将是何等有趣的场面呀!

很多人不相信自己心灵的力量，甚至不知自己还有心灵，脑子被一些现成的观念所充斥，被一些权威的理教所定型，被一些看似严密的逻辑所羁绊。生活的指南，从来不源于心灵，而是参照书本；说出的话语，从不发自心底，而是别人的滥调。

今天偶然看了中央2套播出的一个节目，一个5岁的男孩，每天都要挖开墙壁去吃里面的墙灰。不让他吃他就会头晕、恶心，浑身不适，而吃了就会舒服些。

大家似乎更关心他的病，如何医治？但我想让大家思考的是：小男孩是如何知道藏在墙壁里的灰土可以缓解他的症状呢？他没有灰土的化学成分的知识，没有长辈传授的经验。但他仍能“鬼使神差”地找到他病症的“解药”。

这就是心灵与外界的对话。我们身边的一草一木，都时时刻刻散发着动人的气息，但我们常常不为所动。我们身边的一石一沙，也处处昭示着生命的玄机，但我们依旧不以为然。生活是丰富的，是广阔无边的，岂是几本经典所能涵盖，岂是几个“权威”所能担当的?

其实您自己就是经典，您自己就是权威。伟人只是我们的朋友，不是我们的偶像。相信自己，我们每个人都是上天降下的独特个体，我们各怀绝技，无可替代。

活着就要做自己，说自己的话，语不惊人死不休!

感悟《求医不如求己》

找个好心情：

我们其实一直不关心自己，对自己不好。我们最好的朋友是我们的身体，她一直支持着我们，我们无论给她什么吃的、喝的、穿的，她都会接受，消化和吸收，为我们提供能量，为我们保暖，我想我们的身体是很辛苦的，我们只知道享受舒服，没有想一下我们的身体能不能接受。身体表示不满，我们还要打针，吃药，真难为我们的身体了。

kyukyu：

相信自己，却是说来容易做来难，正如您所说的："其实是一层纸，但对很多人来讲，永远是一座山。"

8. 无言得博雅，未名大欢喜——来自于北大的感动

来北大，让我深刻领略了“不言而教”的神奇与魅力，真心希望中医界有这样一个“不言而教”的领地，带着您走向中医文化的殿堂，我也愿为此添砖加瓦。

昨天应邀去北大做了场讲座。我提前到了半个小时，沿着未名湖走了走，真切体会了一种“不言而教”的境界。漫步在北大的校园，自然清新的感觉扑面而来，不知是来自于鸟语花香，绿草古树，还是来自于学舍荷塘，总之到处都有那种高雅恬淡的空气。未名湖的美，不仅仅在于景色，更奇特的是它有一种震撼人心的感染力。还有校园的点睛之笔——博雅塔，真是美仑美奂的杰作，让人百看不厌。

同学们告诉我，若再加上宫殿式的北大图书馆，就构成了校园的经典标志——“一塔湖图”。听着北大学生们自豪而动情地介绍着他们的校园，我的心中也是激动不已。

这种自然与人文的完美结合，时时都在默默散发着、渲染着、传递着中国传统文化的气息，天天生活在这种博大精深的文化氛围之中，无声的滋养和潜移默化，自然而然地可以从校园里每个学子的气质中显现出来。我不禁想到，同学们为什么要报考北大，那可能就是一种历史使命，从根源上来说是中国传统文化的气息对同学们的召唤。而北大学子的每一颗心灵，因同气相求聚集在一起，一届又一届的同学，都对“未名湖”和“博雅塔”注入了太多的感情，这种感情最后凝结成了“未名湖”和“博雅塔”的灵魂，也就是北大的灵魂。所以当我站在塔下湖边，立刻就觉得心潮起伏，那是一种感动，一种对中国传统文化的感动。因为我能够真切地感觉到这个湖是有心灵的，这座塔

是有灵魂的，所以我要说，这座校园本身就是一个伟大的老师，你都不用进入北大的课堂去上课，只要一进入北大的校园，你就已经被教化和感召了。

来北大，让我深刻领略了“不言而教”的神奇与魅力。许多朋友给我来信说想学习中医，或者通过中医打造健康。真心希望中医界有这样一个“不言而教”的领地，带着您走向中医文化的殿堂，我也愿为此添砖加瓦。

感悟《求医不如求己》

鱼儿：

言北大之美，描中医宏图，以展“不言而教”的妙境。

hadhad1：

数千年来，文化浩劫无数，而传统经典却历久弥新。子曰：岁寒，然后知松柏之后凋也。三武一宗灭佛，而佛法复兴。暴秦用苛法，焚书坑儒，至汉，儒学复振。五四反孔，红卫兵亦砸之，而今言孔孟者又多。汉灭张角，元烧道藏，而老庄之语长存。此三者，其犹松柏乎？岁寒，百草皆凋，而其独能傲雪常青！

9. 人最大的病就是恐惧

很多人都是心病，自己吓唬自己，其实人最大的病就是“恐惧”。

看着博客上那么多无助的朋友，言谈话语中充满了太多的恐惧和忧虑、无奈和哀愁，在他们的头上似乎只有阴霾无光的天空，眼前似乎只有阴森可怕的沟泽。我真想对朋友们大声呼喊一声：别害怕，没有什么大不了的！

大家可能觉得忧虑恐惧是理所当然的——有这么多解决不了的问题，谁会不忧虑恐惧呢？其实，我们有两种解决方案可以选择：一种是自己能解决的问题，那一定要努力自己解决；另一种是自己根本无力解决的问题，那也别去忧虑恐惧它。因为忧虑恐惧什么作用也没有，只能白白搭上我们的气血，让我们更加地虚弱，更加地六神无主。有时身体的疾病对我们只是一点点的损害，而心理上的巨大压力对我们的摧残不知要严重多少倍。我认识一个开书店的朋友，生意兴隆。几年前他开了一家酒楼，被邻居的大火烧得片瓦无存，损失惨重，他赶到火场，只说了两句话：“人都没事吧?”“那好，让它去烧吧。”当时公安局局长也在现场指挥，听了这话，握住他的手说：“你这个朋友我交定了！”事后，我问他：“你当时怎么这么豁达呢？”他说：“酒楼已经烧了，哭天喊地也于事无补，倒不如保持尊严，笑面人生，这样还可以再挣回一个新的酒楼。”

前两天一位朋友请我吃饭，她自己却一点不吃，满脸愁容。原来她老公最近颈椎病非常严重，每天晚上痛得难以入睡，白天根本无法工作。她到北京出差，可心思都在老公身上，每晚都做噩梦。更令她担心的是，她经常会坐在那里莫名其妙地掉眼泪，她怀疑自己可能得了什么大病，所以茶饭不思，脸上也像是粘上了一层尘土，毫无光泽。她跟我讲述的时候，也是眼里含着泪。我为她摸了下脉，肝脉弦紧，余脉皆沉弱无力，便对她说，她只是有些气郁不舒，引起血液流动缓慢，造成心血不足，心生恐惧，便会影响睡眠。我告诉她：压抑时能够自动哭出来，是最妙的解肝毒之法，对肝脏有很好的保护作用，一般人还没有这样的功能呢！她一听顿时破涕为笑，说："看来我没病，那我以后想哭就哭了。"也就是在这一瞬间，她的脸色便泛起了红润，并对我说："不好意思，我现在突然饿了，我要赶紧吃点东西了。"说完便狼吞虎咽，逗得在座的朋友都开心地大笑起来。

有的朋友可能会问，我们不爱哭的人，肝毒从哪里排出呢？主要的通道是胆经，所以敲打胆经会缓解肝脏的压力；同时别忘了按摩太

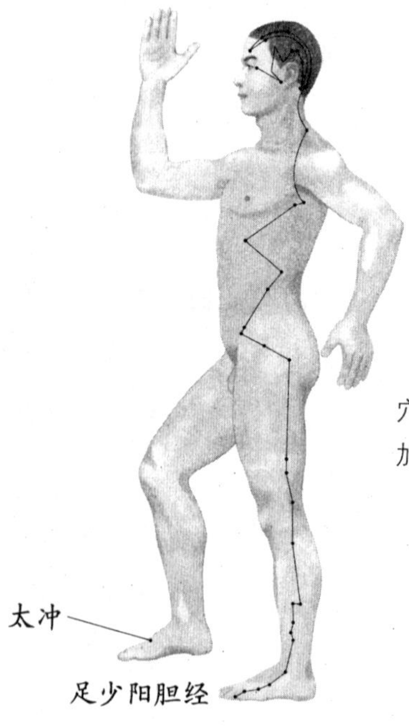

敲打胆经，按摩太冲穴，能够缓解肝脏的压力，加速肝脏排毒。

冲穴。但是解情志之毒，还是眼泪最为迅捷。

我从包里拿出个刮痧板送给她，告诉她治疗颈椎病要刮的部位，她此时已显得神采飞扬，拿着这块乌黑发亮的水牛板，顽皮地说："好，回家就拿老公开刀。"四十多岁的人，一时竟像个小孩子。

很多人都有心病，自己吓唬自己，其实人最大的病就是"恐惧"。

感悟《求医不如求己》

拿什么拯救自己：

我们的身体是土壤，疾病是土壤里不良的种子。医疗就是在土壤里清除或者杀死不良的种子，但这种不良的种子太多了，祛除了一些，风一吹又来了不少，最后发现土壤里长满了恶草。改善土壤才是唯一能让你彻底、永远保持健康的方式，中里巴人的方法就是改善土壤的一种非常好的办法。

附录一

像中里巴人那样生活——《求医不如求己》的幕后故事

中里巴人（郑幅中）：《求医不如求己》作者

高慧英：芝加哥大学MBA，中医文化经纪人

田　原：中国中医药出版社《中华中医名流》 记者

从边缘进入了主流语境，处变不惊

田：中里先生今天看上去有些疲惫，最近在忙什么呢？

中：在准备我的第二本书，还要准备一些培训、讲座。事情比较多，我自己感觉也是有些疲惫。

田：听说前一段时间，你应邀到央视“百家讲坛”录节目，讲什么呢？

中：《解读黄帝内经》，上次只是试讲。

田：是很“中医”的那种讲法吗？

中：不，是通俗的讲法，主要是传播中国传统文化，从这个角度讲，就不能太专业，要把握那种通俗易懂的感觉。如果是学院派的模式，给学生讲课那种，就要请一些专家去讲了。

高：中里老师的确很累，这一段时间工作比较繁忙，他几乎每天都要熬到半夜才能休息。

田：那么辛苦，用你书里的第几招式来调整啊？（笑）

中：我一般就是打打太极拳，或者打打坐，就能缓解一些。

田：一个人，从没有声音到有了发言的途径和权利，从边缘进入了主流语境，并成为主讲，这不仅仅是表现方式的转变，心理、情感和生活方式可能都要跟着变，能接受这种变化吗？

中：我倒没觉得变化有多大，状态也没受到什么太大的影响，可能就是事情多了一点。原来，我闲暇的时间比较多，现在就是忙碌一点，显得有点乱，心理上倒没有什么明显的变化。

送礼就送“粉宝书”

田：听说最近在北京生活类图书排行榜上，《求医不如求己》已经排到了第一名？

中：是吗？我不太注意书店，我看当当网上是排到第一或者第二的了。

高：已经再版了很多次了，现在就是“滚雪球效应”，好多人一买就会买很多本送给朋友。博客上有那么多留言，好多人说你的书我已经买了50本，那个说我买了100本，都觉得这是送给亲朋好友的最好礼物。很多人说，是这本书让深奥难懂的中医走出了玄坛，也是这本书使似是而非的中医走近了百姓。

田：这种状况，让人想起当年，大家都拿一本“红宝书”以表现自己很“革命”，现在呢，《求医不如求己》是一本关于身体健康“革命”的宝书，是启蒙大众认知自己身体的，情理互动的文字，语言充满温情爱意，是你有意为之吗？

中：不是那样的，就是我平时的表达方式。应该说，生活中的我，骨子里就是这种东西，和家人、和朋友也是以这样的心情去沟通和交往，也就顺其自然地表达出来了，只是当时不知道这种表达会不会被大众接受。现在看来大家是乐于接受的。

用情感传递语言

田：你如此巧妙地接通了读者的心灵电话，真的没有技术成份？

高：你可以看中里老师的博客，语言几乎没有什么改变，书呢，也只是把他博客上的文章收录了一下。一切都是自然而然的。

中：因为完全是心情的自然流动，是一种情感在往外传递，有时我自己写的时候也会被感动。你看我的文章可能会感觉有些散，还可能有病句，但这个句子我只要觉得有力量，能在大家心里产生共鸣，我就这么去表达了。还有就是，我觉得这才是我想“使用”的语言。

田：中里先生的意思是：我要传达的是情感，而别人的语言弄得都太像语言了。(笑)因为进入了语言时代，所以语言被弄成了主体，情感反而避而不见。

中：是的，几乎给颠倒了，因此我就不管语言，只关注心灵的真实，有两个字能表达的就不用五个字，尽管文章是靠语言组织起来的，但是我不想在语言上过于着力，我想表达的是一种内在的情感力量，也可以说是用情感来传递语言，而绝不仅仅是流于语言的陈述。你接收到了我的这种情感的力量，我的目的也就达到了。

高：很多人说，看中里老师的书，能触摸到一种心灵的质感，或者沁人心脾、随意自然，给人信手拈来的感觉；或者心无旁骛、举重若轻，颇有四两拨千斤的力量。(笑)

田：是不是可以理解为触摸到一个敞开的心灵花园，四季常青，芬芳宜人，可以用这些芬芳来清涤世间的烦恼？

高：没错儿，就是这个意思。

田：说到花园，我倒想起来书里面有一段“激情玫瑰补肾法”，你的老师真的不让你说出来吗？

中：对呀。过去练太极的老师都是这样的，他们讲究“道不轻传，医不叩门”。因为他们自己琢磨了一生才琢磨透的东西，不想随便给人，必须得找一位有缘人，才会倾囊传授。所以老师跟我说，这些东西咱们研究了一辈子，不要随便给别人……(笑)

田：结果老师给你了，你却给了所有人，就快要“地球人都知道了”！(笑)说出来大众受益，这也是结了一种大缘。

中：对，这也是我的一个初衷。老师跟我一见如故，他有上百个徒弟，好多心法，基本上他都不传授，却愿意教给我。老师说他和我聊天的时候，发现我能了解他的心法，我觉得这就是缘分。

田：和老师怎样结下的这个缘分？

中：我和老师的结交非常偶然。有个患视神经萎缩的朋友曾经向我咨询过他的病情，用我提供的方法调治后，他现在已经可以自己开车了。他曾是老师的一个徒弟，为了感谢我，就把我介绍给了这位太极宗师——李宝良先生。在认识老师之前，老师已经对外宣称不收徒弟了，可是和我聊过之后，又想收我做徒弟了，但又不好意思自食其言，就给他的大徒弟打电话，说："有一位郑先生，根基不错，想在咱们这儿学学太极，你教教他吧。"大徒弟说："我这资格哪儿教得了人家，还是您来教吧。"老师便说："那就我教吧！"于是就把我收为关门弟子了。

推崇"形而上武"

田：中里先生没学过中医，却对中医领悟得很深切、很到位，为什么？

中：如果从学院派的角度说，那肯定是没学过。怎么说呢？就像我的老师强调"形而上武"一样，就是要多体会武学里面的精髓，掌握了这个"道"，你才能把所学的东西贯通，否则就是光练了一些皮毛的东西，没什么价值。

从武学的角度来说，我这一辈子也达不到老师的那个境界。老师的那些徒弟们，太极拳打得都非常漂亮，要和他们对抗的话，我也不是人家的对手。可老师说他们那是练出来的，而这些是需要悟出来的。我比较喜欢那种随意、自在的生活状态，所以对于武学并不是很上心。我对精神领域的提升会更注重些，所以会经常静心打打坐。老师可能想找一个知音吧，他那些高深的思想，包括武道和武学，希望有人能传承下去，所以愿意和我交流。我们是师徒关系，也是忘年交，更是知音。只可惜，老师的东西我也只是学了个皮毛。

田：你更着意中医的"传承"？（笑）你在生活中自学中医？

中：生活中也没有人教过我，家里有一些古代的医书和我祖父写的书，大多是木版繁体字，但我从小就喜欢读。我祖父应该算是民间医师，解放前被菲律宾的一个富豪请去当私人医生了，所以我父亲也受了一些熏陶。父亲从小拜尹氏八卦掌第三代传人尹玉章为师，后来成为第四代传人。我从小跟随父亲习武，但更多练习的是强身健体的内功，使丹田得气，而不是与人技击的招数。

田：丹田得气是什么样的感觉？

中：很热的那种感觉，总觉得体内像有火一样，自然地要往四肢去灌，这样四肢就觉得有劲儿。那时候家里有棵树，我就拿胳膊经常抡击大树，用后背撞树，感觉那会儿的气比较蓬壮，很自然地就会运气，可以灌到四肢和掌心，以致发出声音。

（中里先生边说边伸展了一下胳膊，可以听到他的骨节在“嘎嘎”作响，却根本看不出他在运气。）

田：有点儿神，是不是像电影里的功夫高手对着树“嗨”地一声，树就倒了……（笑）

中：其实我练的不是功而是气，我父亲练了一辈子的八卦，称得上武功高强，却无法将气灌到掌心，可我打个坐，很自然地就灌过去了。这使我对经络非常有感觉，比如我能感觉到这个经络走哪里，那个经络通不通……我都是先有亲身感悟，再用理论对照。我觉得现在的中医学院的学生往往是反其道而来的，针扎到别人身上，别人会有一些感觉，但整体的气血是怎么传导的，他感觉不到，所以他对经络不可能理解得很深刻。“医武同源”这个词说得还是很到位的，你看金庸小说里面的武功高手大都也是医疗高手，就是因为他们知道经络的走向。可以这么说，如果没有对武学的研究和实践，我觉得自己对经络和中医古典的认识和理解就不会像现在这么深。

田：这是你对中医，对经络最开始的认识？

中：对，这样一来，我对中医就有了兴趣，就非常愿意看这方面的书，后来可以说研读了中医各家经典，结合了现代医学的思想，自己有了一些感悟，觉得“治病不如防病，关注疾病不如关注健康”，这也是《求医不如求己》的最原始来源吧。

“乱”世英雄

田：听中里先生这样说很有意思，就是说，你在很小的时候，就对身体对生命的奥秘很感兴趣？

中：我从小就喜欢中国传统文化，像老庄，四书五经，只要有时间我就会拿过来看。还记得初中的时候就去商务印书馆，买什么休谟啊，弗洛伊德啊，也没人告诉我这些，但我就是喜欢。当时也是心绪特别乱，因为乱，就想从哲人那里得到一些灵感和启示什么的，总想把自己给理顺了；但我感觉这些东西并不能让自己理顺，因为好多东西都是不理解的。后来接触了《金刚经》。我感受最明显的是，每天念一段《金刚经》，心里便开始舒展了，没有那么多思虑了，然后又念心经，又练打坐，逐渐地，心就静下来了。

田：你说的“乱”具体是什么？

中：就是心绪特别乱，比如你跟我说这件事，我听不进去，我总是想我自己的事，然后干这个事的时候，我又想别的事，长时间就在这种状态里，精神就是不能集中。

田：这种状况持续了多久？

中：从上中学开始有好几年都是这个样子，那个时候有一个明显的毛病：就是别人给我讲什么我都听不进去，我必须自己想通了，才能接受。

田：高小姐和中里先生一起工作这么久，怎样理解他的这种状态？

高：其实这种状态很容易理解。我们每个人都可能经历过这样的时期。拿我个人来讲，曾经在不同的国家学习、工作和生活。每到一个地方就会受到一些文化上的冲击，英文叫“cultural shock”，在这种冲击中去学习是痛苦的，需要一个自身调整的过程，也就是中里老师所说的“乱”。但等到调整期过去，自己固有的思想和当地的文化融会贯通了，你就会发现自己前进了一大步。中里老师在那个时候实际上就是处于这种调整状态之中。因为他研读了大量的中国文化、西方哲学、传统中医和宗教等方面的书籍，各种不同的文化思想必然会对他形成一种冲击。但正是由于这种冲击，促使他去思索，去体验，去努力寻找解决问题的答案，也促使他去融会贯通、举一反三，形成自己独特的思想体系。

我跟中里老师已经是10年的朋友了，现在来看他的思想，应该属于奔放自由，无拘无束的状态，和他的书体现出来的一样，应该说跟他以前的“乱”

不无关系。

田：一本好书，犹如一个温柔的女性，又仿佛是久违的朋友，让人爱不释手。这都是我们这个时代极度匮乏的。

高：其实中里老师的书最打动人的就是他的真情流露，正如您所说，读他的书就像听一个朋友在娓娓讲故事，让你有身临其境的感觉。前段时间中里老师接受了MSN《名医讲堂》的访谈，有网友说自己是医学博士，为什么MSN不采访他而采访中里老师这个非医学专业的人？我觉得问这个问题的人的思维就很僵化。很多真正的大师都出于非学院派，像童话大王郑渊洁，创意大师乔布斯等，正因为没有受到固有模式的束缚，才会有那么多的奇思妙想。

中里老师也是这样，他的思想大都来源于自己的探索和生活的感悟，他是带着自己的感悟去看《黄帝内经》、《伤寒论》等各种医学典籍的，于是发现自己的感悟常常与书中的理论不谋而合。因为源于生活，所以也就贴近生活，容易引起读者的共鸣。这本书不是简单的医学书籍，而是他这些年心灵感悟的综合，集哲学、医学、武学于一体了。

刚开始的时候，他并没有想要出书，只是在博客上随机记录一些自己的心灵感悟，所以你读这本书的时候会发现有点儿散，但是单独拿出任何一篇都不失为独立的好文章。应该说在出书之前，他完全是那种自由自在的思想状态，但现在情况稍有些不同了，因为读者的要求和他想要表达的有些不同……

田：导致中里先生又有些“乱”？

中：是有点乱。其实我本身呢，不管是写博客还是写什么，从初衷来讲，并不是说我要来给你讲点什么，我就是想把我的感悟说出来，有缘的人就自然会去汲取了。但是现在这个方向有点偏，因为读者总想找一些他们想看的东西，所以我再写的时候，就有些下意识地往他们喜欢看的东西上面靠。

高：大众的要求与他内心想要表达的有了冲突。

中：对。我的初衷就是想按照自己的步伐去走，可是现在是大家向我提出了很多需求。我的博客上问医问病的信息有几万条，所以我多少都得照顾一下这些需求。可是照顾了这些就会影响到我自己，我几乎没有自己的时间和生活了。有时候我也想，没关系，我可以做完大家需要的，然后再来照顾自己，但总是事与愿违，有一点迷失的感觉。

比如，有人在博客上写道："郑老师您是菩萨心肠，普渡众生。"我说我不是，如果是有缘人，大家可以一起走，而不是说我要穷尽自己为大家服务的，我还没有达到这种高度。但是，无形当中就有一种压力，你总得为你的书和说话的后果负些责任吧！

急病上医院，未病自己防

中：再比如说，我希望我的博客变成"春来茶馆"，我是阿庆嫂，来招待四方宾客，到这里交流一下彼此的感悟，找到健康的理念。希望来这里的每个人都有一份收获，甭管精神上、还是身体上的收获。这就是我的初衷。千万别把它当成一所医院。

田：一个开辟新知的方法，或许是开启你自身生命奥秘的一把钥匙，你有了这个东西以后，对很多事物就能正确应对了，就不只是一个病的问题。看官应该这样理解中里先生和他的书。

中：对，就是这样。

高：其实"授人以鱼，不如授人以渔"的道理大家都懂。但是这本书出来以后，看起来想要"鱼"的人比想要"渔"的要多。有人开玩笑说："求医不如求己变成求医不如求中里了。"（笑）每天到博客上留言的人大多都是病人，这个人肺癌晚期，那个人什么怪病，都在那儿跪求说："郑老师您就是我的救命稻草。"——其实这是一种误解，前面已经说了，中里老师的初衷是给大家提供一把解读自己身心的钥匙，求医不如求己，只是一种生活的态度，而不是让大家生病了不要去医院。他的博客首页明确说"急病上医院，未病自己防"嘛。我们倡导的是这种科学、理性的态度。

中：比如有人问尿毒症应该按哪儿？你不告诉他，他就老问你，得不到回复就开始骂了。

田：你不给回复就骂你？

中：骂啊，不回复就骂，说我都问几遍了你怎么还不回答？你书写得那么好，那么神，可你什么招数都不告诉我，你是骗子吧？还有一个网友说，我爸爸说你是图财害命，因为他用了你书中的方法后，腿反倒疼了。接下来就是他爸的详细病情，当然不是腿疼的症状，相当长的篇幅。最后还说："求求你，赶快回答我吧，谢谢。"

（说到这里，中里先生无奈地笑了。）

高：加强和网友之间的互动其实蛮重要的，有一些领悟特别好的网友，也就是我们说的有缘人吧，几乎每天都来，与大家分享和交流他们的经验和感悟，这些人确实起到了很好的引导作用。最近博客上的环境便好了很多，好多人也不再说求郑老师怎么样，而是说：我知道郑老师比较忙，求有缘的网友给支一招什么的。这样就有一种互助的氛围，让你感觉到很温暖。

我们上周召开了一次网友沙龙，找了一些经常在网上交流经验或者说分享心得的朋友过来聊天，达成很多共识，觉得多一些人传播健康理念，是一件非常有益的事。

有的网友本来就是学中医的，有的虽然没有医学基础，但久病成医，各种原因使他们关注健康方面的书籍和理念，在中里老师博客的基础上，慢慢琢磨出一套适合自己的养生方法，以至于经常在网上帮助其他人。我们很高兴看到这样一种导向，越来越多的人关注健康，这也逐渐贴近了中里老师的初衷。

中：的确很高兴看到这些。开始我都不敢上博客，一上去，简直就是满目疮痍，各种怪病、难病都向你扑来，吓得我赶紧就下网，不敢呆在上面了。

田：我有一个认识，中里先生对生命、对自然、对心性的启悟，其实是回归了生命本体，而非一病一招地被动应对。

高：对。《黄帝内经》的主旨就是天人合一，我个人的理解是古人对生命本身的探索更多是源于对自然的感悟，而不是仅从书本中寻找答案，更不是一招一式的机械模仿。中里老师就有这种古人之风。

田：应该说像中里先生这样的人肯定还有很多，只是他们的声音没有回荡的空间，或许说是没有找到一个发声的途径。现在你的声音发出来了，从网友的互动看得出，你带给国人的是一种新的思维：我们的身体是什么？我们和自然的关系是什么？我们和自己的内心的关系又应该是怎样的？作为高智性的人类，我们是否应该有另外的一种生存状态？这是一个很大的问题。你以大家都能读懂的话语把它提了出来，换来大家对这一命题的思考，这本身就是一个巨大的、开创性的贡献。

从大自然中吸取原动力

田：正如高小姐刚才提到的，中医强调“天人合一，恬淡从真。”就是讲人与自然、与社会、与自己身心的融洽关系，而现代人焦躁不安的心灵似乎很难归于宁静了。谈谈你的体会。

中：佛家有句话叫做：“烦恼即菩提。”许多年前，因为我的思想比较乱，所以烦恼很多，但是这些乱我觉得也不是白白地耽误时间，就因为这个乱，我才会期望去找到一种头绪，想把它给理顺了。这个乱本身就有一种忧虑和恐惧在里面。我觉得人生就是要驱除两个东西，一个是忧虑，一个是恐惧，把忧虑和恐惧去掉了，心灵也就通畅了。

田：那你觉得应该如何驱除忧虑和恐惧？

中：最近我写过一篇文章，题目是《人最大的疾病就是恐惧》。博客上有那么多人向我求医问病，我相信大多数的病都跟恐惧有关。我自己也曾经有恐惧的时候，比如前面谈过中学时的思想意识混乱，就包含了一种无名的恐惧和忧虑。大多数的人恐惧和忧虑的原因是因为心理没有一个支撑的力量。这个时候有两种方案可以选择，一种是自己能解决的问题，那一定要努力自己解决；另一种是自己根本无力解决的问题，那也别去忧虑恐惧它。因为忧虑恐惧什么作用也没有，只能白白搭上我们的气血，让我们更加虚弱，更加六神无主。我中学时采用的是前一种方案，现在常常会采用后一种方案，也就是爱默生所说的“让老天去处理”。

田：可不可以这样去理解 “让老天去处理”：就是顺其自然，顺应生命本身的呼唤？

中：对，我似乎很善于从大自然中去获取原动力，比如通过一棵树，一个石头，获得一点启示，一点力量，也许这就是所谓的“天人合一”吧。《金刚经》里面有一句话：“应无所住而生其心。”这句话就是告诉你：物来则应，物去不留。心像一面镜子，你到这个镜子面前了，迎接你的是人的头像，然后你走了，镜子里什么都没留下。这正好验证了佛教中的一句禅语：“风来疏竹，风过而竹不留声；雁渡寒潭，雁去而潭不留影。”来的事情随之又空了，所以叫“应无所住而生其心”，就是从来不把事情留在心里。理解了这个道理，忧虑和恐惧也就随之而去了。

从感性到理性再到悟性

田：人生的问题不是仅靠思考就能解决的，有思考就必然有忧虑。人类一思考，上帝就发笑。

中：有时候我觉得人生应该抓住几句话，这几句话就是一种力量。当我心里要产生什么东西的时候，我就会跟自己说：“应无所住而生其心”，然后很容易就想开了。当下的人们，之所以感到每天都很焦虑，就是因为没有“生其心”，因为总被思虑占着位置，其他的就不容易进来了。

那怎么办呢？我个人的体会，一是学会从大自然里培育感情，以此给内心补充一些营养，这样就会有一种自由的力量。为什么我会从一棵树或者一块石头中获取能量呢？就是因为树木对人有一种关怀，石头的形状也有一种自然的情感表达，我通过它们产生的感情，就获得一种心灵的力量。

田：世间万物皆有情，只是你的心智打开，学会接受，就会受益无穷无尽。

中：对啊，抛开玄学什么的，只要每天这样去思考，去感受这些东西，你就会觉得心灵是无比丰富的。

中学以后我曾经相信过梦境。比如说我做一个梦，记得很清楚，我就想为什么会做这个梦，它可能会昭示我些什么东西，我就会把这个写下来，然后再看看它究竟昭示给我什么东西没有？也许不对，但确实培养了我用心灵思考的一个习惯，而不是简易地从书本上找东西用。我习惯从自然界任何东西里面吸取养分，这种养分都是鲜活的，有灵性的，而不是书本里那种刻板的东西。

高：其实生活就应该是用心灵来感悟的。现代人恰恰把自己心灵上的感觉忽略不计，而更多习惯于用脑、用所谓的“知识”来支撑自己。培根说：“知识就是力量。”而我觉得善用知识才是力量，这种“善用”就是用心灵去感悟。一个人从感性到理性再到悟性，才算完成了学习的过程，而能够完成这个过程的人并不多。当从悟性回归到感性的时候，才会有最理想的状态。

中：我完全同意这种说法。开始那会儿，我也是对这种“心灵学说”将信将疑。比如说遇到疑难杂症了，我也会去查找相应的古籍，但几乎都没有现成的答案，都是需要自己去悟出一个办法来解决。

多年前，有一个香港朋友半身不遂，只能坐在轮椅上，他找我去帮他看看。有人说我不是医生，没有什么临床经验，没用。这个人说得不假，但是那个朋友却在两个礼拜之内站了起来。记得有一天我帮他按摩，他突然出现后背发热，按照医籍来说就是阴虚火旺，但是他的脉象和舌象又没有这些症状，我一时也无法说清是什么原因。我就躺下，什么都不想地在那儿眯着，眯了一会儿，就有一种内心中的声音在告诉我：“你应该如此这般地去做。”——最开始我还不相信，后来我发现按照这个方法去做，真的就能解决问题。

田：这是不是就是高小姐所说的“悟性回归到感性”？

高：我想是的，也应该是每个人内心渴望达到的状态，可惜能够达到这种状态的人真是少之又少。

越是禁忌的东西，往往越是有效

田：在似睡非睡之间，也就是那种半瑜伽状态当中获得的某种“神启”？

中：听起来是不是有些玄？（笑）知识这东西并不是在书本里，它在大自然当中。我们是上天的儿子，所以我们每个人就是宇宙的一个细胞，宇宙的智慧必然在我们中间包含着，只是我们没有跟宇宙去接通，没有获取到自然与宇宙的能量。

书本固然重要，可以给我们搭建一些桥梁，但是真正有用的东西，不是从书本上学来的。有的人将《黄帝内经》整本地背，但是哪句对他有用，他却不知道。我通常是经过实证之后，觉得有用，然后再看《黄帝内经》的，认定确实是那么回事，然后再去广泛推介。如果总是照猫画虎，反而落入书套子里面了。

比如书上说孕妇按摩是禁忌，我太太怀孕的时候，我却总给她按摩。但是我按摩没有问题，不等于说你按摩就没有问题。因此不是说孕妇不能按摩，而是要加上适当的保护措施。古文的这个话里肯定有这些层面的意思，只是后人领悟不到那个深度，只好退而求“禁忌”。

我认为：越是禁忌的东西，往往越是效果明显的东西。比如有过敏症状的人被要求不吃发物，可是我就让病人吃发物，因为只有发出来，这个气才能活起来，才能到表面。到了表面咱们就用刮痧之类的方法给它刮出来，只是你如果没有后面的这些处理方法，这个方法就是行不通的。

田：禁忌等于特效？

中：这样说就又有些绝对了。禁忌的东西可能会有特效，但是要看怎么去利用它。因为不好把握，所以才要禁忌。

学东西一定要学最根本、最有用的东西。好多人问：为什么你看了那么多的书啊？其实我看的书并不多，我只看那几本最有用的，把它背下来，像《金刚经》，我总是随身携带，常看常新，书中的理念便浸透到骨子里面去，随时可以活学活用。

《求医不如求己》诞生的来龙去脉

田：说到悟性，的确各人有所不同。我感觉中里先生更加与众不同……

中：我觉得这是一种先天的秉赋。就比如说我家没有人信佛，但我就愿意看这方面的东西——我为什么愿意看？就是因为我有烦恼，我要是没有烦恼的话，我也就不会看了。

田：因为烦恼和焦虑，你开始自己寻找出路，寻找心里能够皈依的一种东西。

中：如果你想寻找，就必然有你想要的东西，上天特别公道，所以我总是能找到我想要的东西。

田：你觉得所有人都能够做到这样吗？

中：未必。我觉得世上有这样几种人：有的人，他可能是很优秀的，但你跟这种人不能去讲心灵上的东西，他更相信通过学习、竞争和努力去超越别人；还有的人根本就是人云亦云，不知道自己应该怎么生活，解决办法自然就是跟风或者从众；还有的人，对心灵生活有所追求，却是假追求，这种人非要初一、十五去烧香，要吃素，好像这样就能和神灵相通了，这只是表面的形式，和真正的心灵生活是两码事；但也有的人天生就是心有感悟的人。比如有一个邻居大妈，一个字都不认识，但是我们俩能交流，我说的东西她在心灵上就能感应得到，是可以超越语言的。所以我写文章时，只要我这个意思传递出去了，读者感应到了，这就足够了。而且我觉得说出去的东西首先要能感动自己，如果自己都不感动，又怎么能引起别人的共鸣呢？

高：我感觉，这种心灵上的东西，有人来得早，有人来得晚。走的弯路也有可能不是弯路，之前的人生阅历可能就是为了今天做准备的，只是各人的感受和表现方式不同罢了。而中里老师的与众不同之处在于：更早的时候，他开启了自己的心性与悟性，并因此获得了大自然的厚爱与馈赠。

田：中里先生为什么要把内心的感受说出来告诉公众？

中：也是无意之中。吴清忠先生写了一本《人体使用手册》，我觉得写得很不错，都是他自己独特的体会和理论，我特别喜欢这种自己感悟出来的东西。但同时我也觉得遗憾——书里面实用的东西少了些，加一点实证的东西会更棒。老吴说，实证的东西你是内行啊，咱俩合写吧。我说我自己先在博客上写写看，找找感觉吧。结果开博客的第一天点击量就是60，一星期就达到300了，上升得挺快，不到半年的时间点击量快超百万了，许多出版社开始找我出书，我这才感觉到我的东西原来很受欢迎，正是大家急需的。

开始时我真的没有感觉，我觉得懂中医理论的人，比我水平高的人太多了。写博客以后，网友反馈挺好，我也就有了信心。因为开始时我对大家是不是感兴趣没有把握：心灵的感悟大家会喜欢吗？会不会觉得这东西玄呢？我写完以后，大家不但相信，而且还都很支持，鼓励我把新的东西接着阐发，把他们想说但是不知道怎么说的意思全部说出来。

所以我写的东西，等于把大家心里想说的东西都宣泄出来了，这样也就与大家有了互相通气的感觉。我以前从来就没认为我自己的文笔好，能达到写书的水平。

田：什么样的文笔为好？我的理解是：第一是有情感在里面，第二是说自己想说的话。其实每个人都可以是作家，只是你用什么样的情感来叙述它，你说的话是不是你真心想说的话。文如其人，正是此意。

高：每个人都是作家，这个说法很贴切。的确，用情比用词要美得多，而且有缘的人来读有缘的书，又是一种心灵通达之美。

田：于是这书慢慢地就写出来了，然后就有人和你说，出书吧。（笑）

中：对，本来我也没想出书，我觉得自己水平不够，就写着玩呗。（笑）中国中医药出版社找到我的时候，给了我一个定心丸，因为它代表着中医出版界的权威。而且刘观涛编辑的话让我很感动，他说："你和谁签都没关系，我都会全力支持你，帮你免费编辑，因为你这些东西太有价值了，大众很需要，我愿意帮助你。"

高：应该说这些就是《求医不如求己》这本书诞生的来龙去脉吧，这本书的确是中里老师的心灵之作。

一种心理必然对应一种疾病

田：中里先生写出了自己的心悟与体悟，写出了自己的真情实意，没想到引发了关于认识身体、健康、疾病的社会现象，引发了"何为中医"的文化追寻浪潮。那么以你的眼光，怎么看待国人的身体与中医的关系？

中：我们先说疾病。疾病给大家的感觉是不好的，但你不能孤立地看待它。因为疾病必然会伴随我们，只是有的症状明显，有的症状不明显，而疾病的产生必然和心理相联系。我认为：有一种疾病必然对应一种心理，正如一种水养一种鱼，如果说心理是水，疾病就是鱼。如果说我现在恐惧了，那么，这瞬间的恐惧就会造成对身体的损害，在身体上的某个部位有所反应，这种反应累积起来就会成为器质性的病变，由原来无形的东西转变成有形的了。

田：也就是一种情绪在作怪。

中：对，这种情绪和身体是密不可分的。如果一个人先天禀赋，就是这种暴躁的脾气，那么他所做的事和接触的人都可能与暴躁有关，正所谓物以类聚，同气相求。这种暴躁的情绪就会催生相应的疾病。比如得肝病的人基本上都是脾气暴躁或长期压抑的。长期处于忧郁状态的人由于经常紧张，容易得胃溃疡；生闷气的人有妇科问题的可能性比较大。有人说谁又能不生气呢？不错，我们确实无法保证不生气，但却可以通过各种方法来消气和解气。比如人在气头上时，通过刺激身体的经络和穴位，促使他打嗝或放屁，把气消了，就通畅了，也把那无形的情绪给解决了。

田：通常我们的身体也是各有不同，就是所谓的“个体的差异性”。所以每个人都应该有对自己身体的认知才是。

中：对。我认为一般人的体质都是略有偏颇的，不是完全阴阳平衡的。有人先天肝旺，有人脾虚；有的小孩生下来就有湿疹，有的小孩生下来就脾胃不好，这样的先天禀赋决定了身体要有偏差，就容易患上和身体偏差相对应的病。就像一棵小树，表面上看不出它有什么异常，其实它的根系已经在告诉你——它生长的时候会往哪边偏了。你只要是这种体质，将来就会有发展这种体质所对应的病的趋势，所以一定要改善你的体质。比如说，如果你是寒湿体质，就一定要加大温热的力度。

中医讲“上工治未病之病”，治什么呀？就是改变体质的偏差，这也是我所理解的中医与人体的关系。所以，我觉得疾病并不是最主要的问题，最主要的是如何改变一个人的心境问题，心境改变了，才能从根源上解决问题。所以中医强调“上工治未病，不治已病”，强调天人合一，恬淡从真，辨证论治等等。

田：心境改变了，行为改变了，过程也改变了，结果也就随之改变了。

中：对，脾气暴的人，可能就是火大了，你就会爱吃寒凉的东西，爱吃苦的、去心火的东西，自然也喜欢脾气相投的人，就这样在情绪上互相传染，这些东西，构成共同的一个心理环境，就构成了疾病衍生的土壤。

生命不该被动地听任疾病摆布

田：我们给大家一个忠告：当我们脾气暴躁的时候，一定要找一个脾气平和的人去调和一下你自己。

中：对，这是一方面。另一方面，人体有自愈的开关。比如生气了，你可以按太冲穴，我把太冲称为“消气穴”，它就是消气的开关。但你怎么开启这个开关？只有你愿意开启它，它才能开启。人本身有一种惯性，你必须得克服你的惯性，学会使用这个开关，这个开关才会发生作用。

高：如果不能改变自己，跟着惯性走，听任疾病的摆布，这样的生命其实很被动。

中：就像体质寒凉的人，夏天一定要少喝冷饮这类东西，也别吹空调。要是你看大家喝冷饮你也想喝，那怎么办？我告诉你一个方法：你喝的时候一定要有防范的东西。比如喝冰镇啤酒了，但同时要吃点大枣，大枣温热，这样就平衡了。是人都有嗜好，人生必须得满足一些嗜好，对于“不良”嗜好来讲，我们把“不良”给解了不就完了嘛。

田：或者说生气了，但能及时地排放出去，那也行。

中：就怕那种没有及时正确排解的，最后产生肿瘤了，没法医治，那就只能割了。我也不反对西医的“割”，因为已经成了症结了，再弄回去可不容易，树都倒了你还能再把它支起来？那可就难了。长歪的时候你可以支它，已经倒了那就是“命”的问题而不是“病”的问题了。

田：一个人有病，他家里人也都可能有病。我觉得这是一种不良情绪和意识的传染，整个家庭环境都那样。

中：对，气场都那样。如果按风水学说来看，他家的风水就不好。

田：说是风水，其实是共同的生活习性造成的，很多人不明白这家人怎么都有病，难不成是造孽了？其实不是。

中：那些整天愁眉苦脸的父母，因为心境不好，就可能会经常打骂孩子，使孩子从小就感受到一种压抑的气场。这个气场不是一天两天就形成的，是经过好多年的累积而成的，形成疾病只是个结果而已。你让我用三招两式就把结果给去掉，可是原因却没解决，那哪儿成？谁也解决不了。

强加一分人力，就离天道远一分

田：消气穴也好，太冲穴也好，并不是说这里是一个开关，我一按就把它启开了，这里面还有个“心悟”的过程。我们知道，关于经络，这么多年来医学界一直对它有个质疑，经络到底存不存在？在你这能得到一个答案：它存在。

中：确实存在。我看过一些教材，说中医的针灸是劳动人民在实践当中逐渐摸索出来的，今天发现这个穴，明天发现那个穴，这么累积起来的，偏向一种领悟吧。我不认可这种认识和说法，我比较信奉李时珍所说的“内景观照”，就是有内视功能的人发现了经络的走向，并把它们描绘了出来。

田：你在打坐中有这种体会吗？所有经络都有感觉？

中：我有这种体会。中国古代讲究“医武同源”，其中武学的心法部分，主要讲的都是如何打通经络的方法，也就是导引法。这一点大家从金庸小说当中也会有些了解。不管是少林易筋经、养生功八段锦、五禽戏等，都是借助不同的形体动作来打通经络，以达到强身健体、开启心智的目的。因为从小有武学方面的熏陶，所以我对人体经络有比较深刻的体会。但我并没有达到贯通的境地，因为我没有打通大周天，大周天就是全身十多个经脉都要通，小周天则只要任督脉通了就可以了。我也没有刻意地想要去打通这些东西，我非常相信缘分，就是说你到这个层次了，你自然就成了；你没到，就不要去勉强打通它。强加一分人力就离天道远一分，所以我觉得还是要自然而然。

田：强加一分人力，就离天道远一分，这句话说得非常好。

中：我一直这样，万事随缘。

经络就是风筝的线

田：经络有点像人体地图，标明了哪儿是出口，哪儿是入口。

中：的确是这样。我觉得经络也可以用更简洁的方法来表述。其实经络就是一根放风筝的线，五脏六腑就相当于风筝。你想让那个风筝高点儿，你就拽那根线；想让这个低点儿，你就拽这根线。比如胃痛就多按脾胃经，痛在中间就是胃的问题，在旁边通常是脾经的问题。经络就相当于一个无形的触手，你只要一点它，它就去给你修复脏器去了，很快见效。要是吃药还要在胃里消化吸收，再稀释到血液中，才能到达病痛的位置，可是经络直接就给调解了，就像放风筝一样，一拽就行了。

田：这个比喻很形象。

中：中医有句话："有诸内必形诸外。"五脏如果有问题，必定会反映在经络上，进而会反映在皮肤表面。其实静下心来好好想一想，你就可以有针对性地去治疗，因为身体已经告诉你哪儿有问题了。初学经络的人可能会问，我痛的部位在这儿，而经络的位置在那儿，二者有关系吗？你只要掌握一点基本的经络知识，就会自己体验到这二者的关系。有的人说左臂老是麻，麻到中指了，那就是身体在告诉你心包经有问题，是冠心病、心梗的前兆。就像前段时间侯跃文的问题，完全可能及早发现，把心包经打通了，就不会出现这个后果。因为他肯定有一些事先的症状，比如肩膀痛了，他没能意识这是心脏的问题。如果事先注意了这些问题，就完全可以尽早解决掉。身体会告诉你很多信息，只是你忽略了，你应该学会倾听身体的语言，因为它告诉你的信息才是最真实的。

高：说到经络的效用，我也可以提供个案例。2005年底，我回国之前，在美国进行了为期3个月的自驾车旅行，不慎把脚踝扭伤了，我就带回美国运动员扭伤擦的药，一直擦，但就是不好。一年之后，我母亲来北京居住，中里老师到家中看望我母亲，我就顺便说起我这个脚踝的毛病，他告诉我揉脾经的两个穴位，一个礼拜之后就好了。我的脚踝痛了一年半，应该说也用了世界上很先进的药物了，但根本不管用。结果就是每天按几分钟穴位，就好了。许多人觉得穴位疗疾过于简单，有些夸大其辞。其实大道至简，有效就是硬道理，持怀疑态度的人自己亲身体验一下就好了。

谈中医不能脱离中华传统文化

高：现在越来越多的人关注健康，希望从中医文化的精髓中获取能量。人们非常需要交流，但是以什么样的方式交流，这是我们正在探讨的课题。

有人问："中里先生是不是学医的呀，他权威吗？"

第一，中里老师作为中医领域、健康领域的资深研究者，他的贡献不是行医治病，而是独特有效的健康理念和养生方法。因此他的使命是在中医文化的基础上，传播自愈健康的理念，以期唤起人们对健康的信心。这不仅仅是东方健康文化的组成部分，也是西方许多医家所倡导的。美国哈佛大学医学博士安德鲁·韦尔就是倡导自愈健康的代表人物，他的代表作《不治而愈》在美国很是流行；第二，我们的理念有《黄帝内经》作为理论依据，《内经》上说"治未病，不治已病"，也就是中里老师所说的"治病不如防病，关注疾病不如关注健康"。中里老师的书也是告诉大家在疾病未发之时如何预防，在所谓"亚健康"的状态下如何调理，选择一些简单实用的小方法，与大家分享。我们希望读过中里老师的书的朋友们每天都能健康一点点。

中里老师不仅精读过《黄帝内经》，而且对中医各家经典都有涉猎，更研读了现代医学的思想，而且他能够举一反三，有很多独到的创见。前两天有一位中医专业毕业的网友在博客上留言说："愿中里老师对我们这些有医学基础知识的在职医生提些建议，利国、利民、利己。"中里老师承担的不是一个医师的角色，而是一个中医文化大使的角色。

田：我觉得中里先生看到的是"整体"的人，他在告诉我们：作为一个人，你自己本体的东西是什么？他帮你找到本体，这也是中医学最根本的东西。中里先生可否谈谈你如何看待中医？

中：谈中医不能脱离中国传统文化。过去有句俗话："秀才学医，如笼抓鸡"，因为秀才对中国传统文化很熟悉，而中医正是中国传统文化中的一个瑰宝。只有精于中国的传统文化，才能真正领会中医的精髓，这样的“秀才”学起医来，就像到笼子里抓鸡一样，伸手可得。

有一次应邀去北大做讲座，我问同学们学的是什么？他们说学的是《伤寒论》和《医学三字经》。关于学习中医，我个人认为最好从经络开始。有句古话说：“学医不名经络，开口动手即错。”这就明确地告诉了我们，学习中医要从经络入手。古代医家曾说，经络为“医之所始，工之所止。”是说医者入门的学问是经络，达到极点的造诣也仍要归于经络方面。所以我一直坚持：中医的精髓就是在于经络，你必须把经络理论落实在心里，融汇到自己的实践当中去感悟，然后再学药理、针灸以及其他方法，才会达到事半功倍的效果。

做中医文化的传播大使

田：中里先生今后还是会继续你对生命的深度挖掘吗？

中：肯定是的，这是我人生的一个目标。我很崇尚孔子那句话：“朝闻道，夕死可矣。”死之所以在圣者眼中变得轻微，就是因为“闻道”是最可贵的。

田：你想达到一种什么样的境界呢？

中：我内心很清楚自己想达到一个什么样的境界，好像有这种昭示，但我没办法用语言表达清楚，因为现在还没有达到，还有很多困扰，机缘也不够，但我相信我能达到。至于当下，我们就是想通过各种方式去传播中医文化，倡导一种自愈健康的理念。

高：作为中医文化的传播使者，我们抱有一种使命感。为此我们成立了中里巴人健康科技有限公司，以社会企业运作的形式，网罗有识之士为更多的人做一点事情；因为这个使命不仅仅是他一个人的，更是很多同气相求的朋友们的共同目标。希望能够找到很多这样的有缘人，一起来做这种关于生命的深度探索，希望能够攻克一些也许是现代医学无法解析的难题。

举个例子，出版社曾经转给我们一封信，一位13岁的孩子，从4岁就被孤独症困扰，他爷爷写了一封信渴望能得到中里老师的帮助。中里老师之前也并没有专门研究过孤独症，就尝试着去帮这个小孩号了号脉，指出他的病症在肝经。一周之后，小孩的爷爷就打电话来说：小孩以前上床两小时后才能入睡，症状已经持续了9年，但采用了中里老师的建议后，现在几乎是上床就马上进入梦乡了。

7周之后，小孩的爷爷又打来电话，说小孩以前有无意识地咬手指的行为，经常会把手指咬破。但在中里老师看望他的3周后，这一行为消失了，而且连续观察了一个月，非常稳定。

田：中里先生具体采用什么样的治疗方法？

中：他那个病症在肝经，所以关键是揉脚底“地筋”以调肝经，揉太冲到行间以泄肝火，再经常理理大腿内侧的肝经。这就是我提供给他的方法，其实很简单。

高：简单的方法却解决了孩子9年来的一些问题，你说经络有效还是无效？最近我们还会再去看望一下这个孩子，也算作为一个研究课题吧。

完成这样的研究，这样的使命绝对不是一个人或两个人的任务，我们希望在不久的将来可以成立一个公益性的健康基金会，以帮助更多的人获得健康，这也是中里老师的夙愿。

中：还是顺势而为吧，但愿会有更多的有缘人来聚沙成塔。

田：非常高兴的是，《求医不如求己》和中里巴人，已经成为了一种文化现象，这种现象让国人在热情迎接2008这段特殊的日子里，和迎奥运一起为时代所见证，并将对我们未来的生活产生深远的影响！

谢谢两位！

摘自《中华中医名流》杂志

附录二
《求医不如求己大全集2》读者文摘

一条小鱼儿：

读郑老师的文章已半年有余，感动于老师的无私，时常为我们端出丰盛的“美食”。面对如此盛宴，我们不妨选上一款最适合自己的“营养套餐”。我现在为自己选择的一份套餐是：伸懒腰法加推腹法。两个月练下来，不仅精神好，而且脾胃也好起来，从前晚上稍一多吃，胃便一晚不得轻松，可现在它很少再“闹意见”了。而且左手居然长出了3个“月牙”，虽然只是“小荷才露尖尖角”，却也让我兴奋不已。因为三十几年的时间，这是我第一次和它们“谋面”。

芳芳：

《求医不如求己》这本书我一看就迷上了，不仅仅是因为里面所说医术的奇妙之处，更重要的是它给了我一个理念——“人的意志力可以让一切重生”。有时候疾病本身并不是最可怕的，可怕的是希望的毁灭。每个人都有生活，郑老师也是凡人，他将毕生所学著书立说，传播健康给众生，本身就是一件造福众生的事。师父已经领大家进门了，接下来的路就应该是自己走路了。

好的功法是需要在不断实践中改进的，我们也不妨在期待的同时，把老师的东西真正变成自己的东西。

中医养生：

人体各种治疗方法，包括按摩、刮痧、拔罐，都必须基于气血充足的基础上。气血充足以后，治疗只是个辅助，就像河流，如果水源充足，碰到阻塞之处，只需挖开一个小口子，水流就会很容易过去，而且还可以把阻塞冲刷干净。但如果没有水，只是疏通河道，那么河床仍然永远是干涸的。

上市6年：

学习中医，最难的大概就是找穴位，让人无从下手，其实，这个问题很好解决。就拿今天来说，我阅读《求医不如求己大全集1》第26页，学习《人体经络是养生治病的最好捷径》，文章介绍了胃经的几个穴位，比如梁丘、足三里、丰隆、下巨虚。可这些穴位怎么找呢？我也头疼。恰好手边有本书叫《图解针灸快速取穴口袋书》，找到第16页，书上说，梁丘，屈膝，在大腿前面，膑底上两寸。我手头又没有尺子，这两寸怎么量啊？其实也简单，伸出我们的手指，四指合拢的宽度就是3寸，有3还不好找2吗？大概一摸，估计差不多。

再者，即便错了，也没有问题，反正我们按摩穴位就好像去给人送礼，送礼送错门，人家不会怪罪，没准还会给我们惊喜呢？正确的善意，定有好报。

我们做事，不仅要举一反三，更重一通百通。接下来，先找犊鼻，犊鼻这个穴位好找，在膝盖下右侧，找足三里就更容易了，顺藤摸瓜，在犊鼻下3寸，也就是四指的距离，上巨虚是6寸，下巨虚是9寸，有3还不好说6和9吗，太容易了！一下就全找到了。而且我可以告诉您，这样量下来比尺子都精确，为什么？我们的身体高低不一，用一把尺子量下来，我如果准，您肯定不准，但我的穴位用我的手量，您的穴位用您的手找，那就都是精确的，这叫做“同身寸”。

我们的身体本来就万法俱足，什么也不缺，只要您伸手，就一定会抱住佛脚。

祖传中医：

脑溢血患者经过治疗，也许性命保住了，但却留下半身不遂的后遗症，尤其是患者的手，总是像握拳似的掰都掰不开。我们家祖传一个绝招，通过按压患者的手指甲根，可以使手伸开，如果每天压一次，经过按压七八次，即使恢复不到原来的程度，但自由伸展是不成问题的。

具体的做法是：施术者用两手的大拇指甲，按压患者的患侧手指甲根，要求是必须压到指甲根上，不能压指甲肉上。位置找好了，再轻轻地一使劲，患者的手指当时自己就伸开了，压的时间不要超过30秒。按压的顺序是：先压中指和拇指甲根，再压食指和无名指甲根，最后重复压中指甲根配合小指甲根，前后共压3次即可。

气运丹田：

读了郑老师的书，手舞足蹈，不能自已，获益良多。某日晨起发现落枕，自然想到取嚏法，搓两小纸棍侍候鼻孔，顷之5嚏后头颈转动顺畅，午间再施同法，肩背酸涩尽去，甚是得意。现已坚持两周早睡早起、敲胆经、揉心包、按太冲、推肚皮、撞大树、伸懒腰、金鸡独立、啖红枣饮宝粥，自觉四肢不冰（自小无论冬夏手脚均冰凉多汗）、脚趾不痒（轻度脚癣多年）、胃口大开（比往日多吃一碗饭，且每到饭点饥饿感明显）。

拜谢两位老师教给我激发人体小宇宙的方法。

topofsummer：

我邻村的一位老太太，今年大约七十多岁，去年年初被医院诊断为恶性口腔癌，最多只有半年的寿命，儿女不敢告诉实情，只是说普通病，过些日子就好，带她逛市区，吃饭馆，也算让她享受了人生。后来只是开了一些药回来吃。农村的老人勤劳朴实，也信以为真，逢人就夸自己的儿女孝顺，带她逛了那么多好玩的地方，吃了那么多好吃的东西。回来以后虽然身体欠佳，但也撑着照常劳动。戏剧性的转变发生在初秋豆子快熟的时候。一天老人在山里劳动，看到绿油油的黄豆，心里突然馋得要命，产生一种非吃不可的冲动。未成熟的生黄豆的豆腥味很重，一般人不会动生吃黄豆的念头，但老人却觉得心里很舒服，就这样馋了就吃，不经意间竟然把病治好了。初冬回医院复查，儿女和医生都不敢相信这是真的，只是还是开原来的药，让她照常吃，当作安慰剂。现在这位老人还活得健健康康。

现代人受“专家”、“权威”的影响太深，完全忽视了心灵的需求和引导，反而不如不识字的乡间老妇人。

翻书等缘：

天有风、热、湿、燥、寒，地有木、火、土、金、水，人有肝、心、脾、肺、肾。古人与大自然对话，于是有了神农尝百草的故事，有了《黄帝内经》的神奇。

亿万年的进化过程中，人类历经了无数次的风雪雷电的击打、霜刀冰剑相逼、病菌进攻，历经无数次火山爆发、山洪地震、台风海啸……人类聪明的身体在这些自然的现象中不断学习，不断进化，并且把相关的知识不断地写入我们的“硬盘”，等待我们遇到同样的情况时随时拿出来应用。

可是，有了电灯、电视、电脑，于是长夜漫漫，我们就无心睡眠；有了汽车、火车、飞机，于是迢迢千里，我们都不用走路；有了空调，我们再不用去树林里乘凉了；有了方便食品，我们的家里就很少动烟火了。

现代文明的发展太迅速了，在眨眼之间一切都已经改变，这改变让从来不曾如此享受过的人们沉浸在现代文明里，却渐渐失去了自己。

祖先留给我们超大的硬盘，储存了海量的信息，可是现代文明却让我们的操作系统退化到“286”时代，于是我们动不动就死机，捧着金子的饭碗，却偏偏要讨饭吃。

讨来的饭当然可以果腹，却不能让你幸福。讨饭的时候态度挺好的，满嘴叫着“老师”、“老板”、“大叔”、“大妈”，一旦好言语换不来饭吃，就破口大骂。其实，旁边树上就有果子，您不懂得摘来吃，还能怪谁呢？

下里巴人：

幅中老师医术精，犹如华扁今复生。

古有神农尝百草，今朝中里显真情。

愿君网上多博客，振我国医百废兴。

待到求医只求已，鲜花赠君同庆功。

依依：

郑老师，我练习您的小周天健身法再加上按摩血海、三阴交、阴谷、隐白等穴位后，困扰多年的功能性子宫出血得到有效控制，经量比原来减少3/4，血色素从8提高到10.3，过去几百副中药没有解决的问题终于得到解决。非常感谢您！

路过蜻蜓：

朋友总说："照你这样注重养生，肯定能长命百岁。"可我的愿望真的和自己长命百岁无关，我也不敢奢望我周围的亲朋好友都能长命百岁，只希望大家活得不那么痛苦和烦恼，生活质量高一些，小毛病少一些，在有生之年能拥有健康。但这个看似不高的要求，其实真的不容易实现，需要很多努力，最重要的还有观念的转变。

什么时候大家"追求健康"的劲头能赶得上"打拼事业"的劲头就好了，别再用"太麻烦了、时间不够""还顶得住、以后再说"等理由来搪塞敷衍。健康不单只是我们自己的事情，我们的健康直接影响到长辈和儿女的身体状况，责任重大，不可推卸，这些都不是仅靠金钱可以解决的。你自己都不懂健康，怎么孝敬老人？怎么养育儿女？用身体为代价去挣钱养家，无异于釜底抽薪。

双豆的眼睛：

敬爱的郑老师，自半年前来到您的博客之后，我就把每天所有空闲时间都用来认真地研读、体会、领悟。我和这里的朋友们一样，对您充满了深深的敬意和感恩，现在我能为您做的，就是把您的这种无私的爱传递出去。于是，我把您的书送给那些生病了的人，每本书，我都会写上这样一句话："它不是药，也许不能治好你的疾病，但是，它绝对会带给你信心和勇气。可怕的不是疾病，是畏惧疾病的心。"我深深地体会到，对疾病的恐惧才是最大的病，足以击倒那些有着健壮身躯的人们。我对我妈妈说："以后您就听我的，您的健康我负责了，我得让您活到一百多岁。"我妈妈乐呵呵地答应了。您让一个女儿对亲人的爱有了可以付出的资本，您让一个普通百姓想用毕生的时间，努力地锻炼自己，将来能帮助更多需要帮助的人。谢谢您！

Wobenbuyi：

几个月前偶然看到了中里老师的博客，当时那种豁然开朗的心情，真不是用语言可以表达的。从那时起，我就坚持金鸡独立和敲胆经并行，晚上还坚持推腹。

中里老兄的文章通俗易懂，立竿见影，提纲挈领，把艰苦的学习变成愉悦的享受，让人乐此不疲，功莫大焉，善莫大焉！只要思想对路，方法对路，我们真的可以不再求医。

古典风韵：

学习《求医不如求己》，我的新发现是：不用每天再做那么多复杂的功法了，以免浪费气血。哪儿感觉不舒服就按揉哪条经走过的路线。身体给你的警示是最准确的，哪里的问题急需解决，身体会最先用气血解决它，这时我们要帮助身体打通那里的经络，助身体一臂之力，那么病情就会很快解除。

lixin22128：

西方的医学只治疗生病的具体部位，比方说头痛，他们会给你吃阿司匹林。而阿司匹林并没有摧毁头痛，它只是不让你去察觉到病痛而已，它产生的是一种忘却的作用。

如果你去找一个西医，他不会去管头痛的原因，对他来讲，问题很简单："那个症状存在，你就服用这个药，然后那个症状就会消失。"头痛或许会消失，但是隔天你的胃部有可能就会有些不舒服——另外一个症状出现了。

经过了这一番的周旋之后，你会变得越来越爱生病，而不是越来越健康，有时候小病反而被搞成大病。当身体有任何疼痛出现，你就立刻服用什么药物来抑制它，总有一天，所有的疾病都会累积在一起，以一种更有组织的方式呈现出来，它们手牵着手，已经形成了一个军队在攻击你，那就是癌症。

杨树的眼睛：

我觉得大家之所以对待身体没有那么多的耐性，还是和心态有关系。以前的我，总觉得工作太忙，事情太多，可以不在乎身体的不适。现在社会竞争这么激烈，有太多的不舍，促使我们忽视了我们身体的需求。的不是一两个人，而是大多数人。我们就像掉进温水里的青蛙，欲罢不能，继续被煎熬着。

花十分的精力在工作上，还不如把三分留给自己，用七分的精力或许可以把工作做得更好。在身体面前不要逞强，有些朋友不敢正视自己的身体，还是应该积极选择一项适合自己的运动，可以使人精力更加充沛，身体强壮了，还愁干不成事业吗？

好好活着：

现代医学有好的一面：直观，讲求证据；但也有它不好的一面：看事情太缺乏整体观了。连我这个学西医十几年的人都看出来了，很多问题的考虑方式太死脑筋。其实换个角度考虑问题可以有完全新的一片天空，科技毕竟不等同于医学。

医学包括的层面远超出科学的范围。而现代西医在某些方面发展的则是科技，而不是医学，凡是硬件有问题，可以很好解决，遇到软件的问题，西医的治疗还是摸索阶段，没有中医几千年数不清的真实病例积累的经验更有说服力，中医比较高明的是治疗的思想。中医本来就不能用科学范畴来概括，它是一门博大的学问，是一门教人如何好好活着的学问！

Fy2045：

养生治病要从四个方面入手：修心，修身，饮食，良好的生活习惯。其中以修心最为重要。有句话叫：信则有，不信则无。这充分说明了心态的重要性。也可以这么说，凡所有病皆为心病。心病中以“贪”最为突出。“少则得，多则惑”，切记，切记。

附录三

《求医不如求己大全集2》解惑录

可人问：

血压低怎么办？

Helen答：

煮冰糖、莲子、银耳、大枣粥，空腹吃，连续一周会有改善。我10年前血压低，就是这样治好的，供您参考。

心绞痛问：

最近心绞痛，查出冠状动脉堵塞，请问练什么功对此病有帮助？

NXR答：

经常按摩心经和小肠经，推腹及按摩太冲及胆经的阳陵泉，心悸、心慌的时候可以按压左边手心的内劳宫及从太冲朝行间4穴按摩。经常刮刮心包经，但要记得备上人参生脉饮及丹参滴丸，以免心血不足。

飞儿问：

太冲穴有什么作用？

中里巴人答：

除了可以消气，太冲穴还有其他很多的功能。比如说发烧了，就是肝火引起的，揉太冲穴就可以把火泻掉了。另外，有人一生气手脚就拘挛了，像这种问题，按人中穴不管用，因为不是动脉和人脉阴阳不调造成的，而是由于肝火过旺、肝风内动引起的，这时候一掐太冲穴马上就能缓解。还有很多小孩有多动症，这也可以从太冲穴找到源头。由此可见，太冲穴是非常值得大家重视的穴位。

罗隐问：

老是胃疼怎么办？

中里巴人答：

可以揉“地筋”。另外，胃经的足三里、下巨墟，对付胃疼也很有效。

玫瑰问：

我以前有十二指肠溃疡，现已治好，但还是常常感到腹部胀气，用手摁腹部会打嗝，腹胀暂减，但很快腹部又会鼓鼓的。呃逆则是突发性的，短则几小时，长则几天，受寒、紧张、劳累时易犯，对寒气尤为敏感，就算腿受了寒，也会嗝声连连，受暖时会好些。

中里巴人答：

打嗝之症就是胃部胀气作怪，不下行而上逆，病在小肠。推腹法通腹除胀；金鸡独立引气下行；胃经的足三里、下巨墟都是除胀要穴；加味保和丸和木香顺气丸也是通气良方。坠足法和撞丹田，也都对此有效。就连治感冒的“取嚏法”，也是《黄帝内经》用来专治打嗝的，您也不妨一试。记住，只要能放出响屁，此疾便从此绝迹。

Lszylx问：

我是容易紧张、郁闷、爱生闷气的人，一年前腹泻、胃痛，吃了一段时间中药后胃不痛了，却开始痒起来，痒的时候是一个点，每天的位置会不太一样，而且经常打嗝，人也比较瘦，请问要怎样治疗？

一堂答：

可以先从小腿入手按摩脾经的几个重点穴位，每天有空做一次，再加上敲打小腿前侧胃经与肝经经过的地方，至少100下；经常按摩太冲穴对治闷气有效果，还要经常敲胆经。还有，你也要注意自己的性格，其实你就是把脾、胃都调理健壮了，脾气不改，身体照样会继续受罪。

另外，饮食上一定要注意，多吃适合自己的东西。吃饭一定要细嚼慢咽，对你的胃绝对有好处，这同时也是调理个人性格和修养的方法，好处很多。

Xh问：

我老公患慢性鼻炎已有好几年，而且他胃里像是有水，拍拍就能感觉得到，而且喝完酒后，全身发热，只有胃摸着是凉凉的。我儿子上个月也感冒了，流了半个月鼻涕，请问有什么办法吗？

好心人答：

胃中总凉可吃附子理中丸。胃中存水的人，就不要喝太多的水了。参苓白术丸、玉屏风散都有健脾去湿之效。平日吃山药薏米粥也可健脾去湿，利于消除胃肠中的浊水。慢性鼻炎是脾肺两虚之症。常流清涕为肺气不足，肌表有寒，可常用取嚏法。补中益气丸也有补脾肺之效。常吃大枣可以改善过敏体质，对慢性鼻炎有辅助疗效。

Yumeijade问：

一咳嗽肺就痛，怎么办？

Helen答：

揉肺经的经渠穴和大肠经的偏历穴，有迅速止肺痛的效果。

加油太古问：

有一个治疗肾虚、阳痿、早泄的好方法，我试了一下感觉很好，但不知科学否？方法很简单，每天坐着配合呼吸做20分钟缩肛，要用力。我以前性生活10分钟，现在随随便便都能达到半小时以上！

重阳道士答：

应该是有效的，练瑜伽时老师常说提肛可以提高性能力，不管是男还是女。对于女性来说可以提高阴道的收缩性，男性则可以刺激海绵体。

小叶蓝问：

近一年来眼睛又痒又涩，看了很多医生都说是结膜炎，点了眼药水，当时管用，过了一段时间就又犯了。请问如何能缓解痛苦？

木兰心语答：

揉胆经的风池、风市穴和足底眼睛反射区，效果明显。我的朋友这样做了一周，就解决了眼睛痒和涩的问题。

小花猫问：

我多年以来几乎都是用一个鼻孔呼吸，老是左边堵塞，怎么办？

鱼刺答：

在《膀胱经——人体最大的排毒通道》中就有解决办法，试试按揉腿上的委中穴，一定有效。

苦恼人问：

有了过敏性鼻炎怎么办？

Helen 答：

用“取嚏法”，所用的工具最好用吸管剪成细丝，两个鼻孔同时使用。容易被水沾湿的材料（如手纸等）最好不用。

还有，脚拇趾外侧的隐白穴，可以每天坚持按揉10分钟，不过按摩此穴所需时日比较长，需要有耐心，只要坚持，症状都会有不同程度的缓解，直至慢慢消失。

求是问：

请问慢性咽喉炎，咽喉有异物感，早上咳嗽、浓痰，该怎么办？

明灯人答：

取肺经的合谷、曲池，大肠经的颊车以及胃经的丰隆进行按摩。

小女子问：

经期能不能练功或按摩？

中里巴人答：

如身体太虚或本来经量就大，就别练了，若是月经下得不顺，练练正好活血化瘀，且效果比平日更好。

龙雨问：

按摩三阴交穴，开始很痛，两天后好转，但白带中出现褐色分泌物，这是什么原因？

夜晚的彩虹答：

若按摩后白带增多，就继续按，同时配合丰隆、阴陵泉以及足底下身淋巴结反射区。分泌物增多是体内水湿从这个渠道排出的现象。

Phoenix问：

我产后肥胖（生产完将近4个月，体重比产前增加10公斤）。练习《人体使用手册》书中的一式三招近两个月，但腰部、臀部和腿部水肿仍然相当严重。想请教有无其他方法可以帮助我摆脱肥胖？

中里巴人答：

如果是腰部、臀部、腿部水肿明显，显然是膀胱经阻塞造成，属脾肾两虚之症。如果同时有尿少、怕冷、腰酸的症状，可选择中成药桂附地黄丸。如果会刮痧，则将后背整个膀胱经由脖子到臀部一直刮下来。还可选择食疗法，取淮山药、薏米仁等量打成细粉熬粥，有健脾利水的功效，每天服一小碗即可。平日还可服些冬瓜、萝卜等，有利水通气的作用。如不爱喝水，则尽量少喝，免得增加肾脏负担，使水肿加重。还可选用膝盖内下方的阴陵泉，足内踝上的三阴交、复溜，都有很好的利水消肿功效。

望穿秋水问：

来月经始终不正常，尤其最近3个月，淅沥不尽，甚至出现上次还未完，这次又跟上的情况。看先生的书上有类似症状用的是补中益气丸、八珍汤、三七粉，想试一试行吗？

蒲公英答：

1. 从补气血开始，敲胆经，喝山药薏米芡实粥，天天泡脚，水面应高过三阴交，水温40℃左右。水里加少量盐，手也可以一起泡。

2. 切忌腰部受寒！身体状况好时，可在脊柱腰部正中及两侧拔罐，开始时不要拔得太狠。

3. 早晚敲带脉100下以上，敲胃经，大腿正面到脚面，特别是膝盖和膝盖上面，月经不调多半是胃经的问题——我也是从郑先生的博客文章中查到的。

4. 十病八寒，少穿凉鞋，短裙，特别是长期在空调环境里上班的人，经期更要注意防寒。

5. 病不是一天得的，而是你以前不良习惯积累的结果，所以也不可能说好就好，需要慢慢来。先搞清病的起因，多注意调整，有一个好的心态最重要。

巴布问：

我产后一直少奶，还经常腰酸腰痛，该怎样调理呢？

中里巴人答：

山药薏米粥是最为平和的药，本身也是最好的粮食，什么时候吃都无妨。少奶是由于脾不生血，山药薏米粥最是健脾生血，可常吃。若肾虚腰痛，还可从超市买来芡实打粉熬粥，补肾健脾的功效也非常好。腰酸可在酸痛处拔上真空罐，同时按摩脚踝处的太溪穴、复溜穴，腰痛很快就好。

环绕地球问：

我女儿7岁半，从小就排便不好，一般2~3天才便一次，而且每次都费尽力气，睡觉少、近视，应该吃哪些药呢？

中里巴人答：

排便差通常是脾虚引起，给小孩吃山药薏米粥最为稳妥。睡眠少通常都会肝火较旺，石斛明目丸有去肝火、明目的功效。

爱儿问：

我儿子今年快两岁了，睡眠一直不太好，夜里总是哭醒，饭也比同龄人吃得少，且爱流口水，嘴巴和下巴处爱起湿疹，身上偶尔会长癣，但体质还算不错，很少生病。请问应该如何调养？

分享答：

小儿按摩法与成人大不相同，自成一体。用“补脾经”之法，还有“运八卦”等方法，可以较快改善婴儿体质。

爱弟弟问：

我弟弟上个月感冒，一直拖着，现在每天都干咳，晚上比白天厉害，去医院检查也没有发现气管发炎之类的，请问有啥方法可以止咳啊？

好简单答：

可服痰咳净并按揉太冲、丘墟以及三焦经的支沟。

健康是福问：

宝宝发烧已经5天了，近两天又伴有咳嗽，较以往的感冒不同，不流鼻涕，也不打喷嚏。已经在医院打过5天青霉素了，还加了抗病毒的药，可起色并不大，眼看着孩子难受，心里很着急，望老师给予指点帮助！

分享答：

我儿子前段时间发烧39℃，我按他的风池穴，只轻轻地按了一下他就喊痛，所以确定是肺经受凉了。给他在面部按摩，推前额，分推眉骨各100下，向外揉太阳穴50下，又分别向指尖方向推无名指，清肺经，最后，清天河水

300下，睡前还烫了脚。大概1个小时左右，他开始出汗，一夜换了3块毛巾。到凌晨，烧就退了。我没给他吃一点药。

一开始选择不吃药，是要咬着牙才能决定的，并且建议发现孩子发烧就马上采取措施，孩子越小，按摩的效果越好。

爱儿心切问：

我儿子小时候得过荨麻疹，这两年常复发。身上一片一片，痒得难受，怎么治？

程成答：

这是由于肝内毒素过多，都要从皮肤排出去，所以总发。可以经常按摩肝经、肾经，早睡早起，营养均衡些。另外，在背后膀胱经刮痧，疏通排毒通道，一周一次，背痒时也可刮痧。

虔心问：

请问孩子喉咙上火、沙哑，应当按摩哪个穴位？

闻金鸡起舞答：

可按摩脚上的喉、气管、胸部淋巴反射区。

心急问：

按摩穴位从很痛到没有一点痛感，是由于穴位不敏感了还是说明穴位反射的病痛好了？不疼了还需不需要继续按摩？

中里巴人答：

由痛到不痛说明效果是很好的。为什么痛，为什么不痛，应该把原因搞清楚。中医讲，不通则痛，而如果完全不通就不痛，因为完全不痛就没有传导了。而体质比较虚弱的人就是这样，比如说皮肤很松软，哪里都不痛，但是又确实有病，这样的人怎么办？可以先拔罐，有的人拔不住，因为里面没有气血。第一天拔可能连印都没有，拔几天以后，可能有粉红色的印，然后逐渐地深了，气血给过去了，拔了以后再按揉穴位感觉就比较明显了，这样把气血逐渐导引过去。还有的人，按摩的时候很痛，明显地感觉这块比别处要硬，一定要把硬的地方揉开以后变得松软，有弹性了才不会很痛，这块穴位就通了。如果穴位通了，就不要老按这个穴位，因为穴位在出生的时候本身就是畅通的，有的地方功能差了或者堵塞住了，揉开必然自己会畅通，没必要天天老揉这个地方。可以根据自己的情况，看看是否还有其他的反应，再揉其他的地方。揉一段时间，如果没反应了，这就证明这个穴位现在基本上不需要再揉，可以改揉其他穴位了。

白发愁问：

有没有治疗白发和脱发的方法？

没事没事答：

发为血之余，血不能到达脑部，所以白发或者脱发。至于为什么不能到达脑部，要么血不够，要么气血运行的道路不够通畅。血不够就要补肝肾，调脾胃，驱除障碍。

担心问：

我长期肝火旺，脾胃虚弱，习惯性便秘，体型较胖，大约一个多月以前开始敲胆经，压心包经、肝经，并把睡觉时间从凌晨两点提前到了每天的10点半左右。自我感觉很好，体重也轻了一点。

可问题是，我每次不管按压什么穴位，在这个穴位的附近就会鼓起一个很大很明显的包，肉色，按压无痛感；而在按压膻中穴后，胳膊上的心包经还有任脉上就会出现几个很痛的包（可能是淋巴结，与前面肉色的无痛感的包有很大区别）。这些包出现得太快太明显，有点怕了。请问这两种包为什么会出现啊？我该怎么处理这些包呢？

心宽体胖答：

不用担心，你要继续坚持现在的习惯：早睡，敲胆经，按摩心包经，保持心情愉快。别担心这个，我感觉是你的身体太虚了，可能这些经络都不太通畅。你可以轻轻按摩，别去管那些包包。我自己在按心包经的时候，附近皮肤也会出现很多红色的痘痘，后来自己就没了。

爱老公问：

我老公爱出汗，喝了山药薏米芡实粥，还有敲胆经、肝经，但现在每晚睡眠不好，这是为什么呢？用什么方法能调理过来呢？

夜晚的彩虹答：

汗流不止，多为气虚不固，可以经常喝些玉屏风颗粒。敲肝经、胆经后睡眠不好有两个原因，一是三焦经和心包经不通，二是疏通肝经、胆经后的排病反应，身体要把原有的垃圾翻出来，自然会弄得鸡犬不宁，解决方法，在胆经一文里已经描述。在吃补气血药物的同时，可以每天找个喜欢的运动，要自己全身热一段时间，出透汗，晚上10点多就睡觉，保持心情愉快。

花玄子问：

一般都认为饭后不宜按摩经络，但是我在饭后胃里不舒服，老有气往上返和胀的时候，按摩脾经胃经，很快就打一个大嗝或者放屁，舒服很多。这是怎么回事呢？

中里巴人答：

通常饭后不按摩，是担心把胃的气血分散开，影响食物消化，可您脾胃较虚，按摩脾经胃经，反到把气血集中到脾胃来了。

稻谷壳问：

做过胆囊切除手术的人敲胆经还有用吗？

一堂答：

胆囊不过是胆经上的一个果子，果子摘了，经依旧在，您说有没有用呢？

高中生问：

我17岁，明年准备高考了，压力特别大，觉得自己肾虚，总是没精神。请问有什么办法？

中里巴人答：

17岁的人，气血还处于生长状态，这时候通常没有什么真正肾虚的问题，而且调理经络也很容易取得效果。可以每天晚上在后背的肾俞拔两个罐。通常觉得自己肾虚的人，其实就是心虚，心血不足的人一定要多揉劳宫。

崇拜郑老师的人问：

我有时老有要精神分裂的感觉，特想大喊大叫，摔东西，浑身发抖，尤其生气时感觉神经要错乱，怕别人说我，就极力控制，很痛苦，怎么办？

无聊答：

揉太冲到行间和脚底的地筋，坚持下去就会有效。

Ajiao问：

手指甲上面突然出现了凹凸不平的竖条纹，这是身体有啥问题？

翻书等缘答：

指甲上出现数条棱状的纵道的人，一般可能患有神经系统衰弱等脑系统疾病或者酒精、药物中毒。

古柏问：

更年期的典型症状是心慌、气闷、失眠。这时该如何调理？

中医爱好者答：

敲打或按摩三焦经，通常效果很好。可以一试。

七月问：

最近总是头晕，怎么办？

中医爱好者答：

多半是因为心脏供血不好，仔细按摩心包经以及三焦经上的支沟、天井穴等沿线疼的地方，这样可改善供血。另外也可用刮痧改善。

lamgald问：

怎样排身体的毒？

中里巴人答：

先敲带脉，再敲胆经，敲后拨动胆经的阳陵泉，拨动时如脚部有麻感，可使毒素从脚尖排出；如没有麻感，则继续敲和拨动，一直到有麻感为好。

查尔斯cat问：

我就是不出汗，再热的天也不爱出汗，总是憋在心里很不舒服，我需要做些什么吗？

中里巴人答：

若您不爱出汗，可在后背先刮痧，也可刮刮大肠经，然后多揉小腿脾经，皮肤干就要多出汗。

胆小妹妹问：

我胆子小，遇事总是心里发慌，事情没有解决，心里总是不踏实，请问，怎样做才能消除此症状？

中医大哥答：

心慌的重要原因是心脏气血不足，症在心经和心包经，可揉心经的少海、神门，心包经的劳宫和内关。

心焦问：

口臭是什么原因引起的？

无聊答：

口臭一般有两种原因，一种是脾胃功能弱所导致；另一种口中有异味，伴牙龈出血有腥味，是心包经堵塞导致。对照看看你自己的情况，如是前一种，则可服加味保和丸，同时敲打胃经，揉脾经的公孙穴；如是后一种，则沿心包经刮痧。

瑜伽人问：

我有个朋友，胸口（近剑突处）长了一个小包，像指甲大，奇痒无比，尤其在吃辣椒时，就更甚，自己用热毛巾敷，似乎暂时可以缓解，请问这个问题应如何进行采取自救？

中医人答：

牛黄清心丸，同仁堂的，一盒6个，一次1～2丸，远饭或空腹服用。心火盛，牛黄清心，去心火，补脾土，吃到不痒为止。

小媳妇问：

我婆婆后脑勺偏下处长了一个硬包，有好几年了，现在已长到直径有1厘米左右，且背上中部有一处刺痛直到尾椎处。她心细，爱为一些小事操心生气，请问有什么办法治？

一堂答：

心细的人，劳心过度容易导致背部膏肓痛。这时要重点按摩敲打心包经，前臂内侧靠近手腕部位用力敲打，上臂内侧用力提捏，不必拘泥于穴位。背部脊椎刺痛不好说，若是相应的俞穴痛就好办，可以试试刮痧。

突然疼问：

突然右侧口腔疼痛难忍，而且疼痛愈来愈剧，估计是上火，鼻子也红肿，有点溃烂了，我该怎样办呢？

好简单答：

可以按左手合谷，二间穴。

紧急求助问：

有什么治疗痔疮的简易办法吗？没有便秘现象，但有便血，请老师指教。

别急答：

用纸巾垫住肛门按揉，坚持一段时间。我也曾经为痔疮苦恼过好多年，偶然在一本杂志上看到此法，试之，甚灵。

布衣问：

我最近腰疼，早晨四五点就被疼醒了，有腰要断了的感觉，再也躺不住了。请伸出援助之手，指条明路。

wobenbuyi 答：

先在后背整条脊椎刮痧，然后两边的膀胱经也要刮，再细心地刮一下委中穴，若出痧效果就更好了。若属慢性腰痛，多揉膀胱经“飞扬”穴，若是近期突发，就多揉膀胱经的“金门”穴，此外，膀胱经的“昆仑”、“申脉”治疗腰痛效果也很好。还可在痛处拔罐，若是痛点在脊椎上，可多揉一下肾经的“复溜”穴。

玉竹问：

我今年35岁，可眼袋如老人一般，眼窝深陷，睡眠浅，多梦，有时半夜2～4点醒了后睡不着，记忆力下降，精力不足，该怎么办？

解惑答：

您是气血严重不足了，先喝山药薏米粥，加些大枣，以健脾养血，然后练推腹法，强肾法，金鸡独立以及撞丹田，也可敲胆经和按摩心包经。

若水问：

我丈夫的脚底有好多死皮，不知用什么办法治疗？

爱中医答：

气能下行，血不行，脚无血液的润泽，自然会起皮。可以练习金鸡独立，常揉小腿脾经，脚面常涂些硅霜也会有效。

偏爱人间烟火问：

我从小就患湿疹，久治不愈。以前是在身上，现在已经转移到脸上和脖子上。请老师给指点个法子。

翻书等缘答：

中医认为湿疹等皮肤病是风热之邪所导致的，可以采用活血的方法根治，血行风自灭。按揉血海穴十分有效。

求医先问己问：

前几天感冒，扁桃腺发炎，我没有吃药，根据自己的状况刮痧，后背大椎及肩膀小肠经，脾经的阴陵泉很疼，我就用手按摩。第二天就消炎了，真的很神奇。但是我怕咳嗽，就每晚喝梨水，结果，反而痰特别多。是否是因为梨水较寒，起了反作用？

Daiyan 答：

若脾胃虚寒，则不适宜喝梨水，应选择白萝卜水较为对症。两者皆有化痰之效，但梨水滋阴润肺化痰，萝卜水散寒顺气化痰，一寒一温，当辨别用之。

吹衣袖问：

我从事电脑工作多年，身上最严重的职业病就是“鼠标手”，即右手腕劳损，时常酸痛困累，用右手做一些支撑动作也感到吃力疼痛，想知道有什么方法可以缓解和治愈？

中医治大病答：

在胳膊上刮痧，胳膊有6条经络通过，或者点按胳膊上的几个重要穴位。我自己的颈椎病和肩周炎就是通过刮痧和按摩胳膊和肩部的方法治愈的。

如云问：

我人瘦，每日早上大便稀溏，不能吃冷东西，一吃准拉肚子。晚上常常一夜睡不到几个小时，经常夜里三四点左右就会醒来，近日我们这儿下小雨，她晚上极烦闷，夜里醒来后胸间膻中周围常常出汗。怎么办?

暖风答：

睡前服牛黄清心丸，白天服参苓白术丸。

游客问：

为什么眼睛经常都带有眼屎?

ZY 答：

这是肝有湿热。多揉肝经上的曲泉穴，脾经上的阴陵泉、三阴交。

Deur 问：

我老公迎风流泪，吃过两次明目地黄丸后上痰，而且头痛，他很胖，以前抽烟时痰很多，但戒烟已有一年了，平日已经不上痰了。这种情况怎么办呢?

Daiyan 答：

地黄丸是滋阴的，根本就不适于湿气重、有痰的人。脾胃生的痰为湿痰，胖人多爱生湿痰，自然不可吃六味地黄丸。

心焦问：

我儿子17周岁，镜下血尿时轻时重，已有近十年的时间，近一年血尿在活动后或感染后明显加重；白天重，早上轻。另外，尿频，色黄，排尿时不顺畅。我儿子是肾阴虚还是肾阳虚?固涩药可用吗?应怎么做才好?

清静答：

从孩子的情况看，哪里也不虚，只是有些错乱而已。先从足底反射法开始较为方便。自己学着按就行，很简单，效果却很显著。而且，郑老师的书中有调节经络的方法，都可以尝试使用。17岁，正是生长时期，气血旺，调理最易见效。固涩药慎用，平日可吃点参苓白术丸，较为平和。

照空堂主问：

我在心包经刮痧，一片青紫，是否湿气太重？另外郄门、二间、商阳、列缺、通里等穴奇痛，是什么原因？

分享答：

这说明有淤滞。总之把痧刮出来，把痛点按到不痛，经络通了，您将来可能会得的病就没了，管它是什么原因呢。

loveti 问：

我的身体症状如下所列，请问有什么办法可以调理吗？

1. 怕冷。冬天手脚冰冷，如果晚上不烫脚的话，一整晚都不会热。

2. 食欲过旺，爱吃甜食，肉类，不论冬天还是夏天都爱吃冰淇淋。

3. 右腿经常酸，尤其是到了阴天或是下雨的时候，感觉整条腿上的筋都在酸，酸到骨髓里的感觉，整夜都睡不好。

中医爱好者答：

1. 怕冷，应该补气血，练练金鸡独立。

2. 食欲过于旺盛，应是脾虚。可以吃山药薏仁粥，吃了肉之后要吃大山楂丸，还可以代替想吃的甜食，一举数得。

3. 腿会酸，应该是体内有湿气，可以去拔罐。

国医健康绝学系列二十三

防治五脏疾病的最佳中医导引养生方法

活学活用金处方，一生到老可无恙

《寻找身体上的灵丹妙药》

特别赠送全彩国家标准经穴部位挂图

这是一本通过简单的导引、按摩就能防治五脏疾病的书。它为您献上：只运用简单的行、走、坐、卧、想等小技巧就能强壮五脏六腑的方法；专门补益每一脏腑的意念疗法、金穴疗法、饮食疗法、音乐疗法、中成药外用疗法；相当于人参、当归、三七等中药的人体 24 穴配伍法；来自当代民间大医、救命恩人个李正凡先生的长寿秘方；古代养生大家高濂不生病的智慧。

作者：金宏柱　　　　定价：29.00 元

国医健康绝学系列二十四

改善您生存现状的非常健康计划

《手到病自除》作者杨奕隆重推荐！

不衰老的活法就是不生病、慢慢老、越活越得劲

《不衰老的活法》

特别赠送全彩人体常见病三关定位诊断图

这是一本可延缓您身体衰老，让您五脏保持年轻态的养生巨作！书中为您献上：判断身体常见病与衰老迹象的“傻瓜三关定位诊断法”、迅速战胜疾病的三关九窍温灸法、武当药浴术（含“六味甘露汤”绝密配方）等系统自治方案；抗衰老四宝——站桩，朱砂掌之虎掌踏地、青龙望海，道家胎息术，让您精神不衰，身体不老；40 多种五脏六腑常见病和慢性疲劳综合症自助调治法；11 种女性祛病抗衰方案；8 种男性 40 岁后的补精秘方等。

作者：傅茂恒　　　　定价：29.00 元

国医健康绝学系列二十五

让爸妈放心享受宝宝健康成长的快乐育儿经

从小给孩子一个好身体，长大后就不怕人生风雨

《父母是孩子最好的医生2》

特别赠送全彩儿童经络穴位挂图

作者从 10 多年的养儿经验中总结出的儿童家庭自助疗法。望诊、食疗、经络按摩、外治法等方法的结合，从防到治，全面保护孩子的健康。本书为您献上：1. 防治孩子疾病的“君臣佐使——食疗、外治、经络、心理安慰”四大法；2. 医生不会告诉您的家庭自测自诊方案；3. 改善孩子体虚的“壮儿膏”“三仙护宝贴”等 3 种儿童基础保健疗法以及 30 多种食疗方；4. 10 多种简单有特效的泡脚方、外敷法；5.20 多种简单高效的小儿经络按摩配方。

作者：李军红　　　　定价：29.00 元

求医不如求己系列五

经络疗法、瑜伽功法和祖传食疗方的完美组合

让每一个节气都变成您的健康节日

一本能让您未来 12 年不生病的健康魔法书!

本书为您献上：根据风、寒、暑、湿、燥、热六季的气候特点提炼出的三合一健康养生方案；24 种祖传食疗秘方；20 种消除常见疾病的经络疏通大法；28 招随时随地都能练的瑜伽改良小功法。

《24节气养生法》

特别赠送全彩三合一节气养生一览表、24节气养生功法一览表

作者：迷罗　　　　定价：29.00 元

求医不如求己系列六

不把养老钱送给医院和保健品

更不把健康的砝码押在孩子头上

这是一本久病成医者将自己多年求医过程中经历的各种困惑、喜悦、感悟与读者分享，福泽众人的养生书。本书为您献上：1. 消除中老年人怕生病、怕衰老的心理恐惧，提供后半辈子为身体造福的方法。2.14 套活用中医六大法来调理疾病的健康实践方案。3. 春夏秋冬和衣食住行里的不生病智慧及细节保养法。4. 中老年心理疾病的有效自我疏导法。

《态度决定健康
——中老年快乐养生指南》

特别赠送全彩国家标准经穴部位挂图

作者：潘晶　　　　定价：29.00 元

传统疗法和自然疗法互补的全新健康理念

破解困惑和祛除病痛结合的最佳健康方案

本书由美国三位久负盛名的医学专家合力打造，它革命性地提出将传统医疗方法与丰富的自然疗法科学组合的新理念，为您创造出一个多种治愈方法完美互补的全新健康世界。书中为您提供迅捷的病症自测指南、齐全完备的医疗方法、安全优化的治疗方案、简单实用的生活调理方式。

《你的最佳医疗》

作者：【美】马克 · 高德斯汀等　　　　定价：38.00 元

求医不如求己

大全集 3

中里巴人·著

凤凰出版传媒集团
江苏文艺出版社
JIANGSU LITERATURE AND ART PUBLISHING HOUSE

图书在版编目(CIP)数据

求医不如求己大全集/中里巴人著．—南京：江苏文艺出版社，2008.12

ISBN 978-7-5399-3056-5

Ⅰ.求… Ⅱ.中… Ⅲ.保健－基本知识 Ⅳ.R161

中国版本图书馆CIP数据核字（2008）第194467号

求医不如求己大全集

著　　者：中里巴人
责任编辑：于奎潮
文字编辑：李　佳　李莹肖
封面设计：何　月
责任监制：卞宁坚　江伟明
出版发行：凤凰出版传媒集团
江苏文艺出版社
集团网址：凤凰出版传媒网　http://www.ppm.cn
经　　销：江苏省新华发行集团有限公司
印　　刷：三河市金元印装有限公司
开　　本：787毫米×1092毫米　1/16
字　　数：650千字
印　　张：54
印　　次：2009年1月第1版，2010年5月第11次印刷
书　　号：ISBN 978-7-5399-3056-5
定　　价：99.00元（全三册）

【目录】

序 言　天冷了，给亲人盖好被子吧

坐在桌边打字、写文章的感觉真好。好像是在写一封信，写给父母、妻子、儿子、朋友的一封信。说一说心里想说的话，也许不符合逻辑，也许不够严谨规范，也许不是被普遍认同的思想。但只是想聊聊天，想讲个故事，因为觉得亲切，觉得有话想说，就随意地说了。

有的朋友把我写的书当成了健康科普，或者是中医教材，我觉得这个使命太大，专业性太强，这不是我力所能及之事，起码不是我写作的初衷。

不知不觉地，自己竟成了畅销书作者和健康养生专家，这真是我始料未及的。也许大家对我的期望值太高，希望我能弘扬中医文化，倡导健康理念。但我只是想对大家说：每个人都是健康生活的实践者，都是自己的专家和权威。一个人只有对自己充满自信，才是真正健康的开始。

有个患病的朋友对我说：我百分之百地相信您，您说我该怎么做吧，我全听您的。我没有告诉他具体要怎么做，只告诉他首先要相信自己。因为，您只有相信自己了，才可能找到解决问题的根本办法，不然，永远都是在苟且偷生。我常对朋友们说的一句话就是：有病找医生，健康靠自己。生命是要靠我们自己来掌握的，人生之路，不管是坦途还是泥沼，都要您自己去走完它。

我的第一本书让大家觉得中医很神奇，并引起了大家的兴趣；第二本书主要告诉了大家操作的方法；第三本书则从壮大先天之本以保障人们生存质量的角度入手，让大家坚定自己的信念，教大家学会自己创造对身体的自信，并告诉大家只要从经络处用力并懂得如何用力，就可达到身心共同健康的目的。

其实，我们每个人都可以更多地凭借自身的力量，去探寻疾病和衰老的解决之道，从而真正奠定对身体的莫大自信，体验脱胎换骨的心路历程，展示生命的内涵与尊严。

生命需要被生命感召，因为每个人心里都有一盏渴望点亮的灯火。人生需要顺着自然的风向，这样我们总会觉得老天在帮助我们，我们自然也就有了好运。

人人都需要勇于体验世间的喜怒悲欢，包括疾病和青春的远逝，这样我们才活得有血有肉，才是一个真正的人。

我们需要一些来自身体的提醒，让我们能随时找回自我；我们需要一些关怀，才能感恩和享有温暖，除此之外，我们还有什么奢求呢？

写这本书，我并不想阐发什么惊世骇俗的秘密，并不想树立什么标新立异的理念，并不想去劝说别人改变什么观点，更不想贪天之功为已功。书中描述的一切方法，古来就有，不是我的创新，只是您忘记了，忽略了，所以我要提醒您。就像是在夜里，我们总是会帮着家里人把被子盖好，好似这种亲情、这种感觉，虽是无心，却也有意。

中里巴人

2008 年 9 月于北京

第一章

每天健康一点点 日久方成金刚体

每天健康一点点，这就是健康的全部秘诀。如果您不敢拿眼睛正视别人，那您就先在镜子面前瞪大眼睛正视自己；如果您在别人面前不敢大声说话，那您就先在自己面前高声演说；如果您总是低眉折腰，那现在您就昂首挺胸；如果您常常步履缓慢，那您现在就健步如飞。

1. 趋吉避凶的大法——对自己的七情六欲既要管理，又要顺从

疾病并不可怕。它的到来，不过是提醒您，有些情志过度了，如果您能重新平衡一下，症状也就消除了。可通常大家把身体对我们善意的提醒当成了敌人，不去首先消除病因，却忙于破坏预警系统。就像醉汉打孩子，不找自己的原因，却看着孩子别扭。

疾病原来也只不过是一个假想敌，我们一直在用自己的右手打着自己的左脸。疾病不是勇气可以战胜的，不是刚强可以抵挡的。它是绳扣，只能解开；它是坚冰，只能融化。

很多网友通过博客给我留言，说自己浑身是病，让我帮忙找找病因。古有悬丝诊脉，尚可临帐听音，今朝网络断疾，全然隔山买牛。其实，自己的病本来自己最清楚，只是要多几分自信，加上知晓一些简单的祛病养生知识，就可以轻装上阵了。当然，复杂的病因，还是要去医院找有经验的医生来帮忙，才是明智之举。

《灵枢经》说："夫百病之所始生者，必起于燥湿、寒暑、风雨、阴阳、喜怒、饮食、居处，气合而有形，得脏而有名。""气合而有形"是指正气和邪气相会合后发生斗争，便会出现各种症状，也就是中医所讲的"百病从气生"。

"百病从气生"的"气"分为外气和内气。外气指"六淫"——风、寒、暑、湿、燥、火，内气指七情——喜、怒、忧、思、悲、恐、惊。同时，人的先天禀赋也是至关重要的。《灵枢经·五变》中说："人之有常病也，亦因其骨节、皮肤、腠理之不坚固者，邪之所舍也，故常为病。"

知道了病因，我们就有了应对疾病的办法。对于内气，也就是情志，我们要保持协调，不令偏激，该喜悦时喜悦，该愤怒时愤怒，该思虑时思虑，该恐惧时恐惧，该悲伤时悲伤，但是要有一个限度，不可过度而无节制，这样我们就不会被内气所伤。《黄帝内经》中说："恬淡虚无，真气从之，精神内守，病安从来？"能拥有如此心境当然最好，但这是古代圣人的准则，对

于世俗之人，恐怕难以在短时间内修成正果，我们还是随常人之情，不要过于刻意就是。

有朋友可能会说：“您之前刚说过‘人最大的疾病就是恐惧’，现在怎么又说‘该恐惧时恐惧’呢，岂不是出尔反尔？”您问得好，恐惧本来是我们与生俱来的本能，是保护我们不受外界伤害的护身符。试想，如果我们碰到毒蛇却不知恐惧，而是毫不躲避地从它的头上踩过去；如果我们面临沼泽，却仍然大踏步前进而不知绕行，那后果会怎样呢？

本能的恐惧会令我们警醒，会赐给我们应急的力量，会让我们远离危险。但是如果面对的是一条假蛇，我们仍然大惊失色，明明是子虚乌有，却依然杞人忧天，那就是无谓的恐惧了。

忧虑和悲伤一样，都是人类美好的感情。如果我们看《红楼梦》时，没有这两种情怀，那么这本书怎么会成为不朽的名著呢？有许多经典的电影，会让人痛哭流涕，伤心不已，但大家仍然乐此不疲，百看不厌，百哭不倦。没有忧虑，就没有解脱；没有悲伤，就没有喜悦。禅经说得好：“烦恼即菩提。”

中医讲“怒伤肝，喜伤心，忧悲伤肺，思伤脾，惊恐伤肾”，是说人的七情超过了限度就会伤及五脏。但如果七情自然而发，不但不伤，反而会增进脏腑的功能。比如，怒伤肝，但对于那些没有火气或抑郁太久的人，怒则可激发他的阳刚之气，宣散他的郁结之火；忧悲伤肺，但对于长期忍气吞声、忍辱负重的人，诱导其忧悲，可以一哭解千愁；恐伤肾，但当遇到危险时，您的肾上腺激素会迅速分泌，给您以平日数倍的能量。所以，没有绝对的伤与不伤，明白了这一点，便可知道所谓的疾病并不可怕。它的到来，不过是提醒您，有些情志过度了，如果能重新平衡一下，症状也就消除了。可通常大家把身体对我们善意的提醒当成了敌人，不去首先消除病因，却忙于破坏预警系统。就像醉汉打孩子，不找自己的原因，却看着孩子别扭。

再说说外气。风、寒、暑、湿、燥、火，本来是宇宙空间的自然产物，但如果与我们的身体“不投脾气”，就会成为我们的致病因素。举个简单的例子，虚寒体质的人怕冷，那么风寒就会成为他的致病因素，而暑热却不会伤害他，有许多人盛夏还要盖着被子睡觉呢！而阳气旺盛的人喜欢寒凉的环境，冰天雪地里才觉得神清气爽。所以，对于外气我们要“避之有时”，冬天御寒保暖，夏天避暑降温，秋天滋阴润燥，春天宣热防风。

看来，无论是内气还是外气，都不是我们的敌人，我们也没有必要去消灭它、压制它，只要做到趋利避害、同气相求就好。就像您周围的人，有投缘的，也有犯相的，那就找您喜欢的在一起。

疾病原来也只不过是一个假想敌，我们一直在用自己的右手打着自己的左脸。疾病不是勇气可以战胜的，不是刚强可以抵挡的。它是绳扣，只能解开；它是坚冰，只能融化。

当然，疾病当中还有高温灼伤、刀枪创伤、跌撞磕碰、寄生虫、传染病等与情志和气候无关的外部伤害，尤其是传染病。《黄帝内经·刺法论》中告诉了我们许多预防之法。这些疾病虽然不是这里要讨论的，但同样的道理，只要您知道趋吉避凶之法，而不是拿着钢刀去寻找野兽作战，那您就不会被野兽咬伤了。

2. 好身体不仅是凭意志锻炼出来的，它更善借自然之力

要知道，大自然是我们的朋友，不是我们的敌人，我们没有必要去战胜它。有人说：“我不是想战胜大自然，只是想战胜自我，让自己无所畏惧，勇往直前，成为真正的强者。”我先为您的勇气鼓掌，再给您泼一盆冷水。因为，真正的强人是善借自然之力的人。荀子说得好：“登高而招，臂非加长也，而见者远；顺风而呼，声非加疾也，而闻者彰。”

前些天，看到报纸上有则消息：

美国的前长跑冠军，年仅28岁的谢伊在奥运会预选赛马拉松

比赛中，突然倒地猝死。这位冠军的父亲乔尔是一位田径教练，他透露说，谢伊在14岁时被医生查出心肺功能偏弱，于是他便开始训练儿子从事田径运动，以增强心肺功能。“我万万没想到，原本能够帮助他健康成长的模式，却将他引入了死亡。”这位伤心的父亲如是说。父亲本想去比赛现场为儿子助威，在临出门前却收到了儿子死亡的噩耗。

这则消息，令无数人为之叹息：谢伊正值多么美好的青春年华，而乔尔——这个对儿子倾注无限关爱的父亲，又是多么希望儿子能够平安健康地走完生命之旅啊！可世事难料，人生无常。而我们，除了报以一声叹息外，还能不能有一些警醒，总结出一些防患于未然的对策呢？

答案应该是肯定的。

有一个问题值得大家思考：如果我们的脏腑先天虚弱的话，那我们将如何使它强壮起来呢？是去锻炼它，让它增加工作强度；还是让它休息，减少它的工作压力呢？大家先不必急于寻找答案，先看看孔子面对这个问题是怎么处理的：

孔子有一次在白天四处巡视，看看弟子们都在做什么。看到子路在骑马，子贡在舞剑，颜回在弹琴，孔子很欣慰：弟子们没有死读书，懂得劳逸结合。可当他来到弟子宰予窗前的时候，看到宰予在打着呼噜睡大觉。其他弟子怕孔子生气，想把宰予叫醒，孔子连连摆手说：“朽木不可雕也。”意即宰予先天体质虚弱，让他多休息吧，不要太强求他做事，否则身体会吃不消的，毕竟健康才是最重要的。

《道德经》上说：“天之道，损有余而补不足。”大自然中无所不有，有免费的阳光，有充足的氧气，到处都孕育着巨大的能量，等待我们去获取。

我们每个人生来禀赋各异：有人健壮强悍，有人羸弱多病；有人聪明灵巧，有人愚钝笨拙。先天虽然已定，但是后天还可自行陶铸，甚至脱胎换骨，打造出全新的自我。但是要顺天而行，随时培补先天之不足才可成功。否则，光凭毅力，光凭勇气，强与自然较量抗争，终将樯倾楫摧，香消玉殒。

有人说："我就不信，我就要与自然抗争，让暴风雨来得更猛烈些吧！"比如，有的人是虚寒体质，总是手脚冰凉，但他坚持冬练三九，只穿一身单衣，屹立于寒风之中，每天还要用冷水洗澡，用顽强的意志与严寒斗争。这让人想起了与风车决战的唐·吉诃德。

要知道，大自然是我们的朋友，不是我们的敌人，我们没有必要去战胜它。有人说："我不是想战胜大自然，只是想战胜自我，让自己无所畏惧，勇往直前，成为真正的强者。"我先为您的勇气鼓掌，再给您泼一盆冷水。因为，真正的强人是善借自然之力的人。荀子说得好："登高而招，臂非加长也，而见者远；顺风而呼，声非加疾也，而闻者彰。"

有一位香港朋友，她女儿20岁，已经有1年没来月经了，她让我帮忙找找病因。这个女孩面色暗黄，毫无光泽，但目光刚硬闪亮。一摸她的脉象，浮大有力，看她的舌象，暗红青紫，显然是过度使用体力而损伤了脏腑和经脉。她父母自豪地说，女儿从小体弱多病，但经过多年的锻炼，现在已经是当地有名的铁人三项选手了。我用商量的口吻对女孩说："能不能先放弃一段时间的训练，好好休养一下身体？"这个女孩说："那怎么行，我还要拿冠军呢！我相信，没有我战胜不了的困难！"女孩的话铿锵有力，让我为之震撼。我说："那好吧，那就多揉一揉脾经的公孙穴和心包经的内关穴。还有，每天喝一碗山药薏米粥。"

3. 用您的新鲜血液杀死病魔

请记住，新鲜血液所到之处，有害细菌就无法生存。因为新鲜血液里免疫细胞和淋巴细胞极为充足。这些细胞都是人体的卫士，可以迅速地将有害细菌驱逐出境。

前些天，有网友在我的博客留言说："我不否认经络对身体的调节功效，但我就想不明白了，如果是细菌引起的疾病，按摩穴位怎么能杀死细菌呢？"这个网友的想法表达了很多人的困惑，而且无意中提出了一个如何看待细菌致病的大问题。

当我们的身体产生了炎症，如咽炎、肺炎、肠炎、阴道炎、盆腔炎，还有各种外部感染时，我们首先会考虑到是细菌在侵害，于是找来各种消炎药去消灭细菌。但消炎药有时管用，有时不管用；有时那种消炎药明明是专门针对那个细菌的，但病症仍然是时轻时重，反反复复。

细菌的生命力怎么那么强呢？于是我们加大药量，或找来杀伤力更强的消炎药，反复试用，却仍然不能彻底杀死细菌，真是"野火烧不尽，春风吹又生"。这句诗本是用来形容小草的生命力很强，意思是只要有土壤，小草就要生长，谁也消灭不了它。细菌也是这样，只要遇到合适的环境，它就会滋生。

废弃的园子通常会长满杂草，我们可以用除草剂，也可以亲手把它们拔掉或剪除。但如果我们不及时种上自己喜欢的瓜果蔬菜，那过不了多久，园子里还会杂草丛生。也就是说，不给细菌以生长的环境，细菌就无法生存。那时您不用去消灭它，它也会主动离您而去，寻找新的家园。

细菌是无辜的，就像个流浪汉，看到您的宅院衣食俱全，又无人居住，自然就把这里当成天堂而不愿离开了。您看到有人占了您的房子，于是就找来几个打手，去教训这些流浪汉，流浪汉被暂时赶走了。但这里丰衣足食，流浪汉不愿离开，打手一走，他们还会再来，而且还叫来了更多的流浪汉，您那几个打手哪还赶得走人家了呢?

其实，最好的方法就是让自己的亲人回家去居住。主人回家了，流浪汉自然就离开了。您在园子里种上蔬菜，野草也就无处生长了。

那么这园子的主人到底是谁呢?就是我们的新鲜血液。

请记住，新鲜血液所到之处，有害细菌就无法生存。因为新鲜血液里免疫细胞和淋巴细胞极为充足。这些细胞都是人体的卫士，可以迅速地将有害细菌驱逐出境。

其实，我们即使不驱逐它，它也不愿在这种清洁的环境居住。泥鳅爱钻泥坑，苍蝇爱叮臭蛋，不给有害细菌以生存空间，这些细菌便无法伤害我们。而一旦我们的血流淤滞，经脉阻塞，就会产生淤血，也就给细菌提供了生存的土壤，就像是泥沼必然会滋生蚊蝇。

细菌、病毒本与我们无冤无仇，它们只是在寻找适合自己的生存环境。我们常常希冀有更有力的消毒药、更强劲的抗菌素来杀死这些讨厌的细菌、病毒，但那些细菌、病毒们，为了自己的生存，也在斗争中百炼成钢，令许多昔日威力无穷的抗生素变成了今天博物馆里的巨炮，没有多少杀伤力了。

许多慢性病总是不好，有些甚至成了终身的疾病，如病毒性肝炎、前列腺炎、支气管炎、宫颈糜烂以及久不愈合的伤口感染。其难以痊愈的原因，就是我们把治疗的重点放在了杀菌或抑制病毒上，而不是引新鲜血液直达病所，使细菌失去生存环境。

或许西医也有把新鲜血液引入病灶的美好愿望，只是没有什么好的办法。而中医独有的经络学说，很好地解决了这个世界性的疑难问题。通过按摩疏通经络，我们可以任意地让新鲜血液流向身体需要的地方。可遗憾的是，虽然祖先为我们指明了祛病养生的捷径，但后人并没有善加利用这份每个人身上都拥有的天然法宝。

我们知道了细菌的底细，从此就不再害怕它们了。只要您及时打通经络，让新鲜血液畅流周身，那我们自然就会百病不侵。

4. 您的自愈潜能才是根本大药

您一定要清楚，病最终是自己痊愈的，不是医生治好的。俗话说：“三分治，七分养。”治只是在消除一些不舒服的症状，治的结果也就是“没那么难受了”，而最终我们要得到的是“我很好”。

如果说疾病的原因是内气（喜、怒、忧、思、悲、恐、惊）和外气（风、寒、暑、湿、燥、火）共同作用所造成的，那么您可以看到，要想祛除这两个病因，找医生是帮不上忙的。医生不能帮您躲避寒气，也不能让您不忧虑恐惧，这一切还得您自己解决才行。

医生能帮您暂时缓解症状，却不能帮您长久保持健康。那么医生的职责是什么呢？“医生”的英文是“Doctor”，源于拉丁文“教师”，这一含义深刻提示了医者所应扮演的角色。

医生的职责是帮助患者找到病因，指点患者如何摆脱疾病的困扰，然后由患者自己来完成治疗过程。就像家里的老式挂钟，有时钟摆会停，这时就需要用手指来拨动一下，然后它才能继续走下去。医生就像这个手指，他只是一个外来的助力，拨动一下钟摆，如果手指反反复复地拨动钟摆，替代了挂钟自身的摆动节律，那么这个挂钟从此就别想再走时准确了，我们的疾病也就会迁延不愈。

再举一个例子来说明医生的身份，可能更为恰当。很多人都进行过拔河比赛，总需要一个喊号子的人来为大家鼓劲，这个喊号子的人虽然不是拔河的主角，但在双方势均力敌的情况下却常常是比赛输赢的关键。医生就是这个喊号子的人，在我们患病的时候，为我们鼓劲，帮我们找到战胜疾病的着力点，激发出我们自身无穷的自愈潜能。如果，我们得知这个喊号子的人是个高手，于是我们不再使劲，光让他来喊号子，那么他即使喊破了喉咙也帮不了您的忙，您必须与他同心协力，一起“加油”，这才是最为有效的医患关系。

有人总想借助名医的神力，觉得病能不能治好全在于医生，而患者是无能为力的。基于这种思想，他们终日奔波于各大医院，遍访名医专家，希望能碰到华佗、扁鹊，给他们些灵药仙丹，服下一丸，便周身通泰，百病俱消，这是电影、小说中的情节，却不是现实生活的写照。

您一定要清楚，病最终是自己痊愈的，不是医生治好的。俗话说："三分治，七分养。"治只是在消除一些不舒服的症状，治的结果也就是"没那么难受了"，而最终我们要得到的是"我很好"。

要想获得健康快乐的人生，而不是天天都在与疾病做斗争，那就一定要调动起我们的自愈潜能。

有人说："人体的自愈潜能有那么强大吗？它在哪里呢？"您问得好。知道了这个问题的答案，我们才会有战胜疾病的信心。

就拿普通的感冒来说，您不治它，它1周后也会自然好了。我有个在美国定居的朋友，他说每次感冒发烧，到医院去，医生都给他开同样的药，就是12瓶橙汁，让他补充维生素。

我们每个人都有天然的自愈机制，医生应该看到这一点。但有时这种自愈机制需要去激发一下，不然它会在那里打盹，耽误大事。

有个14岁的男孩，做了颅内良性肿瘤的摘除手术。据主刀医生说，手术本身很成功，但术后却出现了严重的后遗症：男孩的一只眼睛无法睁开了。父母焦急万分，他自己也整天哭着不敢再去上学，去眼科医院也说没有办法恢复了。我帮他点按了一下大脚趾上黄豆大的穴位，他连连呼痛。我告诉他父母，回家就按这个穴位，按3个月就会有效，他父母将信将疑。两个月后，他们给我寄来一张男孩的照片，眼睛已经恢复如初，明亮有神，真是个小帅哥呢。

人体的自愈潜能是无限巨大的，但您需要真正地相信它，然后再静下心来仔细去寻找它、挖掘它。科学的发达让我们的视野变得无限广阔，令我们的双脚可以登上月球，但我们自身对大自然的感觉却在不断退化，动物的许多本能也在渐渐丧失，其中就包括我们的自愈能力。我们越来越依赖机器的测定，而不是凭借自身的感觉。我们已经嗅不出四季的差异，感受不到酷热与寒冷，因为在空调房里四季如春。

现在，让我们重新找回那些我们本来就有的能力，您会发现这种能力无比强大，战无不胜。

5. 察言观色，洞悉身体的天象

一旦了解了人体内部和外部的对应关系，每个人都可以通过察言观色，当一回自己的医生。

现在，我们知道了病因只是外气、内气，细菌也不过是暂时寄居于人体的“流浪汉”，而且，还知道每个人都有强大的自愈潜能可以利用，似乎身体的康复将从此变得轻松愉快和容易，令人欢欣鼓舞。但现实总是略显残酷，因为如何寻找、挖掘自身的潜能，是需要花些心思和精力来慢慢实现的，并不像使用摆在厨房的刀具那样方便，可以随时拿来切割美食。

但我们一定要马上迈出第一步，因为这就是您难得的机会。知道了方法而不实施，有了感觉而不身体力行，一切就会错过，我们曾经让身体错过了太多的大好时机。这次我们既然找对了方向，就需要多些耐心，并一以贯之。

那么如何挖掘身体的潜能，如何调动身体的自愈机制呢？好，我们就先迈第一步：倾听身体的语言。身体会发出声音吗？当然会，而且是随时随地在与您说话。比如，现在屋子里很冷，身体就会打个冷战或打个喷嚏，这个冷颤或喷嚏就是身体的语言，告诉您要加件衣服了。如果您听它的话，赶快披上一件衣服或打开暖气，自然也就平安无事了；但如果您置之不理，忽视身体的语言，那您第二天可能就要患上感冒或引发鼻炎。

《黄帝内经》中说：“诸病于内，必形于外。”是说如果人体的内部脏腑有病，必然会在外部表现出来。古人将这些人体的语言总结下来，替我们进行了细致的翻译，让我们可以一目了然。

古人说，肾开窍于耳，肾主骨；肝开窍于目，肝主筋；肺开窍于鼻，肺主皮毛；脾开窍于唇，脾主肉；舌为心之苗，心主血脉。

所以耳鸣了，或者容易骨折，就要想到是不是肾虚了；眼花了，或者总爱抽筋，就要考虑是不是肝弱了；鼻子不通，皮肤总起痘疹，通常与肺有关；嘴唇肿痛，体瘦无肉，多是脾经淤阻；而舌头的形态，可显出心脏和心脑血管的问题，如舌尖赤红为心火太旺，舌头歪向一侧是脑中风的先兆。

我有个朋友的儿子，常年下嘴唇红肿破裂，1.8米的个头，却只有50公斤，他吃得不少，可就是无法再胖一点儿，女孩子都嫌他太瘦，他很苦恼。但人在外地，我也无法当面诊断。然而通过以上的症状，我们就可以分析一下。刚才说过脾开窍于唇，脾主肉，所以我断定他的问题是脾经堵塞造成的。我让他每天喝两碗山药薏米粥，然后按摩小腿脾经上的穴位，尤其要多按脚上的公孙穴。1个月后，他父亲打来电话，说儿子长了3公斤，全家人都高兴极了。

一旦了解人体内部和外部的对应关系，每个人都可以通过察言观色，当一回自己的医生。

祖国的传统医学在阐发人体语言方面留下了太多的宝贵经验。比如，您的腰部最近总是酸痛，通过一句“肾为腰之府”，便可以发现是肾的问题；您的指甲变得又薄又脆，通过“爪为筋之余”“肝主筋”，便可以考虑是不是肝脏虚弱了；通过“发为血之余气”，便可以知道头发脱落、须发早白与心血不足有关。

有人夜里1点到3点总是醒来，睡不着了，我便让他们睡前按摩肝经的太冲穴以祛肝火。因为1点到3点是丑时，是肝经所主。有的人总是晚上7点到9点胸部不舒服，或肚子痛，这往往是心血管的问题，因为晚上7点到9点是戌时，为心包经所主。

每个时辰都有它所主的经脉，古人为我们提供了多么丰富而便捷的诊断工具呀！这么好的东西，又有几个人当做宝贝呢？

如果暂时听不懂身体发出的声音，那也没有关系，我们仍然可以静下心来慢慢在等待中体会。毕竟那是我们曾经拥有的本能，只是被我们丢弃和遗忘了，现在我们就把它找回来。

有祖先留下的无限智慧，有上天赐予的生命潜能，加上我们的信心和勇气，我们将重新找回本能，找回健康的真我。

6. 宁可改变人生观念，不给细菌可乘之机

其实，细菌通常只是疾病的结果，而不是疾病的原因（传染病另当别论）。真正的原因，是我们为细菌创造了生存的环境，细菌才得以侵入，就像自己忘记了锁门，小偷就会溜进去一样。其实，只要您锁好结实的防盗门，小偷是不会光顾您家的。若是某天来了强盗（如各种烈性传染病），非要破门而入，您也不用怕，只要学会及时地躲避，别与他们硬拼，他们也伤害不了您。

人是生活在观念当中的，头脑中有什么样的固有观念，就会选择什么样的人生道路，而日常生活中的举手投足、待人接物、立场观点，都会基于这种观念而发展与强化，但如果您的固有观念与大自然的气息相悖，那么您的整个人生都将是逆风行船，步履维艰，费力而无功的。

那我们如何选择正确的人生道路呢？俗话说："人无远虑，必有近忧。"如果您没有一个明确的生活目标，那么您将随时都会被突然出现的问题所困扰，总是疲于应对，总是被动招架，这样的人生必然会拆东补西，这样的身体肯定要修残补漏，这样的人生毫无疑问是被人驱使的人生，没有丁点儿的主动权。

我上学时的一位老师总说一句话："你不能管理自己，那就会被人管理。"同样道理，您不能管理好身体上的疾病，那反过来一定会被疾病管理。

对于疾病的态度也是一样，如何看待疾病，是我们能否真正消除疾病的关键。人人都不喜欢疾病，大家都在说："有什么别有病。"碰到生病的人，

我们便会鼓励他说："您一定要战胜疾病。"于是，"战胜疾病"成了大众共有的观念。

既然受观念的驱使，那么，只要有能够战胜疾病的方法和武器，我们就会勇敢地去应用它，义无反顾地去与疾病拼搏，即使头破血流也在所不惜，因为我们认为这是唯一的选择。

但疾病真是我们的敌人吗？我们真的能够战胜疾病吗？

如果疾病是由病菌引起的，那么我们想办法杀死病菌就可以了。可我们的周围随时随地都有细菌出没，好像是杀不光的，但我们却一直认为，杀不光细菌是因为我们所用的武器威力还不够，也就是抗菌素的毒性还太小，还要加大它的毒性才行。可道高一尺，魔高一丈，细菌也在成长，它增强了装备，越来越不怕所谓的抗菌素了。

其实，细菌通常只是疾病的结果，而不是疾病的原因（传染病另当别论）。真正的原因，是我们为细菌创造了生存的环境，细菌才得以侵入，就像自己忘记了锁门，小偷就会溜进去一样。其实，只要您锁好结实的防盗门，小偷是不会光顾您家的。若是某天来了强盗（如各种烈性传染病），非要破门而入，您也不用怕，只要学会及时地躲避，别与他们硬拼，他们伤害不了您。

《黄帝内经》中说："虚邪贼风，避之有时。"这是告诉我们要善于躲避，而不是与它斗争，因为斗争是永远没有结局的。您在电脑上打游戏，目的是为了闯关，可每一关都有无数的坏蛋在纠缠您，如果您停下来，和它们打斗而不抓紧前进的话，它们会杀了一批又来一批，您一天也别想通关，但如果您忽略它们，避开它们，快速地向前走，那么您通关的目的就会很容易达到。所以您要知道，什么是自己的最终目的，而不要把精力耗费在半路上。

有些病症和细菌更是一点关系也没有，西医叫做无菌性炎症或者自身免疫病。是自家人在"窝里斗"，免疫细胞把正常细胞当做了敌人，在自相残杀。为什么会出现这样疯狂的局面呢？是人的情绪造成的。

一种不良情绪就会对应一种症状。生气了，就会两肋胀痛；恐惧了，就会眼睛酸涩；性格刚强常会膝盖受损；忧虑悲伤最易哮喘咳嗽。此外，还有头痛、胃溃疡、类风湿、红斑狼疮、牛皮癣，都可以找到相对应的情绪根源。

难道您要把这种本来需要放松心情就可以慢慢化解的情绪当做敌人来奋力拼杀吗？您的进攻越多，自身伤害就越大。因为您把墙上的影子当做了敌人，然后挥拳猛击，您打影子的时候，因为身体挡住了光源，所以影子似乎暂时被您打倒，但是当您直起身来想歇歇，影子却又在那里晃来晃去，您再去打，永无宁日。

重新认识疾病，您会发现，其实本来没有什么敌人，如果您要和它斗争，它就会变成敌人，与您决战到底。我们还是别把眼光总盯在它们身上吧，轻轻松松地过我们的快乐日子。

7. 别担心疾病在好转时出现的“坏现象”

古人云：“一张一弛，文武之道。”实际上，一张一弛岂止是文武之道，更是养生之道。人就该像一个弹簧一样，不用时松软无力，应用时强劲勃发。观察一根破损的弹簧可以发现，让它松也松不了，让它紧也紧不了，处于半松半紧状态，这就是病态，就像有首歌所唱的那样：“攥不紧的拳头，松不开的手。”

有人说敲打完胆经后，整天喷嚏不止，不敢再敲了；有人说按摩太冲穴，整天都想睡觉，害怕是揉坏了；还有人说推腹后腹泻、金鸡独立后腰痛、拔罐处皮肤奇痒、敲带脉后整日打嗝……各种症状不一而足，令众人恐惧害怕，犹疑不决，不知是不是还要坚持下去。

其实，这些症状都是身体在自我调节过程中的正常表现，不必担心，通常一两天不适症状就会消失。不过有些时候也需要稍微帮助一下身体，因为身体的原有机制突然被我们实施的健身方法激活，它还不太适应，就像一个常年躺在床上的患者突然下地行走，往往会脚步无力，步履蹒跚，需要旁边的人扶一把。

但有一点大家要充分认识到：身体的自我调节合理而完美，它会选择最符合您现在身体情况的步骤来进行，而且总是选择捷径。比如，当您按摩了几天“消气穴”——太冲穴，疏散了胸中的郁结，缓和了心理的紧张，全身一下子松弛下来，自然是想好好睡睡觉，以养足长期亏欠的气血，最好您就索性请两天假，足足地睡上一觉。

“推腹法”的目的是清除腹内“三浊”（浊气、浊水、宿便），所以推腹后，腹内血流增多，冲击力加强，以腹泻的形式将“三浊”全部排出，您高兴还来不及，何必忧虑呢？

有的朋友拔完罐后，拔罐的部位会奇痒难忍，这是新鲜气血流注此处的极好现象。此时，只要您用刮痧板刮一下痒的地方，会轻易出来很多黑紫痧，浑身顿时舒畅，痒是刮痧的最好时机。金鸡独立可调节全身的平衡，自然也可对侧弯受损的脊椎进行良性调节，但受损部位会有一些淤血堆积，一时难以被新鲜的气血冲开，冲击的过程就会在病灶点产生疼痛，一旦将淤血冲开，疼痛会马上消失。此时，您也可以在痛点处刮刮痧，帮助身体完成修复的过程。

有些朋友日常行事较为谨慎，对于身体突然出现的各种症状会感到恐惧和忧虑。那您还是先停一停，观察一下，等身体平和了再重新开始。记住，不要带着心理负担去按摩穴位和锻炼身体，那样身心不相协调，不会有好的效果。

其实，不论是按摩穴位还是形体锻炼，都只是在有意无意地做一件事，那就是让您的心能够静下来。静下来的标志是什么呢？就是精神集中。

人体有两个最舒服的状态：一个是高度紧张，一个是完全放松。这都是人体的健康状态。也就是说，我们要在该紧张的时候紧张，该放松的时候放松。

古人云：“一张一弛，文武之道。”实际上，一张一弛岂止是文武之道，更是养生之道。人就该像一个弹簧一样，不用时松软无力，应用时强劲勃发。观察一根破损的弹簧可以发现，让它松也松不了，让它紧也紧不了，处于半松半紧状态，这就是病态，就像有首歌所唱的那样：“攥不紧的拳头，松不开的手。”

大家可以选择让肌体紧张的健身法，也可以选择令身心放松的调节术，目的都是为了激发人体完美的自愈潜能。然后您就可以静下心来当个旁观者，看看身体怎么工作，都会出现哪些症状，想想这些症状的含义是什么。总之，您要相信自己，相信大自然的能力，因为心灵最懂得怎样修复您混乱的身心。

8. 回春之术："嗅玫瑰""抓蝴蝶""擦玻璃"

当心爱的人送给您一枝含着微笑、带着露珠的新鲜玫瑰，您会情不自禁地把它放在鼻子下面，闭上眼睛，慢慢地摇着头，深深地闻上一闻。这令人陶醉的一嗅，似乎能给您的身体带来无尽的喜悦和满足，似乎在瞬间便吸入了世间所有美好的事物。这么轻松的一嗅，为什么会有如此的魔力？因为，您无意之中使用了一种最养人的呼吸方法——腹式呼吸法。

心理调节方法的核心就是缓和内心的紧张和压力。现在，让我们暂时躺在一张舒适的床上，闭上眼睛，先来体会一下"放松"的感觉。

"放"是将一切思虑统统放下，让"喜、怒、忧、思、悲、恐、惊"这些人之常情归于淡然，心如止水；"松"就是让四肢关节、生理感觉完全松弛下来，毫不用力，或者说无法用力，肌肉骨骼似乎已经不受自己支配。然后细细地感受一下身体自然出现的反应，处于一种静静地观察之中，一会儿知觉在皮肤上游走，一会儿思想在呼吸间起伏，一会儿肚腹里自然涌动出几声肠鸣，一会儿头脑中无意间闪现着几个情景……各种状态，不一而足。

这时，您只是个旁观者，对自体发出的任何信号不做应答，不加评判，放弃思考，只是默默地观望。这就是放松的全过程，您学会了吗？

有人说："我心乱如麻，焦虑不安，瞬间也无法平静下来。您说的放松，我根本就做不到，有没有更为简单的放松入门之法？”您大可放心，这个世界就是不缺方法，而且无处不有，下面随便说个“嗅玫瑰法”，您可以按照自己的喜好去练习。

当心爱的人送给您一枝含着微笑、带着露珠的新鲜玫瑰，您会情不自禁地把它放在鼻子下面，闭上眼睛，慢慢地摇着头，深深地闻上一闻。这令人陶醉的一嗅，似乎能给您的身体带来无尽的喜悦和满足，似乎在瞬间便吸入了世间所有美好的事物。这么轻松的一嗅，为什么会有如此的魔力？因为，您无意之中使用了一种最养人的呼吸方法——腹式呼吸法。

腹式呼吸法的要领，就是用肚子来呼吸。吸气时鼓肚子，肚子此时就变成了一个正在被吹起的气球，当气球被慢慢越吹越大，肚子已经鼓到最大限度了；稍停片刻，马上放气，放气可像叹气一般，瞬间从口中一叹而出。注意，您在整个呼吸过程当中，胸部不要用力，观察胸部不要起伏，否则就成了我们平常的呼吸法——胸式呼吸法。

胸式呼吸一次吸收的氧气仅仅是腹式呼吸的1/3。这样1年下来，平常人要少吸入多少氧气呀！大家都知道，氧气是制造新鲜血液的原料，所以要想健康，就要多做腹式呼吸。而且腹式呼吸最容易使人的心情平静下来，让人轻易地体会到放松的感觉。

有人说：“我这人好动不好静，您那种浪漫的感觉我体会不了，一做腹式呼吸我就着急，反而觉得憋闷，我想来点运动放松的方法，有没有呢？”当然有了，大自然是不会有半点匮乏的，要什么就会有什么。下面就再介绍给您一个有趣的放松之法——抓蝴蝶法。

还记得儿时在绿草地、花丛中奔跑嬉戏时的情景吗？抓蝴蝶似乎成了所有孩子的游戏，现在想起来仍是历历在目，就像昨天发生的事情。我们要想让自己年轻，充满活力，那就多些儿时的情怀，多做些孩子们的游戏吧。

现在想象您的眼前有许多蝴蝶在飞，飞上飞下，忽左忽右，您的头跟着蝴蝶的飞行轨迹左右摇摆，您的眼睛也随着它们上下转动，跟踪追赶。然后看准目标，伸出双手，快速出击，左抓一只，右抓一只，上抓一只，下抓一只，五彩蝴蝶被您随抓随放，随放随抓，好不有趣。这就是运动中的放松法。

您可以自己随意再创造出许多放松之法，就像街舞中模仿的“擦玻璃”“太空步”，都是将现实生活的真实情景放置于虚拟的想象之中。

放松是养生健身的法宝，是留住青春的灵丹。这里面的关键是要学会“意象”。《太极拳经》中有五个字“用意不用力”，揭示了放松的全部心法。

9. 每天健康一点点，日久方成金刚体

没有自信的人，一辈子都无法真正获得健康。因为他总是在犹豫不决中徘徊，总是在因循观望中退却。脑子里天天在打仗，心里时时在冲突，仅有的一点气血全都消耗在无谓的内心矛盾之中。

很多人自觉有许多病，可到医院检查，各项指标都很正常。对这样的人，药物通常都是无效的，改善精神才是其康复的出路。

有些人每天总是没精打采，哈欠连天，对什么事情似乎都没有兴致，找机会就想睡上一觉；有些人精神无法集中，做着这件事，想着那件事，结果不是健忘就是出错；还有些人总是沉浸在无名的恐惧之中，为明天忧虑，为昨天追悔，整日疑神疑鬼，过着提心吊胆的生活。

前些天，我在电视台录制一个访谈节目，招集了一些网友来捧场，其中就有两位朋友是从千里之外闻讯赶来要见我的。一位先生是从新疆来的，觉得自己已病入膏肓，一定要让我亲自把把脉；另一位年轻的女孩是从重庆来的，感到自己身体很弱，肯定好不了了。

我为他们分别把了脉，发现都没有什么特别的异常。而且，这位先生与我握手的时候很有力量，一点儿也不虚弱；那位女孩一头秀发乌黑发亮，根本就没什么大病。

问了问女孩病的起因，原来是几年前，她精神压抑了很长一段时间，后来变成了厌食症，吃了许多老中医的汤药总不见好。看了我的书，也试了我

的方法，但都只是试了一下就放弃了，因为觉得病已经好几年了，凭自己的力量怎么可能治好呢，必须要找我来亲自治才会好。我告诉她，我亲自治也是书上写的那几招，您自己调理一段时间一定会有效的，要有一点自信才行。

那位先生的问题是手脚冰凉、怕冷、睡不着觉、头痛。我对他说，先集中力量解决脚凉、怕冷的问题，用热水泡脚、坠足法、跪膝、金鸡独立。一旦有了一点儿成果，自信心就会增强，下面的病症都会顺势解决。但是若没有一点内在精神的支撑，一切方法都毫无意义。

有人觉得生了病只有经过医生的手才能治好，只有吃过许多药物才可痊愈，不然就认定是缺少了身体康复的必然过程，从来也不相信自己的自愈能力，总是要靠别人来证实自己的状态，总是在问："我是不是好点了？我现在还有病吗？您看我多长时间能好？……"

没有自信的人，一辈子都无法真正获得健康。因为他总是在犹豫不决中徘徊，总是在因循观望中退却。脑子里天天在打仗，心里时时在冲突，仅有的一点气血全都消耗在无谓的内心矛盾之中。

要记住，别人给您的信心是别人的信心，您得到的也通常是火光一闪的冲动，要想获得持久的前进动力，必须点燃您自己的火药。想要重新获得健康，就要先从精神上找到一个支点才行。不然，没有启动的号角，康复的车轮永远无法转动。那么我们如何才能找到这个支点呢？

《黄帝内经》中说："诸病于内，必形于外。"形体的表现就是内心世界的最真实写照，这是无法掩盖和隐藏的。您内心的虚弱必然会表现在您外部的形态上：对着镜子您会发现自己的目光游离不定、头颅低垂畏缩、胸膛凹陷无力、脊椎弯曲佝偻；录下您的声音，您会从中听出软弱、不自信，就像是在哀求别人，仿佛是那漂浮在水面上的羽毛，无足轻重。

以这种举止形象，怎么会得到别人的信任？别人的不信任，通常就是让您不自信的重要原因。如果您的气质不能有意识地去主动改变，而总是顾影自怜，希冀别人的同情，那终将使自己更加软弱，最终一文不值。

想要在这个世界上快乐地活着，想要获得身边人们的广泛尊重，想要让自己每天都能健康一点点，就一定要对生活做一些必要的修正。

《礼记 · 大学》中有这样一句话："苟日新，日日新，又日新。"这是说假如有一天，您有了一点进步，那您就要顺着这个好的开始坚持下去，每天进步，进步不止。精神的健康会给予身体无穷的动力。力量是需要储备的，自信是需要堆积的。很多人自觉有许多病，可到医院检查，各项指标都很正常。对这样的人，药物通常都是无效的，改善精神才是其康复的出路。

每天健康一点点，这就是健康的全部秘诀。如果您不敢拿眼睛正视别人，那您就先在镜子面前瞪大眼睛正视自己；如果您在别人面前不敢大声说话，那您就先在自己面前高声演说；如果您总是低眉折腰，那现在您就昂首挺胸；如果您常常步履缓慢，那您现在就健步如飞。

记住，当您改变了肌体的形态，您就改变了外在的气质，同时改变了您的脏腑功能，改变了所有的精神状态。牵一发而动全身，一点点的惯性将会产生一连串的改变。就像多米诺骨牌，您不要小看开始的轻轻一拨。

昂起您的头，挺起宽阔的胸，瞪大眼睛直视前方，您的身体将因此而产生巨变。

我突然想起了儿时看的一部前苏联电影《乡村女教师》，那个考了第一名的穷学生面对着衣着华贵的考官说了一首诗："光着两只脚，穿着破棉袄，不要害臊，前面就是光明大道……"

10. 鱼生来就会游泳，养生也要这样简单

鱼不需要学习游泳，小鸟生来会飞，莫扎特4岁就会做曲，莎士比亚也不需要谁来教他写作。人的才能是天生的。找到了自己的才能，也就找到了养生的方向。

提到养生，很多人总是先问我应该吃点什么。其实，每个人有自己的饮食偏好。你喜欢的，别人不喜欢，专家说有营养的，而你却不吸收。既然不

吸收，何必非要想方设法地往里硬灌呢？就像很多家长，给孩子报了无数的课外班，一股脑儿地“填鸭”，孩子整天晕头转向，烦躁不安，身心备受摧残。没吸收到什么营养，一肚子都是没消化的知识。

养生也是如此，首先您要轻轻松松，自然而然。别强迫自己非要怎么样，然后，寻找最简单的方法。就是自己感兴趣的、方便的、舒服的、痛快的方法。很多人会觉得，哪里有这么便宜的事儿。其实，如果您找好了自己本来的位置，找到了自己独特的天性，找到了使劲的着力点，那么养生就是吃饭时吃饭、睡觉时睡觉这么简单。

古时有一个给大钟做架子的能工巧匠，做出的钟架没有刀砍斧剁的痕迹，没有人为雕琢的感觉，简直与大钟浑然一体，大家都惊叹他的木工手艺。他说，我的木工手艺只是三流的，我只是眼力好罢了。而我在做钟架前，要先斋戒3天，让自己的心平静下来，抛开一些功利的想法。3天后，心里所想的和言谈举止都一致了，我就拿着斧子和锯到森林里去找那个天然的钟架。其实，本来就有一个做好的钟架放在森林里等着我去挑选。这样，我选好了天然的钟架，稍做修饰，就成了最好的钟架。

有的人天生就是那口钟，有的人天生就是那个钟架，还有人天生就是那个工匠。能够找到自己的本来位置，您就找到了力量的源泉。鱼不需要学习游泳，小鸟生来会飞，莫扎特4岁就会做曲，莎士比亚也不需要谁来教他写作。人的才能是天生的。找到了自己的才能，也就找到了养生的方向。

第二章

每个人都有自己的保护神

每个人的保护神是大不相同的。“天之道，损有余而补不足”，这句话说出了您的保护神是谁，就是您身上“有余”的部分。有的人胃口特好，吃什么都香，他的保护神就在胃及其相关的胃经上；有的人脾气特大，总是义愤填膺，他的保护神就在肝胆及其相关的经络上；有的人特能喝水，小便也多（不包括糖尿病），他的保护神就在膀胱和肾经上。

1. 可惜，我们都没有用够自己的先天之本

人身体的先天潜能是用之不竭的，但现实生活中很多人不会用、不去用，活了一辈子，鲜花未曾真正开放，就慢慢地枯萎了。所以，如何利用有生之年赶紧把先天的东西挖掘出来，这是摆在我们每一个人面前的头等大事。

用药是从脏腑里把经络打通，而按摩是从外面打通经络，它也是一种药，只要您达到打通经络的目的，用什么都无所谓。即使现在什么都没有，赤手空拳，也照样可以把这些病治好，因为药就在您自己身上。

先天之本和后天之本对于我们普通人来讲，有什么不同呢？举个例子来说，当人的身体上有好多不舒服的毛病时，如果您去好好养护脾胃两经，去刺激上面的穴位，症状就会渐渐消失。但只要您一停下来，疾病又会复发。吃一点补药后，精神会好两天，但不吃马上又会不行了，病老是断不了根，这就是光补后天而没有激发先天的原因。

后天的东西都是外来的助力，先天的才是您本来就有的原动力，一个人要想长久地保持健康，必须把自身的原动力调动起来。所以后天相当于生活中老有人帮您，您虽然没钱，但您的亲戚朋友老能帮助您，时不时给您寄点钱来。但他们一不寄，您马上又会入不敷出。对于一个人的健康来说，这样肯定是不行的，您需要把自己的潜能调动起来，需要自己找一份事情做，然后通过奋斗才能逐渐成为富翁。

要想做到这一点，只有激发您的先天之本。如果您说自己都这么大岁数了，先天还激发得起来吗？别说70多岁，就是80多岁，您的先天之本也能激发出来。为什么？是因为从每个人的一生来讲，这个先天之本基本上就没用多少。别看自己都80岁了，其实您这一生中的先天储备顶多也就用了5%。

对于一个对生活没有过多要求的人来说，如果您只想达到一个健康的温饱状态，让身体能应付日常生活，看得过去就行了，那您没必要去激发先天之本。但如果您想真正让身体强壮，精神很快乐地去生活，就必须把先天之本激发出来。

有一个练瑜伽的老人叫沈维德，今年80岁了。他在60岁的时候，浑身是病，到医院去查，人家说没法弄，病太多了。这时，他因为一个意外的因缘看到了一本瑜伽书，很感兴趣，试了两个动作，居然有一个还能做，一下自信心就被激发出来了。顺着这个自信心练下去，每天练一点，练了4年，瑜伽的各种高难动作，什么搬腿、双盘，没有他不能做的，而且身体越来越棒。到79岁的时候，到医院去检查，各项指标都很正常，医生说他现在的身体情况相当于60岁，等于是过了20年又年轻回去了。他现在还四处给人授课，精神矍铄。

人身体的先天潜能是用之不竭的，但现实生活中很多人不会用、不去用，活了一辈子，鲜花未曾真正开放，就慢慢地枯萎了。所以，如何利用有生之年赶紧把先天的东西挖掘出来,这是摆在我们每一个人面前的头等大事。

沈维德老人80岁了，他都能把先天潜能挖掘出来，而且现在越活越好，我们还有什么问题呢？只要想做，健康每个人都可以做到。

有好多人老是问我，这个穴有什么用，那个穴治什么病。我要说，如果您这样下去，您学的东西都长久不了，今天用着还行，可过几天就不管用了。因为，症状只是疾病的各种反应，您得把病根找到。只是要把病根消除了，症状自然就消失了。如果只是考虑到症状，只把症状压下去了，那么早晚这些症状还要冒出来，您这一生就总是处于修残补漏、拆东补西的状态。

所以说到底，关注疾病不如关注健康。而关注健康就是关注先天之本，也就是激活肾经。从哪里着手激活肾经呢？从太溪穴激活。因为太溪穴是肾经的原穴，也就是源头。肾经的原发力、原动力都在这里。

肾经上的每个穴位就像一个多米诺骨牌一样，通过按这个穴位，让它再撞击、再通别的穴位，最后整条经都通了，这叫牵一发而动全身。到最后，您会发现整个身心在不知不觉中全改善了。

当穴位一个一个地被打通，人体的气血就开始自行调节，哪里虚弱了，有需要帮助的地方，气血就从充足之地奔赴过来，予以补给。经过这么一个良性循环，气血集中到了太溪穴上，储备的过程就完成了。最后，您要把这些储备好的东西通过涌泉穴来好好利用。因为涌泉穴是通肝的，用在肝处，

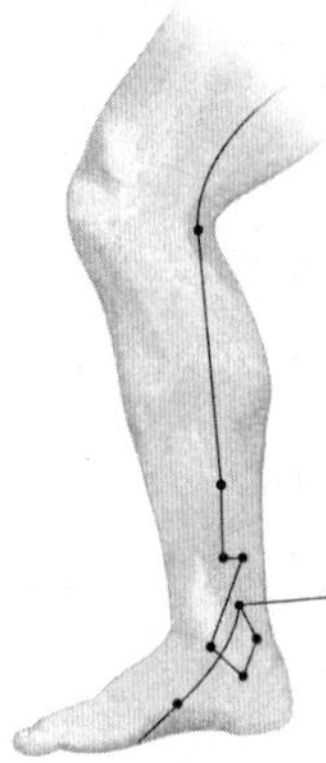

激活肾经的原穴太溪，就相当于激活了我们的先天之本。

就开始变为后天所用了。

肾是我们先天的本，它得通过肝的生发疏泻才能用。我们一生当中损耗最大的是肝，所以我们一定要保肝。谁给肝供应营养？就靠肾。所以要想肝源源不断地为我们的后天提供保障，就必须让肾功能正常，也就是让肾经的气血周流通畅。

有人本来就虚怎么办？一定要先补到太溪穴去，补完以后是为了用，就像挣来钱是为了花的。谁是帮我们花钱的？是涌泉穴。当太溪穴气血备足之后，这时候您打通涌泉穴，您的精力就源源不断地被激发起来了。您会发觉身心突然进入一种很自在的境界，有一种莫名的轻松和欢喜。到了这个时候，您愿意像沈维德老人那样练练瑜伽也可以，不练瑜伽练练五禽戏、八段锦等很多东西都可以。但您要记住，一定要练好玩的东西，别练枯燥的东西。因为枯燥的东西谁也不会上心，而不上心的锻炼方法不仅没效果，而且坚持不下去。只有好玩，身心才能同乐共振，养生的效果才能明显长久。

我建议大家在揉肾经的时候，最好把心经同时揉一揉，因为心肾是相通的，效果能达到极致。肾经叫足少阴肾经，心经叫手少阴心经，其实它们是一条经：在胳膊上叫心经，属火；在腿上就是肾经，属水。

如果肾虚，那就是有虚火上来，为了不使上面的心火太大，就要让下面的肾水再多一点，所以这两条经要同时调节。比如，然谷穴可以治疗失眠，就是阴虚火旺那种，这个时候您同时揉一揉心经的少海穴，去去心火，上下同治，效果更佳。

我国有一本最好的方剂书《伤寒论》，是医圣张仲景所写，他非常强调打通心肾两经。书中有一段话是“少阴病，但欲寐也”，就是说肾上有病，心上有病，这个人就老爱犯困。

《伤寒论》实际上是一本经络书，讲的是如何用药物来打通经络，结果后人把它当做一本药物方剂书了。其实用药也是为了打通经络，只是从脏腑里面打通经络。但不管怎么说，经络是贯穿中医的一个主线，甭管是用药物、针灸、拔罐、刮痧等六大法中的哪一种，所有的目的都是为了打通经络。

用药是从脏腑里把经络打通，而按摩是从外面打通经络，它也是一种药，只要您达到打通经络的目的，用什么都无所谓。即使现在什么都没有，赤手空拳，也照样可以把这些病治好，因为药就在您自己身上。其实吃药只是为了打通经络，不是药单独在起作用。所有这些都是外来的东西，我们最后真正能依靠的只是我们身体固有的经络。

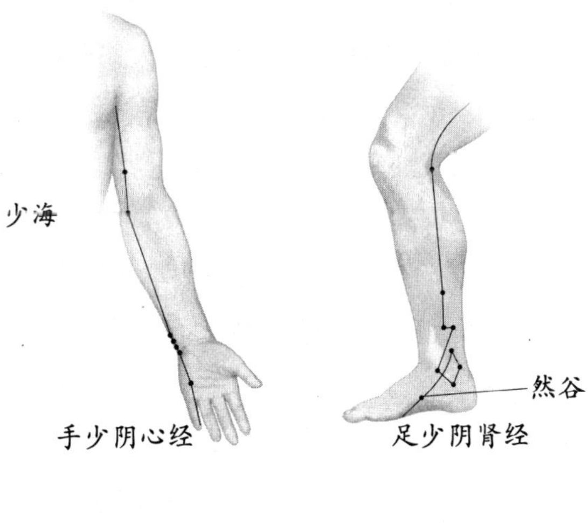

按揉心经的少海穴和肾经的然谷穴，可以滋补肾阴，很快解除您的失眠之苦。

2. 治身是表，调心是本，经络可以身心同治

有一种人，当他肾虚的时候，老是会出现恐惧的症状。恐伤肾，肾一虚弱人就恐惧，同时越恐惧肾就越虚。而恐惧是什么？恐惧就是人体气血的沙漏。您说自己想把气血补起来，于是您补进食物，经过胃肠消化后，好不容易变成气血了，可您每天只要一产生恐惧的心理，耗的气血就远远多于补进的东西，实在是得不偿失啊。

有一种人，当他肾虚的时候，老是会出现恐惧的症状。恐伤肾，肾一虚弱人就恐惧，同时越恐惧肾就越虚。而恐惧是什么？恐惧就是人体气血的沙漏。您说自己想把气血补起来，于是您补进食物，经过胃肠消化后，好不容易变成气血了，可是您每天只要一产生恐惧的心理，耗的气血就远远多于补进的东西，实在是得不偿失啊。

有人说干了一天的活儿从来不觉得累，但是如果有一件事让他产生恐惧、产生忧虑，马上就没精打采，眼睛酸涩，腰也酸了，什么活儿也没干仍然觉得非常疲劳，老想睡觉。为什么？因为恐惧大伤气血。

有人说："恐惧是一种心理状态，怎么去消除？我没法消除。您告诉我别恐惧了，要勇敢起来，可我还是恐惧。我碰到这类事还是害怕，已经形成习惯，改变不了了，怎么办？"这时，可以通过太溪穴来搭起一个通向心里的桥梁。我们的心理状态用心理调节的方法一般不太管用，因为已经形成一种惯性、一种性格了，但是您可以通过强健肾经来调节。当肾经强壮了，心理状态就会在不知不觉中改变了。

其实心理上的问题都会同时反映出一个生理上的症状。有时候一句话把您吓住了，您发现自己出了一身冷汗，甚至比阿司匹林发汗的效果还要快，这个冷汗就是生理上产生的症状。要知道，身心是相通的，心理上的一种阻碍，肯定会造成生理上的失调。所以中医老讲"百病从心生"，说的就是这个意思。

尤其很多慢性病，并不是因为什么外邪的侵袭、细菌的侵害，而是您情绪不调产生的。这种内生的东西怎么给它消除掉呢？就是强壮肾脏，从最根

源上给您打气。气打足了，就不恐惧了。生活中，人最大的恐惧就是对疾病、年老、死亡的恐惧。

恐惧会让人产生神经官能症。比如夜里只要外面有一点动静，就一惊一乍地睡不着觉，必须特别安静才行。这时，您多揉太溪穴就好了。

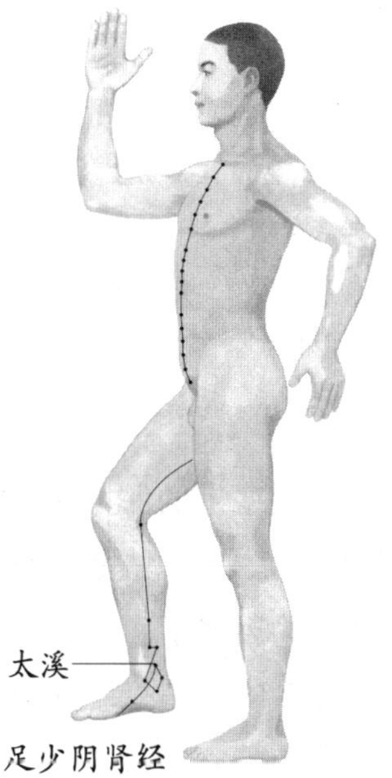

多揉太溪穴，强壮我们的先天之本，就能消除心中的恐惧。

还有的人是呼长吸短。吸气的时候老吸不进去，呼气则是使劲叹口气。原因就是心中有好多郁闷之气，得多呼出去点，可是吸却吸不进去，这是肾不纳气，也就是肾虚了。肾为气之根，所以要想把气真的吸到肚子里，通常的一种最好的呼吸方法就是腹式呼吸法。

腹式呼吸法能把气吸到肾上去，怎么吸呢？就是想象有人献给您一朵玫瑰，您拿过来搁在鼻子处一吸，这时候就是腹式呼吸。平常闻到好东西的时候，或者是做了一道美味的菜，您都是这么吸的。

坚持腹式呼吸法，就能真正达到补肾的效果。

过去有人练气功的时候，讲究“吸之绵绵，吐之微微”，吸气后都用鼻子慢慢吐，结果造成憋气，一会儿头就晕了。我们可别那么练，要吸的时候慢慢吸，吐的时候赶紧吐，这样就不会头晕，而且很舒服。

3. 要学会把身体里多余的火气变成保护神

很多朋友都想知道自己是什么体质：是寒性的还是热性的；是阴虚还是阳虚。结果查看了许多资料，可越看越糊涂，因为分类太多，专家们也是众说纷纭。看来，要搞懂自己的体质还是不太容易的。一时弄不清的东西，最好就先别去管它，看看有没有更容易理解而又有价值的方法。

我现在和大家一起找一找我们身上的保护神。找到了它，然后激活它的能量，它就可以给我们的身体以巨大的动力。这比您自己有意识地去做一些费力的健身运动所产生的功用要大得多了。

很多朋友都想知道自己是什么体质，是寒性的还是热性的？是阴虚还是阳虚？结果查了许多资料，越看越糊涂。因为分类太多，专家们也是众说纷纭。看来，要搞懂自己的体质还真不太容易。

一时弄不清的东西，最好就先别去管它，要看看有没有更容易理解、更有价值的方法。

我们已经知道“只要经络畅通，就会百病不生”的道理了，所以我们都想快点打通经络。但是打通经络，有时只是我们美好的想法。实际上，身体上的很多经络，我们运用了拔罐、敲打、刮痧、瑜伽、导引甚至针灸等方法，它们仍然是堵塞不通，或者是无知无觉。这是怎么回事呢？原来是我们没有激活自身的保护神。而所谓的保护神就是我们身体里先天强大的动力。

这个动力在哪里呢？别着急，马上您就可以找到它。不过每个人的保护神是大不相同的。“天之道，损有余而补不足”，这句话正说出了您的保护神是谁，就是您身上“有余”的部分。

有的人胃口特好，吃什么都香，他的保护神就在胃及与其相关的胃经上；有的人脾气特大，总是义愤填膺，他的保护神就在肝胆及与其相关的经络上；有的人特能喝水，小便也多（不包括糖尿病），他的保护神就在膀胱经和肾经上。

知道了保护神，我们怎么利用它们呢？

保护神就是您天生的力量源泉，也就是您强身的着力点。在这条经络上用力，治病养生就可以事半功倍。

有的人问：“我虽然能吃，但吃完后总是肚胀，消化不好，怎么办？”没关系，只要您能吃，就说明胃是强壮的，那就借助胃经来解决问题。利用推腹法（主推胃经部分）、跪膝法（主要可引胃经气血下行）、敲胃经法（用拳头敲打大腿、小腿胃经部分）来充分调动身体本来就充足的能量库，自行冲击堵塞的经络。

又有人问：“我的问题是小便不利，也喝不下多少水，身体湿气很大，但是胃口却很好，我是疏通膀胱经还是疏通胃经？”我说：“您需要打通胃经，您的问题从表面看似乎来源于膀胱经，但如果径直去打通膀胱经，会发现根本就使不上力，不但达不到利尿的效果，反而会让身体的湿气更多。因为您没有使用您的保护神——胃经。而打通胃经，看似与利尿去湿无关，但实际上却激发了您自身特有的原动力。”

我们应该把胃的过盛能量用于帮助打通经络。因为，身体通常不是哪里都很强，有强的地方就会有相对弱的地方，要学会把身体强壮部位的气血引到相对虚弱的脏腑或经络上，也就是“损有余而补不足”。如此去治病，这样去养生，才会感觉劲有地方施展，心里才会有顺流而下、游刃有余的畅快。

爱发火的人，他的脾气也是能量，就是他身体的保护神。这样的人，平常应多敲打、按摩肝胆两经，尤其是胆经。经常刺激，能疏解肝胆滞气，让气血畅通。肝火旺的人能量最足，最易上火，但通常这么宝贵的能量都被“清热解毒”了，实在可惜。实际上，只要把肝火引到它该去的人体虚弱之处，那么这种巨大的能量将在体内自行转化或及时储备起来，成为健康长寿的资本。

怎么引到虚弱之处去呢？有时候，我们只知道身体强壮的地方在哪里，却不知道哪里虚弱。没关系，您的身体他自己清楚，您只有找到您的保护神，有意识地去激发它。剩下的事情，都是身体的自觉行为。

4. 身体哪里虚，气血引过去

要想身体健康，就要把握一些总的原则。大方向对了，您就不会白费力、瞎使劲。总的原则就是四个字：推陈出新。也就是先把身体的污浊排出去，随即把新鲜的气血补进来。您要先倒掉杯子里的脏茶根，然后才可以享受新鲜的龙井。

要想身体健康，就要把握一些总的原则。大方向对了，您就不会白费力、瞎使劲。总的原则就是四个字：推陈出新。也就是先把身体的污浊排出去，随即把新鲜的气血补进来。您要先倒掉杯子里的脏茶根，然后才可以享受新鲜的龙井。

怎么才能把体内的脏东西倒出去呢？很多人都知道自己身体里的毒素不少，但就是没排出去。买了通便的泻药，大便不见增多，却伤了脾胃；喝了大量的水，想着可以清洁血液，却造成了水肿；用了清热解毒的方子，却使身体更加虚弱了……这是什么原因呢？因为您没有遵循身体固有的规则，只是满足了医学逻辑的推理。要知道，身体只受心灵的指引，不会理睬知识的号令。

每个人身体里都有巨大的能量，之所以没能发挥，是因为被压抑了。所以，我们要找到压抑的那个点，因为那就是火山口，随时准备喷发。水能泛滥成灾，也能转化发电。身体的能量同样如此，如果任它乱撞，那就是脱缰的野马。我们上火了、发炎了、长东西了、疼痛了，都是它乱撞的结果。但如果我们帮它“南水北调”“引滦入津”，那它不但能修复我们的病灶，排除体内的毒素，滋润我们的身体，还可以积蓄能量，让我们健康长寿。

怎么找到压抑点呢？压抑点就好像堵在路中间的大石头，那里通常就是正邪相争的战场。偏头痛、乳房胀痛，通常的压抑点就在胆经和三焦经上；吃得挺多，但吃完了肚胀，也就是所谓的“胃强脾弱”，通常的压抑点就在小腿胃经和脾经上，尤其是在脾胃相通的络穴上，如脾经的公孙穴、胃经的丰隆穴；有的地方是气血壅滞，如溃疡类、出血类、热痛类、肿胀类，这就需要在通往病灶的来路上先把能量消解转化，如常见的胃溃疡，病源起于肝，郁结之气在胆，症状表现在胃，通常的压抑点就在胆经上，郁结的能量从胆经宣发，而不去冲击胃。

有的地方是气血到达不了，如寒证、萎缩症、炎症等久不愈合之症，这就需要把气血引到病灶点，看看病灶点压在哪条经上，就在病灶的去路上“挖个坑”，水往低处流，挖这个坑就是想让气血流进去。有人说：“您不是说了嘛，身体有它固有的规则，怎么会按照我的想法去走呢？”其实，不是它遵行您的想法，而是您在顺着它的意志，因为您找到了压抑点，这就是身体要告诉您的规则。“挖个坑”是什么意思？这只是个比喻，实际上您可以用拔罐的原理来理解和操作。开始拔罐时，由于气血过不来，罐就总拔不住，

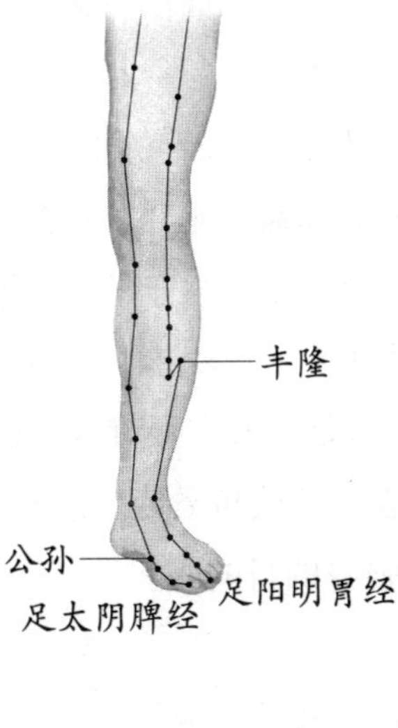

公孙穴是脾经络穴，丰隆穴是胃经络穴，对“胃强脾弱”造成的肚胀特别有效。

会自行掉下来，多拔几次，气血引过去了，罐就越来越紧，“坑”里的“水”也就满了。如果这条经的新鲜气血充足，那么压在这条经上的病症自会不治而愈。

5. 强大气血的捷径——打通胃经

当您不想只是凑合活着，还想追求精彩人生的话，别忘了还有一条捷径，那就是打通您的胃经。

从治病到养生，仿佛是一个从温饱步入小康的过程。要治病，就要知道什么是病。“病”在中医里的含义是“心火”的意思，心里有火就生了病。而心火是从肝上来的，肝的不平之气就是心火的源头。所以，治病从调肝入手，才是治本之法。

养生是一个较高的层面，养生就是保养生命。而生命是身体和精神的统一体。因此，养生不但要养护身体，更要调适精神，也就是要修炼“精、气、神”。精气神正是养生的目标，也是养生的基本要素。而先天之本——肾脏的强壮，正是精气神充沛的源泉。简而言之，治病从调肝入手，养生以强肾为功。

肾为先天之本，是人体健康长寿的根基。很多人都知道肾脏功能的重要，想尽各种办法来补肾，以益寿延年、永葆青春。但是人们也发现，肾脏易衰而难补。于是，道家有打坐、意守丹田、还精补脑之法，中医有艾灸关元、肾俞、太溪之方，同时还有许多滋阴壮阳的药疗食补。这些方法使用得当，都会有不错的效果。只是一般人很难分清体质的寒热，把握不好养生方法的火候，所以通常不敢去尝试和坚持。那么，除此之外，有没有更简单安全的方法可以达到补肾强身的目的呢？

其实，所谓补肾，就是要增强肾的功能。简而言之，肾的功能有两个：一个是生殖的功能，一个是排毒的功能。其中，生殖的功能通常在40岁以后就会渐渐减弱。但如果能将生殖的功能保持旺盛不衰，那么人就不容易衰老。如何保持这种精力呢？我们可以借助自身一条不易枯竭的经络——胃经来实现。

脾胃为人体的后天之本，后天的营养给人以气血持续地供应。我们每天都要吃饭，所以胃是人体最活跃的器官，也是人体气血最容易汇聚的地方。但气血总是随进随出，并没有真正地保存下来。如果您要想健壮，想长寿不衰，那就需要有足够的气血储备才能实现。

肾脏之所以为先天之本，是因为它能够调动激发出人体的原动力。其实，这种原动力就是生殖的力量。这种生殖力量，也是万物得以繁衍的动力。

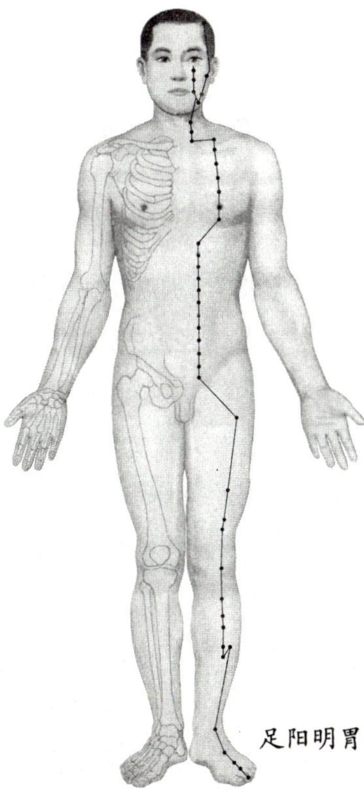

打通后天之本——胃经，便可以补足先天之本的“肾精”，让您身强体健、长寿不衰。

男性在青少年的时候，通常会有一种“精满自溢”的现象，这也是气血充足的表现。但是过了中年，尤其是在结婚生子以后，这种现象就会日益减少，渐渐地表现为精力不足。这时采用通常的健身方法，往往只是满足于维持身体不至于衰老过快，并不能让身体长久地保持活力。

其实，身体的潜能是无限的，就像大自然的神力，只是需要您去发现和挖掘。而保持肾精的充足，就是点燃天然神力大药库的火把。

肾精就像银行里的存款，生活在温饱水平的人都是随挣随花，没有多余的储备。而没有存款，日常生活也可以维持，只是无法进入小康。人的身体如果没有多余的能量储备，也可以活得很正常，只是不能达到强壮和长寿。如果只是活得长而不健康，也不是什么快乐的事情。所以想要强壮，就一定要培补肾精。肾精就是人体气血的储备。

《黄帝内经》中说，肾为“作强之官，伎巧出焉”。这就告诉人们，想要使身体强于常人，想要将体能转化为智慧，就要学会开发肾这个人体天然的能量库。道家有意守丹田，就是在积聚肾精，精足随后“还精补脑”，就是要把体能转化为智能。

但是积聚肾精谈何容易，因为肾精不是光靠集中意念于一点就可以生成的。而且，集中意念本身，很多人就无法做到。通常一打坐，就会杂念纷飞。这样何时才能补足肾精呢？

其实，我们可以循阶上梯，借假修真。那就是尽全力打通后天之本的胃经，来补足先天之本的“肾精”。《黄帝内经》中还有一句至关重要的话，也是在告诉我们这条胃经的重要性，那就是“痿症独取阳明”。阳明在这里正是指胃经。后人对“独取”多有歧义，有人认为应该泻胃火，有人认为应该补脾胃。实际上，只要打通胃经，补泻的事情身体自会处理得很完美，无须外力画蛇添足。那什么是“痿症”呢？就像花枯萎了一样，人的气血不足了，血液流不到它该流的地方，脏腑、肢体、肌肉、筋脉自然就萎缩了。所以，要想保持青春常驻，我们一定要在胃经上多费些工夫。

我以前写过一篇关于美容的文章，就是让女性朋友们每天敲打一下胃经，以保持气血对面部的供应。很多人对美容之道有误区，更认为胃经与己无关。其实，世上并没有单纯的美容方，美容的目的首先是要保持年轻，而要保持年轻必须身体健康，要身体健康自然气血要充足，要气血充足就非得让胃经通畅不可。

那如何让胃经通畅呢？知道了原理，方法完全可以自己创造，比如推按腹部胃经（尤其是腹直肌部分）、敲打大小腿上的胃经、在胃经路线上拔罐刮痧，以及练武术的基本动作——蹲裆骑马式、跪膝后仰头着地等，都是打通胃经的方便之法。

当您不想只是凑合活着，还想追求精彩人生的话，别忘了还有一条捷径，那就是打通您的胃经。

6. 捍卫命门，坚守丹田，让身体总有使不完的劲

人的一切能量都来源于肾的阳气，也就是中医说的命门之火。这是人生命的火种。道家讲意守丹田，守的就是这个火种，就是想让它烧得旺一点。因为，这个火种一旦激发出先天的活力，将是一个取之不尽的能量库。所以，我们千万不要让外来的寒气冷却这个火种，更不要让内生的恐惧将它熄灭。

讲到祛病强身、延年益寿，方法真是太多，从营养饮食，到生活起居，从运动锻炼，到导引瑜珈，从针灸服药，到按摩保健，各个方面都会有专门的论著。有许多朋友对研究健康养生情有独钟，是呀，谁不想活得好一点，健康一点，长寿一点呢？但似乎方法越多，人越迷惑，不知从何入手。能不能有再简单一点的方法呢？

其实，生活本来就是最简单的。是我们想得太多，人为地把问题复杂化了。如果能饿了吃饭，冷了穿衣，和大自然一问一答，就不会有那么多的烦恼了。想来，真正对您管用的，往往不是一个什么方法，而是一个理念。

方法不过就是一件随用随扔的工具，就像是扫地用笤帚、过河用小船一

样。地扫完了，笤帚就扔在一边了；到了对岸了，船也不必再拉着上路。

所以说，笤帚和船不是最重要的，要扫哪片地、要在哪靠岸才最重要。您的交通工具可以不是最先进的，但是您的方向却一定不要搞错。否则，您越聪明，您的知识越多，您的烦恼就越多。

下面大家就和我一起来把问题简化一下，看看影响我们身体健康的最基本因素有哪些呢？

我在以前的文章中提到过身体里有一个很重要的致病因素叫“三浊”——浊气、浊水和宿便。这些东西在咱们的肚子里就像是一洼沼泽，它们妨碍新鲜血液的生成，需要及时地清除出去，为此我提供了“推腹法”。很多朋友用过此法后，大便通畅了，小便增多了，放屁打嗝，浊气排出。但也有人说，推了半天，肚子软软的，好像没什么动静。身体也变化不大。这是为什么呢？用中医的话讲，这叫“中气不足”。咱们还可以给它说得更通俗些，就是人体缺少原动力。我们有一句话叫心有余而力不足，那是哪的力不足呢？是肾脏的精力不足。

每个人从父母那里禀受的先天之原动力是不同的。有人充沛，有人不足。充沛的人似乎总有使不完的劲，不足的人，从小就体弱多病。先天的禀赋似乎无法改变，那后天又是什么因素在削弱我们肾的精力呢？

主要有两个原因：

一个是外来的寒气。通常从皮肤和饮食侵入人体。人体要产热，把这些寒气中和或排出，否则就会影响血液的正常流动，造成“寒凝血滞”，形成淤血。产热的过程要耗费大量的原动力。所以要想使肾精充足，就要尽量避免寒气的侵入。如冬天还穿着短裙，平常总是冰块冷饮，这些都是耗伤肾精的元凶。

另一个是内生的恐惧。恐惧最耗肾精，有时甚至比寒气更厉害。但二者通常是互相影响的。如果身体温暖了，血液循环就畅通，我们就不会恐惧，如果，您总是勇气十足，必然热血沸腾，寒气也就不易侵入您的身体。

其实，人的一切能量都来源于肾的阳气，也就是中医说的命门之火，这是人生命的火种。道家讲意守丹田，守的就是这个火种，就是想让它烧得旺

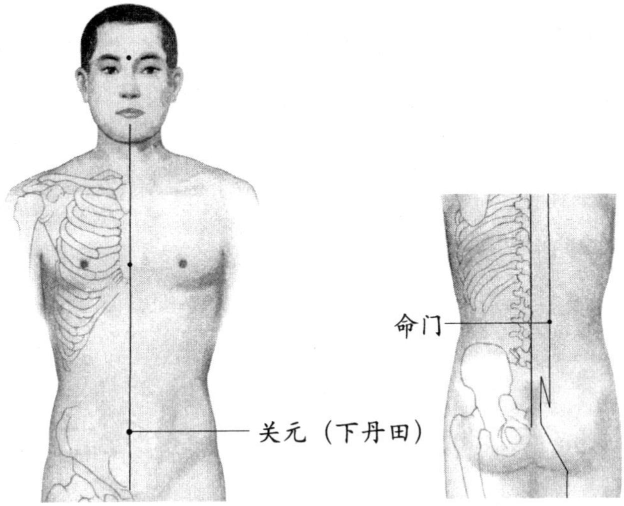

中医说“命门之火”，道家讲“意守丹田”，指的都是维持我们生命的火种。而艾灸关元穴，就能壮肾阳，得大道，激发出无限的先天活力。

一点。我们艾灸关元穴，也是想给这个火种以外来的助力。因为这个火种一旦激发出先天的活力，将是一个取之不尽的能量库。所以，我们千万不要让外来的寒气冷却这个火种，更不要让内生的恐惧将它熄灭。

7. 别把身体的本能当作疾病来对待

如果把人的自愈潜能当做疾病来对待的思想不改变的话，我们就是在自己和自己作战。人的本能是自然的力量，您顺着它走，轻松省力；您逆着它，压制它，就像在洪水中逆流而上，终将被它冲垮。

受风寒了，我们会打喷嚏；酒喝多了，我们会呕吐；吃了不洁食物，我们会腹泻。打喷嚏的意思是要赶走风寒，几个喷嚏过后，流了些清鼻涕，头上出了点汗，感冒就过去了。呕吐的意思是防止酒精超量，吐完以后，肚子马上舒服，胃又恢复正常。腹泻的意思是排出有害毒素，将要在我们肠道里滋生的细菌及时排泄。这些都是身体的一种自我保护功能。而现在治病的方法，是将这样天然优良的人体自愈功能压制下去，目的就是求得身体暂时的平静。

同样的，发烧、咳嗽、出疹子、嗓子痛、鼻出血、发炎了，都是身体的一种自我保护。为了让身体健康强壮，身体会排出异己；会牺牲局部，保存整体；会首先确保重要器官和脏腑的安全，而让皮肤、肌肉、关节，以及一些身体的孔窍和凹陷处成为毒素的寄存地或临时出口。有时会有一些激烈的症状，让人觉得很不舒服。但只要我们明白了身体的善意，我们就不会去干那些塞烟囱、堵下水道的傻事儿了。

其实，如果能善用发达的科学技术，我们在医学上本可以大有作为，但是因为方向不对，反而费力而无功。当我们打喷嚏的时候，如果我们能发明一种促进打喷嚏的工具，使喷嚏顺畅打出，那我们将从此告别感冒的侵害；当我们呕吐的时候，如果能有一种催吐的方法，将胃中的宿食痰涎倾吐干净，那我们将从此远离头晕目眩的困扰。咳嗽是为了吐出痰浊，我们应该帮它尽快吐出，而不是一味地祛咳；腹泻是为了排解湿浊，我们应该帮他善后调养，而不是盲目止泻；发烧本来是一次身体的大扫除，好处多多，它可以清除身体的寒气、湿浊、淤血、毒素，但它往往被压抑，结果高烧转为低烧，长年不已。

我相信，凭借现代科技的力量，发明一些激发身体本能的工具来，应该易如反掌。可由于理念的偏差，我们发明的工具不但不能帮助身体自愈，通常反而是破坏身体本能的。然而本能的力量是不能被压抑的，它总要反抗，它不但把外来的侵害当做毒素来抵挡，同时也把人为压制它的力量当做异己来攻击，这样，我们的身体同时对应的是两种侵害，一个是天然的，一个是人造的。

如果把人的自愈潜能当做疾病来对待的思想不改变的话，我们就是在自己和自己作战。人的本能是自然的力量，您顺着它走，轻松省力；您逆着它，压制它，就像在洪水中逆流而上，终将被它冲垮。

8. 如何才能返老还童

俗话说：人过四十天过午。到了不惑之年，很多人已隐约嗅到了衰老的气息，而且觉得这理所当然，无法逆转。此时既觉前力渐消，又觉后力难继，正是关注养生之时。有忧患便有举措，有需求便有渴望。但此时，很多人缺少的是重振雄风的信心，而没有自信，一切便无从谈起。

知道了身体的宝藏而不抓紧挖掘，明白了生命的真谛而不起而求索，那您必将重蹈覆辙，流入衰老的惯性之旅，今生都再难有逆转的时机。

我们的人生究竟还有多少潜能等待我们去挖掘？这个极为重要的问题正被许多人所忽略，或许，我们根本就不清楚什么是我们人体真正的潜能。我们的身体也许还未曾绽放，就已经枯萎；我们的精神也许还未曾聚光，就已经耗散。如果，我们不曾达到人生的应有极限就衰老颓废，那样的人生尽管身家亿万，也将是终生遗憾，因为这一切皆是身外之物，与我们的身心无关。人生应当可以达到极为灿烂的境界，但这一切，不是追求外物所能获得的，而是要从内心找到光源。

人生来各有使命，而发掘人本身的价值，正是每个人时时应该关注的。人本来可以过目不忘，本来可以一目十行，这是我们应有的记忆能力；本来可以经天纬地，运筹古今，这是我们应有的知觉能力；本来可以力擎千斤，腾跃数丈，这是我们应有的肢体能力。但由于我们心灵所执太多，以致无法平静心情来全心投入。我们的心飘忽游荡，时时刻刻受各种感情牵扯纠缠，就像有个沙漏，每秒钟都在流失我们的能量。我们无法真正地集中精力，无法真正地聚集光源，那我们就永远无法达到燃点，永远无法让生命的激情燃烧，这将是我们人生的缺失。当然，如果您对此茫然无知，也就自然“无怨无悔”。

我们生来禀赋不同：有人聪明，有人愚钝；有人健壮，有人羸弱；有人刚强，有人怯懦。有时，我们深深地感到，似乎自己无论如何努力奋斗，也到不了别人轻松就可以达到的境界。为此，我们可能会不断拼搏，以期缩短与强者的距离；我们可能会舍去休息的时间来加紧充电，头悬梁、锥刺股，以弥补先天的不足。但这一切的努力总显得勉为其难、力不从心。因为这种拼体力的做法，只是在消耗可怜的精力，让您就像一个没有钱还在押宝的赌徒，最后连身上的衣服也要输光。

俗话说：人过四十天过午。到了不惑之年，很多人已隐约嗅到了衰老的气息，而且觉得这理所当然，无法逆转。其实，我们才刚刚出生，我们正要中兴重振。与20岁的青年不用谈养生，他们正动如脱兔，活力四射；与30岁的人无暇谈养生，他们正挥斥方遒，纵横职场；而40岁，正是稍停喘息的时候，此时既觉前力渐消，又觉后力难继，正是关注养生之时，无忧患便无举措，无需求便无渴望。但此时，很多人缺少的是重振雄风的信心，而没有自信，一切便无从谈起。此时，我们需要榜样的力量。

像前面说过的79岁的古稀老人沈维德，都可以成就如此回天之术，向世间展示生命的巨大潜能和生命的无比荣耀，那我们这些拥有大好时光的人，怎么可以轻言放弃呢？人生短暂，转瞬即逝，知道了身体的宝藏而不抓紧挖掘，明白了生命的真谛而不起而求索，那您必将重蹈覆辙，流入衰老的惯性之旅，今生都再难有逆转的时机。

有人会问：身体的宝藏在哪里，我们如何挖掘？生命的真谛是什么？我们怎么求索？这不是我能回答的问题。但如果您真的相信它是个问题，那么您必将获得想要的答案。

9. 病从寒中来，根从湿中祛

> 我们并不想成仙，只想快快乐乐地为人。那请您赶快把身上的寒气驱除出去吧，然后别再让外面的寒气进来，或许，我们就真的可以快乐似仙了。

很多人都有过敏症，通常我们要找一找过敏源。花粉、灰尘、食物、阳光，甚至空气都有可能对我们产生威胁。

其实，如果我们能从寒气、湿气两方面来考虑，可能会更为省事一些。如最常见的过敏性鼻炎，通常会在天气转凉的时候加重。因为寒气不能随汗而出，就造成“寒凝血滞”，也就是血液流通不畅，所以鼻子此时堵得更为严重。但这时我们只要运动一下，出点汗，寒气排出了，鼻子马上就通了。

本来，夏天天气炎热，容易出汗，过敏的症状应该轻许多，但由于我们已经习惯在空调的屋里一坐一天，然后再冰镇冷饮的一通猛吃，结果受的寒气反而比冬天还多。人体有很完善的排寒系统，根据受寒部位不同，排寒的形式也不同，有打喷嚏、呕吐、打冷战、腹泻，等等，但目的都是明确的，都是要排出体内多余的水分，也就是中医里面强调的“湿气”。

有人鼻子不通气，用取嚏法后，流出很多清涕（寒气），鼻子马上通了；有人受寒后头痛剧烈，用取吐法，汗水痰涎齐出（寒气），头痛立止；有人吃一点凉的，就会腹泻，这都是身体帮您把寒气排出去了，不必恐慌。

夏天，热气外发，我们身体自主的排寒是靠出汗，但空调冷气堵住了我们的排汗通道，结果寒气被留在体内出不来，再加上喝很多冷饮，成了外寒内湿。

冬天，我们自主的排寒是靠排尿。但我们室内的温度过高，常常会让人出汗，而小便并未增多，于是，我们靠肾脏、膀胱排寒的功能逐渐减弱。寒来暑往，我们的两大排寒通道（发汗、利尿通道）都处于紊乱和衰弱的状态，体内湿气也就越积越多。俗话说：水停百日生毒。人体的湿浊不能及时排出，血液就会被污染，并产生积液、水肿、痘疹、眩晕，以及各种炎症感染。其中，过敏症就是寒湿共同造成的典型病症。

一分湿气一分寒，如果我们不知如何去湿，那我们就先想方设法躲避和排除寒气。

日本的医学家石原结实先生主张“病从寒中来”，确有真知灼见。另外，道家祖师吕洞宾，八仙之一，我想无人不知。他的道号叫“纯阳子”，“纯阳”就是一点寒气也没有。

我们并不想成仙，只想快快乐乐地为人。那请您赶快把身上的寒气驱除出去吧，然后别再让外面的寒气进来，或许，我们就真的可以快乐似仙了。

10. 用力不如用意，用意才能强体

有许多人总希冀能得到武功秘籍、祖传秘方，最好是密密麻麻的厚厚一本书。其实，真言一句话，假言万卷书。如果，一生当中，能有一两句真言短语时时在脑海中指导我们的生活，那我们已经是受益无穷了。

“用意不用力”就是这样的真言短语。

现在喜欢锻炼身体的人是越来越多，可见大家对健康的重视。但是，要想通过锻炼真正达到强身健体的目的，您就首先要知道，我们到底要练什么？怎么锻炼身体才能真正拥有健康呢？

其实，强身不在于您锻炼的项目。您可以选择自己喜欢的任何运动：跑步、游泳、打球、瑜珈、健美、搏击，以及走步、爬山、跳舞、太极拳等，都是很好的。这些运动本身没有优劣之分，关键是您怎么去练。

您说：“他跑步，我也跑步，我们俩一起跑，我们一起练举重，他举100斤，我也举100斤，难道锻炼的效果会不一样吗？”

当然不一样，有时甚至完全不同。同样是锻炼，练的是同一个项目，有

的人练完受益，有的人受伤。

其实，造成锻炼效果不同的原因，只是一个心念，也就是您在锻炼时心里的想法。这个想法，才是锻炼的真正意义。

这个想法就是“用意不用力”。它本是出自于太极拳谱当中的一句名言，不但道出了太极拳法的精髓，也为我们进行各种锻炼指明了方向。

有许多人总希冀能得到武功秘籍、祖传秘方，最好是密密麻麻的厚厚一本书。其实，真言一句话，假言万卷书。如果，一生当中，能有一两句真言短语时时在脑海中提醒、指导我们的生活，那我们已经是受益无穷了。

“用意不用力”就是这样的真言短语。

有人说：“用意不用力？我不懂，我就知道，举杠铃的时候不用力，就举不起来。”您说得对，不用力，并不是一点儿力不使，而是不额外加力。这就像唱歌，高音部分很多人唱不上去，于是就声嘶力竭，这就是用力了。真正的歌唱家，是用心去唱，声音高亢甜美，却不觉丝毫费力，这就是用意不用力。

有人还是不解：“刚才说举杠铃，你怎么扯到唱歌上去了，我现在想举100斤，我不用力，能举得上去吗？”

举杠铃的时候，如果您随意和别人聊着天就能轻松地把杠铃举起来，那这时杠铃的重量就可以让您体会到用意不用力的感觉。再说跑步吧，如果您在跑步的时候，没觉得肌肉在使劲，只是全身很自然地在跑，腿该抬起就抬起，脚该落下就自然落下，胳膊的摆动也全然随意，那么您就是在用意不用力。用意不用力就是最好的身心合一。这样去锻炼，您身体不会受到任何损伤，而且效果极为显著。

因为您身体做的，就是您心里想的。身心之间没有抵触，没有摩擦，所以没有损耗。

一次在公园散步，无意中碰到了几个晨练的朋友，正在打太极，他们让我指点一二，我说首先要放松，于是马上就有人显出松松垮垮的样子；我说放松不是软弱无力，于是又有人立刻含胸拔背，沉肩坠肘；我说，肌肉不可用力，于是他们站在那里一下子不知所措了。

其实，练太极拳，是寻求一种意境、一种身心合一的感觉。画家画画的时候不会感觉到画笔的存在，他脑子里只有一幅美好的画面。打太极拳就是在画这张图，我们的肢体动作就是这只画笔。我们只专心感觉太极拳的美妙意境就可以了，肢体是紧张还是放松我们根本不用去管，它该紧张时就会紧张，该放松时自然放松。这就是用意不用力。

最近听到了一些练瑜珈的负面消息，主要是肌肉关节拉伤，以及生理机能紊乱。其实，瑜珈本身没有问题。问题在于，我们在练习的时候没有身心合一。身体抵抗时，心里就不要强迫它，一强迫必然受伤。当我们猛击一拳的时候，真正发力的不是胳膊的二头肌，而是胸中的怒火。

有人说，意是什么，我怎么体会不到呢？其实感觉不到也不妨碍正常的生活，只是少了些情趣，多了些单调和辛劳。

意就是一种感动，我们在梦中最容易真切地体会，有这种感动，小街的灯火才如此浪漫，寻常的月色才无比迷人，不然，灯火只是那或明或暗的影子，月色也不过是忽隐忽现的光团罢了。

第三章

心药不苦口 养生有智慧

有些人生活只是为了寻求公平，这样的人肯定四处碰壁；有些人生活总是要符合道理，这样的人注定烦恼随身。因为，世上本来就难有公平可言，少有道理可讲，所有的标准都是相对的。

只有懂得放弃杂务的纠缠，人生才有真正的快乐；只有学会排出体内的毒素，人生才有真正的健康。

1. 很多时候，一句好话比什么药都灵

如果一句好话，能够给人带来感动，带来喜悦，带来力量，我们何妨多说一说这样的话呢？

前两天，走在马路上，碰到了一位70多岁的大妈，眼睛真好，老远就朝我打招呼。大妈说在电视上看到过我的讲座，夸我讲得好，通俗易懂。我被夸得有点不好意思，正准备找机会脱身。大妈却把我的手抓得死死的，露出一脸的愁苦，说："唉，我浑身都是病，高血压、关节炎、老胃病，您讲的虽然明白，我也都听懂了，您的书我儿子也给我买了，可我还是不知该怎么做。经络我也找不准，推腹法我也推了几天，也没觉得有什么变化，看来，我这病是没救了。中里老师，您说，我该怎么办？"

我笑着对大妈说："您别着急，我看您没大事儿，您看，隔着马路您都认出我来了，您的眼力真好，眼力好证明您的肝肾功能没什么问题，肝肾好说明您身体的底子还是不错的。高血压，您可以平常揉揉尺泽穴"。我边说边在她的胳膊上点了点，她说："还真疼"。我说："有疼痛感效果最好。至于关节炎，您可以在床上练练跪膝。老胃病呢，壁虎爬行效果最好，您不会做呢，就趴在床上扭动身体也行。若还觉得不方便，也可以找个大点的水桶，每天用热水把腿脚泡一泡，祛祛寒，同样对高血压、关节炎都有效"。大妈一听，高兴了，说回家马上去做。

我说："大妈，没事儿，您这身子骨硬朗着呢，别自己吓唬自己，活个一百岁，没问题。"大妈看我这么一说，顿时眉开眼笑，腰板也直了，摇着我的手，千恩万谢。

小时候，奶奶教我背过《名贤集》，里面有一句话叫：良言一句三冬暖，恶语伤人六月寒。我记得格外清楚。如果一句好话，能够给人带来感动，带来喜悦，带来力量，我们何妨多说一说这样的话呢？

2. 只要是让身体舒服的音乐，就别管它是来自于贝多芬还是周杰伦

用您的心去选择属于您的音乐和节奏。能感动您的，就是您的财宝。不要去管它是来自于贝多芬，还是周杰伦。

我家离单位不远，走路也就是半个多小时。一到秋末，天气转凉，我就开始步行上班了，倒不是为了锻炼身体，只是为了感受节奏。

我走的这段路，路宽人少，路边就是街心花园，空气很好。带上耳机，放着不同曲调的音乐，踩着不同的步点，随着音乐节奏的不同，调整着步伐的频率。脚底的着力点也会随着曲调而变化，或前或后，或重或轻，或疾或缓。但是，不管怎么走，都要脚踏实地才好。不是用脚跺地，而是跟着音乐用心体会脚底与地面接触的感觉。这种感觉非常奇妙，虽然在别人眼里我仍然是在正常地行走，但自己的感觉就像是一路跳着舞去上班。

每天的心情不同，所听的音乐也是不同的。忧郁的时候，就用忧郁的音乐来化解；轻松的时候，就用欢快的音乐来抒发；情绪低落时，马上选用雄壮的进行曲来振奋；怒火中烧时，适合用柔缓的旋律来平息。

当然，每个人感觉各异，对音律的理解不同，别人觉得感动的，您也许毫无感觉。所以，用您的心去选择属于您的音乐和节奏。能感动您的，就是您的财宝。不要去管它是来自于贝多芬，还是周杰伦。

上班的时候，我是迎着朝阳大踏步前行，我就爱听节奏欢快的进行曲；晚上回家的时候，月明风清，我就喜欢一些抒情的流行乐。通常几首曲子还没听得尽兴，已经不知不觉回到了自家的门前。

3. 不生病的智慧之一——少做勉为其难的事

> 我只想做自己想做的事情，跟我的爱好有关，跟我的才能有关，跟我的感情有关。凡是与这些无关的事情，凡是别人认为应该我做而对我是勉为其难的，我都做不好，也尽量不去做。

前些天我与一个同事在网上聊天，同事夸赞我有大智慧。我到底有没有，自己也不太清楚。有时大家都认为你有，好像你没有也有了。只因写了一本书，本来再平常不过的我——以往让左邻右舍都觉得是个不学无术的家伙，居然被许多人视为了天才。就像马三立先生在相声中所说的，“弄得我自己都不知道自己吃几碗干饭了”。

很长时间没有写什么文章，有人说我是在磨砺修为，厚积薄发；有人说我是江郎才尽，文思枯竭；也有人说我已投身商海，腐化变质矣。唉，有了点小名，自然也就成了别人关注的对象。其实，我啥也不是，只是想常常在喧闹的马路边站站，看看车水马龙、霓虹闪烁，然后在狭窄的胡同里走走，闻着从窗子里飘出来的菜香，看着一家人围坐在小院里吃饭。至于什么宏图伟业、历史使命，以及闲云野鹤、羽化登仙，压根儿就与我无关。

我只想做自己想做的事情，跟我的爱好有关，跟我的才能有关，跟我的感情有关。凡是与这些无关的事情，凡是别人认为应该我做而对我是勉为其难的，我都做不好，也尽量不去做。

您的才能会告诉您能做什么，您的爱好会告诉您该做什么，您的感情会告诉您想做什么。做自己能做的、该做的、想做的，就是发自真心的。

那位与我聊天的同事夸了我，我也夸她干事麻利漂亮，很有智慧。她回复道：“我不知什么是智慧，只是我真心想做这些事，我想真心就是大智慧吧。”

太对了，我一直不知智慧的大门在哪儿，这真是一语中的，金玉良言。

4. 长寿是为了享受更多快乐的时光

人不是为了长寿而长寿，想长寿是因为可以享受更多快乐的时光。如果为了长寿而谨小慎微，为了长寿而处心积虑，那这长寿岂不是充满迷幻的陷阱，害人不浅？

大家要听的，第一是有趣的，第二是有理的，第三是有益的。怎样讲才有趣？那就是讲故事，因为故事有形象、生动的情节。怎样讲才有理？那就是通俗，听得明白才有道理。怎样讲才有益？那就是简单，容易操作，老少皆宜。

每一次讲座，都要有一些新鲜的东西放进去才有意思。放进些什么东西呢？就放进去那些能让我讲得越来越少而大家感触越来越多的东西。感召、启发、激励才是最好的方法，而灌输、教导、批判都是徒劳无益的举动。

人是非常脆弱的动物。谁又能真的相信一切都早已注定了呢？如果真是那样，我们的安全系数，并不在于用了多少防范的措施，而在于我们积了多少福德。《心经》中说："心无挂碍，无挂碍故无有恐怖，远离颠倒梦想，究竟涅槃。"人怎么会无挂碍呢，若无挂碍，那到这个尘世之中来做什么？这个婆娑世界就是一个处处挂碍的世界。心里烦恼很多，其实并不是事物繁杂，而是活着的原理不清楚。

有人说："坦坦荡荡地做人，就是做人的全部内涵，就是做人的全部修炼。"

俗话说："有钱能使鬼推磨。"如果您有钱，那就一定要用这些钱来买时间，因为时间就是构成生命的材料。如果我们干一些事情，耗费了大量的时间，只是为了省一点点钱，那您挣来的钱又有什么用处呢？您挣的钱越多，生命就越短暂。

人不是为了长寿而长寿，想长寿是因为可以享受更多快乐的时光。如果为了长寿而谨小慎微，为了长寿而处心积虑，那这长寿岂不是充满迷幻的陷阱，害人不浅？如果金钱能带来快乐，那这钱一定要花；如果金钱能减少痛苦，那这钱一定要花；如果金钱能延长值得延长的生命、节约宝贵的时间，那这钱就更值得去花。

有些人生活只是为了寻求公平，这样的人肯定四处碰壁；有些人生活总是要符合道理，这样的人注定烦恼随身。因为，世上本来就没有公平可言，少有道理可讲。所有的标准都是相对的，对您有利的或许对别人就有害，如果对羊群保护，那么对狮子就是灭绝。

有的人为了公平，100块钱的利益纠纷不惜花费5000块钱去寻求裁决。唉，人生短暂，有多少美丽的景色值得去观赏，有多少有趣的事情值得去体验，有多少迷离的人生值得去经历，怎么可以为了吃一顿免费的早餐而误了飞往渥太奇的飞机呢？

唉，生活中的羁绊很多，如果您停下来要看个分明，想弄个透彻，那您就别想再走出这个浮浅而牢固的粉笔圈。只可惜很多人每天都在自己的脚下画着圈圈，还唯恐画得不圆，让别人看不起。

其实懂得待人接物的艺术，比学会几个穴位、练好几个动作不知要强多少倍。人生只有懂得放弃杂务的纠缠，才有真正的快乐；人生只有学会排出体内的毒素，才有真正的健康。精神集中本是一种状态，而不是一种思想。就像爱情，它不是一种概念，而是一种感受。开车的时候，我们的精神自然处于集中的状态，这时如果您还在反复提醒自己要精神集中，那反而集中不了。

如果一个人已经睡着，就不要再叫醒他来服安眠药了。有人虽然不说，但他是懂得的，就像哑巴吃蜜；有人满口禅语，其实根本不懂，就像瞎子点灯。

5. 想美丽，练叩首法就行

人生短暂，问题繁多，所以我们要学习“偷懒”的方法，也就是把一切事物尽量加以简化。最简单的方法就是惯性，所有的方法都遵循着一定的理念，找到一个大方向，然后自然是条条大路通罗马，我们就可以轻车熟路地一直走下去了。

人生短暂，问题繁多，所以我们要学习“偷懒”的方法，也就是把一切问题尽量加以简化。而最简单的就是所有的方法都遵循着一定的理念，找到一个大方向，然后自然是条条大路通罗马，我们就可以轻车熟路地一直走下去了。

很多女士向我讨要美容的秘方，我说，您想要哪里美丽，就把新鲜的气血引到哪里。然后，她们就问我引血的方法。其实，您关注哪里，您的气血就在哪里，您的财宝也就在哪里。

有两点是一定要搞清楚的，那就是一个起点、一个终点。终点就是到哪里去，起点就是从哪里起步。至于您是使用舟马车船还是慢步长跑，倒是无关紧要的。我们身边尽是些悟性很高的聪明人，只要您有心，就可以随时吃到免费的午餐。

下面是一个叫“小牧小树”网友的一篇小文：

打通小周天的叩首法，对于美白很管用，我没有天天做，只是隔三差五地做一次，每次一小节，每小节叩首15次。慢慢地，我脸上的色斑颜色浅了。过去我练习过美白瑜伽，练了半年多，那里边的动作也是以倒立为主，跟叩首法是一个原理，但效果就不是很明显。所以，爱美的女生们，加油啊！

我本人最喜欢这样的文章，短小、随意、充满感情，而又极为实用。很多朋友总是说："我的症状，您的书中没有说。"我说："有呀。"他们却说："我怎么没看到呢？"其实，您没有看到也很正常。

这就像是我们手中的地图，上面会标着哪里有个超市、哪里有个银行、哪里有个医院、哪里有个学校……至于，银行有几个柜台、学校有几个教室，您只有亲自到里面去数数了。

6. 梳头有大学问

别小看梳头这个动作，靠它就能打通人体的很多经络，是属于给身体打地基的。当打通经络后，再集中看看哪个穴位有问题，特意去揉一揉，这就是为身体添砖加瓦了。

每天梳头是一件极为重要的事。为什么古人总是说要天天梳头？因为梳头实际上就是在梳经络。

有人说梳头多了，容易损伤毛囊，那咱们把指甲剪平了，用10个手指肚来梳，这样怎么梳都损伤不了毛囊，而且还很有力量。您看头的侧面全是胆经，有20多个穴位，您都不用找，就这么一梳，哪块有点疼，就证明哪块有阻塞，您就反复地揉它，不知道那个穴叫什么名字没关系。因为您一梳头，胆经上的20多个穴位就全部"一网打尽"了。

开始梳头的时候，您会发现，长期头痛或者胆囊不好、有乳腺增生这些胆经阻塞方面问题的人，头上一定有相应的阻滞点。经络是连着的，下面有堵的地方，它上面也堵。所以您这么一梳，就会发觉某处有疼的地方，用大拇指一点一揉，会发现里面还有一些结节、疙瘩的东西，这时，您一定要把这个东西揉开了。

每天梳头多长时间为好呢？坚持每天300次就非常好了。有人说我有的是时间，梳3000次怎么样？那当然更好。头不怕多梳，您就记住，梳头好处大了。头为诸阳之会，所有的气血都是奔着头上来的，头就怕堵住了，一堵住什么心血管疾病、脑梗塞之类的问题就全来了。您把头一梳，头部一清爽，这些问题就全解决了。所以梳头是能消百病的妙法。

有人说："我不敢梳头，因为头发本来就少，还老掉。"我说："越是这样的人，越得多梳。为什么？您别怕掉头发，因为，凡是用手指肚一梳就掉的头发，它根本就是在头上面浮搁着呢！您不动它，睡觉起来后也是一床，您不如干脆先给它弄下来就完了，剩下的头发就个个都是精英了。这就跟种花似的，您得把那些枯叶剪下去，别让它也跟着一块吸收营养，最后剩下的那些才是茁壮的。"

还有的人说："我也不敢梳头，我一梳头就白花花的跟下雪似的，全是头皮屑，没法梳。"他觉得越梳头皮屑越多。其实，如果能坚持每天梳头至少300次，连着梳1周，您再梳的时候就会发现已经没什么"雪花"了，而且梳完以后会看到满手都是油污污的。这说明您把堵塞在毛孔上的这些黑油（中医讲的湿气、痰浊）给梳出来了，这样当然就不长头皮屑了。

梳头不但可以治疗脱发，还能治疗白发和头发无光泽。当头发浓密起来后，就证明您的气血越来越足，肝肾的功能提高了。另外，有的时候我们想补补肝、补补肾，但往往直接补不到，效力达不到这个地方，怎么办呢？"诸病于内，必形于外"，人体的里面和外面是有通路的。谁是它的通路？头部就是它的通路。您经常梳梳头，就跟肝肾通上了。人不可能头发很浓密而肝肾却很弱，这是绝不可能的。头发浓密了，肝肾的功能也就提高了，这是一体的两面，只要提高一方面，另一方面就提高了。

梳头时，除了头两侧，正面也要全梳。头的正面是膀胱经，是专门抵御风寒的。有的人经常容易感冒，就是风寒老进来的原因。您把膀胱经多梳梳，就不容易患感冒了。还有的人总觉得头晕，脑供血不足，什么原因？是督脉堵塞住了。督脉这条中间线，下至尾骨，与肾经相通，上行巅顶百会穴，如果时时保持通畅的话，不但您不会得老年痴呆，而且会越梳越精神。

所以梳头应该把头部全梳一遍，每天梳得越多越好。

别小看梳头这个动作，靠它就能打通人体的很多经络，是属于给身体打地基的。当打通经络后，再集中看看哪个穴位有问题，特意去揉一揉，这就是为身体添砖加瓦了。

7. 用头练书法，精气神都壮

很多人缺乏想象力，一闭上眼睛，脑子里就是一片空白或者一片杂乱。而闭着眼写字的时候，脑子会很清晰地去想所写的字，所以精神很容易集中。而在精神容易集中的状态下，气血就会更多地上到头部，脑供血就会很充足，人也就不会得老年痴呆了。

我前阵子看电视，画面里赵之心老师正在教大家一个动作，我觉得非常好，就顺便在这里推荐给大家。

这个动作就是用头来写字，可以照着字帖来写，不仅书法练了，还能把身体的精气神全调动起来。因为这种活动很舒缓，而且各个字的笔画不同，所以绕脖子的方向也就不同，对脖子、颈椎、头脑的神经锻炼非常有好处。

很多人缺乏想象力，一闭上眼睛，脑子里一片空白或者一片杂乱。而闭着眼写字的时候，脑子会很清晰地去想所写的字，所以精神很容易集中。而在精神容易集中的状态下，气血就会更多地上到头部，脑供血就会很充足，人也就不会得老年痴呆了。

现在，让我们闭着眼睛一起来写一个“平”字：一横、一点、一撇、一横、一竖，就这么写下去。然后，再写一个“安”字，可以通过自己的想象随意地去写。

写完后您会发现，转头并不是随意地乱转，因为随意地乱转特别容易让脖子不舒服。而这样一写却非常放松，因为注意力不在脖子怎么运动，而在字怎么写，无形中就把脖子运动了，而且又不伤害肌肉，很自然地就把这个动作练了。

以头为“笔”，写了“平安”两个字，还可以在闲暇时写写自己心里愿意写的东西，比如写“健康”这样稍微复杂一点的字。开始可以写楷书，先写颜真卿、柳公权的字体，慢慢变成王羲之的行书。就这么很挥洒自如地写，不但能锻炼头部，整个神经系统和精神状态也能全部得到锻炼，而且最关键的是能让您把心里的很多杂念清除出去。

当您用头写字的时候，您会把所有的注意力都集中在所写的字上——怎么写得更优美，怎么更像王羲之。所以这是一个非常好的运动。我建议，大家每天在练完“梳头功”以后，就开始用头写字，也不用多写，就写十几个字。渐渐地，您的书法水平会大增，智力也会得到提高。

由此可见，养生的方法都是非常简单而且都是随时随地可以做的，关键是您要弄明白经络养生祛病的真谛。这样，健康就不是一件难事了。

8. 喝水要根据体质度身而行

每个人的体质不一样，一定要掌握适合自己的食品和饮食方法，不能因为大家都吃的东西，认为有营养就一哄而上。人家吃完这些变成营养吸收了，可您吃完成毒素堵那儿了，不一样。就像喝水，也要度身而行。

有很多人不爱喝水，一喝水就堵，这样的人千万别每天喝8杯水了。如果喝一口都堵，您再喝那么多水排不出去，留在身体里都变成湿气了，如果到腿上就会变成水肿。这时您再上点儿火，遇上点儿风寒，就会变成痰。为了化痰，您还得吃化痰药，每天吃药再灌点儿水，又会产生痰，这样就把自己变成一个“生痰机”了。

多喝水不是每个人都适合的，要根据自己身体的本能来喝。说喝水有好处，喝水能排毒，喝下去的水能跑到血管里冲刷血管壁，这都是美好的愿望。

那么，什么样的人适合多喝水呢？口舌经常干燥，喝完以后就上厕所，这样的人喝水没问题，多喝也没问题。有人喝3瓶水，能撒出4瓶尿来，这样的人怎么喝都没事。

有的人喝3瓶水，就撒出一瓶尿来，另外两瓶哪儿去了？在身体里面成湿气了，成水肿了，这样的人一定要少喝水。还有得哮喘病的朋友，一哮喘就有好多痰液，又是虚寒的体质，这样的人绝对要少喝水，否则哮喘好不了，除不了根，水也代谢不出去，都变成痰了。

要知道，日常生活中的很多习惯和观念，实际上比我们知道的那些经络穴位重要多了。因为您天天都要饮食，而如果饮食有错误，它给您带来的坏处就会远远超过您对经络穴位所付出的努力。

每个人的体质不一样，所以一定要掌握适合自身的饮食方法，不能因为大家都吃我也吃，认为有营养就一哄而上。人家吃完这些变成营养吸收了，可您吃完成毒素堵那儿了，不一样。就像喝水，也要度身而行。

9. 大道至简，跪膝有方

练跪膝法除了能减肥和防治膝盖痛、膝盖积水、膝盖骨刺、腰疼、脱发外，还能让身心有很多意想不到的收获。

人为什么会膝盖痛？膝盖为什么会磨损？积液和水肿是怎么来的？平白无故怎么会出现这些东西？膝盖是一个关节，如果我们老做下蹲折叠的动作，就跟轴承一样会产生磨损。而老年人气血没那么多了，供给膝盖的气血也少了，膝盖又总是磨损，所以特别需要气血这种润滑油，润滑油充足就没事，润滑油一少就会干磨，就会出现磨损的问题了。这时寒气再进来，在缺血的情况下再去练蹲起、爬山、走远路，膝盖只能更磨损了。这就是很多中老年人在锻炼后膝盖越来越疼的原因。

很多人说锻炼有好处，那得看是在什么情况下锻炼。如果是在膝盖已经磨损的情况下去锻炼，那只能是雪上加霜，越练越坏。膝阳关穴虽然可以很好地缓解疼痛，但怎么让它不疼痛才是最根本的。所以，治本的方法就是让它一开始就不磨损，一开始就让新鲜血液润泽过来。而让血液过来的最好方法就是跪膝法，跪着走。这么一跪您就会发现气血轻而易举地跑到膝盖上来了，而且在跪着走时，会发觉腰也在扭动，肾也跟着补了。跪着走两三周后，您还会突然发现原来老掉头发的现象消失了。

另一方面，中医称膝为筋之府，膝就是筋的房子。而肝又主筋，所以跪膝法又是大补肝脏的方法，相当于每天喝几支杞菊地黄丸口服液，还不花一分钱，更不分什么体质，效果还如此好。

有人说："我跪不了，我去照片子了，医生说我这里有好多骨刺，这一跪肯定骨刺就扎着我，给我扎破了怎么办？扎一个窟窿就麻烦了。"这是大家对骨刺的一种误解。骨刺是人体的一种自然现象，每个人到一定年龄都会有骨刺。骨刺本身不会让人产生疼痛，疼痛是因为骨刺旁边的淤血压迫神经造成的。把淤血驱散，膝盖自然就不疼了。但去照片子，却发现骨刺一根没少，还都在那儿立着呢。

现在市场上有很多这个"刺灵"那个"消刺"的药，其实它们消不了骨刺，只能把骨刺旁边的淤血给化掉。所以说骨刺消不消没关系，并不妨碍我们去锻炼。所以，练跪膝法一点都不会对我们的身体有什么影响。

有人说："我膝盖已经有点儿积水了，破损比较严重，这个时候怎么办？"这个时候您要先推腿下边的脾经，先除湿，再揉膝阳关穴，往下疏导，然后再跪膝，把气血引过来，这样做就没问题了。

有人说："我这一跪还是有点儿痛，我有些担心。"那您就把沙发靠垫或别的软东西垫在膝下，先跪着别走，等跪两三天适应了，把垫拿走，再跪在床上，然后过两天再跪行。这个方法我曾给一个80多岁的邻居老先生试过，他本来不能下蹲、不能正常上厕所，但照我所说的两周以后就没问题了。现在他都快90岁了，膝盖一直没有毛病。如果平时稍微有点儿痛，他马上就到床上去跪膝，这个方法非常简单有效。

对想减肥的男士和年轻女士来说，跪膝法更是一个减肥秘法，比“敲带脉”还快。此法减大腿上的赘肉最明显。要想检验这个方法灵不灵，您回家拿皮尺先在大腿上量一下，然后每天跪20分钟，3周以后再拿皮尺量，肯定让您大喜过望。很多人都试过这个方法，效果非常明显。

练跪膝法除了能减肥和防治膝盖痛、膝盖积水、膝盖骨刺、腰疼、脱发外，还能让您有很多额外的收获。

我的一个同事，他练了两周这个方法，还不是每天20分钟，有时候就跪10分钟，不久他去换眼镜的时候度数下降了50度。他都30多岁了，为什么还有这样的效果？因为练跪膝法养了肝，肝主筋，而膝盖是筋之会，肝开窍于目，所以通着眼睛。

学习防病的方法，一定要跟很多东西联系起来，不能认为跪膝法只是治膝盖、头上的穴位就只是治头，要举一反三，学一达百。有句话叫“饮半盏湖水，当知江河之滋味；拾一片落叶，尽享人间之秋凉”，讲的就是这个道理。这样我们学习起来就快了。您如果不能每天积沙成塔，那个塔就老也积不起来，您得有好的方法，学习最主要的东西。其实最关键的方法就是联想法，想想膝盖还跟哪儿通着，还管什么事儿？您一联想就行了。

第四章

求医 不如求经络

我们锻炼的时候，不要单独去练一条经。要知道，没有哪一个脏腑是可以独自很健壮而其他脏腑很虚弱的，它们都是互相平衡的。只想锻炼一个脏器，您是锻炼不了的，也锻炼不好，得互相配合才能和谐健康。

学习防病的方法，一定要跟很多东西联系起来，不能认为跪膝法只是治膝盖、头上的穴位就只是治头，要举一反三，学一达百。有句话叫“饮半盏湖水，当知江河之滋味；拾一片落叶，尽享人间之秋凉”，讲的就是这个道理。

1. 学医不明经络，开口动手便错

要记住：打通经络是获得健康的必经之路。只有拥有健康，我们才能慢慢享受岁月奉献给我们的惊喜与感动。

什么是经络？是血脉还是神经？这是迄今为止各界纷争不休的话题。但对于我们普通人来讲，记住一句话就行了：有效就是硬道理。不要去管经络到底属于什么解剖层次或者神经层次，只要用它来随时防病治病，保证健康就可以了。

说得具体一点，经络不仅外接四肢百骸（百骸就是五官七窍），内通五脏六腑，而且经络之间也相互贯通。经络就是一张网，这张网上无处不是相通的。

有人说我胆囊切除了，有人说我做了乳腺手术，问会不会阻塞经络，经络会不会断掉，再揉经络还有没有用。好多人都有这个问题。我的回答是，再揉经络同样有用。比如您做了乳腺手术，您觉得胃经那块好像断了，可是另外好多经络也是通着胃经的，它们可以从旁边跟胃经接通。另外，像胆囊摘除了，敲胆经仍然起作用。

动手术就好比城市里某个地方在施工，说让您绕道行吧，您仍然可以到达想去的目的地，只是绕道罢了。就像有人脊椎有了问题，督脉不通了，但它还可以通过旁边的膀胱经和其他的经络相通，道理都是一样的。

经络在身体里起一个什么作用呢？它就像一条线路，比如煤气管道，在炉子哪边能点着火，就证明哪边有能量，管道是通的。如果点不着火，那就要看看到底是哪个地方关闭了。关闭的地方相当于人体的穴位，穴位就相当于一个一个的阀门，它们跟脏腑直接相通，其关系就类似于风筝和风筝线。脏腑就像个风筝，而经络就是风筝线。脏腑出现问题，比如说有人肝出问题了，怎么办？可以通过调节肝经，就是捋肝经这根“风筝线”来解决。一捋肝经，肝脏就得到了修复。

只要经络畅通，您就百病不生。但很多人不信，说这个经络能有这么神吗？您是不是夸大了它的功效？我们来听听古人是怎么说的吧。《灵枢经》中说："夫经脉者，所以决生死，除百病，调虚实，不可不通。"中医谚语说："学医不明经络，开口动手便错。"

有人说，中医看病经常是开汤药方，吃中药，这里面有什么经络吗？好像没经络什么事儿。其实这里面同样有经络，而且中药都讲究经络。中药里面有什么？可能大家知道的就是当归、柴胡、人参、黄芪，这些药都是归经的。所谓归经，就是这药被吃下去后，专门被这条经所吸收了。所以甭管您是用药也好，还是按摩、拔罐、针灸、刮痧，以及用什么方法锻炼，甚至做瑜伽，治病的最终目的都是为了打通经络。

用《黄帝内经》中的一句话，我觉得更能够非常细致、全面地给大家讲述经络到底是干什么用的："夫十二经脉者，人之所以生，病之所以成，人之所以治，病之所以起，学之所始，工之所止，粗之所易，上之所难也。"这就是说，您要想生长发育，就要靠经络来提供气血。而病是怎么生成的？生病的原因很简单：经络不通就生成病了。如果您想防病，想治理一下自己的身体，那就要靠打通经络。

现在人们总说防病。但防病不能是等病来了才防，您得提前防。您只要保持经络畅通，疾病就没法侵入您的身体。如果有病，也可以有起色，能够好转。另外，学养生祛病之道要从经络开始学，而好的医生所达到的最高境界就是把经络搞明白了。不过，粗浅地熟悉一下经络非常容易，但要把它搞得非常精通，还是需要下一番苦功的。

把《黄帝内经》中的这段话弄明白了，就能知道防病、治病、保证健康的着力点在哪里了。所以很多长期身体虚弱、疾病缠身的朋友不用担心，坐在椅子上，躺在床上，敲敲打打照样可以维护健康，达到有病调病、无病强身的效果。

要记住：打通经络是获得健康的必经之路。只有拥有健康，我们才能慢慢享受岁月奉献给我们的惊喜与感动。

2. 治病不先解开心结，没效

我们应该借助经络穴位的桥梁，通过调整生理来改善心理，才能真正达到经络穴位的妙用。如果把经络穴位当成一个死的、没有感情的东西，那么揉它的效果就会很差。

我一个朋友的表妹最近生了一个女孩，她婆婆觉得不是大胖小子，心里挺别扭，生产后就来看了一眼，第二天就不来了。这个媳妇心里很委屈，本来头天有奶，第二天奶没了，因为生闷气憋回去了。这时，当针灸大夫的姨妈来探望她，一看这个情况，就给她使劲点按涌泉穴，同时慢慢开导她。不一会儿，她突然痛哭流涕，哭了一阵，觉得心里痛快多了。两小时后，她感觉乳房开始胀，奶又重新有了。

这个故事说明什么呢？说明经络穴位是可以直接通到情智上去的，它是沟通生理和心理的一个桥梁。既然如此，我们在按摩这些穴位的时候，就应该把心理方面的因素也加进去。比如说，您给亲朋好友按摩的时候，要知道他的心结在哪里，先解开它，如此才能达到“身心同治”。

我们应该借助经络穴位的桥梁，通过调整生理来改善心理，才能真正达到经络穴位的妙用。如果把经络穴位当成一个死的、没有感情的东西，那么揉它的效果就会很差。

当您帮助别人揉穴位的时候，如果他们心里有抵触，或者对其功效半信半疑，这时不要强迫去揉，因为绝对没有什么效果。如果绷着劲，而又要强行揉开，力量全都消耗在你们的对抗之中，怎么可能有效果呢？

对待所有的东西包括治病，都要像解绳扣，而不要像扯绳子一样越扯越乱。解开的方法有两个：一个是身体上要解开它，还有一个是心结也一定要解开。两个同时解开，经络穴位才能真正发挥效果。

3. 一个穴位就可以孝敬父母

揉揉经络穴位就能孝敬父母，还有比这更简单、更令人欣慰的事吗？

前些天，网友陈女士向我讲述了她的经历：

母亲经常犯胃痛，痛起来非常剧烈，药物也难以缓解。那天母亲发病，正巧我在场，赶紧打开郑老师的书，对照着经络图，找到大概是“足三里”的地方，用大拇指使劲一按，母亲当时就喊道：“对，就是这里，我想起来了，20年前那个针灸师给我扎的就是这个穴，当时胃就不痛了。”得到了母亲的认同，我更有自信了，接着又去按胃经的伏兔穴。本来我对穴位是找不准的，可母亲那个穴位附近痛得要命，我便哪里痛就多揉哪里。母亲怕痛，直要我住手，可两分钟过后，她大腿胃经上的一根紧绷的硬筋让我揉开了，伏兔穴也不痛了，胃也不疼了，好神奇呀！我再也不用眼睁睁地看着母亲难受而束手无策了。

哈哈，看来我的这点看家本领已经被大家轻松地掌握，并能随心所欲地发挥了。胃痛找“足三里”，这是寻常的办法，不足为奇。但陈女士能循着胃经上行，找到伏兔穴，却是我在书中没有特别强调的。然后，又能“离穴不离经”，将胃经上的“硬筋”揉散。治疗的过程，好似是冰融雪化、拨云见日一般。

揉揉经络穴位就能孝敬父母，还有比这更简单、更令人欣慰的事吗？下面是另一位叫“yutingliu”的网友的留言：

确实是，我学了郑老师书中的方法后，除了调理自己的身体之

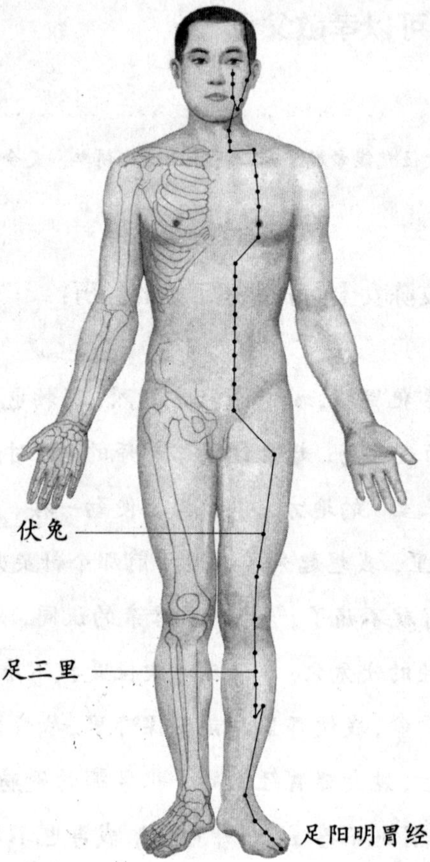

胃痛时，在足三里穴附近找痛点，用力按揉，特别管用。

外，更主要的是帮妈妈疏通了经络。妈妈每次生气后就会打嗝，以前也曾经让我帮她敲敲后背，说那里堵得慌，可是我胡乱敲打后没什么效果。现在我经常帮妈妈用按摩棒从上到下疏通小肠经、三焦经和膀胱经，天哪，简直是我一上手她就打嗝打个不停啊！很多穴位都很痛，嗝打出来就不痛了，妈妈说真感谢我这个小女儿。说实在的，我真不敢想象，如果自己没有学习经络，妈妈的身体会怎么样。我也很高兴，终于觉得自己的存在有了独特的价值，像个孝顺的女儿，对父母有点用处了。

4. 常怀感恩心，这是通往健康的捷径

有的人尽管勤耕不辍，却仍然是费力无功。为什么会这样呢？——德基不厚也。所以积德是立业之本。活着就要感恩，这是通往健康的捷径。

有的人尽管勤耕不辍，却仍然是费力无功。为什么会这样呢？——德基不厚也。所以积德是立业之本。活着就要感恩，这是通往健康的捷径。

我很感动网友“伟伟鱼”的留言：

前几天脸上疙里疙瘩的，有长出来的痘痘，大部分还在里面，而且脾气特别坏，说出来的话总是恶狠狠的，弯腰时两肋刺痛。我赶紧买了“加味逍遥丸”，吃了后没再肋下痛，可皮肤还是丑得没办法，自己也知道是肝火太旺。为了赶紧赶走痘痘，就开始按摩肝经，发现曲泉到阴包痛得厉害，就按摩加刮痧。就用的是牛角梳的背面，腿上抹点橄榄油就刮了起来。只一会儿就刮得红里发紫，暖暖的挺舒服。一直按摩了几天肝经，没有明显的痛点，但皮肤还是没大的好转，急呀！最后全身上下地找，发现大肠经的曲池痛不可摸，大喜，赶紧翻看《求医不如求己》。书上说曲池可治各种皮肤病，赶紧按吧。现在已经不怎么痛了，皮肤也好了很多。我是个笨人，也记不得具体的经和穴位，只知道大概的地方，没事就全身上下地找，虽是个笨方法，确也实用。从买书到现在没看过医生，小病都是自己搞定的，顺便也帮家人按按。看老师的书收获了很多，不止是求医上的。老师的语言幽默，看得我经常大笑不止（可能小有夸张，但本人认为看您的书就是解肝郁的良药）。甚至认为我这一生也不会有什么大不了的病，真要好好谢谢您！祝您爱惜

自己，千万别他人都健康了您倒下了！老师您要好好的，还想什么时候去看看您呢。

“伟伟鱼”的留言让我真是很感动，也给我许多的启发。有人总是说自己“笨”，您知道“笨”是什么意思吗？这可是个最好的字——“竹”字加个“本”字。本是树根的意思；而竹子，古人一直用来形容君子，所以素有“虚心竹有千千节”“百尺竿头更进一步”等对竹子的美誉。所以，“笨”是指有本事、有根基的人。能像竹子那样虚心谦和，那她必然会日日进步。“伟伟鱼”就是这样的“笨人”。

从“伟伟鱼”的叙述中我们知道：

第一，脾气坏是浊气顺胆经上窜，导致两肋疼痛，而“加味逍遥丸”对肋下痛是有效果的。

第二，肝火旺，长痘痘，就按肝经的曲泉穴到阴包穴。这两个穴都是肝经的要穴：曲泉泄肝火，清湿热；阴包解肝郁，调月经。

第三，当按摩穴位疼痛时，可用刮痧法。工具随意，像牛角梳的背面也可，腿上抹点橄榄油就行了。

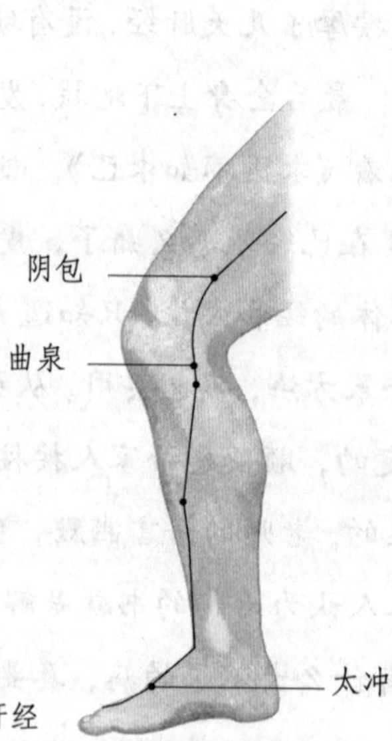

按揉曲泉穴到阴包穴的部位，可以泄除肝经湿热，让痘痘除根。

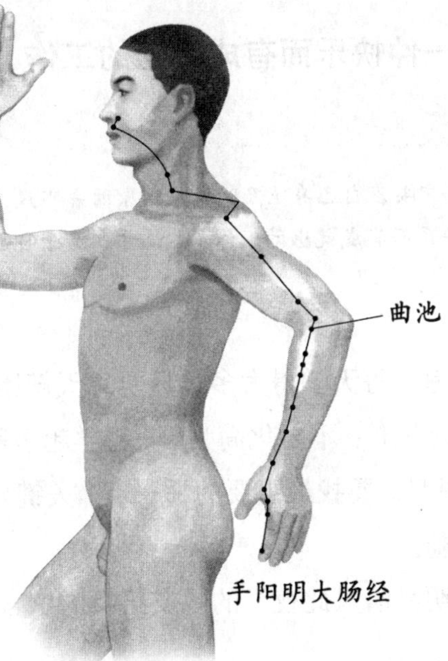

曲池穴可谓是"治痒奇侠"，对各种皮肤病都有很好的疗效。

第四，痘痘也是皮肤病。找可治各种皮肤病的曲池，多按就好。

第五，找穴位的方法就是没事就全身上下地找，找大概位置上的痛点就行。

第六，常怀感恩心，这是通往健康的捷径。（本来是靠自己的智慧得到的感悟，却要感激别人。）

"伟伟鱼"的留言，让我想起《易经》的开篇语："天行健，君子以自强不息；地势坤，君子以厚德载物。"前半句，激励我们大家要每天健康一点点；后半句，告诉我们怎样才能达到健康的目的。

5. 用经络祛病是一件快乐而有成就感的工作

生病的时候，一定要在自己身上及时地找到原因去实践，有自己的感觉后，祛病就变成是一件快乐而有成就感的工作了。这才叫属于自己发明的绝招。

学习经络，不必追求每天学得太多，只要每天健康一点点就行了。

学习经络穴位一定记住：不要化简为繁，越学越多就麻烦了；要化繁为简，去粗取精，拨云见日。要找最重要的那一点，关键要获得的是理念，掌握了理念就掌握了精髓。

下面是一个叫“明月清风此夜”的网友给我的留言：

今年冬天患流感的太多了，我也不例外。由于我已接受《求医不如求己》的理念，于是自己找经络按摩，反反复复地总算坚持下来了。我的体验是，不同症状的感冒反应在不同的经络上。

前天早上上班，到单位就流清涕，我敲大肠经，发现在肘上边的穴位很痛，就使劲按揉。几分钟的时间，疼痛减轻了，鼻涕不流了，感冒也就好了。

前段时间流行的一个明显症状是咳嗽，我也咳嗽。我开始时是在肺经上按摩，没有效果，嗓子里像有痰，还咳不出来。后来，有一天我发现在晚上5点多钟咳得厉害，猛然想起这时是肾经活跃的时段，就按肾经，发现肾经上的复溜穴很疼，膝盖窝里的穴位（我记不住名了）也疼，就去按摩，立即止咳。我感到很神奇，我想，看明天这个时间还咳不咳，若咳，说明我的思路是对的。第二天晚上稍晚一些，接近6点，又咳了，程度较前一天轻了，我继续按肾经，又止咳了。到了第三天，6点半多开始咳，程度较前一天又轻了许多，我又开始按摩。到了第四天，就基本不咳了。这让我有了一种成就感，同时增强了学习传统中医的信心。

这位网友学习中医的悟性让我十分佩服，不仅大胆实践，更能灵活创新，还把自己的感受与大家一起分享，真是难能可贵。我在这里向他表示由衷地感谢。

《灵枢经》中说："大肠经主津液所生病者，肩前臑痛、鼻鼽、寒栗不复。"正是他上面说的那几个症状——鼻流清涕、肘上边穴位痛、感冒。肺与大肠相表里，感冒初期，取大肠经的穴位及早预防以抵御风寒侵袭肺脏，真是高明的方法。

《黄帝内经》云："五脏六腑，皆令人咳，非独肺也。"下午5点至7点为肾经气血最旺的时间。肾经的循经走向是从脚心顺腿而上，入肺中，循喉咙，与支气管、肺、喉咙关系最为紧密。这位网友在按摩肺经无效后，立刻能想到去点按肾经，并能使用肾经最有通利效果的两个穴位——复溜穴、阴谷穴（估计是此穴），真是太有灵感了，难怪起效如此迅捷。

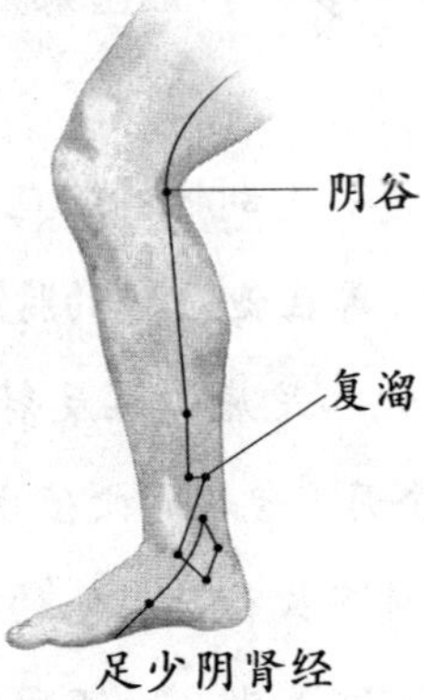

足少阴肾经

肾经的穴位也能治咳嗽。

通过这个例子来看，调理肾经也是可以止咳的。所以，生病的时候，一定要在自己身上及时地找到原因去实践，有自己的感觉后，祛病就变成是一件快乐而有成就感的工作了。这才叫自己发明的绝招。

学习就是为了应用，看到朋友们在这么短的时间里就能够学到中医真正的精髓，真让人感到振奋。在灵感面前，聪明和学识总显得那么笨拙。此夜有明月清风，但愿明天还能涌来清风明月。

6. 做父母的家庭医生

理念正确，力点集中，方法精简，并懂得“贵在坚持”，这是祛病强身的灵魂精要。如此身体力行并无私分享，真是善莫大焉。

没有心灵土壤的滋润，一切治疗都会显得勉强。

这是一个叫“青扬满田”的网友写给我的留言：

今年过年，我70多岁的公公讲，自从每星期六照您的方法给他按摩后，他已停西药1个多月，血压基本正常了，真是非常感谢您。

我采用轻手法、慢节奏，先刮他的心包经、大肠经、肺经，并围绕降压的重点穴位按摩，再在他后背的膀胱经走罐几分钟，然后按摩脚上的太溪穴、太冲穴和足底心脏反射区。每周一次，每次1个多小时。坚持了不到3个月，老人的穴位由没感觉到反应越来越敏感，特别是这周，按完许多穴位后，他的肚子也开始跟着鸣叫。

老人血压高好多年了，这是头一次不用西药就正常了，他特别高兴。说真的，老人的健康快乐就是我们晚辈的福气！

老师的祛病方法简单，好操作，但贵在坚持。

祝老师在鼠年多创殊文佳绩，普及健康，善莫大焉！

看到“青扬满田”能够有如此孝心来对待公公，我心里十分感动，我想，这里最有效果的，首先是这个网友的一份爱心。因为，没有心灵土壤的滋润，一切治疗都会显得勉强。

再看两个重要指征：一是“由没感觉到反应越来越敏感”，二是“按完许多穴位后，他的肚子也开始跟着鸣叫”。能把这两个指征重视起来，说明“青扬满田”已经掌握了经络起效的特点。

穴位敏感才是真正开始起效了，能让腹中浊气运行起来，证明新鲜气血已经开始周流，也就是全身的大循环开始了，这是非常关键的一步。另外，还有特别选择的经络直指病灶，比如心包经专治心脑血管疾患，大肠经清体内热毒淤血，肺经肃降而补肾；穴位也都各效其力，太溪穴是肾经原穴，补肾并引血下行；太冲穴清全身浊气，浊气出则百病皆消，使心脏反射区增强心脏供血，补充气血原动力。

理念正确，力点集中，方法精简，并懂得“贵在坚持”，这是祛病强身的灵魂精要。如此身体力行并无私分享，真是善莫大焉。

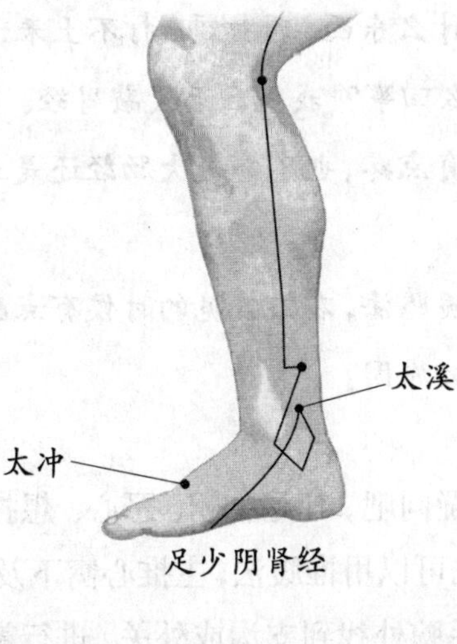

太溪穴补肾，太冲穴排浊气，都是身体的自带大药。

7. 通窍不可强求，别处自有洞天

> 生活中没通的“窍”很多，我们不用着急，“一窍不通”正是生活的乐趣和意义所在。不通就不通，哪里有要通的感觉，我们就先通哪里。就像这位网友说的：“也不知是大肠经还是三焦经，反正哪儿疼敲哪儿。”“通窍”更是如此，不可强求，往往别处一通，这里不通自通。

在现实生活中，我们的工作任务需要定期完成，紧锣密鼓，没的商量。而精神生活与思想文化却需要慢慢感悟、细心体会，才能得到真趣。

这是网友“梅花39”给我的留言片段：

> 我冬天有一次着凉了，就实践了取涕法，感觉很爽。晚上睡觉的时候感觉有点鼻塞，就试着在胳膊上找孔最穴，结果真找着了。太神奇了，按压左手臂的孔最穴，右鼻孔顿时畅通无阻；按压右手臂，左鼻孔就通了。不知这又是怎么回事？怎么不是同侧呢？
>
> 现在我还有一毛病没解决，希望得到老师的指点：经常胸闷，好像脖子下面堵了什么东西，想打嗝，打不上来，或者打到半截就上不来了，不知怎么回事？我现在天天敲胃经、大肠经、三焦经，因为晚上上臂外侧有点疼，也不知是大肠经还是三焦经，反正哪儿疼敲哪儿。
>
> 我也经常练习跪膝法，右膝盖跪的时候有点酸疼，同时感到有点恶心，不知是什么原因？

先说说这位网友的疑问吧。凡是胸闷、恶心、想打嗝打不出，那是浊气阻滞在胃脘或胸膈。首先可以用推腹法，主推心窝下及中间任脉和两旁的胃经，也可以在三焦经的手腕处找到支沟或外关，进行敲打或点按。因为三焦经主“气所生病者”。还可在小腿胃经诸穴，进行点按或刮痧。另外脾经的络穴——公孙穴，也是消除肠胃浊气的要穴。

再看看这位网友治感冒的经验：感冒先取嚏，取嚏后仍然鼻堵就找孔最穴，左鼻堵揉右臂孔最穴，右鼻堵揉左臂孔最穴，而且一揉就通，真是太实用了。孔最穴因总管全身各种孔窍而得名，除了能通鼻窍，还对感冒引起的咽喉痛有特效。但为什么揉左管右，我暂时还没搞明白原理，也是“一窍不通”。

生活中没通的“窍”很多，我们不用着急，“一窍不通”正是生活的乐趣和意义所在。不通就不通，哪里有要通的感觉，我们就先通哪里。就像这位网友说的：“也不知是大肠经还是三焦经，反正哪儿疼敲哪儿。”“通窍”更是如此，不可强求，往往别处一通，这里不通自通。

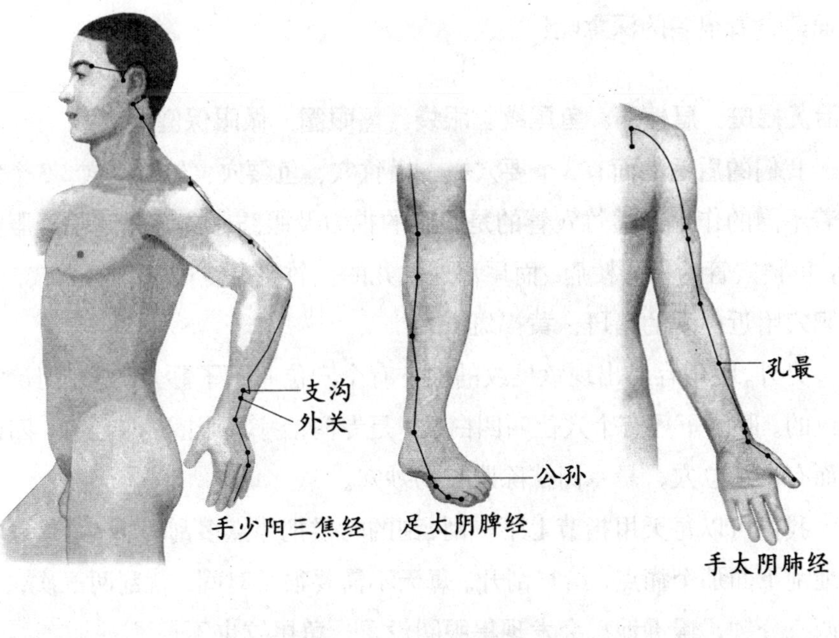

支沟、外关和公孙三个穴位都能帮您排出积聚在身体胃脘或胸膈的浊气，而孔最穴为您通鼻孔。这些您用着有效就好，也别问为什么，因为我也是“一窍不通”。

8. 防衰老的五大法：做眼保健操、撞揉鼻骨、叩齿、掌根揉耳背、敲胃经

> 其实很多方法大家过去都学过，像眼保健操里面就有一个“轮刮眼眶”的动作，上面刮一下、下面刮一下。就这么一个动作，看似非常简单，其实里面蕴含着很多的深意呢！

时下，女士们都担心黑眼圈、眼袋、鱼尾纹这些问题。尽管衰老是一种自然的过程，但谁不愿意自己漂亮一点、年轻一点呢？这里，我告诉大家一些极为简单的方法。

其实很多方法大家过去都学过，像眼保健操里面就有一个“轮刮眼眶”的动作，上面刮一下、下面刮一下。就这么一个动作，看似非常简单，其实里面蕴含着很多的深意呢！

·治黄褐斑、眉棱痛、鱼尾纹、眼袋、黑眼圈：做眼保健操

我们的眉毛上面有3个要穴——攒竹穴、鱼腰穴、丝竹空穴。3个穴位有着不同的作用：攒竹穴管的是眼睛的视力及眼睛胀痛等眼睛不舒服的问题；鱼腰穴管的是眉棱痛；而尾部这块儿的丝竹空是专门祛斑的大穴，专管太阳穴附近出现的暗斑、黄褐斑。

另外，眼角容易出现鱼尾纹的地方有个穴位叫瞳子髎穴，是专门治疗鱼尾纹的。眼眶下还有个穴位叫四白穴，是专门治疗黑眼圈的。还有，四白穴上面有个承泣穴，是专门祛除眼袋的妙穴。

我们可以每天用指节上下一刮，刮的时候把痛点多刮一下，尤其是要慢慢地刮下面那个痛点，给它刮开。每天不需要很长时间，就刮两三次，每次刮两三分钟，慢慢地您会发现黑眼圈没了，鱼尾纹也不长了。

下面有眼袋是脾虚引起的，上面有眼袋是肾虚引起的，都是脾肾两虚造成的水肿。这两种水肿在睡觉之前要少喝点水，然后在睡觉之前轮刮一

下眼眶，第二天起床的时候再刮一下，最后这个眼袋就会减小，眼部的最大美容问题就解决了。

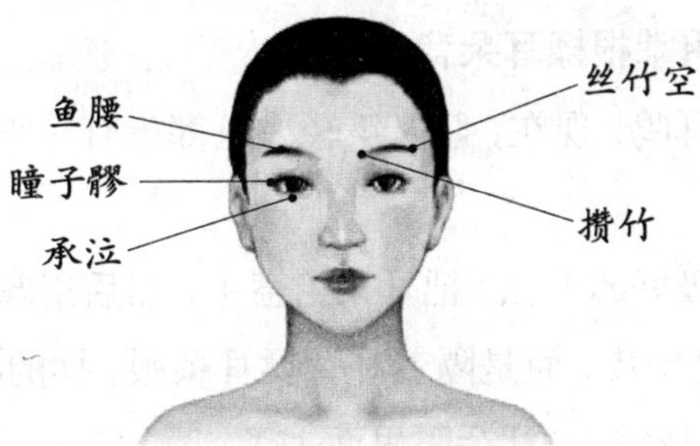

眼睛胀痛、酸涩揉攒竹穴；眉棱痛马上揉鱼腰穴；想祛雀斑、黄褐斑，常按揉丝竹空穴；欲除眼角皱纹，首选瞳子髎穴；常揉承泣穴，可以帮您很快消除眼袋。

·改善头部供血，面若桃花：撞揉鼻骨法

对鼻子来说，除了搓鼻子以外，我再给大家提供一个方法，就是撞揉鼻骨。即趴在桌上，用前额先撞手背，然后撞整个鼻梁骨，一直撞到下颏，力度可以自己随时掌握。这个方法能改善面部供血，对治疗慢性鼻炎非常好，也是美容的一大妙方。

·乌发满头，肾强腰壮：多叩齿

齿是骨之余，是骨头的余气，而肾又主骨。当人到了一定岁数，肾气就会逐渐衰弱，牙齿也会松动。对这种情况，我们可以反过来想，如果牙齿很坚固，那么是不是肾气就会很足呢？如果暂时不方便调理肾，那么我们可以先坚固牙齿。牙齿里的经络和肾经是相通的，只要坚固牙齿，它就可以对肾起一个反固的作用，就可以让肾强壮。要知道，人不可能牙齿很强壮而肾很虚弱，这是绝不可能的，因为它们是同步的。所以，如果我们不便直接地去调养肾，那么就健壮牙齿，这是最好的补肾方法。

健壮牙齿的好方法就是多叩齿，用上下两排两个牙齿撞击就行了，就这么简单。

注意：撞击的地方主要是后面的槽牙，不要让前面的牙先叩。

·补肾、治耳鸣：用掌根揉耳朵背

人老了就容易耳鸣，现在，好多年轻人也都患有耳鸣。而耳鸣通常的原因就是肾气不足。

治疗耳鸣有个极好的方法：把耳朵给盖上，然后用掌根揉耳朵背。但要注意，不是揉耳背这个皮，而是隔着耳背揉耳朵眼。揉的时候脑子里要这样想，好像隔着耳背已经揉到耳朵眼里面去了。

当您揉两三分钟以后，耳朵眼里面一发痒，就证明耳朵里面的气血过来了，长期这样揉，耳鸣、耳聋的问题就解决了。另外，揉的时候一定要闭上眼睛，因为七窍是相通的。揉完后睁开眼睛时，您会发觉眼睛变得很亮。

当做完五官上的这几项运动后，您再去照镜子，会发现感觉确实不一样了。

·让面色一直保持健康红润：敲打胃经

谁给面部供血最充足呢？就是人体的胃经。胃经是一条多气多血之经，直接通达于面部。

怎么敲打胃经呢？

首先把指甲剪平，然后开始用10个手指肚敲击面部，这时敲打的主要是胃经，但同时也敲了大肠经、小肠经。有人一敲面部就爱打嗝，这是肠胃功能得到了很好调节的表现。

但面部的胃经只是一个很小的局部，跟下面的整条胃经还没有接通，还需要给它接通一下。而接通点在哪儿呢？就在脖子上。所以我们还要再捋捋脖子。不过别敲脖子，一敲脖子就想咳嗽，不舒服，捋一捋才舒服。

有的人脑供血不足，其主要的一个原因就是给头部供血的颈部出现了

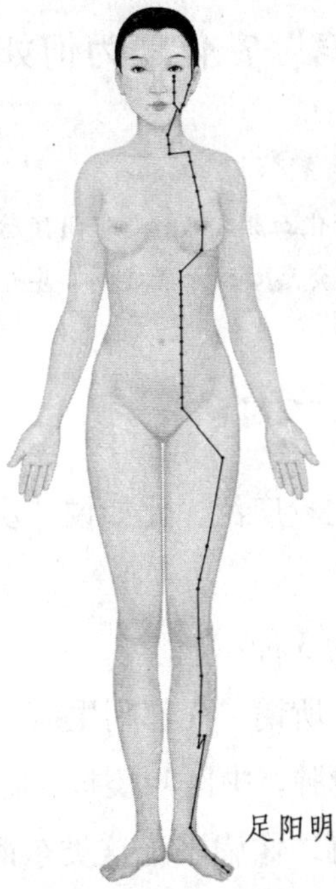

经常敲打胃经，可以让您气血充盈，面色红润，光彩照人。

足阳明胃经

问题。因此多捋颈部就可以改善脑供血不足，而且颈部在这时是有阻塞的，当您稍微使劲一捋，对着镜子一看，发现都出痧了，这就证明有淤血堵在这里了。

经常这样捋，心脑血管疾病就可以得到防治。而且捋脖子还是调节血压的一个非常好的方法，高血压的可以帮助降压，低血压的能帮助维持比较好的状态。它的机理就是打通心脏和头部之间供血的通路，让头部供血充足。

要让胃经完全发挥给头面部供血的功能，在捋完脖子后我们还要以空拳来敲打胸部，位置是乳头上下到心窝，两个拳头相对敲，这正好是胃经的循行位置。然后，在大腿的正面和外面1/2处接着敲，最后再敲一敲小腿中间胫骨的外侧。

当您连敲几天后，会觉得面色非常红润，原来蜡黄、比较发暗的脸色已经不见了。这就是气血源源不断地供到头上去了，而且肠胃功能也会很明显地得到改善，吃饭、睡觉都会特别香。

9. 为什么说“痰蒙心窍”？化痰为何如此重要

心包经就是化痰的，专化血脂之痰，是专门预防高血脂的一条经络。如果血脂高，心血管就会堵塞，就会患心脑血管疾病，甚至会得心梗。大家一定要知道这个原理。

说到痰，中医涵盖得比较广泛，比如说“痰蒙心窍”。为什么痰会把心窍蒙住？

中医对“痰”大概分为3种：

第一种是气郁生的痰，所谓“气郁则生痰”。气郁生的痰在身体上最容易表现出的就是脂肪瘤、囊肿，中医叫痰核。脂肪瘤看似是个有形的东西，其实它是气郁的结果。还有，像扁平疣这类东西，也跟气郁有关。

第二种是脾虚生的痰，所谓“脾虚则生痰”。这种痰就是经常人们一咳嗽就吐的痰。它其实不是来源于肺上，而是生自于脾。脾是生痰之源，肺为储痰之器。有的人常吃咳嗽药，但是痰总是化不掉，原因就在于肺不是生痰之源。所以，要想根除痰，就必须健脾祛湿。

第三种是血痰，所谓“血滞则生痰”。“痰蒙心窍”就是指的血痰，也就是现在常说的高血脂。血流缓慢，停滞住了，然后堆积下来，就形成了高血脂。

这3种痰是不一样的，但中医都称做痰。而且这3种痰之间还可以互相转化。

心包经就是化痰的，化血脂之痰，是专门预防高血脂的一条经络。如果血脂高，心血管就会堵塞，就会患心脑血管疾病，甚至会得心梗。大家要知道这个原理。

10. 刮痧一定要顺着经络的走向刮才有效

其实刮痧很简单，不是像大家想的那样需要非常高的技术。技术不重要，但是您得知道怎么样刮才是正确的。您说我不会手法，这没关系，但您刮痧的时候一定要记住顺着经络刮。您只要懂得经络的走向，就等于会刮痧了。

刮痧很简单，并不是像大家所想的那样需要非常高的技术。技术不重要，但是您得知道怎么样刮才是正确的。您说我不会手法，这没关系，只要记住刮痧的时候一定要顺着经络刮这一点就够了。

刮痧的手法并不重要。手法用不好，顶多是不会出多少痧，另外就是有点痛，不会有其他什么问题。而手法好，顶多出痧比较多、不太痛而已。但要是您不懂经络，刮痧对您来讲就有副作用。比如有一种刮痧方法，我就觉得是很有副作用的。

有一次在洗浴中心，我看他们刮痧就是刮到中间一条以后，马上往两边分着刮，结果全是横着的。但是看看经络图，横着是没有经络走向的，都是顺着膀胱经走的，只有这样刮才会很顺畅，这样刮出来的淤血才可以顺着膀胱经及时排出去。而横向给它分散以后，就没有排毒的通路可以出去，只是暂时出来，又被吸收进去了，根本没有循环。所以，刮痧一定要顺着经络刮，手法倒是次要。

要学会刮痧手法，不一定非得专人教您，您只要刮几天就差不多会了，这一点儿都不难。需要注意的是，刮的时候要轻轻地刮，出不出痧不在于用多大的劲。大家一定要记住，痧不是您“刮”出来的，而是您体内的气血推出来的。如果您的气血不足，就是再使劲刮也不会出痧。如果刮得非常痛，身体就会产生抵触，往里收，紧绷着肌肉，这样较上劲，您的力量就完全是一种内耗了。所以，刮痧一定要舒其所欲发，勿强开其所闭，痧想从这儿出来，您就顺势刮一下，被刮的人感到很轻松，还希望您再使点劲，这样才会非常舒服，就跟挠痒痒一样，这时多刮几下，痧就很容易出来了。

另外，刮痧也有一些禁忌。首先孕妇别刮；有肿瘤的重症病人别刮；心脏不好的人也要注意。刮痧要循序渐进，量力而行，要一点儿一点儿来，并且要对刮痧有一个重新的理解。要知道刮痧不是把皮肤刮破，而是要把黏在血管壁上的淤血通过内外的合力赶到外面来。原来毒素黏在血管壁的内部，下不来，现在变成游离状的垃圾，被刮到血管壁的外面，随即被新鲜的血液重新吸入到血管里再循环，最后通过尿液排出体外，这就是刮痧的全过程。刮痧就是选择性地把淤血排出的最好方法。

另外，刮痧不需要消毒药水，只需要润滑油。

还有人问我："刮痧和拔罐这两种方法怎么来配合着治疗？是先刮痧好，还是先拔罐好？"我的回答是："刮痧好还是拔罐好，要根据不同的位置。如果毒素已经到了体表，最好就是刮痧，尤其是脸上爱起痘痘的人；如果后背还没起痘，那么在后背刮痧就是把脸上的痘转移到后背上去，通过痧的形式出来，这样脸上就不起痘了。但有时候刮痧刮不出来，后背还有痛点，这表

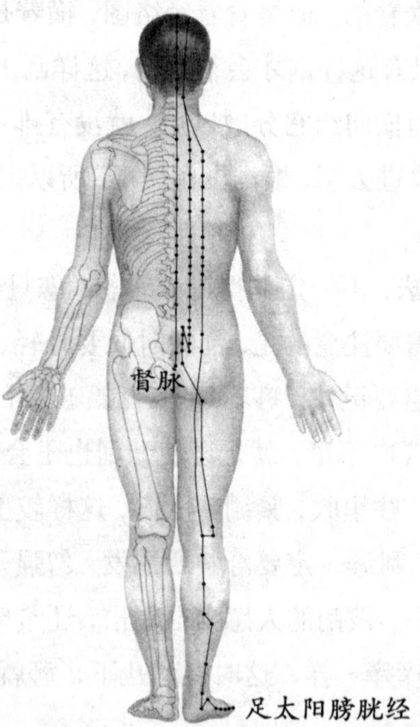

在背部刮痧要循着经络的走向，这样才更容易出痧。

明淤血的位置在深层，这时就需要拔罐，先拔到浅层来再刮痧，才会有效。”

11. 内火和外寒，肥胖两大因

要想彻底改善肥胖的问题，就要通过祛除外寒和内火来完成。其实不光是肥胖的问题，如果祛除了外寒和内火，五脏功能得到了调节，整个身体状况都会得到改善。中医治病不是治症，而是整个身体的调节。身体调节顺畅了，血脉都通畅了，病自然就消除了，肥胖也就自然地消失了。

肥胖产生的原因有两种：外寒和内火。

逢年过节，家人要团聚，亲友要互访，难免要举杯交盏一诉思念之情。这个时候，有很多朋友会担心自己的身体长胖，而正在减肥的人也会担心经过如此大吃大喝后一切都前功尽弃了。

现代人对于肥胖的原因，普遍认为是营养过剩，就是摄取的能量过多，又不能及时地代谢出去，由此身体就把这些能量以脂肪的形式储藏起来，但肥胖真的是人体摄入的营养过多了吗?

我有个朋友，身高1.73米，体重100公斤，应该是很胖了，他每天只吃一点蔬菜和一点小窝头，根本就不敢吃肉，他还经常锻炼，就这样他的体重还是一天一天地见长，怎么也减不下去。他说自己喝凉水都长肉。而我另外一个朋友，身高也是1.73米，但体重只有50公斤，看起来很瘦，可特别能吃，每次朋友聚会，他比谁吃得都多，可他怎么也长不胖。这是怎么回事呢?

在中医看来，肥胖就是一种病，但这种病也是有范畴的。比如现在有好多体重正常的女士，为了减成魔鬼身材，有骨感，也去减肥了，她们这种情况就不属于中医所说的病的范围了。而中医所说的肥胖是从外形、从自己的感觉上就能判断出是一种肥胖的体质，是一种病。

肥胖这个病是怎么产生的呢？中医认为原因不外乎两个：一个是外寒，另一个就是内火。有人认为这个原因有点简单了。人可能得的病那么多，怎么只归结于外寒和内火呢？我现在给大家分析一下，就像冬天来了，河水流速会减慢，甚至结冰。当人受寒，寒气侵入身体，血液就会流通缓慢，会沉积下来，形成淤滞，这就是寒凝血滞。

血流缓慢就会造成淤血的堆积，这是一个外因。而内因就是内火，肝气的郁结，气滞则血淤，这也是造成淤血的一个主要原因。

中医认为，肥胖实际上是人体的垃圾排泄不出去，并不是能量储备过多。因为人身上的赘肉不是一种优质的脂肪，它绝不会在身体需要的时候变成一种储备调动出来，它只是身体的负担，需要及时给它清走才行。

当气滞血淤的时候，就会造成经络堵塞，从而带来脏腑功能的紊乱。这样，体内的垃圾代谢不出去，沉积在血管壁就是高血脂，沉积在肝脏就是脂肪肝，而沉积在皮肤表面就是赘肉。

要想彻底改善肥胖的问题，就要通过祛除外寒和内火来完成。其实不光是肥胖的问题，如果祛除了外寒和内火，五脏功能得到了调节，整个身体状况都会得到改善。中医治病不是治症，而是整个身体的调节。身体调节顺畅了，血脉都通畅了，病自然就消除了，肥胖也就自然地消失了。

肥胖主要有6种类型。

·肝胆功能失调引起的肥胖自疗法：推大腿内侧的肝经和外侧的胆经、敲带脉区

肝胆，在中医的眼里作用非常巨大。《黄帝内经》中说，“肝主谋虑，胆主决断，肝为将军之官，胆为中正之官”，是什么意思呢？就是说人在谋虑的时候要耗费大量肝血，然后还要及时地用胆来决断。而现在的人每天谋虑的事情很多，但是能够做出决断的很少。生活中，人们会为很多事情谋虑，比如孩子的升学、身体的健康、与邻里的关系、婆媳之间的关系等等。但有些问题我们只能谋虑，却无法去解决。所以肝胆之间就产生了冲突，就是说肝谋虑了，但胆不能及时地决断，这就造成了肝胆之间的不调，这种不调引起了气郁，就是郁结在那里了，损伤的是肝胆的功能。

肝胆有 3 个主要的功能：

第一个就是大家都熟悉的解毒功能。肝是给心脏供血的血库，胆可以分泌胆汁帮助消化。如果肝的解毒问题解决不好，身体垃圾排泄不出去，就会造成胆汁分泌不足，而消化不良就会形成多余的脂肪堆积。还有，肝给心脏的供血能力如果差了，心脏就会供血不足，而排出体内垃圾需要大量的新鲜血液，需要足够的心脏动力。如果心脏动力不足，新鲜气血就无法到达病灶，无法将体内的垃圾清运出去。所以肝胆失调就会造成肥胖，并且是造成肥胖的很重要的因素。

肝胆失调造成的肥胖，通常体现在大腿内侧和外侧，以及腰部的两侧（即所谓“游泳圈”）。

清除大腿内侧肝经上的赘肉，可用手掌根推肝经。每天睡觉的时候，用手掌根从大腿根部推到膝盖附近，把这条肝经的位置推300下。推的时候可以沾一点肥皂或油脂的东西润滑一下，以免擦伤皮肤。

推肝经有什么好处呢？曾经有一个朋友写信告诉我，说她推肝经推了四周。第一周，推了两天后开始感觉大腿皮下疼痛明显，痛处集中在大腿根部，很高兴，因为按照书上说的，这是经络被激活的反应；第二周，推的时候感觉痛的位置向下移动，集中到了膝盖内侧附近，她明显地感觉脾气好了很多，晚上睡觉也踏实多了，看来是肝火被清的表现；第三周，她偶然间发现原来穿上很紧的34号牛仔裤，现在套上松松垮垮的；第四周，成果明显，现在穿 32 号的牛仔裤正合适。

从这个例子中可以发现，减肥并不是减重量，而是减体积。因为这个朋友减到最后，体重并没有减轻，只是体积减少了，腿上的赘肉少了。另外，她还说，大腿内侧的肝经被疏导畅通后，肝脏对血液的排毒功能也大大改善，脸上的痘痘和口臭问题都同时迎刃而解了。

从这个例子还可以看出，中医减肥不是光减一个肥胖的症状，它实际上是在调节整个机体的功能。

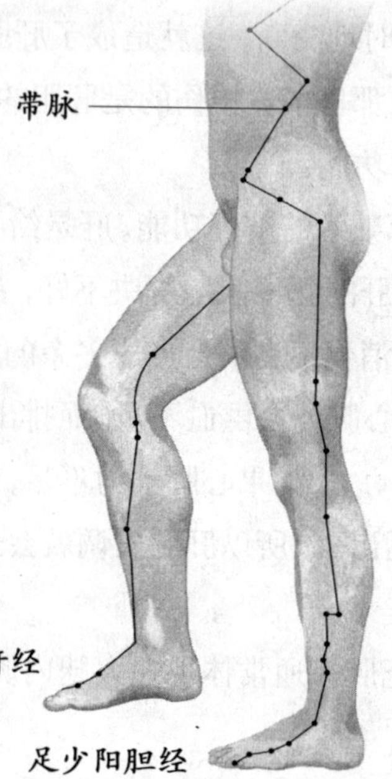

每天推揉腿部肝经，用指关节敲打腿部胆经和腰部带脉区，能够增强身体的疏泄功能，有效消除腰腿部赘肉，改善肝胆失调型肥胖，让您变得苗条而健康。

清除大腿外侧胆经上的赘肉，可敲胆经。

大腿外侧胆经有一个天然的标志，就是人们裤线的循行位置。要想减去这个部位上的赘肉，只需要拿指节去敲打就可以了。因为这些穴位都在皮肤下面的肌肉层，并不在皮肤表面，所以敲打的时候，力度要能渗透到肌肉里面去。只有这样敲打，效果才真正地明显。

清除腰上的赘肉，可敲带脉区。

如果腰上有赘肉，就敲腰两边的带脉区，这里是肝胆经的循行位置，就像带子一样围着人体，所以只要敲带脉，就可把腰两边的赘肉敲下去。敲带脉很简单，只要平躺着，手握空拳，每天坚持敲打300次，由轻到重，以舒服为宜，不久这些“游泳圈”自然就下去了。

· **肠胃功能失调引起的肥胖自疗法：跪膝法**

如果吸收的东西不能及时地变成血液，就会变成脂肪赘肉堆积在人体里。还有便秘，也会造成体内垃圾排不出去。

如果大肠功能失调，胳膊上的反应点会很多。这时，要经常敲打胳膊正面的大肠经，不但可以消减胳膊上的赘肉，还可以改善便秘的问题。敲大肠经对老年人还有额外的好处。因为大肠经属于多气多血之经，如果老年人觉得肩膀老痛，经常敲敲大肠经，肩膀的气血就会充足，这对于防治肩膀痛很有好处。

如果胃功能失调，比如吃点儿东西就堵在肚子里，根本下不去，好像不消化，这时可用一个最简单的方法——跪膝法。就是在床上，或在地板上铺上垫子，每天跪着走，就可以帮助胃功能恢复正常。

像这么每天跪着走一走，所有的气血就首先奔胃经而去了，原来存积的赘肉就会被带走，被排泄出去。不光是减了肥，膝盖有损伤、有关节炎的，也会随之好转。

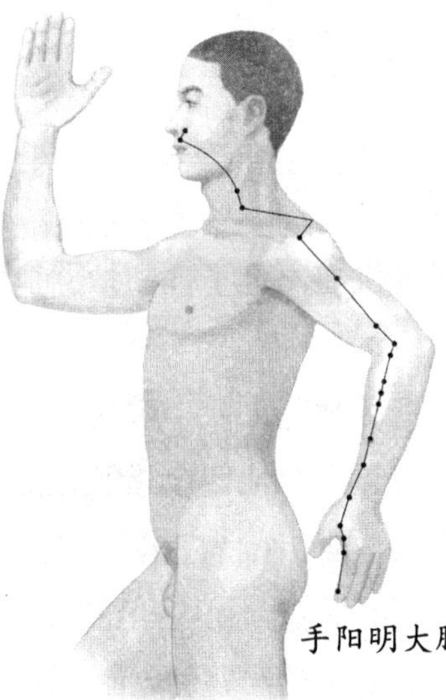

经常敲打大肠经，不仅可以有效减少手臂赘肉，很快消除肠胃功能失调引起的肥胖，还能改善便秘、肩膀疼痛等症。

· 小肠功能失调引起的肥胖自疗法：捏手臂内侧

小肠的功能是消化和吸收，如果它的功能减弱，手臂内侧下方小肠经循行的位置就会有松松垮垮的赘肉。在中医看来，心和小肠相表里，小肠

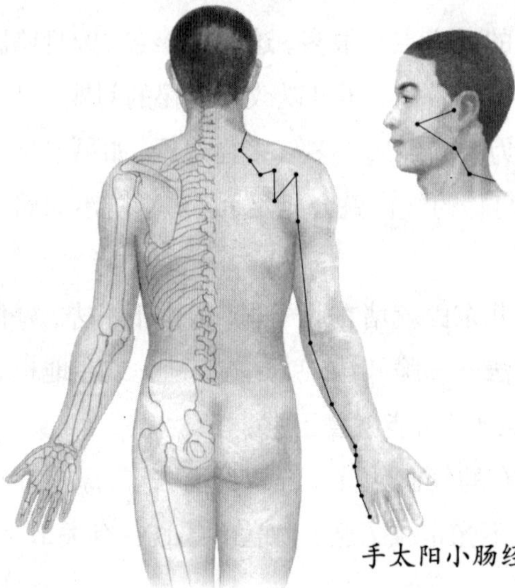
手太阳小肠经

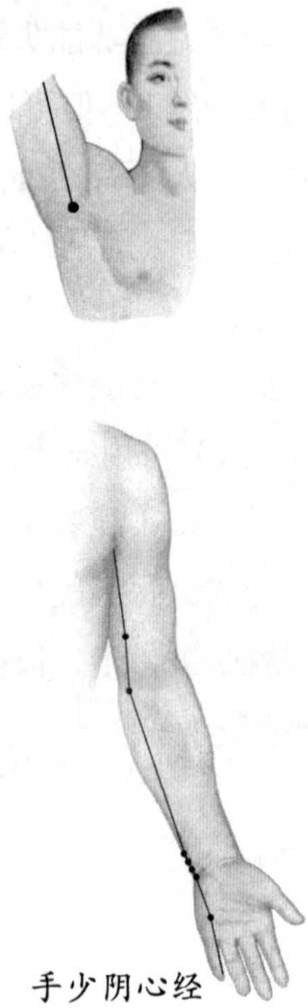
手少阴心经

用手指捏揉手臂心经和小肠经，可以从根本上改善小肠功能失调引起的肥胖。

经功能减弱就是心脏给小肠经供血不足了，同时心脏功能也出现了些问题，虚弱了。

怎么解决呢？很简单，把手举起来做个敬礼的动作，然后用手指肚捏手臂内侧。大拇指是心经的位置，其他四个指肚捏的就是小肠经的位置。

捏的时候一定要挨着捏，边捏边结合点掐、点揉，从腋下往肘上走，连着揉下来，一直揉到小臂。每天坚持，不但这里的赘肉可以减少，而且还能改善心脏供血的功能。另外，肩膀上的问题、颈椎病等都会相应地得到解决。所以长期在电脑前工作的朋友们，要经常揉心经和小肠经。

·心脏功能失调引起的肥胖自疗法：用大拇指揉心包经

肥胖容易造成心脏负担过重，反过来，心脏功能不好也会造成肥胖，两者是一个恶性循环的关系。

心脏功能不好为什么会造成肥胖呢？前面说过，肥胖的原因就是体内的垃圾运不出去，堆积在身体里了。只有靠新鲜的血液才能把垃圾运走，而驱动新鲜血液的动力就是心脏。心脏动力强，气血才有力量，才能够把赘肉吸收并清运出去。

有人问："我怎么知道肥胖是由于心脏功能弱呢？"其实有一些体征可以看出来，比如晚上睡觉的时候经常会觉得憋闷，需要开开窗户，这样的人心脏功能是弱的。还有就是上楼没几步就喘上了，心脏功能也不好。

怎么解决这个问题呢？只要每天拿大拇指按揉心包经就行了。把胳臂往前伸平，从腋下到中指的这条直线就是心包经。按揉的时候，心脏功能比较差或者心血管有轻微淤阻的人，都会发现有相应的痛点在上面。这时，一定要把这个痛点给揉散。

心脏问题稍微严重一点的人，通常肱二头肌下面有更为明显的痛点，一定要多揉这里。这时，减肥倒是次要的，最关健的是一定要把心血管给打通，让它通畅，这样才可以防治心梗、心绞痛、冠心病等疾患。

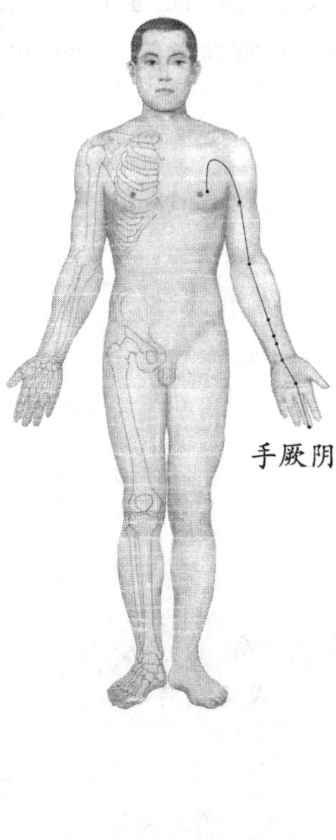

心脏功能失调会引发肥胖症，
这时候一定要重点按揉心包经。

· 脾的运化失调引起的肥胖自疗法：推左侧小腿上的脾经

脾的运化失调也能造成肥胖。中医认为，脾主运化，化就是把体内吸收的食物变成精微营养物质变成血液化掉。同时，还要把新鲜血液运到全身的每一处。如果不能运到四肢末梢，那里就会有淤血、垃圾堆积。所以脾主运化的过程，就是清除体内垃圾的过程，也是推陈出新的过程，即新鲜气血把沉积的垃圾赶出去的过程。

有人说："我怎么知道是因为脾功能失调造成的肥胖呢？"脾虚通常会引起腹胀，就是吃完饭肚子就胀，甚至有的人即使不吃饭，但一到下午肚子就胀起来了，还有的人夜里睡觉老是流口水。这些都是脾的运化功能差了。要及时地健脾，才能把这些问题解决。

健脾可以用推脾经的方法。除了一般的减肥之外，还能减腿上、小腹部的赘肉，这些都是脾经所主。

脾经在小腿内侧的这一段穴位很多，也最容易找。当贴着小腿这根骨头的内侧来捏的时候，会找到一些痛点，这些痛点都是穴位。脾经堵塞的人，这些穴位会非常敏感，非常疼痛，这时就要多揉。

另外，揉左侧脾经效果最好。因为这里有一个普遍的规律：比如说肝在右侧，那就多揉右侧的肝经；心脏在左侧，揉心包经的时候要揉左侧。

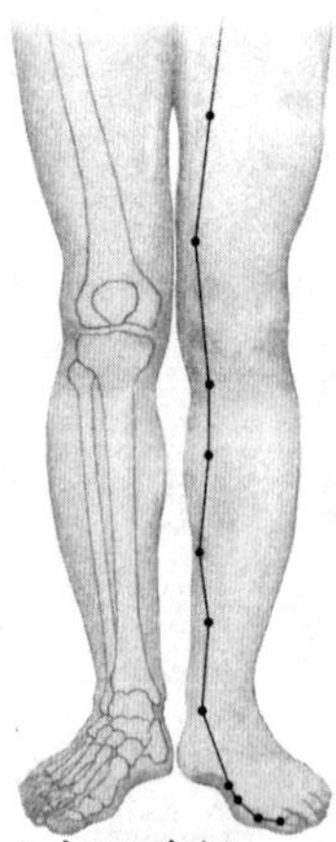

足太阴脾经

每天推揉小腿的脾经，对脾的运化失调引起的肥胖有特效。

·膀胱经失调引起的肥胖自疗法：在后背膀胱经按摩、刮痧、捏脊、艾灸

膀胱经在人体的后部。后背、臀部、后腿、脚外侧都是膀胱经循行的位置，像后背、臀部上的赘肉、肥肉多，都是膀胱经的问题。

膀胱经通常的问题就是人体的风寒易堆积在那里。因为它是人体抵御外寒的一个栅栏。中医认为："风从项后入，寒从脚底生"，就是说风寒都是从膀胱经进来的。所以好多人后背、臀部上的赘肉摸上去的感觉就像摸一层棉花一样，没有质感，这就是风寒堆积引起的。

如何清除后背膀胱经上的这些赘肉呢？就是驱寒，而驱寒的最好方法就是在后背的膀胱经上刮痧。

如果有人不喜欢刮痧，也可以用拔罐、按摩、捏脊、艾灸的方法，目的都是清除后背的寒气。而消除臀部上赘肉的方法是趴着，用拳头敲打臀部，可以达到臀部减肥的效果，而且也可以把臀部的寒气排出。还有，大腿后侧、

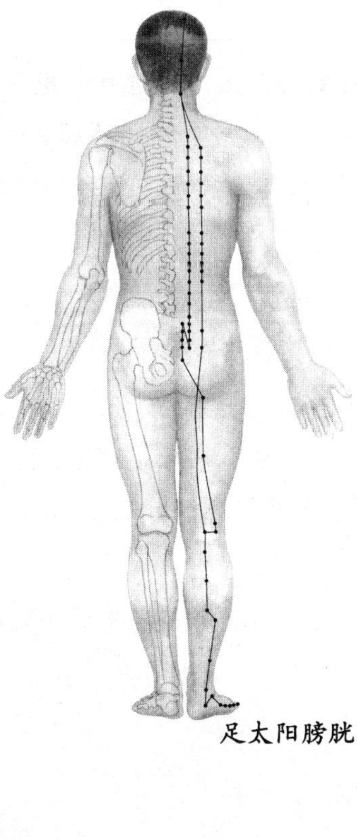

如果想减掉后背和臀部的赘肉，就要在后背的膀胱经上经常刮痧，还可以经常按摩、艾灸背部或者进行捏脊，都会收到十分理想的减肥效果。

足太阳膀胱经

小腿肚子上的赘肉可以用按揉、点揉的方法来消除。总之，要在膀胱经上多多用力。

·通治各种肥胖的自疗法：推腹法、走路法、早睡早起

推腹法顾名思义就是推肚子。因为人体的12条经络都在肚子上有循行，所以把肚子推顺了，12条经络就通畅了，等于都得到了锻炼。

推肚子的时候，要用食指肚从心窝开始推。有时候，您可能感到心里闷得慌，堵了口气，这时要把这个气推散。

推的时候要往下推，推过肚脐眼，推到小腹部。先推中间这一条，然后再推两侧。推到肝胆经的时候，要斜着往中间推，因为肝胆经是斜行走向。这么一推腹，12条经络都调节和畅通了，身体的垃圾也会很容易被带走。

临睡觉的时候要推一次，第二天起床之前再推一次，各推5分钟。

走步法就是每天徒步。当您要上班的时候，最好在离单位不远的地方提前下车，然后走着去上班。老年朋友去公园时要多走步，这样可以均匀地将身体的赘肉减下去。

走步为什么有这么大的好处呢？因为人体6条重要的经络都循行在脚上。有人说："我天天都在走路，怎么身上的病还那么多？"这是因为很多人通常都不大会走路，没有用脚踏实地的方法，只是拖拉着鞋在走，所以很多人鞋的后跟都磨偏了。

如果用脚踏实地的方法，走路就成了锻炼的方法了。其实在生活中，举手投足都是锻炼，但是您得用心注意才有效果。

走路要走到什么情况下才有效果呢？比如在冬天，要走到头微微出汗、脚开始发热为止。这样不光能减肥，还能祛除足寒证，把气血都引到脚上去，这对老年人来说最合适。另外，走路法还可以防止脑中风、老年性痴呆、高血压等问题。

要想气血养足，还有一个根本，就是一定要睡得充足。

第五章

膀胱经大药房——让排毒通道畅通无阻

古人把膀胱经比喻成人身体的藩篱，说它是抵御外界风寒的一个天然屏障。而风寒之邪通常从后背侵入人体，膀胱经就是人体在后背的一个大栅栏，能够防止病魔入侵。

膀胱经上的穴位最多，有67个，而且，膀胱经的主要部分都在人体的后部——后背和腿后侧。古人把膀胱经比喻成人身体的藩篱，说它是抵御外界风寒的一个天然屏障。而风寒之邪通常从后背侵入人体，膀胱经就是人体在后背的一个大栅栏，能防止病魔入侵。同时，膀胱经又是人体最大的一个排毒通道，也就是说我们通过刺激膀胱经，就可以增加全身的血液循环和新陈代谢，把人体的废物从尿液中排出去。

人体有三大排毒途径，第一条是通过输尿管把尿液排出的通道，这是排出体内毒素的最大一条通道；第二条是通过大便把体内脏东西排出去的通道。其实毒素从尿中排出去对人体来讲更为重要，因为，人就是10天不大便，对生命也没有什么影响，但若3天不小便，那这人就比较危险了；第三条排毒通道是毛孔，通过发汗把体内的毒素排出去。

人体的主要排毒通道就这3个，当然通过咳嗽、流鼻涕、流眼泪也能排出一些毒素，但排毒主要还是依靠这三大通道。

膀胱经是掌控尿液和汗液这两条通道的，所以膀胱经一定不能被堵塞住；另外，膀胱经是直接连接脏腑的，能够把脏腑的毒通过膀胱经后背的俞穴及时排出来，所以膀胱经还是排毒最简单、有效的一个通道。

知道膀胱经是人体抵御外邪的一个天然栅栏后，我们就要把它加固完善，什么时候风寒进来了，就证明这个栅栏不坚固了，也说明这条经络流动的气血少了，而要让它充沛起来就要多刺激它，打通它，这样膀胱经才能固若金汤，外御寒邪，内疏体毒。

膀胱经上的67个穴位没必要都记住，咱们只掌握那些使用很方便、确实有效果的东西就够了。

1. 一阳高照，有凤来仪——品味头部的膀胱经大药

我上学那会儿，做眼保健操的时候很多人都是马马虎虎完事，等于把这个宝贝给忽略了，脚踩着钻石，却当小石头给踢了。现在，我们一定要把这些宝贝重新拾起来。

· 治包括近视在内的任何眼疾：按揉睛明穴

膀胱经的走向是从头开始的，然后沿着头后边一直到脚外侧小趾边缘的至阴穴，睛明是它的第一个穴。

过去很多人都做过眼保健操，而此操的第一个动作就是揉睛明穴。睛明穴是防治眼睛疾病的第一大要穴，但它一直被人们忽略，因为，大家按这个穴的时候，并没有真正感觉到它有这么大的神奇效果。原因就是这个穴大家没有按对，因此，作用没有显示出来。

按此穴时，咱们要把所有的指甲剪平了，先用两手大拇指指肚夹住鼻根，不要特别使劲儿，然后垂直地往眼睛深部按，按的时候把眼睛闭上（凡是明目的穴，按的时候都要把眼睛闭上），然后按一下松一下，再按一下再松一下，如是做 9 次，这个穴就能真正起作用了。

为什么我们先要用拇指把鼻根夹住呢？因为这个穴特别小，如果您很随意地去揉，很容易就杵到眼睛，而且还可能把旁边的皮也杵破了，只有这样按起来才非常安全，而且对眼睛的诸多疾病都有效果。

揉睛明穴对眼睛昏花、涨痛、青光眼、白内障、角膜炎、结膜炎等诸多眼疾都有效果，尤其对近视的孩子效果特别好。但通常孩子揉的时候一般不太认真，这时我们一定要告诉他怎么揉才行。

· 治眼睛方面的疾病和热证：揉攒竹穴

攒竹穴在眉毛边上。为什么叫攒竹呢？因为这个穴是在描述人的一种表情，我们如果经常有什么愁事，眉头就会攒在一起，眉头上就有好多纵纹，就像竹子立起来了一样，所以我们平常不要老皱着眉头。

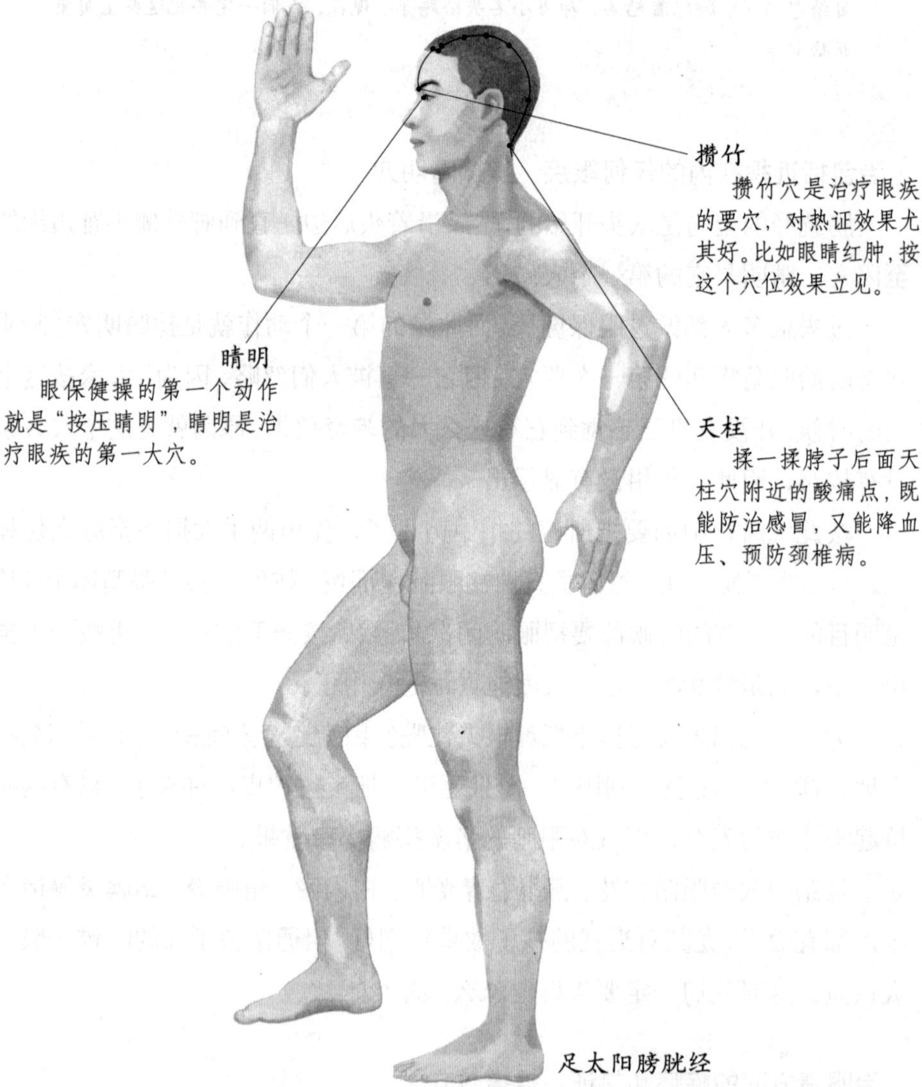

每天用10个手指肚梳50次头，就能调理好膀胱经在头上的这些穴位。

攒竹也是治疗眼睛方面疾病的要穴，而且它治疗热证的效果通常比其他穴位更好，比如眼睛这块儿红肿了、肿痛了，赶紧揉这个攒竹。

其实，揉攒竹有一个更简单的方法，比如用指节来轮刮眼眶就行，不要轻轻一划就过去了，也不能跟画眉毛似的，要很有力量，这样不但能把您心里的淤积之气给疏散开了，又能舒眉展目，而且连眉毛中间的鱼腰穴也一块刺激了（鱼腰是经外奇穴，不但能够治疗头痛、眼睛胀痛、慢性鼻炎，还能明目）。所以，我觉得发明眼保健操的这个人真是一个高人，太高了，人家就这么随便一轮刮眼眶，攒竹、鱼腰、三焦经的丝竹空、胆经的瞳子髎和胃经的承泣穴、四白穴就全都刮进去了。您看，就这么一个小动作，眼袋、黑眼圈、鱼尾纹、黄褐斑就全部一扫而光。

我上学那会儿，做眼保健操的时候，很多人都是马马虎虎完事，等于把这个宝贝给忽略了，脚踩着钻石，却当小石头给踢了。现在，我们一定要把这些宝贝重新拾起来。

· 通鼻窍、治眼疾、头痛、癫痫：用10个手指肚每天梳头上的膀胱经50次

膀胱经在头部的穴位有眉冲、曲差、五处、承光、通天、络却等，这些穴位都在头部中点旁开 1.5寸的一条线上，拿10个手指肚顺着这条线使点儿劲一梳头，梳到后脖颈子这块儿，就能把头上膀胱经的这些穴位全给调理了。

梳的时候，哪儿的痛感明显就要多梳揉，因为头上这些穴都非常重要，有的是通鼻窍的，有的是治眼睛的，有的是治头痛的，还有的是治癫痫的。

找不准穴位没关系，只要每天用10个手指肚梳50次头，就能达到很好的效果。

· 明目醒神、降血压、防治颈椎病、感冒：揉天柱穴

天柱穴在后脖颈子这块儿入发际0.5寸处，揉的时候不用多想，揉到酸痛点就行了。

天柱穴，第一是有明目醒神、防治感冒的效果；第二还有降血压、预防颈椎病的功效。

2. 不让外邪前进半步——品味背部的膀胱经大药

后背这些俞穴太多，我们不要仔细的去区分，先找最痛的点多揉就行了。

·治咳嗽老不好、心里发憋、心血管问题、胃痛、肝、胆问题、腰酸腰痛：按后背膀胱经上的相应位置

往背上走，有大抒、风门、肺俞、厥阴俞、心俞、肝俞、胆俞、脾俞、胃俞、三焦俞、肾俞、大肠俞、小肠俞、膀胱俞等众多穴位，它们都在后背中线旁开 1.5 寸和旁开 3 寸的地方。

后背这些俞穴太多，我们用不着去仔细地区分，先找最痛的点多揉就行了。举例来说，您最近老咳嗽，老不好，后背上的某块儿一揉会很痛，这时，您对照图一看，痛处就是肺俞。另外，心血管有问题，心里发憋，有冠心病、心绞痛的，通常厥阴俞这块儿会痛，即使您不按它，疼痛有时候也会反射过来，有时候会反射到右侧的厥阴俞，有时候又反射到左边的厥阴俞。只要您揉时觉得痛，就知道心血管有问题了；而如果是心俞这块儿痛，一般就是心脏供血不足。

还有，揉这些俞穴的时候，一定要把它旁边的俞穴也一起揉了，比如揉厥阴俞的时候，要把旁边膏肓穴也揉了，它们俩都管心血管的事；另外，揉心俞时就把旁边这个神堂也揉了；揉肺俞呢，也揉旁边的魄户；揉胆俞要揉阳纲；揉肝俞呢要揉魂门。这样，就能举一反三，而且，有病时，旁边的俞穴肯定也会痛。

后背的这些俞穴就是一个通道，直接跟里面的脏腑相通。所以咱们一揉

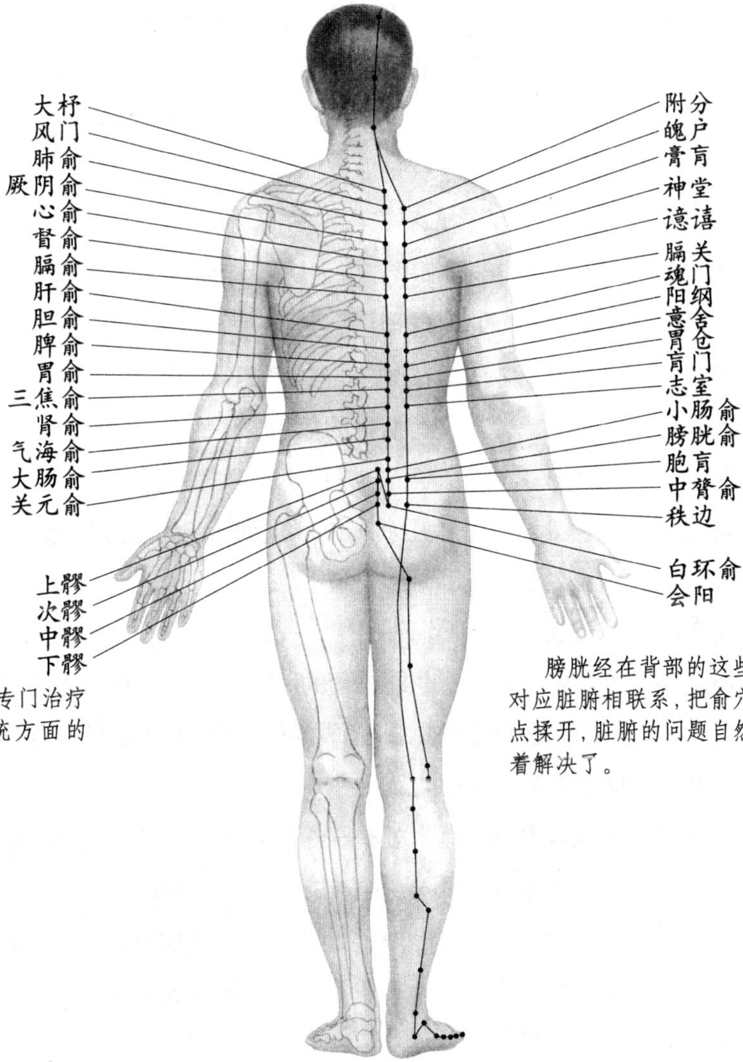

八髎专门治疗生殖系统方面的疾病。

膀胱经在背部的这些俞穴与对应脏腑相联系，把俞穴的淤滞点揉开，脏腑的问题自然也就跟着解决了。

足太阳膀胱经

膀胱经是14条经络中穴位最多的一条，同时它也是人体最重要的排毒通道。时刻保持膀胱经通畅，才能"无毒一身轻"。

这些俞穴，就可以很好地调节脏腑。

有人说："我现在胃痛。"那您就看腰这块儿胃俞在什么地方，如果您还找不着，没关系，您只要在后背正中间旁开1.5寸这条线上去点，最明显的痛点就是胃俞。如果您长期有这慢性胃病，您就把胃俞当作灵丹；另外，平常肝有问题的，比如脂肪肝什么的，按肝俞肯定会疼；胆囊有问题的，在胆俞这块儿就会很痛。所以，犯病的时候您找这些穴位最容易。正常的时候您去找，哪个穴位都差不多，您也不知道到底是哪个穴位有问题。而当您有问题的时候，它就表现出来了。

当您知道了脏腑毛病出在哪里，就要去找相应的俞穴按揉，或者在相应的这个痛点刮痧，很快淤血（痧）就会出来。

很多人经常会腰酸背痛，酸的地方往往就是肾俞那儿，这时，把手握成空拳往后敲打，每天坚持，会收到很好的效果。还有，在肾俞处拔罐对腰酸腰痛最管用，还能补肾，直接就补进去了，还不上火。

拔罐还有一个好处，一拔好几个穴位都拔到了。为了方便起见，我建议大家用真空罐，因为火罐稍微麻烦点，拿下来后，还得重新点火才能拔第二个，而真空罐随时拔随时都可起下来。

另外，在后背上艾灸肾俞，也是补肾的；把手搓热了在肾俞上捂一捂也能补肾；还可以从肾俞开始往中间脊椎骨揉或推按，把我们的气血多补到肾俞这个位置，存储起来就是补肾了。

后背督脉向两边分开各1厘米处是一个夹脊，这叫华佗夹脊，就是把脊椎夹在中间的意思，平常我们可以多按揉夹脊，这是真正的补肾大法。

由此可见，平常我们一定要多做腰部的运动，比如有一个叫"两手扳足固肾腰"的动作，就是坐在那把腿伸平了，然后拿手扳着两脚，有点抻筋的感觉，这个动作就能固腰肾。

·治疗生殖系统方面的疾病：揉八髎

腰部往下还有好多髎，上髎、次髎、中髎、下髎，左边4个，右边4个，共8个，通常叫八髎。主要在裤腰的下缘和尾骨尖中间这一段旁开2～3厘米处。

八髎是专门治疗生殖系统方面疾病的，各种男科、妇科疾病都归它那儿管。如果有痛经、子宫肌瘤、前列腺方面毛病的人在八髎这几个穴位上肯定痛点很多。您在这附近找到痛点按揉，就能起到很好的疗效。

3. 神通广大，一叩百应——品味腿上的膀胱经大药

经常敲打臀部和大腿后侧，不但可以减肥，而且还能排除体内的寒气，对身体是一个非常好的保健方法。

· 排毒减肥：拉抻或敲打承扶穴到委中穴一段

这个地方的穴位不太好按揉，肉太多，所以，我们用一个抻筋的方法，就是在床上把腿伸直了，腰往下弯一弯，抻完后，再多敲打一下大腿后边，尤其是承扶到委中这一段，把痛点都敲得不痛了，膀胱经这块儿就疏通了。因为这块儿最容易积攒毒素。

有人敲这里的时候觉得很松软，没什么感觉，这是因为毒素都积攒在臀部了，所以您要多敲打，多用空拳循序渐进地打，根据身体的感受量力而行。有人一打前面就疼，这证明脏腑里面有些地方已经生病了。

经常敲打臀部和大腿后侧，不但可以减肥，而且还能排除体内的寒气，对身体是一个非常好的保健方法。

· 降血压、治腰背痛、脑后头痛、足跟痛：压委中、委阳穴

委中穴在膝盖窝里这块儿。中医有一句俗语叫“腰背委中求”，说凡是腰背痛都要去求委中来解决。

揉委中穴时，要用大拇指点到穴上去，另一只手攥住脚腕往下压它，不用使劲揉，点住它就行了。我们平常只要有腰痛，压委中效果就会特别明显。

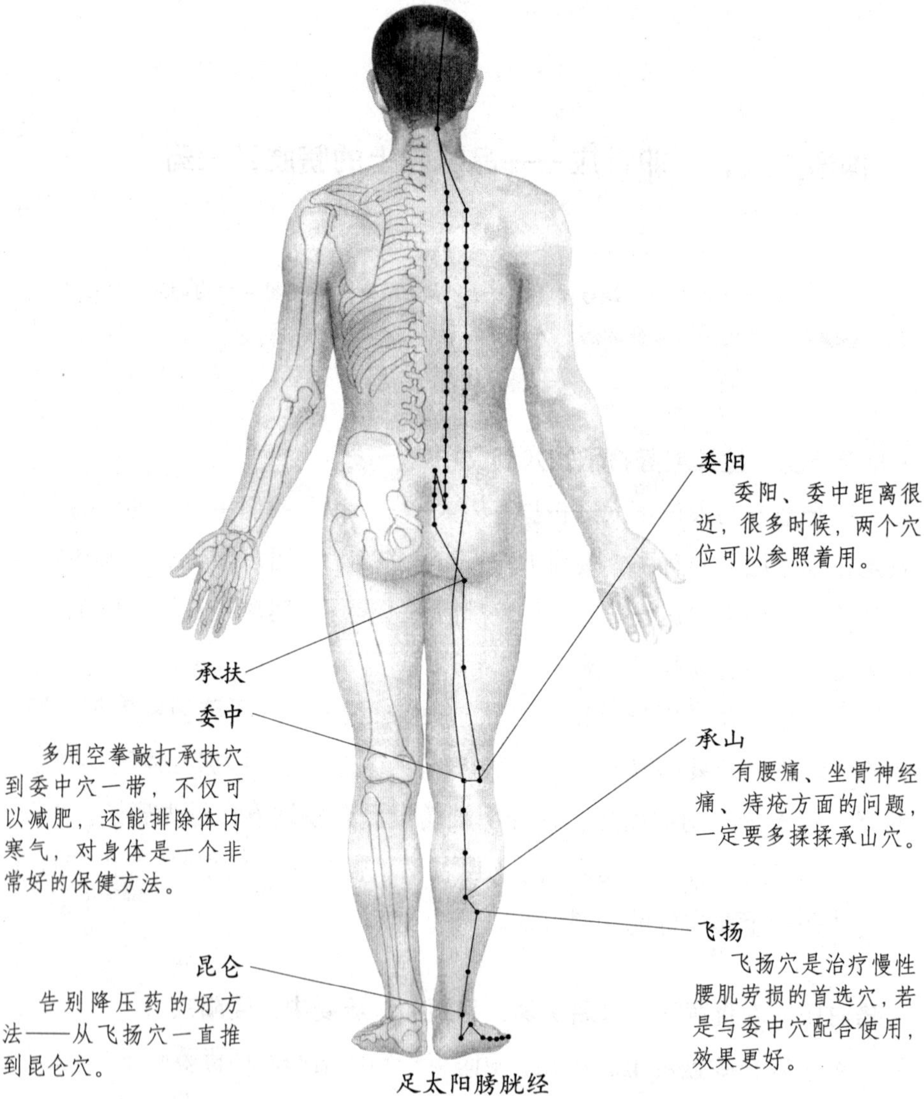

足太阳膀胱经

我们腿的后侧只有膀胱经一条经络，敲敲腿后侧即是敲了膀胱经。

还有一种腰胀痛的，您千万不要用拔罐的方法，会越拔越痛。因为胀是表明有浊气在冲撞，而这时您得把气给疏导出来，也就不要揉委中，揉委中感觉不明显，要揉旁边的委阳穴。委阳是三焦经的下合穴，而三焦经是主一身之气的，所以揉它能够把气给疏散。有气结时，委阳穴最管用。

这两个穴位，大家可以参照着用。

委中是一个大穴，过去通常都是用点刺放血的方法把体内毒素从这个排毒口排出去，但对于一般人来讲，就别用这个方法了，这方法还是找专业的医师来做才安全有效。

委中穴还能降血压，治脑后头痛和足跟痛。

·治腰痛、坐骨神经痛、痔疮：揉承山穴

腿肚子上还有合阳、承筋、承山三个穴位，功能都差不多，咱们说一个承山穴就行了。

承山穴在小腿肚子下缘，找的时候，要把脚后跟翘起来，这样，小腿肚子那就形成一个窝儿，这个穴位就在窝儿里。

咱们平常谁经常有腰痛、坐骨神经痛、痔疮方面问题的，一定要多揉这个穴位。

·治慢性腰痛立竿见影：揉飞扬穴

飞扬穴在承山穴斜下1寸的位置，它是治疗慢性腰痛（慢性腰肌劳损）的首选穴，比承山穴效果还明显，是可以立竿见影的。

另外，此穴和通治慢性腰病的委中穴配合着用，效果更好。

·治感冒、膝盖发凉、血压高、眼睛酸涩、老花眼、腰腿痛、足跟裂、足跟痛：从飞扬穴一直推到昆仑穴

昆仑穴在外踝骨后缘这块儿，是一个非常好用的穴位，对于老年人来讲，效果就更明显了。它和手上的养老穴有着几乎一样的效果，而且更为强大。像老年方面的问题，比如血压高、眼睛酸涩、老花眼、腰腿痛、足跟裂、足跟痛，昆仑穴全管了。

昆仑穴是引血下行的一个重要穴位,而血压为什么能降下来？就是因为昆仑穴能把上边的血引到脚底去。由于昆仑穴有这个引血下行的作用，所以，像头胀痛、哮喘它都能治。

揉昆仑穴时，有时感觉不明显，觉得里边有好多筋，这时可以用拨动的方法，会很有效。另外，如果想要长久地把血压降下去，可以在昆仑穴这块儿拔两个小罐，如果刚一拔，这罐自己就掉了，说明这块儿没劲，气血不足。此时，除了敲打昆仑穴上边的经络把气血引下来以外，还可以在拔罐的地方抹点油，或者和一块面把罐边封严再拔，当罐越撮越紧的时候，血压就降低了。还有个最简单的方法，就是把小腿上的膀胱经全部推完，从飞扬穴一直推到昆仑穴，用大拇指肚来推，别用指节推，否则容易推破皮肤。

4. 浊气入地，清气长存——品味脚上的膀胱经大药

束骨虽然最管用，但在脚上这块儿不好找，我们干脆用大拇指顺着脚外侧的骨头这么一推，就把这几个穴全推了。哪块儿敏感，就多揉哪块儿，这对您最管用，您也甭管它是束骨、京骨还是通骨，只要一推这几个穴，就可以治感冒，通鼻窍，防止脚寒凉。

·治腿抽筋、癫痫、身上老发紧：揉申脉穴

申脉穴在脚外踝下缘，不太好揉，但用食指指节硌的方法一下就容易找到。

申脉，顾名思义就是让您身体伸展、伸开的意思，比如腿抽筋、癫痫，腿、腰都老发紧的时候人就蜷缩了，这时揉申脉就可以起到防治的作用。

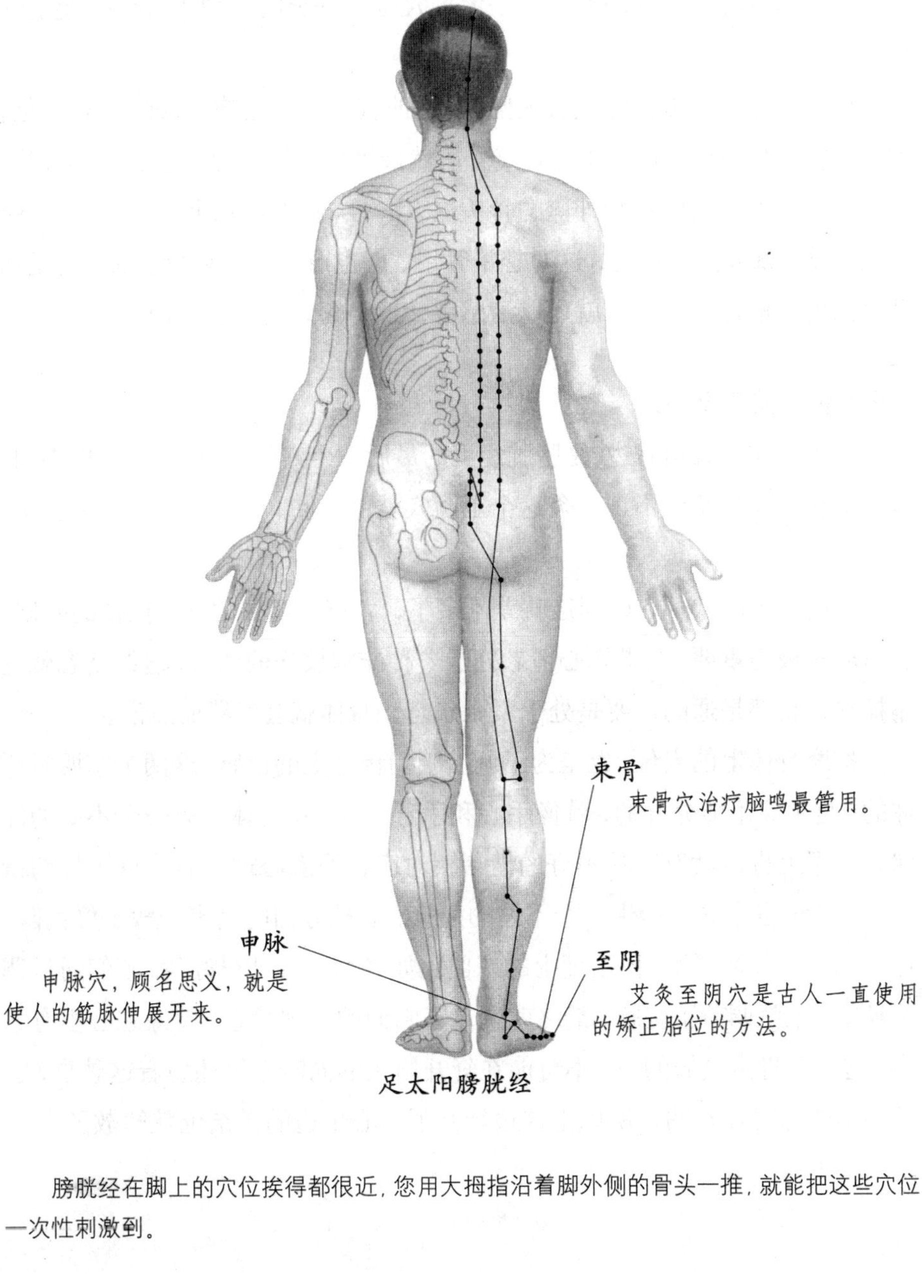

足太阳膀胱经

膀胱经在脚上的穴位挨得都很近，您用大拇指沿着脚外侧的骨头一推，就能把这些穴位一次性刺激到。

·治脑鸣、头痛，防感冒，通鼻窍，防止脚寒凉：揉金门到足通骨这一段膀胱经

其实膀胱经在脚这块儿挨着一大堆穴位——金门、京门、束骨、足通骨和至阴。

束骨治疗什么呢？昨天有人问我，说他脑子里边老响、头痛，我告诉他，束骨对脑鸣是最管用的。不过，束骨虽然最管用，但在脚上这块儿不好找，我们干脆用大拇指顺着脚外侧的骨头这么一推，就把这几个穴全用上了。哪块儿敏感，就多揉哪块儿，这对您最管用。您也甭管它是束骨、京骨还是通骨，只要一推这几个穴，就可以治感冒，通鼻窍，防止脚寒凉。

·正胎位：艾灸至阴穴

至阴穴在小脚指旁边，是膀胱经上的最后一个穴位，平常一般也用不到。古代记载，如果胎位不正，灸这个至阴穴就能正胎。

膀胱经上的穴位，说到这就差不多了，大家一定要记住，按揉的时候，心情放松极为重要，如果您心情老处于一种非常放松的状态，这经络您就是不揉它，它都是通的；要是处于紧张状态，身体就会气滞而血淤。

按摩身体上的穴位，也是为了调治咱们精神上的情感，这两个东西是一体的，是须臾不能分开的，就像手心和手背一样。您身体上有一个不好的症状，心理上肯定就有一种不好的情绪相对应；而您心理上有一种不好的情绪，身体上也会同时产生一个不适的症状。心理方面的因素一般不好消除，已经形成一种习惯了，但生理上的东西比如经络穴位却很好找，咱们通过调节经络，也就调节了脏腑，最终就调节了咱们的心理状态。就像您心里有愁事，这眉头肯定是皱的；您不可能在舒开眉头的同时心里还想着这愁事，它俩是不能同时存在的，所以把这边舒开了，心里边的淤结也就解散了。

5. 膀胱经健康大课堂

孝敬父母并不难，一个穴位就可以，不是非得我们给他们多少钱，给他们买多少营养品才行，咱们献给他们一个穴位，让他们身体健康了，就是尽了一份孝心了。

问：

得了肾结石，揉膀胱经有没有作用？

中里巴人答：

甭管是肾结石还是其他的结石，全是身体的一种垃圾，都可以通过刺激膀胱经来增强其功能，从而清除这些症状。

问:

膀胱经在后背的这些穴位，可不可以自己用墙壁或是树来按摩？

中里巴人答：

可以。我经常看到有人用后背撞树、撞墙、撞门框，还有背靠背地两人一块儿撞。实际上，撞哪儿都行。

有三个原则大家一定要记住：第一个是量力而行；第二是循序渐进；第三是持之以恒。只有牢记这三个原则才会既安全，又有效果。

问：

我母亲80多岁了，她现在腰不得劲，很不好受，请问按摩什么穴位好？

中里巴人答：

您母亲平趴着的时候，给她按摩腿上膀胱经的穴位，把飞扬穴、委中穴揉一揉，一定要轻揉。还可以在床上做做跪膝，既可以渐渐增强腰部的力量，又对缓解腰痛有很好的帮助。

问：

我老娘腰腿疼，我就在她的左右委中穴、飞扬穴上拔上了两个罐，旁边还有穴，我也拔两个罐；然后昆仑穴我就拿手给揉，这样弄了以后，我老娘说话了："我腰部怎么那么热呢？"后来她的腰连续几天特别好。我老娘说："你替我谢谢中里老师！"

中里巴人答：

孝敬父母并不难，一个穴位就可以，不是非得我们给他们多少钱，给他们买多少营养品才行，咱们献给他们一个穴位，让他们身体健康了，就是尽了一份孝心了。

第六章

肾经大药房——激活先天之本，何惧疾病衰老

肾经上的很多穴位都能治同样的病，我们一定要灵活运用。虽说太溪穴治这个、然谷穴治那个、涌泉穴也可以治什么，但用的时候一定要灵活。如果今天管用的这个穴位到第二天揉的时候不痛了，您就换那个最敏感的去揉。记住这一点。

其实，我们不要光想着什么穴位能治老年痴呆、治耳鸣、治牙齿松动，只要把肾经打通，这些症状就全没了。

1. 补肾之峻猛，强身之迅捷，无出其右——品味脚上的肾经大药

肾经上的很多穴位都能治这些病，我们一定要灵活运用。虽说太溪穴治这个、然谷穴治那个、涌泉穴也可以治什么，但用的时候一定要灵活。

·肾经第一神药：涌泉穴

涌泉穴是肾经的第一个穴位。找的时候捂住脚趾肚，把余下的脚底分为3部分，涌泉穴就在上1/3处有个窝的位置。

涌泉穴是一个井穴，即源头。把气血引到脚上，实际就是引到涌泉穴去，这叫引血归源。引血归源有什么好处呢？它使人不容易衰老，这是最大的好处。

练金鸡独立、坠足功等方法，主要目标就是要把气血引到涌泉穴去。但有时做的时候会发现，好像气血总不能集中到想要去的地方，这就需要额外地刺激一下它。

刺激涌泉穴时，先把大拇指的指甲剪平，然后用力点按。如果很痛，这个穴位就适合每天按摩。一定要坚持，因为补肾是需要用一辈子来完成的任务，肾气强壮就不会衰老。但有的人用力点按后没感觉，穴位还被按下了一个坑，这就是典型的肾气虚弱、气血不足。这样的人即便每天揉，再加大力量，对身体来讲也是一种白白的消耗。所以这个时候要先做跪膝法、金鸡独立，把气血引下来，再刺激涌泉穴。

涌泉穴是最终要打通的穴位，但在人体气血不足的情况下不要去刺激它。

有人说："我按涌泉穴也凹陷下去了，也很痛，这种情况我能不能再按呢？"能！它只要痛，就可以每天按摩，这说明气血能够冲击到涌泉穴这儿来。

每天按摩3分钟，坚持1个月，您会发现脚底有弹性了，再按的时候就不会凹陷下去，肾气就归源了。其实，把涌泉穴按摩通了，就证明把整个肾

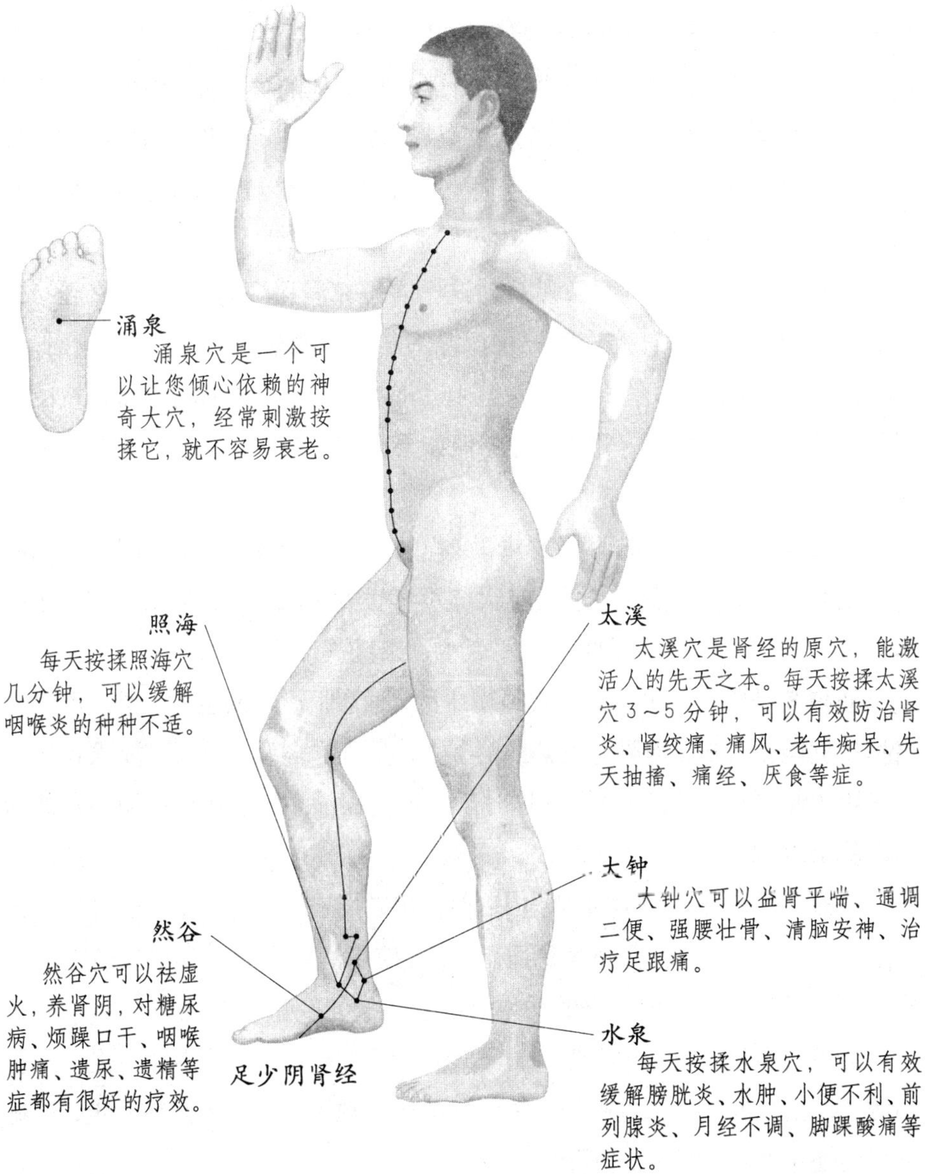

肾经从脚循行到头，在脚上共有6个穴位。时时按揉，对其呵护有加，便能培补我们的先天之本。

经都给打通了，这是一个非常省力和快捷的方法。

还有人说："我天天都按摩涌泉穴，非常痛，按了差不多1个月，痛老也不减。"这肯定是气血在流经肾经的其他穴位时，中途被堵塞住了，而且还堵得比较厉害。这时，我们要先在肾经上找其他的痛点按，依次把这些堵塞的地方按通了，然后再去按涌泉穴，就会逐渐不痛了。当按到非常有弹性而且又不是很痛，只有一种酸胀感觉的时候，您将会发现身体和整个精神状态有了一个显著的变化。这就是引火归源的巨大好处。

一旦您把涌泉穴揉通了，就会对这个穴位充满深深的感激，原来经络穴位有这么神奇，可以让您产生一种源源不断的汹涌动力。

涌泉穴可以治疗足寒证。如果您身上怕冷，脚心老是冰凉，而且按的时候凹陷不起，这时候最好用艾灸法。但如果火气比较大，这种方法就不适合应用。

有的人不足寒，但脚心总发热，这样的人最需要揉涌泉穴。因为他们的体质是肝火过旺，但受到了抑制，火气没有宣发出去，而肾阴又不足，所以就会脚心发热。这时，需要向肾要点水，来浇灭体内的火。

涌泉穴是肾经的井穴，井穴是属木的，通着肝，水又生木，所以可以从这里挖掘能量补肝。当脚心发热的时候，就是肝在向肾求救了，要求肾给一点肾阴（水）来降低肝的火气。这时候一定要揉涌泉穴，几天后脚心发热的问题就会缓解。

涌泉穴的作用和功效非常强大，但使用它时有一些禁忌，需要看好时机再用才会有好的效果，否则容易适得其反。使用涌泉穴时一定要知道它的原理，才能游刃有余，因为它的功效是随着疾病的变化而变化的。

涌泉穴可以治呃逆（打嗝不止）。如果肾气不足，气就不往下走，不能归源，而往上走就会产生呃逆。您只有把气弄顺了，它才不会往上走，这就是灵活使用涌泉穴的原理所在。

涌泉穴可以治疗虚寒性呕吐。虚寒性呕吐就是吃点凉东西就反胃呕吐，这也是肾气不足造成的。肾经的循行是从脚底开始的，一直通向肠胃，最后通到俞府。中医讲，经络循行到哪里就治哪里的病。它循行到胸口，像胸闷什么的问题它就治；它挨着支气管，正好管辖着这一块儿，那么咳嗽、哮喘的问题它也能治；它还通着肠胃，所以也能治肠胃不舒服等毛病。

涌泉穴可以治疗耳鸣、耳聋。因为肾开窍于耳，肾气不足耳朵就会出现问题。

涌泉穴还可以治疗高血压，但光靠揉是不行的。古人通常用一些药敷的方法，比如把吴茱萸这味中草药打成粉，然后调点醋，和成泥状糊在脚心上，这样就能很好地稳定血压，其实也是引火归源。有人采用金鸡独立，效果也一样。

每天搓脚心100次，也是为了引火归源。还有如果鼻出血了，赶紧拿一瓣大蒜，捣碎糊在脚心上。左鼻孔出血糊右脚心，右鼻孔出血糊左脚心，两侧同时出血就一边糊一个。糊的时间别超过10分钟，因为时间长了脚底下容易起泡。有人就是因为糊了一宿，第二天没法走道了。古人说此法是敷上以后立马就好，如果不好，则说明身体可能有别的病。

只要是肾经上的穴位，您就没有必要记住它是专管什么的，只要把经络打通，这些穴位自然就起作用了。整个经络通了，那它的每个穴位都是通畅的。如果每个穴位反反复复地刺激，可整条经络还是堵着，这些穴位也一点用都没有。

·治糖尿病、烦躁口干、咽喉肿痛、遗尿、遗精：按揉然谷穴

找然谷穴时，可以先摸一下脚的内踝骨，往前斜下方2厘米处有个高骨头，然谷穴就在高骨的下缘。

这个穴非常实用，尤其对糖尿病很有效。古人称糖尿病为消渴，其实消渴和糖尿病有一定的区别，只是类似。然谷穴便是专门治消渴症的。

然谷穴是肾经的荥穴。荥穴属火，肾经属水，然谷穴的作用就是平衡水火。如果心火太大，就拿这个水给浇一浇，使身体不致太热也不致太冷。如果总想喝水，心老起急，就是心火比较旺，一揉然谷穴就可以用肾水把心火降下来。

如果夜里心烦睡不着觉，伴口干，然谷穴就派上用场了。在睡觉之前揉揉然谷穴，不一会儿就会感觉嘴里有了好多唾液，不那么想喝水，也没那么烦躁了，自然也就能睡得踏实了。所以然谷穴相当于一味专治阴虚火旺的中药大补阴丸。其实，中成药大补阴丸的补阴效果不是特别强，只是去火的效果还行。不过，人岁数越大，越不能去火，因为他就仗着这点火气，他这个火全是虚火，所以用穴位来灭虚火就可以了。

心烦的时候，人容易上火，有时候会咽喉肿痛、发炎、不能咽唾液，这时您按然谷穴同样有效。肾经是通着咽喉的，虽然经络图上到俞府穴就结束了，但肾经“上咽喉辖舌本”，所以咽喉、舌头的问题它全管。当您突然失音，说不出话来，有两种情况：一种是咽喉特别干燥，另一种是有气无力。然谷穴适合第一种情况。

然谷穴还能治疗男科的专病——遗尿、遗精。对小便短赤（即尿少、很热、颜色发黄）等症状治疗效果也特别好。

· 益肾平喘、通调二便、强腰壮骨、清脑安神、治疗足跟痛、胆小怕事等情志病：按揉大钟穴

大钟穴在脚内踝后缘的凹陷往下约1厘米处，肾气不足的时候按下去肯定很痛。

大钟穴有益肾平喘、通调二便的功效。由于肾经连着支气管，所以大钟穴能治疗支气管哮喘方面的疾病。

此穴还有强腰壮骨、清脑安神的功效。

大钟穴是肾经的络穴，络膀胱经，主要的功效是排毒和御寒。

络穴都是治慢性病的，而恐惧这种病就是肾上的慢性病之一。恐惧不是一天两天形成的，它可能会伴随人一生。有人从小就胆小怕事，到老了也如此，而且因为肾虚、气不足，比原来还胆小。所以，一旦意识到自己有这种情绪上的病，要赶紧多揉大钟穴。

如果总想睡觉，整天没精神，本来晚上睡了8个小时，但白天不到10点钟又困了，而且吃完饭后总觉得没精打采的，这肯定是肾虚不足了。另外，虽然脾经不通、脾湿，也会容易困倦，但脾虚引起的这种症状和肾虚不一样。

脾虚导致的困倦是有阶段性的。比如，早上起来后，到了九、十点钟脾经所主的时候气血不足，就想睡觉；而肾虚则是早上起来也想睡觉，下午还想睡觉，整天有气无力的样子。

肾是藏精的。没有精，就没有气，更谈不上神了。所以要想精气神好，就得先从补肾开始。中医说“久病入络”，生病久了，自然会在络穴上产生一种虚弱的感觉。要想补肾，平常就要多揉大钟穴。

还有一种“心有余而力不足”的人，心里想得都挺好，可老没劲干，没有动力，更没有持续力，这也是因为肾气不足。有这种情况，就不要老想着是不是意志力不强，因为这不是意志力的事。就算您意志力再好，而身体不行，那您也干不好事情，所谓坚强的意志力也维持不了多长时间。身心是连在一起的，身体强壮了，您自然就干劲十足。

大钟穴还是治疗足跟痛的一个要穴。

当嗓子老说不出话来，也是肾气不足或肾阴不足的表现。大钟穴，古人起这个名绝不是瞎起的，为什么叫“大钟”？钟不敲不鸣。所以它是专门治疗失声的，一失声就鸣不了，敲敲大钟又能出声了。

我曾经在《求医不如求己大全集2》中专门讲到一个案例，是说一个人说不出话了，我就给他按大钟穴，他当时说了一句“好痛啊”。可见穴位这个东西只要让它通，马上就起效；它要不通，也许一辈子都没用。这就跟我们家里的灯泡一样，如果没有接通电，把它插到哪儿也不会亮，而一旦接通电则瞬间即亮。所以经络穴位起效不是很慢，中医也不是很慢，相反它的调养方法是最快的，关键是您没让它通上。有人说身体的问题都3年了。您甭说3年，如果10年您没接通，这个问题也还会搁在那儿。

·治膀胱炎、小便不利、前列腺疾病、月经不调：按揉水泉穴

水泉穴是肾经的郄穴。郄穴都治急性病，什么是肾经上的急性病呢？比如泌尿系统感染，就是突然有膀胱炎等方面的问题了，就需要赶紧去揉水泉穴。“水泉”的意思就是让尿流通畅，一通畅，体内的毒素就能排出去。

水泉穴是专门消水肿，治小便不利的。小便不利就是刚上完厕所，还没两分钟又想上，每次就撒一点。这是典型的肾气不足，医院通常诊断为泌尿系统感染。老年男性一般都有前列腺的问题，每天也要坚持多揉水泉穴。

水泉穴还有活血通经的作用。它通月经的效果很好，尤其是女性月经量特少、肚子胀得特别难受，但经血就是下不来，这时要赶紧揉水泉穴。

水泉穴可以治疗足跟痛，特别是对突发的足跟痛疗效好，一揉就能缓解。如果长期足跟痛，那就需要改揉大钟穴或太溪穴。

水泉穴还能缓解脚踝酸痛。比如刚爬完山发生脚踝酸痛，赶紧揉水泉穴。

· 治咽喉痛、慢性咽炎：按揉照海穴

照海穴在内踝的下缘，您贴着内踝一按就行。从古至今，它治疗咽喉方面的疾病如咽喉痛、慢性咽炎等最有效。

实际上，肾经上的穴位都能治咽喉疾患，因为肾经本身就是通咽喉的。打个比喻，这些穴位都是治咽喉病的能工巧匠，它们一般没有侧重，但照海穴偏重于专门治疗咽喉疾患，且效果极佳。

· 全身第一大补药：太溪穴

太溪穴在脚内踝后缘的凹陷当中。揉太溪穴时，很多人根本没反应，尤其是身体虚弱的人，什么反应都没有，而且一按就凹陷下去了。这时，不痛的一定要把它揉痛，痛的要把它揉得不痛。归根结底，就是要把气血引到脚底的涌泉穴去。

太溪是肾经的原穴。原穴能够激发、调动身体的原动力，但调动起来后一定要把它储藏起来，即储藏到涌泉穴，这样您就有健康的根基了。所以像每天搓脚心、做金鸡独立、泡脚之类的保健方法，其目的就是为了打通肾经，引火归源。

有人经常足跟痛，这就是肾虚。您应多揉太溪穴，顺着太溪穴把肾经的气血引过去。只要太溪穴被激活了，新鲜血液就会把淤血冲散吸收，然后再循环带走。为什么会痛？痛就是有淤血，停在那里不动了，造成局部不通，不通则痛。您把好血引过去，把淤血冲散，自然就不痛了。揉太溪穴就是帮助冲散淤血。

有人经常咽喉干，喝水也不管用，没有唾液，这是肾阴不足。揉太溪穴就能补上肾阴。太溪穴是原穴，原穴的意思是既补肾阴，又补肾阳。

有很多女性朋友来月经的时候肚子痛，这时揉太溪穴很管用。

有的人肾绞痛，尤其是体内有肾结石的时候肾绞痛，那么平常多揉太溪穴就能防治这种症状。

有人痛风、尿酸过高，这是尿里毒素太多了，每天揉太溪穴能从源头把这个问题解决。有人得了肾炎，排不出尿来，揉太溪穴也能帮助把尿毒解掉。

太溪穴还可以治先天性抽搐。如果大脑受伤，它还有辅助调养的功效。因为脑髓是肾所主，跟肾经有极大关系，所以要想调养后天受伤的大脑，就要好好刺激太溪穴。

有个人因家属出了车祸老是哭，哭了一段时间，眼睛越来越看不见东西了，还有个人经常想起点什么事就哭一鼻子，这时我都劝他们要多揉太溪穴。

有的人患有厌食症。古人管厌食症叫饥不欲食，看到吃的东西虽然饿，可就是吃不下去，这也是肾虚造成的。因为肾经的循行路线是从喉咙直接通着肠胃，所以太溪穴还能治疗厌食症。

还有像胸闷、支气管炎、哮喘等，太溪穴都可以治。因为肾经都经过这些病所发的位置。

老年痴呆也是肾虚的一种表现。而打通肾经就可以防治包括老年痴呆在内的各种老化症状。

其实，我们不要光想着什么能治老年痴呆、治耳鸣、治牙齿松动，只要把肾经打通，这些症状就全没了。

肾经上的很多穴位都能治这些病，我们一定要灵活运用。虽说太溪穴治这个、然谷穴治那个、涌泉穴也可以治什么，但用的时候一定要灵活。您不能说书上写着太溪穴是治咽喉痛、咽喉干的，但没说然谷穴治，您就不揉然谷穴，这样就麻烦了。所以，当您有这些症状的时候，哪些穴位最敏感，您就赶紧多揉它。如果今天管用的这个穴位到第二天揉的时候不痛了，您就换那个最敏感的去揉。记住这一点。比如说您今天咽喉痛，有几个穴都治——太溪穴治、然谷穴治、涌泉穴也治，可是您揉涌泉穴的时候不痛，那就别揉涌泉穴；揉然谷穴还不痛，也不要去揉了；再揉太溪穴痛了，就揉太溪穴，这时候太溪穴就管咽喉痛。

太溪穴不但是肾经的大补穴，还是全身的大补穴。大家都知道足三里穴是强身大穴，但如果与太溪穴相比，足三里穴偏重于补后天，太溪穴偏重于补先天。所以，要补先天之本就得从太溪穴开始。

2. 指下有乾坤——品味小腿上的肾经大药

当您想补肾的时候，如果有脏东西堵着，真正的气血生成不了，那就补不上。这时您需要先揉复溜穴，让它通一下之后再补，最好是揉完复溜穴马上再揉太溪穴，把好血赶紧引过来，打好这个基础。

·调节肾经的杠杆之药：复溜穴

从字面上的意思讲，复溜穴就是要让停留下来的水又重新流动起来。当人体内有淤血时，尿液、汗液和痰湿这些脏东西就会停留在体内不流动了。

当人体的某一部分肿起来了，比如说膝盖肿，就跟复溜穴有关系。实际上，身体凡是有肿的地方都跟复溜穴有关系。因为肿的意思就是有水液在那里停滞不流，淤住了，而刺激复溜穴就能让它重新循环起来。

静脉曲张就是血液长期淤在那里没有回流造成的。如果是在刚淤的时候刺激复溜穴，效果会很明显；如果静脉曲张已经形成了大疙瘩，揉几天复溜穴是不会好的，必须从整个身体来慢慢调节。所以当疾病刚发生苗头的时候就要给它消除掉，等到严重时就不好弄了，一定要防患于未然。

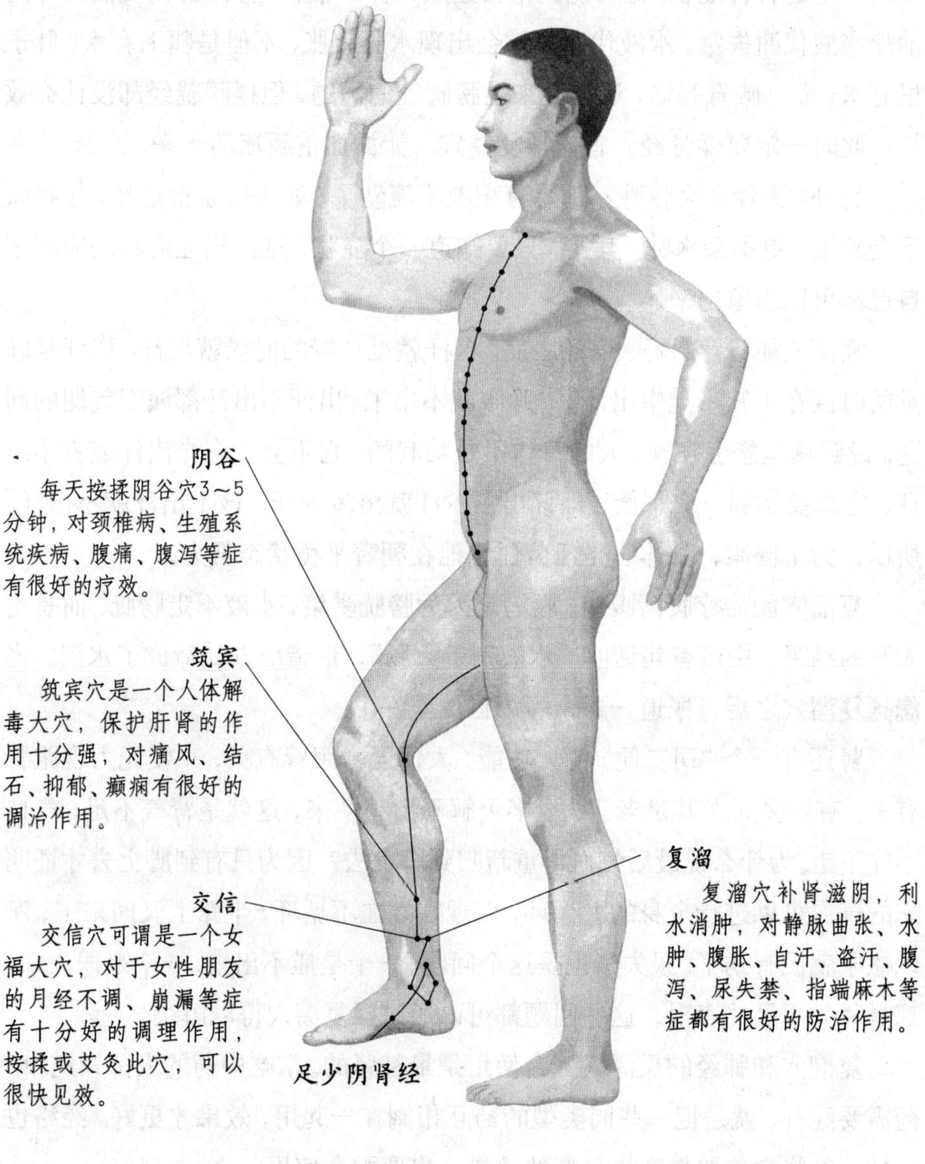

肾经在小腿上只有4个穴位，分别是复溜穴、交信穴、筑宾穴和阴谷穴。它们虽然名声不显，却依然是壮大我们先天之本的不竭源泉。

复溜穴的功效是补肾滋阴、利水消肿，改善整个肾功能，解除肾功能失常所产生的各种症状。肾功能失常会造成人体水液代谢失常，而复溜穴专门治疗水液代谢失常。水液代谢失常会出现水肿腹胀，不但是腿上有水、肚子里有水，而且腰脊强痛，这看起来是膀胱经的问题，但揉膀胱经却没什么效果，此时一定要揉肾经。首先揉复溜穴，让淤血重新流动起来。

另外，为什么会腿肿？那是有积液不流动了。如果排尿很通畅，尿路就不会感染，更不会水肿。其实，只要知道一个症状，这些相应症状的原因您自己都可以想象出来。

复溜穴能治疗自汗、盗汗之症。自汗就是待着的时候就出汗；盗汗是睡觉的时候在不知不觉中出汗，一睁眼就不出了。出汗不出汗都属于代谢的问题。说到这里您会发现，人的身体不是功利的，它不会让您光出汗或者不出汗，它总要达到一个平衡，即该出多少汗就出多少汗，该不出汗就不出汗。所以，为了健康，身体总是任劳任怨地在朝着平衡状态努力。

复溜穴能治疗腹泻腹痛。腹泻是因为膀胱受堵，水液不走膀胱，而是走大肠的结果。中医有句话叫“水液别走大肠”，走错地方就造成了水泻。当您揉复溜穴之后，尿道一通，腹泻自然就好了。

肾还有一个“司二便”的大功能。大便无力跟肾有关，小便无力也跟肾有关。有好多人尤其是老年人，半天解不出小便来，这就是肾气不足，气血不往下走。为什么说最后气血得重新归到脚上去？因为只有到脚上去才证明您的气血可以进行全身的大循环，但现在气血不循环，半路上又回来了，所以撒尿就没有劲了。尿失禁也是这个问题。一个是撒不出来，一个是尿失禁，都是肾气不足的表现。这些问题都可以通过揉复溜穴得以解决。

复溜穴和肺经的尺泽穴配合使用是最补肾的。常吃中药的人都知道，中药需要配补，就是把一些同类型的药互相搁在一起用，效果才更好。经络也一样，经络穴位要想产生最好的效果，也要配合使用。

复溜穴有降高血压的功效。但是您得先揉尺泽穴，再揉复溜穴，降压的功能才更确切。这是最好的降压方法。揉尺泽穴是为了把上面的气降下来，揉复溜穴是为了把降下来的气给接收住，让它固定下来。最后再揉太溪穴，才能真正把肾给补上，这是一步一步逐渐起效的。

如果您一天到晚总是腿脚酸胀，甚至需要别人给踩踩腿，或者脚老得抬高放在桌上才舒服，这是气血下不去了，这个时候您每天要多揉揉复溜穴。

复溜穴是治眼疾的要穴。当您有白内障、青光眼、飞蚊症、眼睛胀痛、上眼皮无力（扒拉开合还得使劲睁开，睁开一会儿又搭拉下来）等问题，揉复溜穴都管用。

如果您手指端或脚趾端总是麻木，就是气血过不去，原动力不足，每天要多揉复溜穴。

复溜穴能治疗哮喘。偏于虚寒的就去灸复溜穴，偏于实热证的揉揉即可，最好也配上尺泽穴。两个穴一降一补才能最好地达到平衡身体的效果。但身体特别没劲、有气无力的人，本来气就上不来，使用尺泽穴就不适合。

复溜穴是调节肾经的一个杠杆，它是一个枢纽。当您想补肾的时候，如果有脏东西堵着，真正的气血生成不了，那就补不上。这时您需要先揉复溜穴，让它通一下之后再补，最好是揉完复溜穴后马上再揉太溪穴，把好血赶紧引过来，打好这个基础。

·治月经不调、崩漏：按揉交信穴

交信穴在内踝上2寸（相当于两个半横指）的位置。“交”是指跟脾经的三阴交穴相交，“信”是指月信（月经），交信穴是专为调理女子月经准备的一个大穴。当女性月经到期不来或者有崩漏、淋漓不止等情况时，揉交信穴可以得到很大改善。

·治痛风、结石、抑郁、癫痫：常揉筑宾穴

筑宾穴在内踝上5寸，是补肾不可或缺的穴位。

当揉太溪穴和复溜穴不敏感的时候，通常是筑宾穴处有淤堵，您一定要先把筑宾穴给揉通。

这里的“筑”是建筑房屋的意思，在古义里跟“杵”相通。杵是生活中捣蒜、捣米用的工具，相当于现在砸夯时用的大木墩子。“宾”字加上月字旁是通假字，专指膝盖骨。“筑宾”就是在膝盖骨旁边再搭个柱子，给这块儿补上劲，即强腰健骨的意思。

当膝盖发软、没劲、心里有恐惧的时候，按揉筑宾穴就可以给人增加底气。

筑宾穴的主要功效是清热利湿、化痰安神、理气止痛。

在人体内，毒素最喜欢生长在有湿、淤血、痰浊多的地方，而筑宾穴就是一个去毒的要穴。它既然可以排毒，就证明它可以祛湿、化痰、活血，只有这 3 个方面都成功了，毒才能排出去。

筑宾穴最能排除人们平常最担心、最常见的那些毒，像烟毒及油漆味等污染空气的气毒，还可以解吃药后淤积在身体内的毒。对于那些长期吃西药的朋友，平时一定要多揉筑宾穴。

太冲穴也是一个解毒的穴位，但它是从肝上解毒，即把肝毒给排到肾脏了，所以需要再排毒。揉筑宾穴就是再解一遍毒，把体内的毒素统统都给排出去，不让毒素损伤肝肾。损伤肝的时候可以用太冲穴解毒，损伤肾的时候可以用筑宾穴解毒。

筑宾穴还可解尿酸过高。尿酸过高会产生痛风、结石症，揉筑宾穴可以治疗这些病。

人体内的毒素很多时候还会伤害到神经，让人产生一些神智上的错乱，比如抑郁症、癫痫等，常揉筑宾穴可以有效地防治。

当您把种种毒素排走了，脏血被过滤了，新鲜血液才能产生，这样才叫真正打通肾经，才是真正的补肾。

·治颈椎病、生殖系统疾病、腹痛、腹泻：按揉阴谷穴

阴谷穴在膝窝处、委中穴的内侧。和委中穴距外侧委阳穴的距离差不多，只不过一个在外，一个在内。

阴谷穴是治疗颈椎病的一个好穴位。中医常说“肾主骨”，颈椎和椎体都是骨头的一部分，所以揉阴谷穴可以治疗颈椎病。

阴谷穴还能治疗生殖系统疾病。

阴谷穴治肚脐周围的腹痛效果也很好。如果跟胃经上的下巨虚穴配合起来使用，祛腹痛的效果会更快。《难经》中说："合治逆气而泻。"就是说浊气逆流而上会造成腹泻。阴谷穴是肾经的合穴，能阻止逆气上行，治腹泻。如果再加上排浊气的推腹法，疗效既快又好。

3. 鸟因迁徙而羽丰，兽恃蛰伏而体壮——品味胸腹部的肾经大药

推揉胸腹部肾经，心脏、肠胃、生殖系统、泌尿系统的众多疾病会迎刃而解。

·治心脏、肠胃、生殖系统、泌尿系统、情志等疾病：推揉胸腹部肾经

推揉胸腹部肾经，心脏、肠胃、生殖系统、泌尿系统的众多疾病会迎刃而解。

肾经从大腿根一直往上走，分两条线：第一条是从人体正面的中线旁开0.5寸处从横骨到俞府，第二条线是顺着脊椎上去。所以，脊椎和肚腹上面的所有毛病都跟肾经息息相关。

先看第一条线，从横骨一直往上走，经大赫、气穴、四满、中注，最后到肓俞，而肓俞正好在神阙穴（肚脐眼）旁边。从横骨到肓俞之间的穴位都是治疗生殖系统、泌尿系统方面问题的，包括妇科、男科的很多疾病。所以推腹的时候，如果能推到肚脐眼以下的耻骨（也就是相当于横骨旁边的曲骨穴处），这些问题将统统迎刃而解。

从肓俞再往上走，就是商曲、石关、阴都、腹通谷、幽门，这块区域正好都在心窝以下，所以推这块正好可以治肠胃方面的问题。

再往上走，是步廊、神封、灵墟、神藏、彧中、俞府，肾经这条线上的穴位专治支气管、乳腺、心脏等方面的毛病，包括咳嗽、胸闷、憋气、恐惧

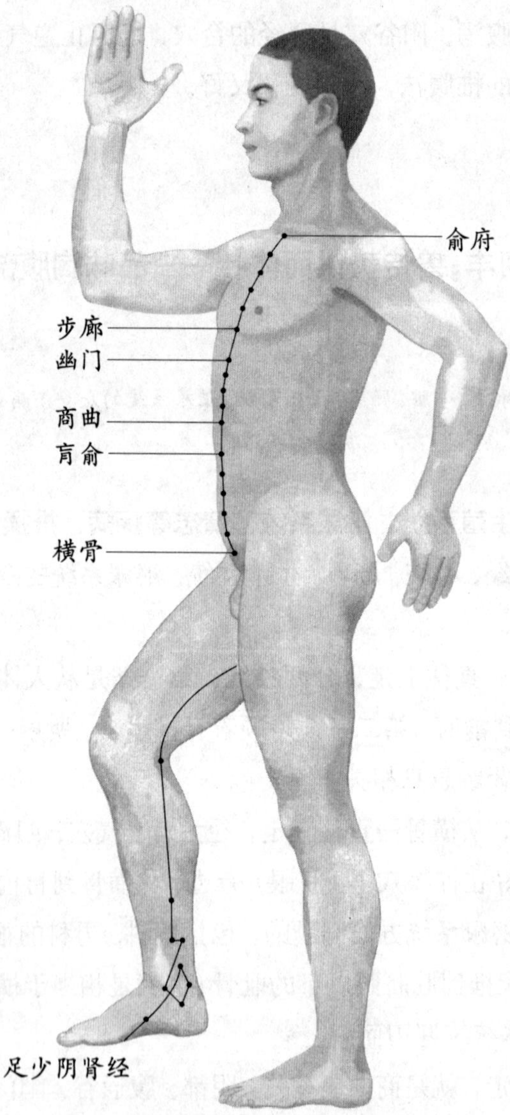

分3段推揉胸腹部肾经，从俞府到步廊，从幽门到商曲，从肓俞到横骨，可以防治心脏、肠胃、生殖系统、泌尿系统的众多疾病。

等方面的问题。

所以在推腹的时候，肾经可分为3个部分来推：

第一部分从俞府推到步廊。在这一段，您会推到痛点，特别是您心里有恐惧的时候，而且恐惧的时间越长，这些痛点就越敏感。把这些痛点都给揉散了，您就会觉得心里非常舒服，恐惧不知不觉就消失了。而且诸如心里郁闷、胸闷、咳嗽等毛病，都可以在这里找到原因并得以解决。

第二部分从中线旁开0.5寸的幽门穴开始，一直推到肚脐眼旁边的肓俞穴。推这块是为了达到排出腹中浊气、调节肠胃功能的目的。

第三部分从肓俞往下推到横骨。能防治生殖系统方面的疾病。

打通身体正面的肾经，可以通过以上介绍的推腹法来办到。如果您觉得身体哪方面问题最严重，就着重从管哪块区域的经络开始推就可以了。

4. 肾经健康大课堂

涌泉穴怎么揉都没关系，点揉也行，找个按摩棒揉也行，只要敏感了就可以多揉。如果不敏感，又凹陷下去了，就先别揉它，而是揉其他的穴位，慢慢地把气血往那儿引。

问：

肾经从腿上到后背的穴位有哪些？

中里巴人答：

腿最上面的肾经穴位是阴谷穴，再往上到背后、臀部这一带只有经，无穴。趴下的时候，内侧有一根筋，中间有一根筋，外侧还有一根筋。中间这根筋和外侧这根筋都是膀胱经，内侧这根筋才是腿上的肾经。

问：

涌泉穴是点按好，还是从中点往脚趾头顺着揉好？

中里巴人答：

怎么揉都没关系，点揉也行，找个按摩棒揉也行，只要敏感了就可以多揉。如果揉时不敏感，又凹陷下去了，就别揉它，先揉其他的穴位，慢慢地把气血往那儿引。

问：

我的嘴老是特别的干，尤其是夜里，请问用哪个穴位好？

中里巴人答：

其实肾经上的一半穴位好像都是给您的。您挨个揉一下吧，哪个最敏感就最有效。但是最终目的是要让太溪穴敏感，再让涌泉穴也敏感，就成了。

问：

帕金森这个病有没有什么好的办法可以调理？

中里巴人答：

凡是颤动的症状都跟肝有关系，可以多揉太冲到行间，还有地筋以及肾经上的穴位。但要想效果长久的话，还是要从肾经上来打通。

问：

请问尾骨疼按什么地方？

中里巴人答：

凡是骨头方面的问题都跟肾有关，肾主骨。所以尾骨疼也跟肾有关。要揉肾经上的太溪穴、复溜穴，它们都管用。另外，尾骨和颈椎互为反射点。

所以尾骨痛要揉颈椎上的痛点；颈椎痛要揉尾骨上的痛点。这两个您都可以互相参照。

问：

目前我脚上长有骨刺，又加上痛风，按摩哪个穴位比较好？

中里巴人答：

没有哪一个穴位是专门治这个病的。多揉脾、肾、肝这3条经络，把它们打通后，这种病症就能缓解。

问：

跪膝法对于腰椎也有好处吗？

中里巴人答：

跪膝就是引血下行，主要是补肾、补肝，调节肝肾的，而腰椎是肾所主，像腰椎间盘突出就是里面的筋有问题。筋硬、有淤血了就会产生关节的错位，这与肝脏功能有关，所以跪膝法是调节腰椎，调节肝肾的方法。

问：

我想问一下，腰椎痛还有腰椎突出和右边这条腿发凉，通过跪膝法可不可以缓解？

中里巴人答：

可以，坚持一段时间就可以。

问：

我有一段时间气老不通，光往上走，不往下走，而且老打嗝，这个有办法治没有？

中里巴人答：

揉尺泽穴加复溜穴，可以把气降下来。但是老打嗝证明您有一个想往外发的力量，一定不能压住它。所以最好先揉太冲到行间，把气消了，然后揉三焦经的支沟穴，再揉尺泽穴加复溜穴，把气再降下去。

问：

复溜这个穴位是治咽痛和咽炎的，那它治咽喉部的囊肿能有效果吗？

中里巴人答：

只要是咽部的问题、喉咙的问题，揉复溜穴都会有效果。

问：

我总怕冷是怎么回事？而且爱睡觉，吃完饭就爱打盹，是为什么？

中里巴人答：

总怕冷还爱睡觉，是肾气有点不足，也可能是脾虚。要是整天都爱睡觉，那是阳气不足，也就是肾气不足。如果只是早上起来后刚一两个小时就想睡觉，那是脾虚。最好的方法就是去补肾经，把肾气升起来就好了。

第七章

胃经大药房——天天培育我们的后天之本

胃经这条经络很长，它从头到胸、腹、大腿、膝盖、小腿，最后直达双脚。如果它畅通无阻，不但能让人睡得香，胃口好，脸色红润，还能让人返老还童。

胃经这条经络很长，它从头到胸、腹、大腿、膝盖、小腿，最后直达双脚。如果它畅通无阻，不但能让人睡得香，胃口好，脸色红润，还能让人返老还童。

胃经，顾名思义，是管理胃肠功能的。胃肠功能一旦失调，整个人就会虚弱下来。在日常生活中，如果某个人爱吃、能吃，而且消化特别好，大家就会说他有口福。而有的人虽然能吃，吃下去的东西却停在肚子里不消化；有的人吃一点儿就肚子胀；还有的人不论对酸的、辣的、凉的、硬的都非常敏感，沾一点儿肚子就不舒服。这些不仅是肠胃问题，还会影响睡眠，并且最终影响整个人的心情和精神状态。

那么，从哪里调节最便捷呢？就从胃经来调节。因为，胃经上的很多穴位都是非常对症的，而且十分好找，用起来也特别方便。

胃经上的穴位共有45个，其中22个暂时不用去记，只用剩下的23个，就够我们养护后天之本了。

1. 饮半盏当知江河滋味——品味头部的胃经大药

> 如果左眼皮跳，咱甭管它，发财嘛，巴不得呢；如果右眼皮跳，您心里慌，那赶紧揉右眼下边的承泣穴，您一揉，眼皮就不跳了，这灾也就过去了。所以，揉穴位不仅能防病治病，还能消灾，挺好！

·治迎风流泪、流泪控制不住、青光眼等：按揉承泣穴

承泣穴是胃经的第一个穴位，离眼睛非常近，就在眼眶处。“承”是承接、承载的意思，“泣”就是哭泣。当您眼睛累了、迎风流泪、流泪控制不住、有青光眼等毛病，承泣穴就可以向您伸出救援之手。

有人眼睛老眨巴，眼皮平白无故地跳。对这种情况，有的人比较迷信，说眼皮跳是有讲究的，“左眼跳财，右眼跳灾”。所以眼皮一跳，心里就嘀咕。如

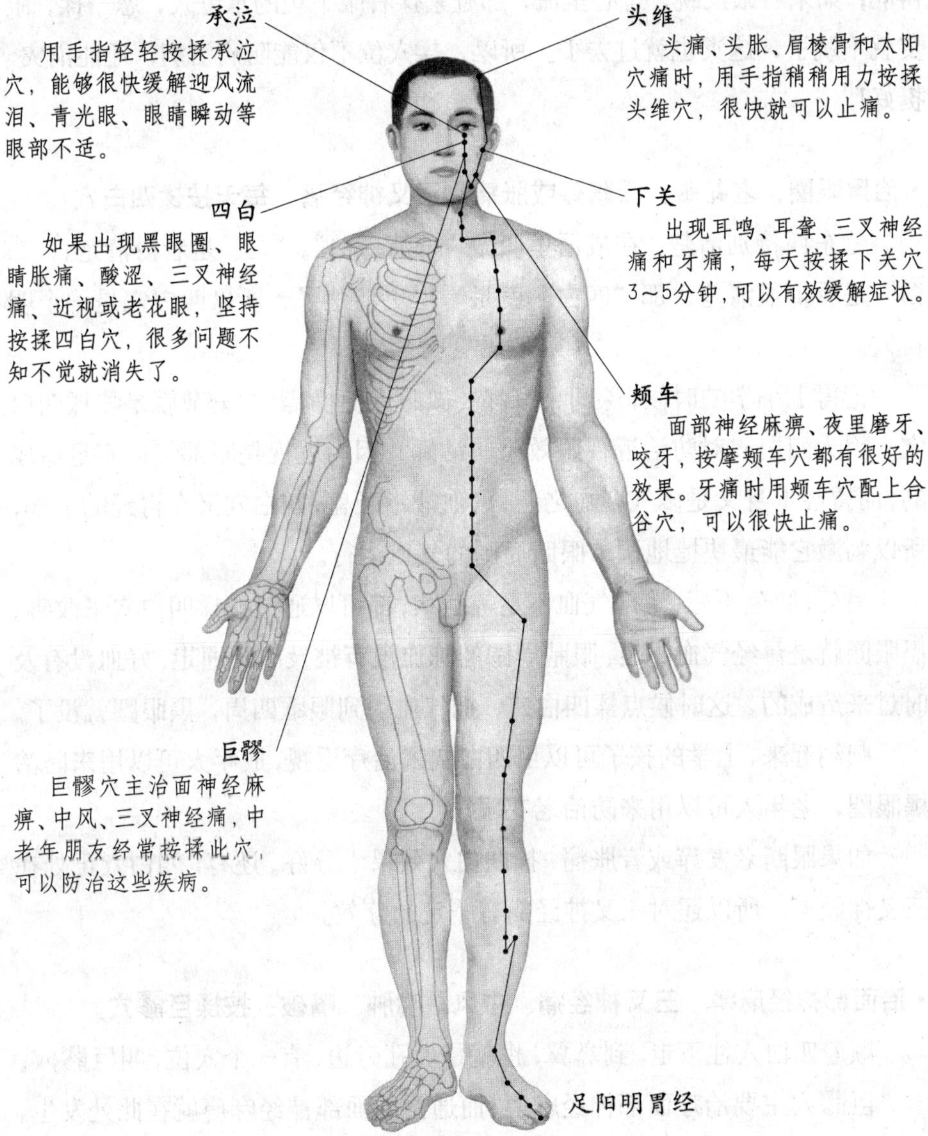

胃经在头部的这些穴位在治疗头面部疾病中效果非凡。

果是左眼皮跳还好，右眼一跳，心里就慌了，总觉得有灾祸要发生。现在知道了这个承泣穴，您就有办法了：如果左眼皮跳，咱甭管它，发财嘛，巴不得呢；如果右眼皮跳，您心里慌，那赶紧揉右眼下边的承泣穴，您一揉，眼皮就不跳了，这灾也就过去了。所以，揉穴位不仅能防病治病，还能消灾，挺好！

·治黑眼圈、老花眼、眼睛痒或胀痛、三叉神经痛：每天按揉四白穴

看东西特别清楚，在成语里叫做“一清二白”。“白”是看得清楚，“二白”是看得很清楚，那“四白”就是看得更清楚了，所以四白穴是一个明目穴。

记得上小学的时候，课间大家都要做眼保健操，其中一节就是按揉四白穴。因为四白穴对防治近视眼效果非常好。因为近视是眼部气血不足造成的，而胃经本身又是多气多血之经，气血非常旺盛，四白穴又在胃经的上部，所以刺激它能最快捷地调节眼睛周围的气血运行。

另外，脸色不好、头部气血不足等症状，都可以通过按揉四白穴来改善。黑眼圈就是胃经气血不足、眼睛周围的陈血没有被及时疏通走、好血没有及时过来造成的，这时候点揉四白穴，把气血引到眼眶四周，黑眼圈就没了。

归纳起来，上学的孩子可以用四白穴来治疗近视，成年人可以用来防治黑眼圈，老年人可以用来防治老花眼。

如果眼睛老发痒或者胀痛，揉四白穴效果十分好。还有，四白穴正处在三叉神经上，所以还对三叉神经痛有一定的疗效。

·治面部神经麻痹、三叉神经痛、中风、嘴肿、嘴破：按揉巨髎穴

顺着四白穴往下走，到鼻翼，也就是鼻孔旁边，有一个穴位，叫巨髎穴。

巨髎穴主要治疗面部神经麻痹，而通常的面部神经麻痹就在此处发生。有中风先兆的中老年朋友要常揉这个穴位。

按揉巨髎穴还能预防三叉神经痛。有些朋友嘴唇爱肿，还容易破，多揉揉巨髎穴也可以预防。

· 治牙痛、口眼歪斜（面部神经麻痹）、睡觉爱咬牙、磨牙：按摩颊车穴

使劲咬一下牙，面部会有一块地方凸出来一个包，那是咬肌，咬肌上有个窝儿就是颊车穴。颊车穴与嘴角处在一条平行线上，上边垂直于鬓角。一般人按颊车穴时，都会比较酸痛。

“颊车”的意思是面颊处停着一辆车，即古代的那种小推车，而下颌骨侧面的形状就像这个小推车，所以叫做颊车穴。

颊车穴可以治疗口眼歪斜，即面部神经麻痹，还能治疗牙痛。如果在治疗牙痛时，再配合手上虎口处的合谷穴，效果会更好。

有些朋友夜里爱咬牙、磨牙，那么睡觉前可以先揉揉颊车穴，能很好地缓解“咬牙切齿”的状况。

· 治耳鸣、耳聋、三叉神经痛及胃经、胆经疾患：按摩下关穴

沿着颊车穴往上，走到耳朵前边，用手摸有一个凹陷，一张嘴这个凹陷里面就有一个包被顶出来，这个包就是下关穴。

由于离耳朵比较近，又是胃经和胆经的交会穴，所以下关穴可以通治胃经和胆经两条经上的病，像胆经上最常见的问题——耳鸣、耳聋，按揉它都会有很好的疗效。

下关穴还可以治疗三叉神经痛以及牙痛。

· 快速缓解头痛、头胀、发懵、眉棱骨痛、太阳穴痛：按摩头维穴

头维穴在额头上，距额头角一横指（1.5厘米）处。“维”是思维的维，在古代意为大绳子。“头维”就是形容头痛的时候，好像有绳子或者布把脑袋裹上了一样，因此这个穴位专门治疗这种头痛如裹的病。很多朋友都有类似这样头痛、发胀、发懵的时候，遇到这种情况，一定要多按一按头维穴，症状会缓解很多。

有的人眉棱骨或者太阳穴总是莫名其妙地痛，按头维穴也马上有很好的效果。

2. 无病第一利——品味颈胸部的胃经大药

在胃经胸腹这块儿的循行路线上，穴位非常多，密密麻麻的。如果单就某个具体的穴位来按摩，根本就不好找。因为有这个麻烦，好多人就知难而退了。当然我们也确实没有必要给自己找麻烦，最简单的方法就是一带而过。

·缓解心理压力、降高血压、祛斑、祛黑眼圈：抚摸人迎穴

人迎穴在喉结旁开两横指（1.5寸）处。在喉结旁边一摸，有动脉在跳，这个地方就是人迎穴。

一般脖子上的穴位我不建议大家去按揉，因为脖子比较稚嫩，而且血管都从这里经过，按摩时压迫它，很容易引起咳嗽，反而会不舒服。那么，真需要在脖子上按摩的时候，应采用什么方法呢？我建议大家用抚摸法。脖子是人体气血流动比较旺盛的地方，它一般不会有经络不通的情况，所以没必要强刺激它，平常只要抚摸它、捋顺它，帮助它疏通就行了。

疏通人迎穴时，不要使劲去点，否则容易咳嗽。要用手轻轻地往下抚摸，抚摸的时候心情要非常放松。然后吸两口气，吐一下，吸一下，再吐一下，一定要保持很放松的状态。

人迎穴是缓解心理压力的一个最好的穴位。

人迎穴还是防治高血压的一个要穴。每天按摩它几分钟，对中老年人效果非常好。

此穴更是一个美容的要穴。如果有人脸上红润光洁，不长斑、没有黑眼圈，是什么原因呢？就是此人胃经的气血比较旺盛，能上行到脸上去，而人迎穴正好是胃经上很重要的一个通路。经常捋捋这块儿，捋的时候深吸气，非常放松地去做，捋完后眼睛就会感觉明亮。这就是气血循胃经上行补到眼睛这块来了。

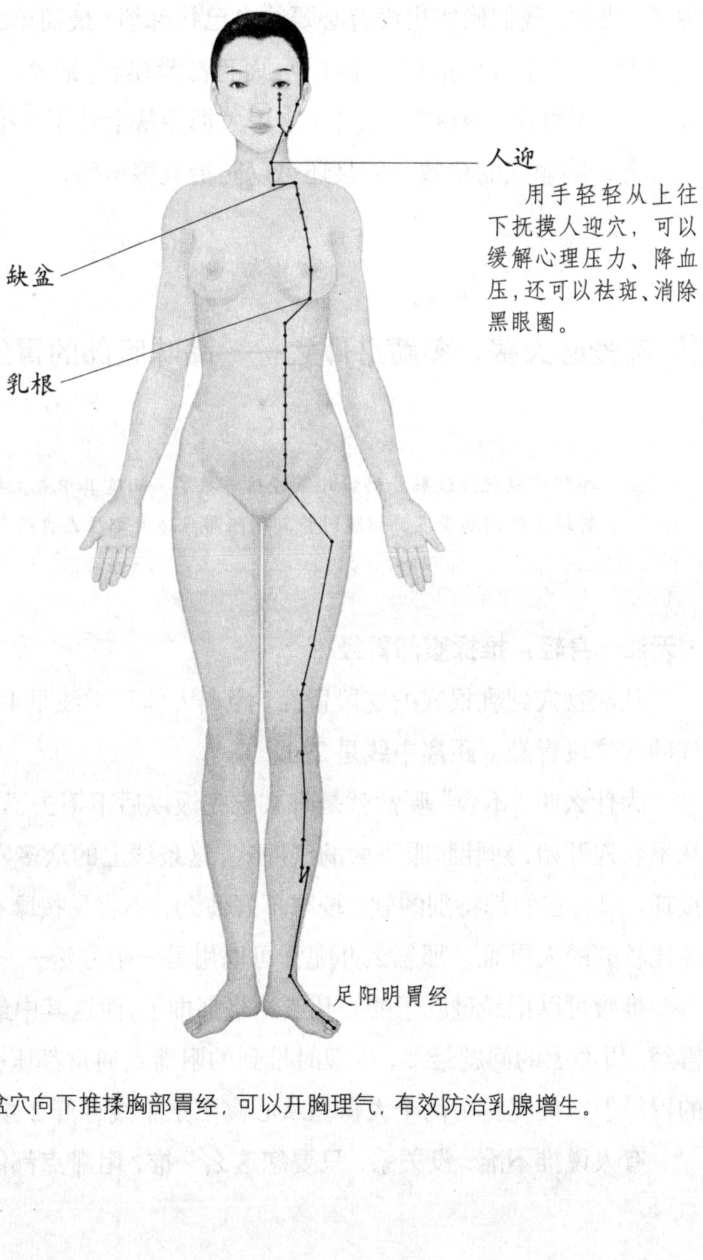

从缺盆穴向下推揉胸部胃经，可以开胸理气，有效防治乳腺增生。

·开胸顺气，防治乳腺增生：在缺盆、气户、库房、屋翳、膺窗、乳中等穴位上一推而过

在胃经胸腹这块儿的循行路线上，穴位非常多，密密麻麻的。如果单就某个具体的穴位来按摩，根本就不好找。因为有这个麻烦，好多人就知难而退了。当然，我们确实也没有必要给自己找麻烦，最简单的方法就是一带而过。因为这几个穴位都在一条线上，而且都紧挨着。缺盆穴往下就是气户穴、库房穴、屋翳穴、膺窗穴、乳中穴，用大拇指从上往下一推就行了。这一推，不仅有开胸顺气的功效，而且还可以防治乳腺增生。

3. 甚爱必大费，多藏必厚亡——品味腹部的胃经大药

> 推腹可以把经过肚子的好几条经络都推了，而这其中最主要的一条就是胃经。胃经上的问题最多，推腹时推到的阻滞点通常都压在胃经上。

·无浊一身轻：推揉腹部胃经

从缺盆穴到乳根穴的这段胃经，距离人体正中线是4寸；而从不容穴到气冲穴这段胃经，距离中线是2寸。

为什么叫“不容”呢？就是有人吃完饭以后下不去了，所以叫“不容”。从不容穴开始，到肚脐眼下面的气冲穴，这条线上的众多穴位我们都不用去按揉，因为它们都特别的软，按摩不好使劲，不容易按摩在点上，尤其是身体比较胖的人更难。那怎么办呢？可以用另一个方法——推腹。

推腹可以把经过肚子的好几条经络都推了，而这其中最主要的一条就是胃经。胃经上的问题最多，推腹时推到的阻滞点通常都压在胃经上。肚子上的胃经怎么推呢？用两个大拇指从心窝下正中线分开2寸往下推。

有人说推不准，没关系，只要您这么一推，阻滞点都能找到。有的地方

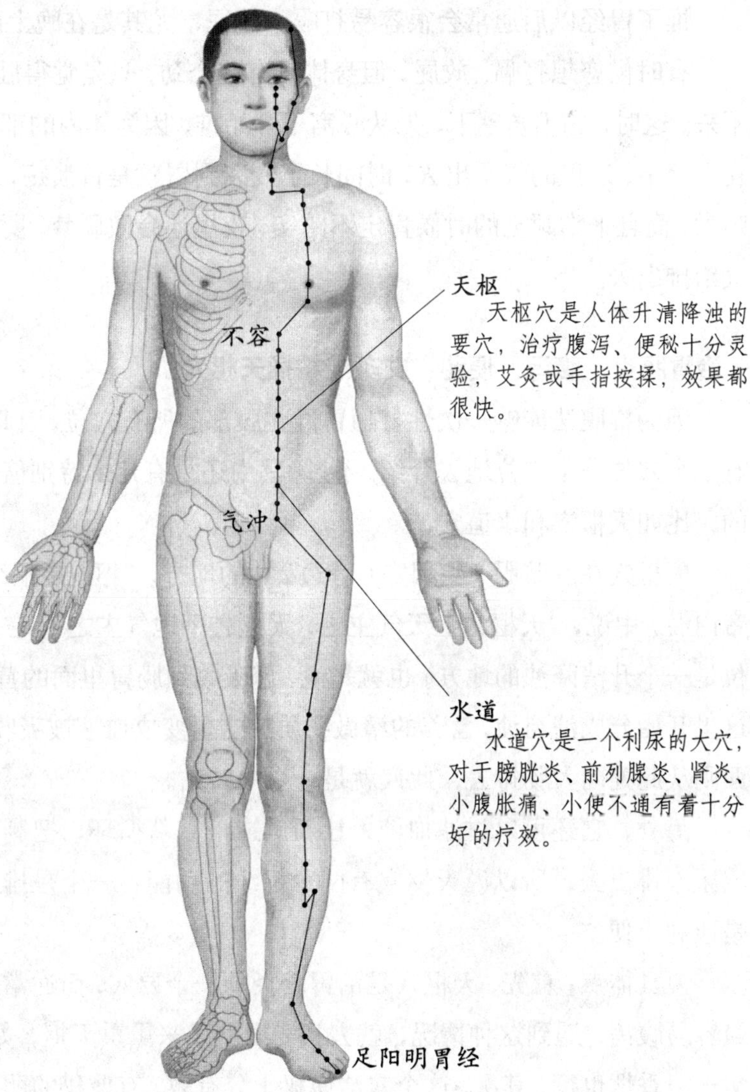

腹部胃经穴位众多，用两个大拇指从腹部两侧不容穴开始向下推揉，就可以疏通胃经，化解淤滞，防治大部分慢性疾病。

会很痛，有的地方会很胀，有的地方是一个硬结，还有的地方是一个水槽或者气团，您一推就能感觉到，不用特别用力。以上这些对人体有害的东西，一定都要推散。

推了胃经以后通常会很容易打嗝、放屁，尤其是在晚上睡觉之前。

有时候您想打嗝、放屁，但身体没有这个劲，只是觉得肚子胀，气又出不来。这时，您不妨躺下，先从心窝下开始推，因为体内的郁气一般都集结在心窝下，这里的气不出去，时间长了侵袭到胃就是胃溃疡，侵袭到肺就是咳嗽，而且平常睡觉的时候肯定不踏实，夜里还会做噩梦，所以一定要把浊气给排出去。

·治胃肠炎、腹泻、便秘：艾灸或按揉天枢穴

因为推腹法能够一次性打通胃经在腹部的所有穴位，因此，我在这里没有一个穴位一个穴位地去介绍。不过，其中还是有几个特别值得我详细说明的，比如天枢穴和水道穴。

天枢穴在肚脐眼（神阙穴）旁边2寸的地方。“枢”是枢纽的意思。《黄帝内经》中说，“天枢之上天气主之，天枢之下地气主之”，它告诉您这个穴位是一个升清降浊的地方。也就是说，您吸收到肠胃里面的营养物质，就在这里开始分成清与浊，营养的精微物质在这里变成血液被吸收了，糟粕的东西则从此处向大肠排去，此穴就是一个中转站。

另外，它还可以过滤血液，让新鲜血液重新循环，把剩下的脏东西变成尿液排出去。所以说天枢穴有两个枢纽的功能：一个是排泄大便，一个是通利小便。

说具体点，首先，天枢穴是治胃肠炎的一个要穴，而通常有胃肠炎的人最容易腹泻，遇到这种情况，就去找一根艾条来熏熏天枢，如果没有艾条，拿一根香烟也行。其次，这个穴治便秘十分有效，有便秘的朋友只要每天多按揉或多推一推这个穴位，效果就出来了。

· 治膀胱炎、前列腺炎、肾炎、小腹胀痛、小便不通：推揉或点揉水道穴

水道穴在天枢穴下3寸、关元穴旁开2寸的位置。顾名思义，此穴就是排泄水液的通道，也就是利尿的一个穴位。既然能利尿，这个穴位就跟膀胱炎、前列腺炎、肾炎、小腹胀痛、小便不通有很大关系。哪些朋友有这方面的问题，每天一定要多多推揉或点揉水道穴，疗效很明显。

4. 祛病只需除湿寒——品味大腿和膝盖上的胃经大药

> 我建议这些朋友回家的时候，在软床上跪着来回走一走。这样体内的气血就很容易流注到膝盖上去了，这些新鲜的气血就相当于膝盖这个轴上的润滑油。

· 治心跳过快、心慌及调节心脏功能：用掌跟轻揉伏兔穴

伏兔穴是腿上的穴位，在膝盖上6寸处。在古人眼里，大腿的肌肉特别多。当人走路和跑步的时候，这里的肌肉就像一只趴着的小兔子，不过古人这么解释意义不是很大。我这儿另有一种记忆的方法，就是平时形容心跳过快、心里慌时，老爱说就像怀里揣着个兔子似的。伏兔穴就是治疗心慌、脉快、脉搏"咚咚咚"猛跳这些症状的。

有些朋友有时会莫名地心慌，甚至没碰见什么事或者是稍微遇到一点刺激，心里马上就慌了、乱了，这个时候要好好按揉伏兔穴。按揉时不要点揉和强刺激它，要用掌跟仔细按揉。可以顺时针揉，有重有轻，揉完后便会觉得心里非常踏实，而且对心脏也有一种补血的效果。实际上，正是因为心脏补足了气血，心里才会觉得踏实。

· 治血糖过高：每天揉阴市穴

把腿伸直，膝盖处会出现一个窝，这就是阴市穴了，它在膝关节上面3寸的地方。阴市穴对于老年人尤为重要，它有一个大家都关心的功能——降

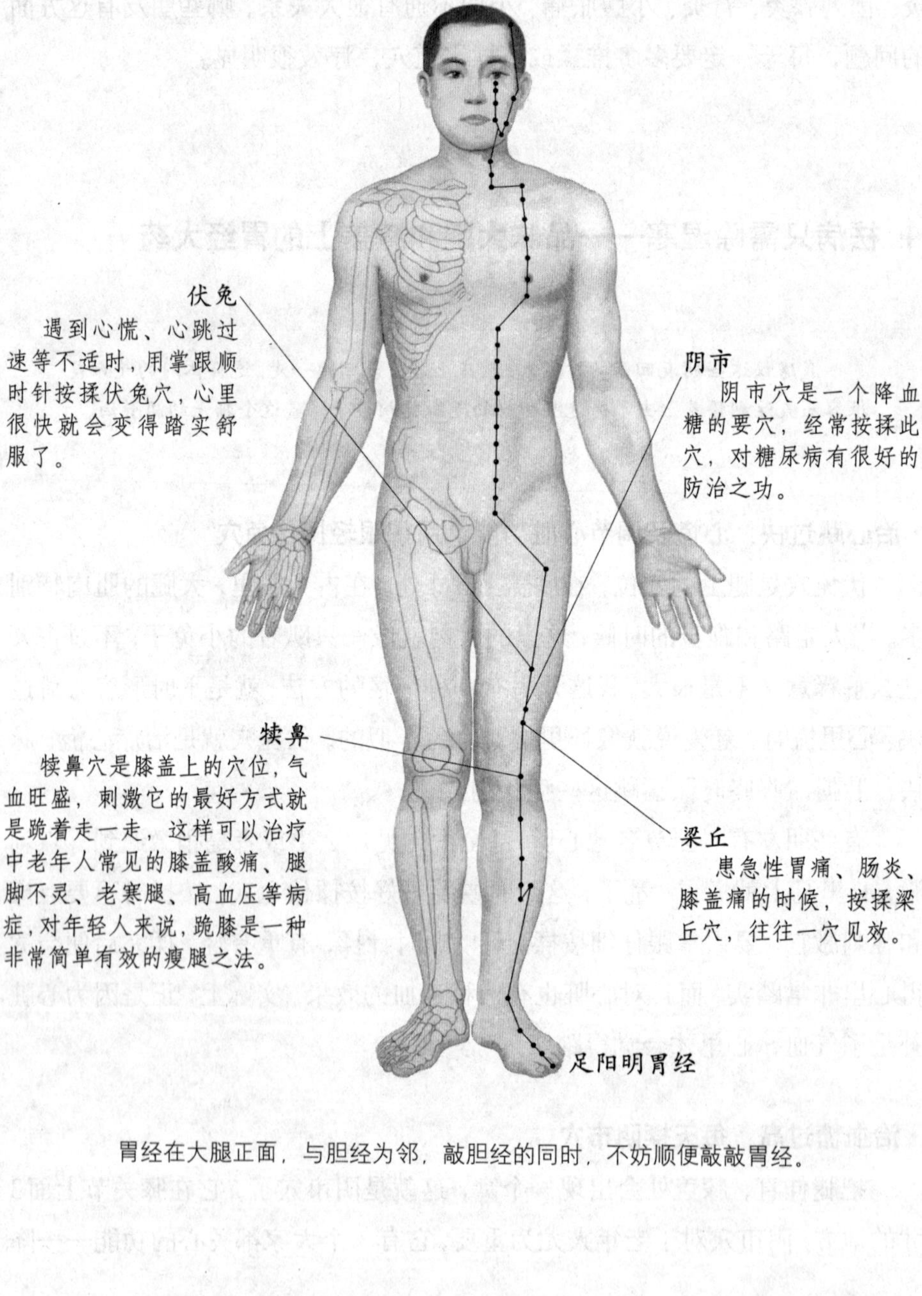

胃经在大腿正面，与胆经为邻，敲胆经的同时，不妨顺便敲敲胃经。

血糖。所以，血糖高的朋友每天要多揉揉它。

· 治急性病、胃酸：按揉梁丘穴

阴市穴向下1寸的位置，贴着骨头边缘的一个比较敏感的地方就是梁丘穴。

梁丘穴治疗急性病效果是最好的。比如急性胃炎、肠胃炎，或者突然肚子痛。再比如急性乳腺炎引发的突然乳房痛，或者突然膝盖痛（这种膝盖痛不是陈旧性的，只是偶尔扭了一下，或者是因爬山等造成劳累而膝盖痛），这时赶紧揉一下梁丘穴，马上就会缓解。

梁丘穴的功效很强，除了上面说的那些病症以外，腿痛、脚痛等，它全都管，而且它还能够止胃酸。如果突然胃犯酸了，赶紧揉梁丘穴，很快就会好转。

· 治膝盖受损、疼痛、膝关节积水、走路不稳、脚冷，以及补脾胃、壮腰肾、瘦腿：每天跪膝走一走，揉犊鼻穴

很多人都知道，膝盖下面内侧和外侧各有一个窝，称作膝眼。其中外侧的窝，就是胃经上的一个穴位——犊鼻穴。“犊鼻”，是说这个穴特别像一个小牛犊的鼻子。其实，古人给穴位起名就是想把好多的含义都灌注进去，他们希望后人把隐藏在里面的深意给挖掘出来。“犊鼻”的深意就是最有力量的，也是气血最盛的，所以犊鼻穴是一个强壮身体的穴位。

对于老年人来说，我不是特别赞成做下蹲运动。为什么呢？年轻人做做倒无妨，老年人因为气血不容易下到腿和脚上去，做下蹲运动等于是在气血很少的情况下去磨膝盖这个轴。老年人的膝盖本来就容易受到损伤，再有意识地去磨磨它，那就等于是在生锈的地方进一步地磨损。所以，我建议老年朋友平时多练练跪膝法，这种方法特别能打通犊鼻穴。

有一些老年朋友喜欢爬山，虽然爬山是个很好的运动，但对于老年人的膝盖来说也是一种磨损。我建议这些朋友回家后，赶紧做做跪膝，在软床上跪着来回走一走。这样体内的气血很容易就流注到膝盖上去了，这些新鲜的气血就相当于膝盖这个轴上的润滑油。

当新鲜气血多了以后，膝盖就不会产生积液之类的东西，因为它被带走了。但如果没有好的气血过来，膝盖就会经常受到磨损。

膝盖是筋之府，人体的筋都在这儿汇集。人常说，小孩子长个儿的时候老是膝盖先痛，那是因为有筋在抻拉它。而小孩子跪着爬，也是有利于生长的。

因为膝盖是人体的一个动力源，所以，我们一定要打通犊鼻穴，让膝盖保持强壮，这样人就不会衰老。要知道，一个没有强壮膝盖的人看起来是老态龙钟的。也就是说，如果一个人显老态了，那么他的膝盖肯定是磨损得很厉害。

有的老年朋友走路不稳，容易摔跟头，为什么呢？就是因为气血下不到脚上去。这时候我不建议您上来就练金鸡独立，而应该在床上先跪跪膝，把血液引到膝盖上，一步一步往下引。我在《求医不如求己大全集2》中写了一篇献给老年人的“引血下行三部曲”：第一步是推腹，把新鲜血液先引到腹上去；第二步是跪膝，把气血引到膝盖上去；第三步才是做金鸡独立，把气血引到脚上去。照此三部曲做下去，气血就全引下去了，而全身的血液循环就通畅了。

5. 长寿三宝，多气多血——品味小腿上的胃经大药

> 有时候您需要精神上的支持，有时候您需要物质上的帮助，足三里就是您身体的“恩人”，您有什么困难他都会出手相助，有他在身边您就特别踏实。

·人体第一长寿之药：足三里穴

足三里穴的功能非常强大，既能改善体质，又能治本。可以说，凡是稍稍懂点养生知识的人都知道它是一个长寿大穴。如果说您现在想增

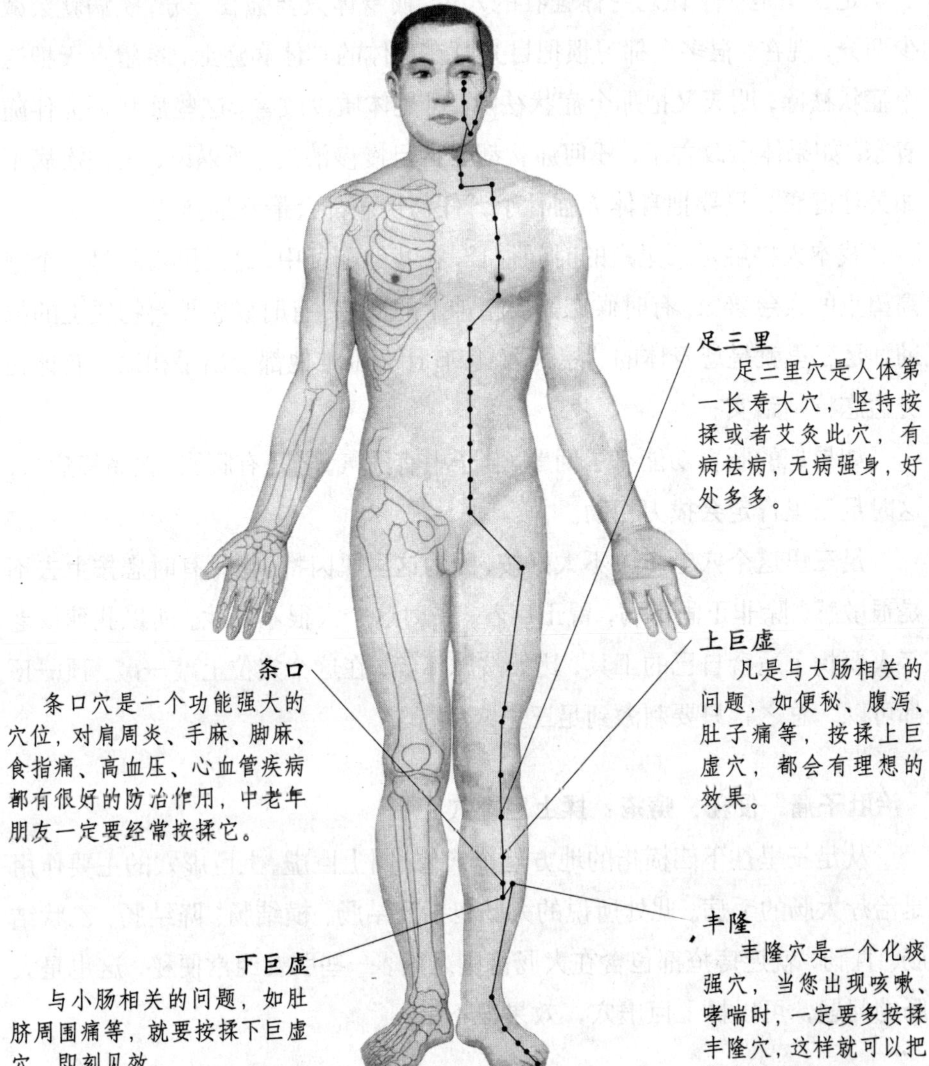

足阳明胃经

小腿上的胃经穴位都是我们人体常用的大药。

强体质，或者说您的病很多，但不知道如何下手，那就按足三里穴，绝对管用。

足三里是一个让您身体强壮的穴位，而身体只要强壮一分，疾病就会减少两分。现在，很多人都习惯把目光盯在身体的具体病症上，希望今天把这个症状祛除，明天又把那个症状祛除。可是体质没改善，这些症状还会伴随着您；如果体质改善了，任何症状都会自己慢慢消失。所以说，关注疾病不如关注健康。只要把身体弄强壮了，任何疾病都会最终远离您。

我本人接触足三里穴的时间很长，在我的脑子中，足三里穴就是一个德高望重的大慈善家。有时候您需要精神上的支持，有时候您需要物质上的帮助，足三里就是您身体的“恩人”，您有什么困难他都会出手相助，有他在身边您特别踏实。

如果您的肠胃功能有了问题，肚子中有浊气，老是有腹胀、腹痛等症状，这时足三里肯定会拔刀相助。

足三里这个穴老年人不太好按，因为这里肌肉特别多。有时您按上去不是很敏感，除非正闹胃病，胃正疼着，平时这个穴很不好找。所以我建议老年人要找个适合自己的工具，比如按摩棒等，在这个穴位上敲一敲、顶一顶都可以。总之，只要刺激到足三里穴就行了。

·治肚子痛、便秘、痔疮：揉上巨虚穴

从足三里往下四横指的地方有个穴位，叫上巨虚。上巨虚穴的主要作用是治疗大肠的毛病。此处所说的大肠包括升结肠、横结肠、降结肠、乙状结肠、直肠，就连痔疮都包含在大肠范围之内。一些朋友经常便秘，这也是大肠的问题，可以揉上巨虚穴，效果很不错。

·治肚脐眼边上痛：按摩下巨虚穴

从上巨虚穴往下三横指的地方，就是下巨虚穴。此穴主要是解决小肠方面问题的。您有时候肚子痛，感觉位置在肚脐眼附近，不是胃而是小肠，这时您揉足三里穴效果就略差，而揉下巨虚穴效果会非常明显，也会非常敏感。有时候本来是胃痛，通过按摩，胃痛的那个点会自己下移，或者是有气往下走，之后变成小肠这个位置痛了，其实就是一股浊气在运行，最后必须得通过放屁排出去才算彻底解决。您按揉的过程也就是排气的过程，这时候您揉下巨虚穴，小肠会蠕动，咕咕直叫，慢慢气就排出去了，肚子也不痛了。

· 治肩膀发沉、肩周炎、肩膀痛、食指痛、高血压、心血管疾病：用指关节按揉条口穴

从下巨虚穴往膝盖方向，即向上1寸的位置有一个穴位，就是条口穴。“条”是好多条胡同的意思，“条口”就是胡同口。把脚往前伸直，迎面骨处正好有一块肌肉，其下缘的点就是条口穴。

条口穴又称肩凝穴。当肩膀凝住了，肩膀发沉，或是有肩周炎、肩膀痛，揉条口穴会非常见效。

条口穴可以防治脑中风。它通经活络的能力是非常强的，如果您有手麻、胳膊麻、胳膊肘痛等症状，那一定要多揉一揉条口穴。此穴连食指痛都能管。

揉这个穴位时，用手指或指关节点着肌肉条口那个位置，脚上下伸动就可以了。有些朋友按揉这个穴时感觉会痛、胀或者是酸、麻，这时候我们应该仔细区分。

麻表明气能过来而血过不来。麻得厉害了就是木，是气和血都过不来了。所以要赶紧把这里打通，才能让气血重新过来。

酸表明经络是通的，但是气血不足。把气血多引点儿过来，就不会酸了。比如经常不爬山的人，一爬山腿就酸，就是气血不足。相对而言，酸是一件比较不错的事情，证明经络已经通了，就是暂时缺点儿血，需要补一补。而酸痛是缺血的同时还沉积了一点淤血，这时拔拔罐最好。

胀表明气很足。此类人是爱生气的那种体质，若体内的气出不去就会胀。胀的时候最好别拔罐，否则会更胀，平时应该多揉一揉才好。而产生胀痛的人一般都是火力比较壮的，爱生气、脾气大，表明体内气有余但是血不足，等于血分配得不好。过多的能量变成气出来了，身上就会出现胀痛。

如果只是单纯的痛，则是因为有血淤，这种情况也适合拔罐。

另有一种情况是痒，比如有人拔完罐以后，罐底下的皮肤发痒。这其实是一种非常好的情况，它表明气血正在过来。伤口愈合的时候都会发痒，就是气血过来了。而拔完罐的时候发痒，可以拿刮痧板轻轻一刮，马上会出好多痧，这是被体内的气血顶出来的淤血。所以，刮痧一定不要生刮，如果气血很足，不刮痧也会被顶出来，就是长疙瘩，疙瘩就是痧。

其实，我们不应该让过多的毒素通过皮肤来排，从尿液或粪便排出去才是正常的途径。但是身体对内脏有一种保护功能，它为了保护内脏，索性就从皮肤排毒，这样做的结果是内脏受益了，美容遭了殃。

条口穴的功能非常多，再细分一下就是它还可以防治高血压、心血管硬化，很多老年人怕这些病，条口穴就管这些。

· 化痰强穴：丰隆穴

从条口穴往外侧旁开1横指，是丰隆穴，它与条口穴并排。

其实，许多穴位无所谓按对按错，您觉得哪个敏感就多按哪个。有时候，您虽然找的是条口穴，但按在这个很敏感的丰隆穴上了，那就证明您应该先按丰隆穴，因为它们都是一条经上的穴。找穴有一个原则，就是离穴不离经，只要经对了，就能起到相同的作用。

丰隆穴的主要功能是化痰。当出现哮喘、咳嗽、痰多时，一定要多揉丰隆穴，先从里面把痰化掉。

揉完丰隆穴后会有什么感觉呢？有两种情况：一种是痰散了，不知道哪儿去了；另一种是老吐痰，而且很容易把痰吐出来。揉丰隆穴出现的这两种情况，是体质不同造成的，但都对身体有好处。而且中医里的这个“痰”，包括的范围很广，不光是指从肺里出来的痰，还包括脂肪瘤、痰核、血痰（即血脂高）和扁平疣等。

一般来说，痰都跟气有关，气郁则生痰。您一生气，气就停留在某处，气滞则血淤，血就会流通缓慢，代谢出好多废料堆积，这些东西慢慢就生成了痰。

6. 知足才知福——品味脚上的胃经大药

有朋友说解溪穴这个窝太深，揉的时候挺费劲，不好着力。我有两个偷懒的方法，一是脚翘一下，二是转脚腕，两个方法都可以活动到解溪穴，而且转脚腕本身就会让人非常放松。

·放松身心、改善脑供血不足：按揉解溪穴或者转脚腕

解溪穴在脚腕上。“溪”是溪流之意，人体里的溪流就是血流。“解溪”就是把腿上的血解运到脚上去，打开一个通道。

解溪穴就在平时系鞋带的那个位置，也就是脚腕和脚背交接的地方。您先用大拇指按这儿，然后一抬脚尖，马上有个硬筋把您的手弹开了，硬筋旁边的窝就是解溪穴。

解溪穴是一个让人全身放松的要穴。

有人说解溪穴这个窝太深，揉的时候挺费劲，不好着力。这里，我有两个偷懒的方法，一是脚翘一下，二是转脚腕，两个方法都可以活动到解溪穴，而且转脚腕本身就会让人非常放松。

解溪穴对老年人尤为重要，它除了能让人放松之外，还是一个治疗脑供血不足的要穴。因为，凡是气血下不到脚上去，也就上不到脑上去。这是什么原理呢？因为人体所需要的大循环是气血先下到脚上然后再上到脑部，反复循环。有人说我脑子经常很胀，脚上却无力，这是不是血都奔脑上去了？不是，这是浊气上去了，真正的血并没有循环，还在里面压着呢。要想血液重新循环，就得血液先到脚，然后才到脑上，它有规定的路线，不可能没先到脚就直奔脑部去了。所以，改善脑供血不足首先要改变脚部供血，只有脚上的供血足了，脑上的供血才能足。而通过刺激解溪穴，就可以得到改善。

·治鼻炎、胃下垂、头痛、太阳穴痛：按揉陷谷穴

脚上第二趾和第三趾间有一个缝，从接缝的地方往脚背方向上走5厘米

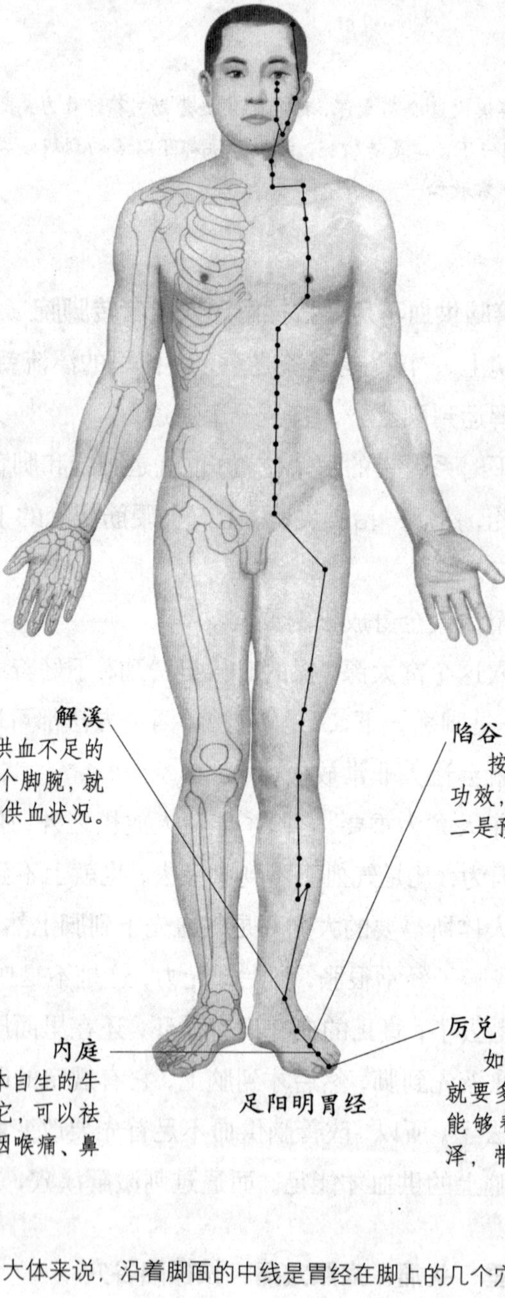

大体来说，沿着脚面的中线是胃经在脚上的几个穴位。

的地方，就是陷谷穴。

陷谷穴非常敏感，能够直接通到鼻窍，所以它是一个治疗鼻炎的要穴。当鼻子不通气时，揉揉陷谷穴很快就会通。

这个穴位里面有个“陷”字，就是下垂的意思。它通常治疗胃下垂很有效果，能够帮助提升人体阳气。

另外，它还有一些辅助功能，比如治疗头痛，尤其是对太阳穴痛疗效非常明显。

· 治牙痛、咽喉痛、鼻出血、祛胃火：按揉内庭穴

内庭穴在第二脚趾和第三脚趾之间的一条缝上。它可以祛胃火，相当于人体自生的牛黄解毒丸。另外，有一味中药叫生石膏，也是祛胃火的，内庭穴的作用与之接近。还有，凡是胃火引起的牙痛、咽喉痛、鼻出血都可以揉内庭穴，它的祛热、祛胃火作用非常好。

· 如果爱做噩梦：掐厉兑穴

厉兑穴是胃经的最后一个穴位。“厉”是噩梦的意思，“兑”是八卦中的一卦，代表沼泽，“厉兑”的意思就是掉进了噩梦的沼泽中。这个穴对爱做噩梦的人来说特别有意义，另外，对于有神经错乱症状的人来说，厉兑穴能够静心安神。

怎么揉厉兑穴才有好的效果呢？有个简单的办法：每天晚上睡觉之前，攥一攥第二个脚趾，这么一攥，厉兑穴就攥住了，再扭扭这个脚趾肚，最后用指甲掐掐脚趾肚。同时，索性把10个脚趾肚都掐一掐，这对于安眠特别有好处，这样晚上就不爱做噩梦，就该做好梦了。

其实，没有人愿意做噩梦，而如果天天做美梦，我想大家都会乐意的。

7. 胃经健康大课堂

> 推腹的目的是把三浊（浊气、浊水、宿便）排出去，这样身体里就干净了，好血就过来了，脏腑也得到了营养。

问：

头部发麻、发木是怎么回事？

中里巴人：

这种情况就是脑供血不足，而很多穴都是给脑供血的，比如可以经常点按头维穴，然后经常揉一揉条口穴。还可以每天拿10个手指肚梳头。

问：

我没按摩以前，大便特别的急，但自从开始调理整条胃经、胆经、脾经之后，大便很好，也成形了，但是现在没有规律，这是什么原因？

中里巴人答：

大便急是滑泻，因为人的气血没有力量控制它。现在虽然慢了，但是您的气血在往下推动，这其实证明您的脾胃功能增强了，所以您还可以接着去按摩。

问：

我的老伴有中风后遗症，他总是咳嗽吐白痰，我想问问您在电视里讲的一个化痰穴叫什么？

中里巴人答：

胃经的丰隆穴是化痰穴，主要是治脾湿生痰的；气郁也能生痰，这时就要揉消气穴太冲。

第八章

脾经大药房——化掉任何慢性病

如何健脾呢？除了采用平常喝山药薏米粥、冬天吃大枣等食疗方法，或吃些参苓白术丸、人参健脾丸、补中益气丸等常用健脾中成药，有没有一劳永逸的好方法呢？

通过饮食来健脾，的确是不错的方法，但是有好多人不适应或不吸收，怎么办呢？其实，最安全有效且持久的方法就是揉脾经。

在中医理论当中，脾的功能非常强大，被称为后天之本、气血生化之源。所以，运用经络健脾法就可以迅速增强人体的气血，为防病治病储备最大的能量。

所以，要想祛除疾病，永葆身体健康，就得随时把新鲜气血输送到身体的各个部位，让血液总是保持一种快速周流的状态。没有淤血的堆积，身体就不会生病。

其实，任何疾病，都是在人体内有淤血的情况下生成的，而脾正好具备了生成和运输新鲜气血这两大功能。只要把脾养好了，就可以百病不生，即使有病也会很快痊愈。

那么，如何健脾呢？除了采用平常喝山药薏米粥、冬天吃大枣等食疗方法，或吃些参苓白术丸、人参健脾丸、补中益气丸等常用健脾中成药，有没有一劳永逸的好方法呢？

通过饮食来健脾，的确是不错的方法，但是好多人不适应或不吸收，怎么办呢？其实，最安全有效且持久的方法就是揉脾经。

1. 气血充盈邪无踪——品味脚上的脾经大药

脾经上的穴位都是帮助血液循环的，能把新鲜血液引到病灶上去，所以，您每天一定要多揉揉商丘穴，把气血引下来。同时还可以做跪膝法、揉其他穴位，帮助把血液引过来。

·治各种出血症、慢性鼻炎：艾灸或点掐隐白穴

脾经的循行是从脚到胸，隐白穴是其第一个穴位，它在大脚趾趾甲旁约1毫米的位置。隐白穴最主要的功效是止血，对各种出血症状都能有效地缓解。

刺激隐白穴，通常是用艾灸的方法，就是拿一个艾条点燃，灸这个穴位。

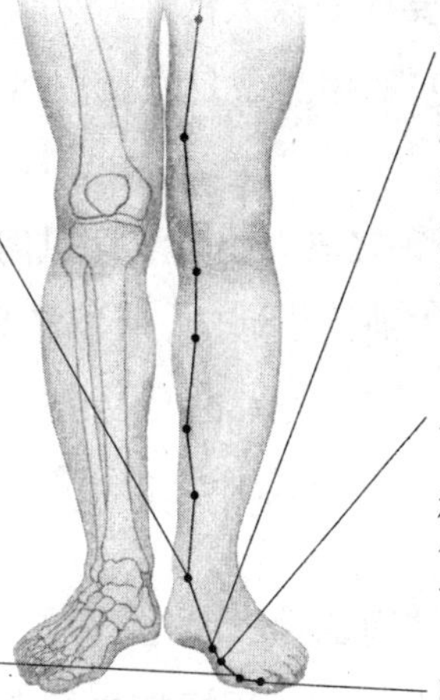

通过按揉脾经来健脾，可以增强人体气血的运行，为防病治病储备最大的能力。

如果没有艾条，也可以用一根香烟来代替，同样有止血的效果。

隐白穴还有一个功效，就是通鼻窍，治疗慢性鼻炎、鼻出血。治疗鼻炎的时候可以点按。

这个穴不太好找，因为它特别小，通常要用指甲掐一掐才能掐到这个穴。用指节尖点它，或者找个细一点的按摩棒来点按，效果都很好。

·治缺钙引起的肌肉萎缩、骨质疏松、腰腿痛以及颈椎病、糖尿病、消化能力弱：按揉大都穴

从隐白穴往上，大脚趾根的位置就是大都穴。

大都穴对于老年人来讲特别重要，因为这是一个补钙的要穴。可能有朋友会说，要补钙，吃点钙片不就完了吗？不错，吃钙片是会有些效果，但是您知道为什么会缺钙吗？不是因为补得少，而是因为体内不吸收，这才是缺钙的真正原因。而您只要揉一揉大都穴，就能帮您吸收钙了。有些朋友喜欢做足底按摩，其实大都穴就相当于足底反射区上的甲状旁腺，而甲状旁腺正是吸收钙的。

大都穴除了可以补钙之外，还能治疗肌肉萎缩、骨质疏松、腰腿痛。当然，这些症状也都是因为缺钙引起的，所以您只要记住大都穴是一个补钙的要穴就行了。另外，有颈椎病的人也要经常揉一揉大都穴，再在这个穴的旁边找一找最痛的点去揉，这样珠连璧合地配合起来治疗，效果就会更好。

·治睡觉流口水、舌两边有齿痕、消化不良、手脚冰凉、月经淋漓不尽、头晕、糖尿病等脾虚引发的病：用拇指内侧多硌太白穴

太白穴是脾经的原穴，健脾补脾的效果比其他穴位都强。

很多朋友都存在脾虚的症状，比如，夜里睡觉老流口水（这叫脾不摄津，就是脾不能收摄这些津液，它自己流出来了）；舌头两边有齿痕；吃完东西不一会儿就腹胀，消化不良；手脚冰凉，血液循环不到末梢；女性崩漏，月经淋漓不尽，不能收摄；因气血上不到头部而头晕，等等。这些症状都是脾的运化能力差造成的。

尽管脾虚的症状有很多，但多揉太白穴全都可以防治。因为它是原穴，是主管脾经上各个问题的。揉太白穴有个方法，就是用大拇指的内侧多硌它，这样健脾的效果才好。

另外，按揉太白穴还可以调节血糖，治糖尿病。

·治消化不良、胃反酸、妇科病：揉公孙穴

从太白穴往上1寸就是公孙穴。公孙穴的功能非常强大，既可以调动脾脏、脾经的运血能力，把血液输送到全身去，是一个疏散点、一个枢纽；又可以帮助调节身体上由于气血淤滞造成的各种症状，综合起来，就是通气、活血、解淤。

如果您有妇科方面的问题，请每天揉揉公孙穴。另外，公孙穴可以抑制胃酸，如果您出现吐酸水的情况，赶紧揉一下公孙穴，很快就会好转。

公孙穴还可以增加小肠蠕动，增强消化能力，如果吃完东西不消化，也要赶紧揉揉它，很快就会往下运化了。

· 人体自有的消炎大药：商丘穴

在内踝骨的前缘偏下一点，就是商丘穴。该穴正好对应于足底反射区中的下身淋巴反射区，因此可以治疗各种炎症。同时它又揭示了一个医理：炎症一般是由细菌感染引起的。但为什么揉这个穴还能消除炎症呢？这是因为脾是管运血的，它能把新鲜血液运到病灶上去，脏东西被清走后，炎症自然也就消除了。

脾经上的穴位都是帮助血液循环的，都能把新鲜血液引到病灶去，所以商丘穴可以消除下身的各种炎症，如膀胱炎、尿道炎、盆腔炎等。我们一定要多揉揉商丘穴，把气血引下来。同时还可以做跪膝法、揉其他穴位，效果会更好。

2. 为先天之本添砖加瓦——品味腿上的脾经大药

有人不爱吃饭，特瘦，还能揉小腿脾经吗？我说，怎么不能！实际上，揉脾经既管胖也管瘦。揉它可让瘦的人长胖、胖的人减肥。总之，揉完后任何人都会感到欢喜。

· 治肝、肾、脾上的病症及妇科病：刺激三阴交穴

三阴交穴在脚内踝上3寸，也就是四横指的地方。“三阴交”就是肝、肾、脾3条阴经交会的点，所以这一个穴位就可以治3条经上的病症，真可谓一穴多用。

三阴交穴还是妇科病的通治要穴。无论妇科问题是发生在附件、子宫、卵巢还是乳腺，都可以用三阴交穴来治，而且有病时按揉该穴会非常痛、非常敏感。每天多揉揉三阴交穴，就可以解决这些问题。

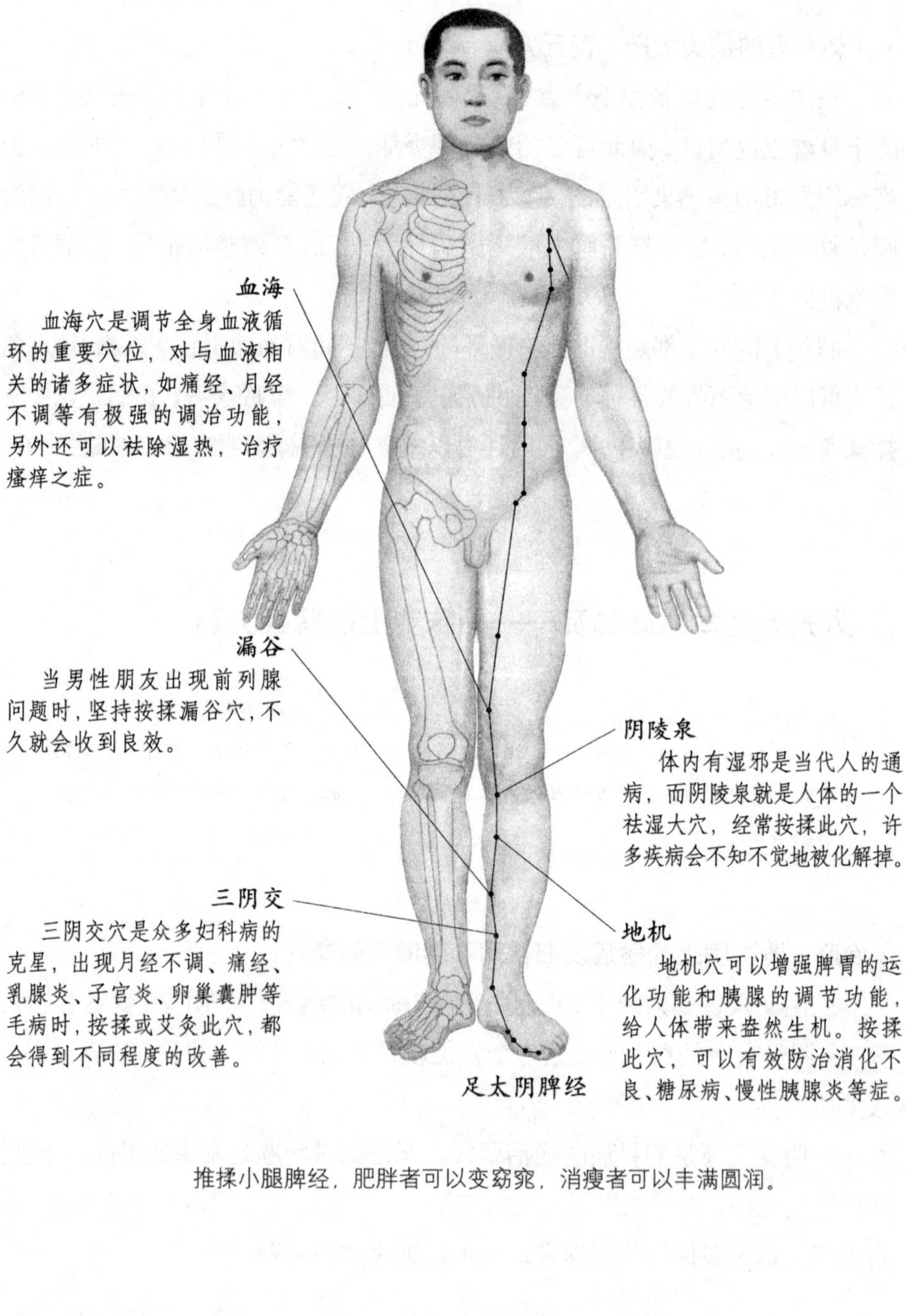

推揉小腿脾经，肥胖者可以变窈窕，消瘦者可以丰满圆润。

按三阴交穴还可以缓解痛经。

· 治不消化、男性前列腺问题、腿肚子酸痛：点揉漏谷穴

从三阴交穴贴着脚骨内侧下缘往上3寸，就是漏谷穴。“漏谷”是谷子漏出来的意思，也就是吃下肚的东西，没能得到很好地消化，营养没吸收，又排出来了，这叫做“完谷不化”。而多揉漏谷穴就可以治疗。

漏谷穴还可以治疗小便不利，对男性前列腺问题很有疗效。

很多朋友整天上完班回到家，觉得腿肚子酸麻胀痛，放到哪儿都不合适，这时您就需要多揉漏谷穴，在白天的时候就点揉，尤其是在上午9点到11点脾经气血最旺的时候揉。这样晚上回到家时，腿就不酸了。

· 治慢性胰腺炎、糖尿病：揉地机穴

贴着胫骨往上走，与腿肚子上的最高点正对着的地方就是地机穴。“地机”就是大地充满生机的意思。因为脾属土，土属大地，而且人体的后天之本都靠脾胃来供应，所以揉地机穴可以增强整个肠胃的运化功能。

地机穴对胰腺很有帮助，像慢性胰腺炎、糖尿病都可以通过揉地机穴来防治。

· 祛湿，治各种炎症、水肿：揉阴陵泉穴

顺着胫骨一直往上，捋到膝窝下卡住了、捋不动了，那个地方就是阴陵泉。该穴是一个祛湿的要穴，而人体湿气大就容易滋生细菌，引起水肿，以及各种炎症，包括皮炎、皮疹等。另外，脾是生痰之源，是管湿气的，如果湿气多了运化不出去，就会变成痰饮。所以，要从根本上解决生痰的问题就要健脾，而每天坚持多揉阴陵泉穴就好。

· 专治瘙痒、调节血液循环：揉血海穴

血海穴又称百虫窝，意思是有一百个虫子在那儿扎窝。它是专门治痒痒的穴。老年人身上经常瘙痒，用艾条灸一灸血海穴就能很快止住。这个方法效果最好，而且很方便。

“男子主气，女子主血。”女子以血为先，所以她们身体里的血一定要充足。血海穴可以调配人体的血液，把多余的血分配到少的地方去，把淤滞的地方给疏散开，其功效相当于足三里穴。只不过一个是补气的，一个是调血的，但都是增强人体免疫力的治本大穴。

·胖人减肥，瘦人增肥：推小腿脾经

如果在推小腿的过程中发现痛点正好压在脾经上，那一定要多揉小腿脾经才真正管用，也就是找到小腿脾经上的阴陵泉穴、地机穴、漏谷穴、三阴交穴这4个穴位去推。如果找不准，也不想记得那么详细，您就索性顺着胫骨内侧边缘上下推。哪个穴敏感，哪个穴痛，您就多揉哪个穴。

有人不爱吃饭，特瘦，还能揉小腿脾经吗？我说，怎么不能！实际上，揉脾经既管胖也管瘦。揉它可让瘦的人长胖、胖的人减肥。总之，揉完后任何人都会感到欢喜。

3. 不给疾病任何藏身之地——品味胸腹部的脾经大药

> 脾经还有好多穴位都在肚子上，一推腹就全给推了。

·推腹法：腹部的脾经穴位一把推

脾经还有好多穴位都在肚子上，一推腹就全给推了。它们通常都在人体中线旁开4寸的位置上，如果这个位置上有痛点，您就知道是脾经上的问题了。

·治急性扭伤：按揉大包穴

大包穴是脾经的最后一个穴，在肋骨这块儿腋窝直下6寸处。“大包”就是大包大揽的意思，比如急性腰扭伤、急性脖子扭伤、急性肋间神经痛，大包穴都能治。

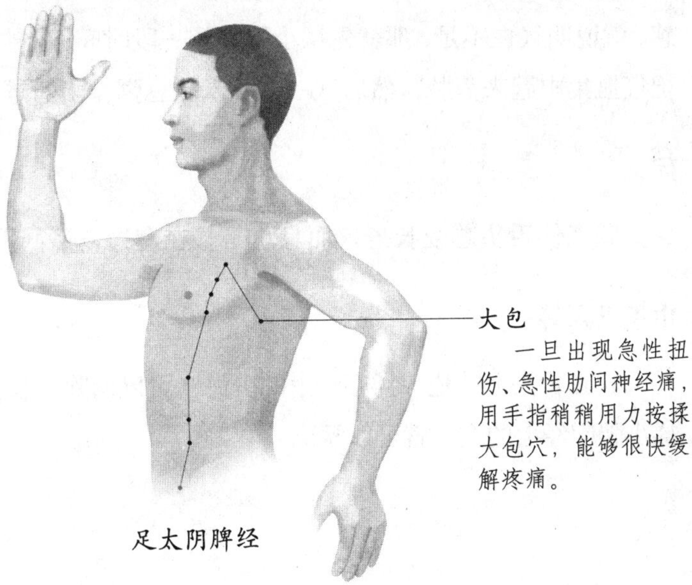

腹部的脾经穴位不用逐一点按，只要推揉腹部就可以。

4. 脾经健康大课堂

长在舌头上的口疮，揉心经上的少海穴可以消除；长在嘴唇上的口疮，多揉小腿脾经上的穴位就可以解决。

问：

前两天我刚摔了跤，把膝盖摔了，练不了跪膝法了，今天发现脸也肿、腿也肿，是不是我的糖尿病又重了？

中里巴人答：

如果肿得比较厉害，您就记住膀胱经和肾经这两条经是从根本上治肿的，还有脾经是祛湿的。揉膀胱经、肾经时如果比较敏感，您就多揉；如果不敏感，就说明气血不足，那就先揉小腿脾经一段时间，其他的运动少做一点。先把气血集中起来消肿，然后饮一些薏米绿豆粥、山药薏米粥或冬瓜汤。

问：

我老伴舌头总爱长疮，而且总是长在左边，请问用什么办法治？

中里巴人答：

长在舌头上的疮，揉心经上的少海穴可以消除；长在嘴唇上的口疮，多揉小腿脾经上的穴位就可以解决。

第九章

胆经大药房——消除疾病，立竿见影

胆经上的穴位不仅特别多，有44个，而且还是我们学习中医的一条重点经络，它对人的健康状态来说太重要了，使用得当就会立竿见影。而通过刺激胆经，我们就可以马上了解经络穴位的众多精妙之处，增强我们“求医不如求己”的信心。

胆经的穴位不仅特别多，有44个，而且还是我们学习中医的一条重点经络，它对人的健康状态来说太重要了，使用得当就会立竿见影。而通过刺激胆经，我们也可以马上了解经络穴位的很多神奇妙用，从而增强我们“求医不如求己”的信心。

说到胆经，先得说一下胆。如果胆有了问题，通常就是胆汁上溢，那早上起来一般会嘴苦。有的人面色看起来好像蒙有一层尘土一样，这就是胆经堵塞了；经常偏头痛、坐骨神经痛或乳腺方面有问题，都是胆经有了毛病；另外，妇科疾病都是胆经所主。有的人一会儿冷一会儿热，也是胆经不调造成的；有的人心里有愁苦的事，经常需要叹气才能缓解；还有的人经常两肋疼痛，这些都跟胆经淤堵有关。

这些症状怎么去治呢？大家要记住：“经脉所过，主治所及。”看胆经的循行位置，它循行到哪里，就治哪里的病。

胆经可以治偏头痛、颈椎病、肩膀痛、乳腺系统疾病、两肋痛。

另外，股骨头有问题、坐骨神经痛、膝关节尤其是外侧老痛、腿经常抽筋、脚外踝经常扭伤，都是胆经不通造成的。还有，耳聋、耳鸣的位置也是在胆经的循行路线上，胆经也能治。

1. 向上一路，千圣不传——品味头部的胆经大药

凡是跟风有关的病症，多揉风池穴就能缓解。

·治各种眼疾、祛鱼尾纹：按揉瞳子髎穴

瞳子髎穴是胆经的起始点，在眼角旁边一点的凹陷处。“瞳子”就是瞳孔，即黑眼珠；“髎”的意思就是骨头凹陷的地方，即骨缝。

由此可见，瞳子髎穴治疗眼睛尤其是眼珠、眼底方面的疾病非常有效，

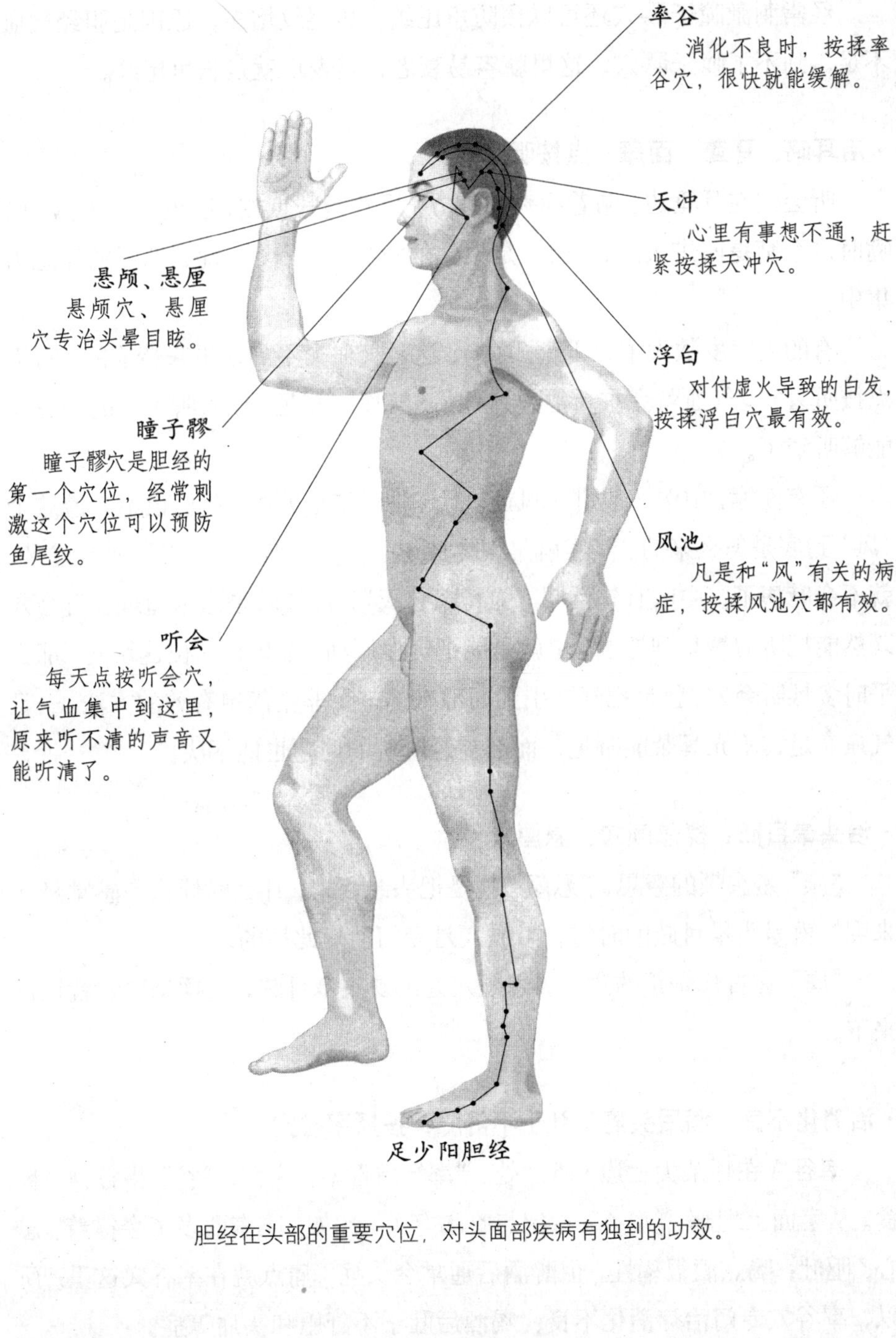

足少阳胆经

胆经在头部的重要穴位，对头面部疾病有独到的功效。

像近视、白内障等跟眼睛有关系的问题，都可以经常刺激它来得到解决。

经常刺激瞳子髎穴还可以预防鱼尾纹。鱼尾纹增多，原因是胆经气血不足，到不了瞳子髎穴，这里就容易衰老，其表现就是长鱼尾纹。

·治耳鸣、耳聋、面瘫：点按听会穴

听会穴在耳垂边、贴着面颊的地方。用食指一点按，这里有一个窝，张嘴时这个窝是凹进去的。“会”是聚集的意思，“听会”就是把听的注意力集中。

有的人因岁数大了，耳聋、耳鸣，这是气血聚不到这里来造成的。每天点按听会穴，气血就会重新汇集到耳朵。气血一充足，原来听不清的声音又能够听清了。

还有面瘫，中医一般讲是风证，但这种说法很笼统，我们也不知道这个“风”到底是怎么来的。其实就是人体血少了，上不来了，如果气血能过来，就不会麻痹了。中医有句话叫“血行风自灭”，说的就是这个道理。听会穴既然能把听力聚集到这里，也就是能把气血调动、聚集到穴位这块儿，那么平时多揉听会穴，就是把气血引到面部来的一个非常简单有效的方法。一旦气血充足，不光耳朵能听见，面部神经麻痹的问题也能解决。

·治头晕目眩：揉悬颅穴、悬厘穴

“颅”是头颅的意思，“悬颅”就是把头悬起来。什么时候头会感觉悬起来呢？就是头晕目眩的时候。悬颅穴是专门治疗此症的。

“厘”在古代是正的意思。悬颅穴处出现头晕目眩，一揉悬厘穴就正过来了。

·治消化不良、酒后头痛、肚子不舒服：按揉率谷穴

率谷穴在耳朵尖上边1.5寸处。“率”指直率、率性，“谷”指谷物、粮食。从字面上理解，“率谷”肯定与吃喝有关，比如，吃东西多了会撑着、恶心、呕吐；喝点酒很率性，但醉酒后通常会头痛，痛点就在率谷穴这里。所以，率谷穴专门治疗消化不良、喝酒后肚子不舒服和头痛等症。

· 治情绪激动导致的头痛、惊恐、癫痫：揉天冲穴

古人把头比喻成“天”，而“冲”是冲撞、矛盾之意，当人内心矛盾过度就会产生头痛、惊恐、癫痫等问题，这些症状都跟天冲穴有直接关系。所以当心里矛盾激化、有恐惧情绪，到最后出现头痛、癫痫等不适的时候，请赶紧揉天冲穴。

· 治熬夜、失眠造成的白发：揉浮白穴

浮白穴是专门治疗白发的穴位。人什么时候会长出白发呢？经常熬夜不睡觉或者经常失眠，导致血不养肝、肾阴（肾血）不足的时候就会肝热，肝火就会上来，也就是虚火上来了，头发就白了，这就叫“浮白”。

· 治各种风证：多揉风池穴

在摸后脑时，会摸到头发边缘有一个凹窝，挺大的，很明显，如果往里一推，就会触到脖子后面的两根硬筋，往上面就是枕骨，用大拇指往里一顶，便会摸到风池穴。

“风池”的意思是蓄风的池子。像伤风感冒、头目眩晕、身体发颤、面部抽搐、抽羊角风以及经常扭脖子、眨眼睛等，都属于风证。凡是跟风有关的病症，多揉风池穴就能缓解。

2. 想成将军，先有胆气——品味躯干上的胆经大药

过去有个成语叫动辄得咎，动一点儿都不行，我们现在也可以活用一句“成语”，叫“动辄得健”，即一动辄筋穴就得到健康了。

· 治痛证、乳腺疾病、淋巴结核：按揉肩井穴

将大拇指放在肩上，贴住脖子，中指所点的位置就是肩井穴。“井”字

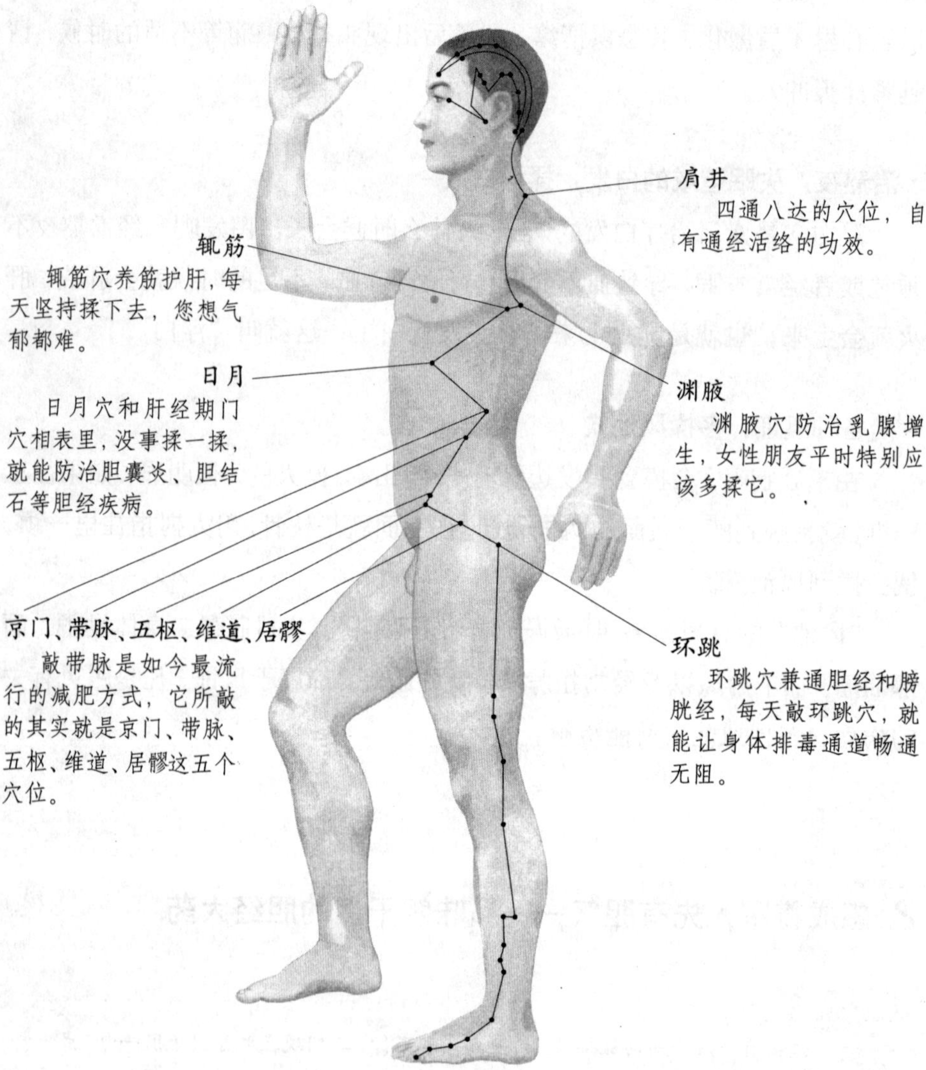

足少阳胆经

胆经在躯干上的这些穴位各有所长，都是我们的护生法宝。

给人的感觉是四通八达，上下左右全出头。肩井穴也的确是一个四通八达的通经活络之要穴。

肩井穴是好几条经循行经过的点，本属于胆经，而后背的三焦经通过这里，胃经从这里穿梭，大肠经也从这里经过，好多经都在此会聚。所以其他经有了问题，揉肩井穴也管用。

肩井穴是治疗痛证的要穴，像牙疼、头痛（尤其是属于胆经的偏头痛）都能治。而它又连着胃经，所以胃经眉棱骨痛也能治。

肩井穴最能有效治疗的是乳腺炎、乳房痛等乳腺方面的疾病。胆经循行的位置，正好从乳房旁边转一圈，所以女性如果乳房胀痛、乳腺有一些增生，肩井穴应该是比较疼痛的。这时，赶紧多揉肩井穴，把它揉到不疼痛，这些让女性害怕不已的问题就没有了。

肩井穴还是防治淋巴结核的要穴。现在得淋巴结核的人非常多，这是由于肝中的郁结之气顺着胆经宣泄不出去（胆经通肝，肝胆相照）、堵塞在里面形成的。

· 治乳腺增生、肋间神经痛、腋窝出汗：多揉渊腋穴

先摸到腋窝，向下4个横指也就是3寸处就是渊腋穴。可以用食指或中指来点按。如果指头没劲，不妨做个“工具”：伸出中指，将食指搁在中指的上面，然后把大拇指搁在中指的下面，这就形成了一个“按摩棒”，用此点按就会特别得劲。

渊腋穴是防治乳腺增生的一个要穴。

渊腋穴治肋间神经痛特别有效。有的人腋窝老爱出汗，而且汗特别多，那么平常多揉揉渊腋穴，就可以起到止汗的作用。

· 养筋护肝、行气化淤：揉辄筋穴

在中医传统文化里面，有时候文字的含义就代表穴位的含义，它们是相通的。如“辄筋穴”，“辄”就是过去马车两边的挡板，您坐在马车上，怕摔着，就得扶着旁边的挡板。我国有一个成语叫动辄得咎，是说稍微动一动就

犯错误了，您就在那儿待着别动，坐在马车上不能扶东西，就算车子把您晃悠出去，您也不能扶，您稍微一扶着，就叫动辄得咎。

“辄筋”就是筋的两块挡板，就是护着筋的意思。为什么要护着这条筋？中医讲肝主筋，所以辄筋穴其实就是护肝（防治肝损伤）、养肝、养筋的穴位。

有人说，不如直接起名叫“辄肝”不就完了嘛？但“辄肝”太狭隘了，听起来像只管肝的事。而在中医学里，肝的外延很大，它管筋、管风证、管胆，“辄筋”能把肝的外延全包括进去。

既然过去有个成语叫动辄得咎，动一点儿都不行，我们现在也可以活用一句“成语”，叫“动辄得健”，即一动辄筋穴就得到健康了。

为什么肝和筋会出现问题？关键是气郁不舒。所以，为了让自己的肝好筋强，您平常就应该时时把心里的郁结之气给散掉，也就是经常推推这个穴附近有硬筋的地方，把它推散了就好。推的时候要从渊腋穴往乳下辄筋穴的方向推，经常用4个手指肚捋捋。爱生气的人、心里有委屈气郁的人，这里会很痛，您就捋吧。这里是最容易堆积浊气的地方，里面有好多硬筋，好多人一揉就会打嗝，每天坚持揉下去，您想气郁都难。

·有胆囊炎、胆结石：多揉日月穴

有人说太阳和月亮是互相对照的，在中医看来，肝就是日，胆就是月。日月穴上边有个期门穴，是肝经的募穴，“募”就是募集、募捐的募，汇集的意思。肝的气血在期门穴汇集，胆的气血在日月穴汇集。

胆和肝的关系，就像日和月的关系一样，是从属的。而日月穴相对于期门穴来讲，也是一个从属关系。

找日月穴时，要先找到心窝下边，乳房旁开4寸就是，它在乳头的内侧。

有人说怎么都找不着这个穴。没关系，您用掌根揉，绝对能揉到一个特别痛的点，痛点就是日月穴。

只要是胆经淤阻的问题，像胆囊炎、胆结石等，日月穴都会有很明显的痛点。多揉揉它，就可以防治。

·胆经上的补肾大穴：京门

找京门穴的时候，最好用敲打法把它敲出来，用手指骨节硌侧面那个位置，如果很敏感就是该穴。但是要记住，此穴是在骨头的边缘，不在肉上，在对应着大腿两侧的高点处。

京门穴虽然在胆经上，但它是肾的募穴，肾气很容易在这里会聚。所以肾虚、肾气不足的人，如腰酸、腰痛的人，平时要多揉揉这个穴。揉的时候要用指节骨头来揉，揉之前如果怕找不准穴位，就先敲一下这个位置，一敲就能找到，然后使劲揉，把这个痛点给揉散。

·减肥，治前列腺疾患、便秘、偏头痛、乳腺增生、妇科病：斜推腹、敲带脉

带脉、五枢、维道、居髎这几个穴位没有一个是好找的。像带脉穴在与肚脐眼相平的腰侧位置，有的肥胖者根本找不着，而且它很不敏感，按它的时候只是按在了皮上。

至于五枢穴、维道穴、居髎穴就不用找了，因为既不好找也不好揉。但有一个方法可以把它们的作用全发挥出来，这就是推腹法。要侧着推，往中间推，往大腿根部推。有前列腺病的人，从斜的方向多推是最好的。

对京门穴、带脉穴、五枢穴、维道穴、居髎穴这一块儿，还有“敲带脉”的一招可以全部搞定。晚上睡觉前平躺着放松，想象身体如烂泥一样，您就敲肋下两边，除了京门穴边上的骨头敲一敲，肋骨以下、胯骨以上有赘肉的地方（也就是俗称“草帽圈”和“游泳圈”的地方）也要敲。每次敲二三百下，手一酸、浑身都累了，也就想睡了。

“敲带脉”一法年轻人特别感兴趣，通常敲两周以后就能看出有明显的减肥效果，原来裤子挺紧的，现在可以塞个拳头进去了。

对于老年人来说，“敲带脉”可以增强大肠蠕动，治疗便秘。因为按解剖学来讲，带脉的位置一边是升结肠、一边是降结肠，一敲就能振动大肠使蠕动加快，而且这几个穴位都在胆经上，敲打它们，胆汁分泌得就多，就能够增强代谢，使大便通畅，原来两天一次大便，现在变成一天两次大便了。

如果长期便秘，敲带脉穴还有一个即时的效果，就是当您因中气不足而满头大汗、半天也解不出大便时，您就马上开始敲，头两天不会感觉有什么效果，等敲1周以后，敲出一种条件反射来，再敲时大便就会很通畅了。这是老年人防治大便不通的最简捷方法。

敲带脉穴还可以马上缓解偏头痛。

带脉区上边通着乳房，把此处敲通了，上边的淤阻就化解开了，所以敲带脉可以让人心情舒畅，防治乳腺增生。敲带脉治妇科病也非常见效，可以改善痛经、月经不调等很多女士的难言之隐。

·治高血脂、水肿、静脉曲张：多敲环跳穴

环跳穴在臀部上。它不光是胆经的穴位，还通着膀胱经，是膀胱经和胆经交会的穴位。膀胱经是人体最大的排毒通道，敲打时的姿势应该是趴着。您这么一敲就把身体的下水道给弄通了，那些引起高血脂、水肿、静脉曲张的脏东西就排出去了。

3. 大解身心烦忧——品味腿和脚上的胆经大药

人生在世，谁都难免一肚子浊气。生了半辈子的气都在肝那块儿藏着呢，藏得太多发泄不出去，到胆那块儿堵住，就成了胆囊炎、胆结石。所以我们一定要及时地把浊气排出去。而且，肝脏跟外界没有通路，它只能借助胆经这条经络，然后顺着肠胃，通过打嗝、放屁的形式出去。阳陵泉就是与胆经和肠胃相通的一个枢纽。

·治风证、失眠、腰酸、腰胀痛：风市穴

风市穴跟风池穴有异曲同工之妙：风池穴是蓄积风的池子，各种风在此汇集；风市穴是风的市场，各种风也在此汇集。而且大腿正好是气血最旺、通道最宽的地方，所以敲打风市穴对改善胆经的循环效果非常明显。

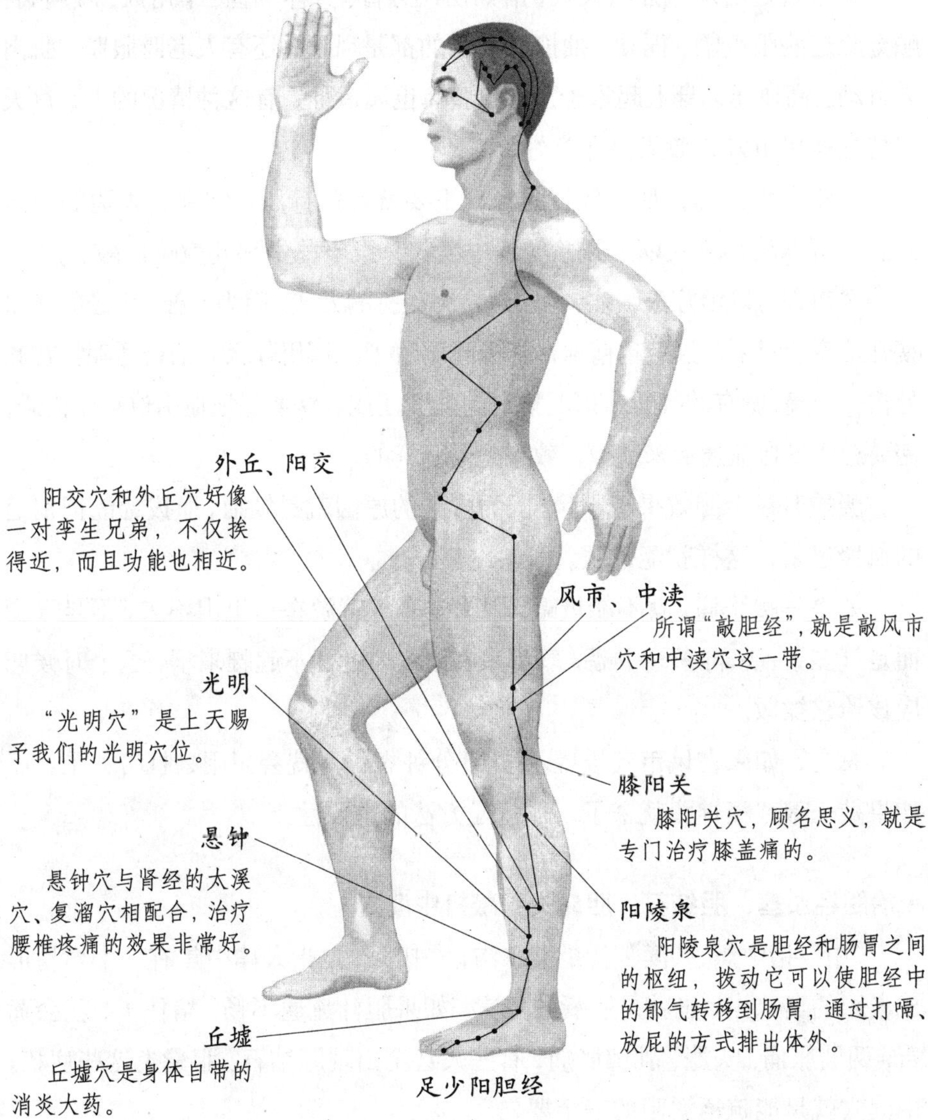

足少阳胆经

胆经是人体知名度最高的一条经络，它从头循行到脚，与人体全身健康密切相关。每天敲敲胆经，不仅能敲去您的身体郁毒，更能敲来一身活力。

有人说风市穴不好找。可以用一个简单的方法：取站立姿势，手自然下垂，中指尖对应的大腿外侧位置就是风市穴。

风市穴是治疗风证的大穴，诸如伤风感冒、身体抽搐、羊角风、癫痫病、帕金森这些跟震颤、摇动、抽搐有关系的都是风证，还有人老眨眼睛、肌肉老跳动、高血压、身上起疹子、皮肤瘙痒也属风证。有这种情况的人，每天坚持揉揉风市穴，效果会非常好。

老年人手没劲，那就敲打胆经，主要就是敲打风市穴和它下边的中渎穴。您可以从环跳穴以下开始敲到中渎穴，没事儿坐那儿就可以敲。

风市穴可以治疗失眠症，但不适合用敲打的方法。因为一敲，胆经的气血就开始流动起来，越敲越精神，您更睡不着了。那用什么方法合适呢？在此处拔一个罐，所有的气血就都汇集到这里了。所以，您要想把血引过来就拔罐，您要想让气血流通起来就敲，效果是不一样的。

腰酸时拔个罐效果也不错，因为腰酸的原因就是缺血，而拔罐能把别处的血聚过来，这样就能舒服。

如果是腰胀痛，就不能拔罐。因为本来气就淤在这里出不去，不是气少而是气多了，您再来一个罐，气都聚在这儿，更直不起腰来了，这个时候您应该给它揉散。

总之，如果在风市穴拔罐，过10分钟您也许就会犯困，打哈欠了；而如果敲一敲，精神头就来了。这就是方法的重要性。

·治胆经淤塞、胆结石、胆囊炎：敲打中渎穴

“中”指中焦，“渎”就是臭水沟，“中渎”是指人体中焦有一个容易形成淤阻的臭水沟，也就是胆囊的位置。如果胆汁流通不畅、堵住了，就会嘴苦、两肋胀痛、头胀、乳房胀痛，有些人甚至出现胆结石、胆囊炎这些症状。中渎穴就是能疏通淤阻的一个要穴。

平常如果多敲这个穴位，您肯定不会得胆结石、胆囊炎。而胆囊有问题的人，按这个穴肯定很疼，每天坚持敲打，就可以缓解胆绞痛、胆结石、胆囊炎的症状。

有的人胆囊切除了，再敲中渎穴是不是就没用了？正相反，这时候更有用。原因是手术只是把局部有形的病灶切掉了，但不能保证不再形成淤阻，因为淤阻是肝脏里面的毒素排不出去造成的，所以您更应该疏通胆经。还有，胆囊虽然切除了，但胆经还仍然相通，经络并未受到损伤，所以不仅可以接着敲，而且还更应该多敲。

· 治膝盖痛：敲敲膝阳关

膝阳关穴，顾名思义，就是专门治疗膝盖痛的。

· 治抽筋、扭筋、月经不调、岔气、肝胆有郁气：拨动阳陵泉穴

每个人身上都有宝贝，阳陵泉穴就是其中的一个。它是胆经的合穴，合治内府，专门调节胆囊的功能，而且对整个胆经都有很好的调节效果。它又是筋之汇，所有的筋都在这里汇集。抽筋、扭筋，只要跟筋有关系的毛病，都可以揉阳陵泉来解决。

阳陵泉实际上相当于一味叫“逍遥丸”的中药。有好多女士月经不调，到医院去了，来点儿逍遥丸一吃就逍遥了、高兴了，其实就是这个原因。病因就在这个名字里，因为气郁才造成月经不调，吃上几粒逍遥丸心里就愉悦，气就散了。拨动阳陵泉穴，就可以起到逍遥丸的作用。

这个穴位通常用按摩的方法效果不佳，要拨动才行。首先，在膝盖下外侧旁边有一个高出来的小骨头，往下一摸便能摸到，阳陵泉穴就在这个骨头下缘的边上。用食指按住它，像拨动琴弦一样，此处有一根筋，反复拨动几次，就开始有麻的感觉了，一旦麻感到了脚面，这条胆经就通了，效果是最好的。

举个例子，比如您的肋骨这块儿岔气了，吸一口气都不行，这时赶紧拨动阳陵泉穴，两分钟后就好了。还有抽筋，拨动阳陵泉穴马上就好。

有人早上起来老嘴苦，这是胆经淤阻、胆汁上溢了，那么您应该在睡觉之前拨动阳陵泉穴两分钟，第二天早上嘴就不苦了，这是治嘴苦最好的方法。

有的人经常肩膀发紧，觉得肌肉都绞在一块，甚至跟绑着似的，这时就需要多拨动阳陵泉穴。有的人经常觉得心里不舒服、老想哭、老有委屈，这是有气结在心里，拨动阳陵泉穴会觉得情绪好很多。

有的人敲打胆经以后会睡不着觉，气都往上跑，不往下走，您赶紧拨动阳陵泉穴，胆经的浊气就会直接跑到肠胃上去，而不会顺着三焦经跑到脑袋上。这时您会发现一个情况：肚子突然胀起来。其实这是一个好现象，这是肝胆里面的郁结之气跑到肠胃上来了，您这时就会有一个感觉，要放个屁才痛快。这个时候赶紧推推肚子，或者熬点儿萝卜汤喝，把屁放出来，然后再接着拨动阳陵泉，里面的浊气就都排出来了。

人生在世，谁都难免一肚子浊气。生了半辈子的气都在肝那块儿藏着呢，藏得太多发泄不出去，到胆那块儿堵住，就成了胆囊炎、胆结石，所以我们一定要及时地把浊气排出去。而且，肝脏跟外界没有通路，它只能借助胆经这条经络，然后顺着肠胃，通过打嗝、放屁的形式排出去。阳陵泉就是与胆经和肠胃相通的一个枢纽。

拨动阳陵泉穴时，如果开始拨不通、腿脚不发麻也没关系，可以先多敲打小腿部分的胆经后再接着拨动。

·头疼、乳腺疼等胆经循行线上的急症：点按阳交穴、外丘穴

阳交穴、外丘穴是两个并排挨着的穴位。有时候点按往往会点错，不过没关系，这两个穴位的性质、效果都一样，您觉得哪个敏感就点哪个。

它们都是胆经的郄穴，专治急症，所以凡是胆经走向上的突发头痛、乳腺痛，坐骨神经痛都可以揉阳交穴或外丘穴。

·眼病、慢性头痛：揉光明穴

光明穴在脚外踝尖上5寸处，是治疗眼睛疾病的要穴，有关近视眼、老年白内障、青光眼、视神经的问题它都管。它还跟痛证有关系，尤其善治头痛。

光明穴是胆经的络穴。“络”就是联络，光明穴是跟肝胆经相通的穴位。络穴都治慢性病，久病入络，所以像慢性胆囊炎、慢性肝病都跟光明穴有关系。

·头痛、腰痛、颈椎病、关节炎等与骨头有关的疾病：揉悬钟穴

悬钟穴在外踝前缘上3寸处。“钟”在古代有两个含义：一个是大钟，还有一个是铃铛。“悬钟”的意思就是古时候给小孩子腿上挂了好多小铃铛，挂的位置就是悬钟穴。

悬钟穴是人体的髓之会穴。人体有好多会穴，像阳陵泉穴是筋之会，所有筋在那里汇集，而悬钟穴是髓之会，骨髓在这里汇集。人体什么地方骨髓最多？是后边的脊椎，所以脊椎痛时要揉悬钟穴。

做了腰穿检查后，要揉悬钟穴来赶紧修复一下，它可以调动、增强人体骨髓的储备。而且胆经主骨所生病，头痛或酸胀、腰椎痛、颈椎病、关节炎等跟骨头有关的病，胆经上的悬钟穴都管。其中腰痛有多种，有的是两侧痛、两边肌肉痛，有的是中间骨头痛，悬钟穴专管中间骨头痛，尤其是痛点不在表面，好像是骨头里边的骨髓痛，这个穴就更管用。而腰椎方面的疼痛除了揉悬钟穴以外，还要揉肾经的太溪穴、复溜穴，如此配合起来效果才最好。

·治嗓子红肿、咽喉肿痛、牙痛、眼睛发红等上火之症：揉丘墟穴

丘墟穴在外踝骨的前缘，它是胆经的原穴。

丘墟穴专门治疗各种上火之症，也就是西医所说的发炎症状，比如嗓子发炎、咽喉肿痛、牙痛发炎、眼睛红肿发炎等病，都是一个意思。在足底反射区，丘墟穴相当于上身淋巴反射点。如果是头痛和乳房痛的炎症，跟它就更有关系了。

以上这些穴位都掌握了，基本上胆经的功能就可以熟练运用了。

4. 胆经健康大课堂

荨麻疹按中医说跟风有关系，所以要多揉胆经上的风市、风池，然后再多揉揉肝经的太冲穴。

问：

我闺女有这么个皮炎病，医院诊断是淋巴组织增生。她皮肤老是特别干，痰还多，带血，颈部和腋窝都有淋巴结节，怎么办？

中里巴人答：

淋巴结节与胆经和肝经有关。平常一定要多揉消气穴——太冲穴，另外胆经上哪个穴位敏感就多揉哪个，而且胆经的原穴——丘墟穴一定要多揉。

问：

荨麻疹按摩哪个穴位比较好？

中里巴人答：

荨麻疹按中医说跟风有关系，所以要多揉胆经上的风市、风池，然后再多揉揉肝经的太冲穴。

问：

我的胳膊往后别不过去，是不是肩井这儿受风了，或者是肌肉拉伤？

中里巴人答：

有很多条经都是通到肩膀上的。肩膀上本身就有6条经，如果这块儿疼，您看到底压在哪条经上，自己去找，或者让别人帮您看着点，到底痛点是在哪条经上。找到后，反复揉捏也行、刮痧也行，把淤血散掉，这个病就好了。

第十章

肝经大药房——保命的万灵丹

肝经上的穴位，有的可以一带而过，了解一下名称即可，有的则需要每天反反复复地揣摩、深思。因为，有的穴位会像您最亲的人一样，不离不弃地伴随您一生。

肝经的穴位比较少，就14个，有很多还根本不好找。其实，我们日常生活中也没必要用那么多，一般能使用其中四五个，就对身体非常有好处了。

肝经一般不太容易找准确，这里有一个很好的办法，就是做个劈叉动作，用4个手指去摸大腿根，有一根硬筋，顺着硬筋往下走就是肝经了。

肝经上的穴位，有的可以一带而过，了解一下名称即可，有的则需要每天反反复复地揣摩、深思。因为，有的穴位会像您最亲的人一样，不离不弃地伴随您一生。

1. 心火无烟日日烧，足下清静方为道——品味脚上的肝经大药

中医讲百病从气生，气从哪儿生呢？从肝那儿。气大伤肝。所以您平时一定要少生气，一气病就挡不住来了。

·治崩漏、月经过多等出血症：艾灸大敦穴

大敦穴是肝经的第一个穴位，它在大脚趾内侧的趾甲缝旁边。“敦”是厚的意思，“大敦”就是特别厚。大敦穴又是一个井穴，“井”是源头的意思。

中医讲肝藏血，所以肝经上的大敦穴能治疗出血症，且主要是下焦出血，像崩漏、月经过多等。处理大敦穴时，经常使用的方法是艾灸。

大敦穴旁边有个隐白穴，属于脾经，也是止血的要穴，它们俩通常配合使用，止血的效果最好。火气比较旺的人，可多灸灸大敦；身体比较虚寒的人，可多灸灸隐白穴。灸的时候，先拿指节或指甲掐一下，哪个穴特别敏感就先灸哪个，如果两个都比较敏感就一块灸。

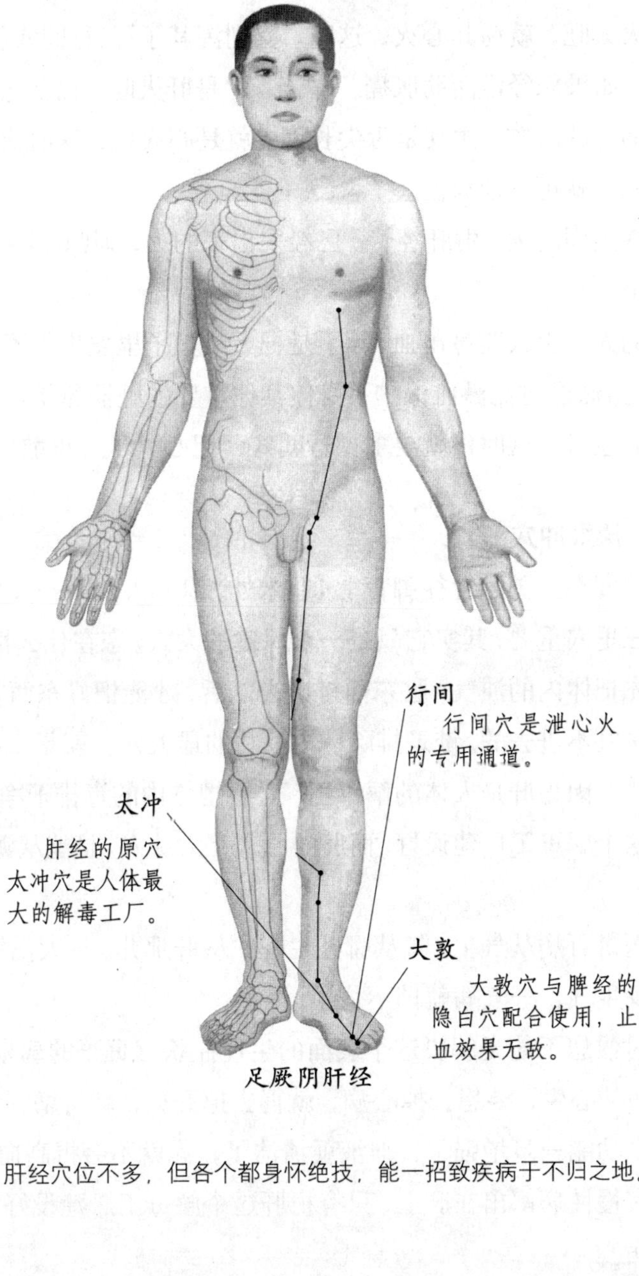

足厥阴肝经

肝经穴位不多，但各个都身怀绝技，能一招致疾病于不归之地。

·出现牙痛、腮帮子肿、口腔溃疡、鼻出血、舌尖长泡等心火旺的症状：揉行间穴

行间穴在大脚趾和二脚趾缝上。它是一个火穴，肝属木，木生火，如果有人肝火太旺，就泻其心火，这叫“实则泻其子”。行间穴就是一个泻心火的穴位。如果您经常两肋胀痛、嘴苦，那是肝火旺；而像牙痛、腮帮子肿、口腔溃疡、鼻出血，尤其是舌尖长泡，就是心火盛，这时火已经不在肝上，多揉行间穴就可以消火。

憋在里面的火，由肝经管；已经发出来的火，则归心经管。大家一定要记住这个。

有的人一上火就鼻出血，等于是把火从鼻子里发出去了。但鼻出血也挺吓人的，虽然通过流鼻血保护了身体其他重要的脏器免受损害，但这不是一个正常的通口。这时候就要多揉行间穴，把心火从这里散出去。

·排毒：揉太冲穴

太冲穴在大脚趾缝往脚背上4厘米处，堪称人体第一大要穴。很多人都认为足三里穴重要，其实它只是一个保健的大穴。您在什么情况下才能保健呢？得先把体内的浊气、脏东西排出去以后，才能把好东西补进来，如果上来就补是补不进去的。谁是排除体内浊物的最大穴？就是太冲穴。它为什么有此功能？因为肝是人体的解毒工厂，要把体内的毒排干净，想要血清洁，就得把这个解毒工厂建设好，而肝的原穴是太冲穴，是能从源头上解决这个问题的。

中医讲百病从气生，气从哪儿生呢？从肝那儿。气大伤肝，所以您平时一定要少生气，一气病就挡不住了。

有时候您不能光解决这个表面的生理症状，真正的病根还在心里结着呢。百病从心生，要想去掉心病，就得去掉肝火，就得增强肝的解毒功能。肝的解毒功能一旦增强了，血液就清洁了，您就不会得高血脂等病了。

好多慢性病都出在肝上，只有把肝这个解毒工厂建设好、经营好，人才不会得病。

有的人经常头晕，有气无力，心有余而力不足，到医院一查，说是心脏供血不足，但做心电图也没什么事，这其实是肝的功能弱了，肝给心脏补充的气血不足了。中医讲木生火，而肝属木、心属火，木不足火也就不足。当您要补肝，而肝又不受补，一补它就上火时，则说明肝需要调理，调理就是补。肝应该怎么调理呢？别生气就行了。但现实生活中谁能保证不生气？既然生气避免不了，就要想办法消气，气刚一生出来，赶紧找个通道消出去。

这时，就该找自身的消气大穴——太冲穴。当您晚上看电视的时候，把脚抱在怀里，就可以揉太冲穴，一揉气就化于无形之中了。本来有个烦心事，要是以前早跟家人嚷嚷起来了，可是您一揉太冲穴后，突然发现自己的脾气怎么那么好了？甚至有的时候别人存心气您，您都一笑了之。久揉太冲穴后，您会发现自己的心态变得十分平和，看问题和解决问题都跟以前大不相同了。

好多人不会揉太冲穴，有的人皮都掐破了，一掐破气更大，把气都撒自己身上了。这就是您的方法不对，您拿指甲掐、搓，肯定会弄破皮。正确的方法是首先把指甲剪平，然后掐进去，仔细找一找最痛的点，把它转移到行间上去，因为行间是散心火的，一旦火散到行间就基本上发出去了。需要注意的是，揉的时候要从太冲穴揉到行间，可千万别揉反了。

我们一定要抛开一个传统的观念，就是有人总是说："这个穴位治的什么病？是不是治头疼？是不是治高血压？如果治高血压我才揉，不治不揉，跟我没关系。"那么我要告诉您，您要是老这么学，一辈子都学不会，而且越学越多、越学越糊涂。要治病，您得知道病源是什么，既然百病从气生，也肯定从气消，您把气消了，什么头痛、胃痛、高血压也就全都消了。

2. 健康有路穴为径——品味腿上的肝经大药

既然能沟通肝肾，曲泉穴就能治肝肾阴虚，相当于杞菊地黄丸。曲泉穴又是祛湿热的要穴，相当于二妙丸。所以揉曲泉穴相当于吃了两味中药，既能滋阴又能祛湿。而现成的中成药里面没有一味药能同时滋阴又祛湿，曲泉穴能一穴两用，功莫大焉。

·治慢性肝病、肝功能弱等肝病和月经不调：揉三阴交穴

三阴交穴是脾经的穴，但是肝经也从这儿通过。为什么叫“三阴交”呢？因为3条阴经都从这儿通过。所以三阴交穴虽然是脾经的穴位，它也治如慢性肝炎、肝功能弱等肝病。另外，月经不调也可以揉三阴交穴。

·治瘙痒、痛经，调和肝胆上的病：揉蠡沟穴

蠡沟穴正好在骨头上，在骨头的正面上，揉到骨头就揉对了。“蠡”在古代是瓢虫的意思，“蠡沟”就是有个虫子老在这儿爬。

蠡沟穴是治疗瘙痒病的，凡是阴囊湿疹、阴道瘙痒等湿热病，多揉蠡沟穴特别好。月经有问题的女性，蠡沟穴肯定很痛，平常就要多揉揉，把痛点揉散，例假再来的时候就不会痛了。

络穴是专治慢性病的，蠡沟穴是肝经的络穴，跟胆经相络，所以它不但能治肝经的慢性病，还可以治胆经上的慢性疾病，专门调和肝胆。

·治急性肋骨痛、急性肝区痛、急性眼睛胀痛：按揉中都穴

郄穴是专治急性病的，中都穴是郄穴，像急性肋骨痛、急性肝区痛、急性眼睛胀痛，一揉中都穴就好。

·治肝肾阴虚，祛湿热：揉曲泉穴（杞菊地黄丸与二妙丸的综合体）

“曲”在这里代表肝的意思。有句话叫木曰曲直，说的就是肝。而木的本性是什么？是曲直，就是能直能弯。要是光能直不能弯，这个木头就会折；

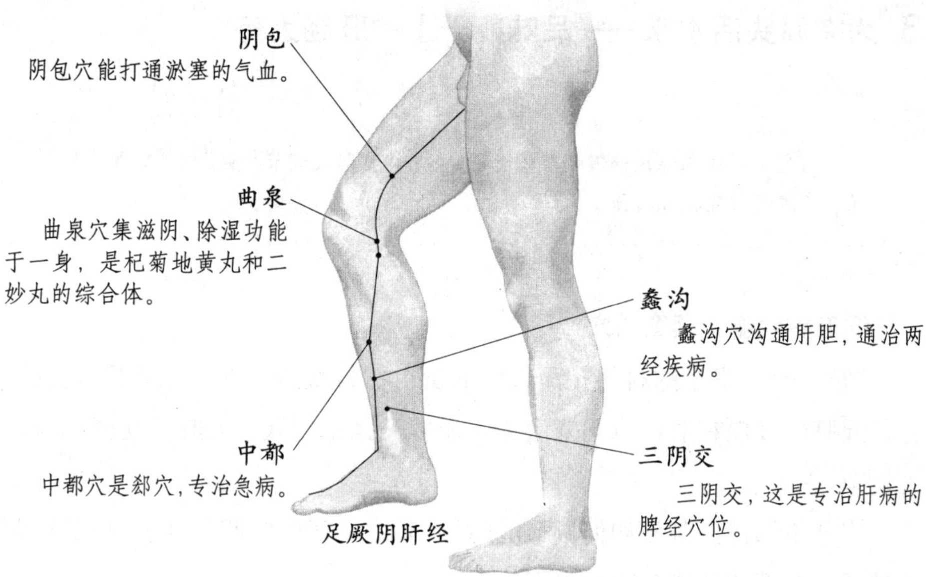

足厥阴肝经在腿部的大药。

要是光能弯不能直，这个木头就没劲。肝的习性就像木头的习性一样，是曲直，有曲的习性也有直的习性。想想看，如果光硬不软，有的人就会肝硬化；要是光软不硬，有的人就会一点脾气没有，缺乏阳刚之气。所以，木曰曲直就直接把肝的习性说出来了。"泉"是指水，肾主水，水代表肾。因此，曲泉穴是沟通肝肾的要穴。

既然能沟通肝肾，曲泉穴就能治肝肾阴虚，相当于杞菊地黄丸。曲泉穴又是祛湿热的要穴，相当于二妙丸。所以揉曲泉穴相当于吃了两味中药，既能滋阴又能祛湿。而现成的中成药里面没有一味药能同时滋阴又祛湿，曲泉穴能一穴两用，功莫大焉。

·疏通淤塞气血：揉阴包穴

阴包穴是肝经的一个要穴。有好多人揉了很长时间太冲穴没什么感觉，是什么原因呢？是气血在阴包穴堵住了，没到下面去。所以先要把阴包穴揉开，气血才能抵达太冲穴。

3. 为有源头活水来——品味躯干上的肝经大药

当您不知道五脏该如何调节的时候，就先揉章门穴调节肝脏。把肝脏调节顺了，五脏的功能就都增强了。

·总调五脏六腑：揉章门穴

“章”是指贵重的材料，而人体的贵重材料就是五脏。“章门”是脏之会，五脏的气血在肝经章门穴会聚，所以一揉章门穴，五脏的功能都能得到调节。

当您不知道五脏该如何调节的时候，就先揉章门穴调节肝脏。把肝脏调节顺了，五脏的功能就都增强了。

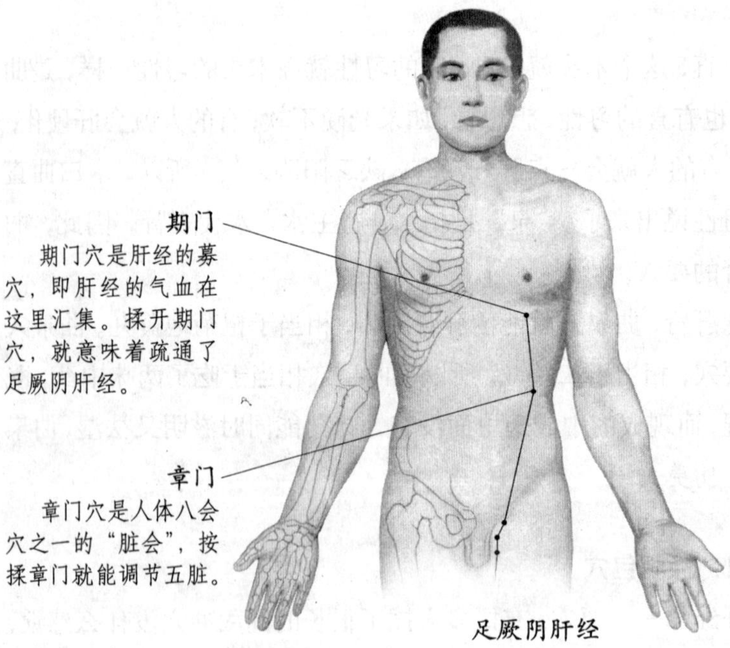

章门穴和期门穴都是肝经上不可多得的大药。

· 心里不舒服、郁闷：揉期门穴

期门穴在乳头之下的位置。如果不好找，可以拿掌根一揉，把痛点给揉出来。如果您心里老是不舒服、郁闷，揉期门穴很快就会好。

4. 肝经健康大课堂

穴位是具有自动调节功能的，它疲劳了或者暂时功能不那么强了，就刺激它一下，一旦它的功能被调动起来，就没必要反复地刺激它。您可以休息几天，做做别的运动。

问：

我自从推腹、敲胆经、按摩脾经以后至今3个多月，收效很大。但我现在太冲穴按着一点儿也不疼，是不是还可以继续按？另外，敲了长时间的胆经，现在没有感觉，这是怎么回事？

中里巴人答：

穴位是具有自动调节功能的，它疲劳了或者暂时功能不那么强了，就刺激它一下，一旦它的功能被调动起来，就没必要反复地刺激它。您可以休息几天，做做别的运动。

问：

我去年体检，好像医生说我曾患过脑梗塞，但我本身没有感觉，他就说跟肺结核一样钙化了。我不知道从经络上怎么来保养？

中里巴人答：

第一，用手多梳头，改善脑的循环；第二，多揉心包经，它是管心血管的；第三，多揉太冲穴，从根源上不让它产生堵塞。

问：

我腹腔的左侧有个主动脉血管瘤，能不能通过经络来解决？

中里巴人答：

这个能不能真正解决，要看人的体质。但是可以找相对应的经络，看这个瘤是压在什么经络位置上。如果有痛点在脾经上，就揉脾经上的这个穴位；如果在肝经上，就揉肝经上的穴位。总之，可以先从腿上的远端调节它，对它反正是有好处的。

第十一章

心包经大药房——救人性命，胜造七级浮屠

当人体气郁的时候，郁结的闷气、火气就会从肝、胆两经夺路而上，窜到心包经上来。因为“百病由气生”，所以，把侵入到心包经上的浊气消掉了，也就消灭了百病。

在《求医不如求己大全集1》里，我说心包经是可以用来救命的，它跟生命息息相关。为什么在这里我还要再一次强调它对人体的重要性呢？我先讲讲自己的亲身经历：

2007～2008年的一年之间，我的两个高中同学相继在夜间突发心肌梗死去世了，一个38岁，一个39岁。每次参加葬礼的时候，我除了万分悲伤，心里同时也觉得非常的不甘和遗憾。第二次葬礼后，同学让我抽时间讲讲怎么才能预防心梗，因为这个病事先可能没什么征兆，都是在夜里两三点钟突发，人一下就过去了，早上才被发现，根本来不及抢救。这个问题非常严重，都是因为心包经严重堵塞造成的，所以我觉得有必要在这里再给大家讲一讲。

其实，很多问题看似很严重，但在最早期的时候，如果及时预防是很容易解决的，并不是很难。尤其是心包经非常好找，也非常好按摩。只要您每天抽出几分钟时间揉一揉、敲一敲、按一按，心梗这种危险就可以及时避免。尤其是35岁以上的男士，工作压力很大，责任很重，一定要特别注意保护好自己的心包经。

心包经循着胳膊的中线而行，也就是中指对应的这条线，笔直的一条，是从乳房旁到中指间的一个走向。

1. 应无所住而生其心——品味小臂以上的心包经大药

天池穴非常重要，它跟肝经、胆经等许多经相通。当人体气郁的时候，郁结的闷气、火气就会从肝、胆两经夺路而上，窜到心包经上来。

·治乳腺增生、乳腺炎等乳腺系统疾病和淋巴结核：按揉天池穴

天池穴在乳头旁1寸处。男士一找就能找到；女士先找腋下3寸处，对着乳房旁边的位置即是。

天池穴非常重要，它跟肝经、胆经等许多经相通。当人体气郁的时候，

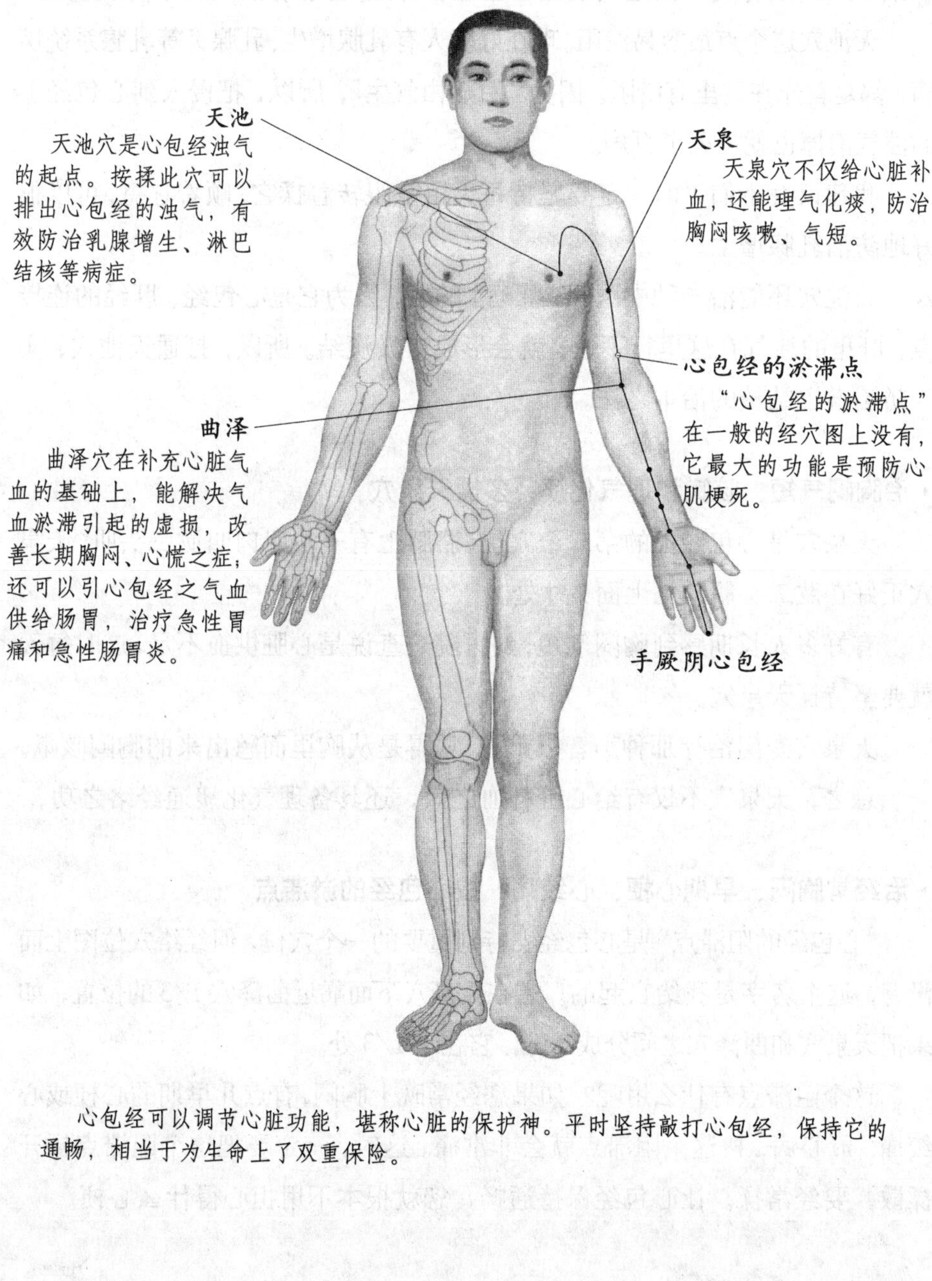

心包经可以调节心脏功能，堪称心脏的保护神。平时坚持敲打心包经，保持它的通畅，相当于为生命上了双重保险。

郁结的闷气、火气就会从肝、胆两经夺路而上，窜到心包经上来。

肝经和心包经其实是一条经，都属于厥阴经，在腿上为肝经，在胳膊上就是心包经。如果肝经有淤血，心包经就阻塞不通了。所以心包经有阻塞，都跟肝经淤阻有关。天池穴就是心包经和肝经交接的点，所以非常重要。

天池穴这个点最容易淤阻。现在好多人有乳腺增生、乳腺炎等乳腺系统疾病，都是首先在这里有淤阻。因为“百病由气生”，所以，把侵入到心包经上的浊气消掉也就消灭了百病。

我建议女士们平时一定要坚持每天用掌跟转着揉它，顺着它捋，可以很好地防治乳腺增生。

天池穴还能治一种中医叫“瘰疬”的病，因为它是心包经、肝经的连接点，肝里的浊气在这里行不通，就会形成血淤痰结。所以，打通天池穴，实为防治淋巴结核的治本之法。

·治胸闷气短、咳嗽和理气化痰：多揉天泉穴

天泉穴是心包经上的第二个穴位。胳膊上有一块肌肉叫肱二头肌，天泉穴正好在肱二头肌的正上面2寸处。

有好多人长期感到胸闷气短，到医院一查说是心脏供血不足，这时每天就要坚持揉天泉穴。

天泉穴专门治疗那种声音很重浊、觉得是从胸里面憋出来的胸闷咳嗽。

总之，天泉穴不仅有给心脏补血之效，还具备理气化痰通经络之功。

·治经常胸闷、早期心梗、心绞痛：按心包经的淤滞点

“心包经的阻滞点”是心包经上特别重要的一个穴位，但经络穴位图上面没有，这个名字是我给它起的。它在天泉穴下面靠近曲泽穴1/3的位置，如果把天泉穴和曲泽穴之间分成3份，它在下1/3处。

这个阻滞点有什么用呢？如果您经常晚上胸闷，有点儿早期的心梗或心绞痛、冠心病，按这个阻滞点就会非常痛。这时，一定要把这个阻滞点揉开揉散，要经常揉。让心包经保持通畅，您就根本不用担心得什么心梗。

选心包经时，我们通常选择左臂，因为左边离心脏近。另外，每个人的阻滞点略有差别，有人稍微往上1厘米，有人稍微往下1厘米。还有的人甚至整条经都很痛，那就要多揉，不需要特别使劲。揉两天以后，有淤阻的地方会揉出一个大青包。这是堵在里面的淤血被揉出来了。

还有一种人，医院诊断结果都确定了是心脏有问题，但是他哪儿都不疼，这说明气血堵得很严重。这时，每天一定要从天池穴赶紧推，一直推到淤阻点，每天坚持，当有反应的时候，就证明病情缓解了。怕就怕里面很堵而没有感觉，那问题就很严重了。我们平时一定要经常用手检查这块位置，及早发现问题并进行推揉。如果觉得这块轻轻一碰就非常痛，您可以用另一种方法，就是拿刮痧板轻轻刮。堵得厉害的人，不用使劲，一刮就会出痧。如果您使劲刮都不出痧，就说明不能刮痧。

·治长期堵闷、急性胃痛、急性胃肠炎：按揉曲泽穴

“泽”是灌溉的意思，也就是给心脏以补养。曲泽是心包经的合穴，合至内府，能很好地调节心包经的整个脏器，心脏有损伤，它也能帮助修复。

如果一揉曲泽穴就很痛，那就证明心包经相对来讲还比较通畅。有很多人揉到曲泽穴已经不痛了，但淤滞点还比较痛，说明都在淤滞点这块儿淤着呢。这时候一定要把淤滞点打通，打通以后曲泽穴就开始通了。

心脏供血不足，也叫心血虚，通常有两种情况，一种是肝气郁结，造成气血堵在半路上，过不来，这叫因淤而虚；还有一种就是心脏本身功能虚弱。曲泽穴对这两种情况都适用。

曲泽穴还可以治疗急性胃痛和急性肠胃炎，一揉就会见效。

2. 若要了时当下了——品味肘部以下的心包经大药

心脏在中医里叫作君主之官，它有好多使臣，就是包括间使穴在内的经络穴位。间使穴就是正好能通心窍的一个使臣。

·治急性乳腺炎、急性心绞痛：按揉郄门穴

郄门穴比较深，在腕横纹上5寸处，一般人通常揉不到这个穴。您可以在用右手拇指点揉左侧穴位的同时顺时针转左手腕，一转这个穴位就揉出来了。

郄门穴是心包经的郄穴。因为郄穴都是治急性病的，而心包经又通着乳腺、乳房旁边，所以郄门穴能治疗急性乳腺炎。

当急性心绞痛发作时，除了吃药，要赶紧去揉左手的郄门穴。如果您有冠心病，也应该坚持每天按揉。

有人问："我拿手拍打行不行？"当然，拍也是一种方法。大家都知道刮痧，其实拍打就是"拍痧"，揪打就是"揪痧"。只要出痧，哪种方法都无所谓。

我一个朋友的亲戚，有20年心律不齐的问题，心里经常发慌。他每天就是点揉心包经，但他说根本找不准这个穴位，就是"瞎点"。他对我说："离穴不离经嘛，只要在中间我就点，痛点还挺多的。揉着揉着，别的地方都不疼了，就小臂这块儿有一个痛点。"后来，他找了一个火罐自己拔上了，没多长时间，就出来了非常黑紫的血印，拔了一次以后，心律不齐的问题就一直没犯。我通过这个事例很受启发，事实上，很多病的病根就是因为淤血淤住了，才会造成不通，您把结点找到，把症结去掉就行了，这才是最关键的。像我这位朋友的亲戚，他就是每天很随意地敲，然后找到最痛的点一拔火罐，问题就解决了，就这么简单。

·治老年痴呆、失眠、健忘、神志不清：按揉间使穴

"使"是使臣的意思，"间使"是用一个通道传递的意思。心脏在中医里

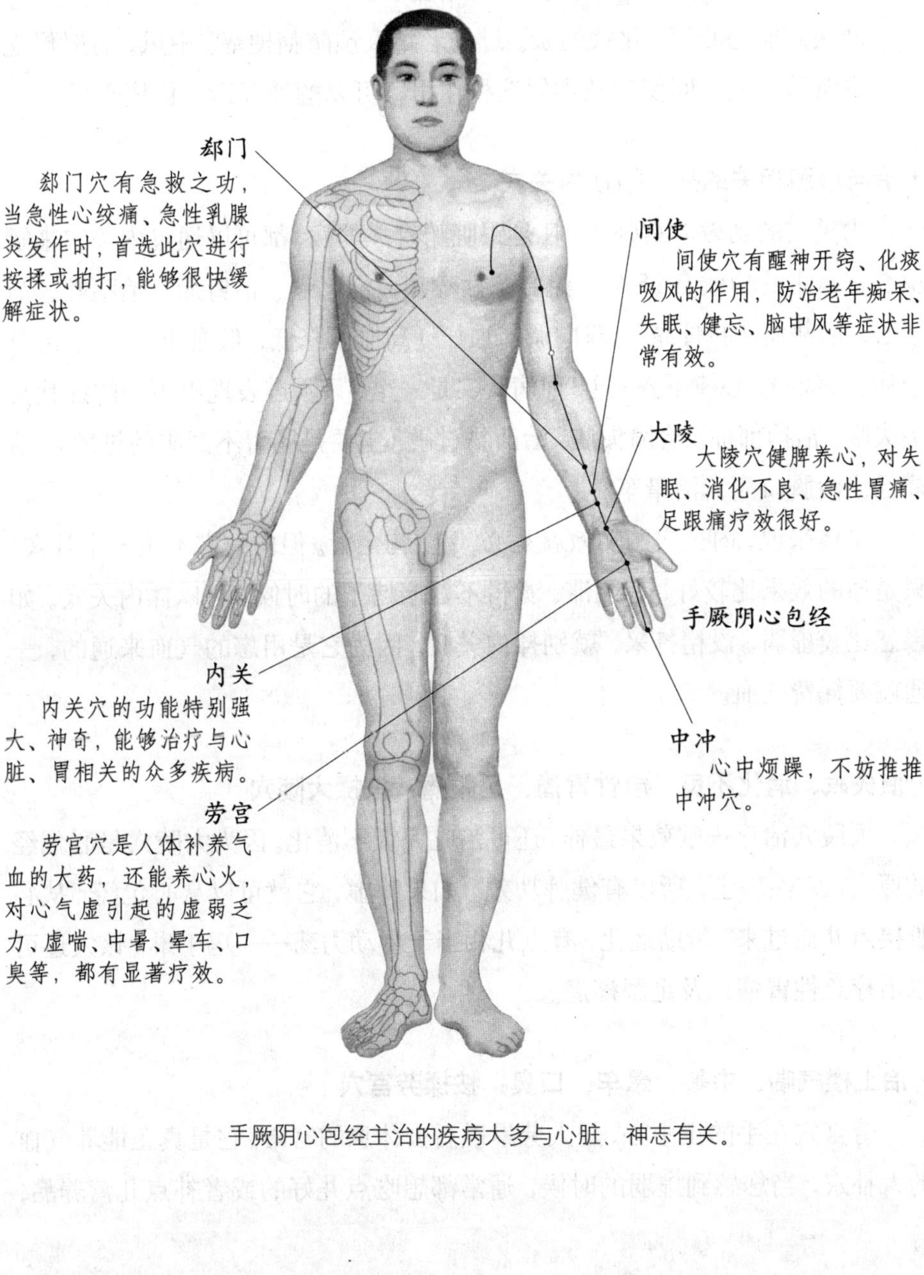

手厥阴心包经主治的疾病大多与心脏、神志有关。

叫作君主之官，它有好多使臣，就是包括间使穴在内的经络穴位，间使穴就是正好能通心窍的一个使臣。如果间使穴跟心脏不相通了，就会产生老年痴呆、失眠、健忘、整天混混沌沌、糊里糊涂、脑中风、神志不清的症状。中医称此病叫痰迷心窍，就是痰把心窍堵住了。

间使穴能通心窍、化痰通淤。过去老年人预防脑梗塞、中风，有时候吃一点牛黄清心丸，间使穴就类似这种作用，可以醒神开窍、化痰吸风。

·治与脏腑相关的病：掐按内关穴

内关穴的功效非常强大，凡是跟脏腑有关的病，都可以通过内关穴来解决。它常用的功效有15个：治心源性哮喘、治打嗝、治胃痛、治呕吐、治恶心、治胁痛（肋骨痛）、双向调节血压（高血压降低，低血压升高）、治冠心病、心绞痛、心律不齐（这3种病其实是一个，只不过表现出不同的症状）、治失眠、治抑郁症、治偏头痛、治药物过敏（主要是肠胃不舒服的过敏）、治痛经、治胸口痛、治晕车。

总体来说，内关穴的功效就是心、胃、胸全管。但内关穴不是一个补穴，只是通的效果比较好，有阻滞、觉得不舒服堵了的时候，可以揉内关穴。如果您比较虚弱，没精打采，就别揉内关穴，因为它是用您的气血来通的，一通就要耗费气血。

·治失眠、消化不良、急性胃痛、足跟痛：按揉大陵穴

大陵穴治疗失眠效果最佳，还可治吃完饭不消化。因为大陵穴是心包经的原穴，穴性属土，所以有健脾功效。如果脾虚，它就可以从心包经、从心脏接点儿血过来，帮助运化，有点儿相当于胃动力药——玛丁琳。该穴还可以治疗急性胃痛以及足跟疼痛。

·治上楼气喘、中暑、晕车、口臭：按揉劳宫穴

劳宫穴在手的正中心，是人劳累以后去休息的宫殿。它是真正能养气血的大补穴，当您感到虚弱的时候，通常都想吃点儿好的或者补点儿营养品，揉劳宫穴当时就能补上。爬楼梯、爬山时半截喘上了，这不是哮喘，一般是心脏供血不足，是虚喘，这时揉1分钟劳宫穴就能见效。

劳宫穴可以治疗口臭。实际上很多人口臭不是肠胃和牙龈的原因，而是心血管的问题，它的气味是腥味，表明里面有淤血。这种情况一定要多揉劳宫穴。

劳宫穴是心包经上的火穴，就是老给您生着火，给您补足能量。中暑、晕车时，赶紧揉劳宫穴就会有效果。

·开窍醒神、祛热清火：推中冲穴

中冲穴在中指指尖上，是专门用来开窍醒神的。它属于井穴，通常到医院针灸科看热病的时候，医生都会在此处点刺放血，祛热清火。

当您心烦有火，或者家里小孩心里有火了，就从中指的指根往指尖上推，这是祛心火的。如果您心急火燎地坐不住时，马上推这里，一会儿就能安静下来。

3. 心包经健康大课堂

安上心脏起搏器的病人，在按摩心包经的时候不要重刺激，轻轻地揉，舒服就行了。

问：

我有阵发性眩晕，坐车的时候爱出虚汗、打哈欠，怎么办？

中里巴人答：

这证明您腹中有一些浊气堵塞住了。在平时一定要多做推腹，把浊气散掉。在坐车的时候要多揉劳宫穴。

问：

我丈夫心律不齐，给他安上起搏器了。像他这种情况，按摩心包经上那些穴位的时候，需要注意什么？

中里巴人答：

在按摩心包经的时候不要重刺激，轻轻地揉，舒服就行了。

问：

我每天早上起来以后心慌，同时伴有浑身的大汗淋淋，怎么办？

中里巴人答：

这跟心脏有关系。您每天睡觉前揉一揉肾经上的复溜穴，它是专门调节汗液分泌的。然后再揉一揉心包经上的劳宫穴、内关穴。还有，汗为心之液，所以还要揉心经上的少海穴，这样对您解决出汗的问题是很有帮助的。

问：

有一次我受了点儿凉，中了点儿小风，胳膊就肿痛，抬不起来。揉什么穴好呢？

中里巴人答：

心包经上的天池穴、天泉穴都是治四肢不举的。

问：

请问在心经和心包经刮痧的走向是由上往下吗？

中里巴人答：

对。甭管是心经、心包经、大肠经、小肠经，刮痧都是从上往下顺着刮。

第十二章

三焦经大药房——让我们的内分泌永不失调

三焦经是人体上一个最大的腑，主一身之气，说白了就是调气的一个大通道。好好调一下三焦经，气调顺了，身体就能正常地运行了。

按照《黄帝内经》所说，三焦经是主一身之气的。百病从气生，从另一个角度来说，三焦经就是一个出气筒，当人之邪气从三焦经上泄走后，人就不会生病了，怕就怕这个出气筒堵住，问题就全来了。

这个三焦经，我要给它翻译过来，否则大家不好理解。“三焦”到底是什么东西？中医把它当做六腑之一，“腑”就是容器腔。胃是一个容器腔，肠也是一个腔，三焦就是把五脏六腑都包括在里面的大腔。

因此，三焦经是人体上一个最大的腑，主一身之气，说白了就是调气的一个大通道。

现在西医所说的内分泌系统就相当于三焦经。有人经常说自己内分泌失调，但到底哪里失调，去医院查不出来，自己更说不清楚，吃药也不管用。这个时候，如果能调节一下三焦经就会有效果。

像更年期综合征，就是由长期的气郁不疏造成的。心里有郁结之气，三焦经这个出气筒又堵住了，气发不出去，就会产生各种症状。

还有好多慢性病，也说不出到底哪里有问题。长期不愈的症状很多，这时好好调一下三焦经，气调顺了，身体就能正常地运行了。

三焦经就这么简单，但也非常重要，为什么呢？生活在这个压力颇大的社会当中，每个人每天都可能要生好多气，那就得及时消掉才行。有好多女士有痛经、月经不调、闭经的毛病，都跟气郁有关，用三焦经来调最好。

三焦经是从无名指外侧1毫米处的关冲穴开始，顺着手背、胳膊背部上到头，顺着耳朵转大半圈，到眉毛旁边的丝竹空穴。经络图左边标号为6的那个位置就是丝竹空。

1. 器量宽宏万物容——品味手上的三焦经大药

阳池穴是三焦经上的要穴。“阳池”就是蓄积人体阳气的池子。一揉阳池穴，身上的阳气就被激发出来，体内的阳气也会运转起来。

·治心里堵得慌、晕车、咽喉痛、急性咽喉炎：揉关冲穴

关冲穴是三焦经上的第一个穴位。这个穴特别小，要拿指甲掐或用指节硌才能有效果。它是三焦经这个出气筒放气的地方。心里堵闷，就应多揉揉关冲穴，把心中的气给放出去。尤其是心烦意乱但又说不出是哪儿难受的时候，更应该揉揉关冲穴，把里面的气散走。

其实，人体里有好多难受的地方，最主要的是常爱淤集浊气的肠胃。所以咱们一直强调要经常推腹，推完腹后打几个嗝、放几个屁，气血马上就通畅了。气血一通，病就不可能待在身体里了。

关冲穴可以治疗晕车。晕车的时候揉关冲穴，通常很管用。晕车是因为肚子里有浊气上来，但只要打几个嗝，晕车马上就好。这就是浊气堵在那儿让您恶心的原因。关冲穴是排气口，刺激它就能帮助把浊气散一散，虽然散得不是特别多，但散一点儿就会舒服一点儿。接着您再揉揉劳宫穴，晕车就差不多好了。

关冲穴还能治疗咽喉痛、急性咽喉炎。这类病跟气郁有很大关系。生了好多气，气散不出去就会发炎。关冲穴既然能排气，就能去火，因为气有余就是火，当然这个气指的是浊气。

·治眼干、嘴干、咽喉痛、嗓子干、身体发热、疲劳：揉液门穴

液门穴在无名指与小指缝间，顶着无名指的骨头，推压时比较痛。“液门”，顾名思义就是液体之门。

液门穴的功效非常多：第一，它可以治人体的干燥症，比如眼睛老干涩、嘴老干、咽唾沫都没有，这时揉液门穴就能把液体之门打开；第二，它

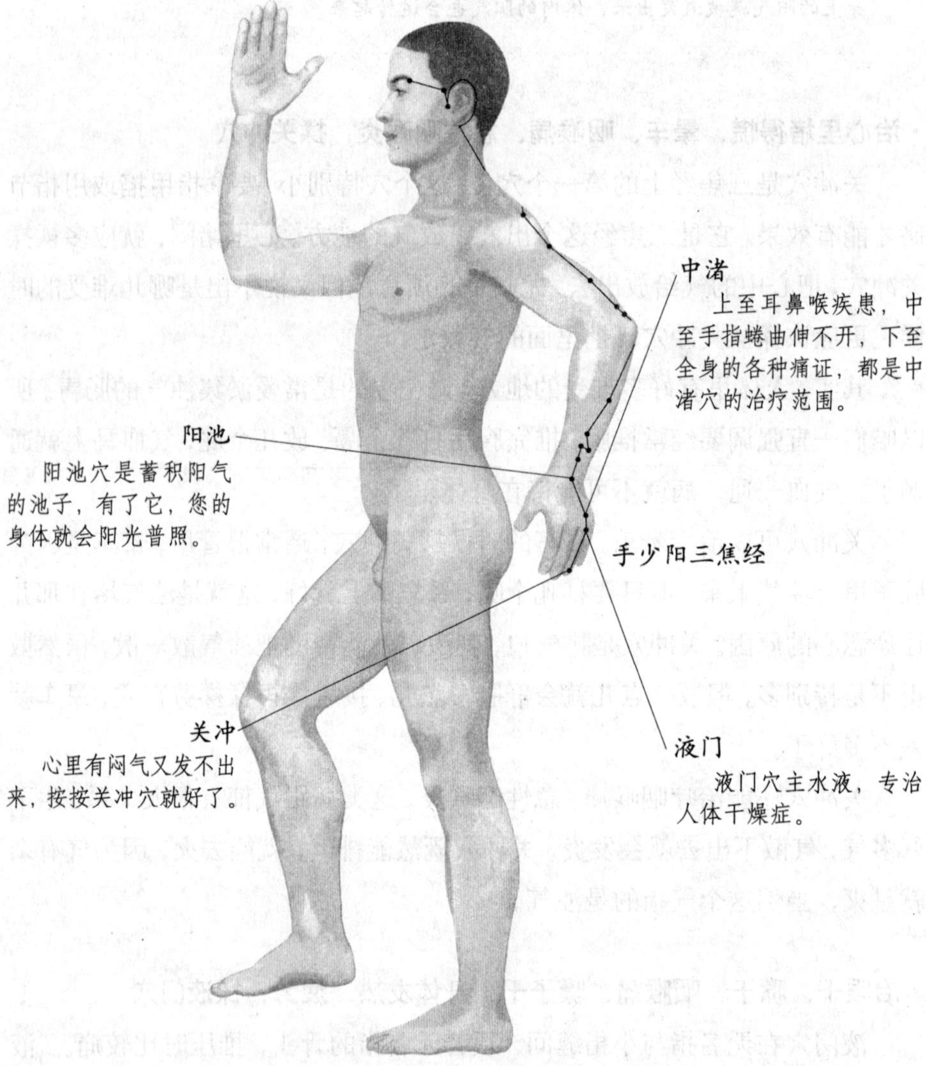

经常按揉三焦经，把体内邪气驱赶出去，身体自然百病不生。

可以解除热性感冒的症状，像咽喉肿痛、嗓子干想喝水、身体老发热，揉液门穴都很管用。这跟它所在的这条三焦经的性质有关，三焦经是排气的，人气多了会上火，风寒再一来就压抑住，火散不出去，就会在里面产生炎症，液门穴就是散火的。第三，它是一个帮助我们恢复体力的穴位，比如您劳累了，白天眼皮老爱沉，腿也酸，浑身感到没劲，这时候您揉揉液门穴，精神马上就好了。

·治眼疾、急性扁桃体炎、咽喉痛、耳痛、中耳炎、上火引起的突发性耳聋、耳鸣等耳鼻喉症状，肩膀痛、腰后面脊椎痛、膝盖痛、肩周炎、头痛、耳痛、牙痛、胃疼等痛症，手指蜷曲不能伸开：揉中渚穴

中渚穴在液门下1寸处。按这个穴时一定要把指甲剪平。如果找不准没关系，您就把骨缝这一溜都揉了，哪个地方最痛，就把哪个地方当成中渚穴。

揉中渚穴有个技巧：先掐进去，然后挫着揉，让它发麻，一麻就通了。

此穴可以治眼疾，如眼睛痛、胀、酸涩和急性结膜炎。

急性扁桃体炎、咽喉痛、耳痛、中耳炎、着急上火引起的突发性耳聋、耳里轰轰响的耳鸣等症状，揉中渚穴也会特别管用，因为它是祛火的。

中渚穴是治疗诸多痛证的要穴。痛证的含义非常广，比如肩膀痛、腰后面脊椎痛、膝盖痛、肩周炎、头痛、耳痛、牙痛、胃痛，中渚穴统统都管。

有的人手老是攥着、不能伸开，有点儿像脑血栓的后遗症，这就要经常掐中渚穴，一掐手就张开了。除了掐这个穴位，还要掐十指指缝。这几个缝叫八邪，就是有邪气进去了，所以手才攥住张不开。另外，掐的时候不能生扳手指，否则手指马上就会产生抗力。

·激发身体阳气：揉阳池穴

阳池穴是三焦经上的要穴。“阳池”就是蓄积人体阳气的池子。一揉阳池穴，身上的阳气就被激发出来，体内的阳气也会运转起来。

有时候人体的阳气运转不起来，那是因为肚子里有浊气，浊气妨碍阳气的运转。有人说想让气血流通加快，那您得先把浊气排掉才行。“浊气不去，新血不生”，记住这句话。排浊气就要多推腹，或者多揉中脘穴。其实推腹时就把中脘穴顺便也推了，而且还推了肚子上的其他穴位。有的人肚子那里老虚寒，您就拿艾条灸，每天灸中脘穴，同时揉阳池穴，这样身体里的浊气才能散，正气才能进去，气血才能运化起来。

另外，如果觉得还有精力，就再去灸气海穴，这样人体的上下气就全通畅了。当您吃东西不消化，那么在吃饭之前您可以先揪揪阳池穴，吃饭马上就香了。这个方法大家一定要记住，先揉阳池穴激活阳气，然后灸中脘穴、推腹，把浊气排出去。

2. 量大自然增福祉——品味手臂上的三焦经大药

揉穴位时一定要跟经络结合在一起，必须让经先通了，穴才能通，就像灯泡要亮，必须整个电线都有电才行，电线没电，无论如何灯泡也不会亮。

·打通胆经、缓解坐骨神经痛、腰痛、肋骨痛、肩膀痛、头痛、落枕：揉外关穴

外关穴在腕横纹上2寸处。凡是病症堵塞在经络上不通，像腿上的胆经不通、坐骨神经痛、腰痛、肋骨痛、肩膀痛等循经走的病，都可以揉外关穴，它的作用就像一个总闸一样。

外关穴是治疗偏头痛的要穴。经常有偏头痛的人，您会发觉痛点基本上都在耳朵上面一点儿，而且这块儿的筋全拧在一起了，这时，您先拿大拇指找到痛点，然后边揉边推，先把里面的筋给推开，再赶紧揉外关穴，头痛马上就能缓解。揉这个穴位时一定要跟三焦经结合在一起，必须让经先通了，穴才能通，就像灯泡要亮，必须整个电线都有电才行。电线没电，无论如何灯泡也不会亮。

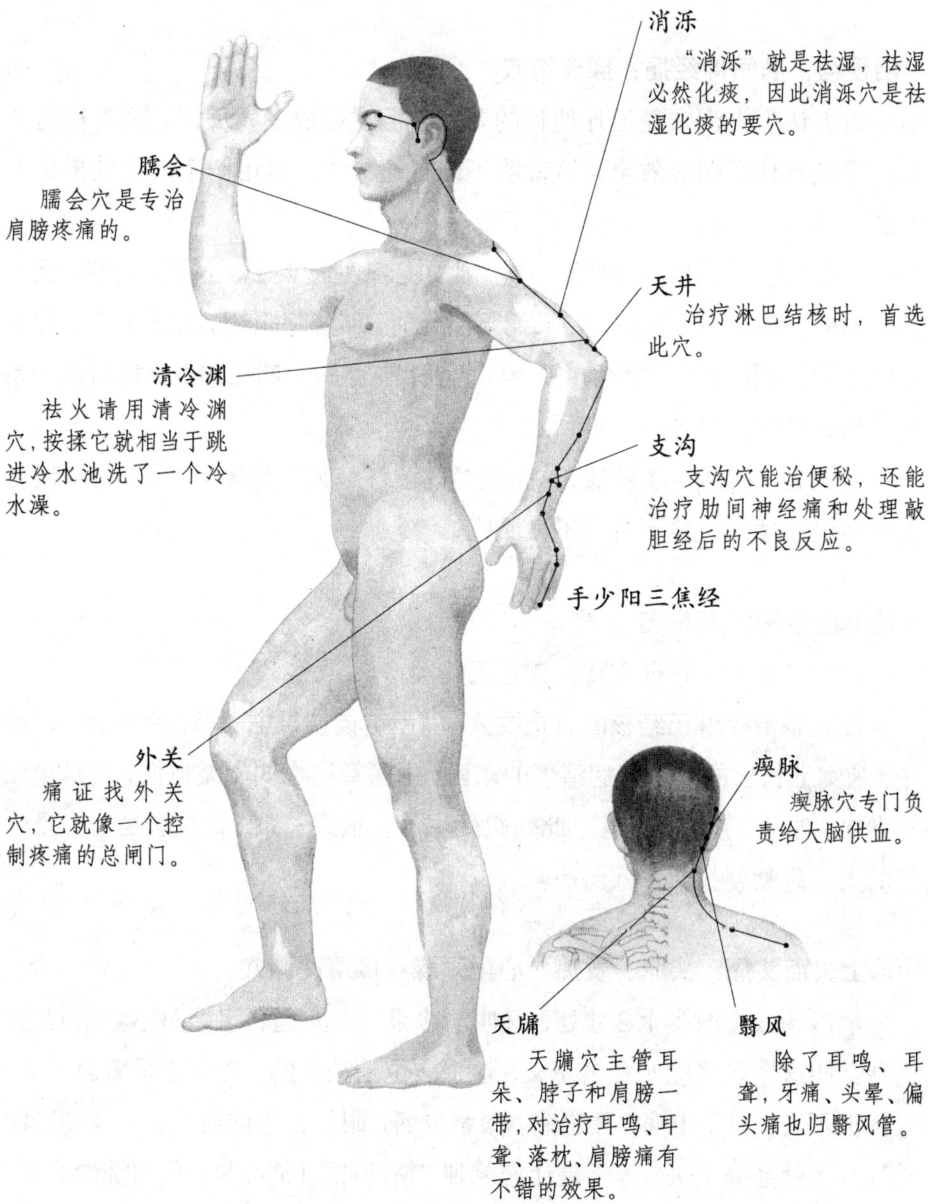

三焦经上的穴位个个都有自己的拿手绝技，经常按揉它们，会让您的健康更上一层楼。

另外，外关穴还能治落枕。

· 治便秘、肋间神经痛：揉支沟穴

古人认为支沟穴是治疗便秘的要穴。但现在很多人反馈，说光揉这个穴好像没有什么明显效果，这说明不先打通经络，单用一个穴位效果是不大的。

支沟穴治肋间神经痛特别有效。比如您某处岔气了，上下窜着痛，揉支沟穴的偏上部分马上就好。如果偏下部分痛，那就归胆经的阳陵泉管，而支沟穴不管。实际上，三焦经在腿上叫胆经，在胳膊上叫三焦经，它们是一条经，都管岔气，但各管一半。

有的人一敲胆经头就胀，这是胆经的浊气跑到三焦经上来了，所以还得把三焦经给揉开，才不会有不良反应。

· 治淋巴结核：天井穴

在肘尖上1寸处有个窝，就是天井穴。

此穴是治疗淋巴结核的首选要穴。淋巴结核就是中医所说的瘰疬，即脖子、腋窝上长出的好多疙疙瘩瘩的东西，中医管这个叫气结血淤，就是里面有淤血、浊气，搅在一起了。此病跟爱生气有很大关系，如果您是一个爱生气的人，赶紧就找天井穴解决吧。

· 治上火而头痛、头胀、发热、心里烦躁：揉清冷渊穴

清冷渊穴在肘尖上2寸处，又叫清冷泉。古人起名字绝对不会瞎起的，为什么叫这个名字呢？顾名思义，这个穴位是祛火的。当您心里着急上火，有气出不去，嗓子也痛、牙也痛、眼睛也痛，眼红目赤的时候，一揉清冷渊火气马上就会降下去，等于是让您跳到“清冷渊”（清冷泉）里面洗澡去了，肯定火就没了。

尤其是您头痛、头胀热、心里烦躁时，揉外关穴不管用，可以揉清冷渊穴和天井穴，效果立竿见影。

·祛湿化痰：揉消泺穴

消泺穴在肘窝往上5寸处。“泺”是浅水的意思，把浅水消掉，人体的湿就去掉了。气郁则生湿、生痰，消泺穴就是祛湿化痰的要穴。

当您生气时，气滞了，血不流动了，体内就会有好多湿气产生，形成水肿，所以刚有一点水时一定要赶紧把它消掉，别让它产生湿气，否则祸害无穷。

·治肩膀痛：揉臑会穴

臑会穴是专门治肩膀痛的要穴。

·治耳聋、耳鸣、肩颈痛、落枕：揉天牖穴

天牖穴在紧挨耳后斜下方1寸处。当您把头往边上一侧，脖子上就会凸起一条大筋，该穴就在大筋的边缘。天牖穴是治耳聋、耳鸣的要穴，还治肩颈痛、落枕，因为这个穴位正好管脖子和肩膀。

对于肩膀痛，如果是小肠经这块儿痛，揉三焦经肯定没用；如果是三焦经这块儿痛，在臑会穴、消泺穴、清冷渊穴、天井穴一揉一捋，痛证会马上缓解。

·治耳聋、耳鸣、牙痛、头晕、偏头痛：揉翳风穴

翳风穴在耳垂遮住的凹陷处。除了管耳聋、耳鸣（因为该穴挨着耳朵最近）以外，牙痛、头晕、偏头痛它也管。

·负责头部供血、预防脑血管疾病：揉瘈脉穴

瘈脉穴在翳风穴的上边，是专给脑袋供血的。当大脑供血充足了，人的神智就会清楚，当然就不会得脑血管病了。

3. 三焦经健康大课堂

耳聋、耳鸣与很多经络都有关联，很多脏腑的虚弱也会引起耳聋、耳鸣，所以根据您自身的原因不同，选择的经络也不同。通常我们选择小肠经、心经、三焦经、胆经、肝经、肾经，它们都对耳聋、耳鸣有不同的调节作用。

问：

我的大拇指跟无名指老裂，别的手指都不裂，是什么原因？

中里巴人答：

大拇指是肺经循行之处，如果干裂了，您就要多揉肺经上的穴位；无名指在三焦经上，有毛病就揉三焦经上的穴位，从支沟穴开始，多揉外关穴、中渚穴、液门穴就可以了。

问：

您讲过小肠经上的大部分穴位都治耳聋、耳鸣，我想问一下，有哪几条经络对耳鸣最有效？

中里巴人答：

耳聋、耳鸣与很多经络都有关联，很多脏腑的虚弱也会引起耳聋、耳鸣，所以，根据您自身的原因不同，选择的经络也不同。通常我们选择小肠经、心经、三焦经、胆经、肝经、肾经，它们都对耳聋、耳鸣有不同的调节作用。

第十三章

大肠经大药房——肺和皮肤的保护神

肺与大肠相表里，所以肺脏上面有什么疾患，都可以通过大肠经来调理，它主治皮肤病，也管便秘、腹泻等肠道疾病。当然，它也有一些别的神奇功效。

肺与大肠相表里，所以肺脏上面有什么疾患，都可以通过大肠经来调理，它主治皮肤病，也管便秘、腹泻等肠道疾病。当然，它也有一些别的神奇功效，这些，我会在谈到某些具体症状的时候特别说明，但总体来讲，大肠经就是这些功能。大家不要把这些功能记得太复杂，只记对您有帮助的东西就行了，要记得越简单越好，剩下的全给忽略。

大肠经的走向是从手走头，起始于商阳穴，结束于迎香穴。它上边有20个穴，这里只讲其中16个，因为有几个穴的功能和其他穴位一样。

1. 按之得喜，不按不得——品味手上的大肠经大药

合谷穴治牙痛是最管用的，而且是交叉治。如果您右侧牙痛，就揉左边的合谷穴；左侧牙疼，就揉右边的合谷穴。揉的时候，最好再加一个压痛点，那效果就太神奇了。通常80%的牙痛，都会在一两分钟之内止住。

· 人体自有开塞露：商阳穴

商阳穴需要用指甲掐才有效果。它是专门治疗便秘的一个要穴，但是它不治疗气虚这种便秘（就是觉得肚子胀却拉不出来）。那它治哪种便秘呢？就是大便已经到肛门，却拉不出来，一揉这个穴就出来了，有点儿像开塞露的感觉。

· 包治百病的万能穴：合谷穴

合谷穴是被历代医家推崇的一个大穴，可以说是万能之穴，什么病都治。也正因为如此，大家一般不知道它具体能治什么病，所以基本上很少有人会使用它。

合谷穴治牙痛是最管用的，而且是交叉治。如果您右侧牙痛，就揉左边的合谷穴；左侧牙疼，就揉右边的合谷穴。揉的时候，最好再加一个压痛点，那效果就太神奇了。通常80%的牙痛，都会在一两分钟之内止住。

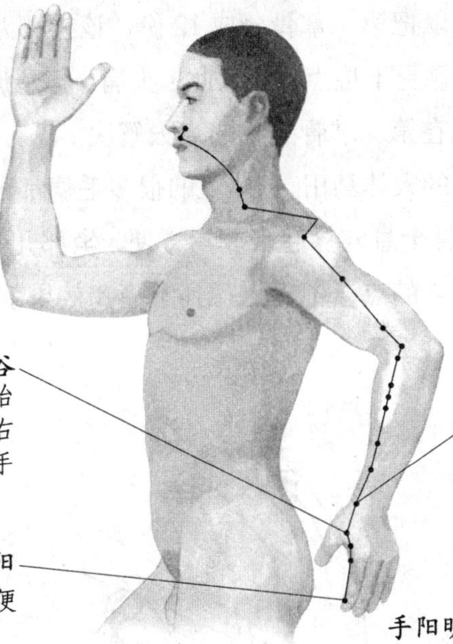

大肠经的每个穴位都有自己的杀手锏，且听我慢慢道来。

怎么寻找这个压痛点呢？当您牙痛的时候，去捏耳垂贴近面颊的这个部分，绝对会有一个地方很敏感，这就是压痛点。如果把合谷穴和压痛点同时按捏，会马上止痛。当然这需要别人来帮您按合谷穴，您自己按耳垂。

·长在手臂上的本草：第二掌骨

合谷穴虽然是祛病的万能之穴，但是功效不确定，所以我们索性改揉第二掌骨全息穴得了。“第二掌骨”在哪儿呢？我们看，手背上的食指下面有一条骨头，它上边全是穴位，密密麻麻挨着，这就是第二掌骨全息穴。“全息”就是身上的信息都在第二掌骨这里汇集齐了。这跟耳朵、足底处有好多反射区是一个道理。

无论身上哪儿有病，都能在第二掌骨全息穴勘查出来。比如您肠胃不好、经常肠胃痛，可以在第二掌骨的正中间找个痛点（肠胃点），揉揉就会缓解。当然，还可以把第二掌骨分成12份，该揉哪儿就揉哪儿，腰痛就靠下边点揉，腿痛就靠更下边点揉，依此，头痛、脖子痛、肩膀痛以及头部和心脏的问题都可以在第二掌骨上找痛点去解决。

这是一块神奇的人体药田，身体上的很多毛病都可以在这里一并得到解决。而且，第二掌骨全息穴揉起来非常方便，坐那儿就揉了。揉的时候，最好点按它，点按最疼的点，把痛点揉到不痛，效果就出来了。

第二掌骨就是一个微缩的人体，按压第二掌骨上的对应位置，就相当于给身体的各处安上了保险。

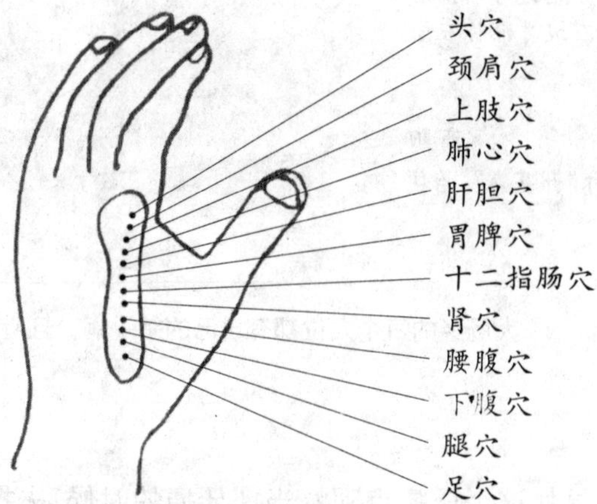

· 改善头部、眼部供血，明目，治疗眼睛酸涩、眼睛胀痛：按揉阳溪穴

“阳”是太阳，“溪”是溪水。顾名思义，阳溪穴是补阳气、提精神的。就是说要把阳气像溪水一样灌注到全身尤其是头面上去。它不仅能够改善头部供血，更能改善眼部供血。所以揉阳溪可以明目、治疗眼睛酸涩、眼睛胀痛。

2. 般若般若处处开——品味小臂上的大肠经大药

曲池穴的功效非常多。对于老年人来讲，首先要记住的是它有降血压的功劳；而对于年轻人来讲，它是祛除脸上疙瘩的好药。

·治面部神经麻痹、脑中风、前列腺和泌尿系统感染：揉偏历穴

两虎口相交，中指在手臂上所点处就是偏历穴。它有两大功能，其一是治疗和预防面部神经麻痹和预防脑中风。所以要想记住偏历穴，就要先想到人脸偏了，想到它能治疗面部神经麻痹。

第二大功能是利尿消肿。平常有前列腺炎、泌尿系统感染的朋友，一定要坚持揉这个穴，要拨动着揉，揉时会发现有好多硬的乱筋在里面，把它们揉松揉散就好了。

·祛除寒邪：在温溜穴刮痧

“温”是温暖，“溜”是水暂时停在这里了。水为什么会停在这里？是体内有风寒，寒凝血滞造成了血流缓慢。温溜穴就是驱寒的，可以把停滞的寒流驱赶出去。所以经常手凉、手心爱流冷汗的人一定要多揉温溜穴。还有一个更好的方法就是刮痧，从肘臂往下刮，一刮过温溜穴，手就热乎乎的了。

而且，通常只要多刮小臂上的大肠经，刮完以后就会觉得浑身发热，好像阳气被调动起来，有一股暖流在体内缓缓流动，特别舒服。

·清肠、治便秘：揉上廉穴、下廉穴

“廉”是廉洁，就是要让血液保持清洁。这两个穴位一个在上、一个在下，所以称为上廉穴、下廉穴。

这两个穴位是清肠毒的，所以能治便秘。如果手三里、上廉、下廉一起揉，效果最好。

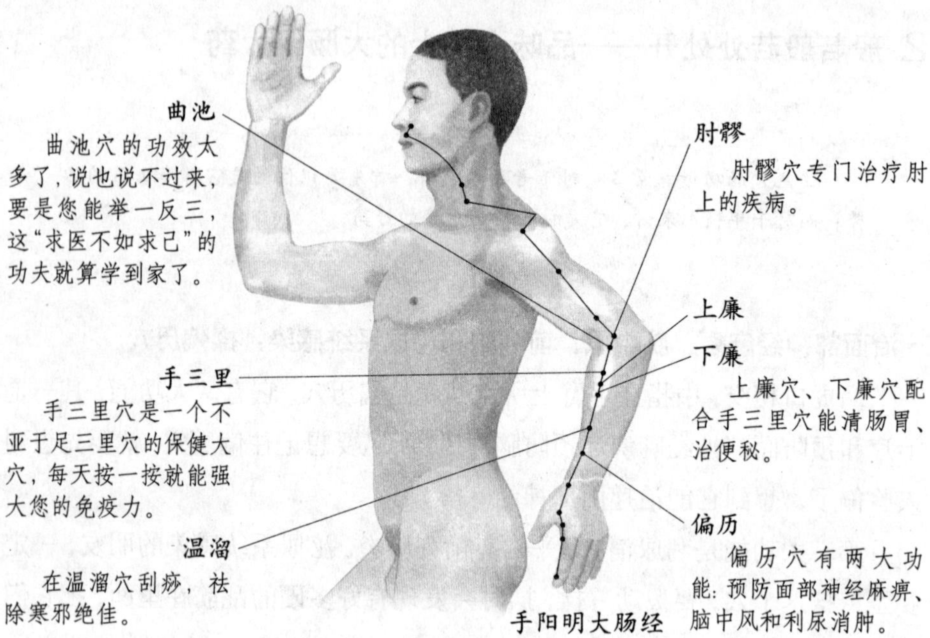

大肠经是一个无名英雄，好像没有什么显著功效，但有些特殊疾病，非得它亲自出马才行。

·治头面肿、上身肿、腰膝痛、肠胃功能不好、过敏性鼻炎、身体虚弱：常揉手三里穴

手三里穴在曲池穴下2寸处。

手三里主要治肿痛，对头面肿、上身肿疗效最佳。不论是眼睛、鼻子，还是嘴、口腔，只要是头面肿，都是手三里的治疗范围。

手三里可以治疗腰膝痛。尤其是慢性腰肌劳损，经常揉揉手三里就会好转。

需要注意的是，膝关节有问题，不要经常揉膝关节的痛点，而要揉胳膊肘；胳膊肘痛，要揉膝盖附近的痛点；脚踝有问题，要揉手腕子。比如风湿的人早晨起来有晨僵，手指僵硬了，您千万别揉手指头，越揉它越大、越变形，这是因为本身就缺血，您一揉它，好血没过来，里面的组织液过来了，结果就肿大增生了，这时要使劲多揉脚趾。上述疗法就叫反射疗法。

急性腰痛也一样，痛就证明这块儿有淤血，您去按揉等于是按摩伤口，虽然这个伤口是在里边，但会把旁边本来没损伤的血管给弄破，伤痛就会更厉害。虽然按摩使血液循环加快，感觉腰部热乎乎的，有点儿舒服，但随后会更严重。所以您不能这么揉，要揉与它相表里的经络。

手三里穴为什么可以治疗膝盖痛呢？原因就是反射疗法。大家都知道"肚腑三里留"这句话，这个"三里"既包括手三里穴，也包括足三里穴。

手三里穴的功效非常巨大，但却经常被大家所忽视。

肠胃功能不好，揉手三里穴同样管用。尤其是胃寒的人，揉手三里穴的效果比足三里更好。因为大肠经是多气多血之经，是可以补充气血给肠胃的，而胃寒就是胃中缺血，新鲜血液流不过去。血总是热的，如果让血很充沛地流过去，就不会胃寒了。

手三里穴还可以治疗过敏性鼻炎。

手三里穴是一个强壮穴，和足三里穴一样，平时多揉，可以增强免疫力。

·降血压、祛痘痘、治皮肤病、明目：点揉曲池穴

把胳膊弯曲，肘横纹这条细缝靠近肘尖的部位就是曲池穴。

曲池穴的功效非常多。对于老年人来讲，首先要记住的是它有降血压的功劳；而对于年轻人来讲，它是祛除脸上疙瘩的好药。

曲池穴还是治疗各种皮肤病的一个要穴。

曲池穴还有明目的功效。

其实，大肠经上的这些穴位都是相通的，比如说降完血压，眼睛自然就明亮了。它是可以推演的，有好多穴位的功能必须自己去触类旁通，要是写出来的话，能写一大堆。但如果会推演，就能发觉、改善一个穴位的功能，人体很多相应的症状都会得到改善。比如曲池穴能治疗皮肤病，它的办法就是增进血液循环，把血液毒素排出去，所以我们说曲池穴还是一个排毒穴。而减肥就需要排毒，因此同时它还有减肥的功效。

·治肘部劳损、网球肘：揉肘髎穴

肘髎穴是治疗肘上疾病的，如肘部劳损、网球肘等。揉时要找到痛点，多揉一揉。

3. 曲径通幽，自性自度——品味肘部以上的大肠经大药

很多人年轻的时候，老爱光着膀子睡觉，岁数一大，就得肩周炎了，什么原因呢？就是寒气顺着肩髃穴进到肩膀里去了，在那里一点一点堆积下来。所以，平常一定要多搓搓或者点揉肩髃穴，以增强它的防风寒功能。

·治肩膀沉重、肩周炎、颈淋巴结核：按揉手五里穴

手五里穴正好在骨头上，通经活络的效果非常强。它尤其能治肩膀上的毛病，比如肩膀沉重、肩周炎。有的人患颈淋巴结核，脖子上长东西、脖子粗，手五里穴全管。它是专门给肩膀、颈部和头部供血的一个很好的穴位。

·治白内障、视神经萎缩、眼睛酸胀、痛痒、迎风流泪：敲打臂髃穴

臂臑穴在肩膀三角肌下缘。这个穴对眼睛特别有好处，能防治白内障。

视神经萎缩是个很严重的病，现在也没有找到好的治疗对策。然而臂臑穴有辅助疗效，能让视力不致于进一步减退。

平常多揉揉臂臑穴，对于眼睛酸胀、酸痛、痒痒、迎风流泪，都有很不错的作用。如果有时候觉得它不是特别敏感，可以敲一敲、打一打它，几下就会变得敏感了。

·预防感冒、改善头部供血、预防脑中风：揉肩髃穴

肩髃穴是一个预防感冒的要穴。

另外，很多人年轻的时候，老爱光着膀子睡觉，岁数一大，就得肩周炎了，什么原因呢？就是寒气顺着肩髃穴进到肩膀里去了，在那里一点一点堆积下来。所以，平常一定要多搓搓或者点揉肩髃穴，以增强它的防风寒功能。

有的人肩膀发硬，躺下觉得枕头不合适，睡眠不好，这时也多揉揉肩髃穴，很快就能有效果。

肩髃穴还可以改善头部的供血，所以也是预防脑中风的一个要穴。

·根治鼻炎：揉迎香穴

“迎香”意为欢迎香味进来。如果鼻子堵了，闻不见香味，一揉迎香穴，香味就进来了。

它能治疗鼻炎，无论是慢性鼻炎还是过敏性鼻炎都有效。迎香穴在鼻子旁边，揉的时候，最好把手指搓热，然后抚摸鼻翼，之后再点迎香穴，就

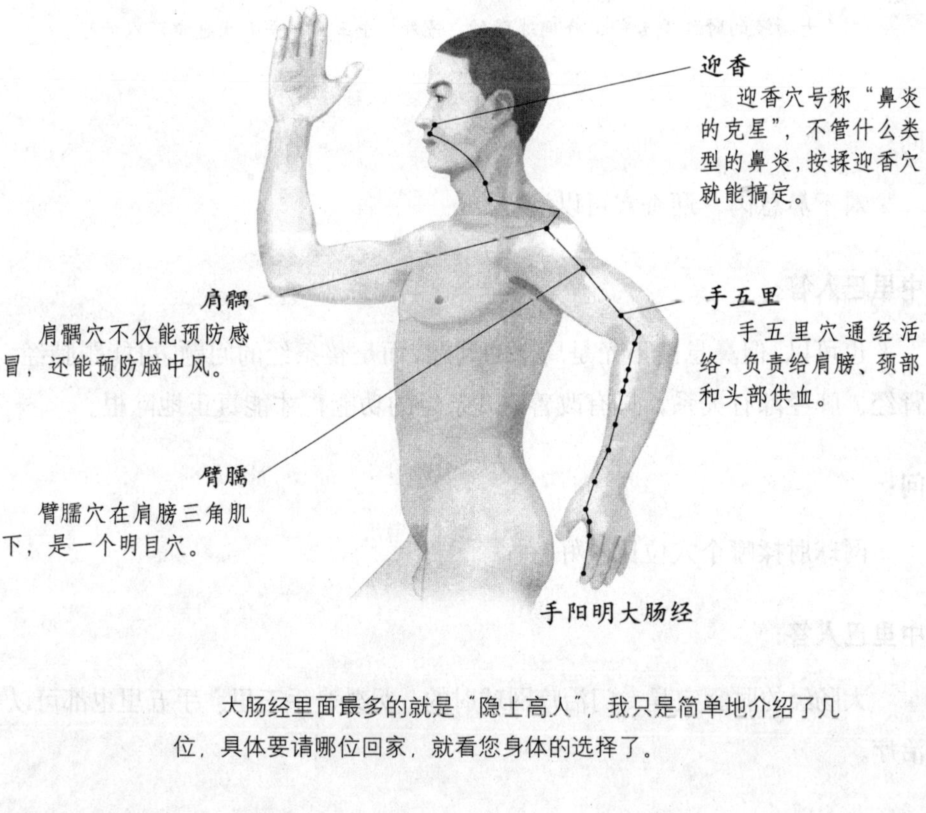

手阳明大肠经

大肠经里面最多的就是“隐士高人”，我只是简单地介绍了几位，具体要请哪位回家，就看您身体的选择了。

会事半功倍，这时您会感觉迎香穴太能通气了。请记住：如果不激活里边的通路，直接揉迎香穴，很可能不起效。

但有些朋友觉得这样做效果还是不太明显，那我再告诉大家一个治鼻炎效果更明显的方法——敲撞鼻翼，即用手背从印堂开始往下轻轻地颤动撞揉。撞揉就是除了撞以外，还得揉。这种方法趴着做最好。我在《求医不如求己大全集2》中专门讲了一个地板上的锻炼四法，就是叩首法里边有一个撞揉，是专门治疗鼻炎的，效果非常显著。用这个方法撞揉完以后，再搓一下鼻翼，点揉迎香穴，您马上会觉得神清气爽、鼻窍全通了。每天只要坚持揉两三分钟即可。

4. 大肠经健康大课堂

大肠经的肘髎是专门治疗网球肘的，另外，手三里、手五里也都可以治疗。

问：

对于鼻息肉，迎香穴可以治吗？

中里巴人答：

也可以。但鼻息肉不光是局部的问题，而是整条经的问题，可能跟肺经、肾经、脾经都有关系，只有改善这3条经的功能，才能真正地除根。

问：

网球肘揉哪个穴位比较好？

中里巴人答：

大肠经的肘髎穴是专门治疗网球肘的，另外，手三里、手五里也都可以治疗。

第十四章

肺经大药房——气顺病自消

肺经的穴位都能治疗与肺相关的疾病，肺开窍于鼻，所以鼻子的毛病与肺经有关；还有，肺经与喉咙有关，所以嗓子的问题能从肺经上得到解决；另外，肺经与感冒有关、与皮肤有关……

肺经有11个穴位，而且都在胳膊和手上，与下半身的脾经是一条经，非常好找。而且，它们都能治疗与肺相关的疾病，肺开窍于鼻，所以鼻子的毛病与肺经有关；还有，肺经与喉咙有关，所以嗓子的问题能从肺经上得到解决；另外，肺经与感冒有关、与皮肤有关……

下面我就为大家详细地介绍一下肺经。

1. 会当凌绝顶——品味肘部以上的肺经大药

其实，打通经络，其中的一个主要目的就是排除浊气。好多人一揉这个肺经就老打嗝，这是非常好的现象。

·排出体内浊气：揉云门穴

云门穴是肺经的第二个穴位。为什么先讲云门穴呢？因为它是一个很好的标志，找到这个标志，其他穴位就好找了。

找云门穴有个非常简单的方法，就是只穿背心，两手叉腰，对着镜子，就能看见肩膀的锁骨旁边有个窝，窝的中心点就是云门穴。

“云”是流动的气体，“云门”的意思就是这里是一个气体宣发的地方。很多人爱生气，气完就憋在那里了，宣发不出去，于是循着肺经走到四肢，就会造成四肢烦热、特别燥、心里堵闷、掌心热等症状。这时，使劲点揉云门穴，一般就会打嗝，气就发出去了。

其实，打通经络，其中的一个主要目的就是排除浊气。好多人一揉这个肺经就老打嗝，这是非常好的现象。

·调治中气不足、预防心绞痛、治疗咳喘：揉中府穴

中府穴在云门穴下边1寸处。“中”指中气，就是脾肺之气，脾和肺合起来的气叫中气。如果经常觉得气不够使，喘不上气来，或者大便的时候无

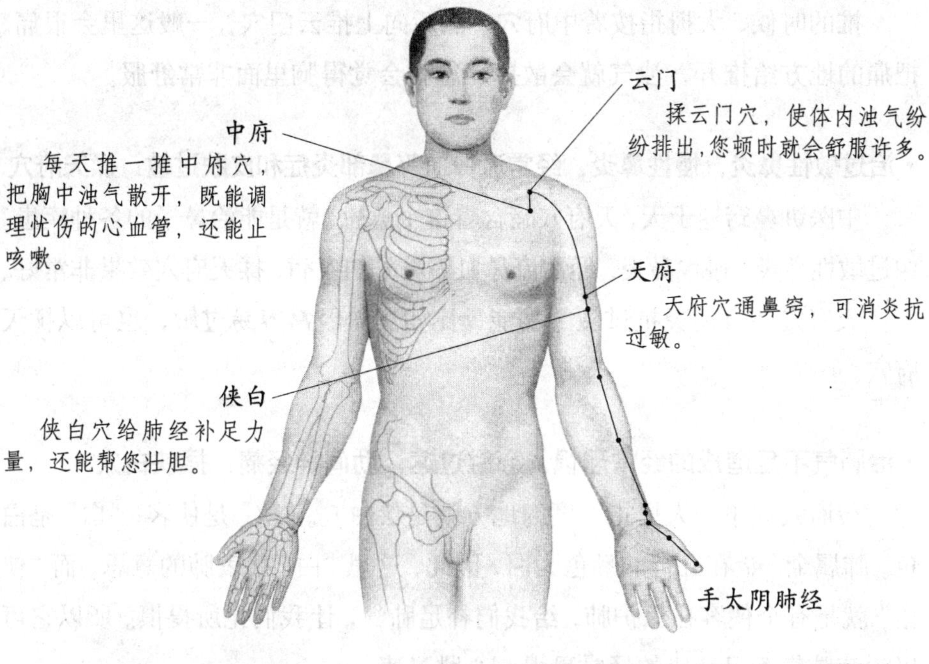

肺经是与呼吸系统关系最紧密的一条经，它不仅像一面明镜一样反映出肺系统的功能状况，还能防治与肺有关的任何病邪。

力，以及吃一点东西肚子就胀，这就是中气不足了。中府穴就是专门调治中气不足的。

中府穴是肺经的一个募穴，也是脾肺两经交会的一个穴，这个穴调气最好。如果人体的气乱了，就爱咳嗽、哮喘、堵闷，会经常觉得上气不接下气，这时一定要多揉中府穴。

中府穴可以防治心绞痛。有心绞痛的人按中府穴肯定很敏感，因为这里有淤阻，所以要经常通通中府穴。

中府穴还是治疗咳喘的要穴。

另外，有心血管方面疾病的人，有个非常简单有效的方法可以调理，就是同时推云门穴和中府穴。那些长期爱咳嗽（很有力量的那种咳嗽）的人，觉得堵闷后马上要咳出来的这种实咳实喘，平常更要多推中府穴和云门穴。

推的时候，大拇指按着中府穴，然后向上推云门穴，一般这里会很痛。把痛的地方给推开，浊气就会散掉，您就会觉得胸里面非常舒服。

·治过敏性鼻炎、慢性鼻炎、经常流鼻血等鼻部炎症和皮肤过敏：揉天府穴

中医讲鼻窍通于天，天府穴暗含着这个意思，就是能治鼻子的各种疾患。像过敏性鼻炎、慢性鼻炎、经常流鼻血等鼻子的疾病，揉天府穴效果非常好。

天府穴还有消炎抗过敏的功能，比如皮肤经常容易过敏，也可以揉天府穴。

·治肺气不足造成的经常恐惧、心跳过速、肋间神经痛：揉侠白穴

天府穴往下一大拇指宽度的地方就是侠白穴。“侠”是侠客，“白”是白色。肺属金，金在五行的颜色为白，因此，这里“白”代表肺的意思。而“侠白”就是有个侠客在保护肺，给我们补足肺气，让我们无所畏惧。所以它可以治疗肺气不足造成的经常恐惧、心跳过速。

为什么人会恐惧呢？就是先有忧虑，忧虑解不开了就会恐惧。而且一忧虑就会气郁，常常气串两肋，所以按揉侠白穴还可以治疗肋间神经痛，即两肋痛。

2. 造化钟神秀——品味小臂上的肺经大药

大家只要记住经渠穴是一个调气的要穴就够了。平常可以经常揉一揉它，觉得气有点儿不太顺或者气接不上来都可以揉，而且无论是热性、寒性咳嗽都可以揉，它是一剂保人生平安的药。

·交通肺和肾，调节身体虚实，补肾：揉尺泽穴

胳膊肘处有个窝，就是尺泽穴。

中医号脉时，三个手指分别摸在腕关节寸、关、尺的位置。尺的位置是在号什么呢？是在号肾功能。所以，"尺"代表肾。"尺泽"是给肾以恩泽，给肾以浇灌，尺泽穴就是补肾的要穴。

尺泽穴能补肾，这跟五行有很大关系。在中医里，肺属金，肾属水，而金能生水，就是肺气足了就可以补肾。所以，揉尺泽穴就能把肺经多余的能量补到肾经上去。尺泽穴又是合穴，属水，所以这种补肾方法叫做泻肺补肾法。其实，泻只是能量的一种转化，是把肺经多余的能量转换到肾经上去了，因为上焦的能量过多、淤积住了，反而让人觉得不舒服，老有火气，老想吃点儿凉的或者祛火的东西，而同时却两脚冰凉。这是火气都用到上边去了，没有留些到下面来，形成了上实下虚之证。

此时，不能盲目地泻火。而去医院，一般会让您吃点儿苦寒的药祛火，

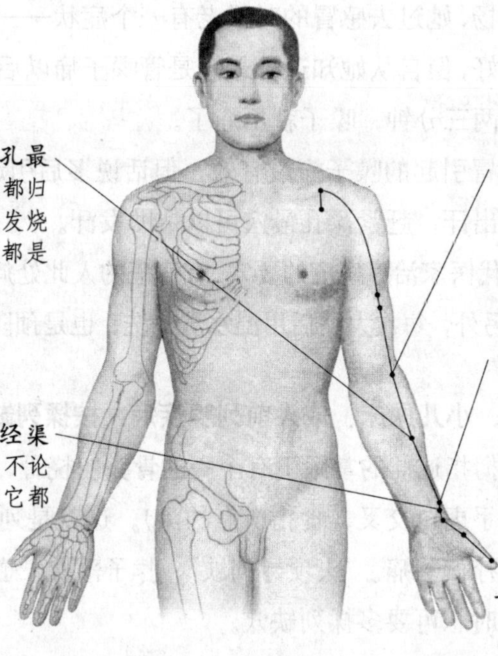

这几个身体大总管各有各的负责范围，您哪里有不适，直接找负责人就好了。

往往用通便的方法。可一吃祛火的药，一通便，上边的火没祛，下边却更虚了。所以我们需要的是把这种能量转化，不要白白地浪费掉。要知道，即使是“火”，也是人体里的一种能量，也是靠气血制造出来的，所以不要把它泻掉，泻掉就等于是把刚生出来的气血又给浪费了。我们要把它转化，而揉尺泽穴就是很好的方法。

有的人头重脚轻，有高血压，还有哮喘，也是上实下虚之证，这也需要揉尺泽穴来转化。

·治感冒引起的嗓子痛、发烧不出汗、痔疮：揉孔最穴

孔最穴在肘横纹的尺泽穴下5寸处。“孔”是毛孔，“最”是最大。孔最穴的意思就是身体里所有跟孔有关的问题都归它来管理。上至鼻窍，下至肛门，都跟孔有关，所以孔最穴管的地方特别多，因而不好把握。什么都管好像什么都不管？所以，我们需要具体落实它到底管什么。

我有个同事小杨，她过去感冒的时候老有一个症状——嗓子痛，必须得吃几天消炎药才会好，但自从她知道孔最穴是管嗓子痛以后，每次犯病她就揉孔最穴，只需要两三分钟，嗓子就不痛了。

孔最穴治疗感冒引起的嗓子痛最有效，但话说多后引起的嗓子痛它不管。有的人发烧不出汗，赶紧揉孔最穴可以帮助发汗。

孔最穴还是历代医家治疗痔疮的要穴，有痔疮的人此处痛感明显。平常可以多揉揉孔最穴。另外，每次大便后用温水洗一洗，也是预防痔疮的好方法。

·治偏头痛、落枕、小儿尿床、成人前列腺疾病：按揉列缺穴

在我们手腕上拇指这侧的掌跟下有个高的骨头叫桡骨，用大拇指一按有个凹陷（或者将两手虎口交叉，食指所点的窝），这就是列缺。

列缺穴可以治疗偏头痛。“头项寻列缺”，脖子落枕、感冒引起的头痛，都跟风寒有关，平时您可要多揉列缺穴。

列缺还是一个交会穴，它跟肾经交会，所以还有补肾的作用。还可以治疗遗尿，每天坚持揉就会改善。

揉列缺穴还可以通利小便，治疗成人前列腺疾病。

·每天都能补充一点精力：按揉经渠穴

“经”是经络，“渠”是水渠。“经渠”的意思是经络到此就水到渠成了。

按这个穴位的时候不要按到骨头上，而要按到骨头内侧缘。不要往下按，要往外按，搓着按就能找到这个穴了。

经渠穴是治疗气不顺的。好多虚弱体质的人就是因为气乱了，而这个穴是一个慢慢调养的穴，它可以使肺气逐渐增强，最后达到一个水到渠成的目的。也就是说，每天都能给您补充一点点精力，而且对实证、虚证都管用。

实证就是呛咳，有肺热的那种咳嗽；而遇点儿风寒、喉咙一痒就咳嗽的属于虚证。经渠穴对这两种症状都管。

大家只要记住经渠穴是一个调气的要穴就够了。平常可以经常揉一揉它，觉得气有点儿不太顺或者气接不上来都可以揉，而且无论是热性、寒性咳嗽都可以揉，它是一剂保人生平安的药。

3. 荡胸生层云——品味手掌上的肺经大药

有的人按摩某个穴位不敏感。那么，就不要去按摩。您就找这条经上最敏感的那个穴，把它由疼痛按摩到不痛，症状就减轻了，就这么简单。

·心脏跳动异常、早搏、房颤、静脉曲张、脉管炎等血管疾病：按揉太渊穴

太渊穴正好在腕横纹上，很深。在揉它的时候，一定要把指甲剪平，也可以用大拇指内侧硌它。

太渊穴补气效果极佳，如果您总是觉得气不足、气虚，揉太渊穴就能给您补气。

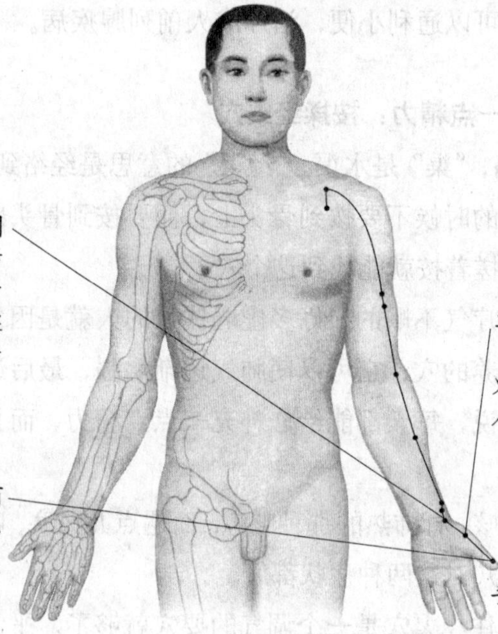

肺经与肺系统关系最密切，这一点在手上的几个穴位中表现得尤为明显。

什么人需要补气呢？喘气费劲（吸入氧气不够）、爬一会儿山甚至动一动就一头汗或者气不足、大便时老觉得没劲或使不上劲，这样的人就要补气。

太渊穴是脉之会，就是体内所有脉都归它控制。心脏跳动异常、早搏、房颤，只要跟心血管有关系的，都是太渊穴的适应范围。静脉曲张、脉管炎这些跟血管、脉络有关系的病症，按揉太渊穴都有效果。

对于太渊穴只要记住两点就行：第一它总管人体各种血管脉络，第二它是一个补气的要穴。

· 治心里有火、夜间爱咳嗽、比较烦热、睡不着觉、小儿肠胃不好：揉鱼际穴

大拇指下有一块像鱼肚的地方，鱼际穴就在这里最敏感的那一点。

鱼际穴是一个善于退热的要穴。当您心里有火、夜间爱咳嗽、比较烦热、睡不着觉时，按揉鱼际穴特别管用。

说到此，好多朋友可能会担心：夜里咳嗽会不会有什么大病？是不是肺有什么问题？其实您不用担心。夜里咳嗽，尤其是两三点钟咳嗽、睡不着觉，这种现象非常普遍，通常就是肝火引起的。这时候按摩鱼际穴就会缓解。

按摩鱼际穴还可以调节小孩的肠胃功能。在中医院小儿科，鱼际穴又叫板门穴。“板门”就是木板的房门，此穴是专门调理小孩不爱吃东西、肠胃功能不好的，一揉“板门”，胃口的门就打开了。

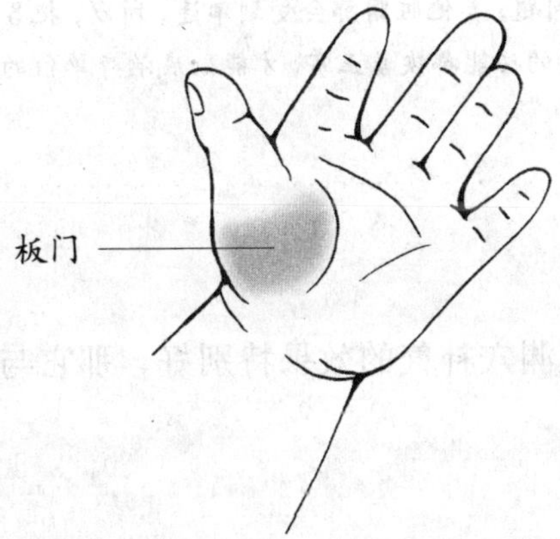

孩子的板门穴就是成人的鱼际穴，父母经常给孩子揉一揉板门，孩子就会吃得香，睡得好，长得壮。

很多人有一个误区，包括一些专业人士，他们认为经络、穴位必须得强刺激才会有效。实际上不是这样。因为，即使不刺激经络、穴位，但如果气血很充足，经络、穴位都会处于一种活跃的状态。不是刺激完以后它们才起效，而是它们随时随刻都在起效。如果要刺激它才起效，那就完了，那我们天天都得扎针灸去，要不然就百病丛生了。

有的人按摩某个穴位不敏感。那么，就不要去按摩，您就找这条经上最敏感的那个穴，把它由疼痛按摩到不痛，症状就减轻了，就这么简单。

·治急性咽喉肿痛：用三棱针点刺少商穴

少商穴在指甲旁边。“商”是五音之一，属金，这里指肺。

少商穴治嗓子痛效果最佳，尤其是对急性咽喉肿痛有特效。但是这个穴必须得强刺激才行，过去这些井穴（末梢的穴都叫井穴）通常都需要用三棱针来点刺，放一滴血，当时就会见效，但好多人就怕放血，这时不妨用指甲使劲掐一掐。

4. 肺经健康大课堂

因为人体的一个脏腑有问题，其他脏腑都会受到牵连。所以，把各个脏腑之间的关系给调和谐了，让脏腑的功能都恢复正常，才能彻底治疗单独的一个局部症状。

问：

气血是同源的，既然太渊穴补气的效果特别好，那它与补血有什么关系？

中里巴人答：

要根据您身体的体质来看，有的人是偏血虚，有的人是偏气虚。偏气虚的人要想直接补血是补不上的，一定要先补气，气足了血才能生。如果火气很旺，那就是气实，不需要直接补气。而气虚的人都是虚寒体质，都需要补气。

问：

我揉尺泽穴很痛怎么办？

中里巴人答：

如果痛点比较多，而且老揉老痛，可以采用刮痧的方法。因为一些淤血长期淤在这里，不把淤血放出去、好血引过来，就会老痛。建议您顺着肺经刮一刮痧，出痧后，再按这个地方立刻就不痛了。如果没有刮出来，那可能是您气血不足，需要补一补气血然后再刮。补气血可以吃一些补血的食物，比如山药薏米粥、大红枣等。但是也要根据体质来补，热性体质就不要吃偏热的，要比较平和。

问：

左臂上有肺经，那么右臂对称也有吗？

中里巴人答：

所有的12条经脉，左右都有而且是对称的，都是两条。

问：

肺主皮毛，那么年轻人有脂溢性皮炎，按摩肺经管用吗？

中里巴人答：

按摩肺经是管用的，但是光按摩肺经不行。因为人体的一个脏腑有问题，其他脏腑都会受到牵连。所以，把各个脏腑之间的关系给调和谐了，让脏腑的功能都恢复正常，才能彻底治疗单独的一个局部的症状。也就是说，要调理整体，不能光靠调理一个肺经。其实，最好的方法就是从调理肝经入手，因为肺功能不好就是肝里的浊气熏蒸肺造成的，主要的源头在肝，所以从肝上来调节才是治本的方法。

问：

拔火罐代替按揉能行吗？

中里巴人答：

这个要看具体情况。拔火罐适应证是什么？当穴位比较深，揉不到或者不好揉的时候，可以拔火罐。但是，胀痛的时候不要拔火罐。因为胀痛是浊气堵在那里出不去，拔火罐之后并不能给它打开个口出气，反而把堵的东西都聚在拔罐的部位了，会让您更难受。那么，什么情况下拔火罐感觉舒服呢？应该是酸痛的时候。酸就是气血不足、这里虚了，所以需要拔火罐把其他地方的气血引过来，才会觉得很舒服。比如您爬山回来腿酸了，这就表明腿部这个时候需要血了，而在缺血的情况下拔火罐效果是最好的。

第十五章

小肠经大药房——主治液病，手到病除

小肠经上的这些穴位，咱们一定要活学活用，而且一定要记住：哪个穴揉的时候不敏感，这个穴您就不用揉了，您得揉敏感的那个穴。哪种方法对您有用，用起舒服，就用哪种。比如说刮痧，轻轻一刮很舒服。您就用刮痧法。刮不出痧来就别强刮，那样心脏受不了，人就会恶心、先晕了。

在中医里面，小肠有一个主要的功能叫分清泌浊，就是把从胃消化来的食物中的营养东西吸收了，把糟粕的东西排出去。《灵枢经·经脉篇》中说："小肠经主液所生病。"这个液包括月经、乳汁、白带、精液以及现在医学所说的腺液，如胃液、胰腺、前列腺和滑膜分泌的滑液等，所以，但凡与液有关的疾病，都可以先从小肠经来寻找解决办法。

我的同事小李20多岁，前不久，她对我说："郑老师，我最近两天左胳膊特别酸，不知道是什么原因。"小李平常身体是很不错的，应该是没有什么病。我给她摸了一下胳膊上的小肠经，上面很多地方非常酸痛。我问她这两天是不是来例假了，她说："对！今天正好是第3天。"小李左胳膊老酸的原因就是小肠所主的液出了毛病，因为来例假的时候，气血供应给月经用了，心脏给小肠供血的能力相对减弱，造成小肠经部位的肌肉供血不足。有的女性这个时候会肩膀酸痛，也有的人会觉得头晕、无力。

我告诉小李，多吃一点小枣，小枣是补血的，吃了后自然也就没事了。

另外，如果产后乳汁不下，或者量少清稀，我们通常会吃一些猪蹄汤、鲫鱼汤以培补气血，如果吃完以后不吸收，不能化为乳汁，那是因为小肠经没有打通。

小肠经上左右各有19个穴位，其中有7个穴位在肩膀上。有人说，这么多穴位找不准怎么办？我说，只要顺着这条经，哪个穴位我不管，哪块痛点比较明显，您就多揉，这样效果最明显。而且像后背这块地方，拿个刮痧板顺着小肠经的走向一刮，痧就出来了，经络就通了，而刮不出痧的地方，拔拔罐，也一样能通。

所以不好找的经络穴位，咱们要用一种一劳永逸的方法来对待，不要不好找却非得去找它，结果弄得最后什么效果都没有，等到再用的时候，还是不知道在哪儿，这时间、精力就白白浪费了。

1. 如无闲事挂心头，便是人间好时节——品味手掌上的小肠经大药

小肠经上的好多穴位都很管用，但用时也要根据每个人身体的不同症状。有的人用这个穴位特别管用，有的人使那个穴位很灵。所以我们要找到适合自己的穴，要在平常的时候多找一找，只要某个穴揉完，身体感觉很舒服，那就把这个穴位当作宝贝，留着，经常用一用。

· 治乳汁不足、小儿打嗝儿、溢奶：捏捋少泽穴

小肠经的第一个穴位是少泽，在小指指甲外侧旁边一点，这个穴位不好揉，只能拿指甲才能掐到。我提供给大家一个方法：拿指尖捏住它，一捋就行了。

当产后乳汁分泌不足的时候，捏少泽穴可以增加乳汁的分泌。

如果孩子老是打嗝儿漾奶，您给他捏捏这个少泽穴，别太使劲，一点点地给他捋捋，孩子就不会发生这种情况了。

· 治头后部痛、眼睛胀痛、耳鸣、手心发热、手心出汗、腮腺炎等热证以及流黄涕的那种慢性鼻炎、鼻窦炎：揉前谷穴

从少泽穴沿着小肠经往小指根上推，推到有一块骨头处推不动了，卡住的这个点就是前谷穴。

前谷穴可以治疗头痛，尤其对后边头痛的效果很好。比如说您受风了头痛，赶紧去揉揉前谷穴。

前谷穴还能治疗眼睛胀痛、耳鸣、手心发热、手心出汗、腮腺炎等热证以及流黄涕的那种慢性鼻炎、鼻窦炎。

· 治耳疾、各种汗证、咽痛、腰痛、脊椎痛，腰扭伤、坐骨神经痛、爱落枕、癫痫引起的抽搐：多揉后溪穴

从掌根向小指根方向推，卡住的地方就是后溪穴。或者您一攥拳，感情线的小指一侧就有一个纹，纹头的点即是后溪。揉此穴时，一定要把指甲剪

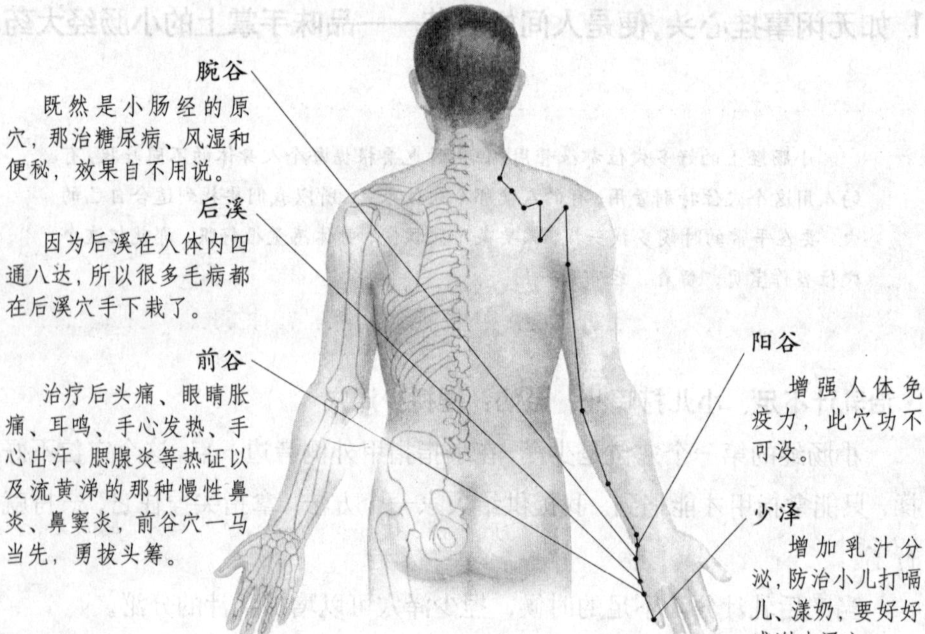

手太阳小肠经

“小肠经主液”，所有与液有关的疾病，如月经、乳汁、白带、精液以及现代医学所说的胃液、胰腺、前列腺和滑膜分泌的滑液等问题，都可以到小肠经这里来寻找解决办法。

平了，使劲掐到这个缝里。

后溪穴是一个八脉交会穴，是四通八达的一个穴位，哪的病它都能治。而小肠经是通着耳朵的，所以后溪穴能治耳朵上的病，比如耳鸣、耳聋。

后溪还是调理汗液的大穴，它可以治疗各种汗证，比如盗汗，如果能配上另一个心经的穴位阴郄，那甭管是自汗、盗汗，全治了。

后溪还可以治疗咽痛，就是有火的那种嗓子痛。

因为后溪是八脉交会穴，与督脉（脊椎）相通，所以脊椎上的病它都管。像腰痛、脊椎痛、腰扭伤，都可以揉后溪。

后溪还能治疗坐骨神经痛。

后溪通的地方挺远的，有的人腿窝儿老发紧、睡觉时经常抽筋，睡前一定要多揉揉后溪。

爱落枕的人，平日要常揉后溪。因为小肠经正好顺着后肩膀上行到脖子，所以脖子、肩膀有问题都可以通过揉小肠经来缓解，而后溪就是其中一个很重要的大穴。

这个穴位也可以治癫痫引起的抽搐。

小肠经上的好多穴位都很管用，但用时也要根据每个人身体的不同症状。有的人用这个穴位特别管用，有的人使那个穴位很灵，所以我们要找到适合自己的穴，要在平常的时候多找一找。只要某穴揉完后，身体感觉很舒服，那就把这个穴位当做宝贝，留着，经常用一用。

· 祛身体湿热、治疗糖尿病、便秘：揉腕谷穴

在我们的掌根下有一条掌横纹，侧面有一根骨头，这根骨头前边的凹陷就是腕谷穴。揉的时候，要贴着骨头揉才有感觉，功效才能出来。

腕谷穴是治疗糖尿病的要穴。因为糖尿病人的小肠功能是紊乱的，而腕谷穴又是小肠经的一个原穴，所以它可以调整小肠功能，对糖尿病有很好的效果。

腕谷穴又是祛湿的要穴，如果您觉得身体有湿热，有风湿症，揉腕谷穴效果会很好。实际上，腕谷穴是靠通利二便来祛湿的。

腕谷穴还可以治疗便秘。

· 降血压，治头晕、牙痛、口腔溃疡以及头肿、头胀、三叉神经痛：揉阳谷

阳谷穴在腕骨穴后面一横指的尺骨茎突前面的凹陷处，即腕横纹的小指一侧。

阳谷首先是一个降血压的穴位，血压高的朋友每天要多揉一揉。

阳谷还能治头晕、牙痛、口腔溃疡以及头面部的问题，比如头肿、头胀、三叉神经痛。按现在的理论来讲，阳谷是一个增强人体免疫功能的穴位。所以我们平常用手攥着腕子，把腕子一掐，再扭扭，阳谷就通了，很简单。

2. 心是一片田，不长庄稼就长草——品味手臂和肩上的小肠经大药

揉这条经的时候，血液循环会很快加速，因为心与小肠相表里，刺激小肠经上的这几个穴位就等于让心脏给它及时地供血，所以有时候在这块儿揉得过多，有的人会觉得心慌。心慌没关系，咱就多揉揉手心的劳宫穴，赶紧把血给它补进去，还可以试一下人参生脉饮，也是补心血的。

·防治所有的老年病：揉养老穴

养老穴是一个对老人特别有好处的穴位。我们把左手手心朝下，平放在胸前，右手食指点在左手腕关节高出的那块骨头上，然后左手往里一翻，右手食指就跑到一条缝里面去了，这个缝就是养老穴。

养老穴对所有的老年病都有作用，像血压高、老年痴呆、头昏眼花、耳聋、腰酸腿痛。用现代医学的话来说，就是能够很好地改善身体的微循环。

还有，有病的老年人翻身起坐一般比较费力，这养老穴也管。有人说我现在眼睛越来越花了，别的穴也找不着。您就天天揉养老穴吧，又方便又有效。

说到底，养老穴就是一个预防衰老的穴位。

·治头痛、目眩、癫狂、惊恐、手麻、颈椎压迫症、手不能握物、攥东西没劲儿、记性不好、扁平疣、脂肪瘤：按揉支正穴

“支”是支持的支，“正”是正气的正，“支正”就是支持正气。它在腕背横纹上5寸（四横指加两个大拇指的宽度），不在骨头上，在骨头下边往内侧一点的骨缝当中。

支正穴可以治疗头痛、目眩、癫狂、惊恐。因为，心经与小肠经相表里，所以小肠经上的好多症状跟心经上的症状类似。

支正穴擅治手麻、颈椎压迫症，还有手不能握物、攥东西没劲儿、记性不好、老爱忘事儿，这些病都是正气不足造成的。

小肠经的穴位通常都治热证，就是热而心烦之症。

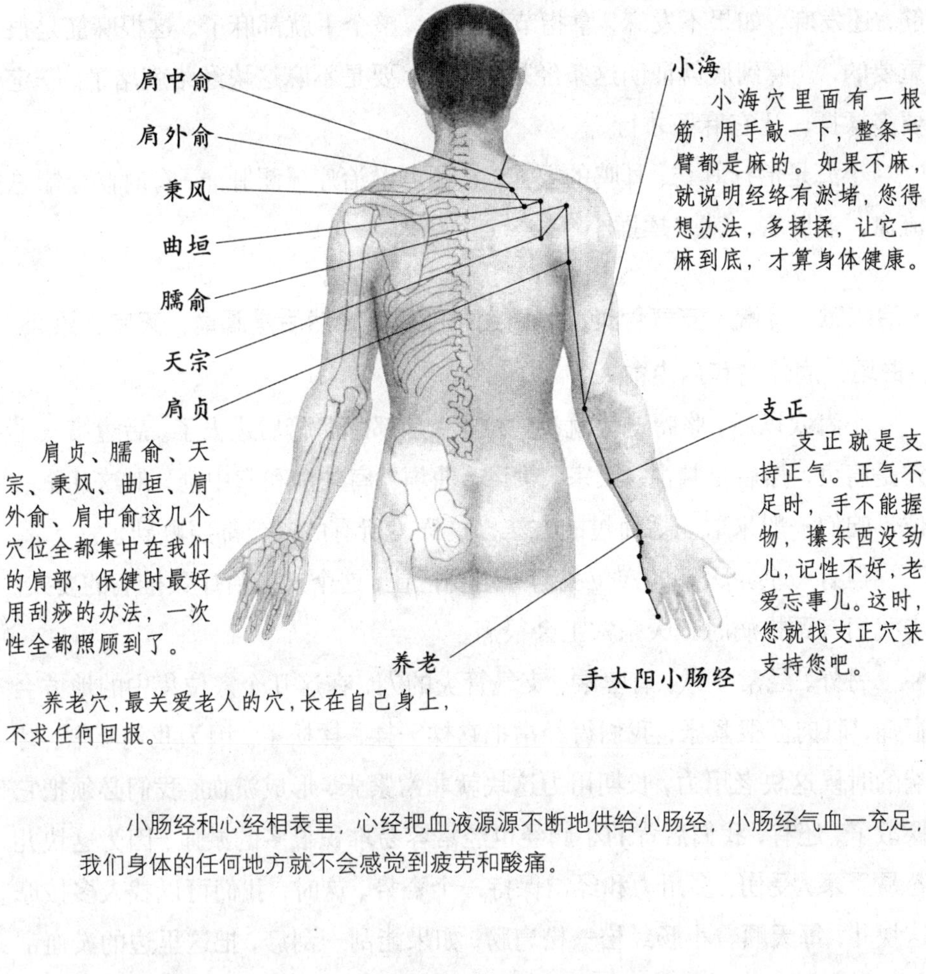

小肠经和心经相表里，心经把血液源源不断地供给小肠经，小肠经气血一充足，我们身体的任何地方就不会感觉到疲劳和酸痛。

小肠经能治疗扁平疣，因为赘疣跟小肠的吸收功能有关系。而赘疣在中医里叫痰核，就是脾胃运化湿气的功能差，积湿成痰，有火了。所以调节小肠经有消痰祛火的功效。有人说我长了一个脂肪瘤，小肠经管用不管用？同样也管用。但我们一定要记住，按揉穴位治病，一定不要有急功近利的思想。比如说您长了个东西，是5年长出来的，但您揉一天就想让它下去，这不太容易。但只要每天坚持揉一揉，慢慢就会有效果了，您一定要持之以恒。

·治耳聋、耳鸣、牙龈肿痛、牙龈总流血：多揉小海穴

小海穴在小指侧面这条线上的肘尖儿和少海穴中间。一揉里边有一根筋，还发麻，如果不发麻，拿指节敲一下，整个手就都麻了。这根麻筋是很重要的，一麻到底就证明这条经是通畅的。要是不麻这块经络就堵了。一定要多揉揉，让它麻了才行。

小海是治疗耳聋、耳鸣的要穴，它还可以治疗牙龈肿痛，有时候牙龈总流血，老肿着，就多揉揉小海。

·治咳嗽、哮喘、支气管炎、肩周炎：揉肩贞，然后是臑俞、天宗、秉风、曲垣、肩外俞和肩中俞

小海穴以后，胳膊这块就没穴位了，全都跑肩膀后边去了。后边第一个穴是肩贞，然后是臑俞、天宗、秉风、曲垣、肩外俞和肩中俞，对这几个穴位，咱们一般采取一捋而过的方法，这样，所有的穴位都照顾到了。

但有一个叫天宗的穴位我们一定要记住，这个穴是治疗颈椎病的要穴。当我们有颈椎病时，天宗穴上会很痛。

另外，经常咳嗽、有哮喘、支气管炎的人，在这几个穴位集中的地方会很痛，肌肉会很紧张，我们得经常把它揉一揉，揉松了。因为我们咳嗽、哮喘的时候这块老用力，长期用力这块就非常紧张，形成淤血，我们必须把它揉散了。还有，我们后背的小肠经也经常容易堆积很多的淤血，因为这块儿容易受寒、受伤、多用力和经常保持一个姿势。这时，我们可以找人多按摩这块儿，每天顺着小肠经松一松肩膀。如果能刮一刮痧，把这里边的淤血刮出去更好。

而刮不出痧还挺痛的地方怎么办？那证明这个淤血点藏得比较深，我们可以在这条经的穴位上拔罐。把刮痧和拔罐结合起来，再加上揉捏，您边拔边刮再边揉着，这条经络很快就通了。

揉这条经的时候，血液循环会加速，因为心与小肠相表里，刺激小肠经上的这几个穴位就等于让心脏给它及时地供血，所以有时候在这块儿揉得过多，有的人会觉得心慌。不过心慌没关系，就多揉揉手心的劳宫穴，赶紧把血给它补进去。还可以试一下人参生脉饮，也是补心血的。

小肠经中间有一个断点在大臂这块儿，因为大臂到肩膀这块儿没有穴位，直接从小海就到肩贞了，中间这一段都没有穴位，咱们怎么来把它接通呢？攥揉这块儿。

有时候我们肩膀疼，但我们够不到肩膀，没法揉，您就揉这块儿，同样能把肩膀痛的问题解决了。最好同时把心经、小肠经都揉了。因为心经、小肠经是相表里的，心经把血液源源不断地供给小肠经。小肠经气血一充足，肩膀的气血也供应充足了，我们的肩膀就不会感觉到疲劳和酸痛。

3. 防病惟求心淡然，神清可让体自安——品味头颈部的小肠经大药

> 您揉完天窗以后，得有药引子引过去，这天窗才能打亮。因为这块儿早堵上了，天窗开不了，窗户都生锈了。所以您得把这窗户先给摇摇，摇开了，然后再揉天窗，这两边就通上了。

· 双向调节血压、明目聪耳：揉天窗穴

俗话说，打开天窗说亮话，天窗穴其实就有这个含义在里面，也就是说它有明目通耳的功效。

天窗在脖子这块儿，有人怕摸，一摸就容易咳嗽，这样的人就别揉这个穴了，捋捋这块儿就行了。其实平常多搓搓脖子，就有降血压的功效，每天捋它20下，就可以调血压了，低血压的人可以升高，高血压的人可以降低。

怎么找天窗呢？当我们把头歪向一侧的时候，有根叫胸锁乳突肌的大筋就会出现，天窗穴就在与喉结平行的这条肌肉的后边一点儿。

天窗穴首先是明目的，然后是聪耳的，所以揉这个穴的时候，我们最好把眼睛闭上，揉20下左右，然后再揉另外一边脖子上的天窗穴，最后缓缓地把眼睛睁开，就会觉得眼睛很亮。为什么要闭眼呢？就跟吃药得有药引子一样，明目也得有药引子。比如在明目的时候，一定要闭上眼睛；在聪耳的

时候，一定要把耳朵闭上。耳朵怎么闭上？用手掌把耳朵给压起来，然后把眼睛也闭上，这时候拿手掌心对着里边耳朵眼儿那个位置揉。虽然我们不能直接揉到耳朵眼儿，但是我们要揉到外边对着耳朵眼儿的这个位置，感觉好像揉到耳朵眼儿里边了。这是聪耳的最好方法。

您揉完天窗以后，得有药引子引过去，这天窗才能打亮。因为这块儿早堵上了，天窗开不了，窗户都生锈了。所以您得把这窗户先摇摇，摇开了，然后再揉天窗，这两边就通上了。

·治耳聋、耳鸣、消梅核气、美容：揉天容穴

天容是一个美容大穴。天指大脑，容是美容的意思，揉此穴可以给头部供血。它正好就在女士的耳坠耷拉下来的位置，离耳朵很近。这块儿一般很酸痛，酸的感觉跟其他地方不一样。

天容穴是治耳聋、耳鸣的要穴。

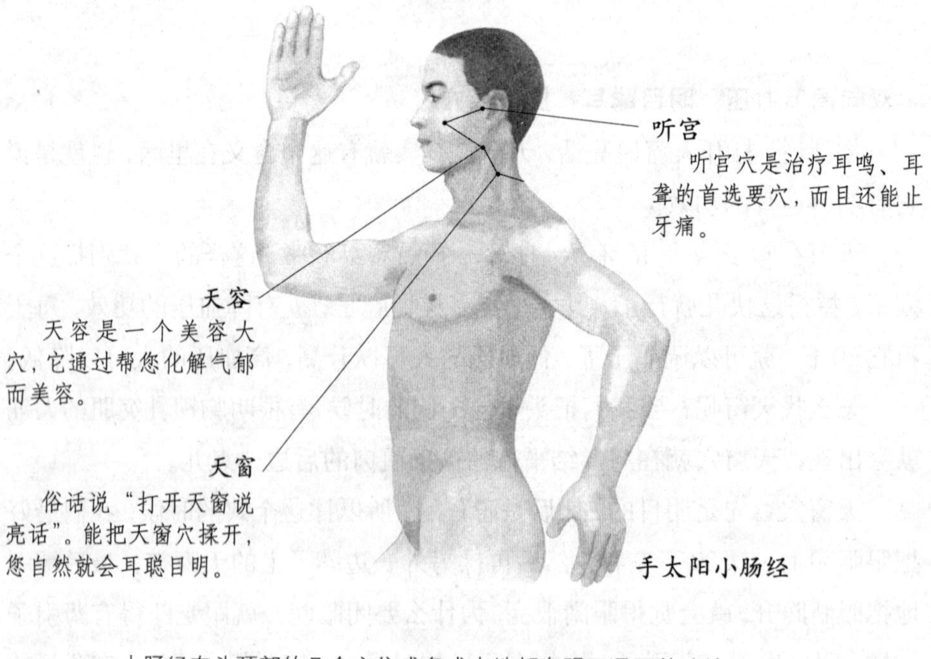

小肠经在头颈部的几个穴位或多或少地都有明目通耳的功效。

另外，爱生气之人的容貌是最容易受到损害的。这样的人通常会觉得嗓子这儿老有一个痰似的，像一个梅核那么大，咽也咽不下去，吐也吐不出来，这是生气后气郁造成的。天容穴正好给您把气消了。当您心情愉快，自然就美容了。

· 治耳鸣、耳聋、止牙疼：按揉听宫穴

找听宫这个穴位的时候，我们要先找着耳屏，听宫就在耳屏前边一点儿。最好的方法是一张嘴，找耳屏前凹进去的地方就是了。

听宫这个穴对耳朵特别有好处，它是治疗耳鸣、耳聋的首选要穴，而且还能止牙痛。

请记住：揉小肠经上的穴位时不敏感，就不用揉了，只揉敏感的那个穴。哪种方法对您有用，用起舒服，就用哪种。比如说刮痧，轻轻一刮很舒服，您就用刮痧法。刮不出痧来就别强刮，那样心脏受不了，人就会恶心、先晕了。

4. 小肠经健康大课堂

我们做一个敬礼的动作，然后，用5个手指头捏揉手臂后小肠经的地方。小肠经正好通着后背，如果后背有淤血，光揉后背没用，淤血散不开，淤血得顺着通道出去。一揉小肠经的穴位，这块通道先给打通了，上面的淤血就顺着通道出去了。所以揉这里，可以很好地缓解肩膀痛、颈椎病。

问：

我有点小肠萎缩，用哪个穴位能够改善？

中里巴人答：

小肠经上的原穴腕谷、阳谷对小肠萎缩会有一些帮助，但后背膀胱经的小肠俞效果更好，还有胃经的下巨虚穴对小肠萎缩应该也有调节作用。

问：

我左肩和后脖子老疼，用哪个穴位来调理才好？

中里巴人答：

有个简单的方法可以把这个问题和颈椎病一起解决，比如我们做一个敬礼的动作，然后，用5个手指头捏揉手臂后小肠经的地方。小肠经正好通着后背，如果后背有淤血，光揉后背没用，淤血散不开，淤血得顺着通道出去。一揉小肠经的穴位，这块通道先给打通了，上面的淤血就顺着通道出去了。所以揉这里，可以很好地缓解肩膀痛、颈椎病。另外，捏揉的时候不要太绷着劲，太硬了不好捏，要松一点。

第十六章

心经大药房——护命摄神，百病祛根

心经的穴位只需记住一点，它们都是调节情志的。而且心经上的穴位，每天捏的时间不用长，每次3分钟，一天捏它2～3次，心里边便会觉得很轻松、很清爽。对于长期在电脑前工作的人，尤其是女士来说，可以最有效地防治电脑综合征和减少手臂内侧的赘肉（蝴蝶袖）。

在中医里面，心是君主之官，是人体最重要的一个器官，而且百病都是从心生起的。现在，大家通常认为疾病分外因和内因，中医也是这么认为的。而且通过疾病两个字，就给大家解释清楚了。比如疾病的“疾”是病字旁里边有一个矢，矢的意思就是射的箭，箭是从外面来侵害您的东西，是外来之病邪。病呢？里面是一个丙字，中医讲，丙丁火，而心属火，病是从心生的。所以疾病有两个原因，一是从外来的，一个是从心生的。手少阴心经专门主管从心生的病。

中医讲，“心主神明”，像魂魄、意志、喜怒忧思悲恐惊等各种情绪，都是由心所主的。历代的众多医著，对心脏的功用有着不同的阐释。《黄帝内经》上说：“心者，五脏六腑之大主也，悲哀忧愁则心动，心动则五脏六腑皆摇。”摇就是跟着受到波及，受到影响。《黄帝内经》还说：“主明则下安，以此养生则寿；主不明则十二官危，使道闭塞而不通，形乃大伤。”就是说心情平和，一切才能安定下来，才能长寿；如果心思混乱，其他的五脏及身体外形都要跟着受损伤，比如某人精神上受到了打击，伤了心，他整个人的神态都会和以前大不一样。

如果心神混乱，还要想身体健康，那根本是不可能的。也许您会问了，养心又谈何容易？《黄帝内经》上说了一句话：“恬淡虚无，真气从之，精神内守，病安从来？”恬淡虚无就是静下来，很淡然，对一些事情没有那么高的奢求，只有这样，您的真气、正气才能跟随着您，如此，病哪里能产生呢？

现在这个社会，每个人各方面的压力都很大，要想达到恬淡虚无这个程度，基本上不太可能。对于常人来讲，这个要求太高了，所以，《黄帝内经》上又进一步地告诉我们如何去养心。它说了三句话，“美其食，任其服，乐其俗”，这就是养心的办法。什么叫美其食？就是我今天不管吃的是山珍海味还是粗茶淡饭，都津津有味。这就叫美其食，不因为食物的好坏而产生心理上的变化。

第二句叫任其服。比如我今天穿了一件名牌西服，站在那里感觉气宇轩昂，明天我从早市上买了一件粗布衣服，干净利落，穿在身上仍然不觉得自惭形秽，这就是任其服。穿什么样的衣服都感觉到有自信。

第三句叫乐其俗，这个是最难做到的。比如，我上午跟说话很文雅的人在一起很投脾气，很高兴。可是下午碰见某些人很粗俗，说话也没什么礼貌，我打心眼里不想跟他们交流。但我的工作任务和生活环境让我必须跟他们天天去交流，这怎么办？我也能跟他们和其光而同其尘，在一起也能成为朋友，这就叫乐其俗。

美其食好做到，吃的东西不同也不会产生多大的情绪干扰；任其服也可以，好一点、次一点都没有关系；但乐其俗最难做到，因为人总是按照自己的生活阅历和标准去要求别人，这就会产生冲突，如果这种冲突经常发生，就会出现心理上的疾病。所以我们一定要把心情调顺，乐其俗才行。

如果用精神调节的方法行不通，那我们就退而求其次，用按摩的方法来把心经打通。

心经的起点在腋窝下的极泉穴，终点在小指的少冲穴。穴位都是两边对称的，左右两边各有9个。但对于手少阴心经来说，按揉左边的效果比右边好。

心经的功能简单地说，第一可以治疗心脏原发的疾病；第二可以治疗情志方面的疾病，比如精神错乱、癫痫病、抑郁症等；还有人手掌心老是发热，手掌出汗，心经也可以调治。

1. 心无挂碍，无有恐怖——品味小臂以上的心经大药

青是痛证，因为人一疼痛脸色会发青，而去医院，中医大夫会让您吐舌头看看，一看，舌头发青，有淤血，就有痛证，而身体有疼痛的地方也会发青；灵的意思是很有效果。所以青灵穴治疗痛证非常有效果。

·治抑郁、心里紧张、经常咽干，烦渴，心火比较旺、淋巴结核、上肢不遂、心律不齐、给心脏供血：弹拨极泉穴

极是高处的意思，泉是泉水，这是说心脏往全身源源不断地供血是以这

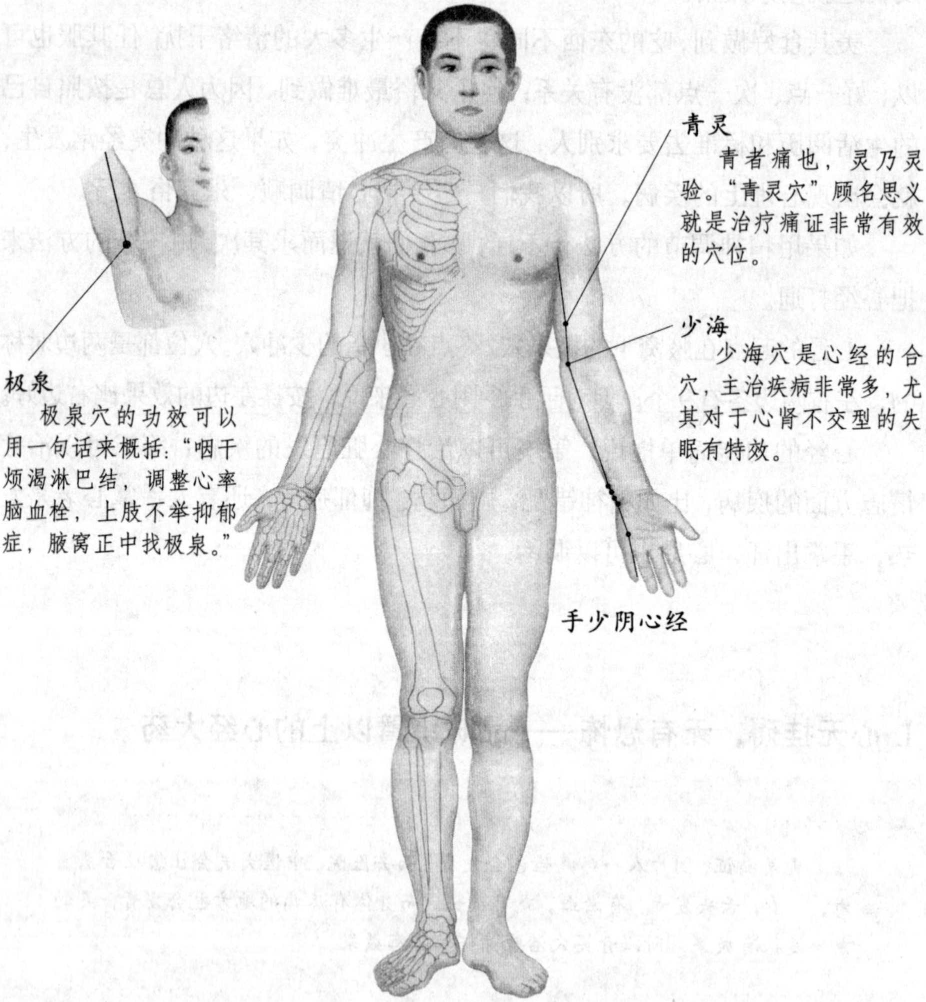

心经有两方面功效，一是治疗心脏的原发疾病，二是治疗情志方面的疾病。

个穴位为起点的，它就像人体的一个泉眼一样。

此穴在胳肢窝中间，就是小时候让您痒痒、逗您笑的那个穴。而人到了中老年，再挠这个胳肢窝就不容易痒痒了。因为心血不足，这块已经不传导了，神经也就慢慢地萎缩了。

当我们用大拇指拨动极泉的时候，能感觉到里边有好几根筋。一拨，有时候手指头就麻了，麻感往上蹿。让它经常保持麻，这条经络就通了。所以没事儿我们要经常拨动它，拨到手发麻、胳膊发麻。

我们平常心里紧张、嘴发干、烦渴、老想喝水、心火比较旺时，或者身上长了淋巴结核、上肢不遂，尤其是得了脑血栓后遗症、胳膊抬不起来的时候，这个极泉穴就能发挥作用了。也就是说，极泉可以调整心血管的功能。如果您心率过快，它能帮您缓和下来；心率过慢，它能让它快一点。另外，它还可以防治抑郁症。

简单归纳一下，极泉穴的功能就是“咽干烦渴淋巴结，调整心率脑血栓，上肢不举抑郁症，腋窝正中找极泉”。

·肩臂不举衣难穿，头痛胁痛点即安，青为疼痛灵为验，就在肘上三寸边

顺着心经往下走，在肘和腋下之间，咱们把它分成三份，青灵穴靠近肘这边的1/3，也就是肘上3寸的这个点。

青是痛证，因为人一疼痛脸色会发青，而去医院，中医大夫会让您吐舌头，一看，舌头发青，有淤血，这是痛证，而且身体有疼痛的地方还会发青；灵的意思是很有效果。所以青灵穴治痛证非常好。

中医说，“诸般痛痒皆属于心”，如果您说痒得、痛得忍受不了，其实不是那个点忍受不了，是您的心脏受不了。

青灵穴能治疗头痛、胁痛等痛证，而这些痛证通常都是着急、上火、气郁引起的，青灵穴治这种类型的痛证效果最好。

用四句话来总结，就是“肩臂不举衣难穿，头痛胁痛点即安，青为疼痛灵为验，就在肘上三寸边”。

·降火补肾、夜里比较热燥、出汗、心痛、心脏疼痛、手臂麻、手颤、心脏疼痛、手臂麻、手颤、手痉挛、失眠、两肋痛、牙龈老肿痛、心烦上火、耳朵老响、起急：按揉少海穴

少海穴在肘横纹边儿上这个点上，它的主要功能是滋阴降火。

因为心经属火，而这个穴是合穴，属水，肾也属水，所以少海穴起一个水火相济的作用。就是说火太旺的人，揉这个穴可以降火，同时又滋阴补肾。有一种病叫心肾不交，就是夜里比较燥热、烦躁、爱出汗、睡不着觉，这时一定要多揉这个少海。

少海主治的病非常多，有心脏疼痛、手臂麻、手颤（包括帕金森病的那种手颤）、还有手痉挛，平常都要多揉少海；另外像失眠、两肋痛、牙龈肿痛，也是心火过旺造成的，如果再配合着合谷穴一块儿揉，效果更好。

少海穴更是一个治疗耳鸣的要穴，就是老爱心烦上火、耳朵响、起急的那种耳鸣，少海治疗效果最好。

2. 只要转境界，是人同如来——品味小臂和手掌上的心经大药

这几个穴位就像兄弟姐妹一样，虽然各自有侧重，但总的功用都是调节人的情志和心脏本源疾病的。

·治心里老恐惧、爱悲伤、忧虑、癫痫、癔病，还有精神分裂、抑郁症或者房颤、早搏、心动过速、心脏瓣膜疾病：多揉左边的灵道穴

道指道路，灵是神灵，灵道就是通向神灵的道路。古人认为，心是主神灵和情志的，这个道能够通到心里面去，所以叫灵道。顾名思义，灵道穴主治神志方面的疾患。

每个人的手掌下面都有一条纹，灵道穴就在这个纹下面1.5寸的位置。

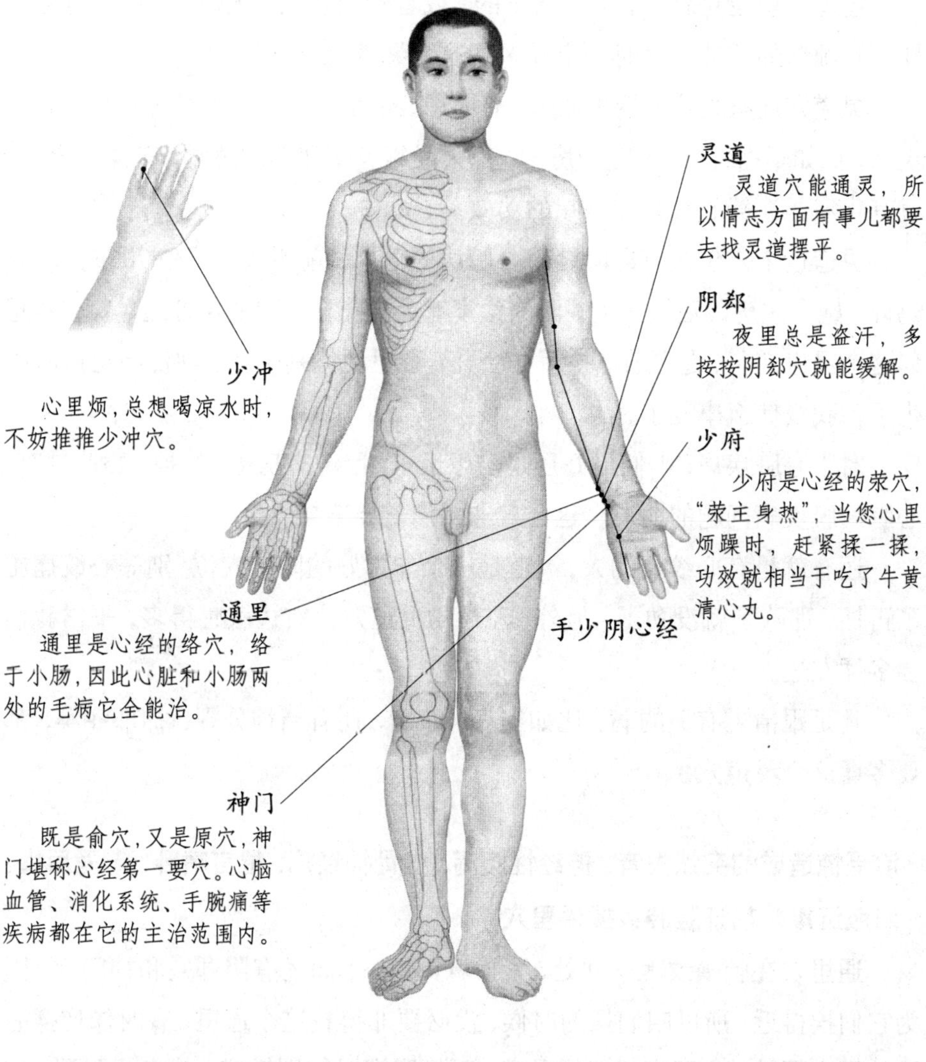

心经上的穴位每天捏的时间不用太长，3分钟就够了，可以最有效地防治电脑综合征和减少手臂内侧的赘肉（蝴蝶袖）。

摸这块儿有一根筋，它就在筋外侧一点儿，揉的时候要贴着这根筋往里掐着揉。

灵道穴除了有宁心安神的作用以外，还有一个重要的功效就是止抽。比如癫痫发作时抽搐的人，平常多揉揉它，就可以防治。

还有心里老是恐惧，七上八下的，或者老爱悲伤、忧虑，又或者有心因性、心源性的咳喘，这时一定要多揉这个灵道穴。

灵道穴还有化痰开窍的功效。有人患心脏病了，尤其是瓣膜方面的心脏疾病，比如早搏、心动过速、房颤，都会经常有痰和喘的感觉，多揉灵道穴，就有化痰涎、舒心气、定咳喘的功效。

灵道这个穴位还有即时缓解心脏病的效果，前不久有一位70多岁的大妈说，她上次房颤后去医院，因为诊室有人要排队，她就在外边等。突然想起这个灵道穴了，赶紧揉，揉了一会儿，心里便特别平和。她说咱也甭看医生了，我没什么事儿了。

对于心脏疾患，咱们最好还是防患于未然。像有房颤、早搏、心动过速、心脏瓣膜疾病问题的朋友，这个穴非常痛，要多揉。

还有就是有心绞痛的人，灵道是一个非常好的防治穴位。别等心绞痛犯了再揉，那阵子就没劲了。另外，左边的灵道穴比右边敏感得多，平常我们要多揉左边。

凡是跟情志有关的病，比如癫痫、癔病，还有精神分裂、抑郁症等，都要多揉这个灵道穴。

·治受惊造成的突然失音、神经性腹泻、坐骨神经痛、倦言嗜卧、老爱后悔、四肢沉重、热证脸肿：揉通里穴

通里穴在腕横纹上一寸处，紧挨着灵道，下面还有阴郄穴和神门穴。因为它们挨得近，所以咱们揉的时候，没必要非得找这个通里。有时候您揉旁边的灵道更敏感，那您就多揉灵道；而揉阴郄时特别敏感，就多揉阴郄。这几个穴位就像兄弟姐妹一样，虽然各自有侧重，但总的功用都是调节人的情志和心脏本源疾病的。

通里穴有一个最大的功效：比如人受到惊吓了，或者是突然生气了，造成失音，这时赶紧掐这个通里，就能安心和舒解。

通里穴又是心经的络穴，和小肠相络，所以它也能够调节小肠方面的疾患，像神经性腹泻，多揉揉通里就能管用。

通里穴还可以治坐骨神经痛，不过揉时要找对侧穴位来揉，比如右侧坐骨神经痛，就揉左侧的通里穴，左侧痛就揉右侧的通里穴。

通里穴还能治疗倦言嗜卧(就是懒得说话，整天想睡觉，整天都睡不醒，没精打采)。《伤寒论》上说："少阴病，但欲寐也。"少阴病就是指心经和肾经这两条经上的病，它们通常表现为心气不足，倦言嗜卧。

如果您老爱后悔，古人叫后悔为懊侬，索性每天多揉揉通里。它专治这个老爱后悔的病。

通里穴还治怔忡，就是心里老不安稳，好像干了什么亏心事儿，觉得老有人要抓自己似的。这也是心气不足、心血不足造成的，这时，您赶紧揉通里。

另外，如果整天老觉得四肢跟灌了铅似的，也可能是心脏的气血不足，不能供应到四肢，所以四肢感觉沉重。还有就是热证，像脸肿、腮腺炎，揉这个通里也特别管用。

·治急性病发作、盗汗、恐惧、忧虑、悲伤，受惊：揉阴郄穴

郄有孔隙的意思，和所有的郄穴一样，治急性病发作效果最好。

阴郄主要治疗盗汗，就是夜里睡着的时候不知不觉出了好多汗，醒了就不出汗了。中医管这种情况叫骨蒸，骨头就跟用锅蒸了似的，里面老特别的热。阴郄穴专门治这种骨蒸盗汗。

阴郄穴也是治疗惊恐的。心里有恐惧，有忧虑，有悲伤，受惊了，多揉揉这穴就会好。

·治疗冠心病、心绞痛、高血压、心源性的哮喘、失眠、受惊后失眠（就是受到惊吓以后，老想睡觉，恐惧了）、癫痫、腕关节炎、饥不欲食、头痛眩晕、血压高：掐按神门

神门穴也是安神定志的。它就在腕横纹线上的骨头下边，通常咱们要把指甲剪平了，使劲掐才能找到这个穴位。

中医有一个说法，叫“治脏者治其俞”。神门穴就是一个俞穴，它可以治疗心脏本身的疾病。中医还说“五脏有疾当取十二原”，就是五脏有病要取十二正经的原穴来治。神门穴就是一个原穴，所以这个穴位的功用很强。

神门穴多用于治疗心神失养或者心火亢胜、痰蒙心窍所引起的恐惧、失眠、健忘，即主治心脏、脑神经方面的疾患和消化系统方面的疾患。消化系统方面的疾患，就是心里想吃东西，可是一吃就堵在这儿，这叫“饥不欲食”。因为胃里边的血气少，没有动力。而神门穴是一个原穴，它属土，土又是属于脾的；心经属火，火生土。所以多按神门穴，让心脏给脾脏多供应一些血液，就能帮助消化了。

神门穴治疗关节炎尤其是腕关节炎效果非常明显。而手腕老疼的人，通常痛点是在小肠经的养老穴与神门穴邻近的位置。心与小肠相表里，通过按摩神门穴，就给小肠经补血了。

神门穴也是止抽搐的一个要穴，家里有癫痫病人，平常要多揉揉这个穴位，再加上前面说的灵道、通里、阴郄3个要穴，没事儿就多揉揉这块，可以调节咱们的情志。

·治疗先天心脏不好、头颈痛，还有脑部充血所引起的眼睛红赤、眼睛痛、鼻黏膜充血，以及手脚老爱热，睡觉的时候总蹬被子，心痛、心悸、惊恐，小便不利，尿失禁，梅核气（像老有痰似的堵在嗓子这块）：揉少府穴

在我们的掌心上有一横纹，通常，我们把这条横纹叫作感情线。少府正好在感情线上。找的时候，咱们握拳，小指所点处就是少府穴。心脏有问题的话，这块会很敏感。

少府，少是指手少阴心经，府是心脏。有原发性心脏病，就是先天心脏不好的人，平常一定要多揉少府。

如果您心里特别烦躁，到晚上不想睡觉，就赶紧掐掐少府，清心除烦，相当于吃了牛黄清心丸。

头颈痛，还有脑部充血所引起眼睛红赤、眼睛痛、鼻黏膜充血，都可以用少府来调治。

有的人手脚老爱热、睡觉的时候蹬被子、心痛、心悸、惊恐、小便不利、尿失禁，这样的人也一定要多揉揉少府。

少府穴还能治梅核气。

·治心火大、特别爱烦躁、老想喝点儿凉的东西：用大拇指往下捋少冲穴

少冲是心经上的最后一个穴位。在小指指甲内侧旁1毫米的地方，主要是祛心火的。当您特别爱心烦、急躁、老想喝点儿凉水的时候，只要用大拇指从这块往下推推捋捋，就能把心火祛除。

另外，有一种心气虚寒的人，本身没那么大火气，经常胃寒怕冷，就别推这个穴了，本来您体内火就不足，您再给推光了，那怎么行呢。

心经上的穴位，每天捏的时间不用长，每次3分钟，一天捏它2～3次，心里边便会觉得很轻松、很清爽。对于长期在电脑前工作的人，尤其是女士来说，可以最有效地防治电脑综合征和减少手臂内侧的赘肉（蝴蝶袖）。

3. 心经健康大课堂

心慌气短食不下，可服柏子养心丸。口燥盗汗大便干，快用天王补心丹。夜晚难眠心烦热，牛黄清心神自安。常服人参生脉饮，气阴同补功效全。

问：

心包经和心经是不是一回事？

中里巴人答：

心包经和心经不是一回事，它们可以协同而作。比如您有过多情志方面的问题，要多揉心经；如果是心血管、冠心病方面的问题，就多揉心包经。

问：

中里老师，您能不能给我们讲几种调治心神的中成药？

中里巴人答：

我给大家提供几种调治心神的常用中成药，配合按摩心经，效果更好。为了方便大家记忆，我编了一个顺口溜，您看看有没有适合您的：

心慌气短食不下，可服柏子养心丸。
口燥盗汗大便干，快用天王补心丹。
夜晚难眠心烦热，牛黄清心神自安。
常服人参生脉饮，气阴同补功效全。

第十七章

督脉大药房——人体太阳生起的地方

督脉的穴位虽然多，但如果我们掌握了主要的一些穴位使用法后，就能从根本上保护好我们的身体了。

督脉强壮，我们才可以顶天立地。

1. 紫气东来，万象更新——品味背部的督脉大药

咱们通过陶道穴，要想到人生的很多追求，而通过按揉一个穴位，就可以达到精神的愉悦，这难道不是一种最好的追求吗？

·防治脱肛、痔疮，大补腰肾：搓长强穴

长强是督脉的第一个穴位，它在臀部的尾骨尖上。这个穴是治疗脱肛、痔疮的要穴。古人通常用一种方法，不仅能防治脱肛、痔疮，还能大补腰肾。这方法就是把手搓热了，然后用热手再搓这个长强，顺着腰椎尾骨这块往下搓，每天搓100回。

·治腰痛：在腰俞穴拔罐

俞是通道、通路的意思，而腰俞就跟腰通着。如果您时不时腰痛，尤其是腰椎这块有问题，那您就要经常多搓搓腰俞，也可以在这拔罐；有人腰痛时有要折了似的感觉，那最好在腰俞到腰阳关这段拔罐，拔10分钟后再活动活动，做做下蹲，觉得腰部发热，腰有劲了，说明气血已到腰这来了。您只要记住：凡是酸，就是气血没过来，缺血了，您赶紧拔罐把气血聚在这里来，血一来就不酸了。

·补肾强腰、治腰痛和男性前列腺方面疾患及妇科病：在腰阳关拔罐

腰阳关也是一个专门治疗腰痛的要穴。因为督脉是人体诸阳经之总脉，如果人阳气不足就会表现出整天没精打采、容易困倦、虚寒怕冷等症状。所以要振奋督脉，使用腰阳关的效果是非常不错的。

作为强壮体质，我们平常要在腰俞到腰阳关这一块拔罐，拔完罐以后，经常走动走动，或者练跪膝功的时候，也拔上罐走动走动，之后您会就觉得腰这块非常有劲。另外这个方法还对男性前列腺方面的疾患及妇科病有很大帮助。

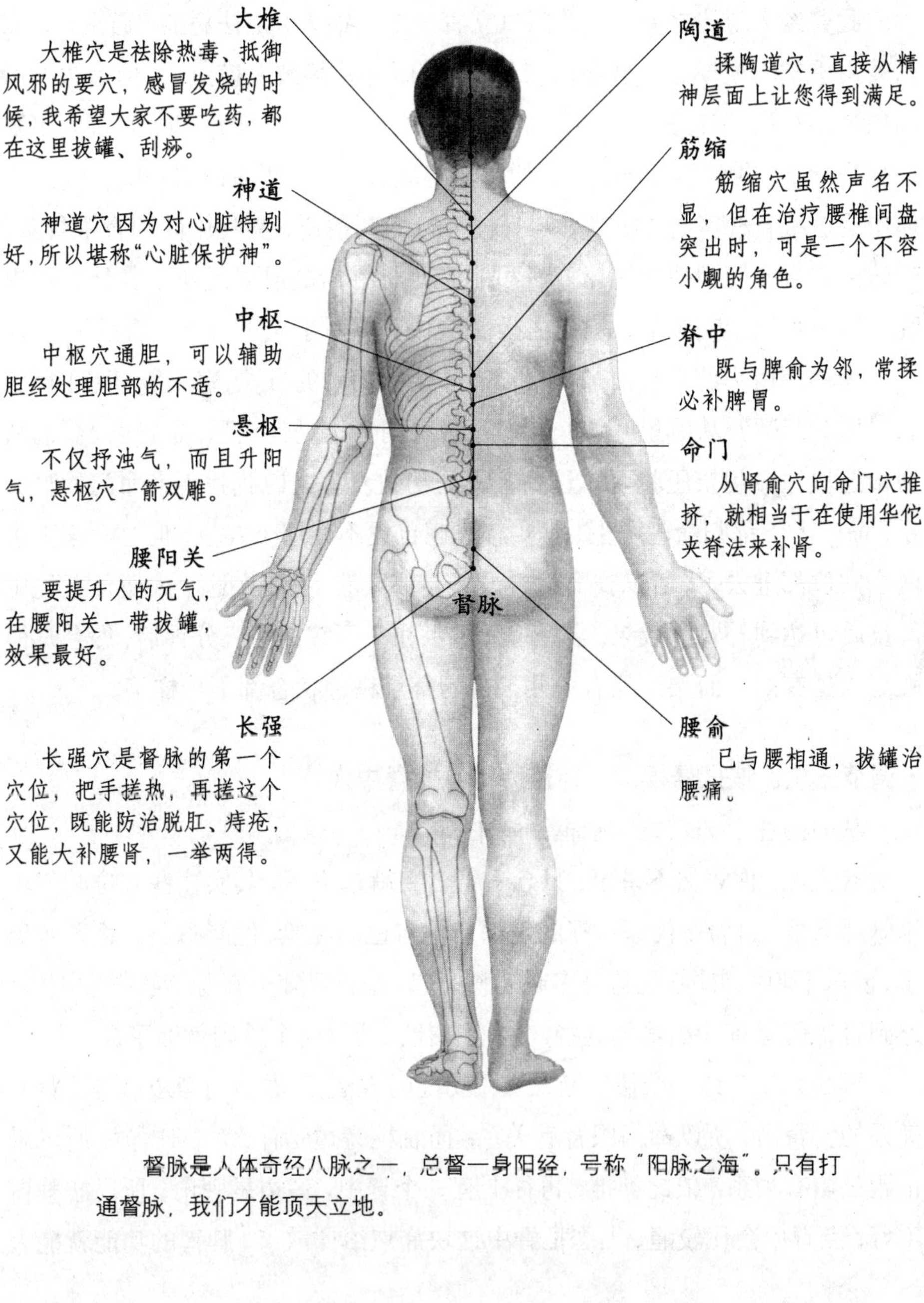

督脉是人体奇经八脉之一，总督一身阳经，号称“阳脉之海”。只有打通督脉，我们才能顶天立地。

·改变“先天之本”的第一步：在命门穴上艾灸或拔罐

命门，一听这个词就很关键。咱们说肾是先天之本，而命门就是通往先天之本——肾的门户，是人体补肾的大穴。我自己就经常在这里艾灸或者拔罐。

我曾经去过少林寺，它的门口立着一个小铜人，是祛病的。通常，大家都爱用手掌去摸摸它的肚脐眼，结果肚脐眼那块都被人摸白了，但后边的命门很多人却没有注意。小铜人命门的旁边有好多三角状的东西，好多人不知道那是什么，我告诉您吧，那画的是华佗夹脊。什么叫华佗夹脊呢？就是人体中间这根脊柱旁边1厘米处与脊柱平行的两条线，夹住中间的脊椎骨了。但这个夹脊本身只有1厘米宽，可是在少林寺给画成半尺宽了，什么意思呢？这可不是随便画的，它是告诉您这块地方对于人来讲是太重要了。

怎样使用华佗夹脊法来补肾？有一个很简单的方法，就是挤压命门，怎么挤压命门呢？从哪里开始？咱们看看命门旁边是什么吧，是肾俞，我们从肾俞这块往命门挤压就可以达到补肾的功效。有人说我找不准命门，没关系，命门上下都归命门所主。其实您拔罐也拔不准那个穴位，但这一罐下去两个穴位都进去了，所以找命门时没必要那么准，只要在这个大概位置往中间推就可达到补肾的效果。当您每天用手在命门穴搓两三分钟后，您会觉得腰越来越有劲，而腰一旦有劲儿，人的整个精神状态都不一样了。

·调节三焦：按揉悬枢穴；补益脾胃：揉脊中穴

从命门往上的穴位叫悬枢、脊中。

有人说，你怎么不讲了，只念一下名字就过去了，其实这些穴位咱们不用管那么多，因为古代医家写的也都是他自己的经验，他能写出一百种效用来，但对于咱们来讲，说得越多越迷糊。所以您只要知道督脉能够振发阳气、通到肾，而肾有什么功效这些穴位就有什么功效这个原则就够了。

再给大家介绍一个快速激发穴位功能的方法。您看命门旁边就是跟肾有关系的？肾俞，所以命门跟肾有关系；而悬枢旁边是什么？三焦俞，所以悬枢跟三焦有关系；依此类推，再往上有一个脊中，旁边是脾俞，所以您脾胃不好，点脊中会比较痛。当您把脊中这块痛点给揉散了，脾胃的功能就能大大增强。它们是相对应的，是一条线上同气相求的兄弟。

·治胆系统毛病：务必多揉中枢穴

中枢穴旁边通着胆，跟胆关系紧密。而胆经为半表半里之经，连通着内外，像一个枢纽一样，所以中枢穴就起着枢纽和连接内外的功效。当您有胆方面的问题时，请一定要多点揉中枢穴。

·治疗腰椎间盘突出、小儿抽动症、癫痫：点揉筋缩穴

凡是腰椎间盘突出的人，筋缩这个点都非常痛。而腰椎间盘突出跟肝肾有很大关系。肾主人体中间这根脊骨，筋主两边的筋，两边筋有一根筋长，有一根筋短，椎间盘就突出来了。通常咱们治疗腰椎间盘突出时，用手法给它按进去，但过两天又突出来了，总是治不好，这就是两边筋不一样长了，是短的这根筋把椎间盘拽出来了。

为什么这根筋会短？因为里面有淤血，淤血会造成肌肉僵硬收缩。其实，用刮痧的方法把淤血散掉，这根筋就能恢复弹性，跟对侧筋一样长了，椎间盘自己就会自动归位，就像一个弹簧拉伸后，不用给它推进去，也能归位。您要强给它推进去，这条筋还短着，很快又会被拉出来。另外，跪膝法是调节肝肾的，对腰椎间盘突出也有很大帮助。

筋缩的旁边是肝俞，也跟肝有关系，而肝主筋，这个穴叫筋缩，是说筋缩在一起了，证明肝出现了问题。还有什么病跟筋缩有关系呢？抽动症。有的孩子老动脖子，挤眉毛；还有人癫痫病一犯就抽，这时都要好好点揉筋缩穴。

·缓解心脏供血不足、心绞痛等心脏不适：多揉神道穴

神道穴旁边是心俞穴，所以神道是通往心脏的，而心脏有问题的人平时一定要多点揉心俞。当心脏供血不足时，容易发生心绞痛，这时点揉心俞肯定非常痛。所以我们平常就要多揉，把痛点揉散了就好了。

·让人快乐高兴：按揉陶道穴

陶是高兴的意思，乐陶陶嘛！陶道穴是一个能让人快乐、高兴的穴位。

过去古人讲："能者劳，智者忧，无能者无所求，乐陶陶。"能力出众的人操劳一生，智慧超群的人整天忧心忡忡，只有能力、智力都平平的人才是真正高明的人，什么事儿不干，还能丰衣足食，能不高明吗？《黄帝内经》也说过类似这样的话，我觉得这不失为我们日常生活的一种指导。您看，《黄帝内经》说人生是"以恬愉为务，以自得为功"。我们每天的生活其实就是在追求两个字：一个是恬，恬就是心里安静，踏实；一个是愉，愉快。恬愉是我每天要完成的任务。凡是跟恬愉有关的事情，我就做；跟恬愉无关的，我就尽量不做。以自得为功，什么是成功的标志？我自己满意自己，我做完这事，心里很高兴，觉得自己成功了，而不是别人说我真成功。别人说您成功，您真棒，但您自己不高兴，没用。只有自己感觉心满意足，才是真正的成功。

所以，咱们通过陶道穴，要想到人生的很多追求，而通过按揉一个穴位，就可以达到精神的愉悦，这难道不是一种最好的追求吗？

·祛除热毒、抵御风邪：在大椎穴刮痧或拔罐

大椎穴是针灸的要穴，但凡人发热、发烧了，针针大椎，或者在大椎放点儿血，拿刮痧板刮大椎，出点儿痧，烧就退了，所以大椎有泄热的功效。还有，风寒很容易从大椎这块进去，我们平常要多用手搓搓大椎，可以免受风邪之害。

2. 勿以善小而不为——品味头部和面部的督脉大药

> 素是开始的意思，古人认为胎儿在母亲肚子里是先长鼻子，鼻子先成形；而髎是骨头、骨节间缝隙的意思，所以先成形的鼻头骨就叫素髎，这个穴位主要功效是治疗鼻炎。

·治疗聋哑：刺激哑门穴

古人为什么给它起名叫哑门？就是告诉您在这块扎针的时候得小心点

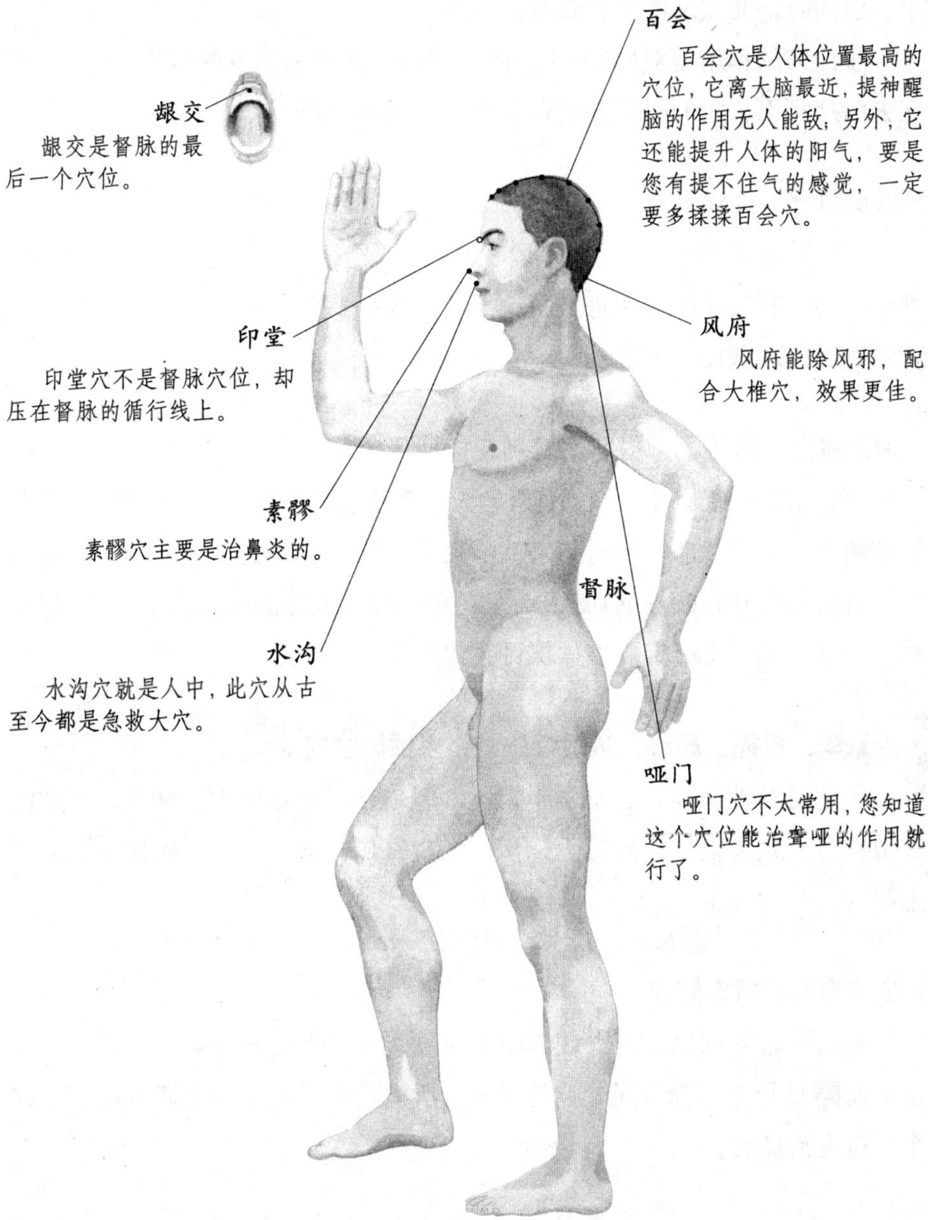

中医说，督脉为人体诸阳之会。它从头后循行到面部，等于是在头上转了大半圈。

儿，揉没事儿，手揉不到这么深，但扎针的时候得小心，弄不好就变成哑巴了。但同时，此穴又能治疗聋哑。

哑门穴的作用是双向的，是一把双刃剑。扎针咱们不便操作，也不会拿它去治疗哑巴，我们只要知道这个穴位的意思就行了。

·抵御风邪：擦揉风府

风府就是风的一个房子，风爱在其中堆积下来。我们感冒、头痛、头晕，都是因为风邪从风府这块进来了。所以平常要多擦揉风府，把这块擦热了，就可以很好地抵御风邪之害。

·治头胀痛、胃下垂、脱肛：针刺或按揉百会穴

百会就是脑袋正中间这块。有的人经常头胀痛，通常到针灸科，拿梅花针敲两下，出点儿血，当时头目就清爽了，感觉很舒服。

百会穴有开窍醒神的功效，而且还可以提升人体的阳气，如果有人胃下垂、脱肛，那平常一定要多揉揉百会穴。

·治晕车、胃痛、恶心、过敏性鼻炎：多揉印堂穴

印堂是经外奇穴，它不属于督脉，但是它压在督脉上。并且，印堂治过敏性鼻炎效果很好，当您爱晕车、经常胃痛、恶心时，多揉揉印堂会马上改善。

·主治鼻炎：揉素髎穴

素是开始的意思，古人认为胎儿在母亲肚子里是先长鼻子，鼻子先成形；而髎是骨头、骨节间缝隙的意思，所以先成形的鼻头骨就叫素髎，这个穴位主治鼻炎。

·治中暑：掐水沟穴

水沟就是人中。当人中暑、突然昏迷了就赶紧点人中，使劲掐。因为这个穴位是从古至今的有名急救大穴。

·藏在嘴里的穴位：龈交穴

龈交是督脉上的最后一个穴位。把嘴唇翻起来，它就在牙龈上。这个穴位不好按摩，咱们了解一下就行了。

·打通督脉的绝活：在床上踏步摇头

有人说，这个督脉好像在后背，我没法弄，我还得求人，别人都不管，我自己怎么办？没辙了。我告诉您，求人不如求己，咱们要自己想办法。有人说了，找个东西敲一敲，可以，拿痒耙挠都行，但是还可以用一个更好的方法——踏步摇头法（此法参照《求医不如求己大全集1》一书第100～101页），这样每天在床上就可以把脊椎调节了。但这个方法对于有脊椎病的人得慢点儿来，要循序渐进、量力而行。踏步的时候，头只需要微微抬起来就行，不用抬得太高，年轻人可以抬得高点儿，千万别使劲，脚后跟要贴着床走，不要把脚翘起来。如果翘起来，劲就费大了，变成练肌肉，就练不到腰椎了，所以一定要放松。

揉督脉时，要用掌根从风府穴开始往下揉，动作要柔缓，别上来就使劲。有骨结核、骨质疏松的朋友先别揉，要顺时针划着圈揉，一直揉到长强穴。揉的过程中，您会发现好多地方有痛点，把这个痛点反复揉一揉。这些痛点都连着脏腑，您可以看看到底连着哪条？是在肝俞旁边，还是在胆俞、胃俞旁边，您就知道到底有什么问题了。揉到一定程度，您哪都不疼了，防病治病的目的就达到了。

揉的时候，还可以把两个手掌搁在脊椎上，像擀面条一样从上到下擀一擀，给岁数大的老人做时，动作一定要轻揉。另外，这么擀的时候，被擀的人不要在那较劲绷着。这个方法对整个督脉的调节都非常有好处。

如果觉得背上痛点很多，还可以用刮痧板沿着督脉从头往下这么轻轻一刮。出痧就出痧，不出痧也别强刮，因为这个痧不是您刮出来的，而是您身体里面的气血推出来的，它想出来就让它出来，不想出来千万别硬刮，硬刮就会有问题。所以刮痧的时候要记住两句话，“抒其所欲发，勿强开其所弊”。痧想从这出来，我就帮助它，就跟挠痒痒一样。挠痒痒的时候，心里很想让挠，刮痧也是。所以后背痒的时候，刮痧效果最好，一痒您轻轻一刮就出痧了。

督脉的穴位虽然多，但如果我们掌握了一些穴位使用方法后，就能从根本上保护好我们的身体了。

督脉强壮，我们才可以顶天立地。

3. 督脉健康大课堂

如果觉得身体哪块有损伤，首先要少活动，先按摩再活动。按摩也不要按摩痛点，比如说我这个关节有问题了，不要直接按摩关节上的痛点，转动一下，看您出问题的地方到底是在哪条经上，然后按摩这条经络上痛感明显的穴位。

问：

我的脚脖子和踝骨特别疼，而且肿胀好长时间了，我不知道活动多了好还是不活动好？

中里巴人答：

如果觉得身体哪块有损伤，首先要少活动，先按摩后再活动。按摩也不要按摩痛点，比如说我这个关节有问题了，不要直接按摩关节上的痛点，先转动一下，看您出问题的地方到底是在哪条经上，然后按摩这条经络上痛感明显的穴位。有时候手腕痛了，千万不要按摩手腕的关节；手指头痛了，不要直接按摩手指头，可以按摩它相对应的位置。比如说我左脚脖子有问题，可以按摩左手腕子；我脚指头有问题，就按摩手指头；手指头有晨僵，早上起来僵硬，您就按摩脚指头，临睡觉的时候先按摩，第二天晨僵问题就解决了。

第十八章

任脉大药房——打通任脉，万毒不侵

调理任脉时，只要记住三大要点就够了：第一，拿艾灸灸肚脐眼（神阙），这个有大补的作用；第二，在中脘和下面气海附近拔罐，可以起到调理五脏六腑，调神安心的功效；第三，经常推腹、揉膻中穴就可以打通任脉，可以让我们精神和身体一天比一天好。

有好多朋友都看过武侠小说，里面总是说，如果把小周天打通了，身体就百毒不侵了。其实在中医看来，打通小周天不过就是让任脉和督脉畅通而已。

任脉在我们身体正面的一条中线上。

1. 海纳百川，有容乃大——品味胸部以下的任脉大药

大家说我讲这些穴位时都是一带而过，没有仔细讲解，为什么？因为我即使给您说出来二三十个功能，您不过就是用手点按。有的朋友肚子特别大还点按不了，没感觉，只在皮上点按，点着点着您就没信心了，我说得再好您也觉得没用。所以您也甭管它治什么，咱们就用推腹这一招，就能把经络全给推了。

·治男性前列腺毛病、生殖系统、泌尿系统疾患以及脱肛、痔疮、妇科疾患，防肠胃疾病：揉会阴穴

会阴穴是任脉的起点，它在前后阴之间。

此穴主管男女生殖系统方面的疾患。像男性前列腺方面的问题、生殖系统、泌尿系统疾患以及脱肛、痔疮，还有女性的月经不调、炎症等妇科疾患都可以刺激会阴穴得以改善。另外，会阴穴对防治肠胃疾病效果也非常显著。

任脉上还有一个穴位叫阴交，和会阴穴的功效差不多。

·专治男性前列腺方面的疾患：揉曲骨穴

我们看耻骨的形状，它是两个圆合在一起的弯曲骨头，所以叫曲骨。曲骨对男性前列腺方面的毛病效果特别显著。有前列腺问题的朋友，在整个曲骨附近也就是耻骨的位置上一定有很多的痛点、结节，只要把这些结节给揉散了，把痛点揉没了，前列腺的问题就解决了。

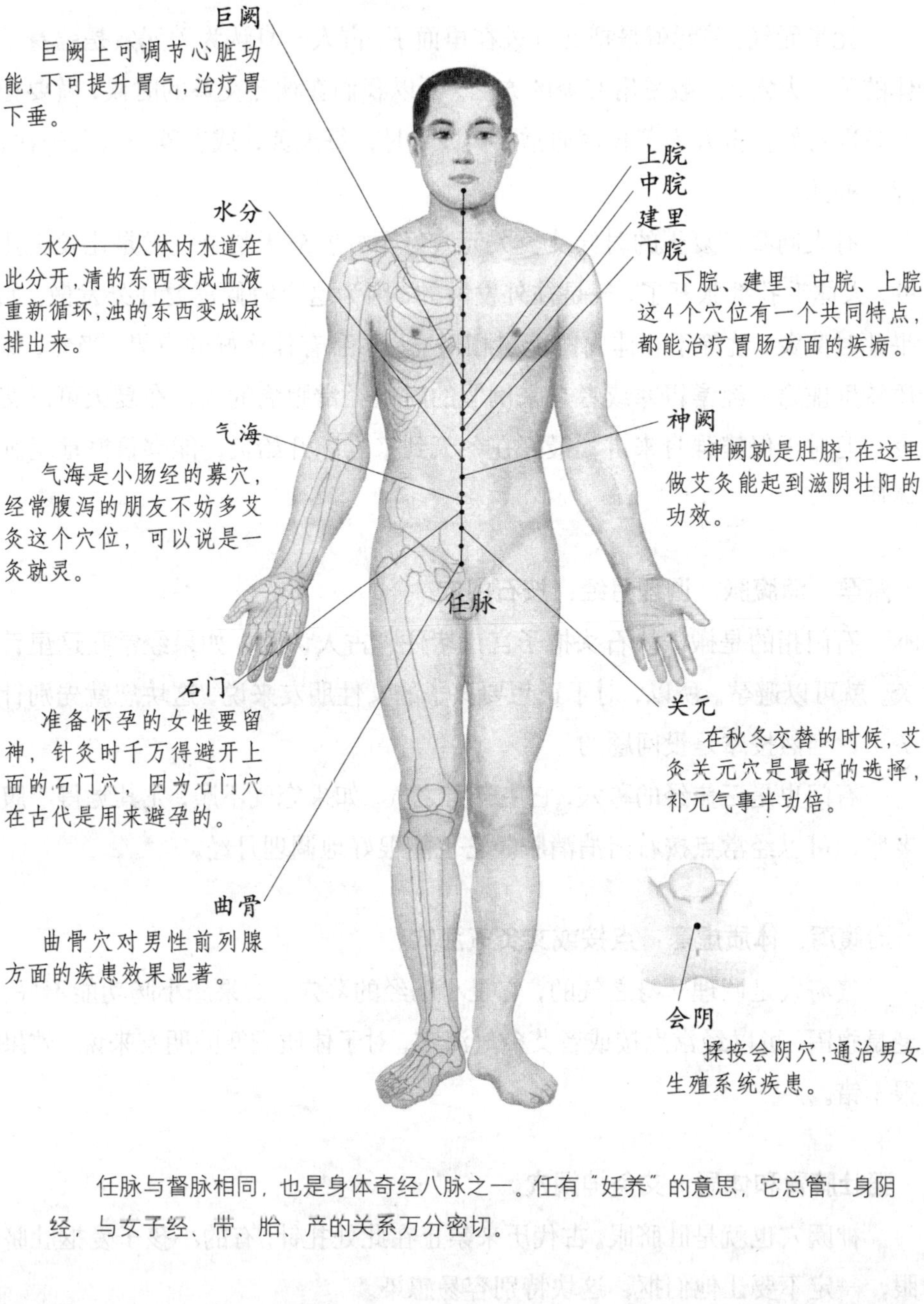

任脉与督脉相同，也是身体奇经八脉之一。任有“妊养”的意思，它总管一身阴经，与女子经、带、胎、产的关系万分密切。

中极穴的功效和会阴、曲骨差不多。

·强健身体：艾灸关元穴

元是元气，关元就是把元气关在里面了。古人一直认为关元穴是强身壮体的第一大穴，一般采用艾灸的方法。所以我们在秋冬交替的时候，就要把艾条准备好。古人为了长寿通常要灸3个月，每天灸，或者隔一天灸一次，能大补元气。

有人问我，夏天的时候艾灸关元穴好不好？夏天整个气候是比较炎热的，人体毛孔都张开了，气是往外发散的，因为这个时候需要往外发散。如果此时艾灸，就等于和体内的能量相对立，不会有什么好的效果。当然，体质特别虚寒、经常胃寒或者是来例假的时候经常腹痛的人，在夏天可以艾灸，但对于保健强身来讲，最好在冬天到来之际开始灸，能够很好地增强体质。

·避孕、消腹胀、调理月经：按石门穴

石门指的是搬一块石头把子宫口堵住。古人认为，如果经常在这里针灸，就可以避孕。所以，对于正想要孩子的女性朋友来说，这块您就先别针灸了，当然按摩是没问题的。

石门也是三焦经的募穴，它主一身之气。如果您气不顺，尤其觉得小腹老胀，可以经常点按石门消消胀。它也能很好地调理月经。

·治腹泻、体质虚寒：点按或艾灸气海穴

气海穴是调理一身之气的，它是小肠经的募穴。如果您小肠功能不好，老是腹泻，可以经常点按或者艾灸气海穴，对于体质虚寒的朋友来说，效果很不错。

·强壮脾胃和体质：艾灸神阙穴

神阙穴也就是肚脐眼。古代历来禁止在此处扎针。有的小孩子爱抠肚脐眼，一定不要让他们抠，这块特别容易感染。

我们可以经常艾灸神阙，对于身体虚寒，肠胃功能弱的人来说，效果非常好，还有，神阙穴离石门比较远，如果想要孩子的话，别在关元附近艾灸，索性艾灸神阙就行了。

艾灸神阙穴有几种方法。您可以平躺着，用艾条直接灸肚脐眼，以增强人的先天之力，也就是免疫力。有过敏性鼻炎的，艾灸神阙有很好的防治效果。

还可以隔姜灸。就是削一块姜，扎几个窟窿眼，上面用艾条的细末捻成黄豆大的一团，点着就行。隔姜灸是温里通气的，有人肚子里特别胀，大便老下不来，这样的人只要不是热性体质，属于虚寒无力的，都可以用此法。

也可以把葱、盐炒热了，分别包在两个布袋里，交替温热神阙。盐有温里的作用，葱能通窍，这两个交替一弄，肚子就舒服了，一会儿就会放屁，便意也来了。

古人经常说要强壮我们的丹田，丹田就是肚脐眼附近，有人说丹田是肚脐眼下三寸，有人说肚脐眼下三寸指的是肚脐眼里边，丹田在深层。咱们也别管丹田在哪儿，反正您灸肚脐眼附近就能强壮先天之本。

您平时还可以拿肚子撞撞墙、撞撞树或家里比较平一点的门垛子，或者经常用手拍打拍打它。撞的时候要放松，由轻到重，慢慢地撞，可以振动里面的脏腑，增强脏腑的功能。不要绷着劲，一绷劲就产生紧张感了，那样撞的就是外面的皮，不会有效果。

· 分清泌浊、利尿消肿、消除慢性炎症：揉水分穴

水分在肚脐眼上一寸，也就是一大拇指的宽度。

古人说水分穴就是水道在这里分开了，清的东西变成血液重新循环，浊的东西变成尿排出来，这块是一个分界点。

腿上经常有水肿的朋友，或者是有糖尿病的人，就是水分这块不利了，好坏东西一块都排出去了。

我们的身体里常会有一些炎症，就是因为体内湿气比较重，里面滋生细菌了。水分就是祛湿的，而且，如果您点按水分时非常痛，那肯定就是体内有慢性炎症。这时，您可以顺着经络来找痛点，看到底是哪块炎症没有解决。当然，揉水分本身也可以消除慢性炎症，还有利尿消肿的功效。

·处理肠胃疾病：找下脘、建里、中脘和上脘

下脘穴主管小肠方面的问题，比如说肠痉挛、小肠神经功能紊乱、腹泻、便秘的问题。

建里穴是强壮十二指肠的穴位。

中脘在肚脐上四寸（四横指是三寸，再加上一个大拇指的宽度，就是四寸）。它还是胃的募穴，特别善于调理胃。像经常胃痛、胃酸、胃涨的人，在中脘这块肯定有阻塞，用手一点会很痛，或者有胀的感觉。这时，用艾灸的方法效果比较好。

有的人肚子里老不舒服，不管是吃完饭以后还是没吃饭，整天肚胀，就是有气，打嗝儿也出不来，放屁也没有，心里很烦躁，还有人晚上睡不着觉，总做噩梦。这个时候，要在中脘和肚脐眼下边一寸半的气海穴上分别拔一个罐，上下这么一拔，气就理顺了。胃里面一舒服，晚上睡觉就安稳了。

有人说："这种方法比较麻烦，我晚上就喝点儿牛奶帮助睡眠吧。"我说："牛奶这个东西有人喝完后很舒服，容易安眠；但有人喝完了反而胃部胀气，老想打嗝儿，安不了眠，这样的人就别拿牛奶来安眠了。"

中脘不仅能调解肠胃功能，还有安神镇静的功效，您看小孩一害怕了，咱们就给他揉揉肚子，摸摸脑袋，说别害怕，肚子揉的这块就是中脘。

上脘也治胃方面的疾病。

·调节心脏，治疗胃下垂：按揉或艾灸巨阙穴

巨是大的意思，又是重要的意思，阙就是门户，要道关口，很重要的地方，"一夫当关，万夫莫开"中的"关"也是阙。而什么是人体最重要的地方呢？是心脏。巨阙是心脏的募穴，对于心脏功能的调节非常有好处。

巨阙可以治疗胃下垂，经常按揉或者用灸法效果都很好。

胃下垂的原因就是心脏供血不足了，根源在于心脏虚弱，给胃的供血少

了，当胃缺少血液支持后，就会下垂。所以，要想根治胃下垂，就得增强心脏的功能，光增强胃功能没用。只有心脏的气血足了，胃自然就会提上来。胃下垂才能真正得到根治。

·排浊清身的养生保健大法：推腹法

大家说我讲这些穴位时都是一带而过，没有仔细讲解，为什么？因为我即使给您说出来二三十个功能，您不过就是用手点按，有的朋友肚子特别大还点按不了，没感觉，只在皮上点按，点着点着您就没信心了，我说得再好您也觉得没用，所以您也甭管它治什么，咱们就用推腹这一招，就能把经络全给推了。

怎么推呢？用10个手指肚，从心窝下（巨阙穴）开始往下推腹，有胃下垂的人在开始推的时候要轻一点，不要上来就特别使劲，每天坚持推，就能帮助您把下垂的胃提升上来。有一个患有胃下垂的70多岁老人，他说开始没敢这么推，只用手掌的大鱼际（拇指下肉厚的部分）顺时针慢慢往下揉，感觉很舒服，不久就发现胃下垂慢慢好转了。

从巨阙穴往下推的时候，您自己会发现许多问题，有人会觉得有气团在运动，浊气慢慢推出去了；还有人一推，咕咕直响，有水声，那是有浊水在里面，一定要把浊水给推下去，因为不推下去，浊水顺着经络一上来，上到头就是眩晕症，中医管这叫水气凌心，所以您就眩晕、恶心、呕吐了，都是这浊水惹的祸。

任脉是非常重要的，但您如果不知道怎么使用，那它就一点不重要了。而您打通任脉的最好方法之一就是推腹，非常简单。您甭管是推上脘、中脘还是气海，都没关系，您就这么往下推，任脉就全通了。

推腹不是白推的，目的非常明确，就是排除浊气、浊水、宿便。

有人大便不好，您就天天推腹，原来两天一次，现在要一天两次，大便通畅了；有人肚子里老胀，就是浊气，您一推腹就爱打嗝儿，打嗝儿放屁就把浊气散了；有人不爱喝水，有湿气，一推腹把湿浊散出去了。这个湿浊，很多人不是特别的注意，有人说我推肚子还能推出水槽来？您回家躺在床上，临睡觉之前您推推试试，尤其在心窝这块仔细推一推，有很多人都能推出水槽来，一推咕咕直响，跟青蛙叫似的。推一个礼拜，当您老打嗝儿以后，把浊气散开以后，这个水就真正地出来了。原来是气裹水，裹在里面。这个时候您再推，就发现肚子变成水囊了，一推哗哗的，那是长期积存在肠胃之间的浊水被您给推出来了。

有前列腺炎等男科疾病和妇科疾病的人，推腹要推到肚脐眼以下，一直推到耻骨；只是普通肠胃方面有问题的，或者只是想养生保健，您就推到肚脐眼那就行了。每天晚上临睡觉之前，推5分钟再睡觉，把一天存的这些浊气、浊水、宿便赶紧通一通，早晨醒来别马上起床，先推推腹，这样，您吃早点就香了。很多人早上起来根本不想吃东西，其根本原因就是肚子里有浊气。所以晚上推一次，早上起来之前再推一次，对身体非常有好处。

2. 壁立千仞，无欲则刚——品味胸部和头部的任脉大药

盖就是伞的意思，华丽的伞指的就是咱们的肺，两块肺在那，像一把华丽的伞一样。所以这个穴是调节肺的，凡是咳嗽、气喘等跟肺有关的毛病，您就多揉揉华盖。

·驱散心中闷气：揉鸠尾穴

鸠一看就是小鸟，什么鸟？布谷鸟，鸠尾就是布谷鸟的尾巴，它挺大的。胸部这块正好有一个骨头叫剑突，就跟布谷鸟的尾巴似的，而旁边的两肋，就像张开的布谷鸟翅膀，所以这个穴位是一个形似布谷鸟尾巴的地方。

古人起这个名字就是为了让您记住，而咱们在看穴位的时候，不但要想到穴性，还要知道穴的含义是什么，这样才能让它更好地服务于我们。

鸠尾穴，是专门驱散我们心中闷气的。

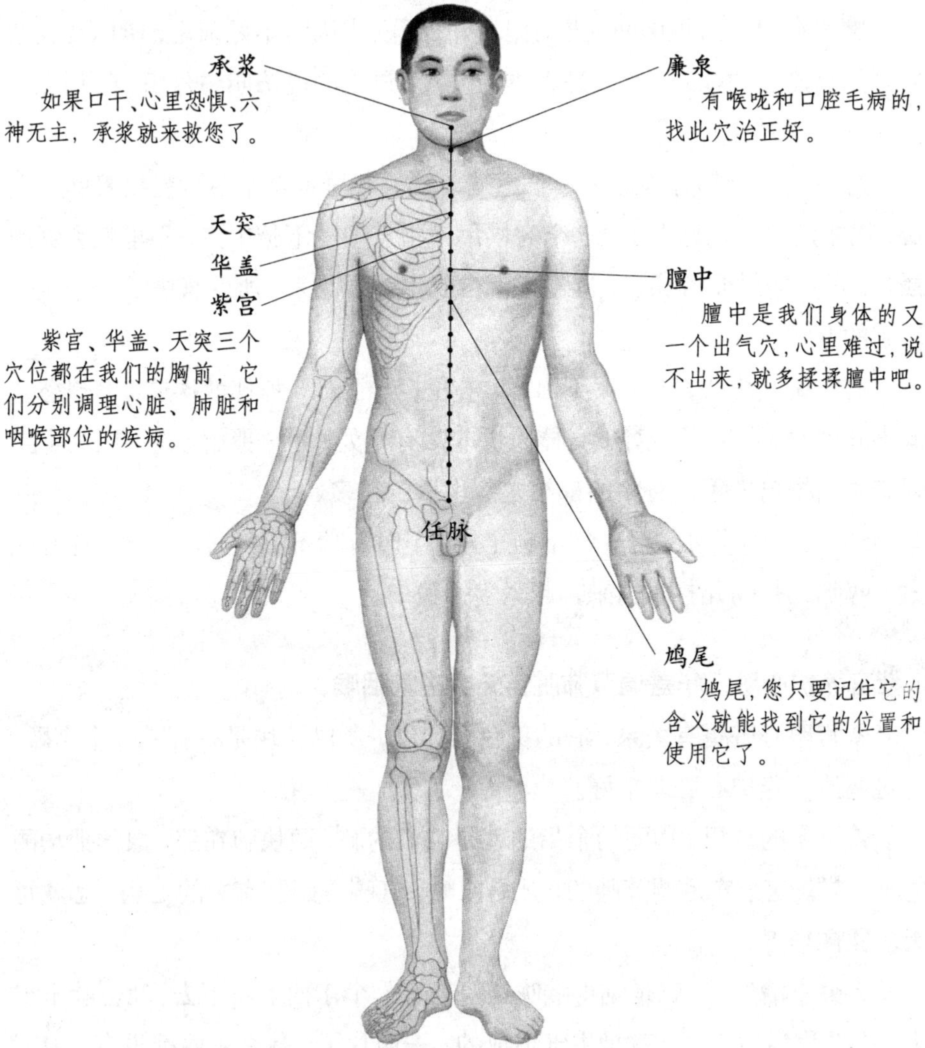

一招揉胸推腹法，便可打通上下任脉，让我们精神和身体一天比一天好。

·调节心血管功能、抒发胸中抑郁和不顺之气：揉膻中穴

《黄帝内经》上说，膻中，喜乐出焉，就是喜悦的心情是从膻中这块迸发出来的。膻中穴是心包经的募穴，所以它对人体的心血管有很好的调节作用，有心血管疾患的人每天都要多揉膻中穴。

膻中在两乳头正中间。男士比较好找，女士因为不好确定，所以要找两乳之间有痛点的地方。此穴是人体的大穴，过去的说法叫中丹田，气都在这汇集，是气之会穴。

好多人曾经都有过这么一个感觉，就是心里不舒服时就爱捂着胸口这块，比如说您一想愁事了，这个时候用中指点按一下膻中穴，心里就会舒服很多。没事的时候就揉它，慢慢人就会变得坚强起来。所以膻中是一个调节情志的要穴。

有人说我想哭，但又哭不出来，心里挺难受的，那您就揉这，一想愁苦的事儿就哭了。哭了后对于身体来讲非常有好处，叫一哭解千愁。因为毒素顺着眼泪排出去了，心中的郁结之气也散了很多。

还有，如果您生气了，气不顺了，时不时有喘不上气来的情况，还有咳嗽、哮喘、打嗝儿打不出来，赶紧多揉膻中。

·紫宫养护心脏，华盖调节肺脏，天突主管咽喉

紫宫跟心脏更有关系，心的颜色为赤红，所以这块是心脏的一个宫殿，它对调治、养护心脏非常好。

盖是伞的意思，华丽的伞指的就是咱们的肺，两块肺在那，像一把华丽的伞一样。这个穴是调节肺的，凡是咳嗽、气喘等跟肺有关的毛病，您就每天多揉揉华盖。

天突主治气阻，就是觉得喉咙这块老有一个东西咽不下去，吐也吐不出来，中医称为梅核气，就是生气造成的。一照片子，什么东西都没有，但就觉得这块老有痰似的。这时，揉天突能很好地缓解。

另外，天突对于慢性咽炎、咳嗽、气喘都有帮助。

以上这些穴位，咱们平常的时候可以拿掌根多揉揉，掌根比较有力量。

另外，揉这几个穴的时候，会很容易打嗝儿，这就证明咱们的气经常堵在这儿没出去。从天突开始揉，揉到鸠尾，就能起到一个开胸顺气的作用。能够开胸顺气了，心脏血液就能够供应上来了。如果气堵着，心脏的血液老上不来，就会引起头晕、脑部缺血。另外，颈椎的问题也跟心脏供血不足有关，血上不到颈椎这块，颈椎就容易老化，就容易形成淤血，所以咱们经常揉这块胸骨部分就可以缓解、治疗颈椎病。大家记住，不论是第几节颈椎有问题，您都可以在胸骨这块找到相应的痛点，您把前面的痛点揉散了，后边颈椎痛就缓解了，它俩是相通的。

·治喉咙、口腔的毛病：揉廉泉穴

再往上走就是廉泉，此穴主治喉咙和口腔的毛病。

·治流口水或口干、六神无主：揉承浆穴

很多人，特别是老年人有一个问题，就是嘴特别干，整天嘴老干，没唾液，可是睡觉的时候又流口水。流口水是什么原因呢？就是脾虚了；没唾液是什么原因呢？阴血不足了，而一个承浆就能把这两个问题都给解决掉。当您一揉承浆，唾液自然就分泌出来了，就好像琼浆玉液出来一样。

而且，揉承浆还能镇静，本来心里有点儿恐惧、焦虑、六神无主、没着没落的感觉，而一揉承浆，唾液一分泌出来，好像就给您补充上能量了，这个时候您咽咽唾沫，马上会安静下来。所以我们恐惧的时候，都愿意咽唾沫。但您没唾沫可咽的时候，就赶紧揉揉承浆，一揉承浆唾液就分泌出来了，这个时候您再咽唾沫，心神就安定了。

调理任脉时，只要记住三大要点就够了：第一，拿艾灸灸肚脐眼（神阙），这个有大补的作用；第二，在中脘和下面气海附近拔罐，可以起到调理五脏六腑，调神安心的功效；第三，经常推腹、揉膻中穴就可以打通任脉，可以让我们精神和身体一天比一天好。

调理任脉用推腹法时还有三个原则大家也要记住：第一，量力而行。这块您一推揉特别疼，您就慢点儿揉，不要一上来就很生硬地做，不要抱着一下就要推开的思想。第二，循序渐进。今天用点儿劲，明天再加一点劲就行了，逐渐地加大力度。第三个更重要，持之以恒。您别弄两天就停了，那什么作用都没有。持之以恒，每天做一点，也就是每天咱们要健康一点点，比昨天好一点就行，您别每天差一点，那就麻烦了。

3. 向壁虎学爬行

如果我们嫌打通任脉比较麻烦，那就把它简化成推腹法和壁虎爬行法就行了，又省事，还一劳永逸。

这里再告诉大家一个绝招，也是调节任脉的。有人不愿意做推的动作，说这个没什么意思，太单调，枯燥。那咱们来点儿有意思的动作，这个动作叫壁虎爬行。

虽然叫壁虎爬行，可是不能照猫画虎。如果您爬的时候肌肉胳膊使劲，腿也使劲，那就爬错了。那应该怎么做呢？咱们可以爬在床上，也可以在地板上铺一个垫子，爬在地板上，这个时候我们不用想别的事儿，就把眼睛一闭，把脸贴在床上，非常放松，胳膊一直都不动，是腰在动，是用腰来带动胳膊；千万别爬，一爬就用肌肉的力量了，而且，肌肉自始至终要完全放松，完全靠身体来回自己扭动，想象自己就是一只壁虎，就像壁虎一样扭动身体。记住一定不要用胳膊，不用腿，肌肉也不用使劲。

有人觉得站着做也管用，也锻炼身体，但跟趴着做是两码事。趴着练是为了锻炼脏腑，因为一趴着，您一扭动，肚子自己就按摩上了，都不用您亲自去按摩。您这么一扭动，腰椎也在扭动，腰椎就调节了；肩膀也放松了；而且膝盖往起一抬，连膝盖也活动了，整个全身上下都是和谐共振的感觉。

练壁虎爬行有什么好处呢？咱们先举一个例子，有一个西安的朋友告诉我说，听完您讲座以后，我回家后就在床上做这个动作，一个礼拜后我发现我20年的慢性胃炎好了，到现在也没再犯过。他说现在我每天都做60个壁虎爬行。他是一个厂长，所以他号召厂里的所有员工都练这个，认为对身体特别有好处。

以上只是一个例子，其实我的初衷是说壁虎爬行是调节任脉的，改善更年期综合征是最好的。任脉为阴脉之海，主管人体的阴液不足，而人到了更年期，阴液不足了，有时候忽热忽冷，心里比较烦躁，尤其是晚上心里烦躁睡不着觉，老有火似的，这个时候赶紧趴在床上做做壁虎爬行，做完了心里就清凉了，就好像吃了一个牛黄清心丸似的。而且这么一扭动，腰椎、肠胃、胸这块都按摩了，肩膀也自然地扭动，颈椎也锻炼了。

壁虎爬行法对于小孩尤其好。当孩子脾胃不好、老吃不下东西、面黄肌瘦时，您给他按摩，他可能嫌疼不让您做，而当您说咱俩一块做壁虎爬行的游戏吧，这他就愿意，他觉得有意思，而且您再夸他两句，"唉哟！做得真好，比我好多了"，这孩子就可能天天自己要求做了。这么做一些日子后，孩子的脾胃功能就好了。而且小孩正处在生长状态，练壁虎爬行法还可以增加他的协调能力，帮他长个儿。

如果我们嫌打通任脉比较麻烦，那就把它简化成推腹法和壁虎爬行法就行了，又省事，还一劳永逸。

4. 任脉健康大课堂

> 跪膝法睡前可以做一做，但是刚吃完饭不适合做，因为它引气血的速度非常快，直接就把气血引到膝盖上去了，而刚吃完饭以后，需要气血充盈在肠胃上，如果引到膝盖上则不利于消化。

问：

我姐姐最近刚得了糖尿病，餐前是12，餐后是17，请问在经络方面怎么治疗？

中里巴人答：

任脉上有一个胃的募穴叫中脘，是调节血糖的要穴。在中脘那块可以艾灸，也可以拔罐，也可以推腹，都有降血糖的效果。

问：

跪膝法可以代替饭后百步走吗？

中里巴人答：

不能代替饭后百步走。睡前可以做一做，但是刚吃完饭不适合，因为跪膝法它的引气血速度非常快，直接就把气血引到膝盖上去了，而刚吃完饭以后，需要气血在肠胃上，如果引到膝盖上则不利于消化。

问：

壁虎爬行法在哪个时间做效果最佳？小孩做这个是不是也能减肥？

中里巴人答：

您有空的时候做最佳。为什么？因为您强迫自己在某一个时间做，凡是产生强迫情绪的都坚持不了多长时间，今天能强迫自己，到明天就不想强迫了。所以，您只要抽出空来，您愿意做就做一做，而且一定要有兴趣，非常高兴地去做。

如果小孩肥胖，您就天天给他揉肚子，对肥胖肯定是有帮助的，而且一旦改善了脾胃功能，本身就可以把体内的赘肉排出去。跪膝当然也是很好的方法。

后记

无以为报

昨天走在天津的街道上，突然被一个七八十岁的大妈拉住衣袖，说在电视上老看我的节目，可喜欢我了，“你和我的儿子差不多大，我请你到家吃饭，给你包饺子吃”。老太太那真诚而疼爱的目光，让我心里热乎乎的，要不是急着赶火车，我真想去她家坐坐，吃她亲手包的饺子。

因为一本随意写的书，让我在全国各地结识了很多朋友。大家对我的信任，对我的偏爱，让我时时感动着。我真不知如何去回报这种浓情厚意。

我一直喜欢独来独往、闲散无拘的生活，从来没有什么远大的抱负和使命感。也不想去教导别人如何生活，因为我自己也有许多烦恼，许多无奈，各自的人生，谁又能替代得了呢？可无意中却发现命运早把我推上了舞台，而且台下已经坐满了翘首以待的观众，正在为我鼓掌加油呢！

上天给了我一个机会，让我尽情地说出自己想说的话，让我去感受那无数关爱与期待的目光，让我知道灵感并非来自那万能的知识。这种恩泽，让我无以回报。

说出真心的话，说出您也想说、大家都想说的话。其实，只要我们有一颗真心，知道感恩，生活当中，还有什么道理值得细说呢？

中里巴人

2008年10月于北京

鸣 谢

《国医健康绝学》系列丛书自出版面世以来，受到了广大读者的热烈欢迎，很多朋友说，用过书中的一些保健方法后，身体出现了许多惊喜的变化，对于健康，有了更大的自信，而且，还有更多的朋友把这套丛书作为一份健康的真情礼物送给了自己的亲人和好友，受益者越来越多……其实，让大家更多地关注健康，而非关注疾病，这正是我们期待已久的。

在《健康时报》与新浪读书频道共同主办，中国健康教育学会协办的“2007中国十大健康好书评选活动”中，《国医健康绝学》系列丛书中的《求医不如求己》和《人体经络使用手册》荣获“2007年度中国十大健康好书”荣誉称号，《不生病的智慧》一书荣获“2007年度中国优秀健康图书”荣誉称号。

《国医健康绝学》系列丛书陆续推出以来，我们接收到了大量的信件和电话，一些读者对丛书的编辑提出了富有创造性的建议，一些读者对书中的一些问题提出了商榷，还有一些读者指出了书中存在的一些不足之处，对此，我们都一并真诚接受，并在查证、比较和权衡之后进行了合理采纳和吸收，对书中存在的不足之处及时做出了修订和改进，以期更接近读者心中的目标。但在丛书的编辑过程中，由于时间仓促、编者能力所限，书中还可能存在一些问题和不足，欢迎读者朋友继续提出宝贵意见和建议。

真心感谢广大读者长期以来的支持和厚爱，您的需求和期待是我们倾心为之奋斗的目标，您的监督和鞭策是我们成长提高的阶梯，您的支持和关注是支撑我们走下去的不竭动力。在您的注视之下，我们会走得更加稳健，我们将继续努力，争取为您奉献更多的精品健康图书。

《国医健康绝学》系列丛书编辑部

国医健康绝学系列

改变中国人健康生态之第一方案
连续两年获得“中国十大健康图书”称号

特别赠送全彩国家标准经穴部位挂图
作者：中里巴人
定价：29.00元

中国人代代相传的养生手法
最权威的经络使用说明书

特别赠送全彩国家标准经穴部位挂图
作者：萧言生
定价：29.00元

增强中国孩子体质和智力的最佳方法
最实用的儿童健康祛病圣典

特别赠送全彩儿童经络穴位挂图
作者：萧言生
定价：29.00元

根治各种慢性病的特效穴位大全
专病专治，穴穴显灵

特别赠送全彩国家标准经穴部位挂图
作者：萧言生
定价：29.00元

从根子上祛除中国人身体内的各种病症
垄断各大健康类排行榜第一名

特别赠送全彩国家标准经穴部位挂图
作者：马悦凌
定价：29.00元

奠定中国人健康基石的最佳方案
“中国优秀健康图书”

特别赠送全彩国家标准经穴部位挂图、足部反射区挂图
作者：中里巴人
定价：29.00元

当孩子最好的儿科医生、营养大师和早教专家

特别赠送全彩儿童经络穴位挂图、全彩食物属性一览表
作者：马悦凌
定价：28.00元

强体祛病，修复后天之本
中医学博士栾加芹教您如何活用《易经》

特别赠送全彩国家标准经穴部位挂图
作者：易医
定价：29.00元

《易经》与食疗、经穴保养的完美结合

特别赠送全彩食物卦象一览表
作者：栾加芹
定价：29.00元

国医健康绝学系列十九

当代健康心经，助您借病修身、快乐无限

《求医不如求己》作者中里巴人最新力作

《求医不如求己4——万病皆可心药医》

特别赠送《万病皆可心药医身心双补大法细解》DVD光碟

中里巴人老师最新参悟出带病修身、身心同治的健康新法。本书为您献上：1. 腹部引血法、打坐炼丹法等导引气血的方法。2. 萃取《求医不如求己》（1、2、3）中冶炼心药的经络之法。3. 强化人体本能的一招三式。4. 一学就会的最新中医六大法和传统四诊法。

作者：中里巴人　　　　定价：29.80 元

国医健康绝学系列二十

名老中医的特效养生之方

照方抓药，药到病除，做全家的健康“守护神”

《为自己开方》

全彩常见病家庭自助疗法一览表

这是一本手把手教您为自己开方的书。本书为您献上：1. 照方抓药，药到病除的 30 多种常见病家庭自疗法。2.45 种简单且招招见效的养生功法。3. 从多位名老中医处挖掘整理出的 15 种食疗方。4.1 份集纳本书祛病养生精粹的《常见病家庭自助疗法一览表》。

作者：王新志　何世桢　　　　定价：29.00 元

国医健康绝学系列二十一

医易相通明生死，经络祛病有神助

人算不如天算，易医栾加芹送给您的经络养生祛病奇方

《易经经络使用手册》

特别赠送全彩人体金牌穴位一览表

这是一本用易经医理来祛病养生的书。本书告诉您的是：1. 人体十二条正经和 59 个专病专治的金牌穴位的祛病大法。2. 保证您和家人健康长寿的八条神奇经脉的使用方法。3. 以特定季节的食物和药物外敷穴位来补益经络的方法。4. 同一穴位，左侧和右侧的功能大不相同。5. 最傻瓜的找穴位的方法。

作者：栾加芹　　　　定价：29.00 元

国医健康绝学系列二十二

传承救人之道，诚修心中之佛

“圣手医师”杨奕的家庭保健处方

《手到病自除2——“圣手医师”杨奕的家庭保健处方》

特别赠送全彩标准足部、耳部反射区挂图

这是一本活用人体足部，耳部，背部等反射区来调病治病的书。本书为您献上：1.“痛点自诊自疗法”、反射区综合使用之道、激活健康基因心法等不生病的六大锦囊妙计。2. 人体五脏六腑及五官、皮肤等常见疾病的多种反射区家庭调理法。3. 人体各处特效反射区如何与贴耳豆、拔罐、泡脚、云南白药等药物外敷术相结合的方法。4. 衣食住行中决定健康的各种小细节。

作者：杨奕　　　　定价：29.00 元

国医健康绝学系列二十三

防治五脏疾病的最佳中医导引养生方法

活学活用金处方，一生到老可无恙

《寻找身体上的灵丹妙药》

特别赠送全彩国家标准经穴部位挂图

这是一本通过简单的导引、按摩就能防治五脏疾病的书。它为您献上：只运用简单的行、走、坐、卧、想等小技巧就能强壮五脏六腑的方法；专门补益每一脏腑的意念疗法、金穴疗法、饮食疗法、音乐疗法、中成药外用疗法；相当于人参、当归、三七等中药的人体 24 穴配伍法；来自当代民间大医、救命恩人个李正凡先生的长寿秘方；古代养生大家高濂不生病的智慧。

作者：金宏柱　　　　定价：29.00 元

国医健康绝学系列二十四

改善您生存现状的非常健康计划

《手到病自除》作者杨奕隆重推荐！

不衰老的活法就是不生病、慢慢老、越活越得劲

《不衰老的活法》

特别赠送全彩人体常见病三关定位诊断图

这是一本可延缓您身体衰老，让您五脏保持年轻态的养生巨作！书中为您献上：判断身体常见病与衰老迹象的“傻瓜三关定位诊断法”、迅速战胜疾病的三关九窍温灸法、武当药浴术（含“六味甘露汤”绝密配方）等系统自治方案；抗衰老四宝——站桩，朱砂掌之虎掌踏地、青龙望海，道家胎息术，让您精神不衰，身体不老；40 多种五脏六腑常见病和慢性疲劳综合症自助调治法；11 种女性祛病抗衰方案；8 种男性 40 岁后的补精秘方等。

作者：傅茂恒　　　　定价：29.00 元

国医健康绝学系列二十五

让爸妈放心享受宝宝健康成长的快乐育儿经

从小给孩子一个好身体，长大后就不怕人生风雨

《父母是孩子最好的医生2》

特别赠送全彩儿童经络穴位挂图

作者从 10 多年的养儿经验中总结出的儿童家庭自助疗法。望诊、食疗、经络按摩、外治法等方法的结合，从防到治，全面保护孩子的健康。本书为您献上：1. 防治孩子疾病的“君臣佐使——食疗、外治、经络、心理安慰”四大法；2. 医生不会告诉您的家庭自测自诊方案；3. 改善孩子体虚的“壮儿膏”“三仙护宝贴”等 3 种儿童基础保健疗法以及 30 多种食疗方；4. 10 多种简单有特效的泡脚方、外敷法；5.20 多种简单高效的小儿经络按摩配方。

作者：李军红　　　　定价：29.00 元

国医健康绝学系列二十六

说明书上未提及的200余种中成药的新用法

内服加外敷，一药治多病

这是一本讲常用中成药的多种内服和外敷祛病法的书。本书为您献上：1. 中成药一药多治，内服加外用综合疗法。2. 云南白药、六神丸、藿香正气水等家庭小药箱中15种常备中成药的多种治病方法。3.200余种内服中成药的外敷法、泡浴法，将药物对身体的伤害减到最小。4. 囊括了内科、五官科、皮肤科、妇科、男科、儿科等近300种疾病的中成药疗法，用药不多，功效显著。

作者：肖见喜　　定价：29.00元

《求医不如求己家庭中成药使用手册》

国医健康绝学系列

超值年轻态健康大礼

奠定健康基石的长城，馈赠亲友的最佳健康大礼

随书赠送：3张国家标准全彩大对开人体经络穴位挂图〔价值人民币60元〕；1张国家标准全彩对开人体足部全息反射区挂图〔价值人民币20元〕；1支“路路通”牦牛角点穴按摩棒〔价值人民币38元〕；1款“路路通”水牛角多功能刮痧按摩板〔价值人民币28元〕；1架“路路通”通灵玉按摩车〔价值人民币78元〕。

作者：中里巴人　　定价：198.00元

《求医不如求己养生救命大宝典》

国医健康绝学系列钻石版

超值典藏　送礼佳品

“中国十大健康图书”

本书是中里巴人迄今为止有关经络养生理念、功法全部精华的最完整收录。随书超值赠送中里巴人亲自示范讲解的《求医不如求己经络养生功法精解》DVD光碟，内含中里巴人健康养生理念、功法的首次全景展示。

作者：中里巴人　　定价：99.00元

《求医不如求己大全集》

特别赠送《求医不如求己经络养生功法精解》DVD光碟、全彩国家标准经穴部位挂图、足部反射区挂图

国医健康绝学系列钻石版

把全中国最好的中医大夫变成您的御医

好好学习，时来运转

这是一套由当今中国最负盛名的中医名家所写的养生绝学荟萃。书中介绍了来自中医奇书《黄帝内经》最核心的养生智慧，告诉您大部分疾病其实是体内不通造成的道理，当病痛来临的时候，“通”就是最大的“补”，劝慰您人活在世间不仅要身体畅通，更要正气长存、与人为善，如是才可达到求医不如求己，手到病自除的健康大境界。

作者：中里巴人　杨奕　武国忠　徐文兵　梁冬　定价：116.80元

《求医不如求己的智慧》